선거정치

정당·후보자·유권자

진 영 재

연세대학교 출판문화원

선거정치

정당·후보자·유권자

2023년 2월 20일 1판 1쇄 발행
2023년 9월 25일 1판 2쇄 발행

지은이 진영재
펴낸곳 연세대학교 출판문화원
주소 서울특별시 서대문구 연세로 50
등록 1955년 10월 13일(제9-60호)
전화 02) 2123-3378~80
팩스 02) 2123-8673
전자우편 ysup@yonsei.ac.kr
홈페이지 http://press.yonsei.ac.kr
인쇄 화신문화(주)

ISBN 978-89-6850-700-7(93340)

값 40,000원

選擧政治

정당 · 후보자 · 유권자

진 영 재

연세대학교 출판문화원

서문

2017년 한국정치학회의 슬로건은 '문제해결의 정치학'이었다. 이런 맥락에서 2019년에 '정당정치의 진화'를 출간하였고, 2022년에 그 후속 편으로서 '선거정치'를 출간하게 되었다. 다양한 연구물들을 숙독하면서, 저자가 영감을 얻거나 사유하고 반추하는 과정에서 사용했던 국내외의 문헌과 함께, 연구노트의 모든 내용들을 각주에 정리하여 제시하였다. 그런 과정에서 각주의 내용이 길어졌지만, 독자들께서 본문과 함께 각주를 효율적으로 활용한다면, 본문에서 저자의 주장의 근거와 파생되는 의문점들을 해결할 수 있을 뿐더러, 또 다른 추가적 연구를 위해서 도움이 될 것으로 기대한다.

2019년 이후 '정당정치'수업에서 만났던 약 400명의 모든 수강생들에게 이 자리를 빌어서 고마움을 표한다. 인간들은 모두에게서 서로 배운다. 필자가 학부생들의 시험지나 리포트를 읽으면서 오히려 학생들로 부터 많은 영감을 얻고 배웠다. 지속적으로 뛰어난 학생들을 만났던 저자의 행운에 감사하며 산다. 그런 과정에서 저자 초기의 생각이 더욱 혼란해진 부분도 있지만, 생각을 마무리하고 정리하는데 전반적인 도움과 발전이 있었다. 선거에 관한 학문적 연구물들에 나타난 쟁점들을 모두 담아내려고 욕심을 부렸으며, 그것을 독자들이 평이하게 이해할 수 있도록 서술하는데 최선을 다했다고 자평한다. 해당 저서가 선거정치에 관심이 있는 모든 독자들에게 도움이 되기를 바랄 뿐이다. 우리사회에 건전한 '선거민주주의'를 위한 문화와 제도를 정립하며, 나아가 정치 본연의 목적인 '국민통합'에 작게라도 일조할 수 있기를 희망해본다.

하지만, 책은 독자가 판단하는 것이다. 중학교 시절 '한문'(漢文) 시간에, 선생님께서 "소년이노학난성(少年易老學難成)이니, 일촌광음불가경(一寸光陰不可輕)이라"는 문구를 선창하시면, 급우들과 함께 제창하던 기억이 있다. 독자들이 책을 읽고서 실망했다면, 저자의 능력이 부족하고, 시간을 더 학문연구에 몰두하지 못한 저자의 게으름 때문일 것이다.

연세대학교 정치외교학과의 모든 은사님들, 그리고 많은 가르침을 주신 신명순 선생님에게 감사드린다. 유학시절에 또 다른 가르침을 주셨던, 지금은 돌아가신 데이비드 이스턴(David Easton)교수님을 비롯하여, 샌홀츠(W. Sandholtz), 타가페라(R. Taagepera), 달튼(R. Dalton), 와텐버그(M. Wattenberg), 그로프만(B. Grofman), 페이지(B. Page) 교수님에게도 감사드린다.

연세대학교 대학원 정치학과 BK21 정치적문제해결교육사업단에 감사드린다. 책을 읽고 의견을 준 박성호 박사와 박상현, 양규식 박사과정생에게 고마움을 표한다. 문헌정리 및 재확인 작업을 도와준 도재훈 조교와 김영석 조교에게 감사한다. 현실정치에 몸담고 있으면서 평소 저자의 질문에 응답해 준 성치훈 박사의 고견에 감사한다. 마지막으로 책을 출간해 주신 연세대학교 출판문화원 김성수 선생님과 편집과정에서 수고해 주신 심영주 선생님과 함께 수고해주신 분들에게 감사드린다.

2022년 11월 5일

연희관 206호에서 저자 씀.

CONTENTS

선거정치

문제의식

문제의식

인류가 집단을 이루어 살아가면서 '정치'(政治, politics)의 직·간접적인 영향력에서 자유로울 수 없다면, 인류는 정치가 현실적으로 작동할 수 있는 방식을 고안해야 했다. 인류의 정치 고안물은 장시간 동안에 형성되어 만들어진 결과물이다. '민주주의'라는 목적을 성취하는 방식은 다양하다. '의회'(議會: Congress, Parliament, National Assembly)가 근대사회에서 인류 최고의 발명품이라는 말이 있다. '의회'(또는 입법부)는 국민들이 일정한 절차를 통해서 선택한 대표자들이 모여서 국가운영의 법을 산출하는 곳이며, '의회제'(議會制)는 대표자들을 선택하는 방식 및 대표자들이 모여서 법을 산출하는 과정에서의 운영규칙들을 포괄하는 개념이다. 의회를 구성하려면 대표자를 선택하는 과정이 필수이며, 이것이 곧 '선거'(選擧, election)다. '의회민주주의'가 최고의 발명품이라고까지 말할 수는 없어도, 현실적으로 받아들일 수 있는 '가능성에서의 최선'(best possible) 정도로 이해되기도 한다.[1]

'의회제'는 '대의제'(representative system)와 동의어로 곧잘 사용되지만, 대의민주주의를 실천하는 형식들은 의회민주주의 이외에도 다양하다. 민주주의 구현 방식에 대한 여러 학자들의 분류 방식이 존재하지만, 스트룀(K. Strøm)은 '대의민주주의'를 '선거민주주의'와 '조합민주주의'로 구분하였고, 또 다시 '선거민주주의'를 '정당민주주의'와 '다원적 민주주의'로 구분하였다.[2]

1 간접민주주의 제도로서의 '의회제'는 시간적, 공간적 제약으로 직접민주주의를 하지 못하는 곳에서의 불가피한 선택일 수도 있지만(소극적 해석), 다수로 구성된 회의체가 만들어내는 혼란을 극복한다는 측면에서 민주주의를 수행하기 위한 탁월한 산출물들을 만들어 내는데 효율적인 기제가 될 수도 있다(적극적 해석). 효율적이라는 의미에는 두 가지 일반적 근거가 있다. 첫째, 모든 사회구성원들이 실시간으로 한 장소에 모이는 시 · 공간적인 제약이 직접민주주의 수행에 가장 근원적인 문제라면 이를 현실적으로 극복할 수 있는 방식은 사회구성원들이 자신들이 원하는 자들을 대표자로 선택하여 회의체(즉, 의회)에 보내는 것이다. 둘째, 집단에서 양심과 업무역량에서 우월한 자를 대표자로 할 수 있다는 점이다. 물론, 대표자들이 사회구성원들 공공의사와 공공이익보다 개인의 사견과 사익을 우선할 수도 있다. 기술적 발전으로 온라인 전자민주주의(on-line digital democracy)를 시행하다고 해도, 직접민주주의를 위한 환경이 보장되는 것은 아니다. 소셜미디어시대에 1인의 영향력이 극대화되며, 모바일(mobile)기제를 통한 '전자민주주의'는 사회구성원들의 의사 집약과정에서 조작의 가능성에 손쉽게 노출되며 '딥페이크'(deep fake)에 취약할 수 있다. 정치과정에선 사실(fact) 이상으로 '인식'(cognition)이 중요하기에, 사회구성원들에게 전자방식을 통한 투표관리는 투표결과에 대하여 의구심을 발생시킬 가능성이 농후하다. 전자민주주의가 모바일참여(예를 들면, 모바일투표)에 기반하는 경우, 모든 유권자들이 예외 없이 모바일을 갖고 있어야만 하며(평등참여), 개인별로 독자적 의사표현 형식이 유지되어야 하는데(비밀참여), 이렇게 관리하는 것은 현 단계에선 가능하지 않다.

2 Strøm, K. (2000). Parties at the Core of Government. In R. J. Dalton and P. Wattenberg (Eds.), *Parties without Partisans: Political Change in Advanced Democracies* (1st ed., pp. 180–207). Oxford University Press. 해당 연구는 민주주의 유형들을 다음과 같이 분류한다.

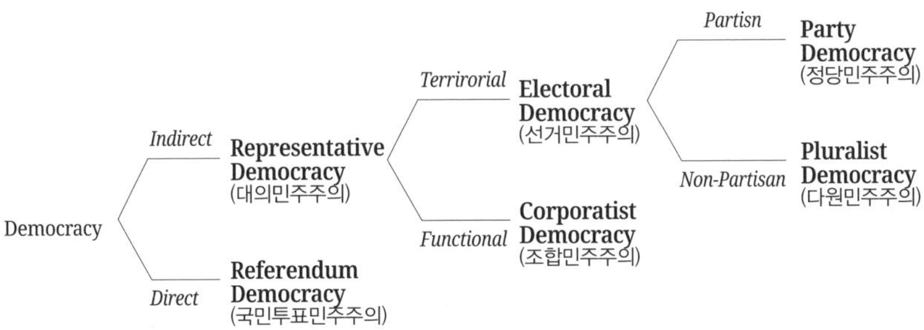

해당 분류법은 '선거정치'에 대한 근본적 속성들을 이해하는데 유용하다.

첫째, 선거민주주의를 수행함에 있어서, 사회 내에 존재하는 관행적인 좌-우 이념성향에 근거한 부류들로 형성되는 '당파성'(partisan)에 두고 할 것인지, 아니면, 사회기능이나 직능적으로 세분화된 다원적(pluralistic) 집단들[말하자면, 이런 경우, 소위 이념형적인 좌-우(left-right) 구분이 아닌, 이익집단적 차원의 정체성(identity)을 지닌 집단들]에 두고 할 것인지에 대한 선택의 문제가 발생할 수 있다. 현재 지구촌의 가장 보편적 형식은 당파성에 기반한 '정당민주주의'를 기반으로 한 '선거민주주의'이다. 국가정책의 결정과정에서 당파성을 기준으로 어떤 집단(즉, 정당)에게 어떤 비율의 대표성을 줄 것인지를 유권자들이 결정하는 과정이 곧 선거가 된다. 권력구조의 차원에서 보자면, 선거민주주의란 법을 만드는 '입법부'와 그렇게 만든 법을 집행하는 '행정부'에 진출하는 당파의 비율을 결정하는 민주적 수단이 된다. 선거제도는 매우 다양하다. 어떤 선거제도를 채택할 지는 그 사회 구성원들의 합의를 통해서 마련된 선거법규에 달려 있다.

둘째, '대의민주주의'를 수행하기 위한 형식으로서 '선거민주주의'라는 것 자체에 회의가 있는 경우엔, '조합민주주의'라는 형식으로 민주주의를 구현하는 것도 가능하다. 선거민주주의와 조합민주주의를 구분하는 핵심 개념은 대표성을 확보함에 있어서 '구역'(territory)별로 대표자를 구성할 것인지, 아니면, 사회기능(function)별[노동, 기업, 정치, ..말하자면, 직능별]로 대표자를 구성할 것인지이다. 전국을 구역별로 나누고, 각 구역별 대표자를 정한다면, 이것은 결국 구역(또는 지역)대표성이 된다. 반면에 직업군 기능별로 대표자를 정한다면, 이것은 직능별 대표가 되는데, 같은 직능군 내에서도 다양한 하위 직능군들이 존재하니, 하위 직능군별로도 대표성을 구성할 수 있다. 상대적 의미에서 보자면, 구역간 대표자들은 평등성이 강조되는데 반하여, 직능별 대표자들은 상위-하위 서열체계에 있게 되는 것이 보통이다.

민주주의를 성취하기 위한 형식들과 내용에 근거할 때, 대의민주주의에서 '선거'의 기능은 무엇일까? 다음과 같이 정리된다. ① 사회구성원들의 관심과 요구를 정부의 정책과 연결시켜주는 수단이 되며, 그 때 연결시켜주는 매개체는 '정당'이다 (특히, 정당민주주의를 기반으로 한 선거민주주의의 경우). ② 사회구성원들이 그들의 대표자를 선출하는 수단이다. 그들은 선거를 통해서 대표자의 임기를 연장시킬 수도 있고, 임기가 연장되는 것을 제지할 수도 있다. ③ 사회구성원들의 입장에선, 정부와 공직자들을 선택할 수 있도록 해준다. ④ 정부와 공직자들의 차원에선, 정치 권한을 정당화하는 근거를 제공받는다. ⑤ 선거가 주기적으로 행해지면서, 사회변화의 과정 속에서 사회구성원들의 갈등을 해결하기 위한 평화적 수단이 된다.

최근에 한국의 선거과정을 지켜보면서, "선거민주주의"(electoral democracy)의 형식을 통해서 정치 본연의 목적인 '국민통합'과 '민주주의'(democracy) 성취를 제대로 이뤄 낼 수 있는지에 대해서 의문을 갖는 사람들이 늘고 있다. 2022년 대통령선거과정을 보면, '선거과정'에 옳고 그름의 최소한의 규범적 논의마저 실종되고, '진영논리'(陣營論理)만 난무하기 때문이다. 선거승리를 위해서 모든 세부적인 사안들이 '진영논리'에 함몰된다. 자신의 편에 있는 후보자는 어떤 과실도 합리화되며, 상대의 편에 있는 후보자의 과오는 조금도 용납되지 않는다.[3] 선거민주주의에서 선거경쟁이란 본질

3 사회과학에서 '규범적 논의'는 매우 중요하다. 교육은 "많은 지식을 전수하는 것 이상으로 올바른 지식을 가르치는 방향으로 가는 것"이 필요할 것이다. 루소(J.J. Rousseau)의 말처럼 '교육' 변수의 중요성을 기억할 필요가 있다. 공동체사회에선 민주시민교육의 중요성이 강조될 것이다. 루소는 에밀(Émile)에서 인간의 영혼이 세상의 편견에 휘둘리기 이전에 보호받아야 하며, 이런 역할을 하는 것이 '조기(早期)교육'이라고 보았다. '조기(시민)교육'을 통해서 "자연이 부여한 것들을 어린이들이 활용할 수 있도록 지성과 능력을 제공하자"는 것이다. 카노이(M. Carnoy)의 저서는 국가에 대해서 시민들이 가져야 할 인식을 비교관점에서 다루고 있다. Carnoy, Martin. (1984). *The State and Political Theory*. Princeton University Press. 투표행태 연구에서 '교육변수'는 집단간 투표행태의 차별성을 초래하는데 주요한 영향을 미친다.

적이고 내재적으로 존재하는 그런 것으로 경쟁이 없는 곳엔 부패가 만연한다. 이것은 한국만의 문제가 아니다. 현대민주주의를 거론함에 있어서 영국정치보다도 더 자주 거론되던 미국정치과정에선 상상을 초월하는 의사당 총기난사사건이 2020년에 있었다. 법치와 상식에 따라서 시시비비(是是非非)를 가리려는 노력은 경시되고, 아예 주관적 편견은 누구에게나 자연스럽고 당연한 것으로 치부한다. 그래서, 많은 지식인들로부터 "이제 민주주의는 죽었다"라는 탄식이 나온다. 이러한 내용을 다시 반추해서 정리해 보면, "선거민주주의를 통해서는 '중우(衆愚)민주주의'만 양산하며 건전한 민주주의를 제대로 수행해 내기 어렵다"라는 말로 정리될 것이다.

선거민주주의는 '절차적 민주주의'(procedural democracy; 또는 형식적 의미의 민주주의)를 충족시키는 기제이며, '실질적 민주주의'(substantive democracy)를 충족시키는 기제는 아니다. 그런데, 한국정치사의 경험은 절차적 의미의 민주주의를 확보하는 것마저도 제도의 도입만으로 저절로 되는 것은 아니라는 것을 보여준다. 한국에서 1987년 제6공화국헌법을 통한 절차적 민주주의 수립이후를 기점으로 하여 '민주주의 공고화'의 단계로 들어서는 것을 기대했지만, 5년이 지난 1992년에도 여전히 자유선거는 지켜지지 않았는데, 당시, 이지문 중위는 "군부재자투표과정에서 여당 지지 정신교육과 함께 공개투표와 같은 부정행위가 있었다"라고 양심선언을 하게 된다.[4] 헌법은 문헌이 마련되었다고 해도 스스로가 자기집행적이지 못하며, 국민과 정치엘리트들의 법치주의의 실천을 통해서 '입헌주의'(constitutionalism)가 구현되는 것이다. 절차적 민주주의의 수립 이후 한참 시간이 흐른 후에도, 여전히 투명한 자유선거를 위한 또 다른 투쟁의 과정이 있었던 것이다. 선거과정에서 절차의 투명성은 제도의 도입만으로 저절로 주어지는 것이 아니다. 선거의 투명한 관리는 실질적 의미의 민주주의를 보장할 수 있는 교두보가 될 수도 있고, 선거과정에서의 부패는 제도의 존재와 상관없이 절차적 의미의

민주주의마저도 무너뜨리게 된다. '부정'(不正)관리가 아니라고 해도, 부실(不實)관리도 문제일 것이다. 2020년 국회의원선거에서도 '사전투표'를 중심으로 부실관리나 부정투표에 대한 사회적 논란이 있었으며, 부정투표나 부실관리가 논란거리가 되면, 권력정당성은 낮아질 수밖에 없다.

선거민주주의에 대한 모든 문제점의 근원은 '대표자의 수(數)'에 있을런지도 모른다. 수십만, 수백만, 수천만의 사람들이 한 사람을 대표자로 하는 경우엔, 과연 그 한 사람들이 유권자 구성원들의 뜻을 헤아리고 통합할 수 있느냐는 것이다. 올리어리(O'Leary)는 대의민주주의를 정상궤도에 올려 놓고 살리기 위해서는 결국 시민을 대표하는 대표자의 수가 적절한 수준에서 충분한 규모가 되는 것이 바람직하다고 본다.[5] 현대사회와 같이 복잡다기

Wolfinger, R. E., & Rosenstone, S. J. (1980). ***Who Votes?*** Yale University Press. 투표행태에서 교육수준 변수는 행태의 차별성을 가져온다. 이남영. (1993). 투표참여와 기권: 제14대 국회의원 선거분석. 이남영 (편.), *한국의 선거 I* (pp. 21–47). 나남; 김욱. (2002). 한국 유권자의 투표참여에 대한 통합적 연구방향의 모색: 일반이론의 효용성에 대한 방법론적 논의를 중심으로. 진영재 (편.), *한국의 선거 IV: 16대 총선을 중심으로* (pp. 373–405). 한국사회과학데이터센터.

4 1992년 '군부재자투표 부정행위와 양심선언'이 그것이다. 이지문 중위는 제14대 국회의원 선거를 이틀 앞두고 1992년 3월 22일 오후 8시에 '공명선거실천시민운동협의회(공선협)' 사무실에서 군장교의 신분을 유지한 채 증언하였다. 이지문 중위는 해당 사건으로 일등병으로 강등되었다가, 후에 대법원의 판결로 명예회복되었다. 해당 사건은 한국선거사에 또 다른 전환점이 된 중차대한 사건이다. 이지문. (2022). 한 평범한 장교의 호루라기 불기. 호루라기 재단 (편), *한국의 공익제보* (pp. 240–248). 책봄; 윤철호. (1995). 길이 만난 사람: 비범한 양심을 가진 평범한 청년 이지문 중위–"정의의 반대말은 불의가 아니라 의리". *월간 사회평론 길*, 95(3), 38–43.

5 O'Leary, K. (2006). *Saving Democracy: A Plan for Real Representation in America* (1st ed.). Stanford University Press. 핵심적 논의는 투표집단으로 부터 무작위로 선택되어 일정 수준 이상의 규모를 지닌 집단 [즉, '국민의회'(people's house)]은 현존하는 소규모의 의회가 다루기 어려운 문제도 함께 모여 심의하고 결정할 수 있는 능력이 더 좋다는 것이다. 올리어리에 따르면, 민회의 구성원의 규모는 충분히 큰 것이 중요하며 '소인구집단'(mini populus)으로 기

한 사회 내에 다양한 정체성을 지닌 집단들을 단위로 형성되는 '정체성의 정치'(identity politics)가 대세인 상황에서 의회민주주의의 문제점은 너무 많은 수의 사람들을 너무 적은 수의 사람이 대표하는 것에서 비롯될 수 있다. '정체성의 정치'란 맥락에서 보자면 시민들은 자신들의 관심 주제와 직접적으로 관련된 집단에 소속된 사람들이 대표자를 맡기를 원한다.

정치의 목적은 '국민통합'인데, '선거'를 통해서 국민통합이 오히려 저해되고, 국가가 사분오열(四分五裂)되는 일이 잦아지고 있다. 듀베르제(M. Duverger)의 말처럼, 정치란 것이 원래 "분열과 통합이 반복되는 것"이니 너무 걱정할 일이 아니라고 이야기할 수도 있을 것이다. '정치'라는 것이 원래 포괄적 의미에서 "권력획득에 연계된 것들, 그리고 권력을 중심으로 발생하는 현상들"이라고 본다면, 권력획득을 위한 권력투쟁이란 것이 그다지 안온한 과정이 아니기 때문에 통합을 전제하기보다는 진영이나 패거리들의 분열을 전제하는 것이 더 현상을 설명하는데 적합할 수도 있다. '선거민주주의'에 대한 시각에 따라서 결과론적으로 '민주주의'의 성취에 대한 비관론자가 되거나, 낙관론자가 될 수 있다.[6] 보다 근원적인 문제는 현대사회에서 민주주의를 구현함에 있어서 과연 '선거민주주의'의 형식을 대체할 수 있는 대체재로서의 형식이 존재할 수 있겠는가 하는 것이다. 해당 대체재 및 보완재의 문제를 철학적 논쟁의 대상으로 가져가게 되면, 이런 논의는 궁극적으로 '민주주의 성취' 또는 '민주주의 수행'여부와 연관될 수밖에 없다.[7] 어떤 형식으로 민주주의를 구현하는 것이 보다 더 높은 수준의 민주주의를 성취할 수 있겠는가 하는 것으로 논의가 발전된다.

'민주주의'를 구현하는 방식에 대해서 다양한 용어들을 통해서 여러 학자들이 분류를 하였고, 그 중에서 가장 많이 언급되는 것이 '직접(direct)민주주의'와 '간접(indirect)민주주의'란 분류법이다. '참여민주주의'(participatory democracy)란 '직접민주주의'와 일치하는 개념은 아니지만 종종 대체하는 용어로 쓰이기도 한다. 반면에, '선거민주주의'란 '간접민주주의'를 구현하기 위한 방법들 중의 하나가 된다. '간접민주주의'란 사회의 구성원들이 대표자들(representers)을 뽑고, 그들에게 권한을 위임하여 정치를 하는 방식이기에, '대의민주주의'(representative democracy)라는 용어로 쓰이기도 한다.[8]

능하기 위해선 대략 수천명의 규모는 되어야 한다. 올리어리는 그러한 국민의회는 기존의 '의회'와는 별도의 기구로서 존재하는 것이며, 그런 경우, 입법부는 선거로 구성하고, 민회는 추첨제로 구성할 수도 있는 것으로 본다.

6 Macdonald, S. E., Rabinowitz, G. M., & Brasher, H. (2003). Policy Issues and Electoral Democracy. In M. B. MacKuen & G. Rabinowitz (Eds.), *Electoral Democracy* (1st eds., pp. 172–199). University of Michigan Press; Streb, M. J. (2008). *Rethinking American Electoral Democracy*. Routledge; Gomez, J., & Muhamad, R. (2010, June 10–11). *New Media and Electoral Democracy: Online Opposition in Malaysia and Singapore* [Workshop presented paper]. the 2010 Workshop "Malaysia and Singapore – Media, Law, Social Commentary, Politics," Melbourne, Australia; Lindner, R., Aichholzer, G., & Hennen, L. (Eds.). (2016). *Electoral Democracy in Europe.* Springer; Achen, C. H., & Larry, M. B. (2006, August 30–September 3). *It Feels Like We're Thinking: The Rationalizing Voter and Electoral Democracy* [Annual Meeting presented paper]. the annual meeting of the American Political Science Association, Philadelphia, United States; Page, B. I. (1978). *Choices and Echoes in Presidential Elections: Rational Man and Electoral Democracy.* University of Chicago Press.

7 Myerson, R. B. (1995). Analysis of Democratic Institutions: Structure, Conduct and Performance. *Journal of Economic Perspectives,* 9, 77–89; Mattes, R., & Bratton, M. (2007). Learning About Democracy in Africa: Awareness, Performance, and Experience. *American Journal of Political Science,* 51(1), 192–217.

8 Pateman, C. (1970). *Participation and Democratic Theory.* Cambridge University Press. 민주주의를 수행하는 과정에서 시민들의 참여민주주의적 성향(즉, 직접민주주의적 성향)에 기반하여, 단지 시공간의 제약으로 인해서 대의민주주의(즉, 간접민주주의)를 시행하는 것이라면, 시민들의 '대표자'는 시민들이 파견한 '대리인'(delegate)에 불과하며, 권한을 위임받아서 정책결정의 자율성을 지닌 '수탁자'(trustee)가 될 수 없다. 선거참여에서 성별차이를 볼 때, '직

최근에는 대표자를 뽑는데 있어서, '선거'가 아닌 '추첨제'(lot, sortition)가 제법 많이 논의되기도 한다.[9] '추첨제' 방식은 새로운 발견물이 아니고, 이미 구성원들의 평등성이 강조되었던 공동체 사회에선 줄곧 사용되던 방식이었다.[10] 추첨제 방식은, 교육수준이 높아지고, 인터넷, SNS(social network service)로 정보 획득의 수준이 평등화되어 가는 현대사회에서 그 활용도가 점차 높아질 가능성을 배제할 수 없다. 하지만, 아테네에서 추첨제 방식으로 '민회'(民會, Ecclesia)를 구성하더라도, 민회가 모든 것을 결정하는 것은 아니고, 오히려 심의적, 자문적 성격이 강했으며, 대의적 정책결정기구들은 여전히 선출직이었다는 점을 유의할 필요가 있다.[11] 정리하자면, 아테네에서도 주요한 정책결정기관은 선출직으로 하되, 특정집단의 이익이 결부되지 말아야 할 곳이나 자문기관의 성격이 강한 곳은 추첨제로 병행하였던 것이다. 현대사회에서 시민 추첨제를 논하는 것은 직접민주주의를 위한 것이라기 보다는 대의민주주의를 보완하기 위한 성격으로 한정되는 성향이 강하다.[12] 미래사회에선 인공지능(AI: Artificial Intelligence)으로 인해서 또 어떠한 변화를 예상하게 될런지 모른다.

선거민주주의가 문제가 많다면, 사회적 합의를 거쳐서 다원민주주의로 간다던지, 또는 조합민주주의로 갈 수도 있다. 쉽지는 않을 것이다. 아예, 직접민주주의로 갈 수도 있지만, 현대사회가 워낙 복잡다기한데다 기능이 분화되어 '전자투표'의 사용 가능성을 참작하더라도, 최소한 투표에 부의할 안건을 정할 매개기관(즉, 대의기관)이 필요하다. 시공간의 제약을 상당부분 극복할 수 있는 '전자투표'가 여러 곳에서 실험되고 있는데, 전자투표관리의 기술적 완성도와 별개로,[13] 전자자료집약 과정에서의 입력 오류 및 조작의 가능성에 대한 국민들의 불안감이나 불신감을 확실히 제거하기 전에는, 현실 투표과정에서 전자투표방식의 전면적인 적용 여부는 여전히 불투명한 부분이 있다. 국민들은 자신을 대의할 수 있는 대표자를 선정하는 과정에 대해서 그 과정이 투명하고 결과가 명확한 것에 대한 공동체의 확신과 신뢰가 중요하다.

접민주주의'하에서 여성의 참여가 더 기대될 수 있다는 연구도 있다. Kim, J.H.(2019). Direct Democracy and Women's Political Engagement. *American Journal of Political Science,* 63(3), 594–610.

9 이지문. (2012). 민주주의 가치 구현을 위한 추첨제 의회 모색. 대한정치학회보, 19(3), 71–98.

10 추첨제(lottery)와 현대 민주주의와의 연관성에 관한 연구물들은 다음을 참조할 수 있다. Dowlen, O. (2008). *Sorted: Civic Lotteries and the Future of Public Participation.* MASS LBP; Sintomer, Y. (2010). Random Selection and Deliberative Democracy. In Delannoi, G, & Dowlen, O (Eds.), *Sortition* (pp. 31–52). Imprint Academic; Gohler, G. (2010). Controlling Politics by Sortition. In Delannoi, G, & Dowlen, O (Eds.), *Sortition* (pp. 91–104). Imprint Academic; Delannoi, G. (2010). Reflection on Two Typologies for Random Selection. In Delannoi, G, & Dowlen, O (Eds.), *Sortition* (pp. 13–30). Imprint Academic; Ho, D. E., & Imai, K. (2004). The Impact of Partisan Electoral Regulation: Ballot Effects from the California Alphabet Lottery, 1978 – 2002. *SSRN Electronic Journal,* 1–41; Knag, S. (1998). Let's toss for it: A surprising curb on political greed. *The Independent Review,* 3(2), 199–209; Erikson, R. S. & Stoker, L. (2011). Caught in the Draft: The Effects of Vietnam Draft Lottery Status on Political Attitudes. *American Political Science Review,* 105(2), 221 – 237; 이지문. (2011). *한국 민주주의의 질적 고양을 위한 추첨제 도입 방안 연구.* 연세대학교 대학원 정치학과 박사학위 논문, pp. 89–115. 17세기 근대사회이후 추첨제 논의는 pp.115–133; 김상준. (2007). 헌법과 시민의회. 함께하는시민행동(편), *헌법 다시보기* (pp.144–185). 창비; 오현철. (2007). 자유주의와 민주주의. 민주화운동기념사업회 연구소(편), *민주주의 강의 2: 사상* (pp. 89–144). 민주화운동기념사업회; 손우정. (2008, 6월). *추첨을 통한 위임 권력 창출: 모든 권력은 국민으로부터 나오는가?* [토론회 발표]. 국민소환제, 국민투표, 의원추첨제 시민토론회, 서울; 하기남. (2009). *직접민주주의와 국민중추. 칠홍교.*

11 이지문. (2011). *한국 민주주의의 질적 고양을 위한 추첨제 도입 방안 연구.* 연세대학교 대학원 정치학과 박사학위 논문, 제4장. 추첨제의 역사적 기원 및 논의 부분을 참조할 수 있다.

12 Dowlen, O. (2008). *The Political Potential of Sortition: A Study of Random Selection of Citizens for Public Offices. Academic.*

13 류석진 외. (2009). *전자투표와 민주주의: 9개국 비교 연구.* 인간사랑.

대표자를 선정하는 과정에서 '인물'보다는 '기관'에 대한 신뢰성을 위주로 대표자를 선정하는 경우 '정당민주주의'가 '다원민주주의'보다 상대적으로 강력한데, 이것은 대의제하에서 정당이라는 기관의 '책임정치'라는 차원 때문이다. 선거민주주의 체제에 대한 불신감은 선거민주주의에 대한 지나친 이상적 기대감에서 비롯될 수도 있다. 선거정치란 것은 '정당'-'정당이 공천한 후보자'-'유권자' 사이의 역학관계에서 형성되는 정치과정이다. 유권자들은 정당이나 후보자들에 대한 지나친 기대감으로 필요 이상의 정치불신감을 갖게 되거나, 실망한 이후엔 아예 정치무관심의 상태로 추락하는 상황이 발생하게 된다. 선거정치과정에서 게임을 하는 3개의 개체들로서의 유권자들, 정당들, 후보자들이 그렇게 일관성을 지닌 완벽한 기관이거나 인격체는 아니다. 대의민주주의하에서 선택의 주체는 유권자들이고, 정당과 후보자들은 선택을 받는 객체이다. 문제라면 정당과 후보자들이 유권자들의 판단을 흐리고 그로 인한 혹세무민(惑世誣民)으로 부정적 현상을 확대재생산하는 것이 문제이다. 정치인들의 역량과 양심이 중요한 이유이다. 현대사회에서는 건전한 선거과정이 유지되어 결과물을 만들어내는데 언론의 역할도 막중하다.[14] 물론, 민주주의를 성취해 나가는데 시민들의 역량도 중요하다. 공동체 사회에서 건전한 국가관이나 사회관을 지닌 민주시민으로서의 역량은 건전한 민주주의를 성취하는데 직결되는 요소가 된다. 민주시민교육이 중요한 이유이다. 결론적으로, 해당 저서의 문제의식은 다음과 같다.

첫째, 당분간 '선거민주주의'의 대체재는 존재하기 어렵다. 왜냐하면 '정당민주주의'를 포기하기 어렵기 때문이다. 이것은 특히 한국정치과정에서 과연 정당정치가 제대로 이루어지는가 하는 문제의식과도 무관하지 않으며, 제대로 정당정치가 이루어지지 않는 곳에서 왜 '정당민주주의'의 형식을 고집해야만 하는가 하는 의문과도 연관된다. 하지만, 당분간, 인간사회가 비슷한 주의, 주장을 지닌 사람들로 대표집단을 형성하고, 그 대표집단이 대표자로 적합한 것으로 인정되는 사람들을 추천하면, 그 추천된 사람들 중에서 대표자를 선택하는 정치과정 이외에 다른 형식을 찾기가 어렵다. 없다고 해도 과언이 아니다. 구태여, 개념상의 분류를 해 놓아서 그런 것이지, 일상 정치과정을 생각해 보면, '다원민주주의'라는 것도 다양하게 차별화되어 분화된 군소집단들로 기능하더라도, 이것을 달리 보면, "극도로 분화된 다당체계" 형식의 '정당민주주의'와 그 작동과정이 유사하다고도 볼 수도 있다. 또한, 인간사회의 주요한 이슈는 결국 관행적인 좌-우 이념차원에서 특히 '경제적 차원의 좌-우 문제를 중심으로 수렴하는 경향이 강하기 때문에 분파적인 이익집단들의 다원민주주의도 실제 기능에선 몇 개의 이념적 정당으로 수렴하는 성향을 보일 수 있다.[15] 다양한 정체성의 집단들이 난무하는 '다원주의적 상황'을 '극도로 분화된 다당체계적 상황'으로 유추하는 경우, 이런 상황은, 주요정당(major parties)을 중심으로 기능하는 현실정치과정의 경험세계에선

14 McCombs, M. E., & Shaw, D. L. (1972). The Agenda-Setting Function of Mass Media. *Public Opinion Quarterly,* 36(2), 176-187; Emery, E. (1976). Changing Role of the Mass Media in American. *The ANNALS of the American Academy of Political and Social Science,* 427(1), 84-94; Nimmo, D. (1976). *Political Image Makers and the Mass Media. The ANNALS of the American Academy of Political and Social Science,* 427(1), 33-44; Atkin, C. K., & Gaudino, J. (1984). The Impact of Polling on the Mass Media. *The ANNALS of the American Academy of Political and Social Science,* 472(1), 119-28; Mutz, D. C., & Martin, P. S. (2001). Facilitating Communication Across Lines of Political Difference: The Role of Mass Media. *American Political Science Review,* 95(1), 97-114; Gilens, M., Vavreck, L., & Cohen, M. (2007). The Mass Media and the Public's Assessments of Presidential Candidates, 1952-2000. *Journal of Politics,* 69, 1160-1175; Hindman, D. B. (2009). Mass Media Flow and Differential Distribution of Politically Disputed Beliefs: The Belief Gap Hypothesis. *Journalism and Mass Communication Quarterly,* 86(4), 790-808.

15 Lijphart, Arendt. (1999). *Patterns of Democracy: government forms and performance in thirty-six countries.* Yale University Press. pp. 80-81. 여기서 경제적 차원의 좌파란 "가능하면 나누어 갖자"라는 철학으로 대변되고, 경제적 차원의 우파란 "개인적 성취와 소유를

결국 다양한 많은 이익집단들은 '틈새정당'(niche party)의 모습에 비견될 수 있다.[16]

'조합민주주의'는 같은 직능별 영역내에서 집단들간의 서열과 위계(hierarchy)를 인정하기에 '권위주의적 속성'을 태생적으로 인정하고 있기에, 현대 사회에서 민주주의 구현 방식으로 채택되기 쉽지 않다. 따라서, 다원민주주의이건, 조합민주주의이건, 일부 영역에서 채택된다고 하더라도, 결국 '선거민주주의'에 대한 대체재는 될 수 없고 선거민주주의에 대한 보완재 수준에 머무를 가능성이 크다. 선거민주주의에 대한 대체재를 찾으려는 노력보다는, 선거민주주의란 형식을 더 현실에서 보완하고 개선하려는 노력이 보다 더 절실할 수도 있다. 다시 말해서, 선거체계를 바꿈으로써 유권자들의 기회구조를 증가시키는 것이다.[17] 이런 노력은 선거제도적 개선의 논의로 한정되어서는 곤란하며, 오히려 시민들의 선거에 대한 계몽적 인식을 높이거나, 선거문화를 개선하는 등의 전반적인 것이어야만 할 것이다. 도덕적, 관념적 논의의 중요성에도 불구하고, 단순히 도덕적, 관념적 논의만으로 현실의 선거정치를 이해하는데 한계가 있으며, 사회구성원들이 원하는 바대로 개선하기도 어렵다. 유권자는 보다 양질의 역량있는 정치인들을 원하지만, 정당은 선거에서 승리하려고 모든 수단을 강구한다. 정치인들은 권력의 화신(化身)이다. 민주시민의식을 지닌 유권자들은 '시민의무감'(civic duty)을 지니며, 그런 경우, 반드시 투표에 참여해야한다는 강박관념이 결국 "만족할 만한 후보자가 없으며 그 중 덜 나쁜 후보자를 선택할 수밖에..."라는 행태로 나타나는 것이다. 양심을 지닌 역량있는 모든 자들이 정치지망생이 되는 것은 아니다. 시민들의 눈높이에서 볼 때, 공명심이외에는 별 볼일 없는 그만그만한 지망생들 중에서 정당은 후보자들을 선택하여 공천할 수밖에 없는 것이며, 일단 공천한 후보자와 함께 선거에 이겨야만 하는 것이다. 이런 현실을 본다면 선거민주주의의 문제는 양질의 역량있는 정치지망생이 부족한 것에서 비롯되는 현상일 것이다. 단순히 선거민주주의 그 자체를 폄하하거나 불만할 수만은 없는 것이다.

둘째, 선거과정에 참여하는 개체는 삼분화(三分化)된다. 주권재민(主權在民)이지만, 유권자만이 선거과정의 유일한 행위자가 아니다. '선거민주주의'에 대한 불만과 오해의 고리는 선거과정에서 행위자를 단순히 유권자만으로 인식하는 듯한 화법(話法)에서 비롯된다. 선거민주주의는 유권자-후보자-정당이란 삼자간의 역학관계로 해석해야 한다. 그래야만 선거정치란 현상에 대한 적확한 이해는 물론이고, 선거현상들을 과장하거나 폄하하는 상황에서 벗어날 수 있다. 예를 들어, 많은 선거분석들이 선거후(post-election)에 선거결과를 놓고서 유권자들의 행태분석의 형태를 취한다. 대부분의 주어가

인정하고 간섭하지 말자"라는 철학으로 대변될 것이다.

16 Barr, R. R. (2009). Populists, Outsiders and Anti-Establishment Politics. *Party Politics,* 15(1), 23-48; Meyer, T. M., & Miller, B. (2015). The niche party concept and its measurement. *Party Politics,* 21(2), 259-271; Fernandez-Vazquez, P. (2018). Voter discounting of party campaign manifestos: An analysis of mainstream and niche parties in western europe, 1971-2011. *Party Politics,* 26(4), 471-483; van de Wardt, M., Berkhout, J., & Vermeulen, F. (2021). Survival of the fittest: Comparing entry and exit among niche and mainstream parties in advanced democracies, 1945-2011. *Electoral Studies,* 69, 102261; Meguid, B. M. (2022). Adaptation or inflexibility? Niche party responsiveness to policy competition, with evidence from regionalist parties. *European Journal of Political Research;* Nonnemacher, J. (2022). Representational deprivation: Niche parties, niche voters and political protest. *West European Politics,* ahead-of-print, 1-25.

17 '선거체계'[electoral system: '선거법'(electoral law)과 선거제도(electoral institution)의 조합으로 구현됨]는 유권자들의 기회구조를 정의하고 제공하는 근본적인 프레임워크가 된다. Bowler, S. (2006). Electoral Systems. In R. A. W. Rhode, S. A. Binder, & B. A. Rockman (Eds.), *The Oxford Handbook of Political Institutions* (pp. 577-594). Oxford University Press. 선거제도와 정당체계의 이론적 경험적 검증에서 득표가 집중되어 양당으로 수렴하는 현상은 FPTP(First-Past-the-Post: 한 표라도 많은 후보자가 승리하는 제도)하에서 가능

유권자로 환원되는 것이다.[18] 후보자를 보고 인물본위투표를 했는지, 정당을 보고 기관본위투표를 했는지, 어떤 이유로 투표했는지, 어떤 이유로 투표하지 않았는지, 불만의 이유는 무엇인지 등이다. 그래서, 유권자들에게 투표의 원인으로 어떤 변수가 중요하고, 선거불만의 원인으로 어떤 변수가 중요하고, 정치적 무관심의 원인으로 어떤 변수가 중요하다 등등을 말한다. 이러한 분석은 유권자 행태분석이지, 선거분석이 아닐 수도 있다. 유권자 행태분석과 선거분석은 다르다. 선거민주주의를 논하기 위해선 선거분석을 해야 한다. 유권자행태분석은 선거분석의 편린(片鱗)에 불과하다. 선거분석은 선거과정에서 유권자-정당-후보자들 간의 정치적 역학관계를 파악하여 이에 대한 교훈과 함의를 얻어내는 것을 포괄해야 할 것이다.

결론적으로, 이상의 두 가지 문제의식에 답하기 위해서, 선거과정에 나타나는 정치현상을, 유권자(voters), 정당(political parties), 후보자(candidates)라는 3개의 주어로 구분하고, 이들 간의 상호작용으로 형성되는 선거정치를 이해해 보고자 한다. 선거정치란 유권자행태만으로 이해되는 것이 아니며, 미숙하거나 불완전한 정당정치인들의 전략만으로 이해될 수 없으며, 특정한 정당경쟁구조 하에서 정당과 후보자의 선거전략과 유권자의 선택의 조합으로 이해될 수 있다. 선거정치의 교훈과 의미, 그리고 나아가 선거민주주의의 의미와 발전은 정당과 후보자의 전략, 그리고 유권자의 선택의 결과물에 대한 종합적 논의를 통해서 이루어질 필요가 있다.

정당민주주의를 구현하는 수단적 과정으로 선거민주주의를 이해하는 경우가 많은데, 이런 경우도 마찬가지이다. 선거과정이란 정당과 정당의 게임으로 단순화되어 한정될 수 없다. 정당이 후보자를 공천하는 과정에서 발생하는 당내 후보자들간의 게임, 그러한 과정에서 발생하는 당내 후보자들과 당원 및 지지자들 사이의 게임, 정당이 본선거를 위한 후보자를 공천한 이후에도 정당의 정체성과 다양한 후보자들의 구체적인 정책공약은 갈등하며 일종의 게임의 양상을 보일 수도 있다.[19] '선거정치'는 '정당간(政黨間) 경쟁'(inter-party competition)의 과정을 다루는 것이고, 개별정당조직으로서 '정당내'(政黨內, intra-party) 조직의 문제는 '정당정치'에서 다루게 된다.

합리적 유권자는 "후보자를 중심으로 인물본위"의 선택을 할 수도 있고, 후보자의 인물됨이 마음에 들지 않아도 당파성에 근거하여 "정당을 중심으

하며, 투표의 분산을 통한 다당제도는 비례시스템(PR system; proportional representation system)에서 가능하다.

18 유권자들의 기회구조는 궁극적으로 자신들을 대표할 수 있는 사람들을 의회에 보낼 가능성으로 표시될 수 있을 것이다. Taagapera, R., & Shugart, M. S. (1999). ***Seats and Votes: The Effects and Determinants of Electoral Systems.*** Yale University Press. 선거체계는 유권자의 기회구조에 영향을 미친다. 선거체계는 정당에 의해 제공되는 이념의 다양성에 영향을 미치며, 이는 유권자들의 투표행태에 영향을 미친다. 비례대표제도는 단순다수–단일선거구제(single member district–plurality system)보다 투표율이 높다. Ladner, A., & Milner, H. (1999). Do Voters Turn Out More Under Proportional than Majoritarian Systems? The Evidence from Swiss Communal Elections. ***Electoral Studies,*** 18(2), 235 – 250. 선거법과 의회의 대표성 사이의 이러한 연계는 위에서 논의된 기회 구조의 논리의 발현이다. 만약 선거체계가 정당들이 정치체계내에 더욱 진출할 수 있는 기회를 더 많이 제공하고, 따라서 유권자들이 그들이 지지하는 정책을 가진 정당을 선택하는 것을 더 쉽게 만든다면, 시민들의 참여를 위한 기회구조는 증가하는 셈이다. 단, 기회구조의 증가가 바람직한 민주주의 기능을 저절로 보장하는지의 문제에 대해서 결코 속단할 수 없으며, 보다 많은 논의가 필요할 것이다. 예를 들면, 선거제도가 지나치게 많은 정당의 참여를 허용할 수 있고, 그로 인해 유권자들에게 상당한 정보비용을 부과할 수 있다. 2012년 네덜란드 총선에 20개 정당이 참여했고, 2016년 페루 대통령 선거는 18개 정당의 후보자가 난립하였다. 정치정보 시스템이나 정당제도가 제대로 갖춰지지 못한 곳에서 정당의 이합집산을 통한 정당경쟁구도의 변경과 당명의 변경이 잦은 곳에서 정당의 난립은 기회구조의 증가라는 긍정적 측면을 넘어서서 유권자들에게 커다란 정보비용을 부담으로 안기게 된다. 정당이 난립하는 정당체계와 더불어 '단기이양제'(單記移讓制: STV; single–transferable votes)와 같이 복잡한 선거시스템이, 특히, 한 선거구에서 다수를 선출하는 상황과 연계될 경우엔 제도적 복잡성에 대한 참여비용이 증가한다. 결론적으로, 제도적 민감성의 수준이 높은 선거민주주의는 유권자에게 제공되는 기회구조를 높이려다가 유권자에게 필요한 정보비용을 기하급수적으로 올리는 일이 발생할 수 있는 것이다. 안순철. (2000). *선거체제 비교: 제도적 효과와 정치적 영향.* 법문사, pp. 189–213.

로 기관본위"의 선택을 할 수도 있다.[20] 극단적 시각에 의해, 선거라는 것이 유권자들 진영간 대리전(代理戰)에 불과할 수도 있다고 본다면, 선거정치란 단지 유권자들 진영간의 경쟁을 의미할런지도 모르고, 후보자가 유권자를 대리한다는 것은 허상(虛想)일런지도 모른다.[21] 유권자들이 자신이 지지하는 정당이나 후보자가 마음에 들지 않더라도, 해당 상황에서는 그들로 대리할 수밖에 없으니, 일단 상대방을 경쟁에서 이기기 위해서 내세운 상징물에 불과한 것이기 때문이다.

어떤 현상에 명시적이건, 내재적이건 '권력'(power)이 관여된 현상을 '정치'라는 용어로 일컫는다. 본 연구서의 제목인 '선거정치'란 용어는 선거과정에서 발생하는 다면적인 권력현상들을 종합하여 선거과정을 총체적으로 이해하려는 연구 의도의 일환으로 선택된 것이다. 정당들의 선거전략이 있다면, 합리적 유권자에겐, 비록 한정된 범위이기는 하지만, 선택이 있다. 현대의 민주주의 사회에서 정치의 최종 주체는 시민들 각 개개인이라는 것은 논쟁의 여지가 없다. 정치과정의 주어는 시민들 개개인임에도 불구하고, '대의민주주의'하에서 실제의 정치과정을 보면 주체는 '정당', '후보자', 그리고 '유권자'로 삼분된다. 주권재민의 논리로 보자면, 유권자가 정당이나 후보자의 권력의 원천이어서 '정치주도권'(또는 정치선제권, political initiative)을 지니고 있는 듯하지만, 대의제 선거과정에서 정당과 후보자가 제시하는 선거공약의 범위내에서 유권자들이 선택하는 것에 불과하기에 정당이나 후보자가 권력관계에서 선제권을 잡고 있다는 해석도 가능하다. 물론, 정당이나 정당이 공천한 후보자들은 자신의 선거승리를 위해서 유권자들이 원하는 바를 헤아리고 이를 반영하는데 무심하지 않다. 그러나, 이 역시, 정당이나 후보자의 그릇이나 역량에 따라서 형성되는 것으로 유권자들의 요구나 희망사항과는 일정한 거리가 있을 수밖에 없다.

대의민주주의하에선 '정당'과 '후보자'도 결코 하나의 통일된 주체로 볼 수 없으며, 이들 두 개의 주체는 '기관'과 '인물'로서 엄연히 구분된다. 그래야만 '선거정치'가 제대로 이해될 수 있다. 더욱이, 민주주의 사회에서 그 사회

19 박경미. (2008). 18대 총선의 공천과 정당조직: 한나라당과 통합민주당을 중심으로. *한국정당학회보,* 7(2), 41-64.

20 인물본위의 선택방식이건 정당본위의 선택방식이건 어느 하나의 방식이 다른 하나의 방식보다 우월하다고 확언하기는 어렵다. 두 가지 선택방식은 일정한 비율로 혼합되어 유권자의 선호(選好, preference)에 영향을 미칠 가능성이 크다.

21 이것은 '투표율'(ratio of voting turnout)이 중요한 또 다른 이유가 된다. 일반적으로 투표율이 중요한 이유는 두 가지이다. 첫째, 소우주가 대우주를 잘 대변해야 하며, 그런 경우에 대표자들의 권력 정당성의 수준이 높아질 수 있다. 이것은 제도적 논쟁이지만, 어떤 지역구의 대표자가 그 지역구 사회구성원 모집단(대우주, Universe)의 소우주(microcosm cf. macrocosm)가 되기 위해선 대표자를 한 사람만 선출하는 경우엔 불가능할 것이다. 적어도 해당지역구에서 비례시스템(proportional representation)으로 여러사람을 선출해야 할 것이다. 한 사람만 선출하여 모든 구성원들을 대변한다는 것은 대표자가 슈퍼맨이기를 바라는 것이다. 둘째, 본문에서 말하는 중요하다는 이유는 이것인데, 각 진영간 투표율의 싸움이 결국 선거 승자를 결정하는데 중요할 수 있다. 두 가지 경우이다. (1) 2010년 서울시장선거에서 거의 모든 여론조사예측은 오세훈 후보는 한명숙 후보에 대해서 두 자리수 이상의 낙승이 예상되었으나, 선거결과는 오세훈 47.4%, 한명숙 46.8%로서 한명숙 후보의 0.6% 차이의 초박빙 패배였다 [출처: 장성구 기자. (2010, 6월 3일). 〈그래픽〉 서울시장 여론조사-투표결과 비교. 연합뉴스; 2010. 06. 03]. 이것은 결국 진영간 투표율의 차이로 설명되는 것이 가장 적절하다. 지지율에서 낙승을 예상하는 곳은 투표장에 나가려는 동기가 희석되고, 지지율이 불리한 곳은 결집효과로 투표장에 나가려는 동기가 증대된다. (2) 후보들끼리의 단일화시 투표용지에 단일화 대상인 후보자들의 이름이 모두 인쇄되는 경우 '무효표'가 발생하거나, 자신의 원하는 후보로 단일화되지 않는 경우 아예 투표를 하지 않을 수도 있다. 2010년 경기지사선거에서도 김문수, 유시민, 심상정의 후보가 나섰을 때, 진보진영의 후보인 유시민과 심상정 후보의 단일화가 있었으나, 투표용지 인쇄일을 넘기면서 사퇴한 후보에게 기표하게 '무효표'를 발생시켰다. 특정 진영의 후보단일화가 예상되는 경우 상대진영의 지지율에 결집효과가 나타날 수도 있고, 이러한 결집효과는 투표장에 나서는 긴장감으로 연장되어 해당 진영의 일정 수준 높은 투표율로 나타날 수 있다. 출처: 송호진 기자. (2010, 5월 27일). [경기지사] 김문수-유시민, 다시 벌어져. 한겨레. [출구조사] 한나라당 김문수: 52.1%, 국민참여당 유시민: 47.9% 출처: SBS인터넷뉴스부. (2010, 6월 2일). [투표결과] 선거인수: 8,761,840. 투표수: 4,534,771. 한나라당 김문수: 2,271,492(52.20%). 국민참여당 유시민: 2,079,892(47.79%). 무효 투표수: 183,387. 기권수: 4,227,069. (출처: 중앙선거관리위원회 선거통계시스템). 제

의 주인인 '유권자들' 개개인의 입장에서 일방적으로 선거정치를 해석하게 되면, 선거과정의 역학을 제대로 이해할 수 없을 뿐만 아니라, 시민들이 원하는 방향으로의 선거발전, 나아가 정치발전을 이루기 어렵다. 정당은 보다 더 경쟁력있는 후보자를 공천하기를 원하지만, 후보자 입장에선 자신이 공천받는 것이 중요할 뿐이며, 공천권을 행사하는 정치권력자의 입장에선 자신과의 인연이나 입지에 유리한 사람들을 공천하려고 한다.

정치권력의 원천은 국민이며, '주권재민'(主權在民)이라고 하지만, 정치과정에서 국민이 주어라고 해서 국민들이 '정책결정권'을 갖는 것은 아니다. '선거민주주의'라는 형식은 선거를 통해서 대표자를 선출한 후, 그 대표자에게 '결정권'을 위임하는 것이다. 선출된 후보자는 국민의 마음을 헤아린다고 하지만, 임기중 활동이 자신을 선출해준 국민들의 뜻과 일치한다는 보장은 없다. 일단, 국민이라고는 하지만, 국민들은 다양한 이익집단으로 구성되는 것이기에 하나의 '일반의지'(general will)를 창출하는 것은 사실상 기대하기 어렵다.[22] 덧붙여서, 국민들이 대표자를 선출하는 선거방식은 매우 다양하다. 그 사회가 어떤 선거방식을 선택하느냐에 따라서, 그 사회에 어떤 집단들이 어떤 내용의 이익획득 경쟁을 하느냐에 따라서 '선거민주주의'를 통해서 '민주주의'를 성취하는 수준은 다양하게 나타날 것이다.

'선거정치'는 유권자들이 대표자를 선출하는 과정까지의 정치역학들을 분석의 대상으로 한다. 선거정치라고 하면 반드시 '정당민주주의'를 전제하는 경우도 있지만, 반드시 그런 것은 아니다. 예를 들면, 앞서 언급하였듯이, 스트룀(K. Strøm)은 정당일체감을 기반으로 하지 않는 선거민주주의의 형태로서 '다원민주주의'도 상정하고 있다. 이는 정당이 후보자를 공천한 후에, 그렇게 공천된 후보자들끼리 경쟁하는 것이 아니고, 다양한 이익집단들이 후보자를 자유롭게 낸 후에 그중에서 후보자를 선출하는 것이다. '선거민주주의'를 '다원민주주의'의 형태로 행하는 경우엔 이른바 '정체성의 정치'(identity politics)가 극단화되면서, 선거과정에 후보자가 난립하게 될 것이다.[23] 난립하는 후보자들 속에서 유권자들은 복잡다단한 평가 변수들을 사용하기 보다는 중요한 변수를 기준으로 지엽적인 문제들을 정리하는 소위 '요약적 심리성향'을 보여준다. 정당은 이러한 요약적 심리성향을 발현하기 용이하도록 도와주는 기제이며 만약 정당이 후보자들을 책임지고 공천해 주지 못한다면, 유권자들은 후보자들에 대한 판단이 혼란스럽고 어려울 수 있다. 결론적으로, 정당은 선거과정에서 후보자를 공천해 주는 수고를 대신해 줌

1야당후보(유시민)와 군소정당후보(심상정)에게는, 유권자들에게 '분할투표'의 심리가 작동할 수도 있다. 각각 강원택. (2010). 2010 지방선거에서의 분할투표: 서울 지역을 중심으로. *한국과 국제정치*, 26(4), 1–26.

22 Rousseau, J. (1968[1762]). The Social Contract. Penguin. 일반의지의 실현 가능성 및 실현방식은 사회적 가치에 대한 합의나 공통된 정치적 신념과 태도와 관련된다. Abercrombie, N., Hill, S., & Turner, B. S. (1980). ***The Dominant Ideology Thesis.*** HarperCollins Publishers Ltd; Moss, G. (1982). ***Illness, Immunity, and Social Interaction.*** Krieger Pub. Co; Crompton, R. (1993). ***Class and Stratification.*** Polity; Saward, M. (2003). Enacting Democracy. ***Political Studies,*** 51(1), 161–179; Beetham, D. (2005). ***Democracy: A Beginner's Guide.*** Oneworld Publications.

23 현대시민사회의 '롱테일정치'(long–tail politics)가 그것이다. '롱테일'이란 다품종 소량판매를 의미한다. 정체성의 정치는 '신사회운동'(new social movement) 시대의 도래 및 기존 정당정치의 불만족과 함수 관계에 있다. 정체성의 정치는 기존의 주요정당중심의 과점적 정치경쟁구조에 영향을 미친다. Kitschelt, H. P. (1986). Political Opportunity Structures and Political Protest: Anti–Nuclear Movements in Four Democracies. ***British Journal of Political Science,*** 16(1), 57–85; Kitschelt, H. (1989). The Internal Politics of Parties: The Special Law of Curvilinear Disparity Revisited. ***Political Studies,*** 37(3), 400–421; Kitschelt, H. (1993). Class Structure and Social Democratic Party Strategy. British Journal of Political Science, 23(3), 299–337; Kitschelt, H. (1993). Social Movements, Political Parties, and Democratic Theory. ***The Annals of the American Academy of Political and Social Science,*** 528, 13–29; Kitschelt, H. (1994). ***The transformation of European social democracy.*** Cambridge University Press; Kitschelt, H., Lange, P., Marks, G., & Stephens, J. D. (1999). Convergence and divergence in advanced capitalist democracies.

으로써 사실상 유권자들의 '요약적 심리성향'이 작동할 수 있도록 매개해 주는 기구가 된다.

자유민주주의 체제는 다양한 사회구성원들의 정보획득의 자유를 근간으로 '정체성의 정치'가 행해지며 '복수정당제'(複數政黨制)가 헌법에 보장된다. 자유민주주의 체제하에서 대의민주주의를 수행하기 위해서 '선거민주주의'란 형식을 취한다는 것은 다양한 집단들 간에 자유로운 경쟁을 보장하고, 경쟁을 통해서 승자가 결정되는 과정이 과열되는 것은 불가피한 현상이다. 자유주의체제에서 자유를 보장하게 되면, 적절한 수준의 중용(中庸)이 성취되기는 어려우며, 사건과 사고에는 매양 극단적 현상들이 발생하기 마련이다. 이로 인해서 '선거민주주의' 자체에 대한 지나친 회의감에 빠지는 것은 바람직하지 않다고 보며, 반대로 인간사회에서 공유할 수 있는 상식과 규범을 벗어나 '공공성'을 해치는 일에 무관심하거나 수수방관하는 것도 마찬가지로 경계해야만 할 것이다. 정당민주주의를 기반으로 하는 선거민주주의에서는 양당체계(兩黨體系, two-party system)에 따른 양자(兩者)구도인지, 다당체계(多黨體系, multi-party system)에 따른 다자(多者)구도인지가 경쟁하는 후보자 입장에서 당선가능성이라는 차원에서 중요하고, 유권자에겐 선택의 옵션이라는 차원에서 중요할 것이다. 하지만, 어떤 정당체계이든지, 공공성을 지닌 시민과 책임성을 지닌 정당에 의해서 선순환되는 건강한 정당정치가 작동하지 않는 곳에서, 국민들에게 신뢰받지 못하는 정당정치가 행해지는 곳에서의 '선거민주주의'란 결국 패싸움, 진영싸움에 불과할 수도 있다.

반드시 선거시기가 아니어도 정치과정에서 '정치이슈의 진화'(evolution of political issue)[24]가 시시각각으로 일어나고 있는 모바일 SNS시대의 현실에서 단순히 해당 선거의 의미를 중심으로 '중대선거'(critical election)라든지,[25] 정치지형의 '재정렬'(realignment), '탈정렬'(dealignment)과 같은 의미부여를 하는 것에 선거연구의 초점을 맞추는 것은,[26] 적극적 의미에서 보자면, 더 이상, 시대의 흐름을 이해하는 최선의 선거연구방법은 아닐 수 있다. 역설적으로 말해서, 모든 선거는 '중대선거'의 의미를 지니고 있다. 선거연구라는 것은 궁극적으로 선거민주주의의 건전한 기능을 위한 교훈을 찾아야 하며, 그런 경우, 단순히 당해 선거만을 대상으로 데이터분석을 통한 '사후'(事後)선거연구를 하는 것으로는 부족하다고 생각한다. 헤겔의 말처럼 미네르바의 올빼미는 황혼녘에 날기 때문에, 특히 선거분석이 선거결과 이후에 되어야 하지만, 더 적극적인 '사전'(事前)분석에 대한 조감도를 동시에 갖추어야 한다고 본다.[27] 유권자들은 투표를 하기 전에 자신의 어떤 투표행위가 공동체

In H. Kitchelt, P. Lang, G. Marks, & J. Stephens (Eds.), ***Continuity and Change in Contemporary Capitalism*** (pp. 427–460). Cambridge University Press; Kitschelt, H. (2004). ***Diversification and Reconfiguration of Party Systems in Postindustrial Democracies.*** Friedrich Ebert Stiftung; McGann, A. J. & Kitschelt, H. (2005). The Radical Right in the Alps: Evolution of Support for the Swiss SVP and Austrian FPO. ***Party Politics,*** 11(2), 147–171.

24 Carmines, E. G., & Stimson, J. A. (1989). ***Issue Evolution: Race and the Transformation of American Politics.*** Princeton University Press.

25 Key, V. O. (1955). A Theory of Critical Elections. The Journal of Politics, 17(1), 3–18; Key, V. O. (1959). Secular Realignment and the Party System. ***The Journal of Politics,*** 21(2), 198–210; Mayhew, D. R. (2002). ***Electoral Realignments: A Critique of an Americal Genre.*** Yale University Press.

26 Guy Peters, B. & Hunold, C. (1999). ***European Politics Reconsidered*** (2nd ed.). Holmes & Meier Pub. pp. 176–214. '재정렬'(再整列)은 선거를 통해서 정당체계가 바뀌거나, 영향력있는 새로운 정당이 정치권에 진입하는 것을 말한다. 그 과정에서 기존의 주요한 정당이 사멸하게 되는 상황이 발생한다. '탈정렬'(脫整列)은 정당정치에 대한 시민들의 불신감이 커지면서, 정당체계 바깥의 시민단체(NGOs)가 상당부분 정당의 역할을 대신하여 정치적 목소리를 확대하는 일이 벌어지면서 정치적 권위를 얻는 상황을 말한다. 한국사회에서 2000년에 있었던 시민단체들(경제정의실천연합, 공명선거실천시민운동협의회)의 '낙천낙선운동'(落薦落選運動)은 그런 일환이다. 후보자를 공천하는 것은 정당의 고유권한이다. 그러한 정치의 고유 영역에 시민단체가 관여한 것이다. 낙천낙선운동의 효과에 대해서는 진영재, & 엄

사회를 위해서 바람직한 것인가에 대한 판단을 할 수 있어야 하며, 그런 상황에서 투표행위가 이뤄져야 한다. 사후분석은 4년후, 5년후 다음 번 선거에서 교훈을 줄 수는 있어도, 지금 당해 선거에서의 올바른 '선거민주주의' 작동과 선순환(善巡還)을 위해선 의외로 공허할 수 있는 것이다. 매번 그 때 그 때의 사후분석에만 매달릴 수 없다. 2022년 대통령선거 끝난 시점에 "선거민주주의 이대로 좋은가?"라는 비관론들에 팽배하다. 앞으로의 선거에서 보다 현명한 시민들이 될 수 있도록 그런 지침을 줄 수 있는, 적어도 그런 판단을 할 수 있는 사유체계의 형성에 도움이 될 수 있는 선거연구 방식의 모색이 필요할 것이다.

선거민주주의는 변화하는 세상에서 제도적 환경에 둘러 싸인 인간들(정치인, 유권자)의 행태를 통해서 직접적으로 이해될 수 있다. 인간의 행위는 제도와 연관되어 발생하기도 하지만, 반드시 그러한 제도적 환경하에서의 합리적 행태만을 기대할 수 있는 것은 아니다. 중요한 것은, 일반적인 의미에서, "효과적인 정부"(efficient government)는 사회구성원들에게 보다 많은 참여의 기회를 보장하여, 제도권내에서의 주기적으로 행하는 선거뿐만이 아니라, 사회운동 등을 통하여 제시되는 이슈와 사회적 요구들을 정책에 동화시키려는 정부인 것이다.[28] 반대로 "비효율적인 정부"(inefficient government)란 참여의 기회가 실질적으로 폐쇄되거나 제한되어, 유일한 수단이 제도권내의 주기적 선거에만 의존하며, 많은 대립적인 갈등과 이를 해소할 최소한의 능력을 보장할 수 없는 정부이다.

정치권 내의 모든 기관들은 사회구성원들을 위한 기회구조이다. 그런 경우 보다 많은 관련 정치적 기관들이 시민의 참여에 더 개방적일수록 (무조건은 아니겠지만), 사회 구성원들에 대해서 보다 많은 기회구조를 제공하는 것이다.[29] 선거란 사회구성원들의 정치적 참여를 위한 가장 중요한 제도적 형식이며 기회구조이지만, 그러한 기회구조들 중의 하나인 것이다. 역설적으로 선거민주주의하에서 선거만이 유일한 참여의 기회구조라면, 이는 선거민주주의를 통해서 민주주의를 성취하는데 '비효율적인 정부'를 양산하게 될 것이다.

선거로 만들어진 민주정부는 또 다른 선거를 통해서 책임성(accountability)이 입증된다. 이렇게 본다면, 선거의 기능은 정부의 어떤 대단한 정책 결정을 위해서 시도되는 것이라기 보다, 정부활동을 감시하고 견제하는 것이 더 중심적인 기능일런지도 모른다.[30] 투표가 정책의 선택이라기 보다는 정치인들에게 책임성(즉, 책임의 소재)을 묻는 기제로 기능하는 것이다.[31] 책임성의 기능은 민주주의 정권인지 아닌지를 판정하는 주요한 기준들 중의 하나이

기홍. (2002). 낙천, 낙선운동의 선거적 결과: 선거참여율, 득표, 당락, 그리고 정당지지를 중심으로. 진영재(편), *한국의 선거 IV: 16대 총선을 중심으로* (pp. 175–224). 한국사회과학데이터센터; Lawson, K., & Merkl, P. H. (Eds.). (1988). ***When Parties Fail: Emerging alternative organizations.*** Princeton University Press.

27 지병근. (2010). 서베이 민주주의(Survey Democracy)?: 6 · 2 지방선거 후보공천사례를 중심으로. *한국정치연구,* 19(3): 57–75.

28 Kitschelt, H. P. (1986). Political Opportunity Structures and Political Protest: Anti–Nuclear Movements in Four Democracies. ***British Journal of Political Science,*** 16(1), 57 – 85; McAdam, D., McCarthy, J. D., & Zald, M. Y. (1996). ***Comparative Perspectives on Social Movements: Political Opportunities, Mobilizing Structures and Cultural Framings.*** Cambridge University Press.

29 입법부를 구성하는 선거에만 한 번 참여(one agent of electorate)하는 '의원내각제'(parliamentarism)하의 유권자들보다, 입법부선거와 행정부 수반을 선출하는 대통령선거를 분리하여 두 번 참여(two agents of electorate)하는 '대통령제'(presidentialism)하의 유권자들이 더 많은 정치적 기회구조를 제공받는 것이라는 해석도 가능하다. Shugart, M. S., & Carey, J. M. (1992). ***Presidents and Assemblies: Constitutional Design and Electoral Dynamics.*** Cambridge University Press.

30 Keane, J. (2009). ***Life and Death of Democracy.*** W. W. Norton.

31 많은 연구들을 보면, 대통령제는 물론이고, 의원내각제하에서도 행정부의 수반인 '총리'(또는

다.[32] 하지만, 정치공약과 정책을 중심으로, 사회구성원들과 정부의 신뢰관계를 중심으로 생각할 때, 선거라는 행위 그 자체가 정당이나 후보자의 책임을 증진할 수 있는 기제가 된다는 보장은 없다.

정치과정의 선순환은 사회구성원들간의 '신뢰'(信賴, trust)에 근간한다. 선거민주주의를 통해서 구현되는 대의민주주의가 직면한 가장 구조적인 문제는 소위 '정부'(선출직 공무원과 비선출직 관료들을 포함하여)가 '유권자'들에게 "신뢰할 수 있는 약속"(credible commitment)을 할 수 있느냐에 달려 있다. 이런 맥락에서 보면, 선거민주주의가 작동되면서, 유권자들이 정부에 책임을 물어서 정권이 바뀌는 경우, 정책이 존속할 가능성이 낮은 것이다. 민주주의 사회에서 유권자와 정부 사이에 "신뢰할 수 있는 약속"이란 의미는 특정 정권의 임기 이후에도 정책이 존속할 필요성에서 상정된 개념이며, 정권별로 바뀌는 정책들은 단순히 정부와 유권자 사이의 갈등으로 한정되지 않고, 유권자들 사이의 분란과 갈등으로 회귀된다. 그렇지 않으면 좋겠지만, 그렇게 분란과 갈등으로 비화하는 것이 현실이다. 더욱이 정권과 함께 조변석개(朝變夕改)하는 정책의 변동은 '국가정체성'에까지 영향을 미치며, 반헌법적(反憲法的) 상황까지 연출한다. 선거과정에서 지지하는 정권과 책임의 소재를 놓고서 유권자들 사이의 갈등으로 비화하게 되는 것이다. 세상은 변화한다. 개체들이 변화하려고 움직여도 변하는 것이지만, 세상이 변화하는데, 변화하지 않고 그 자리에 있는 개체들도 변화하는 결과를 가져온다.

선거민주주의가 정당민주주의를 기반으로 형성될 때, 정당이란 사회구성원들의 요구를 공직자에게 전달하는 매체[또는 운반도구(vehicle; 즉, 수단)]이다. 어느 정도 일관된 정책적 입장을 유지하는 선택은 개별 정당 스스로가 결정하는 것이다. 관념적 차원에서 보자면, 정부가 유권자들에게 신뢰를 얻는 가장 명시적인 길은 반복되는 선거에서 계속 승리하여 오랜 시간 동안 정책을 안정적으로 유지하는 길이다. 그런데, 정당간의 경쟁에서 승리하려는 정당은 필연적으로 급변하는 시대상황이나 사회상황에 따라서 정당의 정책적인 입장을 바꾸려는 강한 동기가 발생할 수 있어서 정당정책차원에서의 딜레마가 발생하게 된다.

정치기관으로서 정당은 평상시 정치과정은 물론이고, 선거시기에는 정치과정 전반에 광범위한 영향을 미치는 절대권력을 행사하면서도 내부 복잡성을 내포한 조직이며,[33] 따라서 유권자들의 정치 참여에 대한 동기를 제공함에 있어서 그들의 역할이 지대(至大)하다. 선거과정에서 정당은 유권자를 압도하기도 하고 단순히 유권자들의 요구를 수렴하는 것이 아니고, 유권자들에 대해서 교조적(敎條的) 기능도 수행한다. 정당정치를 선거정치와 연계할 때 과거에 비해서 현대로 오면서 달라진 점은 정당지도자의 강력한 역할에 대한 권위가 많이 사라졌다는 점이다. 작금의 선거정치 차원에서 정당과 후보자는 유권자에게 서로 다른 형태의 기회구조를 제공하는 차별화된 기관이라고 해도 과언이 아닐 것이다. 모바일 소셜미디어 시대에, 개인 정치인 차원의 팬덤(fandom) 정치는 '인물효과'를 대변하는 현상으로, 정당이 '기

수상, prime minister)에게 책임을 묻는 현상이 현대사회에서 증가되고 있다. 제도적으로 의원내각제에서 수상은 입법부에 대해서 책임을 지며, 국민에게 직접적으로 책임지지 않는다. 그럼에도 불구하고 의원내각제하에서도 총리 1인에 집중하여 모니터링하면서 정치적 책임을 묻는 유권자 정서가 강하게 나타나고 있는 것이다. 대통령제와 비교하여, 상대적으로 의원내각제는 집단지도체제적 성격이 강하다고 해도, 역시, 정치적 책임의 당사자로서 국민들은 총리 1인에게 집중하여 모니터링하는 것이다. 이런 맥락에서 행정부의 수반에게 책임을 묻는 상황을 '정부의 대통령제화'(presidentialization)라고도 한다. Norton, P. (2013). Parliament: A New Assertiveness? In J. L. Jowell, D. Oliver, & C. O'Cinneide (Eds.), *The Changing Constitution* (pp. 171–193). Oxford University Press; Savoie, D. J. (2008). *Court Government and the Collapse of Accountability in Canada and the United Kingdom.* University of Toronto Press; Poguntke, T., & Webb, P. (2007). *Presidentialization of Politics: A Comparative Study of Modern Democracies.* Oxford University Press.

32 Brandsma, G. J., & Schillemans, T. (2013). The Accountability Cube: Measuring Accountability. *Journal of Public Administration Research and Theory,* 23(4), 953–975.

관효과'를 중심으로 기능하는데 상충되는 역할을 하기도 한다. 정당 소속 정치인 개인의 인기가 정당의 존재감을 압도하는 경우엔, 개인 정치인이 기관으로서의 정당 전체를 삼켜버리게 되는 것이다. 정당 소속 개인의 팬덤 현상이 정당지도부의 입김을 바이패스하는 순간에, 당내민주주의(intra-party democracy)는 타락할 수 있다. 정당의 지도부(또는 최고권력자, 일부 당직자)가 선거에서 후보자의 모집이나 배치를 통제할 수 있는 절대적 권한이 있었던 시절이 아니다.

시대의 변천 속에서 유권자들의 '정당충성도'도 변해 왔다. 과점적 정당경쟁의 속성을 지닌 '카르텔정당'(cartel party) 모습이 두드러지면서도,[34] 소위 '틈새정당'(niche party)이나 '즉흥정당'(flash party) 들도 존재하는데, 이들 군소정당들이 유권자들에게 진정한 의미의 기회구조를 보장하기엔 역부족인 상황이다.[35] 1인의 영향력이 두드러지는 소셜미디어 시대에, 다양한 '정체성의 정치'의 활성화를 조장하게 되면, 거대조직을 중심으로 한 '주요정당'(major parties)에 대조되어 이슈정치에 연관된 '틈새정당'의 세력화 잠재력은 결코 무시될 수 없다.[36] 소셜미디어시대엔, 어떤 이유에서이건, 심지어 우연이라도, 틈새정당이 사회적으로 현저하게 주요한 이슈(salient issue)를 선점하는 경우, 그러한 이슈를 중심으로 온라인(on-line)상의 '플랫폼정당'(platform party)으로 기능할 가능성도 배제할 수 없다. 플랫폼 정당이란 자발적인 참여자 모두가 주체가 되어 '의제'(agenda)와 '인물'을 유연하게 기동성있게 담아내는 그릇(정거장)의 역할을 하는 정당이다. 이런 현상은 기존의 좌-우 이념형 대중정당에 기반하고, 그래서 그러한 이념을 선점한 거대 주요 정당의 카르텔(cartel)로 특성화된 '정당민주주의'에 영향을 미칠 수 있다. 나아가 '정당민주주의'에 기반한 '선거민주주의'에까지 영향을 미칠 수 있다. 선거정치에서 유권자들의 기회구조에 대한 체감은 자신이 원하는 정당이 선거에 승리하여 정권을 차지하거나, 자신이 싫어하는 정당이 선거에 패배하

33 하나의 정당이름아래 존재하지만, 정당내부에서 당직자와 일반당원의 생각은 다양하다. 당원들 중에서도 기간당원과 일반당원의 생각은 다르다. 서로 다른 지역구 후보자의 생각은 다르다. 정당에서 선거에 승리해서 공직을 담임하고 있는 원내(院內)세력과 선거에서 패배하여 다음 선거를 기다리는 원외(院外)세력의 생각은 같지 않다. 정당과 정당이 공천한 후보자의 생각도 일치한다고 볼 수 없다. 정당이 하나의 목소리를 낼 수 있는 것은 '정당지도자'의 권위나 리더십과 함수관계에 있다.

34 Katz, R. S., & Mair, P. (2009). The Cartel Party Thesis: A Restatement. *Perspectives on Politics,* 7(4), 753-766.

35 Kernecker, T., & Wagner, M. (2019). Niche parties in Latin America, *Journal of Elections, Public Opinion and Parties,* 29(1), 102–124; Meijers, M. J., & Williams, C. J. (2020). When shifting backfires: the electoral consequences of responding to niche party EU positions, *Journal of European Public Policy,* 27(10), 1506–1525; 정재관, 김인원, & 정은아. (2016). 틈새정당의 전략과 제도화: 민주노동당의 성공과 실패에 대한 연구. *한국정치학회보,* 50(2), 125–149; 장선화. (2012). 정보사회 이슈정당의 성장과 지속가능성: 스웨덴해적당 사례를 중심으로. *국제정치논총,* 52(3), 425–445; 박설아, & 류석진. (2013). 이슈정당의 가능성과 한계: 독일 해적당의 발전과정을 중심으로. *한국정당학회보,* 12(2), 127–155. 앞서 지적했듯이, '다원민주주의'는 주요정당이 존재하지 않고 '1/n' 구성원들이 동등한 '틈새정당정치'(party politics of niche party)와 유사하다. Niche party를 '적소(適所)정당' 이라고 번역할 수도 있다. 해당 번역이 더 좋은 듯도 한데, 틈새정당이란 용어가 일반화되어 있어서 그대로 사용한다. 'niche'는 동물학(zoology)에서 주로 사용하는 용어로서, 어떤 특정한 개체가 갖는 '주도적인 영역권'을 말한다. 사바나(savana) 초원의 전 영역에서 사자가 주도적인 영역권을 갖는 것은 아니다. 높은 나무에서 주도적 영역권을 행사하는 표범, 물속을 주도적 영역권으로 이용하는 악어, 땅굴을 이용하는 몽구스 등등, 다양한 개체들은 모두가 자신만의 주도적 영역권이 있다. 어떤 특정 영역(장소)에선 별도의 유불리가 정해지게 되어 영역이란 개념을 강조하게 되면 '영역(領域)정당'이란 번역도 가능할 것이다. 이런 개념을 정당에 적용하게 되면, 환경정당, 여성정당, 농어민정당 등 다양한 정당들이 가능할 것이지만, 선거승리에 의존하는 정당의 존재감이나 생존력은 동물의 세계와는 다른 점이 많다. 역설적으로, 소셜미디어시대에도 플랫폼정당이 될 수 있는 개연성은 오히려 거대 주요정당일 수도 있다. 거의 모든 사람들은 상품구입에서도 거대 포털사이트(portal site)에서 시작한다. 다양한 작은 규모의 사이트가 플랫폼 역할을 하기 보다는, 현실적으로 거대 포털사이트만이 플랫폼의 역할을 할 수 있는 역설이 있는 것이다. '규모의 경제'와는 조금 결이 다르지만, 정치과정에도 일종의 '규모의 정치'가 작동하는 것이다.

36 Lindstam, E. (2019). Signalling issue salience: Explaining niche party support in second-order elections. *Electoral Studies,* 60, 102026; van Ditmars, M. M., & de Lange, S. L. (2019). Differential representation? The gaps between mainstream and niche party

는 것을 통해서 극대화될 수 있다. 선거정치에서의 '기회구조'의 문제를 정당, 후보자, 유권자 사이의 '정치적 교환'이란 개념을 통해서 분석하면서 논의를 시작해 보고자 한다.

representatives and their voters in The Netherlands. Acta Politica, 54(2), 295–314; Bergman, M. E., & Flatt, H. (2020). Issue diversification: Which niche parties can succeed electorally by broadening their agenda? ***Political Studies,*** 68(3), 710–730; Blings, S. (2020). Niche Parties and Social Movements: Mechanisms of Programmatic Alignment and Party Success. ***Government and Opposition,*** 55(2), 220–240; Dennison, J. (2020). How niche parties react to losing their niche: The cases of the brexit party, the green party and change UK. ***Parliamentary Affairs,*** 73(Supp_1), 125–141; Bílek, J., Lysek, J., & Zbíral, R. (2021). True to their name? Activities of niche political parties in the legislative process. ***Sociologický časopis,*** 57(4), 433–454; 장우영. (2013). 온라인 이슈와 해적당의 정치세력화. *사이버사회문화,* 4(2), 63–98; 지은주. (2013). 동아시아 계급정당의 성공과 실패. *한국정치학회보,* 47(3), 131–148; 김면회. (2019). 틈새정당과 정당민주주의: 독일의 경우. *한독사회과학논총,* 29(2), 40–68; 김주호. (2019). 틈새정당으로서 독일 대안당의 성공: 메귀드의 PSO이론을 토대로. *유럽연구,* 37(1), 1–34; 정호윤. (2021). 소셜미디어와 틈새 정당의 성공: 포르투갈 환경정당 PAN 사례를 중심으로. *세계지역연구논총,* 39(1), 409–433.

선거정치

제 1 장

선거정치에서의 선거주체들

제1장

선거정치에서의 선거주체들

대의민주주의하에서 모든 논의의 출발점은 '대표성'(representativeness)에 있다. "누가 누구를 대표하는가?" "대표자 자질의 기준은 무엇인가?" "어떤 방식으로 대표자들을 선출할 것인가?" "대표자를 몇 명이나 뽑을 것인가?" "대표자들의 선출 자격을 어떤 수준에서 정할 것인가?" "뽑힌 대표자에게 얼마만큼의 권한을 위임할 것인가? 대리인의 역할만 하게 할 것인가? 아니면, 전권을 줄 것인가?" "대표자가 제대로 일을 하지 못할 때는 어떻게 할 것인가?" 등등 이다.

이런 의문점들에 대해서 사회의 구성원들이 합의하면 좋지만, 합의할 수 없을 경우에도 대의민주주의를 수행해야만 하는가? 불행히도 그렇다. 그러니까 '대표성'에 대해 보다 정확한 답을 찾아가는 과정이 대의민주주의를 성취해 나가는 과정일 것이다. 사실 정확한 답은 없고, 혼란만 가중될 수도 있다. '정체성의 정치'가 두드러지는 시대에, 소위 '정확한 답'이라는 표현 자체가 철학적 빈곤성을 나타내는 말일 수 있다. 지금까지도 답을 찾지 못했다면 답이 없을런지도 모른다. 인류가 바보는 아니기 때문이다. 정치학의 연구영역에는 '정치과정론'(theories of political process)이 존재한다. 사회구성원들이 갈등을 완전히 극복하지 못하더라도, 사회적 규범성을 잃지 않고 그러한 갈등을 극복하고 치유하면서 합의를 이루려고 노력하는 과정, 현재의 제도가 완벽하지 않더라도, 존재하는 제도와 법규를 준수하면서, 또 다른 개선의 여지를 추구해가는 과정 그 자체에서 의미를 찾는 것이 바로 '정치과정론'인 것이다.[1]

정치학에서 '선거연구'는 '정치과정론'의 한 분야로 다루어져 왔다. 20세기 중반이후 정치과정론의 연구의 대상이 되는 개체들은 유권자, 정당, 선거, 의회, 정부, 이익집단들인데, 이들의 인식, 행태(행동), 기능을 통해서 상호작용이 만들어내는 복합적 결과물을 해석하며 그 정치적 의미를 찾는다.[2] 그런 맥락에서, 정치과정의 분석 단위는 유권자로서의 시민(citizens as voters), 기관(organizations), 제도(institutions)라고 할 수 있다.[3] 종합하면, 연구의 대상인 정부, 의회, 정당, 이익집단, 여론, 선거, 정치문화 등을 유권자-기관-제도라는 3가지 형태의 단일적 또는 조합적 피사체(被寫體)로서 볼 수 있는 것이다. 정치과정의 다양한 현상을 유권자-기관-제도가 단일적 또는

1 아몬드(G. Almond)는 정치발전을 논하면서 '정치제도'보다 '정치문화'의 중요성을 강조하기도 한다. Almond, G. A., & Verba, S. (1963). *The civic culture: Political attitudes and democracy in five nations.* Princeton university press.

2 Almond, G. A., & Powell, G. B. (1978). *Comparative politics: System, process, and policy.* Little, Brown; Lindblom, C. E. (1968). *The policy-making process.* Prentice-Hall; Rose, A. M. (1967). *The power structure: Political process in American society* (Vol. 194). Oxford University Press; 이영호 (편). (1978). *현대정치과정론.* 법문사, p. 19.

3 Mueller, D. (1989). *Public Choice II* (2nd ed.). Cambridge University Press; 진영재. (1998). "유권자로서의 시민, 기관, 제도의 3중주" *한국정치학회소식.* 22:3, 11-12.

조합적으로 행하는 행태를 이론화하고 해석하게 되는 것이다. 정치과정론의 한 분야로서 선거연구도 마찬가지이다. 선거정치가 유권자의 인식과 행태에 집중하여 이해되는 것은 한계가 있으며, 유권자-정당-후보자의 '인식'(認識, cognition)과 '행태'(行態, behavior)로부터 단일 차원과 조합 차원에서 발생하는 다양한 경험적 결과물들을 살펴볼 필요가 있다.

선거정치를 이해한다는 것은 선거행위 주체들을 구분하고 각 행위 주체들이 행하는 행동양식[行動樣式, 즉, 행태(behavior)]을 이해하는 것인데, 주체들의 상호작용은 '정치교환'(政治交換, political exchange)의 개념을 이용하여, 정치교환이 이루어지는 정치시장(political market)의 구조나 상황 속에서 이해할 수 있을 것이다. 대의민주주의의 '대표성'은 정당-후보자-유권자 사이에서 이루어진 '정치교환'의 결과물이다.

'정치'의 특질은 '권력추구'(power-seeking)로 표현될 수 있다. '권력현상'이라고 이야기하면 상하관계 및 위계질서가 연상되는 것이 인지상정일 것이다. 대의민주주의 사회에서 정치인들이(대표자들이, 또는 공무담임자들이) 권력을 획득하는 통로가 '자유선거'를 통한 선거경쟁(electoral competition)이다.[4] 그러니까, '선거정치'에 대한 분석은 민주사회의 권력현상에 대한 분석의 핵심적 기제의 하나가 된다. '선거정치'의 '권력현상'은 시차 상 두 종류로 진행된다. 후보자들이 유권자들에게 표를 얻기 위해서 노력하는 과정에서 형성되는 권력현상에서는 유권자들이 우위에 서게 된다. 하지만, '정치체계'에서 일반적으로 언급하는 '권력'은 대부분 공무담임자가 갖는다. 후보자가 선거에 승리하며 '대표자'가 되는 시점에 이제 권력현상은 뒤바뀌어 나타난다. 이것은 대표자가 더 이상 유권자의 눈치를 보지 않기 때문이 아니라, 대의민주주의 하에서 '정책결정권'은 대표자가 갖기 때문이다. 정책결정과정에 유권자들이 여론을 조성하면서 영향을 미친다고는 하지만, 한계가 있을 수 밖에 없다. '광장'에서 유권자들의 외침은 정책결정권과 동일시될 수는 없는 것이다.

민주주의의 구현 형식으로서 보편화된 '대의민주주의' 체계에서 선거를 통해서 선출된 공직자가 공무를 담임한다는 것이 유권자들에 대한 상하관계로서 위계적 상황에 서는 것을 의미하지 않는다. 민주주의 사회에서 '주권재민'(主權在民)의 원리에 입각하면, 선거란 출마자와 유권자 사이에 '정치적 교환'이 발생하는 것을 말한다. 선거시장(選擧市場, electoral market)에서 출마 후보자는 정책(policy)을 제시하고, 유권자는 자신에게 유리한 공약에 표를 던진다. 후보자의 공약과 유권자의 기표 사이에서 교환이 발생한 것이다. 출마자와 유권자 사이에 정치적 교환이 발생하고, 출마자가 선거에 승리하는 경우, 그 직위에 상응하여 헌법과 법률에 규정된 직위와 임기에 상응하여 '정책결정권'을 갖게 된다. 민주주의 사회에서 선거에 당선되어 공무를 담임하게 된 '당선자'가 정책결정권을 갖게 됨은 대의자로서 '책임성'을 의미하며, '특권'을 의미함이 아니다. 그럼에도 민주주의 사회에서 공무담임자가 선거경쟁을 통한 권력투쟁의 결과 승리하고 쟁취했다는 자만감 속에서 책임의식과 특권의식을 혼동하면서 비극이 발생한다. 선거에서 정치인이 갖는 정책결정권은 '특권'의 발생이 아닌 '책임성'의 발생이란 의미로 해석되는데, 그 이유는 출마자와 유권자의 관계가 '교환'의 관계에 기반하고 있기 때문이다. 정치시장(政治市場, political market)에서 대표자는 시민들의 요구와 선호에 책임있게 응답해야 한다. 시민들의 요구와 공무담임자의 정책적 '응답'(應答, responsiveness) 사이에서 일종의 교환관계가 성립하는 것이다.

선거정치를 연구하고 학습하는 궁극적 목적은 선거정치에 대한 올바른

4 특히 민주주의체제의 '자유선거'를 구분함은 권위주의체제 및 전체주의체제의 독재자들도 '선거'를 시행하기 때문이다. Linz, J. J. (1975). Totalitarian and Authoritarian Regimes. In F. I. Greenstein & N. W. Polsby (Eds.), *Handbook of Political Science* (pp. 175–412). Addison–Wesley.

이해를 통해서 건전한 민주시민의식을 고양하는 것이다. 1인 중심의 소셜미디어 시대 선거과정에는 '푸시폴'(push poll)이나 정보의 편식을 통한 '거짓뉴스'가 판을 친다.[5] 상황에 대한 인식이 부족한 상태에서 정치적 관심도만 높은 경우에 오히려 위험할 수도 있는 것이다. 그런 곳에서 건전한 사고방식과 판단력을 지닌 민주시민이 되기 위해선 '선거결과'에 영향을 미치는 복잡다기한 '선거과정'의 변수들에 대해서 조감도(鳥瞰圖, bird-eye view)를 가지고 이해할 수 있는 식견이 필요하다. 대승적(大乘的) 의미로 보면, 민주주의 사회에서 선거가 지니는 의미와 정치적 역학을 이해함을 통해서 계몽적 시민의식을 지니는 것이 필요하다. 계몽적 시민의식이란 단순히 효용의 극대화에 근거한 합리적 투표행위를 말하는 것이 아니라, 소위 '선거민주주의'가 선순환할 수 있는 선택을 할 수 있는 [즉, "악화(惡貨)가 양화(良貨)를 구축(驅逐)하는 상황을 극복하는 순환구조를 만드는데 일조할 수 있는] 의식을 함양하는 것을 말한다. 근자에, 이것은 비단 한국선거과정만의 것은 아니지만(선거과정 자체가 권력투쟁의 과정이기에), 2022년 한국 대통령선거과정에서 유권자들은 후보자들의 '품격'(品格)과 '페어 플레이'(fair play) 정신이 부족함은 차치하고라도, 도덕과 상식이 실종되며, 선거민주주의를 통한 '국민통합'의 기대가 추락하는 비극적 상황을 목도한 바 있다. 정치과정에서, 그리고 정치인들의 '품격'은 중요한 것이다. 품격은 가장(假裝)되고 조작된 결과물이어서는 안된다. 상징적 차원이나 실질적 차원에서, 사회구성원들을 대표하는 정치인은 아무나 할 수 없는 것이고, 아무나 해서도 안된다.

유권자들 개개인들이 올바르고 건전한 선택을 할 수 있는 이성적 유권자 내지는 합리적 유권자가 되는 것의 문제를 벗어나, 아예 선택과정에서 자격과 자질을 지닌 후보자가 없는 것이다. 선거가 유권자들의 잔치가 아니라, 정당이나 후보자들의 공직 담임 경쟁을 위한 그들끼리의 권력획득을 위한 잔치인 경우, 유권자들은 들러리로 전락한다. 도덕성과 능력을 겸비하여 유권자들을 만족시키는 수준의 품격을 지닌 후보자는 영원히 나타나지 않을런지도 모른다. 양심, 능력, 품격을 지닌 후보자들의 존재가 없는 경우엔 선거민주주의의 선순환을 논하는 것 자체가 무리일런지도 모른다.

선거민주주의의 선순환을 방해할 수 있는 또 다른 암초(暗礁)가 있다. 대표자들의 직위는 사회구성원들로부터 직접적으로 '선출된'(elected) 직위이며, 간접적으로 '임명된'(appointed) 직위가 아니다. 따라서, 선출직들의 정치적 행위가 임명직들의 판단 속에서 좌지우지되는 일은 예외적으로만 사용될 필요가 있다.[6] "정치행위는 사법적 심사의 대상이 될 수 없다"라는 의미는 사법에 대한 정치의 우월적 특권을 의미하는 것이 아니며, 영역의 독립성을 말하는 것이다. "사법적 판단이 정치권력의 입김에 영향을 받아서는 안된다"라는 의미도 마찬가지이다. 정치영역과 사법영역의 상호 종속화의 문제점을 지적하는 의미이다.[7] 한 사회의 정치영역에서 선출직인 정치행위자들의 자

5 푸시폴(push poll)은 여론조사기관이나 여론조사자가 특정한 의도를 갖고 자신이 선호하는 기관이나 인물에게 유리한 조사로 이끄는 것을 말한다. 여론조사를 상대후보나 경쟁상대 기관을 비난하는 조사로 이끌 수도 있다. 푸시폴은 설문조사시 '질문내용'(questionnaire)이나 응답항목들을 조정함으로써 응답자를 어떤 특정한 방향으로 이끈다.

6 '정당설립의 자유'가 보장되는 상황에서, 국가존립(國家存立)의 헌법적 질서가 위협받는 상황을 극복하기 위한, '정당해산판결'에 대한 사법적 판단은 그러한 예가 된다.

7 '정치의 사법화(司法化)'와 '사법의 정치화(政治化)'가 유사한 것으로 보는 시각도 있지만, 그 내용은 구분된다. '정치의 사법화'는 정치적 상황에 대한 판단을 사법부의 심리로 가져가는 것을 말하며, 대의민주주의에서 '수탁자'(trustee)모델[대의자(代議者)의 상황판단에 대한 자율적 권한을 인정하는 모델]을 수용하지 않는 것을 의미한다. 정치행위에서 대의자들(또는 당원들)의 판단이 최종 판단이 아니라는 것이며, 법원의 해석과 판단이 최종 판단이라는 시각이다. 반면에, '사법의 정치화'는 판사들이 심리에서 당파성(黨派性, partisan)으로부터 자유롭지 못한 상태에서(적어도, 그렇다고 의심을 받는 상황에서) 판결하는 것을 말한다. 모든 성인 인간들은 인생을 살면서 많건 적건 불가피하게 당파성을 지니게 되며, 당파성을 숨기고 있을 수는 있어도 당파성 그 자체에서 해방되기 어렵다. 당파성은 인간 개인의 선호(選好, preference)의 문제로 환원된다고 해도 과언이 아니기 때문이다. 개체들에 대해서 선호가 없는 인간은 없다. 정

율성이 보장 받지 못하면 그 사회에 더 큰 혼란을 초래할 수 있기 때문이다. 정치란 국가통치와 시민자율성이란 조합적 차원에서 정치행위자들 그들이 해결해야만 하는 것이다.

현대국가들의 정치과정에서, 선거는 민주시민들의 대의민주주의를 위한 우아한 수단으로만 해석될 수는 없다. 유권자들은 후보자들을 통해서 대리만족을 얻을 수도 있다. 이를 개인들이 세상의 중심에 서게되는 모바일(mobile) SNS(social network service) 시대가 초래한 사회적 현상으로 해석할 수도 있다. 현명한 유권자들은 선거이후 당선자들이 자신들의 뜻대로 움직일 것이라고 그렇게 큰 기대를 하지는 않는다. 따라서 유권자들은 선거이후에 대한 기대에 집착하기 보다는 자신이 지지하는 후보자가 당선되는 그 자체에 선거의 의미를 둘 수도 있다. 그러나, 소셜미디어 시대에 정당이나 후보자들을 통해서 개인들이 자신의 정체성을 재확인하고 이를 대리만족 하는 것 때문에 사회 구성원들이 선거결과에 관심을 갖는 것으로 논의를 한정한다면, 이것은 아무래도 무리일 것이다. 유권자들이 선거에 관심을 갖는 대강의 이유는 선거의 결과로 들어서는 공무담임자와 정당이 시행할 것으로 예상되는 정책들이 자신의 일상생활과 이익에 직·간접적으로 영향을 미치기 때문일 것이다. 이상을 종합하면, 선거결과에 따라서 일정 기간동안 시민 개개인들은 자신이 원하지 않은, 나아가 자신의 이익을 해하는 정책들에 순응하면서 살아가야만 한다. 이에 대한 정치적 분노는 일반적으로 예상하는 상황보다 더 심각할 수 있다.

선거결과(electoral outcomes)는 선거과정(electoral process)에서 발생하는 다양한 현상들에 대한 적확한 이해를 통해서 얻어진다. 선거과정은 다양한 주체들의 다양한 행태를 통해서 나타나는 복잡다기한 현상들을 발생시키는데, 그러한 선거과정에서의 복잡다기한 현상들을 적확하게 설명하기 위해서 가장 유용한 틀은 무엇일까? 이것이 해당 저서 문제의식의 출발점이다. 물론 이러한 기본 문제의식에서 파생되는 다양한 세부 질문들이 발생하게 되는데, 그러한 질문들에 대해서 하나씩 답해 나가고자 한다.

선거에 입후보했던 후보자들의 경험담을 들어보면, 실제 선거정치의 현실은 교과서에서 말했던 선거과정과는 너무도 다르다는 것이다.[8] 가장 큰 이

치의 사법화는 "양심의 자유에 따른 판결"이라는 원칙하에 피상적으로는 객관적 판결을 얻어내는 것처럼 보일 수 있지만, 정치사안 자체가 사실상 판사의 당파성에 의존할 수밖에 없는 또 다른 정치행위의 연장선상에 불과한 것이라고 볼 수도 있다. 정치행위의 엄중성을 판단하는 사법적 행위는 객관성을 담보한다는 확신이 없는 경우, 사회에 혼란과 나아가 파멸을 초래할 수 있다. '사법의 정치화'는 물론이고 '정치의 사법화'는 모두 객관적 판단으로 원용되기에는 원초적인 한계를 내포하고 있다는 점에서 일맥상통하는 부분도 있다. 결론적으로, 두 개념 모두 민주주의를 선순환할 수 있는 바람직한 기제가 될 수 없다는 것이다. 그렇다면, 정치과정에 어떤 사실에 대한 중립적 판단은 불가한 것인가? 정치행위에 대한 객관적 판단은 판사 한 사람의 판단에 맡기지 말고, 무작위로 선출된 큰 규모의 집단의 의견을 집약하여 그 의견의 결과물을 보는 것이 오히려 당파성에서 자유로울 수 있을런지 모른다. 사법적 판단이나 행위에 정치적 영향력이 개입되어서는 안 되듯이, 정치적 판단이나 행위에 사법적 영향력이 개입되어서는 더 큰 혼란이 발생한다. 근본적으로 민주사회에서 선출직들의 행위와 임명직들의 행위는 구분되는 것이기 때문이다. 만약, '정당민주주의'에 기반한 '선거민주주의'를 통해서 선출직들이 구현하는 '대의민주주의'가 문제라면, 이것은 민주주의를 구현하는 형식을 바꾸어야 할 문제인지도 모른다. 민주주의 사회에서 '선출직'들이 결정한 것을 '임명직'들이 다시 판정하고 결정하는 상황은 가급적 피하는 것이 바람직할 것이다. 물론, 이상의 것들은 '법치주의'(法治主義)의 테두리 속에서 그런 것이다. 모든 불법(不法)은 사법적 판단의 대상이다.

8 선거분석에 학문적 영역의 연구들만 있는 것은 아니다. 오히려 학문적 영역이 아닌 '정치컨설턴트'들은 학문적 영역의 연구들로는 선거과정이나 선거결과를 분석하는데 한계가 있다고 본다. ①현장에서 선거에 임했던 정치인들이 이구동성으로 선거결과를 결정하는 것은 '바람'(風)–'구도'(構圖)–'정책'(政策)영향을 받으며, 인물과 정책은 뒷전으로 밀리게 된다는 것이다. 예를 들어서 대통령탄핵의 바람이 불었을 때, 그 바람이 국회의원선거에서 여당에게 유리하게 작용할 수도 있고, 야당에게 유리하게 작용할 수도 있지만, 대통령탄핵풍의 영향으로 해당 선거를 치르게 된다. 2004년 노무현대통령에 대한 탄핵풍의 결과 이어진 국회의원선거에선 이에 반감을 지닌 바람이 불어서 노무현 대통령이 새로 창당한 '열린우리당'은 과반수 제1당의 지위를 차지했다. 반대로 2017년 박근혜대통령탄핵풍의 결과 이어진 대선에선 표차이에 상관없이 야당의 승리가 대세라는 분위기 속에서 야당 후보의 승리가 쉽게 점쳐졌었다. ②그 다음으로, 선거결과를 결정하는 것은 선거구도인데, 이것은 해당 선거구역에서 어떤 후보자들

유는 시민들과 정치인들은 선거결과가 나오기 이전(選擧前, pre-election)의 선거경쟁과정에 관심이 집중되어 있는 반면에, 학자들은 선거결과가 나온 이후(以後)에 도출된 경험적 증거에 근간하여 과정을 추론하며 선거후(選擧後, post-election) 기록에 집중하기 때문일 것이다. 현실의 정치과정에서 '선거정치'란 선거결과가 나오기 이전에 치열한 선거경쟁과정이 핵심이다. 공직에 입후보한 후보자들의 경쟁과정, 후보자들의 선거전략, 그리고 그에 대한 유권자들의 선호 및 행태 등에 대한 종합적 접근이 부족한 경우, 선거이론과 선거현실은 다르다는 비판은 지속될 것이다. 과열되었던 선거도 선거가 끝나고 나면, 시민들은 더 이상 선거 그 자체에는 관심이 없다. 선거승리에 영향을 미치는 변수라든지, 아니면 유권자행태에 영향을 미치는 변수 등에 대한 사후분석(事後分析)은 분명히 선거연구의 주요한 영역이지만, '선거정치'란 사전분석(事前分析)으로서 후보자들이 경쟁하는 정치구도, 후보자들이 표를 얻기 위한 전략, 출마한 후보자들을 대상으로 해당 상황속에서 투표하게 되는 유권자들의 행태 등의 조합물을 고려해야 한다.[9] 선거과정이란 공직에 입후보한 후보자들의 대표자로의 권력추구의 과정이 상당 부분을 차지하고 있는 것이다.

선거정치를 저술함에 있어서 선택의 문제가 있다. 하나의 선거적 상황을 구체적으로 분석할 것인지, 아니면, 다양한 국가들에서 다양하게 나타난 선거 현상들을 추상화하여 일반 명제적 성격의 서술을 도출하는 분석을 할 것인지이다. 저자는 후자의 형식을 따르는 것이 앞서 언급한 선거연구의 고양이라는 소승적 차원과 시민의식의 함양이라는 대승적 차원의 의미를 동시에 확보하는데 유리하다고 생각했다. 필자의 문제의식을 해결함에 있어서 가장 큰 난관은 선거연구물들에 나타난 서로 다른 정치발전의 역사를 지닌 국가들, 그리고 서로 다른 성격을 지닌 각급 선거들(즉, 지방선거, 국회의원선거, 대통령선거 등)에 대한 연구분석들로 부터 어떻게 선거현상의 일반성과 특수성을 응집성 있게 설명할 수 있느냐였다. 그렇게 하기 위해 두 가지 측면을 고려하였다.

첫째, 선거과정에서 주요한 개체들을 구분하여 인식할 필요가 있다는 점이다. 그 개체들은 어느 곳에서도 예외없이 '유권자', '정당', '후보자'로 구분된다. 많은 연구물에서 '정당'과 '후보자'를 구분하지 않고서 하나의 눈으로 보는 경우가 의외로 많음을 보았다. 지나치게 유권자 위주로 나아가 유권자의 인식과 투표행태 중심으로만 선거정치를 이해하려는 경향성도 감지된다. 정치인들은 그렇게 쉽게 유권자에게 종속된 존재가 아니다. 후보자들의 경쟁구도나 경쟁전략이 갖는 의미가 간과될 수 없다. 나아가 선거주체로서 정당과 정당이 공천한 후보자도 구분할 필요가 있다. 선거과정에서 정당이 후보자를 공천하기에, 정당과 후보자를 한통속으로 이해하는 것이 전혀 잘못된 것은 아니지만, 이렇게 하는 경우, 오류의 가능성은 상존한다. 정당이란 것이 계파들이 존재하는 것이고, 공천된 후보자가 반드시 정당의 대푯값은 아니다. 선거과정에서도 정당의 입장과 후보자의 입장은 같을 수도 다를 수도 있다. 권력현상으로 이야기하자면, 선거에 입후보한 후보자들

끼리 상대하게 되느냐에 따라서 선거결과가 좌우된다는 것이다. 강력한 후보가 있어도 더 강력한 대항마가 있을 경우 선거승리가 어렵다. 빈약한 후보가 있어도 상대 후보들이 더 빈약하다면 선거승리의 가능성은 높아진다는 것이다. ③정책은 선거결과를 형성하는데 마지막으로 중요하다. 일반적으로 학문적 연구물들이 정책과 연관된 선거과정이나 선거결과를 해석하지만, 이것은 선거에서의 바람이나 구도 다음의 문제에 불과한 것이다. 정책은 그것을 만들어내는 정당이나 후보자의 역량과 관련된 비르투나(virtuna)의 영역이지만, 바람과 구도는 후보자의 역량과는 상관없는 포르투나(fortuna)의 영역으로, 소위 운(運)인 것이다. 마키아벨리의 이야기처럼 결과물의 형성은 비르투나만으로 설명할 수 없으며, 포르투나가 크게 작용하는 것이다. Machiavelli, N. (2009[1531]). *Discourses on Livy.* University of Chicago Press.

9 특히 이런 경우, 유권자의 행태는 사회적 상황이나 주어진 환경을 종합적으로 고려한 속에서 발휘되는 '합리성'으로 '제한된 합리성'(bounded rationality)이란 개념으로 설명되기도 한다. 유권자 행태를 통해서 주변의 환경을 추론할수도 있는 것이다. Simon, H. A. (1955). A behavioral model of rational choice. *The quarterly journal of economics,* 69(1), 99–118.

은 당내에서 공천된 이후엔 자신을 공천해 준 정당으로부터도 일정 수준 자율성을 지닌 하나의 개체라고 볼 수 있다.[10] 선거과정을 이루는 "유권자-후보자-정당"이란 개체들 사이의 역학관계, 그리고 조금 더 경제학적인 용어를 빌리자면, 유권자-후보자-정당이란 개체들 사이의 '교환관계' 또는 '기대게임'(expectation game)으로 이해하는 것이 유용할 것이다.[11] '선거학습'이 단순히 결과물에 대한 사후분석 뿐만이 아니라, 선거과정에서 선거의 판세를 보면서 선거결과를 예측하는 일까지를 제대로 해낸다면 더욱 유용할 것이다. 경제학적인 용어로서의 '교환'이란 개체 상호간에 그러한 교환을 통해서 이득을 얻기에 발생하는 행위가 된다. 하지만, 그 교환이 일어나는 '시장'(market)으로서의 '정치시장'은 아무래도 '경제시장'과는 구조적인 차이점이 존재한다. 선거정치가 발생하고 진행되는 양상이나 내용은 다양하기에 앞으로 이것들에 대해서 하나씩 설명해 나가고자 한다.

둘째, 사유체계와 논리체계라는 차원에서 결론부터 말하자면, 현실정치과정에서 선거정치란 '기대게임'의 성격이 강하다. 선거과정의 현상들은 당해(當該) 시점에서 선거주체들(정당, 후보자, 유권자)이 갖는 인식과 의도만으로 한정되어 이해될 수 없으며, 이들의 인식과 의도는 선거후 미래에 대한 기대감을 반영하며 이뤄진다. 특히 유권자들의 시각에서 보자면, 당해 시점에서 조금 어눌한 후보자에게 미래에 자신이 선호하는 정책을 더 잘 실현해줄 수 있을 것이란 기대가 있다면, 유권자는 경력 미달의 어눌한 후보자에게 지지를 보낼 수도 있다. 이것은 유권자들의 선택적 행태에 미래에 발생할 일에 대한 기대감이 중요하다는 것을 의미한다. 이렇게 본다면, 후보자와 유권자는 단순히 '정책'과 '선호'를 교환하는 것이 아니라, '정책'과 (선호+기대감)을 교환하는 것이다. 시장에서의 교환이란 개념에 기반한 '게임이론'(game theory)은 선거정치에서 정당간, 후보자간, 이념간, 진영간에 적용될 수 있다.[12] 정당, 후보자, 유권자들이 주체가 되어서 같은 정당내에서의 후보들간의 역학관계, 서로 다른 정당 후보자들간의 역학관계, 후보자와 유권자간의 역학관계, 심지어 유권자와 유권자들 사이의 역학관계 등으로 선거과정을 볼 수 있다. 선거결과는 이들 선거과정에서 다양한 주체들간의 상호작용의 결과물로 해석될 것이다. 선거과정에서 이슈(issue)나 정책(policy)이란 것도 결국 선거승리를 위한 교환의 수단인 것이고, 미덥지 않은 후보자에게, 문제가 많아도 자신이 지지하는 정당에서 공천된 후보자에게 표를 던지는 행위도 "그래도 괜찮을 것이다"라는 일종의 기대감이 반영된 게임의 결과물인 것이다. 이렇게 본다면, 도덕적 규범성 및 인륜적 당위론만으로 선거정치를 이해하는 데는 한계가 있음을 알게 된다. 정치과정에 지나치게 높은 수준의 기대가치를 적용하는 것은 오히려 정치에 대한 사회구성원들의 무능감을 불러올 가능성이 있다. 이런 경우, 불필요하기까지 한 관념적이고 철학적 논쟁의 차원으로 빠져들 가능성이 있다. 현실을 개선하려는 이상에 대한 열망을 저버리지 않기 위해, 인간의 현실세계에서 벌어지는 권력추구현상에 지나친 혐오감이나 이질감을 갖는 것은 바람직하지 않을 것이다. 정치과정에 대한 혐오감이나 이질감이 무관심으로 발전한다면, 결국 정치과정, 선거과정은 "악화(惡貨)가 양화(良貨)를 구축(驅逐)하는" 상황으로 전락할 수밖에 없을 것이다. 자유로운 경쟁이 없거나 빈약한 곳에는 항상 비양심과 무능력,

10 김준석. (2014). 지역구 표심, 정당기율, 그리고 레임덕의회 하의 의원투표: 2012년 「국회선진화법」의 표결을 중심으로. *한국정치학회보,* 48(4), 225-247.

11 이영작. (2001). *대통령 선거전략 보고서.* 나남. pp. 85-86. 현재 시점에서의 의도가 미래에 대한 기대와 합쳐져서 결과를 만든다는 것이다. 예를 들면, 정당이 자신의 정당이 제1당이 되어야겠다고 주장할수록, 유권자들 사이에 저런 정당이 제1당이 되어서는 곤란하다는 기대를 형성하면서 상대 정당이 유리해 질 수도 있다. 결론적으로 현재 시점에서의 정당이나 후보자의 전략 의도만으로 결과물이 만들어지는 것은 아니고, 유권자의 기대수준 등이 반영되어 결과물이 만들어지는 것이다.

12 김재한. (2021). *전략으로 승부하다, 호모 스트라테지쿠스.* 아마존의나비.

그리고 부패가 독버섯처럼 피어난다. 선거정치가 건전한 민주주의의 성취를 위한 효율적 수단이 되기 위해서는 "강호의 양심 있고 능력 있는 인재"들이 선출직 후보자로 지원하며 문전성시를 이루어야만 한다. 그러면, 최소한 "왜 후보자들 중에는 저런 사람들밖에 없을까?" "아무나 정치하는 것은 아닌지?" 하는 회의감이나 냉소감은 일정 수준 사라질 것으로 기대할 수 있을 것이다.

선거란 대의민주주의를 위한 도구적 성격의 제도이다. '선거민주주의'를 논하려면 '대의민주주의'를 논해야 하며, '대의민주주의'를 논하기 위해서 보다 근본적으로 선거제도와 연계하여 '민주주의'를 논할 필요가 있다. 경험적 현상으로서 해석하자면, 제2차세계대전 이후에 '합법적 정부'(legitimated government)란 그 정부가 '자유선거'(free election)에 의한 것이어야 했다. 여기서 '자유'라는 것은 궁극적으로 선거결과가 유권자 개인이 단위가 되어 행하는 자유로운 선택에 의거하는 것을 뜻한다. 개인들은 '비밀선거'를 통해서 그 자유로운 선택이 보장된다. 덧붙여서, 자유로운 선택을 위해선 선택의 대상물이 다수(多數, multiple)로 존재해야 한다. 자유로운 선거는 사회적 안정이 확보된 곳에서 그래서 선거관리의 투명함이 확보된 곳에서 제대로 작동한다. 선거연구를 논하게 되면 '선거제도'에 치중한 연구물들이 많다. 사회구성원들 사이에서 일정 수준 이상의 동의를 얻어서 정착된 선거제도가 있는 사회에선 자유선거의 근간이 흔들리지 않는다. 반면에 어떤 특수한 선거제도가 선거결과에 일정한 경향성을 초래하고 그 선거결과가 사회구성원들 사이에서 일정 수준의 동의를 얻는데 실패하면, 사회 구성원들은 보다 근원적으로 나의 선택이 자유로웠는가에 대한 의구심에 빠지고, 사회불안정이 발생한다.

자유선거란 사회구성원들의 자유로운 선택에서 비롯되는 것이지만, 모두가 선거결과에 승복할 때 존립하게 된다.[13] 자유선거가 현실정치에서 성립하기 위해서는 단순히 선거결과가 유권자들의 선택에 의거한 것이라는 사전적 의미를 넘어서 선거결과에 승복할 수 있는 수준의 선거제도에 대한 동의가 필요하다는 것이다.[14] 정리하면, '자유선거'란 유권자들이 자유롭게 자신의 선택을 할 수 있는 상황을 확보한 상태에서 선거하는 것이며, 정치현실에서 자유선거가 존립하는 것은 궁극적으로 유권자들이 그 선거결과에 승복할 때인 것이다. 종합하면, 민주주의를 구축하는 두 개의 축을 '법치'(法治)와 '자유롭고 공정한 선거'로 규정할 수 있다.[15]

민주시민들은 '선거의 질'을 고양하기 위해서 무엇을 하여야 하는가를 유념할 필요가 있다. 선거민주주의에 대한 지나친 기대감과 선거결과에 대한 회의적이고 비관적인 태도가 민주주의의 최소한의 순항조차 어렵게 할 수 있다. 양질의 대의민주주의는 유권자들 개인들의 투표에 관한 인식과 행태의 질적 고양에서 비롯되는 것은 분명하다. 선거의 가치를 단순히 높은 참여율, 높은 득표율이라는 양(量, quantity of votes)적 차원에만 한정하지 말고, 유권자들 개개인의 투표의 질(質, quality of votes)적 차원도 함께 논할 필요가 있을 것이다. 우리는 분명 그런 작업에 소홀히 해왔던 것이 사실이다. 민주시민으로서 선거민주주의에 대한 조감도를 갖기 위해선 단순히 유권자들의 투표행태에 국한하기 보다는, 정당 및 후보자의 선거전략들을 함께 인식하고 해석하는 것이 필요할 것이다. 정당 및 후보자들의 선거전략적 행태와 유권자들의 합리적 선택의 기준들을 조합하여 이해한다면, 현실 선거정치에 대한 괴리감을 없애면서, 대의민주주의를 보다 양질화할 수 있는 방안을 생각해 볼 수 있는 기반이 될 것이다.

13 음선필. (2014). 선거의 완전성. *홍익법학,* 15(3), 101–140.

14 Mackenzie, W. J. M. (1958). *Free Elections: an Elementary Textbook.* Rinehart.

15 Ferrín, M., & Kriesi, H. (Eds.). (2016). *How Europeans View and Evaluate Democracy.* Oxford University Press.

1. 민주주의와 선거민주주의

선거는 간접민주주의를 수행하기 위하여 대표자를 선출하는 수단이다. 인류는 민주주의를 성취하기 위해서 사회구성원들의 뜻을 대변할 수 있는 '정치적 균형'을 만들어 낼 수 있는 능력은 부족할 지라도, 그러한 능력을 가장 잘 성취할 수 있는 '대의민주주의'라는 형식을 벗어나기 어렵다. '대의민주주의'가 민주주의를 성취하는 능력을 보여주는 문제는 현재 진행형이어서, 잘했다, 못했다고 단언할 수는 없다.

사회구성원들은 '시간'(時間)과 '공간'(空間)상의 제약으로 직접민주주의를 시행하는데 한계를 갖는다. 모바일(mobile), SNS(Social Network Service) 시대에는 안건을 결정하는 과정에 시공간의 제약을 극복할 수도 있으나, 온라인(on-line)을 통한 투표관리와 결정과정은, 오프라인(off-line)을 통한 과정과 비교하여, 그 결과물에 대한 사회구성원들의 '신뢰'(信賴)의 문제를 발생시킨다.[16] 민주주의가 사회구성원들의 사회적 편익[또는 민생복리(民生福利)]을 위한 것으로 귀결된다면, '선거민주주의'가 작동하기 위한 기반으로서 '제도'라는 측면과, '자유선거'를 보장한다는 의미에서 '자유민주주의'라는 두 개의 축을 중심으로 설명하는 것이 좋을 것이다.

'대의민주주의'를 '자유민주주의'로 구현하는 경우, '자유민주주의'는 다수의 후보자들 대상으로 유권자들의 자유로운 선택이 보장되는 '자유선거'를 토대로 실천된다. 인류가 민주주의를 구현하기 위해서 '자유민주주의'가 유일한 실천 모델은 아니다. '대의민주주의'를 실행하는 과정은 '선거민주주의'를 통하여 실천될 수밖에 없고, '선거민주주의' 역시 다양한 복수 집단들의 경쟁의 자유를 보장하는 '자유민주주의'를 전제하고 있다. 복수(複數) 집단체들의 자유로운 경쟁이 보장되고, 그러한 집단체들이 경쟁의 결과물에 대해서 법에 규정된 자신의 권리를 주장할 수 있다. 경쟁과정에서의 공정성은 중요하다. 기존의 집단들이 새로운 집단이 경쟁의 구도로 들어오는 것을 막는다면, 그렇게 막는 것도 자유경쟁의 일환일 수도 있지만, 정도의 문제일 것이다. '자유'라는 것을 인정하게 되면, 그 극단을 제어할 수 없는 한, 사회 현상들은 극단적 '방종'으로 나타날 수도 있다. 그렇다고 해서, '자유'를 포기할 수는 없을 것이다. '자유'는 인간사회에서 공기와 같은 것이다.

민주주의와 책임정부

'선거민주주의'는 선거과정이 민주주의 이론에 어떻게 영향을 미치는지 평가하는 과정이다. 민주주의 성취에 대한 연구들을 정치과정론의 입장에서 정리해 보자면, 민주주의 수행을 위한 절차적 측면을 볼 수도 있고(특히 이런 경우, 제도적 측면), 결과론적으로, 사회적 편익의 측면을 볼 수도 있다. 제도적 측면에 초점을 맞추는 경우엔, '법적 보호 측면에서 정의할 수 있는 자유'에 초점을 맞춘다.[17] 사회적 편익의 측면에서 보자면, 사회구성원들의

16 온라인을 통한 투표와 선거에 대한 사회구성원들의 신뢰도 문제는 다음을 참조해 볼 수 있다. 김철진. (2018). 신뢰성 향상을 위한 이더리움 블록체인 기반의 온라인 투표 시스템. *한국산학기술학회 논문지,* 19(4), 563–570; 이준복. (2019). 블록체인에 기반한 전자민주주의 구현방안 연구: 신뢰성을 확보한 전자투표 시스템 구축을 중심으로. *법과정책,* 25(1), 215–244; 이윤호. (2021). 블록체인 기반 익명 전자투표 시스템. 정보화연구, 18(2), 199–204; 김재선. (2017). 온라인투표시스템 도입에 관한 입법적 쟁점 검토. *행정법연구,* 50, 133–158.

17 민주주의체제란 한편으로는 경쟁이나 갈등을 수반하고, 다른 한편으로는 참여나 포용을 수반하게 된다. Ringen, S. (2009). ***What Democracy is For: On Freedom and Moral Government.*** Princeton: Princeton University Press; Diamond, L. (1999). ***Developing Democracy: Toward Consolidation.*** JHU Press; Dahl, R. A. (1971). ***Polyarchy: Participation and Opposition.*** Yale university press. 듀베르제는 정치라는 것의 속성 자체가 투쟁과 통합의 반복이라고 보았다. Duverger, M. (1964). ***Political Parties.*** Methuen.

생활방식에서 사회적 안전망의 역할을 한다는 관점인 것이다.[18]

현대사회 민주주의체제에선 이상의 두 가지 관점을 분리하여 하나만 집중한다기 보다는, 두 가지 모두를 함께 추진한다. 그런 경우, 민주주의체제는 다른 체제보다 법적 보호를 통한 자유의 보장과 함께 생활 수준을 보호하거나 더 높일 수 있는 가능성을 제공하는 체제가 된다. 선거에 의해서 선출되는 '대의제 정부'(representative government)는 두 가지의 선거 유인이 기본적으로 작동한다. 하나는 더 적은 수의 시민들만이 빈곤에 머물도록 사회안정망을 보장하기 위한 선거 유인이며, 또 다른 하나는 자유에 대한 법적 규제를 해제하기 위한 선거 유인이다.

'법치'라든지 '자유, 공정선거'라는 민주주의에 대한 개념은 정치발전과정, 경제발전과정에 기반하여 장시간 동안 구성된 것이다. '대의제'(代議制, representative system)하에서 민주주의 개념이 실현된다는 것은 '책임정부'(responsible government)를 통해서인데, 대의제 책임정부란 시민들이 그들이 선호하는 요구나 정책을 정부가 실현하도록 이끌 수 있는 것 (정부를 주어로 말하자면, 대의제 정부가 시민들의 요구나 정책에 반응하도록 하는 것)이다. 유권자들은 자유로운 판단과 선택을 통해서 책임성의 소재가 누구(또는 어느 기관)에게 있는지 판정하고 응징하는 투표를 할 수 있다. '반복되는 선거'(repeated election)는 유권자들이 잘못된 정책이나 정치를 변환시키는 기제가 되는 것이다. 규범적 측면의 민주주의 개념이 경험적 측면의 현실과 일치하는 정도는 선거 기관과 직접적으로 관련된 네 가지 핵심 개념의 관점에서 자유 민주주의를 정의하는 것과 연관되어 있다. 다음과 같이 정리된다.

① 책임정부에게 책임을 묻기 위해서 정기적 선거를 제도적으로 보장한다.[19]

② 책임정부는 "선출된 입법부"에 의해서 선정된다.[20]

③ 책임정부 시스템이 운영되는 메커니즘은 대중동원의 중심주체인 ‘정당’(政黨)이다.

④ 책임정당의 정부는 정치시스템으로부터 시민들이 만족할 수 있도록 보장한다.

민주주의사회에서 대의제를 위한 선거는 정당과 불가분의 함수관계를 맺고 있음을 알 수 있다. 대의제는 사회구성원들이 그들의 권한을 대표자에게 위임하는 것이기에, 대표자들의 권력(권한)이란 것은 책임성을 담보하고 있다. 권한을 위임한 경우, 정책결정권은 대표자가 갖게 되며, 유권자들에게는 정책결정권이 없다. 그래서 대표자는 책임성이 전제되는 것이다. 권리없는 의무없고, 의무없는 권리는 없다. 민주적 대의체제에서 대표자의 권리는 사회구성원들에 대한 특권(特權, privilege)의식 속에서 행해지는 것이 아니고, 책임(責任, responsibility)의식 속에서 행해져야만 하는 것이다. 민주주의는 제도, 절차, 관습이 종합된 체계인데, 현실에서 구현되는 것은 시민들의

18 Przeworski, A. (1986). *Capitalism and Social Democracy.* Cambridge University Press.

19 오도넬(G. O'Donnell)은 ‘수직적 책임’과 ‘수평적 책임’을 구별한다. 전자는 유권자들의 권한과 관련하여 선출된 대표자들에게 재임 중 결정에 대해 공개적으로 책임을 물을 수 있는 능력에 연관된 것을 의미하고, 후자는 정부 기관의 능력에 연관된 것을 의미한다. O'Donnell, G. A. (1998). Horizontal accountability in new democracies. *Journal of democracy,* 9(3), 112–126; Schedler, A. (1999). Conceptualizing Accountability. In A. Schedler, L. Diamond, & M. F. Plattner (Eds.). *The Self-Restraining State: Power and Accountability in New Democracies* (pp. 13–28). Lynne Rienner.

20 이것은 유럽사회의 전통으로 ‘의원내각제’(parliamentarism)의 정부형태를 의미하고 있음을 알 수 있다. 임기중에도 의회가 내각(cabinet)을 불신임할 수 있기에 정기선거를 제외하고도 언제든지 행정부의 책임성을 묻게 되어 있다. 내각은 의회에 대해서 책임진다는 것에서 “선출된 의회”라는 것에 유의해야만 한다. 즉, 임명직 의회가 아니라, 선출직 의회란 것은 국민의 뜻을 대의하는 기관이란 의미이다.

믿음과 행동을 통해서이다. 이런 의미에서, 민주주의가 현실에서 어떻게 운영되는지, 어떻게 변화하고 있는지, 어떻게 변화할 것인지를 알기 위해선 유권자들의 의식과 행태를 분석하게 된다.

선거제도 민주주의: 대의제 형태

민주주의는 대중들의 광범위한 지지를 기반으로 한다. 무엇이 민주주의에 대한 대중의 광범위한 지지를 구성할 수 있는가? 대중적 지지를 확보하기 위해서 무엇을 실천할 것인가? 앞서 말한 정부의 책임성은 대중의 광범위한 지지를 구성하는 원천이다. 대중의 지지를 실천한다는 것이 그렇게 단순한 일은 아니며, 그러한 실천과정에는 상황적 요인과 문화적 요인들이 총체적으로 영향을 미친다. 대중들의 지지를 형성하는 과정에서 대표성은 두 가지 형태로 대별된다는 직관이 가능하다. 그 하나는 "다수적"(多數的, majoritarian) 방식으로 실천하거나, 아니면 "비례적"(比例的, proportional) 방식으로 실천하는 것이다. 다수적 방식에서의 대표성은 대표자의 책임의 소재를 바탕으로 한 책임성이 강조되는 반면에, 비례적 방식에서의 대표성은 사회구성원들의 성격을 골고루 반영하려는 의도가 강조된다.

대의제 정치 시스템을 구성함에 있어서, 구성원들 중에서 어떤 다수세력이 존재하면, 그들의 요구를 만족시키는 정부를 구성하는 것이다. 이런 경우, 그러한 다수세력을 대변하는 하나의 세력이 대중들로부터 권한을 위임받는 것이다. 다수적 정부는 전체 구성원 중에서 40~50% 정도의 다수세력을 구성할 수 있는 사회에서 현실성이 더 높을 것이다. 반면에, 사회구성원들의 파편화 정도가 심해서 또는 어떤 이유에서건 다수세력을 구성하기가 어려운 경우, 다양한 사회구성원들의 집단내 세력 크기의 비례성을 반영하여 연합세력을 구성할 수 있다. 비례적 방식에선 여러 세력들이 세력의 크기를 비례적으로 반영한 '연합정부'(coalitional government)가 들어서게 될 것이다. 사회가 파편화된 성향이 강한 곳에서는 한 정당이 지배적 다수를 달성하는 것이 드물기 때문에, 두 개 이상의 정당이 연합하여 집권 연정(聯政)을 구성해야 하는 경우가 빈번히 발생한다.[21]

대의제 정치 시스템으로 다수제 방식이나 비례제 방식의 채택여부는 그 나라의 역사나 사회내 집단들의 균열구조(societal cleavage)와 얽혀있다. 대부분의 17세기이후 20세기 초반까지 유럽사회에서 보다 다양한 사회적 균열축들[국가(국왕)-교회(교황), 중앙-지역, 산업노동자-기업가, 개인-집단권위 등]은 보다 다양한 세력들이 의회로 진출할 수 있는 '비례제 선거제도'와 이로 인해서 '다당체계'와 연합정부를 유인하게 된다.[22] 상대적으로, 1960년대 이후 한국사회에서 지속된 거대한 사회균열축은 '산업화-민주화' 및 '영-호남 지역균열'이었으며, 이는 지역정당의 속성을 지닌 '양당체계'를 유인하게 된다. 제도적 차원으로 한정하여 논하자면, 다수제적 방식을 유인하는 '단순다수 - 일인선거구제' 선거제도는 '주요 정당'(major parties)이 되기 위한

21 연립정부의 어느 정당이 정부 정책에 책임을 지고 있는지 명확하지 않기 때문에 책임의 명확성이 흐려질 개연성이 농후하다. Aarts, K., & Thomassen, J. (2008). Satisfaction with Democracy: Do Institutions Matter?. *Electoral Studies, 27*(1), 5–18. 하지만, 긍정적인 증거들도 있다. 일반적으로, 적어도 유권자의 관점에서 볼 때, 정부의 비례 또는 합의된 모델은 다수주의 모델보다 더 효율적으로 작동하는 것처럼 보인다. 파월(G.B. Powell)은 선거가 시민 선호와 정부 결과를 연결하는 메커니즘으로 보인다면 비례 모델이 더 효과적이라고 주장한다. Powell, G. B. (2000). *Elections as Instruments of Democracy: Majoritarian and Proportional Visions.* Yale University Press. 레입하트(A. Lijphart)도 비슷한 결론을 내렸고, 그는 대중의 데모에 대한 만족도가 다수제에 비해 비례제에서 약 17% 포인트 높다는 것을 발견했다. Lijphart, A. (1999). *Patterns of Democracy: Government Forms and Performance in Thirty-six Countries.* Yale university press.

22 Mackie, T. T., & Rose, R. (1991). *The International Almanac of Electoral History* (3rd ed.). Congressional Quarterly.

(즉, 단일 책임정당이 되기 위한) 문턱이 높아 소수의 정당들로 '과점'(寡占, oligopoly)체제가 이루어질 가능성이 있다. 대개 2개의 주요 정당들이 형성되면서 유권자들의 지지를 모으고 득표행위를 하면서 소수의 정책들을 중심으로 '만능주의'적 정책전략을 채택할 가능성이 높다.[23] 정당명부식비례대표제 또는 '중·대선거구제'(1구역에서 2~5인 선출제도)와 같은 선거제도는 더 많은 정당들이 당선될 수 있어, 정치체계내에 더 많은 유효 정당들을 만들어낸다.[24] 경쟁하는 다수의 정당들은 정당 고유의 특정한 범위의 이슈를 중심으로 더 좁은 지지 기반을 목표할 가능성이 높아진다. 많은 수의 정당들이 경합하는 곳에서는 정당들이 유권자들을 어떻게 동원하는지에 초점이 맞춰지면서, 선거경쟁은 당파성보다는 이슈 중심이 될 가능성이 있다. 이는 더 높은 수준의 선거 변동성으로 이어질 수 있다.[25] 반복되는 선거에서 정당들의 선거변동성과 의석변동성이 높은 경우엔 정부 성과에 대한 선거 보상이나 처벌을 전달하는 시민의 능력은 약화될 수도 있다.

유권자 행태와 정치 역량

민주주의의 성취 수준을 논하기 위해선 유권자들의 정치역량을 볼 필요가 있다.[26] 자유민주주의 이론의 가정 중 하나는 정보획득의 자유에 입각하여 현명한 선택을 할 수 있는 유권자의 존재이다. 유능한 유권자가 없다면, 국민들이 재임 중 정부에 그들의 성과에 대한 책임을 묻기 위해 선거를 이용할 수 있는 능력은 제한될 것이다. 이는 결국 자유민주주의의 핵심 가정을 훼손할 것이다. (역량있는) 민주시민들은 정무에 대해 잘 알 것으로 기대되는데, 쟁점이 무엇인지, 그들의 과거가 무엇인지, 관련 사실이 무엇인지, 어떤 대안을 제시하는지, 당이 무엇을 옹호하는지, 어떤 결과를 가져올지 등을 알 수 있어야 한다.[27] 대중의 정치적 역량에 대한 이론이나 경험적 연구들 중에는 시민들이 정치체제에 대해 잘 알지 못한다는 비관론이 존재해 왔다.

슘페터(J. Shumpeter)는 대중들의 정치적 역량 부족을 지적하며, 민주주의 유권자들은 너무 잘 알지 못하고 피상적이어서 공공의 이익을 식별하지 못하며 결과적으로, 시민들의 역할은 경쟁하는 엘리트들 사이에서 주기적인 선택을 하는 행위로 제한되어야 한다고 주장했었다.[28] 이러한 입장은 시

23 주요정당(major party)과 군소정당(minor party)의 가용재원의 규모 편차가 극심하다. 특히 선거정당법이 의석수에 따라서 배정되는 '국고보조금제도'를 채택하는 경우 주요정당과 군소정당의 차이는 넘지 못할 장벽으로 고착화될 가능성이 높다. 거대 주요 정당은 정치적 성과나 업적과 상관없이 선거경쟁에서 '대마불사'(大馬不死)의 지위에 선다. 물론 그런 자리는 선점(先占)효과에 의한 것이 대부분이다.

24 중 · 대선거구제도는 한 개의 정당이 한 개의 지역구에 복수의 후보자를 공천하는 것을 허용할지가 핵심이다. Lijphart, A., & Gibberd, R. W. (1977). Thresholds and Payoffs in List Systems of Proportional Representation. *European Journal of Political Research,* 5 (3), 219–244; 한상익. (2013). 2표병립제에서 군소정당 지지자들의 전략투표. *한국정치학회보,* 47(5), 235–254; 황동혁. (2019). 연동형비례대표제의 정당명부 작성단위에 관한 고찰. *공법연구,* 47(3), 147–186.

25 Heath, O. (2017). Trends in partisanship. In *The Routledge Handbook of Elections, Voting Behavior and Public Opinion* (pp. 158–169). Routledge; Bowler, S. (2017). Party identification. In *The Routledge Handbook of Elections, Voting Behavior and Public Opinion* (pp. 146–157). Routledge.

26 Converse, P. E. (2000). Assessing the capacity of mass electorates. *Annual review of political science, 3*(1), 331–353; Gordon, S. B., & Segura, G. M. (1997). Cross-national variation in the political sophistication of individuals: Capability or choice?. *The Journal of Politics, 59*(1), 126–147.

27 Berelson, B. R., Lazarsfeld, P. F., & McPhee, W. N. (1966). Voting: *A Study of Opinion Formation in a Presidential Campaign.* University of Chicago Press, p.3.

28 Schumpeter, J. A. (1942). *Capitalism, Socialism, and Democracy.* Harper and Row. 이러한 견해는 경험적 연구의 뒷받침을 받기도 했다. McClosky, H. (1964). Consensus and ideology in American politics. *American Political Science Review, 58*(2), 361–382.

민의 역할은 경쟁하는 정치 엘리트 구성원에게 투표하는 것으로 제한되어야 하며, 그들은 정책 결정의 복잡함에 있어서 어떠한 관여도 해서는 안 된다는 것으로 연장된다.

키(V.O. Key)는 "유권자는 바보가 아니다"라고 주장한 바 있다.[29] 시민들은 여전히 최소한의 정보를 기반으로도 그 상황에서 "균형 잡힌" 결정을 내릴 수 있다는 것이다. "균형이 잡혔다"의 의미 규정이 중요하다. 여기서 균형 잡힌이란 의미는 후보자들을 평가하고 선택함에 있어서 모든 후보자는 장점과 단점이 있는데, 한 곳만 보거나 일부 사실만을 보는 것이 아니라, 모든 상황들을 "종합적으로" 고려한다는 의미이다. 대중들의 정치적 역량이 높아지는 것은 교육 수준이 상승하는 것과 무관하지 않을 것이다. 반드시 학교의 교육이 아니더라도 선거과정에서 선거 운동이 유권자들에게 중요한 정치 정보와 학습의 원천을 제공할 수 있다.[30] 정보의 원천으로서 인터넷은 민주화 이후 선진사회의 정치체계에 가장 큰 변화를 가져왔다는 것에 논쟁의 여지가 없을 것이다. 정치적 의사소통에 대한 전통적인 설명은 텔레비전의 등장이 1960년대와 1970년대 정치의 본질을 근본적으로 변화시켰다는 것을 보여준다. 인터넷이 적어도 반세기 전의 텔레비전만큼 심오한 방식으로 현대 정치 시스템의 운영을 재편할 것이라는 것은 명확해지고 있다.[31] 인터넷은 정치정보에 대한 접근성을 높임으로써 더 높은 민주주의 역량을 제공한다.[32] 인터넷의 상호작용이 민주주의 이론에 중대한 영향을 미치며, 정당과 유권자의 정치관을 변화시키고 있다는 점이다.[33]

소셜미디어 시대의 시민들은 선거과정에서 매체와의 관계에서 더 이상 수동적이지 않다.[34] 시민들은 어떠한 정보도 접근하지 않는 것을 선택할 수 있고, 다른 극단에서는, 그들은 하루 24시간 동안 원하는 정보에만 상세히 접근할 수도 있다. 흥미로운 것은, 그들이 접근하기 위해 선택한 정보는 그들의 관점을 다양화하는데 도움이 되기보다는 오히려 원래의 관점을 강화시킬 수 있다. 인터넷의 필수 요소인 상호작용성은 시민들이 단순히 수동적인 정보수취자가 되는 것뿐만이 아니라, 수동적인 무비판의 상황에서 매체의 견해를 점점 더 많이 들을 수 있다는 것을 의미한다. 그렇다면 청취자에게 특정 관점이 강화될 수 있다. 능동적 수취와 수동적 흡수, 선택된 매체로의 집중과 다양한 매체로의 접근, 단기적 노출과 장기적 노출 사이에서 인터넷 사용은 불균형적으로 조정되기 때문에 지식이 부족한 집단에게는 특정 분야의 정치 정보만을 전달할 수 있는 독특한 기회를 제공한다. 다양한 연구들은 인터넷이 실제로 젊은이들의 정치적 정보와 민주주의 역량에 상당한 영향을

29 Key, V. O. (1966). The Responsible Electorate. Harvard University Press, p.7.

30 선거운동은 특히 경제 문제에 대한 유용한 정보를 제공한다. Arceneaux, K. (2006). Do campaigns help voters learn? A cross-national analysis. *British Journal of Political Science, 36*(1), 159–173; Erikson, R. S., & Wlezien, C. (2012). *The timeline of presidential elections: How campaigns do (and do not) matter.* University of Chicago Press. 유권자들 입장에선 선거운동을 지켜보는 것 자체로도 그들에게 중요한 정보원천이 된다. Benoit, W. L., & Hansen, G. J. (2004). Presidential debate watching, issue knowledge, character evaluation, and vote choice. *Human communication research, 30*(1), 121–144.

31 고경민 · 송효진. (2010), 인터넷 항의와 정치참여, 그리고 민주적 함의: 2008년 촛불시위 사례. *민주주의와 인권,* 10(3), 233–269.

32 최종호 · 허석재 · 권혁용. (2011). 인터넷과 정치관심, 그리고 투표행태: 17대 대통령 선거의 사례. *평화연구.* 19(2), 175–197.

33 Bimber, B. (2003). *Information and American democracy: Technology in the evolution of political power.* Cambridge University Press; Coleman, S., & Blumler, J. G. (2009). *The Internet and democratic citizenship: Theory, practice and policy.* Cambridge University Press; Farrell, H. (2012). The consequences of the internet for politics. *Annual review of political science, 15*(1), 35–52.

34 홍주현 · 박미경. (2011). 선거 기간 중 트위터에 나타난 후보자와 유권자의 정치적 행위(political action) 연구. *사이버커뮤니케이션학보,* 28(4), 257–301.

35 Gibson, R. K., & McAllister, I. (2015). Normalising or equalising party competition?

미치고 있다는 것을 확인했다.[35] 젊은 시절의 정치적 편향은 그것의 옳고 그름을 떠나서 인생 내내 강력한 영향력을 발휘하게 될 수도 있다.

인터넷에 덧붙여서, 전자투표(digital voting)[또는 디지털민주주의]는 대의민주정치의 기존 모습을 바꿀 수 있는 또 다른 영역이다. 인터넷은 모든 상황에 대해서 정치인과 시민, 그리고 시민들 사이의 시공간을 초월한 대화와 비판 능력을 제공하며, 대의민주주의의 필요성을 모두 약화시킬 수 있다.[36] 일단, 시간과 비용이 현저히 줄어들고, 공간거리와 시간적 제약은 사실상 제거되었다.[37] 인터넷은 19세기에 지속된 타운홀 미팅과 거의 유사하면서도, 비할 바 없는 수준의 대화형 전자 참여를 촉진한다. 초기에는 거대 주요 정당들이 더 많은 정보와 더 큰 기회를 제공하는 정교한 다기능 웹사이트를 설계할 수 있는 능력으로 참여와 재정기부의 수월성을 진작하며 이 분야를 지배하고 있음을 시사했다.[38] 하지만, 인터넷망에 뉴미디어시대의 모바일 SNS시대가 결합하여 '전자참여'(e-participation)를 증진시키면서 뚜렷한 당파성이 없는 중위지대의 사람들도 전자참여를 통해서 효과적으로 동원되고, 전반적으로 군소정당들(예를 들면, 환경정당)에게도 낮은 진입장벽을 초래할 수 있다.[39] 더욱이 1인미디어시대라고 할 수 있는 소셜미디어시대로 돌입하면서 전자참여방식은 군소정당들의 약진을 예상케하기도 한다. 궁극적으로 '전자투표'의 전면적 도입 여부는 사회구성원들의 '전자참여방식'에 대한 신뢰감을 구축하느냐에 달려 있다. 구성원들 사이의 높은 신뢰감이 형성된 집단내에서는 전자투표의 도입은 편리성을 배가시킬 것이다. 하지만, 전자참여방식은 '비밀투표'와 '동원투표'로 인한 조작에 대한 해결책 수립이 어렵기에, 구성원들 사이의 전자참여방식에 대한 신뢰의 문제를 야기할 수밖에 없다. 이는 전자투표방식의 기술적 발전과는 별개의 문제인 것이다.

인터넷, 모바일 SNS 시대의 또 다른 특성은 한 국가의 정부 성과가 정부의 통제 밖에 있는 외부 국제적 상황 요인들에 의해 형성된다는 점이다. 시민들은 재임 중 정부의 성과에 대해 판단하며, 투표에서 보상 또는 처벌 중 하나를 선택할 수 있다. 그런데, 국가 정부의 통제하에 있지 않은 국제적인 사건들(특히, 경제적 상황, 전쟁발발)과 정책에 의해 정부의 성과가 부정적인 영향을 받는다면, 그 정부는 책임이 있는가? 책임이 있는 것이라면, 앞서 언급한 자유민주주의 이론에서 책임정부는 한 국가를 단위로 하고 있기에 근본적인 문제에 봉착할 수 있다. 역으로, 정부의 성과가 정부의 통제 밖에 있는 요인들에 의해 긍정적으로 형성된다면, 그것도 정부의 성과로 인정할 것인가? 물론, 실제로 정부는 항상 어느 정도까지는 정책 결과를 형성할 수 있다. 예를 들어, 2007년 글로벌 금융 위기 동안에도 정부는 위기에 대한 정책적 대응으로 평가받을 수 있었다. 그러나 의사결정이 민족국가를 초월할 때, 정치적 책임의 소재와 범위는 어떻게 규정할 것인지 논란이 될 수 있다.

Assessing the impact of the web on election campaigning. ***Political studies, 63***(3), 529–547; Grönlund, K. (2007). Knowing and not knowing: The internet and political information. Scandinavian Political Studies, 30(3), 397–418; 김용철 · 윤성이. (2004). 제17대 총선에서 인터넷의 영향력 분석: 선거관심도와 투표참여를 중심으로. *한국정치학회보,* 38(5), 197–216.

36 전자투표에 대한 전통적인 반대의 원인이었던 인터넷 보안의 부족이 기술 변화로 빠르게 해결되고 있다는 의견도 있다. Lindner, R., Aichholzer, G., & Hennen, L. (Eds.). (2016). Electoral Democracy in Europe. Springer.

37 Gibson, R. K., & McAllister, I. (2011). Do online election campaigns win votes? The 2007 Australian "YouTube" election. ***Political Communication,*** 28(2), 227–244.

38 Schweitzer, E. J. (2008). Innovation or normalization in e–campaigning? A longitudinal content and structural analysis of German party websites in the 2002 and 2005 national elections. ***European Journal of Communication,*** 23(4), 449–470.

39 Gibson, R. K., & McAllister, I. (2015). Normalising or equalising party competition? Assessing the impact of the web on election campaigning. ***Political studies,*** 63(3), 529–547.

유럽 정부의 경제 위기가 미국에서 시작되었을 때 유럽정부의 형편없는 경제 상황에 대해 유럽정부는 책임성이 존재하는가? 국가를 넘어선 거버넌스(governance)의 성장으로 발생한 '초(超)국가적' 현상은 생활에 영향을 미치는 모든 사람들에게 책임성을 갖고 있다.[40] 국제적 영향력의 전파가 국내 정부의 평가에 영향을 미쳐, 정부 책임성에 대한 전통적인 관점에 영향을 미치는 것은 세계화와 자유무역의 이름으로 '팩스아메리카나'(Pax-Americana) 내지는 "초국가" 거버넌스로서 유럽연합(EU)의 존재 때문이다. 유럽연합(EU)은 과거 독점적으로 국내 문제였던 것에 대해 회원국들 사이에서 점점 더 많은 권력을 행사하고 있으며, 그러한 거버넌스는 국내와 국제를 단선적으로 구분할 수 없는 상황을 초래하고 있다.[41] 소위, 인터넷, 모바일 SNS 시대에는 국내 정부의 순수 업적과는 상관없이, 국내정부의 책임상황에 대한 '억울함'(국제상황의 영향력으로 초래한 국내경제의 부정적 상황으로 인한 손실)과 '어부지리'(漁父之利, 국제상황의 영향력으로 초래한 국내경제의 긍정적 상황 초래로 인한 이득)가 번갈아 발생하게 될 것이다. 연구를 보면, 세계화가 유권자들이 책임의 소재와 범위에 접근하는 방식에 실제로 영향을 미친다고 본다.[42] 세계화이후에 유권자들이 경제적 성과에 대해 누구를 비난하거나 보상해야 하는지에 대한 판단은 쉽지 않다.

유권자들이 정부에 대한 책임성을 판정하는 한 예는 '경제투표행태'(economic voting behavior)이다. 많은 경험적 연구들은 유권자들의 투표행태를 결정짓는 가장 중요한 변수들 중의 하나로 정부의 경제적 업적에 대한 유권자들의 '경제적 상황 판단'에 근거한 '경제투표' 행위를 지적해 왔다. 유권자들이 투표선택에서 현 정부의 경제적 성과에 대해 판단을 내린다는 것을 입증했다. '경제투표' 행태가 투표선호를 설명하는데 중요한 변수라는 것이다. 경제투표를 함에 있어서 그 판단은 회고적(retrospective) 판단에 의해서 내려질 수도 있고, 또는 전망적(prospective) 판단으로 내려질 수 있으며,

국민 자신의 가계 경제(pocket-book)에 관한 것을 기준으로 판단할 수도 있고, 국가 경제 전반(socio-tropic)에 관한 것일 수도 있다.[43] 이것은 한 나라의 범위에서 발생하는 일이다. 시민들이 자국 정부를 경제적 성과를 형성하는 데 있어 중요한 요소로 보지 않고, 대신 국제 시장의 힘을 중요한 결정 요소로 본다면, 한 국가 내에서 정당간의 선거 메커니즘을 통한 책임은 정확하게 그 경계를 정하기가 어려워진다. 물론, 대부분의 유권자에게 경제적 책임의 소재는 자국의 정부로 인식될 것이다. 문제는 과연 그러한 인식이 사태를 정확히 인식하는 것인가 하는 것이다. 국제화의 영향력을 제외한다고 해도, 새로이 들어선 정부의 경제업적은 지난 정부의 경제정책의 연장선상에서 이루어지는 것이어서 경제업적의 책임문제를 정확히 가늠하는 것은 단순한 문제는 아닐 것이다. 선거가 열리는 당해 시점에서 여당에게 더 경제상황에 대한 책임이 지워진다는 것은 자명할 것이다.

40 Sperling, V. (2009). Altered states: *The globalization of accountability.* Cambridge University Press. p.8.

41 Curtin, D., Mair, P., & Papadopoulos, Y. (2010). Positioning accountability in European governance: an introduction. *West European Politics, 33*(5), 929–945; Hobolt, S. B., Spoon, J. J., & Tilley, J. (2009). A vote against Europe? Explaining defection at the 1999 and 2004 European Parliament elections. *British journal of political science, 39*(1), 93–115.

42 Hellwig, T., & Samuels, D. (2007). Voting in open economies: The electoral consequences of globalization. *Comparative Political Studies,* 40(3), 283–306. 헬윅과 사무엘스는 "세계 경제에 대한 노출이 경제 성과와 현직에 대한 지지 사이의 관계를 약화시킨다"는 것을 보여주기 위해 27년 동안 75개국의 선거를 분석했다. 다른 연구에서는 당사자들이 변화하는 경제 상황에 대응하여 그들의 입장을 조정할 수 있다고 지적하였다. 특히 현직 정치인들은 정적들의 입장으로 이동할 가능성이 높아져 책임감이 흐려지고 경기 부진에 대한 잠재적 비난도 피할 수 있다. Hellwig, T. (2011). Constructing accountability: Party position taking and economic voting. *Comparative Political Studies,* 45(1), 91–118.

43 자세한 내용은 뒷부분의 '유권자 행태' 부분에서 다루기로 한다.

2. '대표성': 누가 누구를 대표하는가?

대의민주주의의 핵심 개념은 '대표성'(representativeness)이다. 대표성은 다차원적인 개념이다. 대표성이 다차원적인 개념이 되는 이유는 권한을 위임하는 자와 위임받는 자 사이의 '관계의 속성'에서 발생하는데, 그 '관계의 속성'에 대해서 관점들이 다양하게 존재하기 때문이다. 유권자는 어떤 수단을 통해서 대표자를 선출하게 되고 일정 수준의 권한을 위임한다. 대의민주주의는 당파성을 중심으로 하건(즉, 정당민주주의), 사회집단들을 중심으로 하건(즉, 다원민주주의), 유권자들은 (또는 집단의 구성원들은) 특정인을 대표자로 선출하여 일정 수준의 권한을 위임하게 된다.[44] 권한을 위임한다는 것은 위임받는 자의 '책임'이 발생한다는 것을 의미한다. 대중들의 요구를 대의민주주의를 통해서 실천하는 경우에, '다수제 모델'(majoritarian model)과 '비례제 모델'(proportional model)을 앞서 설명한 바 있다. 이것을 '책임성'의 여부와 연관하여 설명해 보면 다음과 같다.[45]

다수적 모델의 경우 대표성은 집단에서 다수를 형성하는 세력을 대표하게 되며, 대표자(또는 대표집단)는 1인(또는 극소수)이다. 대표자 1인이 책임을 지게 되는 경우, '책임의 소재'(accountability)가 명확히 드러나게 된다. 유권자의 입장에서 책임을 물을 책임의 소재가 분명한 것이다. 상대적으로, '비례적 모델'에서는 집단내 다양한 세력들이 비례적 크기를 상정하여 대표하는 것이어서, 대표자는 여러 집단들을 대표하는 자들의 비례성을 고려한 '집단대표'의 형식을 띄게 되며, 따라서 집단대표들의 '책임의 공유'라는 속성이 드러난다.[46] 집단대표체제이기에 대표집단 내부에서의 책임의 분명한 소재는 상대적으로 불명확하다.

관념적 차원에서(경험적 증거와는 별도로), 다수제 모델과 비례제 모델을 유권자의 투표행태와 연관시켜 볼 수도 있다. 일반적으로, 집단내에서 다수를 형성하는 세력은 이념적 차원에서 '중위'(中位, median)에 있는 세력들일 개연성이 높다. 극좌 및 극우에 비교하여 '중위투표자'(median voters)가 상대

44 사회구성원들이 사용하는 용어는 그 용어를 사용함으로써 오해의 소지가 없거나 지극히 낮을 경우, 또한 그로 인해서 어떤 부정적인 상황이 발생하지 않는다면 구태여 용어 사용 자체에 까다로울 필요는 없을 것이다. '선거'(選擧, electing), '투표'(投票, voting)라는 용어도 사용에 별 문제없는 용어로 생각하지 쉽지만, 의외로 선거와 투표는 포괄적인 언어이다. 우리는 보통 어떤 사람을 선출하는 행위를 일컫는 말로 '선거'라고 하고, 그 선거에서 자신이 선호하는 사람에게 표를 던지는 일을 '투표'라고 한다. 선거는 어떤 특정인을 선출하기 위해서 하는 행위이며, 투표는 사실 누구를 선출하기 위해서만 필요한 것은 아니다. '합의'나 '동의'를 위해서 투표하는 경우도 있다. 우리가 보통 '국민투표'라고 번역하는 referendum은 그 내용상 어떤 특정한 의제에 대해서 국민들의 의사를 물어보고 동의를 구하는 과정이다. 국민투표라고는 하지만, 누구를 선출하는 것은 아니다. '투표'라는 용어 이외에 '기표'(記票, balloting)라는 용어도 존재한다. 만약, 정당명과 후보자명이 인쇄되어 있는 용지를 놓고서 유권자들이 용지에 자신의 선호를 표시하는 행위는 '기표'라는 용어가 더 정확할 수도 있다. 이렇게 구분한다면, 30명 정도 인원이 모여서 반장을 선출한다고 했을 때, 자신이 선호하는 사람의 이름에 표시하는 행위는 '기표'이고, 기표용지를 투표함에 넣어서 제출하는 행위는 '투표'가 된다. 한 번만 투표행위가 이뤄지는 것인지, 용지 위에서 한 사람에게만 기표(즉, 표시)하는 것인지는 다른 것이니, 이상의 두 상황을 구분할 수 있다.

45 '대표성'이란 말을 '비례성'과 동의어로 사용하는 경우를 보는데, 혼란의 여지가 있어서, 용어 사용에 유의해야 한다. 예를 들면, "대표성을 제대로 확보하지 못했다"라는 말이 "사회구성원들의 세력간 크기의 비례성을 확보하지 못했다"라는 뜻을 의미하는 경우가 있다. 이런 표현은 문맥상 가능할 수 있을런지는 모르지만, 대의제하에서 사용하는 '대표성'이란 '책임성'[responsibility; 유권자의 정책요구(demand)에 대한 정치인의 정책응답성(supply)]이란 의미와 접합되어 있기도 하다. '대표성'이란 말이 책임소재의 모호성이라든지 책임정치실천의 비효율성과 연관되는 경우도 발생할 수 있기에, 비례성이란 용어가 대표성이란 용어와 거의 동격의 유사어로 쓰이는 것은 오류적 상황을 만들 수 있다. 즉, "책임을 다하지 않는 의원은 대표성이 없다"고 할 수 있다. 역으로, 비례성이 제대로 확보되지 않아도(현실적으로도 구현되기 쉽지 않다), 책임정치가 구현되면 대표성이 있다고 할 수도 있다.

46 스테레오타입화된 형식으로 지도체제와 다수제와 비례제간의 친화력을 상상하자면, 다수제 모델은 일인대표체제, 비례제모델은 집단대표체제와 더 친화력이 있다고 할 것이다.

적으로 큰 규모로 형성되어 있는 곳에선 이렇게 '중위'에 있는 집단을 '일인대표체제'로 수렴하는데 큰 무리가 없다. 반면에, 비례제 모델은 다양한 '이념적 투표자'들이 상대적으로 큰 비중을 갖게 되고, 다양한 세력들의 비례성을 반영하기 위해선 '집단대표체제'로 수렴하는 것이 그 체제를 유지하는데 무리가 없다. 집단내부에 이념적으로 분산되고 파편화된 다양한 세력들이 존재하면, 다양한 이념적 위치에 있는 세력들이 각각의 '이념적 위치'를 반영한 '이념투표'(ideological voting)를 하는 성향이 큰 비중을 갖게 된다.[47] 주의할 점은, 여기에서 '이념투표'란, 관행적 차원(conventional dimension; 즉 경제적 차원의) 좌파-우파의 두 개의 이념적 덩어리로 구분되는 상황을 말하는 것이 아니고, 최소한 중우, 중좌, 중도, 극우, 극좌 등이나 그 이상으로 다양화되어 세분화된 이념을 반영하는 소위 '분화된(diversified) 이념투표성향'을 말하는 것이다.[48]

'대표성'의 문제를 대표자가 사회구성원들로부터의 지지를 실천할 수 있는 방식으로 이해할 수도 있지만, 현실정치과정에는 더 비판적인 견해들이 힘을 얻기도 한다. 라스웰(H. Lasswell)에 따르면, 정치인은 "사익(私益)을 공익(公益)으로 전환하기 위한 합리화"를 한다. 피트킨(H. Pitkin)은 "대표자는 대중들에게 반응하는 방식을 행하면서 자신의 이익을 위해 행동하는 것"이라고도 하였다. 대표자의 속마음이 어떻건, 여기서 대중들에게 반응하는 방식이란 바로 '정책 반응성'을 말한다. '정책 반응성'이란 대중들이 요구하는 정책을 입법하고 실천하는 과정이다. 정치인들의 유권자들에 대한 정책 대응성이란 것은 진심을 다하는 것일 수도 있고, 겉으로만 구색을 맞추는 그런 것일 수도 있다.

대중들의 지지를 다수적 모델의 형식으로 실천하건, 비례적 모델의 형식으로 실천하건, 정부의 책임성이란 궁극적으로 사회구성원들의 요구(즉, 수요)에 응답하는 '반응성'(responsiveness)을 기반으로 한 '책임성'(responsibility)

에서 벗어날 수 없다. 라스웰이나 피트킨의 견해를 반영할 때, 대표자와 유권자 사이에서 '반응성'에 대한 '정치적 선제권'(political initiative)의 방향이 중요한데, 그 관계방식들은 ①대표자는 유권자가 파견한 집단으로 유권자의 수요와 요구에 무비판적으로 응답하는데 불과하다는 '대리인모델'(delegate model), 반면에, ②유권자들이 대표자에게 권한을 위임한 후에는 대표자의 자율적 판단에 따라서 행위하게 된다는 '수탁자모델'(trustee model), 그리고, ③대표자와 유권자의 매개체로서 정당 역할의 의미를 반영하여, 대표자가 자신을 믿고 공천해 준 정당이란 기관의 뜻을 받드는 '정당인모델'(partisan model)로 구분할 수 있다.

이상의 논의들을 모두 종합하여 대의민주제하에서 대표성의 다차원적인 개념들(대중적 지지의 실천방식, 유권자 투표행태, 정치적 선제권)을 종합하면 다음과 같은 관념적 차원의 개념도가 성립할 것이다. 이것은 일정 수준 스테레오타입적인 성향의 것이어서, 경험적 현실에서는 보다 많은 변수들(특히 선거제도, 정치문화 등)이 개입하면서 복잡다기한 양상으로 나타날 수도 있다.

47 Lachat, R. (2008). The impact of party polarization on ideological voting. *Electoral Studies*, 27(4), 687–698.

48 인간사회에서 이념의 다양화나 분산화가 이념의 집중화보다는 오히려 자연스러운 것일 수 있다. 이렇게 본다면, 한국사회에서 '보수'와 '진보'라는 양대 이념이라는 거대한 덩어리는 후보자들이 사회구성원들의 사상을 특정 부분만을 강조하면서 단순화하거나 조작하면서 다양한 이념적 성향을 지워버리면서 발생한 결과물로 해석된다. 한국사회의 양분화된 두 개의 진영논리는 정치적 인재가 부족한 현실에서 선동가적인 정치인을 중심으로 득표활동이 과장되면서, 그리고 여기에 언론 미디어가 그러한 환경을 부추긴 결과물일 수도 있다. 민주사회에서 시민들의 책임도 있다. 정치과정이 거대한 두 개의 덩어리를 중심으로 시민들이 자신의 세분화된 선호를 숨기고, 거대한 기관에 모든 것을 맡기게 되는 수동적이고 타성적인 행태와도 무관할 수 없을 것이다.

표 1-1 대의민주주의에서 '대표성'의 개념도[49]

	정치 선제권	대중지지 실천방식	유권자투표행태	정당체계 유인
대리인 모델	유권자	비례적 모델	(분화된)이념투표	다당체계
정당 모델	유권자	비례적 모델	(분화된)이념투표	다당체계
	정당	다수적 모델	중위투표	양당체계>다당체계
수탁인 모델	대표자	다수적 모델	중위투표	양당체계<다당체계

정책응답성이란 것의 과정을 보면 ①대중들의 수요에 대한 요구가 대표자에게 입력되면서 시작되고, ②그렇게 입력된 요구가 입법부에서 정책으로 통과된 후에(즉, 입법에 성공한 후에), ③그 입법이 행정부를 통해서 정책으로 집행되는 것이다. 정책응답성이 ①의 단계에서 멈출 수도 있고, ②의 단계에서 좌절될 수도 있다. 중요한 것은 ②의 단계를 성공적으로 통과하는 것인데, ② 역시 대의제하에서 두 가지 종류가 있다. 즉, ㉠시민들의 요구 원안대로의 내용을 반영하는 정책의 입법화에 성공할 수도 있고, 반면에 ㉡시민들의 원래 요구와는 변형된 형태로서 일부만 수렴된 형태의 정책으로 입법화될 수도 있다. 수탁인 모델과 대리인 모델은 두 개의 배타적인 모델처럼 인식될 수도 있지만, 현실 입법과정에선 대리인 모델과 수탁자 모델이 혼합하여 작동하게 될 것이다.

대표자가 사회구성원들의 요구 내용의 원형을 그대로 입력한 후에 입법행위를 하더라도, 의회의 입법과정에서 원형에서의 변형이 생기지 않고서는 통과가 되지 않는다면, 그 때 대표자는 입법을 포기해야 하는지, 아니면, 주도적으로 판단해서 변형된 입법을 추진해야 하는지의 문제가 발생한다. 효율적이고 기동성 있는 정책순환을 위해선 대표자에게 일정 수준의 판단을 위임할 수밖에 없다. 대리인 모델하의 정치인은 주체적으로 자율적으로 기동성 있게 결단(決斷)하기 어렵다. 정치과정이 대리인모델로만 기능하는 곳에서 역량과 양심을 겸비한 자들이 오히려 정치가를 지망하지 않을 것이다.[50] 또 다른 현실적인 문제는 유권자들의 기대와 혜택은 상반될 수도 있다는 점이다. 많은 사람들은 낮은 세금을 선호할 수 있지만, 더 높은 세율로 자금을 조달하는 정책(더 비싼 교육 시스템이 더 높은 수준의 교육을 제공)에 의해서 더 많은 이익과 혜택을 얻을 수도 있다. 이렇게 선호와 이익 사이의 괴리는 수탁자 모델에서 더 효율적으로 해결될 수 있을 것이다. 수탁자는 유권자가 원하는 것이 아닐지라도 유권자에게 좋은 것을 제공할 수 있다.[51]

민주주의 선순환 구현을 위한 유권자-대표자 관계의 핵심은 '신뢰'(trust)이다. 펜노(R. Fenno)는 입법자가 채택한 "홈스타일"(Home Style)이 정치인과 유권자 사이의 신뢰관계를 형성하는 가장 효율적인 방법이라고 본다.[52]

49 해당 개념도에서 정당체계(양당체계, 다당체계)는 오히려 '선거제도'(비례제, 다수제)에 더 큰 영향을 받아서 형성되는 결과물일 수 있다. 중위투표행태의 경우, 양당체계유인, 다당체계유인은 인물효과, 기관효과가 복합적으로 작용하는 것이어서 인물효과와 기관효과에 따라서 유인의 방향이 달라지게 된다. 관념적으로 보자면, 선제권을 정당기관이 갖고 있는 경우(즉, 기관효과가 더 강한 경우) 커다란 두 개의 기관을 중심으로 정치과정이 형성되는 양당체계로의 유인효과가 상대적으로 강하고, 선제권을 후보자인물이 갖고 있는 경우(즉, 인물효과가 더 강한 경우) 상대적으로 다양한 인물들이 경쟁하는 다당체계로의 유인효과를 기대할 수 있다. 물론, 해당 관념은 앞서 이야기한대로 '선거제도'에 종속되는 것이어서 지나치게 단순화하는 경우 위험할 수 있음도 유념해야 한다. 그래서, 중위투표행태 부분에는 양당체계와 다당체계를 모두 표시하고 부등호 정도로 이상에서 논의된 관념을 표기하였다. 추가로 경험적 연구들이 필요할 것이다.

50 앞으로 '입법자들'을 AI(Artificial Intelligence, 인공지능)로 대체할 시대가 올 수도 있을까?

51 Pitkin, H. F. (1967). *The Concept of Representation.* University of California Press. 피트킨(19, 209-)은 "그들의 소원이 왜 그들의 이익에 부합하지 않는지에 대한 좋은 설명 없이, 그들의 이익 측면에서 대표자들의 바람과 끈질기게 대립하는 것을 발견해서는 안 된다"고 주장한다. 대통령선거과정에서 여론조사설문의 경우에도 "당신은 지금 사회의 현안 문제들(경제위기, 복지문제,....)을 누가 제일 잘 해결할 것으로 생각합니까?"라는 설문을 포함시키는데, 이것은 후보자 선호의 문제가 아니라, 문제해결능력을 조사하는 것이다. 내가 지지하는 후보와 사회현안문제를 잘 해결할 것으로 생각하는 후보자가 반드시 일치하지 않는다.

52 Fenno, R. F. (1978). *Home Style: House Members in Their Districts.* Boston, Mass.: Little, Brown.

유권자들은 정치에 혐오를 느끼고 정치인들을 신뢰하지 않을 때조차도, 자신의 지역구에서 지역구 활동을 열심히 하는 정치인은 신뢰하게 된다는 것이다. 지역구 단위로 선출되는 정치인에게 지역구민과의 신뢰는 지역구에 상주하며, 지역구 활동을 열심히 하는 것에 달려있다. 신뢰는 대표자들이 유권자들의 관심사에 대해 반추할 수 있게 해 주는데, 이는 대표자가 기존에 갖고 있던 철학과 행동을 조정할 수 있게 하며, 유권자들이 기존에 갖고 있던 선호도와 관심을 조정할 수도 있다.[53] 신뢰는 유권자나 대표자 모두가 기존의 고정관념에 집착하여 막무가내식 행태가 발생하는 것을 방지하는 기제가 된다. 신뢰의 문제는 '소수자대표성'의 문제가 대의제의 본질적으로 내재된 문제이기에 더욱 중요한 변수이다. 지금까지 정치인들에게 실망해 온 경험, 그리고 현재의 시대적 상황이 갖는 개인주의적 성향을 반영하여 많은 사람들은 '대리인(파견인, delegate)모델'[즉, 지역구민이 파견한 자로서 원격조정을 받는 자]을 바람직한 모델로 상정할 것이다. 하지만, 정치과정에서의 신뢰는 선출된 대표자가 먼저 만들어 가는 것이고, 그런 상황은 '수탁자(trustee)모델'[즉, 선출된 이후 대표자는 자율성을 갖고 결정하는 자]에서 더 효율적으로 형성될 수 있다. 아무래도 수탁자모델은 선출해준 지역민들과의 관계에서 대표자들이 자율적으로 적극적으로 민생복리를 증진할 수 있는 상황을 만들어 나가기에 유리하다.

대표자가 모집단내 특정 하위 집합의 한사람일 때, 그 대표성을 제대로 수행한다(즉, 여성대표자가 여성들의 권리를 가장 잘 대변하고, 젊은 대표자가 젊은층의 요구를 가장 잘 반영한다)는 연구도 있다.[54] 지역구 선호나 이해관계가 완전히 동질적이지 않는 한, 지역구의 대표자들은 자신의 성향과 일치되는 일부 집단만을 더 잘 대표할 수 있을 가능성은 있다.[55] 이것은 대의제하에서 내재된 문제이며, 정도의 차이만 있을 뿐이지 어떤 분명한 해결방식도 존재하지 않는다. 해결방식이 있다면, 대표자와 유권자 사이의 신뢰형성인데 그렇게 쉬운 일은 아니다.

정치인들의 목적이 무엇보다도 '재선'(再選, reelection)임을 고려할 때, 이런 상황은 '대표성'의 순수한 의미를 타락시킬 수 있다. 대표자가 지역구민들의 성향을 해석함에 있어서 재선을 위해서 어떤 유권자들의 성향을 반영하는 것이 유리할 것인지를 우선적으로 고민하는 것이다.[56] 또한 대표자들의 위치도 '대표성'의 의미를 좀 더 타락시킬 수도 있는데, 그것이 바로 '현직자 효과'(incumbency effect)이다. 지역구의 대표성을 얼마나 잘 구현하느냐와는 상관없이 현실정치과정에선 조직을 이용한 '조직표'를 동원할 수도 있기에, 평소에 유권자들에게 노출되어 정치선전에 유리하며, 기존에 자신의 지지세력의 조직표를 동원하기에도 수월한 '현직자'가 다시 당선될 가능성이 높

53 Bianco, W. (1994). ***Trust: Representatives and Constituents.*** University of Michigan Press.

54 Mansbridge, J. (1999). Should blacks represent blacks and women represent women? A contingent" yes". ***The Journal of politics,*** 61(3), 628–657.

55 지역구선출방식으로의 대표자는 지역구민을 대표한다고 하지만, 소속된 정당의 당원들도 대표한다. 또한 유권자 입장에서 보자면, 내 지역구의 대표자가 아닌 다른 지역구의 대표자가 나의 이익을 더욱 많이 반영하는 정책활동을 할 수도 있다. 그런 경우, 지역구별로 나누어서 자신의 대표자를 선출해야한다는 지역구선출방식은 대의제의 기본 취지를 무색하게 만들 수도 있다. 이런 철학에 의거할 때, 지역구별 대표자 선정은 단순히 선거구 통제를 통해서 대표성을 확보하는 하나의 메카니즘에 불과한 방식으로 전락한다. Hero, R. E., & Tolbert, C. J. (1995). Latinos and substantive representation in the US House of Representatives: Direct, indirect, or nonexistent?. American Journal of Political Science, 640–652; Mansbridge, J. (1999). Should blacks represent blacks and women represent women? A contingent" yes". ***The Journal of politics, 61***(3), 628–657; Hutchings, V. L., McClerking, H. K., & Charles, G. U. (2004). Congressional representation of black interests: Recognizing the importance of stability. ***The Journal of Politics, 66***(2), 450–468; 박상현, 진영재. (2017). 국회 여성의원의 여성 관련 의제에 대한 투표행태. *21세기정치학회보,* 27(2), 111–136.

56 서정규 · 이현우. (2017). 국회의원의 재선동기와 투표 자율성의 시기적 변화: 차기 선거까지 얼마나 남았나?. *21세기정치학회보,* 27(3), 27–50.

다.[57] 이런 경우, 지역구에서 지역구의 이익을 보다 잘 대표할 수 있는 선의의 경쟁자들(신인 도전자들)은 현직자보다 더 어려운 경쟁의 장벽에 직면하며 양심과 역량에 상관없이 대표자의 역할을 맡을 수 없게 된다.

일반적 의미에서, 선거에서 승리할 가능성이 있는 대표자는 현직자이건 도전자이건 선거구 정책 선호(또는 관심사)를 잘 알고 있을 것이다. 그렇지 않으면 선거에서 승리하기 어렵다. 정책 대응력이 좋으면 대표자로서 당선이 될 것이며, 이런 경우, 결국 중위 유권자(median voter)의 향배가 중요하다. 이것은 앞서 비례적 모델이건, 다수적 모델이건 상관없이 중위 유권자는 어떤 선거에서든 결정적인 표를 던지게 될 개연성이 매우 높다. 결국, 선거에 이기기 위해서는 국회의원이 중위권 유권자에게 호소력을 지녀야 한다는 것은 자명하다.[58] 특히 첫 임기에 출마할 때, 후보자가 중위 유권자의 정책 선호도에 호소하는 것은 더욱 중요할 것이다. 선거경쟁에서 현직자는 도전자에 비해서 유리하지만, 현직자가 중위권에서 너무 멀리 벗어나게 되면 불리할 수 있다. 도전자에게도 현직자에게도 중위권 유권자의 포섭이 중요한 경우, 선거구에 중위수에 대표성을 제공하기 위한 선거조직을 갖고서 선거경쟁에 임하게 된다.

선거승리에 중위투표자의 중요성이 강조되는 것은 후보자들간에 정책에 대한 차이가 미미하다는 것을 의미할 수도 있다. 유력한 두세 명의 후보 모두 중위권 유권자의 선호도에 근접하는 것에 신경을 쓸 것이다. 그렇다면, 경쟁하는 후보들 모두 중위권 유권자에게 신경을 쓴다면, 누가 승리할 것인가? 경험적으로는, 어떤 이유에서이건, 모든 후보자들이 중위권 유권자들에게 신경쓰지 않는 경우도 발생할 수 있다. 좀 이상하게 들릴 수도 있지만, 후보들 간의 정책적 차이는 현역의원들이 신생후보의 정책적 도전에 대해서 회피하는 경우에만 발생할 수도 있다. 현역의원은 정책적 입장에서 제 자리에 있는데, 도전자가 현역에 대해서 자유롭게 정책적 차별성을 강화하는 경우인 것이다. 달리 말하자면, 도전자가 현역의원의 정책에 대해 차별성을 시도하려는 경우, 그렇게 하지 못하도록, 현역의원은 도전자의 정책공약을 유사하게 흉내만 낼수도 있는데, 어떤 이유에서이건 해당 정책에 대한 도전자의 입장을 그냥 방치한다는 의미이다.

적어도, 유권자들의 수요입력모델(요구입력모델)이 작동하고 있다면, 선거경쟁자들은 중위투표자들의 성향에 맞는 정책을 제시해야만 한다. 대의제하의 '책임정당'의 의미를 정당의 분화된 이념에 충실한 것이라고 전제하는 경우엔, 중위투표자의 중요성은 감소될 수밖에 없다. 이런 경우 정당의 후보들의 초선이나 재선의 성공여부는 정당의 정책이 지역구와 지역구 유권자들에게 만족스러운 것으로 드러날지에 달려 있을 수밖에 없다.[59] 중위투표자의 중요성이 (수요입력모델과 비교하여) 감소되겠지만, 어느 정도나 여전히 유지될 수 있을 것인가? 이것은 해당 단위의 지역구내 유권자들의 분포적 특성과 정책 선택의 선호에 달려있다. 그렇다면, 총체적으로, 중위투표자의 중요성은 어디까지 유효할 것인가? 중위투표자의 유효성은 요구입력모델이나 책임정당모델의 어떤 경우이건, 개별 지역구와 그러한 개별 지역구가 합치된 전국단일광역구를 비교한다면, 전국단일광역구에서 더 크게 나타날 개연성이 크다. 국회의원선거와 대통령선거를 비교하면, 대통령선거에서 중위투표자 획득의 중요성이 더 크게 나타난다는 의미이다. 이것은 유권자의 '분

57 윤종빈. (2006). 한국에서의 현직의원 지지에 관한 연구: 17대 총선을 중심으로. *한국정치학회보,* 40(3), 145–164; 박성호 · 최선. (2018). 한국 국회의원 선거의 후보자 요인: 재출마 효과를 중심으로. *미래정치연구,* 8(1), 87–115.

58 김대진. (2009). 중위투표자모형과 공공선택: 수도권지역의 재산세 인하 사례 분석. *정책분석평가학회보,* 19(1), 57–79.

59 강신구. (2014). 지방선거: 지방정부의 구성을 위한 것인가? 중앙정치의 대리전인가?. *OUGHTOPIA,* 29(2), 65–95.

포'(distribution) 및 '규모'(size)와의 연관성 때문이다. 규모에 따라서 특수한 성격을 띤 집단이 분포할 가능성이 높고, 규모가 더욱 커지면서 그러한 특수성이 엷어지기 때문이다. 규모가 더욱 커지면 특정 성격집단의 특화된 성격이 희석화되어 일반집단의 평균값에 가까워진다는 의미이다.[60]

대의제하에서 대표성 개념은 단순히 정책에 대한 대표성을 확보하는 것만이 아니라, 대중적 이익(공공정책의 적절한 방향에 대한 일반화된 의견)을 위해서 정책을 성공적으로 실천해 낼 수 있는 것까지를 포함한다.[61] 이것은 대표성의 개념을 생각할 때, 관념적으로는 수탁자모델과 대리인모델의 구분이 있어도, 대리인모델하에서도 실천과정의 중요성을 강조할 때는 수탁자모델의 성격을 포기할 수 없음을 의미한다. 대표자에게 자율적 권한도 주지 않고서 의무만 부과한다면, 역량을 지닌 어떤 사람들이 대표자가 되려고 하겠는가? 대의민주주의에서 시민들의 요구를 체감할 수 있도록 효과적인 대표성이 작동하기 위해서는 대표자가 대리인과 수탁자로 동시에 기능할 필요가 있다. 만약, 대의제하의 대표자가 대리인과 수탁자로서의 합치된 기능을 하는 것이라면 수탁자로서의 정당성, 대리인으로서의 정당성은 어떻게 확보되는가? 그런 질문에 객관적으로 통일된 답은 없다. 이러한 논의는 '대표성의 질'(quality of representativeness)에 영향을 미치는 몇 개의 사안들을 검토하여 종합적으로 이루어질 수 밖에 없을 것이다.

투표율과 대표성

모든 유권자들의 의사를 대변하는 것이 대표자이지만, 대표자는 선거결과에 의해서 결정된다. 모든 유권자들이 선거일에 투표장에서 투표하는 것은 아니다. 투표율은 선거결과에 대한 정당성을 부여하는데 중요한 참고 지표이다.[62] 투표율 자체로 대표자의 대표성에 대한 정치적 정당성을 판단하는

60 한국선거에서 '보수층'과 '진보층'의 양대진영과 비교하여 '중도층'의 규모는 상대적으로 적은 것으로 인지하는 경우가 보통이다. 이 점은 앞으로 심화된 논의가 필요하다. 진보–중도–보수의 유권자 규모(%)는 40–20–40, 33–33–33, 30–40–30 등으로 대별해 볼 수 있다. 물론 여론조사마다 시기마다 각 층의 규모는 상대적으로 변화한다. 일반적으로는 중도층의 규모가 40–20–40의 패턴으로서 선거결과에 캐스팅보트(casting vote) 역할을 지닌 것 정도로 치부하는 경우가 많다. 하지만, 중도층의 규모는 33–33–33처럼 진보, 보수와 비슷하거나, 아니면 오히려 30–40–30이 더 사실에 가까울 수도 있다고 본다. 인간사회에서 이념적 극단보다는 아무래도 이념적 중간에 위치하는 규모가 더 큰 것이라는 단순한 사고(물론, 통계학의 경험 법칙이지만)에 의해서 그러하다. 단지, 여론조사방식이나 분석과정에서 어느 경계를 기준으로 유권자들을 중도라고 분류할지, 진보라고 분류할지, 보수라고 분류할지의 문제일 것이다. 그렇다면, 더 큰 규모의 중도층에도 불구하고 왜 한국선거는 진영논리에 함몰되는가? 유권자들의 이념분포가 그대로 선거운동과정에 반영되는 것은 아니다. 유권자들의 이념분포와 별도로 선거운동과정은 후보자와 정당을 중심으로 행위가 이루어지고, 득표호소과정에서 발생하는 차별성, 선명성, 선동성 등과 무관하지 않고, 언론의 보도방식 등도 이에 영향을 미친다. 중도층이 어떤 규모로 파악되느냐에 상관없이, 선거전략적 차원에서 자명한 것은, 앞으로 보수와 진보의 진영싸움은 보수–중도 연합이 형성되느냐, 아니면 진보–중도 연합이 형성되느냐에 달려있다. 보수와 진보는 결코 단일 진영으로는 선거승리를 할 수 없으며, 중도와의 연합을 획득하는 진영이 선거승리를 할 수 있다는 것이다. 한국정치에서 대선과정에서 양쪽 진영의 집권 주기가 10년인지, 5년인지의 문제는 중도와의 연합형성에 달려 있으며, 중도가 어떤 진영과 연합하느냐는 당해 선거에서 집권세력의 정책적 성공여부에 대한 중도층의 판단에 달려 있다고 본다.

61 Stone, W. J. (1979). Measuring Constituency–Representative Linkages: Problems and Prospects. *Legislative Studies Quarterly,* 4(4), 623 – 639.

62 어떤 합의사안에 높은 정당성을 부여하는 특정된 기준 투표율이 있는 것은 아니다. 우리는 보통 75%정도의 투표율이면, 어느 정도 높은 수준의 투표율로 구분하는 경향이 있는데, 이것은 주관적인 것이다. 투표결과 75%의 투표율을 기록했다면, 4사람중에서 1사람은 투표하지 않은 것이다. 느끼는 정도에 따라서 제법 많은 수의 사람이 투표하지 않은 것으로 볼 수도 있다. 67%의 투표율은 3사람 중에서 1사람이 투표하지 않았으니 높은 투표율이라고 단언하기 어려울 것이다. 미국선거사에서, 1960년부터 1980년까지 4년주기 5번의 대통령선거에서 투표율은 계속 하락하였고, 결국 1980년에는 50% 밑으로 하락했다. 전체 유권자의 반이상이 투표에 참여하지 않은 것이다. 의결정족수로 사용하는 다양한 기준들이 있다: 1/2(50%), 2/3(66.6%), 3/4(75%), 4/5(80%). 이러한 미국정치과정에서 문제가 되었던 투표율 논쟁에서 피번과 클로워드(Piven and Cloward)는 "왜 미국인들은 투표하지 않는가?"라는 그들의 저서에서 해당 시기에 유럽 서구선진민주국가들에서 나타난 75%를 상회하는 투표평균참여율과 미국의 당시 현실을 비교하였다. 피번과 클로워드는 미국이 투표율이 낮은 것은 미국에

것은 논쟁의 소지는 있다. 투표하지 않는 사람들(non-voters)의 행태가 어떤 선거결과가 나와도 그 결과를 받아들이겠다는 심리의 표현이라면, 낮은 투표율하에서 어떤 대표자가 당선되건 그 대표자는 정치적 정당성을 지니는데 문제가 없다. 그렇게 본다면, 투표율이 문제가 된다기보다, 더 정확히 이야기하자면, 모집단(population)내에서 하위 집단들이 전체 모집단에 대해서 차지하는 구성비율이 더 문제가 된다. 예를 들어서 농어촌 투표자의 전체 유권자 내에서의 인구 비율이 20%인데, 그들의 실제 투표율이 5%였다면 이것이 대표성의 정당성에 문제가 될 수 있다. 지역구내 정당의 당원들을 일반 유권자들과 비교하면, 대표자나 후보자의 이슈나 정책에 대한 관심도나 실제 정치참여강도에서 차이를 보이게 된다. 앞서 경험적 연구에서의 지적처럼, 대표성이란 대표하는 자가 그와 가장 성격이 유사한 집단을 가장 잘 대변한다고 본다면,[63] 역으로, 자신의 지역구의 대표자가 자신과 같은 집단의 한 사람이라고 생각하는 유권자들의 참여가 그렇지 않은 사람들의 투표 참여보다 높을 것을 예상할 수 있다. 이런 모든 사안들을 종합하면, 대의민주제하에서 질 높은 '대표성'을 위해서 높은 투표율이 낮은 투표율보다 더 바람직하다는 것은 분명할 것이다.[64]

선거경합성과 대표성

대표자는 정치인이다. 권력추구와 공명심(功名心)이 강한 정치인들이 지역구민들의 요구를 수렴하는 것은 '당선'이나 '재선'을 위한 정치적 목적의식 때문이라고 볼 수 있다. 정치인들의 선거 당선(當選)은 지역구민들과의 관계에서만 영향을 받는 것은 아니다. 그 이유가 무엇이건간에, 어떤 지역구는 선거후보자들간에 선거경합성(electoral closeness)이 높은 수준이고, 반면에, 어떤 지역구는 낮은 수준의 선거경합성을 보일 수 있다. '한계가

설'(marginality hypothesis)에서 '한계'란 경합의 성격을 말하는 것이다. '안전선거구역'(safe district)은 특정 후보자의 완승이 기대되는 곳이며, '한계선거구역'(marginal district)이란 후보자간에 치열한 선거경합에 놓여 있는 곳이다. '한계가설'이란 경합하는 후보자들이 자신의 한계점을 넘어서서 득표를 확장하기 위해서 어떤 방법을 취할 것인가에 대한 가설이다.[65] 한계가설과 연관된 다양한 가설들이 존재하는데, 그 가설들의 핵심적 내용을 종합하자면, 높은 수준의 선거경합성을 보이는 곳에서 후보자들은 당선, 재선을 위한 대표자의 선거목적으로 인해서 득표추구에 더 적극성을 보이게 되고, 그렇

특별한 '등록법'(registration law)때문이라고 주장했다. 투표에 참여하기 위한 유권자들을 번거롭게 하는 제도때문에 투표율이 낮다는 것이다. 주(州, state)별로 정도에 일부 차이가 있지만, 미국에서는 투표하기 위해서 먼저 선거등록절차를 거쳐야 한다. 선거등록을 마친 사람들만 투표 당일에 투표권을 갖게 된다. 그러니까, 투표를 두 번 하는 것과 마찬가지인 것이다. Piven, F. F., & Cloward, R. A. (1988). *Why Americans Don't Vote.* Pantheon.

63 Mansbridge, J. (1999). Should blacks represent blacks and women represent women? A contingent "yes". *The Journal of politics,* 61(3), 628–657.

64 선거에 더 많이 참여하는 대중 속의 개인이나 집단이 선출된 대표자들의 활동으로부터 더 많은 이익을 얻을 수 있다. Verba, S., & Nie, N. H. (1987). *Participation in America: Political democracy and social equality.* University of Chicago Press; Hill, K. Q., & Leighley, J. E. (1996). Political parties and class mobilization in contemporary United States elections. *American Journal of Political Science,* 787–804; Griffin, J. D., & Newman, B. (2013). Voting power, policy representation, and disparities in voting's rewards. *The Journal of Politics,* 75(1), 52–64; Martin, P. S. (2003). Voting's rewards: Voter turnout, attentive publics, and congressional allocation of federal money. *American Journal of Political Science, 47*(1), 110–127.

65 여기서 marginality를 '여백'이라고 번역할 수도 있고, '한계'로 번역할 수도 있을 것이다. 해당 용어는 다운즈 공간모델(Downsian spatial model)을 기반으로 한 것으로, 여기서 marginal이란 말은 이념적으로 좌–우에 포함되지 않는 나머지 부분을 의미하며, 여백이라는 용어를 사용하게 되면 추가득표활동으로서 비워있는 부분(여백)을 채우는 상황이 연상되는 듯하다. 반면에, '한계'라는 용어를 사용하는 경우엔, 정당이나 후보자의 기존 이념의 한계를 넘어서서 이념확장을 하는 득표활동이 연상되는 듯하다.

기 때문에, 낮은 수준의 경합성을 보이는 곳에서보다 '중위투표자'의 선호도에 더 많이 반응할 것으로 예상한다.[66] 일반적으로 조세(租稅) 쟁점사안으로서 '감세(減稅)논쟁'은 전형적인 당위 경쟁과는 관련이 없는 것으로 중도확장을 위해서 한계선거구역에서 사용될 수 있는 메뉴가 될 수 있다. 물론 선거공약으로서 조세정책에 관해서는 좌파정당은 감세의 표현을 "증세(增稅)는 없다"라고 간접적으로 표현하게 될 것이고, 우파정당은 "감세할 것이다"라고 직접적으로 표현할 것이다.

선거경합성이 치열한 곳에서는 득표활동을 위해선 사회소수자들(minority)의 득표도 무시할 수 없을 것이다. 소수자들의 대표성을 반영하는데, 애매한 중위적 위치는 후보자의 선거대응력을 낮추게 된다. 정당이 경쟁할 때 정체성을 바탕으로 한 정책대표성의 문제는 선거 후에 정책의 방향을 조정함으로써 사회갈등의 주요한 원인이 되기도 한다. 대표자는 선거전에는 지지자들의 대표자이지만, 선거 후 당선 이후에는 해당 지역구 모든 유권자들의 대표자이다.

당파적 정책대표성

선거경합성은 대표자가 유권자의 선호에 더 가까이 다가서려는 현상을 보여준다. 이와 대비하여, 대표성이 유권자들이 자신과 더 유사한 정당의 후보를 선택한, 소위 '당파적 선택'(partisan choice)의 결과일 수도 있다. 선거경쟁과정은 유권자의 선호반영이란 측면이상으로 강대강(强對强)으로 이념경쟁을 통해서 승자를 결정하자는 권력투쟁의 과정의 성격이 드러난다. 한계가설의 인과관계가 오류일 수도 있다. 자기확증편향성이 강한 모바일 SNS시대를 보면, 후보자들의 진영이 중위투표자들의 선호위치를 고려하여 자신의 입장을 정하기 보다는, 오히려 반대로 자신의 진영의 논리를 확고하게 하고 그것에 맞추어서 특정한 이념의 방향으로 중위투표자들을 설득시키는 '교조형(敎條形)모델'(즉, 일종의 '반응형모델'이 아닌)에 가까울 수도 있다. 이념적 선명성을 지니지 않은 투표자들은 오히려 선거에 관심이 없는 사람들로 매도될 가능성이 상존하는 것이다. 대의제하에서 대표자를 선출한다는 것은 해당 지역구민들의 정책대표성을 지니게 하는 것이며, 정책대표성에 대한 정당성은 지역구민들의 선호도에 가까운 후보자가 되는 것으로서 확보된다. 그런데, 이런 것은 유권자들이 이슈나 정책에 대한 정보와 지식 수준이 일정 수준 이상인 경우에(즉, 당파성에 대한 일정 수준의 이해가 있을 경우에), 나아가 유권자 자신이 선호하는 정책에 대한 이해가 선행될 때 작동될 수 있는 상황일 것이다.[67] 유권자들은 뚜렷한 생각이 없거나, 관심이 없거나 한 상태

66 Ansolabehere, S., Snyder Jr, J. M., & Stewart III, C. (2001). Candidate positioning in US House elections. ***American Journal of Political Science,*** 136–159. 앤솔라비어, 스나이더, 스튜어트는 보편화된 이념 투표의 증거를 찾으며, "현역 의원과 지역구의 이념 간의 강한 상관관계는 거의 전적으로 유권자들에게 당파적인 선택권을 부여하고 자신과 더 유사한 정당의 후보를 선택하기 때문"이라고 결론내렸다. Fiorina, M. P. (1973). Electoral margins, constituency influence, and policy moderation: A critical assessment. ***American Politics Quarterly,*** 1(4), 479–498; Miller, W. (1962, September). ***Majority Rule and the Representative System*** [Conference Paper]. Meeting of the American Political Science Association, Washington, DC ; Huntington, S. P. (1950). A revised theory of American party politics. ***American Political Science Review,*** 44(3), 669–677. 피오리나(1973)는 밀러나 헌팅턴(1950)처럼 '한계지역구의 의원들이 중위권 유권자를 대표하지 않는다'고 주장한다.

67 Stokes, D. E., & Miller, W. E. (1962). Party government and the saliency of Congress. ***Public Opinion Quarterly,*** 26(4), 531–546. 당파적 선택이란 것이 반드시 이슈투표와 정책관심도와 관련된 것은 아니지만, 대부분에 있어서 그렇다고 보는 것이 사실에 가까울 것이다. 정책관심도를 유권자행태와 연관시키는 경우[즉, 정책투표(policy voting)], 유권자는 잘못된 정책들을 회고하고 이에 대해서 응징하는 투표행태를 보일 수도 있고(회고적 투표행태), 반대로 미래에 대한 정책공약을 중심으로 전망하는 기대감을 투표행태로 나타낼 수도 있다(전망적 투표행태). '정책'과 '이슈'는 유사어로서의 성격이 있지만, 구태여 구분하는 경우도 있다. 그런 경우, '이슈투표'(issue voting)는 '정책투표'와 시차의 차원에서 경우가 다

에서 소위 수동적인 태도로서 중위에 위치하고 있을 수도 있다.

앞서 논의했던 '한계가설'을 생각해 보면, 가장 순수한 형태의 한계가설의 논리는 선거경쟁이 입법자들로 하여금 전체 선거구의 중간 유권자의 선호도에 반응하도록 강요한다는 것이다. 그렇게 하지 않으면 경쟁후보가 중위권에 위치할 수 있다. 불리한 입장에 있는 도전자는 중위적 위치를 효과적으로 차지한다면, 중위권에서 벗어난 현직자를 물리칠 수 있다. 역설적으로, 경쟁후보에 대해서 압도적인 정치적 우위를 확보하여 자신감에 충만한 소위 '안전한 현직자들'은 중위권 유권자들을 무시할 수도 있다.[68] 현직자가 자신을 공천해준 정당의 지도부나 당원으로부터 당의 정체성을 실현해주는 충성심을 요구받는 상황에선[69] 자신의 지역구에서 선거경쟁이 치열하더라도 그렇게 쉽게 '중위투표자'들에게 호소하면서 득표활동에 들어가지 않을 수도 있다.[70] 자기확증편향성이 뚜렷한 모바일 SNS시대에 득표를 위해선 한 표가 아쉬운 곳에선 '소수자들'(minorities)의 표심도 그 존재감을 갖게 된다. 일반적인 의미에서, 소수자들의 표심은 중위투표자들과는 다를 것이 분명하다.

여론 변화의 방향성과 책임정당

대중들의 인식과 요구는 항상 변화한다. 대의제하에서 진정한 대표성이란 여론이 변화하였다면, 변화된 여론이 정책으로 반영되어야 달성된다. 현실정치과정에서 여론의 변화를 반영해서 정책으로 이어가는 '책임정당'의 존재를 확인하는 것은 중요한 일이다. 그런데, 현실정치과정에서 경험적 사실들을 보면, 인과관계의 다양성이 존재한다. 여론의 변화가 공공정책의 변화로 이어지는 것인지, 아니면, 정당이 주도하는 공공정책의 변화가 여론의 변화로 이어지는 것인지의 문제이다. 물론 여론의 변화와 정책의 변화는 서로 상호 순환하는 관계일 것이다.[71]

르다. 이슈투표란 미래에 대한 공약 이슈를 중심으로 하는 것을 말한다. 일반적으로 유권자들의 정치정보와 지식 수준은 이슈투표를 하고 있는가, 그렇지 않은가로 판단하는 경우가 많다. 경험적 증거를 보면, 현실정치과정에서, 유권자들이 현재 또는 예상되는 미래 정책 우려에 대한 자신의 입장에 따라 후보들 사이에서 선택을 하는 소위, 미래의 정책에 대한 관심이나 이와 연관된 이슈 투표(issue voting)의 증거는 의외로 미미하다. 지금과는 다른 사회적 환경에 있었던 1958년 선거에서 스토크스와 밀러가 분석한 결과, 이슈에 대한 인식, 이슈에 대한 입장, 이슈에 대한 후보자를 구별할 수 있는 이슈 투표의 기본 기준을 충족하는 시민은 거의 없었다. Carpini, M. X. D., & Keeter, S. (1996). *What Americans Know about Politics and Why it Matters.* Yale University Press. 카르피니와 키터는 유권자들이 미래 정책에 대한 이슈투표보다는, 과거를 회상하는 회고적 투표에 찬성하는 증거가 상당히 많으며, 많은 연구들이 대통령의 인기나 경제, 혹은 둘 다 고통받을 때 유권자들이 대통령 정당의 후보들을 처벌한다는 증거를 제공한다. 이슈 투표를 테스트하기 위한 다른 방법은 중위 유권자와 더 가까운 위치에 있는 후보가 선거에서 승리하는지 여부를 결정하는 것이다. 에릭슨이나 아헨은 모두 밀러-스톡스 데이터를 재분석하고(선거구 의견 측정 오류에 대한 결론을 도입) 정반대의 결론을 내렸다. 에릭손은 선거구 의견이 패배자보다 승자의 위치와 더 밀접한 관련이 있다고 생각한다. Erikson, R. S. (1978). Constituency opinion and congressional behavior: A reexamination of the Miller-Stokes representation data. *American Journal of Political Science,* 511–535. 반면, 아헨은 패배자가 그의 근접성과 중도성 측면에서 승자보다 선거구에 더 가깝다고 생각한다. Achen, C. H. (1978). Measuring representation. *American Journal of Political Science,* 475–510.

68 윤종빈 · 김윤실 · 정회옥. (2015). 현직의원의 득표율 분석: 제19대 총선을 중심으로. *사회과학연구,* 26(2), 23–47

69 육동일. (2016). 6 · 4 지방선거의 평가와 과제에 관한 연구: 정당공천제를 중심으로. *현대사회와행정,* 26(3), 35–58.

70 선거경쟁에서 현직자와 도전자는 유불리면에서 차이가 많다. 정당에서 여러 가지 문제점을 지닌 현직자를 다시 공천하는 것은 그런 이유이다. 현직자는 해당 지역구에서 이미 활성화된 조직을 운영하고 있으며, 역으로 승리가 아닌 패배의 상황을 보자면, 지더라도 작은 표 차이로 패배할 가능성이 높다. 도전자보다 정치자원활용에서 유리한 상황때문에 그러한 전체적인 자신감의 상황이 정체성이 모호한 중위투표자를 득표확장에 사용하지 않을 수 있다. 이것은 도전자에게도 마찬가지이다. 도전자도 자신의 존재를 알리기 위해서 노이즈마케팅(noise marketing)을 활용하는 경우에, 분명한 정체성이 모호한 정체성보다 유리함은 자명하며, 그런 경우 중위표(median votes)의 매력은 낮다.

71 Page, B. I., & Shapiro, R. Y. (1983). Effects of public opinion on policy. *American Political Science Review*, 77(1), 175–190. 페이지와 샤피로(1983)는 특정 의견과 정책 변화의 수많은 사례를 검토하고 의견 변화가 정책의 변경, 특히 여론의 이동이 안정적일 때 (즉,

정치인들은 간접적으로뿐만 아니라 대중의 취향을 변화시키는 것에 직접적으로 반응하고 있다. 특히 현직자들이 여론에 반응하는 이유(적어도, 여론에 반응하는 것처럼 제스추어를 취하는데 인색하지 않은 이유)는 만약 그렇지 않으면 다음 선거에서 불이익이 발생할 수 있어서 이를 막기 위해 행동하기 때문일 것이다.[72] 그렇게 하지 않으면 선거 상대방이 그러한 문제를 이용할 수 있다. 이어지는 선거에서 기회를 잡으려는 도전자들에 의해 여론에 대한 현직자의 불감성이 이용되면, 재선에 치명적일 수 있다.

반대로 정당의 입장변화에 따라서 유권자들의 정책에 대한 선호도가 변화하기도 한다.[73] 대중은 정당의 주요 이슈 선정이나 그러한 이슈들에 대한 정당의 이념적 위치를 어떻게 정할 것인지 등과 같은 정당의 고유 권한에 효과적인 영향력을 행사하는데 한계가 있다. 각 정당의 근본적인 이념적 입장을 규정하는 기본 이슈는 당내 구성원들인 당원, 대의원 간에 호혜적 연계 속에서 유대감과 결속력을 창출할 수 있는 것이어야 한다. 나아가, 이러한 정당의 정책적 입장은 당원들을 넘어서 보다 많은 유권자들과 연계를 창출할 수 있어야 한다. 정당민주주의를 기반으로 형성되는 정당의 이러한 문제에 대하여 후보자는 자신의 정책적 입장을 확고히 하며 선거에서의 성공을 거두는 것이 기대될 것이다. 당파 유권자들은 자신이 좋아하고 정당에 기대하는 정책의 지속을 요구하고, 그 정당의 선출된 의원들은 이 문제에 대한 당의 의지를 지속적으로 강조함으로써 그 요구를 강화한다.

정당이슈로 인해서 발생하는 '복잡한 상황'이란, 당내 정치인들 상호간에 해당 이슈에 대해서 교차되는 입장이 발생하거나, 특히 당의 정체성을 정의하는 단순한 이슈에 대한 합의가 이루어지지 않을 때 발생한다. 정당의 엘리트들은 이러한 상황에서 시민들에게(당원에게) 교육적인 역할을 맡으며, 이러한 문제들에 대해서 자당의 이익을 고려하여 대중들의 인식에 영향을 미치려고 한다. 결과적으로, 정당 엘리트들이 채택한 새로운 입장이 시민들을 소외시킬 수도 있고, 끌어들일 수도 있으며, 잠재적으로 당의 잠재적 선거 연합의 성격을 바꿀 수 있다.[74]

3. 대표성과 선거제도, 투표행태

선거민주주의의 논의에 여전히 남는 문제는 선거민주주의를 구현하는 방식으로서의 대표자 선출을 위한 '승자결정방식'일 것이다. 어떤 제도를 선택하느냐가 어떤 사람이 대표자로서의 자격을 얻느냐와 직결되는 문제이기에 대표성에서 선거제도의 중요성이 절대적이라고 해도 과언이 아니다. 선거제도는 유권자들의 투표행태에까지 영향을 미치게 된다.

선거제도는 공개적으로든 암묵적으로든 구성원들의 대표자를 결정하는 방식이다. 따라서 '결정성'(決定性, decisiveness)이 중요하다. 몇 번의 반복되는 회합이나 투표로도 특정 대표자를 선출할 수 있는 결정성이 없다면 그것은 현실적 선거제도로 가용될 수 없다. '대표성'이란 것은 다차원적인 개념이어서 어떤 개념을 강조하느냐에 따라서 친화력이 있는 선거제도도 달라진다. 대표성의 속성에서 강조되는 초점에 따라 이런 초점과 친화력이 있는 선

분명한 신호를 제시할 때) 정책의 변경으로 이어진다고 본다.

72 Stimson, J. A. (2018). Public Opinion in America: Moods, Cycles, and Swings. Routledge.

73 지지하던 정당의 입장 변화가 유권자들의 입장의 변화를 이끌기도 한다. 민권 및 베트남전 문제에 대하여 민주당, 공화당의 정당의 입장 변화에 대하여 양당의 지지자들의 선호도가 변화하였다. Gerber, E. R., & Jackson, J. E. (1993). Endogenous preferences and the study of institutions. *American Political Science Review,* 87(3), 639–656.

74 고승연. (2013). 정치엘리트의 이념과 통상정책: 한 · 칠레 FTA와 한 · 미 FTA 비준동의안 표결에서 나타난 국회의원들의 투표행태를 중심으로. *국제관계연구,* 18(1), 199–229.

거제도가 있을 뿐이다. 모든 상황에 전지전능한 선거제도는 존재할 수 없다. 말 그대로, "if~, then 언급"이 존재하는 것이다. "만약 이런 조건이라면, 그런 조건하에서는 이런 제도가 적합할 것이다"라는 의미이다.

대표자를 선출하는 방법을 결정하는데 가장 현실적인 문제는 "집단의 규모"를 고려하는 것이다. 소규모집단에서는 복잡한 계산방식도 도입하기가 수월하지만, 집단의 규모가 커지면 그 제도가 갖는 고유의 속성보다는 단순성을 지닌 제도가 힘을 얻는다. 일반적으로 사회구성원의 규모가 커지면 '집단의 기적'[소수(小數)의 오류가 다수(多數)의 경향성을 지배하지 못함]이란 현상을 기대하고 이에 대처할 수 있지만, 소규모집단에서 대표자를 선출하는 경우에는 그렇게 기대할 수 없다. 왜냐하면, 소규모 집단에서 대표자를 선출할 때는, 어떤 기준을 중심으로 형성된 소규모 집단의 경우(예를 들면, 동창회), 집단형성의 속성을 기준으로 동질적이고 평등하다고 볼 수 있다. 구성원들 사이에서 어떤 기준에 있어서 편차가 작다는 의미이다. 반면에, 집단의 규모가 커질수록 구성원들 사이에 다양한 사회경제적 변수들(학력, 재산, 직업, 지역, 종교, 등)을 중심으로 다양한 편차가 발생한다.

투표행위에서 '판정'(judgement)을 하는 것과 '선호'(preference)를 표시하는 것은 관념적으로 구분될 수 있다. 투표행위에서 이 두 가지가 상호배타적인 것은 아니지만 일정 수준에선 구분할 필요도 있다. '판정'이란 것은 배심원에 참여한 사람이 피고인에게 유죄, 무죄 등을 구분하여 결정하는 상황을 의미한다. '선호'란 두 개 이상의 대상물에 대해서 좋음과 싫음, 적합성과 부적합성 등의 특정한 기준을 중심으로 순위를 정하는 상황을 말한다. 어떤 투표행위가 첫 단계에서 선호기표를 하고, 최종 단계에서 그러한 선호기표들에 기초하여 판정을 할 수 있는 것이기에, 의식의 과정에서 단계적인 구분은 일정 수준에서 할 수 있지만, 선호와 판정이 투표행위 속에서 배타적으로 구분된 개념으로서 존재하는 것은 아니다.

투표는 최종 승자를 결정해야 하는 '결정력'이 있어야 한다. 선호기표건, 판정기표이건 결정력이 있어야 한다. 그러한 결정력을 위해서 "선호투표"의 경우는, 한 번만 할 수도 있지만, 결정력을 확보하기 위해선 여러 회가 반복되는 것이 특징이다. "판정투표"의 경우는 한 번에 끝날 수도 있고, 제도에 따라서는 의도적으로(특정 목적때문에, 예를 들면, 정치적 정당성을 높이기 위해서 조건부 다수제를 채택하는 경우에) 한 번 더 시행하기도 한다.

선호도를 표시하는 것과 연관된 방식들

선거인단이 소규모인 집단에서는 대표자 선출자를 1인으로 하거나, 아니면 여러 명으로 하건, 선출대상자들에 대해서 순위를 낼 수도 있다. 여기서 순위를 낸다는 것은 선호배열을 한다는 의미이다. 현대 선거제도의 논리적 기반은 18세기말 프랑스 국립 아카데미 회원 선거에서 투표방식으로 논의된 것들이다. 여기서 동료였던 콩도르세(Condorcet)와 보르다(Borda)는 투표방식에 대한 논쟁을 통해서 대표자 선출방식의 적절성에 대한 논쟁을 촉발시켰다.

①콩도르세(Condorcet)방식: 이것은 하나의 대안에 대하여 그 나머지의 모든 대안들과 1:1 양자투표를 통해서 그 비교에서 모든 다른 대안을 이긴 후보가 최종 승자가 된다. 장점은 구성원들 모두가 모든 대안들에 대해서 자신의 선호를 표출할 수 있다는 것이다. 만약 안건을 결정하기 위해서 해당 투표방식을 이용하는 경우에, 그리고 그렇게 결정하기 위한 안건들이 많은 경우에는 투표과정의 지루함도 영향을 미칠 수 있다. 근본적으로, 투표과정에서 투표자의 선호체계는 그렇게 복잡한 것이 아니다. 대표자로 선정하기에 제일 적합한(또는 좋아하는) 사람, 대표자로 선정하기에 제일 싫어하는

사람 이 두가지 인식이 투표자의 가장 기본적인 인식이며, 그러한 인식을 너무 복잡한 방식으로 표출하게 된다. 투표자의 선호체계는 단순한데, 그 선호체계를 표출하는 방식이 복잡하면 그 투표방식은 그다지 효율적이지 않다. 5사람의 후보자가 있을 때, 특정 개인 투표자 한 사람입장에서 관심이 별로 없는 후보자들을 대상으로 1:1로 선호체계를 표출하는 것은 그다지 의미있는 작업이 아니며, 심지어 정확한 것이 아닐 수도 있다. 왜냐하면, 투표자가 관심이 없거나 잘 모르는 대상자들에 대해서 선호순서를 표기한다는 것 자체가 투표자의 인식체계에서 허구적 상황일런지도 모른다. 따라서, 해당 방식은 투표 대상자 한 사람 한 사람에 대해서 중요성이 인정되거나, 심사자들이 대상자들에 대한 정보에 이미 익숙한 경우에 적합한 방식일 수 있다. 예를 들면, 소규모로 구성된 학술원에서 소수의 신입회원들을 대상으로 그들의 자격을 평가하고 선정하는데 활용될 수 있다. 콩도르세 방식의 근본적인 문제점은 '투표의 순환현상'(cycling effect of voting)이 발생할 경우, 대표자를 선정하지 못할 수도 있다는 것이다.[75]

②보르다(Borda)방식의 채택은 선출대상자에 대한 채점대상자들간의 평등성을 담보하는 것이 가장 큰 목적이다. 보르다 방식의 채점자는 후보자에 대한 자유 점수를 매긴다기보다, 순위 등수만을 매긴다는 것이 핵심이다. 사실, 우리가 심사를 통해서 다수의 지원자들 중에서 어떤 특정인 한 사람이나 몇 사람을 선정한다는 것은 지원자들을 대상으로 순위만 부여하는 것 이상도 이하도 아닐 수 있다. 예를 들면, 채점자들이 후보자들에 대해서 점수를 주는데, 0점에서 100점까지 자유롭게 점수를 준다고 생각하면, 자신이 선호하는 사람에게 100점을 주고, 자신이 선호하지 않는(이런 경우, 더 정확하게는 자신이 가장 시기하거나, 반대파에서 가장 선호하는) 후보자에게는 60점을 주지 않고서 10점을 줄 수 있다. 10점을 받은 사람은 다른 채점자들이 적

절한 점수로서 다른 사람들이 80점 부근을 평균적으로 준다고 해도, 10점을 준 그 한 사람의 편견에 의한 채점 불이익을 극복하기 어렵다.[76] 민주사회에서 한 사람의 자아(自我)를 실현하기 위해서 전체의 선호의지를 넘어서는 상황은 극복되어야 한다. 더욱이 채점자들 사이에서 두 세 사람이 연합하여 해당 후보자에게 0점을 주는 것으로 연합하면, 이것은 문제인 것이다. 투표에 임하는 모든 채점자들(투표자들)의 채점권리(투표권리)를 평등하게 하기 위해선, 등위에 대한 점수를 정해 놓는 것이다. 채점자들은 선출대상자들에 대해서 순위만 결정하게 되고, 순위에 대해서 부여할 수 있는 점수는 이미 사전에 제도적으로 고정되어 있는 것이다. 가장 낮은 점수를 0점으로 하고, 한 등수씩 올라갈 때 마다 1점, 또는 2점, 또는 3점을 더 부여한다든지 하는 것이다. 순위별 점수 격차는 일정(즉, 고정간격의 점수격차)한데, 이것은 특히, 채점자들이 가질 수 있는 후보자에 대한 의도적 배제의 편견을 막기 위한 것이다. 이렇게 후보자들에 대해서 채점을 한 후에, 그 채점을 합산하여 최고 점수를 얻은 사람이 대표자가 된다. 물론, 채점자들 입장에선 의도적으로 배제하고 싶은 후보자에게 0점을 주는 것을 막을 수 있는 것은 아니다. 하지만, 그렇게 하더라도, 반대로 자신이 가장 점수를 주고 싶은 후보자와 그렇지 않은 후보자들의 격차를 크게 벌릴 수는 없다. 왜냐하면 1등의 점수도 3등의

75 물론, 콩도르세 자신은 투표의 순환 현상을 해결하기 위한 절차를 가지고 있었다고 하지만, 너무 복잡해서 이해하는데 거의 200년이 걸렸다.

76 이렇게 평가 과정에서 한 사람의 짓궂은 주관적 행태가 다른 사람들의 객관성을 파괴할 수 있기에, 주요한 입시나 채용과 같은 시험에서 시험관들은 어떤 최소한의 일정 기준에 따라서 응시자를 채점하고 있다. 예를 들면, 최고점은 80점 전후, 중간점은 60점 전후, 최하점은 40점 전후라든지 그런 것이다. 물론 입시나 채용시험이란 것이 '차별성'과 '순위'를 전제로 하기 때문에, 편차를 무조건 최소한화 하는 것도 종합적으로 판단되어야만 한다.

점수도 그 점수배점이 정해져 있기 때문이다.[77] 보르다방식은 그 방식이 상식적이고 간결하여 여러 곳(특히, 콘테스트, 대회와 같은 곳)에서 이용되어 왔다.

③쿰즈(Coombs)방식: 이 방식은 여러 개의 대안들 중에서 가장 싫어하는 대안에 표를 던지면서 가장 많은 득표수를 얻은 대안들을 하나씩 제거해 나가는 방식이다. 투표를 반복하면서 한 개의 대안이 남으면 그것이 최종 승자가 된다. 대안을 하나씩 제거해 나가는 것이 해당 방식의 핵심이다. 인간의 선호체계를 지나치게 단순화하는 것을 막기 위해서 계속 여러 개의 대안을 남겨놓고서, 하나씩 제거해 나가는 것이다. 투표를 반복한다는 번거로움과 함께, 투표심리차원에서 보자면, 인간의 선호체계의 방향성 차원에선 어색한 측면이 있다. 가장 좋아하는 사람에게 투표하는 것과 가장 싫어하는 사람에게 투표하는 것은 그리고 그러한 투표결과가 발표되어 공유되는 것은 집단심리의 차원에서 전혀 다른 심리상태를 만들어 낼 수 있다. 가장 선호하는 사람을 직접적으로 선발하면 되는 것이지, 싫어하는 사람들을 제거해 나가는 방식은 투표과정을 진행하면서 희화화(戱畫化) 상황이 발생할 수 있다. 건전한 집단의식을 해칠 수 있는 것이다. 후보자들이 최종 승자가 되지 못하고 낙마하는 경우에도 희화화되어서는 곤란하다. 역량있는 후보자들이 투표의 대상이 되는 것 자체를 꺼릴 수 있다. 선거결과 전체를 공개하기도 쉽지 않을 것이다.

④헤어(Hare)방식: 여러개의 대안들 중에서 가장 좋아하는 대안에 표를 던지면서, 가장 적은 득표수를 얻은 대안들을 하나씩 제거해 나가는 방식이다. 투표를 반복하면서 한 개의 대안이 남으면 그것이 최종 승자가 된다. 헤어방식은 투표심리상 쿰즈방식과 유사하면서도 상이하다. 헤어방식은 가장

좋아하는 대안에 표를 던지면서 대안들을 하나씩 제거해 나간다는 측면에서, (이것은 쿰즈방식도 마찬가지이지만) 반복되는 투표과정에서 남는 자들에 대한 판단을 하면서 투표를 할 수 있는 방식이지만, 최종 투표단계를 앞두고서는 '복잡투표'(sophisticated voting)의 행태가 발현될 여지가 있다.

⑤콘클라베방식(Conclave, 교황선출방식)은 후보자를 정해 놓지 않고서 투표자들이 자유롭게 자신이 대표자로서 선출하기를 선호하는 후보자에게 투표하는 방식이다. 제도적으로 1/2, 2/3, 3/4, 4/5 이상의 득표자가 나올 때까지 투표와 토론 및 회합을 반복하면서 투표과정을 반복하게 된다. 투표시작에서 끝나는 시간까지 투표과정자체에 몇 일, 몇 주가 소요될 수도 있다. 콘클라베 방식은 투표가 반복되면서 아무래도 투표가 어떤 특정한 인물로 몰리게 되는 성향을 이용한 것인데, 그런 성향은 '양보의 미덕'도 함께 지닌 소위 '점잖은 집단'에서 행할 때 그 효과를 가장 크게 기대할 수 있다. 교황을 선출하는데 사용하는 방식으로 '교황선출방식'이라고도 한다.

77 Balinski, M., & Laraki, R. (2010). *Majority Judgment: Measuring, Ranking, and Electing*. MIT press. 보르다 방식이 부정직한 사람들 때문에 제대로 작동할 수 없다는 비판은 적절하지 않다고 본다. 보르다 방식이 아니고, 그 어떤 방식으로도 채점자의 후보자 평가를 위한 점수 주기에 있어서 주관적 편견을 제거할 수 없다. 콩도르세 방식에서는 채점자 자신의 편견적 시기가 있는 후보자(반대파에서 가장 선호하는 후보자)를 1:1 대결에서 승자로 하겠는가? 투표참여자의 심리상, 순수한 형태가 가장 바람직한 것이겠지만, 사회과학은 규범적 원칙에 이런 모든 인간의 본능이 조합되어 나타나는 현상을 판단하고 평가하게 된다. 그래서 이러한 인간의 심리투표를 '복잡투표'(sophisticated voting; complicated voting)란 용어로 '순수투표'(sincere voting)과 구분하여 이해하는 것이다. 발린스키와 라라키(2010)는 심판 집계에서 유권자들이 해야 할 일은 와인, 스케이트 선수, 정치인의 순위를 매기는 것이 아니라, 어떤 정신적 기준에 따라 등급을 매기는 것이라고 지적한다. 하지만, 보르다방식이나 콩도르세방식 모두는 선호에 따른 순위를 매기는 데 가용성이 높은 방식이며, 실제로 점수를 주는(또는 등급을 매기는) 제도는 아님에 유의할 필요가 있다.

이상의 방식들을 종합적으로 평가하기 위해선, 우리가 보통 사용하는 '단순다수제'(plurality rule)에 대해 간단하지만, 심각한 논의가 필요하다. 이것은 가장 간단명료한 제도이다. 일명 FPTP(first-past-the-post)라고도 하는데,[78] 경쟁자들보다 한 표라도 더 얻으면 승자가 되는 제도이다. 구성원들의 50%득표가 되지 않아도 승자가 되는데, 사실, 앞서 선호기표로 승자를 결정하는 경험적 연구들에 의하면, FPTP 제도는 앞서 '제거규칙'(elimination rule)을 적용하는 헤어방식이나 쿰즈방식보다도 더 민주사회에서 바람직하지 않은 제도라는 주장이 있다. 이유는 제거규칙에 의한 제도에서는 콩도르세나 보르다에서 패한 사람들이 승리자가 될 수 없는데, FPTP제도에서는 콩도르세방식이나 보르다방식에서의 패자가 승리자가 될 수 있다는 것이다.[79] 심지어 FPTP의 승자는 결선투표제(run-off system)를 적용하는 경우, 1차투표에서 탈락할 가능성도 상당히 높다.[80] 좀 더 단순화해서 상황을 이해하자면, FPTP제도는 단 한 번의 선거로 단 한 개의 기준에 의해서 승리자를 결정하는 제도이기 때문에 단순명료함이 있지만, 다른 선거제도였으면 패자인데, 제도때문에 승자가 된다는 감정이 결코 민주주의 성취과정에서 건전할 수 없을 것이다. 그런 연유로 FPTP제도는 제도개선 논쟁에서 지속적으로 벗어나기 어려울 것이다.

이를 극복하기 위해서 단순히 한 표라도 많은 다수가 아니라, 구성원들의 일정 기준수 이상의 다수(40%, 50%, 등등...)를 얻는 것을 기준수로 할 수 있으며, 그렇기 때문에, 몇 가지 방식이 있다. 용어는 통일이 되어 있지 않은데, 보통 일괄하여 '대안투표제도'(alternative voting system)라고 부르는데, 선호기표를 기반으로 한다. 그리고 제1선호를 얻은 자가 50%이상을 얻은 경우 당선자가 될 수 있도록 한다. 제1선호를 얻은 자가 50% 미만이면, 그 과정에서 표를 이양하게 된다.[81] 프랑스의 '결선투표제도'(run-off system)를 대안투표제도의 하나로 분류하기도 하지만, 적절한 분류법이라고 하기에는 논쟁

78 경마에서 결승선을 처음으로 지나가는 말이 승리마가 되는 경우에서 비롯된 용어이다. 더 정확히 표현하자면, 결승선을 완전히 지나가는 것이 아니고 결승선에 먼저 닿아서 도착하는 경우이다.

79 McLean, I. (2020). Electoral Systems. In J. Fisher, E. Fieldhouse, M. N. Franklin, R. Gibson, M. Cantijoch, & C. Wlezien (Eds.), *The Routeledge Handbook of Elections, Voting Behavior, and Public Opinion* (pp. 207–219). Routeledge, p.214.

80 이유는 FPTP 승자가 중위투표자와 연계가 되지 않는 경우들도 종종 발생하기 때문이다. 한국대선의 경우 양대 진영논리로 승부하면서, 중도표는 주류의 표가 아니라 캐스팅보트적 역할에 머무르게 된다. Balinski, M. L., & Laraki, R. (2010). *Majority Judgment: Measuring, Ranking, and Electing, Cambridge.* MIT Press.

81 영국 시장선거에서 '대안투표'(alternative votes)라는 이름으로 불리우는 것이, 아일랜드, 오스트레일리아의 모든 제도를 통합하여 공통의 용어를 사용할 정도로 유사한 점(선호기표를 한다는 것)만으로 일관된 제도가 결코 아니기 때문이다. 왜냐하면 이양방식과 선출자의 수에서 제도간에 차이가 나기 때문이다. 이런 경우, 이양방식과 이양기준수 등을 정하는 절차에서 그 논리가 다르다. 아일랜드는 여러명을 뽑고, 오스트레일리아는 한 사람을 선출하며, 영국도 한 사람을 선출한다. 선호기표도 오스트레일리아는 기표용지에 선호기표를 모든 사람에게 해야만 무효표가 되지 않는다. 결정적으로 기표방식에도 차이가 있다. 이들 방식들에 대한 상세한 논의는 신명순, & 진영재. (2022). *비교정치* (6판). 박영사, pp. 346–393을 참조하면 된다. 한 번에 선호투표를 행하는 아일랜드식, 오스트레일리아식과는 달리, 득표율에 따라선 두 번의 투표행위(즉, 결선투표)를 하는 프랑스대통령선거제도에서 오히려 제도적 차이점이 두드러진다. 왜냐하면, 2차 투표가 행해지는 경우, 1차 투표에서의 근접한 기억들을 갖고서 2차 투표를 행하는 것이기 때문이다. 이것은 한번만 투표하면서 선호기표를 하는 것과는 '숙의성'(熟議性, deliberation)에서 차별을 가져온다. 상대적 의미에서 1차 투표만으로 모든 것을 끝내는 상황과 달리 2차 투표까지 간다면, 이것은 선거과정에서 일종의 '숙의민주주의'를 구현하는 것이라고 할 수도 있다. 발린스키와 라라키는 투표소를 떠나는 유권자들에게 모의투표를 통해 "나는 프랑스의 대통령이 되기 위해 양심에 따라 이 후보가 될 것이라고 판단한다"는 문장을 완성해 점수를 매겨야 했다. '양심에'에 대한 언급은 유권자들에게 그들이 가장 좋아하는 정치인이자 프랑스의 대통령에 가장 적합한 후보를 선택하도록 요청받고 있다는 것을 상기시키기 위한 것이었다. Balinski, M. L., & Laraki, R. (2010). *Majority Judgment: Measuring, Ranking, and Electing, Cambridge.* MIT Press.

82 대안투표제(alternative vote)는 1인 선출을 위해서 '제거규칙'의 논리를 사용한다고도 볼 수 있다. 1차 투표에서 최고득표자가 50%의 득표를 하지 못하면, 최고 득표순으로 2명의 후보만 남고, 나머지 후보들은 모두 제거(탈락, run-off)가 되기 때문이다. 그런 의미에서 프랑스의 대통령선거제도도 대안투표제의 한 종류로 보는 듯하다. 그렇다면 이는 하원이 우선투표

의 여지가 있다.[82] 일단, 프랑스 대통령선거에서 결선투표제도는 선호를 기표하지 않는다. 결선투표제도는 오히려 FPTP를 두 번하는 제도라고 보는 것이 사실에 가깝다. 앞서 FPTP를 한 번만 하니까 발생하는 문제를 극복하기 위한 제도인 것이다. 결선투표제도란 1차 선거에서 누구나 나와서 경쟁하고, 득표에서 50%이상이 되면 승자가 결정된다. 하지만, 1차 선거에서 50%이상의 득표를 얻은 후보자가 없으면, 상위 득표자 1위와 2위만 남아서 결선투표를 하는 것이다. 이 제도는 한국선거에서 선거비용에 상관없이 대의민주제하에서 정치권의 정당성의 위기(crisis of legitimacy)를 극복하기 위해서 고려해 볼 만한 제도이다.

'판정'을 위한 경우와 연관된 것들

앞서 집단이 소규모인 경우에 활용할 수 있는 승자결정방식들은 해당 제도가 갖는 고유의 속성에서 비롯된 장점과 연관하여 여러 가지 선출방식에 활용될 수 있다. 하지만, 집단의 크기가 최소 몇 만 명, 몇 백만 명, 몇 천만 명 되는 곳에서 이용가능성이 낮다. 가장 큰 이유는 보르다 방식을 제외하고는 몇 번이고 반복한다는 점이다. 투표집단의 크기가 클수록 한 번의 선거를 통해서 그 결정을 보게 되는데, 그런 상황에서 이용가능한 다양한 제도적 차이들을 살펴보기 이전에 그러한 제도적 선택의 의미를 정리한 이론들을 먼저 볼 필요가 있다.

①중위유권자 정리(Median Voter Theorem; Hotelling; Black 1948 ; Downs 1957)

투표가 일차적 이슈차원(one-dimensional issue)에서 행해질 때, 중위투표자(median voters)에 의해서 선호되는 위치는 어떤 선거체계에서도 승리할 수 있다는 것이다.[83] 중위유권자 정리는 다운즈에 의해서 논의가 활성화되었지만, 그 이전에 블랙(D. Black), 더 이전에 호텔링(H. Hotelling)의 이론을 효시로 한다.[84] 호텔링의 이론은 이런 것이다. 한 개의 직선거리 위에 상점 두 개가 위치 경쟁을 한다. 보다 많은 손님들에게 상품을 팔기 위해서 상점은 한 개의 직선거리에서 어디에 위치하는 것이 좋은가에 대한 논리적 해답을 내놓은 것이 호텔링이다. 호텔링의 대답은 한 개의 직선 거리상에서 소비자들이 더 먼거리로 상품을 사러가지 않는다고 한다면, 결국 그 거리의 중간에 위치하는 상점이 더 많은 상품을 팔기에 유리하다는 것이다. 그래서 결국 두 개의 상점은 중간지점에서 서로 이웃하고 존재하게 된다. 이것은 많은 상황을 단순화한 것이 사실이지만, 복잡한 상황을 대입한 경험적 검증에서도 조차 호텔링의 주장이 맞다는 것으로 증명되는 측면이 그렇지 않은 경우보다

(대안투표)로 선출되는 호주에서도 적용될 수 있다. 호주 하원의 경우, 1명을 선출하면서, 1번 선호를 50% 이상 득표한 후보자가 당선되는데, 만약 1번 선호를 받은 후보가 50%가 되지 않는 경우엔, 1번 선호를 가장 적게 받은 후보의 표를 제거하면서, 해당 후보의 기표지에서 2번째로 선호되었던 후보에게 표를 이양하게 된다. 표를 이양하면서 1번 선호를 얻은 후보가 50%가 될 때까지, 다시 남은 후보들을 대상으로 1번 선호를 가장 적은 표를 얻은 후보를 탈락시키면서 표를 이양해 나간다. 그런데, 제도는 도입의 의도도 함께 보아야 한다. 제도 도입의 의도가 대표성의 제도개혁을 위한 필요에서 발현되었는지, 아니면, 단지 기득세력들이 그 기득권을 유지하기 위한 방편으로의 제도개혁이었는지를 살펴보는 일이다. 영국에서의 제도개편의 논의를 보면, 대안투표란 것이 생각보다 더 무원칙한 방법으로 일어났었다. 일반적 의미에서 예측해 본다면, 대안투표제는 각 의석에서 보르다나 콩도르세의 승자가 될 수 있는 중도 정당에 불이익을 줄 수 있으며, 역으로 보르다나 콩도르세 패배자를 선출할 수 없다는 이점을 갖기도 한다. McLean, I. (2020). Electoral Systems. In J. Fisher, E. Fieldhouse, M. N. Franklin, R. Gibson, M. Cantijoch, & C. Wlezien (Eds.), *The Routeledge Handbook of Elections, Voting Behavior, and Public Opinion* (pp. 207–219). Routeledge.

83 Black, D. (1948). On the Rationale of Group Decision–Making. *Journal of Political Economy,* 56(1), 23 – 34; Downs, A. (1957). An Economic Theory of Democracy (1st ed.). Harper and Row.

84 Hotelling, H. (1929). Stability in Competition. *The Economic Journal,* 39, 41–57.

더 강하다고 할 수 있다. 마찬가지로 블랙과 다운즈의 주장의 핵심은 다음과 같다. 한 개의 정책 차원을 중심으로 두 개의 정당이 경쟁할 때 어떤 정당이 더 득표에 유리할까? 그 대답은 보다 많은 유권자들이 분포하는 중간지점이며 한 개의 정책 차원에서 득표활동에 유리한 중간 지점으로 두 개의 정당이 수렴하게 된다. 한 개의 이슈 차원(uni-dimensional)에서 단봉분포(single-peaked distribution)라는 것을 전제로 한다면(Black 1958), 중위적 위치에서 왼쪽보다도 그리고 오른쪽 보다도 더 많은 유권자들을 갖을 수 있다.

②애로우의 정리(Arrow Theorem; Arrow 1951)

어떤 선택이나 집계체계도 논리적 일관성(logical consistency)과 공정성(fairness)의 최소한의 요구들을 동시에 충족할 수 없다는 것이다.[85] 그 최소한의 요구들이란 ㉠'전이성'(transitivity: A〉B; B〉C; C〉A)과 그로 인한 최종선호승자 결정의 어려움[86]; ㉡'파레토 조건'(Pareto condition: 모든 사람들이 Y를 X보다 좋아한다면, 그 체계는 X를 Y위에 위치시킬 수 없다); ㉢'상관없는 대안들의 상호작용의 배제'(X와 Y 사이의 선택은 다른 어떤 것들과 상관없이 X와 Y에 대한 투표선호함수로만 표기되어야 함); ㉣'비독재성'(non-dictatorship; 어떤 투표자의 선호도 다른 사람들의 선호와 상관없이 자동적으로 시스템의 결과물이 될 수 없음) 들이다. 전이성의 경우엔, 회의의 의장과 같은 권력자들이 의제들의 일부를 선정하거나 투표순서를 바꿈으로서 결과물을 만들어 낼 수는 있다.[87] 애로우의 정리를 조금 확장해서 해석한다면, 논리적 일관성이나 공정성이란 조건들 (적어도, 대표자 선출에서 상식적으로 중요한 것으로 사회구성원들이 공유하는 조건들)을 만족시키는 해법은 존재하지 않기에, 결국 어떤 선거제도도 최선의 선거제도는 없으며, 역으로, 최악의 선거제도도 없음을 의미한다고 볼 수 있다. 이런 경우, 우리에겐 어떤 선거제도가 가장 좋은가? 아니면 어떤 선거제도가 가장 나쁜가?라는 질문이 아닌, 어떤 상황에서 적합한 선거제도는 무엇인가?라는 질문이 적합할 것이다.

③메이의 정리(May Theorem; May 1952, 1953)

메이는, 수학적 증명에 의해서, 두 개의 대안들 사이에서 바람직한 조건들을 동시에 만족시키는 유일한 방식은 '단순 절대다수결'(simple majority)이란 제도라고 주장했다.[88] 여기서 '단순 절대다수결'이란 '조건 절대다수결'(qualified majority)에 대응하는 용어이다. '단순 절대다수결'은 1/2(50%)을 의미하며, '조건 절대다수결'이란 2/5(40%), 2/3(67%), 3/4(75%), 4/5(80%) 등의 변형된 정족수를 사용하는(약화된 조건이거나, 일반적으로 강화된 조건의) 다수결을 의미한다.[89] 메이에 따르면 선거에서 필요한 바람직한 조

85 Arrow, K. J. (1951). *Social Choice and Individual Values.* Yale University Press.

86 콩도르세는 최소한 세 사람의 투표자가 있고, 최소한 세 개의 후보자(옵션)이 있을 때, 다수제(majority rule)는 비전이적(非轉移的, intransitive)이 될 수 있다는 것이다.

87 Riker, W. H. (1982). The two-party system and Duverger's law: an essay on the history of political science. *American political science review,* 76(4), 753-766; Riker, W. H. (1986). *The Art of Political Manipulation.* Yale University Press. 애로우(K. Arrow)는 집단의 선호도를 알고 있다고 해서 선거결과를 예측할 수는 없다고 했다. 선거규칙은 어떤 대표자가 선출되느냐에 영향을 미친다. '애로우의 정리'는 의제설정에 의해서 투표의 우선순위를 바꾸는 경우엔, 그 도출되는 결과를 바꿀 수가 있다. McLean, I. (2001). *Rational Choice and British Politics: An Analysis of Rhetoric and Manipulation from Peel to Blair.* Oxford University Press.

88 May, K. O. (1952). A Set of Independent Necessary and Sufficient Conditions for Simple Majority Decision. Econometrica, 20(4), 680-684; May, K. O. (1953). A Note on Complete Independence of the Conditions for Simple Majority Decision. *Econometrica,* 21(1), 172-173.

89 죄가 있는 사람이 무죄(無罪)로 풀려나는 것보다 죄가 없는 사람이 누명을 쓰고 유죄(有罪) 판결을 받아야 하는 것이 얼마나 더 나쁜 일인가?

건들이란 모두 4가지인데 결정력(decisiveness), 익명성(anonymity), 중립성(neutrality), 긍정적 반응성(positive responsiveness)이 그것이다. 두 개의 대안을 놓고 승자를 결정하면서 이들 4가지 모든 조건들을 만족시키는 방식은 '단순 절대다수결'이 유일한 해(解, solution)라는 것이다.

큰 규모의 집단에서는 어떤 행위에 대한 과정이 단순하고 결과가 명확해야 한다. 대표자를 선출하는 행위는 선거결과 "누가 대표자로 선출되었다"는 것을 집단내부의 어떤 혼란도 없이 명확히 선언할 수 있어야만 한다. 반복되는 선거 속에서 승자가 결정되지 않는다면(특히, 투표순환 현상으로 인해서) 그런 제도는 채택할 수 없다. 투표자의 익명성이 중요하다. 이것은 투표자에게 심리적 차원에서 직위와 재산에 상관없이 자신의 한 표의 가치가 다른 어떤 사람들과도 평등한 한 표를 갖고 있다는 심리를 유지시켜 준다. 익명의 상태에서는 누구의 한 표가 다른 사람의 한 표보다 더 가치가 많거나 적은 상태를 막아주게 된다. 익명성인 경우는 비익명성인 경우와 비교하여 당연히 집단구성원들 모두가 선거결과에 대해서 승복할 개연성이 클 수밖에 없다. '단순 절대다수결'이 '중립성'을 갖고 있다는 의미는 서로의 투표의 표심을 바꾸면 결과도 바뀌는 것을 말한다. 단순다수제하에서 X와 Y가 경쟁해서 먼저 경쟁에서 Y(70%)가 X(30%)를 이겼다고 하자. 만약 해당 제도가 중립적이라면, X를 지지했던 사람들과 Y를 지지했던 사람들의 표심을 그대로 전환시켰을 때 [즉, X(70%), Y(30%)] 승자가 X로 바뀌어야 한다.[90] 민주주의 사회에서는 그래야 한다. 유권자들의 향배가 바뀌면 결과도 바뀌어야지, 유권자의 표심의 향배와 상관없이 결과는 그대로라면 이것은 문제이다. 표심의 향배가 바뀌는데 작용하는 중립적 포인트가 바로 0.5인 것이다. 마지막으로, 조건화된 다수제가 그 나름대로의 의미를 갖고 있더라도(즉, 결정을 내리는데 더 엄격한 기준을 적용한다는 의미에서) 민주주의 사회에서 두 사람 사이에 승자를 결정하기 위해서는 과반수는 적절한 판단 기준수가 된다. 선거결과에 승복하기 가장 어려운 경우가, 두 가지 대안에 대해서 동수가 형성될 때이다. 긍정적 반응성이란 구성원의 수가 홀수의 집단에서 양쪽 대안이 동수인 상황하에서, 한 표가 캐스팅보트로 행할 때, 그 사람의 결정으로 결과에 승복할 수 있는 상황을 말한다. 그리고 앞서의 예와 마찬가지로 캐스팅보트는 표심의 향배가 바뀌면 결과도 바뀌게 된다. 두 가지 대안에 대한 경합성이 최고조에 달한 순간에 '캐스팅 보트'는 민주주의에서 승자결정과 그 결과에 승복할 수 있는 적절한 방식이다. 조건화된 절대다수제에서는 캐스팅 보트를 적용하기 어렵다.

콩도르세에 의해 처음 확인되었고,[91] 그 후 애로우에 의해 불가능성 정리로 일반화된 역설의 핵심은 다수결 규칙에 따라 집계되었을 때, 두 개 이상의 정책 대안의 합리적 (즉, 전이적) 개인 선호 순위가 비합리적이고 집단 선호로 이어질 수 있다는 것이다.[92] 블랙은 이 역설은 이슈 공간의 다차원성에서 비롯되었다고 주장하면서, 선호도가 단일 차원에 맞춰지면 역설이 해소되고 콩도르세 승자 대안이 나타난다고 주장했다. 이러한 조건에서 다수결은 모든 대안을 능가하는 단일 결과(중위 유권자가 지지하는 위치)를 산출할 수 있다. 이상의 투표에 관한 정리들을 통해서 대의제하의 선거에서 투표의 기능의 공통된 가장 중요한 기능은 '결정성'(decisiveness)이라고 할 수 있다. 집단구성원들이 대표자가 누구인지를 명시적으로 결정해야 하는 것이다. 그

90 이것이 '조건화된 다수제'에서는 일어나지 않는다. 예를 들어서 배심원 제도에서 죄가 있음을 배심원단에서 선언하기 위해서 10명중에서 8명이 찬성해야만 한다면 (4/5 규칙), 유죄에 대하여 7명이 찬성하고 3명이 반대했을 때도 무죄, 3명이 찬성하고 7명이 반대했을 때도 무죄가 나온다. 이런 경우 해당제도에 중립성이 존재하지 않는다고 말한다.

91 Condorcet, M. J. A. N. (1785). *Essai sur L'application de L'analyse à la Probabilité des Décisions Rendues à la Pluralité des Voix.* Imprimerie royale.

92 Arrow, K. J. (1951). *Social Choice and Individual Values.* Yale University Press.

리고 그러한 결정성에 대해서 결정이 내려진 과정에 대한 이해를 통해서 승복할 수 있어야 하는 것이다.

대우주(universe)와 소우주(microcosm),

대표자를 결정하는 셈법이후에도 여전히 남는 문제는 "사회구성원은 다수인데, 다수는 성별, 연령, 인종이 다르고 관심사와 가치관이 다르기 때문에 한 사람이 다수의 축소판이 될 수는 없지 않은가?" 하는 문제이다. 대표성이 만약 한 사람으로 귀결되었다면 (또는 상대적으로 소수로 귀결될수록) 그것은 대표자가 투표자들에 대해서 일정 수준의 주체성과 자율성을 지닌 '수탁인모델'(trustee model)로 작용할 개연성이 커진다. 대표자 1인이 다양한 집단들로 구성된 유권자들의 '파견인모델'(delegates, deputy)을 수행하는 것이 비효율적임을 넘어서서 불가능할 수 있다. 대표자로 선출할 사람이 한 명 뿐이라면 비례대표라는 개념은 의미가 없을 것이다. 한 사람밖에 없는 사람이 자신을 선출해준 지역구의 유권자 인구와 같은 비율로 남성, 여성, 노년, 청년, 기업가, 노동자가 될 수 없다. 만약 지역구 구성원들이 그들의 성격을 반영하여 대표자에게 '파견인모델'을 원한다면 소우주개념으로서 비례대표(PR system: Proportional Representation system)의 개념을 적용해서 가능한 범위의 몇 사람으로 하는 것이 더 효율적일 것이다. 물론 이상의 두 경우의 수를 혼합하여, 1인선거구와 비례선거구를 혼합한 혼합선거구를 채택할 수도 있다. 한국, 독일, 뉴질랜드, 스코틀랜드, 웨일즈에서는 혼합방식을 사용한다. 지역구 단위가 아닌 의회를 대상으로 하는 경우엔, 의회는 몇백 명으로 구성되기 때문에 소우주의 개념을 반드시 적용하지 않으면, 오히려 의회 운영에 부담스러울 수도 있을 것이다. 예를 들어, 의회 의석수를 전부 1인 지역구로 구성한다면, 우연히 의석수 결과가 전체 사회에 대한 소우주의 성격을 반영할 수도 있을런지도 모르나, 비례제를 채택하여 초래된 의회 의석수와 비교하면 그럴 가능성은 상대적으로 희박할 것이다.

소우주의 성격을 반영하는데 친화력이 있는 제도는 정당명부식제도(party-list system) 이외에도 '할당식'(quota system)이 있다. 후보자들의 명부가 정당으로 부터 정해진 폐쇄형정당명부식(closed list system)은 정당의 권한을 반영하는 반면에, '단기이양식'(STV: Single Transferable Votes)은 유권자에 대한 공정성에 먼저 초점을 맞춘다.[93] 이것은 토마스 헤어(T. Hare)에 의해서 고안되고 주창되었는데, 해당 제도는 해당 지역구내에 대표자가 되기 위한 기준수로서 득표수를 할당해 놓고서, 그렇게 할당된 표수 이상을 얻으면 대표자로서의 자격이 있다고 본다. 따라서, 지역구에서 대표자 수가 다수인 경우에 할당식을 사용한다.[94] 대표자를 한 사람이건, 여러 사람이건, 할당된 기준수 이상을 넘는 사람들이 대표자의 자격을 얻는 경우엔, 후보자들이 기준수 득표를 채울 때까지 표를 이양하게 된다. 표를 이양하기 위해선 해당 지역구의 투표용지에 투표자들의 후보자들에 대한 선호기표가 되어 있어야 한다. 그러면 규칙에 따라서 표를 이양하게 된다. 대별하면, 두 가지 경우가 발생한다. ㉠한 사람을 선출하는 경우, 조건부 다수제를 사용하는 것이 일반적이며, 1순위 기표를 중심으로 50%를 넘는 후보자가 나올 때까지 표를 이양하게 된다. 1차투표에서 어떤 후보도 1순위 기표를 50%이상 얻지 못했다면, 1순위 기표를 가장 적게 받은 후보자의 2순위 기표를 이양하고, 그래도

93 Hare, T. (1857). *The Machinery of Representation.* W. Maxwell.

94 비례대표제는 폐쇄형명부식(closed list system)과 개방형명부식(open list system)으로 대별된다. 전자는 정당이 비례후보자들의 순서 명부를 작성하는 것이다. 정당득표율대로 명부의 상위순서에서 하위순서로 당선자가 결정된다. 개방형은 정당이 후보자들의 이름만 제시하고 투표장에서 유권자들이 기표하여 비례구당선자를 결정하는 방식이다. 개방형에서는 제도에 따라서 한 명만 선택할 수도 있고, 2명을 선택할 수도 있고, 심지어 서로 다른 정당에서 1명씩 선택할 수도 있다. 다양한 형식의 비례대표제도들의 상세한 내용과 차이점은 신명순 · 진영재. (2022). *비교정치* (제6판). 박영사, pp. 359–385.

50%의 득표자가 나오지 않으며, 1순위 기표를 두번째로 적게 받은 후보자의 2순위 기표를 이양하고, 이것을 반복해서 50%이상의 득표자가 나올 때 까지 한다. 물론 투표함 개봉에서 1순위 득표를 50%이상 얻은 후보자가 있으면, 표를 이양할 필요는 없다. ㉡여러 사람들을 선출하는 경우, 기준수를 할당해 놓고서 이렇게 할당된 기준수를 충족한 후보자는 당선자이고, 나머지 대표자 수를 채울 때까지 표를 이양하게 된다.[95] 그러기 위해선 '선호기표'를 하게 된다. '단기이양식'(STV: single transferrable vote)에서는 투표를 한 번만 하면서도, 승자로 결정되는 기준수의 표를 확보하기 위해선 표를 이양해야 한다. ㉠이건 ㉡이건 모두 STV의 형식을 띄게 된다. 여기서 '단기'(單記) 란 투표를 한 번만 한다는 의미이며, 그렇게 한 번만 하는 투표에서 선호기표는 여러 사람에게 하니 기표는 여러번 하는 것이다.[96]

STV가 몇 명 정도의 작은 규모의 대표자를 선출하는데 사용된다면, 몇십 명, 몇백 명으로 큰 규모의 대표자들을 선출하는 경우, 혼합대표제(MMS: Mixed Member System)를 사용하는 경우가 있다. MMS는 MMP[혼합형 비례제: Mixed Member Proportional system; 또는 연동형(連動形) 비례제]와 MMM[혼합형 다수제: Mixed Member Majoritarian system; 또는 병립형(竝立形) 비례제]으로 대별할 수 있다.[97] MMM은 일부는 단일 지역구를 사용하여 대표자를 선출하고, 일부는 명부제등의 비례제를 사용하여 대표자를 선출하는 것이다. 사실 MMM은 비례대표제라기 보다는 비례보장취지를 위한 보완적 혼합제도로 분류하는 것이 좋을 것이다.[98] 비례대표제의 제도적 도입의 취지 자체가 사회내 구성원들의 표현에 대한 소우주적 개념을 의회에서 구현하기 위해서인데, 사회적 합의 도출의 필요때문에라도 비례적 선거제도가 종종 필요하다.[99] 따라서 사회구성원들의 구성비율이 가능한 한 가깝게 입법부의 의석 점유율로 이어진다면 가장 바람직할 것이다. 현실적으로는 득표율과 정당의석수의 대략적인 비례로 나타나기 때문에, 정치체계 내의 정당

95 헤어기준수(Q)는 $Q = \frac{\text{선거구의 유효투표수}}{\text{선거구의 의석수}}$ (나누어 얻은 몫의 정수 부분)로 표시된다.

공식을 보면, 전체유권자의 유효투표수를 대표자수로 나눈 것이니, 할당기준수는 결국 평균 유효투표수임을 알 수 있다. 득표기대값적 개념으로서 대표자는 유권자들로부터 최소한 평균 득표수는 얻어야 하는 것이다. 헤어의 생각은 표를 이양을 하여서라도 최소한 할당량에 달하는 범위내에서 모든 유권자 집단은 그들이 선택한 대표자를 가질 자격이 있다는 것이다. STV에서는 투표자들이 후보자들의 순위를 표기한다. 1순위 선호도를 계산하고 위에서 정의한 자연 쿼터 Q를 충족한 후보가 당선된다. 이후 당선자의 잉여표는 다음 가용 후보에게 재분배된다. 다른 누구도 이 방법으로 선출될 수 없을 때, 필요한 수의 후보가 선출될 때까지 (연속적으로) 가장 적은 1순위 선호도를 가진 후보들은 제거된다. STV는 아일랜드(북부와 남부)와 몰타, 스코틀랜드 지방정부 선거, 오스트레일리아 상원에서 사용된다. Bowler, S., & Grofman, B. (Eds.). (2000). ***Elections in Australia, Ireland, and Malta Under the Single Transferable Vote.*** University of Michigan Press. 잉여표의 재분배는 방법상, 계산상 단순하지 않다. 신명순 · 진영재. (2019). *비교정치* (5판). 박영사. 379–385. Bartholdi, J., Tovey, C., & Trick, M. (1989) The computational difficulty of manipulating an election. ***Social Choice and Welfare,*** 6(3), 227 – 241; 파벌은 할당량 만큼 의석수를 얻을 수 있다. 이러한 STV는 파벌주의를 단념시키기 보다는 실제로 그것을 부추길 수 있다. 단일양도불가투표(SNTV)는 1880년대에 루이스 캐롤(Lewis Carroll)에 의해 논의되었다. 루이스 캐롤은 투표의 순환효과(cyclical effect)의 의미와 용어를 정립한 수학자이다. SNTV에 따르면 유권자는 복수 당선자 구역에서 한 표만 행사할 수 있다. 그러나 유권자와 정당이 서로에 대한 충분한 정보와 합리적인 계산을 가지고 행동한다면 그 효과는 STV와 비슷하다. Taagepera, R., & Shugart, M. S. (1989). ***Seats and Votes: The effects and determinants of electoral systems.*** Yale University Press, pp.30–48; Taagepera, R., & Shugart, M. S. (2017). ***Votes from Seats: Logical Models of Electoral Systems.*** Cambridge University Press;

96 앞서서, 투표(投票)와 기표(記票)를 용어로서 구분할 필요를 언급한 적이 있는데, STV의 경우도 그런 경우이다. 용어로 부터 투표행위를 한 번만 하는 것인지, 투표용지에서 후보자 한 사람에게만 기표하는 것인지가 불분명하게 연상되는 것을 유의해야 한다. 한번만 투표하면서 투표용지에 여러 후보자들에게 투표하는 경우가 그런 경우이다. '단기'(單記)라고 하면, 유권자가 투표용지에 기표를 한 곳에만 하는 것이 연상되서 '단기이양식'이란 말이 좋은 번역용어는 아니라고 생각한다. 어차피 후보자들 간에 표를 이양하기 위해선, 투표자가 후보자들에 대한 선호기표들을 해놓아야만 가능한 것이다. 투표행위를 여러번 하는 곳에선 승자를 결정하기 위해서 사실상 표를 이양할 필요가 없다. 이런 경우, '단기'라는 말은 일종의 동어반복(tautology)이다. 그래도 구태여 한번만 투표행위를 하는 것을 강조하겠다고 하면, '단일투표이양식' 이란 용어로 사용할 수 있을 것이다.

97 소선거구제는 당선자의 우세를 과장하기 때문에 명부 의석수의 대부분이 주요 정당으로 넘

들이 사회구성원들의 구성비율을 반영하는 형태가 구현되기는 쉽지 않다.[100] 정리하면, 비례대표제를 구현하더라도, 선거투표율, 정당체계 등이 주요 매개변수가 되어 의회에서 사회구성원들의 소우주가 그대로 구현되기는 쉽지 않다. 비례대표들의 정당별 득표에 따른 의석수를 배분하는 과정에서 소수점의 처리에는 다양한 방식들이 있다. 벨기에의 투표 이론가 동트(Victor D'Hondt)에 의해 1870년대에 발명된 시스템을 많이 사용한다.[101] 동트 공식은 의석수를 배분함에 있어서 거대 정당에게 때로는 그들의 할당량보다 더 많은 의석을 부여한다.

명부식 시스템의 경우 유권자는 단일 정당에 투표한다. 문제는 누가 당선되는지에 대한 통제 권한은 유권자보다 정당에 더 많이 있다는 것이다. 특히 각종 여론조사가 정당의 지지율을 조사하는 상황에선 각 정당이 후보자 명단의 순서를 완전히 통제하게 되면 ("폐쇄 명단") 누가 선출될지, 누가 당선되지 않을지 추측이 제법 높은 수준에서 가능하기에 '당선권'과 '탈락권'의 경계를 중심으로 비례명부에 이름을 올리려는 사람들을 대상으로 정치를 행할 수 있어서 당지도부의 권한은 더욱 강해진다.[102] 일부 국가는 정당에 대한 통제를 줄이고 유권자들에게 더 많은 권한을 주기 위해 유권자들이 정당 내에서 후보를 선택할 수 있는 변형된 "공개 명단"을 사용한다. 일반적으로, 정당만을 선택하는 폐쇄형명부식보다 정당내의 후보자들을 선택할 수도 있는 개방형명부식(open list system)은 유권자에게 정당명부내에서 후보자들을 선택할 수 있도록 함으로써 통제권을 준다.

선거제도하에서 궁극적으로 투표자의 투표행태는 유권자나 정당의 선거전략에도 영향을 미칠 수밖에 없다.[103] 그리고 선거제도 하의 유권자와 대표자의 행태가 정치적 결과물을 만들어 낸다.[104] 좋은 제도를 마련하는 과업은 제도적 장단점의 교과서적 파악을 뛰어넘는다. 최고의 선거제도를 택한다는 것은 어떤 주어진 조건에서 그것과 연관하여 가장 적합한 선거제도를 선택어가는 현상이 빚어진다. STV는 작은 M(district magnitude: 하나의 선거지역단위에서 몇 명을 선출하는가의 기준)을 가지고 있고 비례성을 희생하여 단일 구성원 지역 시스템의 장점 중 일부를 달성한다. 세부사항은 국가마다 다르지만 원칙은 동일하다. MMS는 책임소재를 분명히 하는 단일선거구제와 사회구성원들의 비례성을 반영하는 비례제 양쪽의 장점을 모두 제공하려는 제도이다. MMM은 입법부의 일부는 단일 선거구에서 선출된다. 일부 비례구는 전체 입법부의 비례구 의석이 정당명부식 투표의 정당 몫으로 결정되도록 하면서 (보상 규칙에 따라 지역 또는 국가 정당 목록에 따라서) 의원의 나머지 부분을 선출함으로써 대응된다. MMP는 MMM보다 더 비례성이 강화된다. 정당의 전국득표율로서 지역구 의석수의 한계를 설정하기 때문이다. 결론적으로, MMS는 지역구 의원수와 비례구 의원수의 상대적 숫자가 제도의 핵심이다. 일반적으로 의원수의 대부분을 지역구 의원수로 형성하고, 일부를 비례구 의원수로 채운다. 한국의 경우가 그러하다. 한국의 경우는 대략 300명 중에서 5/6는 지역구의원, 1/6은 비례구의원으로 상대적 숫자가 형성되어 있다.

98 박성호. (2019). 한국 지방선거에서의 혼성효과: 제7회 지방선거 분석. *사회과학연구,* 45(2): 115–136.

99 $Q \propto V/(M+1)$ 여기서 Q는 정당 i의 의석 할당량, V는 정당 i의 득표율, M은 지역구 수("구역 규모")를 나타낸다. 소우주를 구현함에 있어서 정당명부시스템이 얼마나 비례성을 확보할 수 있는지는 구역의 등급 M에 달려있다. M이 적을수록 시스템이 비례할 것이다. 나라 전체를 하나의 선거구로, 입법부 전체 의원을 선출하는 네덜란드와 이스라엘은 가장 비례성을 확보할 수 있는 선거제도를 갖추고 있다. Taagepera, R., & Shugart, M. S. (1989). ***Seats and Votes: The Effects and Determinants of Electoral Systems.*** Yale University Press, p. 30; Taagepera, R., & Shugart, M. S. (2017). ***Votes from Seats: Logical Models of Electoral Systems.*** Cambridge University Press.

100 강우진. (2020). 한국의 준연동형 비례대표 선거제도개혁과 집합적 전략투표 동원. *현대정치연구,* 13(2). 5–41.

101 이것은 1790년 토마스 제퍼슨이 미국 하원에서 주 의석을 반올림하기 위해 제안한 시스템과 동일하다. 각 쿼터에 좌석을 부여하고 나머지 좌석을 불합격자 몫의 분수 순서대로 부여하는 시스템(미국에서 알렉산더 해밀턴이 발명한 시스템)이다. 해밀턴 시스템은 공정하게 들리지만, 단조성의 역설로 얼룩져 있다. 공명정대하고 비역학적 반올림 알고리즘은 1910년 프랑스의 수학자 앙드레 생라게(André Sainte-Laguë)가 제안한 것이다. D'Hondt, V. (1878). Question électorale. La représentation proportionnelle des partis par un électeur. ***Bruylant, Brussels.*** 비례제에서 소수점 처리방식은 크게 '최대잔여식'[또는 '할당식': rule of subtraction, quota system: 헤어(Hare)방식, 하겐바흐비숍(Hagenbach-Bischoff)방식, 임페리얼(Imperial)방식]과 '최고평균식'[또는 '분할식': rule of division: 동트(D'Hondt)방식, 생라게(Saint Lague)방식, 수정형 생라게방식]으로 대변된다. 해당 방식들에 대한 종합적 논의는 신명순 · 진영재. (2019). *비교정치* (5판). 박영사, pp. 363–366.

하는 일이다. 그것을 채택하는 국가의 역사성이나 정치문화와도 맞아야 한다. 동시에 과거에 틀렸던 것이 지금은 맞고, 지금은 맞다고 생각한 것이 오히려 미래에는 틀릴 수도 있는 것이어서, 더 곤혹스러운 일은, 새로운 제도개혁이 그 채택의 의도처럼 개선(改善)으로 가는 것이 아니라, 의도와는 달리 개악(改惡)으로 갈 수도 있다.[105] 그리고 그런 일이 빈번하다. 사회집단이 그 집단에서 선순환하는 최선의 제도를 채택하는 것은 그렇게 어려운 일이다. 제도운용에는 그 사회 성원들의 시민의식을 통해서 인내와 지혜가 동시에 요구된다. 가장 경계해야 할 일은 어떤 세력들이 자신이 속한 세력의 유불리를 고려해서 즉흥적이고 일시적 필요에 따라서 제도를 고안하는 일이다.

4. 정당민주주의의 현실과 선거민주주의

선거민주주의는 정당민주주의를 근간으로 한다. 현대를 사는 우리는 다음과 같은 몇 가지 질문을 할 수 있다. 첫째, 대의민주주의의 근간이 되는 정당정치(당내민주주의를 포함하여)가 선진화되지 못한 곳에서, 과연 대의민주주의를 실천하기 위한 수단으로서의 선거는 어떤 의미를 갖는 것인가? 둘째, 그렇다면, 작금에 논의되고 있는 '정당정치의 쇠퇴'(주로, 당원중심의 정당정치의 쇠퇴 등)라든지, 새로운 정당정치의 미래 형태로서 간혹 논의되는 소위 '플랫폼정당'(platform party)의 형태에서[106] 선거는 또 다른 의미를 갖는 것인가? 하는 것이다. '플랫폼정당'은 다양한 측면의 정의와 성격규정이 가능하지만, 가장 핵심적인 기관의 속성은 특정 이슈를 중심으로 정치활동의 중심적 사이트가 되어[즉, '허브'(hub)적 기능을 하는 매체가 되어] 당원들 뿐만이 아니라 관심을 견인하는 이슈를 중심으로 모여든 사람들의 의견이 집약

되어 반영되는 정당으로 규정될 수 있다. 플랫폼 정당의 조직적 특성은 위계적이고 관료적 성향을 띠면서 경화(硬化)된 조직으로서의 정당조직이 아닌 보다 가볍고 유연한 성향을 갖게 되는 것이다. 그런 경우에, 소셜미디어시대

102 황아란. (2006). 제17대 총선의 1인2표제 도입: 비례대표 명부구성의 과정과 내용. *국가전략,* 12(2), 61–86.

103 장훈. (2012). 19대 총선 결과의 의미: 구조를 누른 행위자와 제도의 효과?. *21세기정치학회보,* 22(3), 133–152; 문우진. (2019). 선거제도의 구성요소와 소득불평등: 선거공식, 비례대표성, 명부유형의 기계적 · 행태적 효과. *한국정당학회보,* 18(1), 65–101; 황아란. (2010). 단기비이양식 투표제의 정당 공천전략과 성과 분석: 2006년 기초의원선거의 정당 실책을 중심으로. *한국행정학보,* 44(1), 231–250.

104 1987년체제 제6공화국의 시작점에서 대통령선거 단순다수대표제는 노태우 대통령의 승리에 일등 공신일 것이며, 이것을 부인하는 사람들은 드물 것이다. 절대다수득표제나 결선투표제가 있었다면 또 다른 결과가 나왔으리라는 것은 쉽게 예상할 수 있다. 미국 대통령 역사상 가장 중요한 선거인 1860년선거에서 에이브러햄 링컨(Abraham Lincoln)이 40% 미만의 득표율로 승리했다. 그는 투표의 공간적 분포, 선후배제, 선거인단 덕분에 승리했다. 콩도르세, 보르다, 또는 대부분의 다른 체제 하에서, 선거는 그의 위대한 라이벌인 스테판 더글러스 (Stephen A. Douglas)에게 돌아갔을 것이다.

105 김영래 · 박상신. (2009). 한국의 혼합선거제도와 정당체제의 변화 연구. ***OUGHTOPIA,*** 24(1), 171–205.

106 플랫폼 정당의 정의와 성격에 관한 기본 논문. Gerbaudo, P. (2019). The Platform Party: The Transformation of Political Organisation in the Era of Big Data. In D. Chandler, & C. Fuchs (Eds.), ***Digital Objects, Digital Subjects: Interdisciplinary Perspectives on Capitalism, Labour and Politics in the Age of Big Data*** (pp. 187–198). University of Westminster Press; Deseriis, M. (2020). Two variants of the digital party: The platform party and the networked party. ***Partecipazione e Conflitto,*** 13(1), 896–917; De Blasio, E., & Viviani, L. (2020). Platform Party between Digital Activism and Hyper-Leadership: The Reshaping of the Public Sphere. ***Media and Communication,*** 8(4), 16–27; 박지영, & 윤종빈. (2019). 정보화 시대 대의민주주의 위기 극복을 위한 한국형 정당모델의 모색. *미래정치연구,* 9(1), 119–142; 이재묵. (2019). 유권자 세대교체와 한국 정당의 미래: 탐색적 연구. *미래정치연구*, 9(2), 5–33; 박경미. (2021). 디지털정당의 유형과 특성: 플랫폼정당과 네트워크정당. *분쟁해결연구,* 19(2), 97–122.

에 많은 사람들을 헤쳐모여할 수 있는 허브적 기능을 효과적으로 수행하는 것은 반드시 정당이란 기관일 필요가 없고, 급조된 단체나 심지어 팬덤을 지닌 한 사람으로서도 가능할 수도 있다. 첫번째 질문은 보다 철학적 관점의 논의가 될 것이며, 일단, 경험적 논의가 보다 가능한 두번째 문제부터 먼저 논의하는 것이 첫번째 질문에 답하기 위해서 필요할 것이다.

정당 쇠퇴 명제

정당은 "혼란스러운 대중의 의지"라고 부르는 것을 조직하는 능력을 통해 시민과 정책 산출물 사이의 중요한 "연결고리 역할"을 한다.[107] 바로 이 "연결고리 역할"이라는 것이 정당기능의 핵심인데, 교과서는 이것을 "시민들의 요구를 입법과정을 통한 정책으로 운반하는, 소위 "운반자 역할"(the function of vehicle)이라는 용어로 표현한다. 이러한 관점이 1950년 미국정치학회의 정당연구분과가 처음으로 밝힌 "책임정당정부모델"의 중심개념이다.

과거에 비해서 정치정당의 명백한 쇠퇴현상은 선거를 통해 책임을 보장하는 이러한 능력을 훼손하면서 비롯된다고 본다. 이것이 문제이다. '시민'과 '정부' 사이의 연결고리 약화로, 선거는 정부에 책임을 지우는 메커니즘으로서 덜 효과적이게 된다. 이 고리가 크게 약해진다면 책임정당 체제 전체가 흔들릴 수밖에 없다. 더 근본적으로는 정당민주주의를 근간으로 하는 선거민주주의를 통해서 건전한 민주주의의 선순환 구조를 만드는데 문제가 발생하는 것이다.[108] 선거민주주의를 논하려면 정당민주주의가 일정 수준 안정된 기반으로 건재한다는 것을 전제하고 있는 것이다.

정당의 쇠퇴에 대한 논쟁이 발생했다.[109] 메어는 정당들이 "일반 시민들을 참여시키지 못했다"고 지적했으며, 그는 주장을 뒷받침하는 증거로서 선거인단 감소, 유권자 변동성의 증가, 정당 정체성의 감소, 당원수의 급격한 감소를 강조했다.[110] 많은 경험적 증거들에 따르면, 많은 나라에서 (진성)당원 수가 (급격한) 감소를 경험하면서 정당들은 대중조직으로서의 위상이 많이 흔들리게 되었다.[111] 20세기 중반까지 대중정당의 '황금시대' 이후 사실상 당원 수가 감소했다는 점이다. 앞날은 예측하기 어렵다. 정당들은 비정상적인 전성기를 지나 "안정된" 수준의 대중 당원으로 돌아올지도 모른다. 장기적인 추세가 감소하는 추세인 반면, 그 패턴은 많은 사람들이 제시한 것보다 심각하지 않다는 것이다. 투표율은 감소했지만, 그것은 종종 상대적으로 일정 수준이하로 내려가지 않고 유지되는 정당일체감의 기반에서 왔고, 일부 국가에서는 이제 당원수가 감소하는 변곡점을 통과하여 증가하기 시작했다고 보기도 한다.[112]

당원수의 감소 추세를 과장하는지 아닌지에 대한 논의보다 더 중요한 것

107 Neumann, S. (Eds.). (1956). *Modern Political Parties: Approaches to Comparative Politics.* University of Chicago Press.

108 손병권, 박경미, & 임성학. (2010). 한국 민주주의의 현황 정의와 민주주의 심화의 문제. *분쟁해결연구,* 8(1), 111–145.

109 Dalton, R. J., Farrell, D. M., & McAllister, I. (2011). *Political Parties and Democratic Linkage: How Parties Organize Democracy.* Oxford University Press.

110 Mair, P. (2005). *Democracy Beyond Parties.* [Unpublished Manuscript]. University of California.

111 Bizen, I. van, Mair, P., & Poguntke, T. (2012). Going, Going... Gone? The Decline of Party Membership in Contemporary Europe. *European Journal of Political Research,* 51(1), 24–56.

112 Franklin, M. N. (2004). *Voter Turnout and the Dynamics of Electoral Competition in Established Democracies Since 1945.* Cambridge University Press.

113 Dalton, R. J., Farrell, D. M., & McAllister, I. (2011). *Political Parties and Democratic Linkage: How Parties Organize Democracy.* Oxford University Press; Mair, P. (2003).

은 정당들이 이러한 변화에 적응하기 시작했다는 견해이다.[113] 실존적인 선거 위협에 대응하여, 많은 정당들이 그들의 정책 호소를 근본적으로 변경했다. 이 길은 1990년대 초 토니 블레어 총리 주도로 '신노동당'으로 개칭된 영국 노동당이 택한 길이었다. 당은 구식의 계급적 호소를 버리고 기회의 평등을 강조하여 불만을 품은 보수당 유권자들을 모집하는 동안 능숙하게 노동당의 전통적인 노동자 계급 지지자들을 유지시켰다. 이른바, '관심견인이슈'(valence issue)를 통한 '교량전략'이 나름대로 성과를 거둔 것이다.[114] 이러한 형태의 정당 적응의 예는 세계적으로도 많이 있다.

영국 노동당의 정당 적응은 여러 차원의 것이었으며, 당 조직의 지도자 선출에서도 나타났다. 노동당 대표 선출에 있어 대중 당원에게 발언권을 주는 것은 대중 당원의 감소를 저지하기 위한 하나의 방법이다. 그러나, 그 위험성은 중위권 유권자를 배제하고(즉, 선거승리에 주의를 기울이지 않고), 더 극단적인 정책적 성향에 매력적인 지도자를 선택할 것이라는 것이다. 노동당 당원이 좌파 제러미 코빈을 두 차례에 걸쳐 대표로 선출한 것이 대표적이다.

또 다른 정당 선거전략은 기관중심에서 인물중심으로의 변화도 적극 수용한다는 것이다. 더 극단적으로 보면 '정치의 개인화'라는 것인데, 이러한 전술은 특히 지도자의 전략과 방향에 대한 당의 저항에 부딪힐 때 효과적일 수 있다. 인터넷, 모바일, SNS시대에 매력적인 시각적 이미지와 정교한 의사소통 능력을 가진 인기 있는 지도자가 정당의 메시지를 더 효과적으로 전달할 수 있을 것이다.[115] 이제 개인의 '팬덤'(fandom)으로 인한 인물효과는 '기관'효과와 같은 위치에 있다고 해도 과언이 아니다. 정당후원금의 규모보다 팬덤현상의 인기 정치인의 후원금의 규모가 훨씬 압도하는 현상들이 비일비재하다. 정당지지자들이나 유권자들은 추상적인 이념적 위치 논쟁을 통한 정당의 활동과정보다는 활동의 결과로 초래되는 정당의 성과물에 대한 책임을

Political Parties and Democracy: What Sort of Future? *Central European Political Science Review,* 4, 6-20.

114 유권자들 사이에서 '폭 넓은 합의'가 존재할 수 있는 이슈를 말한다. 따라서, '합의이슈'라고 번역하기도 한다. 하지만, 선거경쟁에서 유권자들에겐 후보자의 이슈의 내용도 정도와 수준에서 합의되기는 어렵다는 측면에서, '합의이슈'라는 번역용어보다는, 본 용어의 맥락상 양 극단적 이념을 결합하는 위치의 이슈라는 측면에서 '결합이슈', '공통관심이슈'라든지, 또는 이념적 대결점에서 탈피하여 순수하게 유권자들의 관심을 끌어들인다는 측면에서 '관심견인이슈'라는 번역이 맥락을 이해하는데 도움이 될 것으로 생각한다. 'valence'의 어의(語義)는 어떤 요소들이나 양 극단의 것을 결합하는 힘[①the degree of combining power of an element or radical; ②relative capacity to unite; ③the degree of atractiveness: 이상, *Websters's Third International Dictionary.* (1986). Volume Ⅲ, S-Z, p. 2529]을 말한다. 특히 이슈의 속성에 대한 맥락과 연관할 때, ①, ②와 관련하여선, 중도친화적 정책 이슈를 생각해 볼 수 있을 것이다. 일반적으로, 'valence issue'를 탈(脫)이데올로기적인 성격의 것으로 규정하면서, 이런 경우, 대조적 개념의 것으로 'position issue'로 하면서 '대립이슈'로 번역하는 경우도 있다. 하지만, 'position issue'란 단순히 전통적인 좌-우 이데올로기적 위치에 의거하여 판단되는 대립이슈로 한정되지 않으며, 어떤 특정한 이슈에 대하여 후보자(또는 정당)가 자신의 구체적인 정책적 '입장'(立場)이 정해지면서 경쟁하는 소위 '입장이슈'를 말한다. ③과 연관하여선, 후보자의 이슈와 행위가 유권자들을 끌어당기는 힘을 의미한다. '유의성(誘意性)이슈'란 번역도 가능할 것이다. 결론적으로, 결합이슈(또는 유의이슈)란 별도로 독립하여 온전한 하나의 이슈로서 존재하는 성격이 강하며, 유권자들의 "관심을 유발(誘發)하거나 견인(牽引)하면서"(즉, '관심유발이슈', '관심견인이슈') 유권자들에게 정당의 구체적 문제해결능력과 효율성을 판단할 수 있는 이슈가 된다. 예를 들면, 범죄와의 전쟁, 은퇴후 복지문제, 교육과정의 수월성, 좋은 일자리 창출, 먹거리 문제 등이 대표적인 예들이다. 하지만, 열거한 이상의 문제들이 전통적인 좌-우 이데올로기적 이슈의 연장선상에 포괄될 수도 있으며, 별도로 온전히 독립하여 존재하는 이슈는 아닐 수도 있다는 점에서 이슈 해석의 복잡성이 존재한다. '결합이슈'(관심견인이슈, 공통관심이슈)는 당해 선거를 기준으로 이슈 자구(字句)의 구체적인 표현방식에 따라서 상황적으로 규정되고 판정될 수 있는 성격이 있다. Groseclose, T. (2001). A Model of Candidate Location When One Candidate Has a Valence Advantage. *American Journal of Political Science,* 45(4), 862-86; Wittman, D. A. (2005). Valence Characteristics, Costly Policy and the Median-Crossing Property: A Diagrammatic Exposition. *Public Choice,* 124(4), 365-382; Barisione, M. (2009). Valence image and the standardisation of democratic political leadership. Leadership, 5(1), 41-60.

115 최은별 · 오창섭. (2018). 정당의 이미지와 메시지 전략에 관한 연구 - 20대 총선 선거홍보 규정집을중심으로. *디자인학연구,* 31(1), 177-186; 천정임 · 김인철. (2002). 우리나라 대통령 선거운동에서의 색채전략에 관한 연구. *한국색채학회논문집,* 16(3), 25-34.

묻는 것을 선호한다. 인기 있는 지도자는 대중에게 성과물에 대한 책임까지도 총체적으로 긍정적 평가를 어필할 수 있다.

정당들은 정치시장 구조를 '안정된 게임'(secured game)의 구조로 만드는데 많은 노력을 기울이게 된다. 만약, 정치시장 구조에서 경쟁자가 오로지 1명이라면 나에게도 여전히 찬스는 50%인 것이다. 이것은 내가 잘하고 못하고의 문제를 떠나서, 어떤 상황에서도 고정된 게임구조 속에서 자신의 기득권은 유지되는 것이다. 더 냉소적 시각에서 보자면, 둘이서 잘 하면서 경쟁하면 오히려 더 피곤할 수도 있다. 웬만큼 적당히 하면서도 그대로 흘러가면서 세력을 유지하겠다는 것인데, 이런 경우엔, 그 정치시장에 새로운 행위자가 나타나지 말아야 한다. 정치시장에 새로운 경쟁자들이 들어오지 못하는 경우는 몇 가지 경우의 수가 있다.

첫째, 아예 신흥정당세력이 시원치 않은 경우이다. 현실적으로는 어려운 일이지만, 역설적으로, 도전자로서의 신흥정당세력은 기존정당보다 더 훌륭한 정치지도자를 리더로 갖고 있어야만 한다. 그래야 기존의 거대한 정당조직을 상대로 시민들의 호응을 얻어낼 수 있다. 둘째, 신흥정당세력들이 어느 정도 있는데 기존의 선거, 정당 관련 제도들이 커다란 주요 정당에게 유리하게 되어 있는 경우이다, 정당들은 당의 선거 기반을 잠식할 수 있는 신흥 정당들과 같은 경쟁자들을 배제하기 위한 목적으로 정치 기관인 "정치 게임의 규칙"을 재설계하려고 노력하게 된다. 그 대표적인 예가 '카르텔 정당체계' 하에서 양대 주요정당(major party)들은 정당국고보조금제도와 같이 국가로부터의 재정의 도움을 받아서 '대마불사'(大馬不死)의 구조를 유지하는 것이다.[116] 이에 덧붙여서, 간혹, 선거제도를 유지하거나 보완하면서[117], 자신들 주요정당들이 의석수를 유지하는데 유리하게 만든다.[118]

정당들이 기관으로서 태동한 이후 자신의 생명력을 이어가면서 세력을 불리고, 그 세력을 유지하기 위해서 적응하는 것을 규범적 관점에서 비판하는 것은 일부 감성적 측면이 있다. 정당은 일단 태동하면 그 기관의 생존을 위해서 할 수 있는 모든 일을 한다. 선거정당사에서 "정당의 진화"란 "정당의 생존 적응력"을 의미하는 것이다.[119] 변화하는 세상에 정당만 적응해 나가는 것은 아니다. 유권자들도 그러한 변화에 적응한다.[120] 정당정치란 형태가 규범적 차원에서 만족스럽지 않더라도, 그것이 현실적으로 존재하는 것이라

116 캣츠와 메어의 1995년 "카르텔 파티" 모델은 거대한 정당 자체의 기능에 의한 역량(functional capacity)이라기 보다는 사실상 정치시장이라는 '구조'(market structure) 그 자체가 갖는 막강한 힘을 보여준다. 주요 거대 정당들은 잠재적인 경쟁자들을 배제하기 위해 그들의 기득권을 유지하도록 규칙을 변경하기 위해 결탁한다. 2019년과 2020년에 있었던 '정치개혁특위'에서 그 결과물은 연동형비례대표제이지만 더 중요한 내용은 급조된 '위성정당'(satellite party)을 통한 주요정당의 의석수 늘리기 행태였다. 그래서 제도와 함께 행태를 연구하는 이유이다. 많은 민주주의 이론들이 정치적 행동의 패턴보다는 제도와 절차의 역할에 초점을 맞추는 경향이 있지만, 정치적 결과를 초래하는 보다 직접적인 변수는 태도와 행동일 것이다. Katz, R. S., & Mair, P. (1995). Changing models of party organization and party democracy: the emergence of the cartel party. *Party politics,* 1(1), 5–28.

117 심지연 · 김민전. (2002). 선거제도 변화의 전략적 의도와 결과: 역대 국회의원선거를 중심으로. *한국정치학회보,* 36(1), 139–162; 배진석. (2018). 권위주의체제의 선거동원용 분배전략: 유신 및 제5공화국 사례연구. *평화연구,* 26(1), 107–140.

118 이런 경우, 당내개혁의 효율성은 공천개혁이나 지구당총책(당협위원장, 지구당위원장)선정과 같이 당내 역학구조에서 선의의 경쟁이 사멸될 수 있는 곳에서의 개혁을 통해서 담보된다. 개혁의 핵심은 경쟁수준을 높이는 것이다. 그렇게 해야 인재들이 몰려들고, 그들 중에서 최고의 인재를 선발할 수 있다. 몇 명에 의해서 좌지우지되는 공천심사제도, 고정된 지위로서의 지구당총책의 담임제도로서는 활성화된 당내민주주의를 보장하기 어렵다. 예를 들면, 정당의 지구당총책의 선정은 선거일 임박 6개월이나 1년 정도 전으로 해야 하며, 이것도 공개모집을 하는 것이 바람직하다. 어떤 인연으로 지구당총책을 맡은 이후 선거주기를 건너는 4년 동안, 또는 8년 동안 지구당총책이 고정되어 있는 상태에서 그리고 지구당총책의 주변의 인물들로 고정된 정당조직의 모습은 바람직하지 않다.

119 진영재. (2019). *정당정치의 진화.* 연세대학교 대학출판문화원.

120 강원택. (2019). 정당 지지의 재편성과 지역주의의 변화: 영남 지역의 2018년 지방선거 결과를 중심으로. *한국정당학회보,* 18(2), 5–27.

면, 현명한 시민들은 정부의 성과나 실정에 따라서 그 어떤 다른 수단보다도 선거를 이용할 가능성이 더 높다. 결국, 책임 있는 정당 정부의 운영이 이뤄지냐는 것은 정도의 문제이며, 정당과 후보자가 선거를 통해서 경쟁하는 형식이 지속되는 한에 있어서는 정당의 책임성(즉, 입법활동, 정책성과 등)이 만족할 만한 수준에 있지 않더라도 그 작동이 멈춘 것은 아니다.

1960년대 텔레비전의 등장은 정치경쟁에서 '정당기관중심'에서 '후보자인물중심'으로 변화되는 주요한 동력이었다. 인터넷의 출현은 텔레비전보다 몇 배 더 심오할 것으로 예상되는 정치적 변화를 초래할 것이다. 인터넷이나 SNS가 정치에 가져오는 실시간성, 상호 연결성 및 정보 공유는 정치인들의 모든 행위에 대한 실시간적 중계, 시민의 역량, 정치 참여, 책임 있는 정당 정부에 이르기까지 민주주의 성취 수준에 연관된 모든 측면들에 영향을 미친다.[121] 정보획득의 자유로 대변되는 자유민주주의하에서의 선거경쟁이 시민들로 하여금 인터넷과 모바일 SNS를 통한 더 큰 정치적 정보획득 및 참여의 기회와 정부의 의사 결정에 있어 강화된 발언권을 가질 수 있는 기회를 제공할 수 있다.[122] 그런 상황에서의 유권자들의 어떤 정치적 행태가 존재한다면, 이러한 행태는 정당과 후보자, 정책결정자들에게 영향을 미친다. 이런 이유로 시민들의 태도와 행동에 대한 직접적인 이해가 필요하며, 궁극적으로 제도와 규범보다도 시민들의 행태와 행위를 통해서 민주주의의 수준을 이해하는 것이 직접적이고 현실적이다.

민주주의 체제에서의 선거는 정부의 공무직을 담임하기 위한 정당경쟁의 정규화된 모습이다. 그렇다면 정당이란 기관은 단순히 공직을 담임하기 위한 단순한 수단이 아니라, 그 기관이 없으면 민주주의를 수행할 수 없는 필수적 기관이 된다.[123] 정당들은 민주주의를 위해 "불가피한 것"이다.[124] 민주주의와 정당의 관계를 달리 표현하면, "내재적" 관계인 것이다.[125] 정당들이 민주주의를 창조한다는 견해가 있는데,[126] 이것은 민주정치가 정당 간에 발생하는 경쟁과 이 경쟁이 촉진하는 정보와 인센티브에서 만들어지고 유지된다는 것이며, 여러 정당들 간의 조직적이고 반복적인 경쟁이 없다면 민주주의가 존재하지 않는다는 것이다.[127] 이런 논리들을 종합하면, '정당'과 정당경쟁이 정규화된 모습으로의 '선거'가 민주주의를 창조한다고 볼 수 있을 것이다.

선거정치의 핵심은 두 가지이다. 첫째, 복수(複數)정당들에 의한 자유로

121 장우영 · 이현출. (2012). 제19대 총선 트위터스피어 참여관찰: 격전지 선거구를 중심으로. *의정연구,* 18(2), 157–182.

122 임금진 · 김창남. (2018). 디지털미디어 선거콘텐츠에 대한 유권자 인식 연구. *주관성연구,* (4), 107–126.

123 Levitsky, S., & Cameron, M. A. (2003). Democracy without Parties? Political Parties and Regime Change in Fujimori's Peru. ***Latin American Politics and Society,*** 45(3), 1–33; Aldrich, J. H. (1995). ***Why Parties? The Origin and Transformation of Party Politics in America.*** University of Chicago Press; Schattschneider, E. E. (1942). ***Party Government.*** Holt, Rinehart and Winston.

124 Sartori, G. (1976). ***Parties and Party Systems: A Framework for Analysis.*** Cambridge University Press.

125 Stokes, S. (1999). Political Parties and Democracy. ***Annual Review of Political Science,*** 2, 243–267.

126 Schattschneider, E. E. (1942). ***Party Government.*** Holt, Rinehart and Winston. Aldrich, J. A. (2007). The Study of Party Politics in the Twenty–First Century. ***Election Law Journal,*** 6(2), 209–19; Levitsky, S., & Cameron, M. A. (2003). Democracy without Parties? Political Parties and Regime Change in Fujimori's Peru. ***Latin American Politics and Society,*** 45(3), 1–33.

127 Przeworski, A. (1991). ***Democracy and the Market: Political and Economic Reforms in Eastern Europe and Latin America.*** Cambridge University Press.

128 "서구 자유민주주의 국가의 완전한 발전은 국가의제가 설정되고 논의되는 과정에 있어서 하나 이상의 야당에서 형성될 것을 요구했다." Hofstadter, R. (1969). ***The Idea of a***

운 정당경쟁이 민주정치를 실현하기 위한 필수조건이다.[128] 둘째, 정례화된 선거에서 정당경쟁이 있어야 한다. 하지만, 이 두 가지는 민주주의성취를 위한 중차대한 기반이 되는 조건임에도 형식적이고 절차적 조건이며, 실질적인 조건은 아니다. 궁극적으로 민주주의 성취수준에 대한 평가는 개인이 하는 것이다. 그래서 개인이 경험하고 체감하며 누리는 실질적인 자유와 행복이 중요하다. 그래서, 민주주의에 대한 잘 알려진 정의 중 하나는 정당에 대한 역할을 명시적으로 인정하지 않으며, 대신 민주주의에서 개인의 자유의 중요성을 강조한다.[129] 또 다른 사람들은 정당 대신에 이익집단이 이해관계를 표현하는 것을 포함하여 당사자들이 하는 많은 기능을 수행할 수 있다고 주장하기도 한다.[130] 문제는 이익집단이 정당을 대신할 때가 있을 수 있지만, 단순히 이런 현상이 일시적인 사례일 가능성은 차치하고라도, 이런 역할의 이익집단은 그 구조와 관행에 있어서 후보들이 경쟁한 정당과 상대적으로 거의 차이가 없을 수 있다는 것이다. 정당을 대신해서 이익집단이 대표자를 선출하는 선거에 참여할 수밖에 없기 때문이다.[131]

정당과 정당민주주의의 선거정치 연동

많은 단체와 단체들이 정당으로 간주되거나 심지어 그들 스스로를 정당이라고 부를 수 있는데, 문화적으로는 정당이라는 기관설립을 통해서 자신의 입지나 영향력을 과시하고 싶은 사람들의 과시욕이 일정 수준 받아들여지는 환경에서나, 제도적으로는 많은 수의 매우 작은 정당을 생성하는 PR 시스템에서 그럴 것이다. 따라서, 어느 곳이든 그곳의 사회구성원들이 인식하는 정당의 수보다 국가에 등록된 정당의 수는 훨씬 많다. 교과서적인 정의에 의해서 정당을 비슷한 주의 주장을 지닌 사람들이 모인 일정 수준의 이념적 정체성을 지닌 기관으로서 정의한다면, 일반인들이 평소에 정보매체에서 접하면서 체감하는 '정당정치'와는 거리가 생긴다. 기능주의자들(이들 중 많은 사람들은 정치제도보다 정치문화의 중요성을 강조하는데)이 정당을 정의할 때, 해당 정의의 정당은 선거를 통해서 공직에 후보자를 내야하며, 선거 승리로 공직을 담임하여 대표자가 된 후에는 사회구성원들의 요구를 정책으로 전환시키는 역할을 해야 한다. 정리하면, 어떤 이유에서이건, 사회구성원들이 자신들의 요구를 정책으로 수렴하여 이를 구현하는 수단적 기관으로서 생각해야만 정당이라고 체감할 수 있는 것이다.[132] 이렇게 본다면, 정당이란 것은 조직으로서 표상하는 관심, 가치, 의견을 대중들에게 내 걸고, 그들에

Party System: The Rise of Legitimate Opposition in the United States, 1780–1840. University of California Press.

129 Sen, A. (1999). *Development as Freedom. Knopf; Sen, A. (1999). Democracy as a Universal Value. Journal of Democracy,* 10(3), 3 - 17.

130 Clemens, E. S. (1997). *The People's Lobby: Organizational Innovation and the Rise of Interest Group Politics in the United States, 1890–1925.* University of Chicago Press; Hansen, J. M. (1991). *Gaining Access: Congress and the Farm Lobby, 1919–1981.* University of Chicago Press.

131 Clemens, E. S. (1997). *The People's Lobby: Organizational Innovation and the Rise of Interest Group Politics in the United States, 1890–1925.* University of Chicago Press. 1880년대와 1890년대 선거에서의 정당의 역할을 제한하려는 개혁이 이익 단체의 설립과 활동의 증가와 맞물렸었다. 이렇게 본다면, 앞부분에서 스트룀의 민주주의 분류에서 무당파성(non–partisan)을 기반으로 하는 '다원적민주주의'(pluralistic democracy)와 당파성(partisan)을 기반으로 하는 '정당민주주의'(party democracy)는 역사적 경험에서도 형식적 대조가 분명해 진다. 정당과 이익집단은 서로 친화력을 갖기도 한다. 이익집단은 정당과 결합해 정당들이 성공할 수 있는 여건을 조성하는 데 도움을 주는데, 종교우파가 공화당과 연대하고 노조와 민권단체가 민주당과 연대하기 때문이다.

132 이렇게 사회구성원들의 요구를 수렴하기 위해선, 의회 의석수가 일정 수준 이상, 그리고 더 많을 수록 유리한 입장에 서게 될 것이다. 하지만, 의석수의 크기를 반드시 정당의 정책역량을 보여주는 것으로 동일화할 수는 없다. 군소정당도 주요정당과 정책연합을 통해서 입법에 성공할 수 있기 때문에, 일정 수준 정책활동에서 그 역량을 입증할 수도 있을 것이다.

게 자신들의 표상하는 가치와 의견들이 사회구성원들의 이익을 실현하는데 효과적일 수 있음을 선전하고 있는 것이다.

개별 정당들은 공직을 담임하기 위해서 주기적으로 선거를 통해서 서로 경쟁한다.[133] 따라서 정당민주주의를 통한 민주주의의 성취라는 것을, 이렇게 개별정당들이 자유롭게 경쟁하는 그 자체에서 의미를 찾을 것인지, 아니면, 개별정당들의 경쟁보다도 입법활동을 통해서 사회구성원들의 요구를 실현하는 정책구현의 결과물을 보고서 판단할 것인지에 따라서 정당민주주의를 통한 민주주의의 평가방식에는 차이점이 발생하게 된다.[134]

민주주의 정치체계에서 유권자들과 야망 있는 정치인이라는 두 주요 행위자들에겐 정치교환의 관계가 성립된다. 정치인의 관점에서 볼 때 유권자는 현실적으로 전체 유권자는 아니다. 정당의 매개물로부터 이득을 얻고자 한다면, 시민들의 입장에선 완전히 만족스럽지는 않아도 자신의 요구를 구현할 수 있는 현실적인 최대의 가능성(best possible)이 있는 정당(또는 후보자)를 통해서 이를 추구한다.[135] 야망있는 정치인의 입장에서는 지위와 명예를 가져다주는 공직자의 위치에 가기 위해서 유권자들로부터 득표를 추구한다. 이때, 정치인들은 다양한 동기를 갖고 있으며, 거의 대부분 정당에 가입함으로서 정당의 징표(徵表)를 통해서, 효율적인 득표활동을 한다. 라스웰(H. Lasswell)의 "정치인이란 자신의 사익을 공익으로 전환하고 합리화하는 사람"이라는 주장처럼 일종의 병리적(病理的)인 시각으로 정치인들을 바라보는 경우엔, 더욱이 정당이란 국가공식기구의 테두리는 공직을 차지하기 위한 후보자의 입지와 활동에 보호막을 제공한다.

정치인들의 정치활동과정에서의 동기는 다양하다. 공직에 당선되는 것, 재선에 성공하는 것, 어떤 수단들을 통해서(주로 정책활동이겠지만) 유권자들의 환심을 사는 것 등이다. 특히 정당이 정치인들이 소속된 일종의 표징기구가 되었을 때, 정치인들이 구체적 공약들을 지켰는지 아닌지, 그리

133 선거민주주의에선 정당의 승리와 패배가 번갈아 발생한다. 쉐보르스키는 민주주의는 정당이 선거에서 패배하는 제도라고도 하였다. Przeworski, A. (1991). *Democracy and the Market: Political and Economic Reforms in Eastern Europe and Latin America.* Cambridge University Press, p. 10. 정당경쟁이 현실적으로 작동하고 있다는 것은 경쟁하는 어느 주체도 특정 지위에 대한 뚜렷한 이점을 부여받지 못하고, 가까운 미래에 누가 경쟁에서 승리할 지 확신할 수 없을 때 체감할 수 있다. 정당경쟁이 민주주의 작동에 도움이 된다는 것은 공직자들이 자신들이 선거에 패배하여 직위를 뺏길 수 있다는 심각한 우려를 가지지 않으면, 그들은 사회구성원들의 요구에 적극적으로 응하지 않을 것이다. Aldrich, J. H., & Griffin, J. D. (2010). Parties, Elections and Democratic Politics. In J. E. Leighley (Eds.), *The Oxford Handbook of American Elections and Political Behavior* (pp. 595–610). Oxford University Press.

134 Cox, G. W. (1997). *Making Votes Count: Strategic Coordination in the World's Electoral Systems.* Cambridge University Press. 전자는 '개별 정당'(individual party)의 기능에 초점을 맞추어서, 당내민주주의, 당내조직, 당내파벌 등에 관심이 있고, 이런 경우 "정당정치의 균형점"(equilibrium point of party politics)은 당내 파벌간의 합의지점, 자신의 개별 정당의 선거승리 등을 통해서 도달하게 되는 것을 의미할 수 있다. 후자는 상대적으로 '정당체계'(party system)의 기능이나 '정치시장구조'에 더 관심이 있다. 이런 경우에 "정당정치의 균형점"이란 개별정당간 경쟁의 균형점이며, 시스템은 두 개 이상의 모든 당사자 정당들이 경쟁하기로 선택했을 때, 그리고 정당들이 공간적 위치(즉, 정책적 위치)를 선택했을 때 사회구성원들이 그들의 공간적 위치를 인식하고, 그런 공간적 위치에서 각 후보가 승리할 확률에 대해 동의할 때 평형 상태에 도달할 것이다. 민주사회에서 '정당체계'(party system)란 것은 양당체계, 다당체계 등과 같이 2개 이상의 개별정당들로 이루어져 그들간의 상호작용과정을 포괄하는 용어이다. 역으로, '무당체계'라든지 '일당체계'라는 것도 정의될 수 있다. 키(V.O.Key)는 미국내의 타지역과는 구분되는 '남부정치'(Southern Politics)를 대상으로 짐 크로우(Jim Crow)시대의 미국 남부정치는 '무당체계(no-party system)의 시대'로 보며, 미국연방체계가 확립되기 이전의 주정부 우선의 시대를 '일당체계'(one-party system)의 시대로 본다. Key, V. O., Jr. (1949). *Southern Politics in State and Nation.* Knopf.

135 정당이란 기관의 구축이 과연 상향식으로 구축되는지 시민들의 요구를 수렴하여 정책으로 반영하는 구축형태인지, 아니면 "하향식"으로 구축되는 것인지의 논쟁도 있다. Aistrup, J. A. (1996). *The Southern Strategy Revisited: Republican Top-Down Advancement in the South.* University of Kentucky Press. 아마도, 양쪽 모두 일 것이다. 정당은 수요충족의 역할만 하는 것은 아니고, 적극적 의미에서 기관자율성을 지닌 존재로서 시민들에 대한 교조적기능과 이념공급의 역할도 동시에 수행하는 것이 정치현실이다. 한국정치과정에서 지역주의를 해소하려고 노력하는 모습을 보이는 것도 정당이지만, 그러한 정당은 여러가지 명분

고 성공적인 정책입법을 달성했는지 등은 유권자들에게 중요하지 않을 수도 있다.[136] 정당과 유권자들 사이에 왜, 어떻게 정치교환이 발생할 수 있는지를 이해할 수 있는 몇 가지 주요한 논의점들이 존재한다.

첫째, 정당의 표징이라는 것은 상호 '차별적'인 것이기 때문에 유권자들에게 정치적 의미를 갖는다. 즉, 투표행위라는 것은 선택행위이며 정당이라는 표징이 그러한 선택에 있어 차별성을 갖고 판단의 기준이 된다는 의미이다.[137] 정부 내 정당들은 경쟁 정당의 의제와 구별되는 정책 의제를 진전시키기 위해 일하며, 이는 각 당의 라벨의 명확성을 향상시키는데 도움이 된다.[138] 정당 라벨은 아이디어, 가치 또는 정책을 의미할 수 있으며, 따라서 유권자는 자신과 동일한 아이디어, 가치 또는 정책을 지지하는 정치인을 지지할 수 있다.[139] 유권자는 자신이 원하는 것을 지지하는 사람들이 선출되고 그러한 생각, 가치, 정책을 실천에 옮기기를 희망하며 미래에 대한 기대를 선택하는 것이다. 정당이란 꼬리표는 유권자들이 그런 것들을 "회고적으로 판단"(retrospect evaluation)하기 위한 '요약적 심리성향'을 도와주는 가장 효율적인 도구이다.[140] 정당에 연관된 모든 사람들의 업적으로 누적된 평판은 미래에 예견되는 정당이나 유권자의 행태를 "전망적으로 판단"(prospective evaluation)하는 데에도 가장 효율적인 판단 수단이 된다.[141] 유권자입장에서 투표의 표심을 결정하는데, 후보들의 정당가입이나 소속된 정당의 이름으로부터 가장 많은 판단의 근거를 얻는다.[142]

둘째, 정치인들이 득표를 위해서 정책을 선택할 동기는 충분하며, 대중들이 원하는 정책을 수행하기 위해서 표를 얻는 것이 아닌 경우가 많다는 것이다.[143] 소위 정책의 속성을 이해하는 것과는 거리가 먼, 소위 '포퓰리즘'의 횡행하에서 정당-후보자-유권자 사이에 정책의 건전한 선순환 구조가 형성되기 어렵다. 정치인(즉, 후보자)은 정당과 유권자 사이에서 매개자의 역할을 하는 형국에 있다. 정당조직은 당의 주류와 일치하는 정책 방향에 대한 개인을 내세워 지역주의를 확대재생산하고 공급하는 역할도 한다.

136 Downs, A. (1957). An Economic Theory of Democracy. Harper and Row; Mann, T., & Wolfinger, R. (1980). Candidates and Parties in Congressional Elections. *American Political Science Review,* 74, 617-32. 시대가 변해도 정치적 야망은 정치동력의 핵심이다. 특히 다운즈(Downs 1957)는 정치인들의 야망이 일단 공직을 획득하는 선거승리로 한정되고, 당선이후에 자신이 속한 정당의 정책이나 유권자들과의 정책적 연계에 그다지 관심이 없는 정치인들은 "순수공직추구정치인"(pure office-seeking politicians)이라고 하여, 당선 후 정책적 의무를 다하는 일반 정치인들과 구분한다. 순수공직추구정치인은 정당이라는 꼬리표가 자신의 당선에 유리할 때만 사용하게 되며, 어떤 상황에서 무소속이 더 자신의 득표활동에 유리하다면 그렇게 한다. 그런데, 정당과의 정책연계를 무시하고, 당선만을 위해서 개인독립적 전략을 구사할 수 있는 정치인은 현실적으로 존재하기 어렵다. 역설적으로 대단한 개인적 팬덤(fandom)을 가진 자가 해당 정당의 승리를 위해서 희생할(?) 경우[즉, 해당 정당에서 선거승리가 절실하여 노력 끝에 영입한 경우]에나 가능할 것이다. 순전히 공직만을 추구하는 후보가 원래 정당 라벨의 도움으로 부분적으로 선거에서 승리할 수도 있지만, 일단 공직에 앉으면 그가 누구인지, 그가 무엇을 지지하는지에 대한 충분한 지식을 선거인단 내에서 발전시킬 수 있고, 그가 "당 위에 올라설" 수 있고, 재선을 위해 그의 개인적 자질을 이용하여 선거 운동을 할 수 있다. 후보자에 대한 유권자 지식에 대해 알고 있는 것을 고려할 때, 그리고 유권자들도 후보자에 대해서 문외한이 아닌 경우, 현실적으로 이 전략은 최고위 공직자들 내지는 소수의 사회 유명인들만 이용할 수 있을 것이다. 전략은 정치에 입문한 지 얼마 안 된 사람들, 눈에 잘 띄지 않는 공직자들, 그리고 정치계에서 혹은 초기 경력에서 자신을 두드러지게 할 수 없는 사람들에게는 현실적으로 적용할 수 없을 것이다. 따라서 유권자에게 의미 있는 정당 꼬리표를 채택하는 정당과의 제휴의 가치는 정치에 새로 입문한 (보통) 젊고, 노력적이며, 야심찬 신참자, 그리고 가장 잘 알려지지 않은 직책을 가진 사람들에게 가장 중요하다.

137 조기숙. (2013). '정당지지'에 기초한 선거예측 종합모형: 19대 총선의 구조를 중심으로. *한국정치학회보,* 47(4), 71–92; 정회옥. (2018). 19대 대선에서의 공약과 유권자 행태. *21세기정치학회보,* 8(1), 45–66.

138 Cox, G. W., & McCubbins, M. D. (1993). *Legislative Leviathan: Party Government in the House.* University of California Press.

139 Abramowitz, A. I. (1988). Explaining Senate Election Outcomes. *American Political Science Review,* 82(2), 385-403. 정당 라벨의 의미 또는 명확성은 유권자가 정당과 제휴한 후보와 관련 활동가의 응집력의 산물이다. 만약 유권자가 자신의 지역구에 출마한 민주당 후보가 지지하는 정책이 이웃 지역이나 주 또는 지역의 다른 민주당 후보가 지지하는 정책과 일치하지 않는다는 것을 알게 되면, 유권자의 정당 라벨의 의미에 대한 확신은 감소한

적 선호를 가지고 있거나, 지지자들에 의해 의미 있는 브랜드 또는 정당 표상에 협조하고 기여할 수 있는 공직 후보자들을 모집하고 선거에 공천함으로써 정당표상을 구축한다.[144] 정당-후보자 사이에 건전한 정책선순환 구조가 형성된다는 것은, 후보자도 단순히 당선의 목적을 넘어서서 자신이 소속된 정당의 정책의 속성을 제대로 이해하고, 또 정당의 정책을 후보자가 성실히 수행할 자세가 되어 있어야 한다는 것이다. 후보자-유권자의 관계에서도 유권자들(주로 지지층)의 정책에 대한 여론의 변화추이를 보면서 정책보완과 수정을 하게 된다. 정당의 정책은 고정되어 있는 것이 아니다. 사회환경의 변화, 여론의 변화에 따라서 시시각각으로 변화한다. 정당의 정책수정 과정에서도 시민들의 요구와 정당의 정체성 등에 대한 종합적인 사고로서 정당의 정책을 지속적 관심으로 돌본다는 의미이다.

위의 내용들을 정리하면 두 가지이다. 첫째는, 정당들간의 주기적이고 자유로운 선거경쟁은 권력의 집중과 남용을 막아서 민주주의의 원리인 권력견제와 권력균형의 원리를 실현한다. 시민들의 요구가 충실히 반영되지 않아 정책적 실패로 이어질 경우엔, 언제든지 선거에서 패배할 수 있다는 긴장감을 공직자들에게 제공하게 된다. 둘째, 정당민주주의 하에서 정당이라는 꼬리표가 갖는 표상체계는 선거과정에서 유권자들에게 정책을 선택할 때 참고할 수 있는 최고의 긴요한 수단이며, 이를 통해서 정치인들에게 책임을 지우는데 역할을 하게 된다. 정치교환의 논리라는 것은 사회구성원들과 정치인 모두가 '자기강제적 균형'에서 명확한 정당 라벨을 구축하고 고수하는 정당체계 속에서 분명한 이득을 얻을 수 있다는 것이다. 여기서 '자기강제적 균형'이란 외부로부터의 요인들에서 영향을 받아서 형성된 균형감각이라기 보다는, 자신들이 주위의 모든 것들을 종합적으로 판단하여 자발적으로 자신에게 부과하면서 형성된 균형감각이다. 결론적으로, 유권자 개인의 판단과 행태가 '자기강제적 균형'의 결과물이란 의미는 개인 '선호'(選好, preference)의 '최종 판단자'는 자기 자신이라는 의미이다.

다. 선거는 한번의 게임(one-shot game)이 아니고, 반복되는 게임(repeated game)이어서, 유권자들은 정당의 누적된 평판의 꼬리표를 기억한다.

140 Fiorina, M. P. (1981). *Retrospective Voting in American National Elections.* Yale University Press.

141 Kramer, G. H. (1971). Short-Term Fluctuations in U.S. Voting Behavior, 1896-1964. *American Political Science Review.* 65(1), 131-143.

142 Aldrich, J. H., & Griffin, J. D. (2010). Parties, Elections and Democratic Politics. In J. E. Leighley (Eds.), *The Oxford Handbook of American Elections and Political Behavior* (pp. 595–610). Oxford Unversity Press.

143 Canes-Wrone, B., Herron, M. C., & Shotts, K. W. (2001). Leadership and Pandering: A Theory of Executive Policymaking. *American Journal of Political Science.* 45(3), 532-550. 과거 라이커가 '영합주의자들'(panders)이라고 부른 정치인들이다. 요즘은 포퓰리즘(populism: 인기영합주의)을 말한다. Riker, W. H. (1982). *Liberalism against Populism: A Confrontation between the Theory of Democracy and the Theory of Social Choice.* W. H. Freeman & Co; Riker, W. H. (1986). *The Art of Political Manipulation.* Yale University Press.

144 Gibson, J. L., Cotter, C. P., Bibby, J. F., & Huckshorn, R. J. (1983). Assessing Party Organizational Strength. *American Journal of Political Science,* 27(2), 193-222. 그렇게 모집하더라도, 정당 내 노선투쟁이나 당내파벌은 당내민주주의 시각에서 자연스러운 것이다. 하지만, 파벌과 정당의 차이는, 표상체계를 구축하는 과정에서, 파벌들에 대한 유권자들의 지지는 일시적이며 정당은 더 장기적 차원에서 연속성을 지닌다는 점에서 차이가 있다.

선거정치

제 2 장

선거시장구조와 주체들의 행태

제 2 장

선거시장구조와 주체들의 행태

'선거과정'(electoral process)에 나타난 선거 행위 주체들은 '정당'(政黨: political parties), 후보자(候補者: candidates), 유권자(有權者: voters)로 대별된다. '선거결과'(electoral outcomes)는 정당 및 후보자와 유권자들이 상호작용한 결과물이다. 정당의 입장에선 선거 경쟁력을 지닌 후보자를 공천하고, 후보자의 입장에선 자신이 정당공천을 획득하여 선거에 나서게 되면, 내가 누구인지, 왜 선거에 출마했는지, 어떤 정책을 갖고 있는지 유권자들에게 효과적으로 알리려 한다. 유권자들은 여러 가지 상황들을 종합적으로 판단하여 자신에게 부과한 '자기강제적 균형감각'에 의해 '선호'(選好: preference)하는 후보자에게 '투표'(投票; voting)를 한다.

'선거정치'는 정당과 후보자는 전략과 정책이 있다면, 유권자는 이에 대한 선호와 선택이 있기에 성립하는 것이다. 전략 및 정책을 제시하는 정당 및 후보자와 이를 선택하는 유권자의 선호와 선택 사이에 '정치적 교환'(political exchange)의 관계가 성립된다. 후보자의 전략과 유권자의 선택은 별개로 존재하는 것이 아니며, 이 두 개의 존재는 '교환'(exchange)의 관계에 있다. 앞서, '선거시장'에서는 정당의 공약과 유권자의 기표 사이에 교환관계가 발생하고, 보다 포괄적으로 '정치시장'에서는 유권자의 선호나 요구와 공무담임자의 책임성있는 응답사이에 교환관계가 발생함을 지적한 바 있다.

'교환'이란 현상은 관련된 상호 주체간에, 심지어 상호간에 갈등이 있는 경우조차도, 상호간에 이득(또는 잠재적 이득)이 가능할 때 발생한다. 정당과 후보자는 사회구성원들의 대표자로 정치적 권력을 갖게 되며, 유권자들은 자신이 원하는 정책들을 시행해 주기를 바란다. 특히 유권자들은 자신이 원하는 후보자가 없는 경우에도 선거가 자신과 무관한 것이 아닌 이상 '덜 나쁜'(less evil) 후보자를 선택한다. 따라서 선거시장에서 후보자와 유권자 사이에 발생하는 교환이라는 행위는 다음과 같은 특성들을 갖는다.

첫째, 유권자 입장에서 '잠재적 이득'의 개념이 중요할 수 있다. '잠재적 이득'이란 현재 상황에서 분명한 이익을 주지 않더라도 미래에 발생할 수 있는 손해를 극복하기 위해서 기대되는 이득일 것이다.[1] 대표적인 것이 미래에 발생할 후회를 최소화하는 행태이다.[2] 일반적으로 잠재적 이득이란 유권자

1 '잠재적 이득'은 '도구적 이익'(instrumental benefit)으로 판명될 수도 있을 것이다. 하지만, 행위자가 '잠재적 이득'에 대해서 판단을 하고 행동에 옮기는 시점에선 '비도구적 이익'(non-instrumental benefit)으로 분류하는데 무리가 없을 것이다. 도구적 이익이 물질적 이익이라면, 비도구적 이익은 심리적 이익이다. 당장 이득이 되지 않아도, '미래에 발생할 후회를 최소화'(mini-max regret)하는 행태는 비도구적 이익으로, '표현적 이익'(expressive benefit)이라고도 한다. Stokes, D. E. (1963). Spatial models of party competition. *American Political Science Review,* 57(2), 368–377; Ferejohn, J. A., & Fiorina, M. P. (1974). The paradox of not voting: A decision theoretic analysis. *American Political Science Review*, 68(2), 525–536.

2 일반적으로, 이런 류(流)의 행태는 최대한의 손실을 최소한으로 줄이는 "최대후회의 최소화"(mini-max regret)로 표현된다. Ferejohn, J. A., & Fiorina, M. P. (1974). The paradox of

투표행태에서 미래와 연관된 것이다. 과거에 일어났던 일에 대해서 평가하는 '회고적 투표행태'(retrospective voting behavior)와는 달리, '전망적 투표행태'(prospective voting behavior)는 미래의 일에 대해서 기대하는 심리와 연관된다.[3]

둘째, 선거정치에서 정치적 교환의 가장 큰 특색은 '권력관계'가 선거를 전후하여 뒤바뀔 개연성이 크다는 것이다. 선거이전, 직전 시점까지에서 권력관계는 유권자〉후보자 임은 자명하다. 하지만, 선거이후 당선자가 결정되면 권력관계는 당선자〉유권자로 바뀌게 된다. 헌법체계에서 '정책결정권'을 공직담임자가 지니게 되기 때문이다. 정책결정자의 행태가 사회구성원들의 요구와 전적으로 일치할 수 없다. 이것은 단순히 사회구성원들의 요구가 하나로 일치될 수 없는 다원성에 근거하기도 하지만, 또 다른 분명한 이유는 이제 당선자로서 공직 임무를 담임하는 정치인은 자신의 고유성향 및 행태를 포기하지 못함은 물론이거니와 자신을 공천해준 정당 및 다른 당선자들과 함께 집단을 이루어서 사회구성원들(심지어는 자신들의 지지층)의 요구와는 다른 정책결정을 할 수도 있기 때문이다.[4]

셋째, '정당경쟁'(party competition)의 성격과 내용이 중요할 것이다. 경제시장을 보면, 완전경쟁시장과 불완전경쟁시장의 성향이 다르듯이, 정치시장에서도 시장의 구조가 중요할 것이다. 정치시장에서는 정당간 경쟁(政黨間, inter-party competition)이 존재한다. 두 개의 정당이 경쟁하는 선거시장과 여러 개의 정당이 경쟁하는 선거시장에서 정당과 유권자의 교환관계는 상이할 수밖에 없다. 다양한 선택지를 갖는 유권자와 두 개의 선택지를 갖는 유권자의 행태는 동일할 수 없다. 정당내(政黨內, intra-party competition) 경선에서 경선 후보들은 적극적 지지층인 당원들의 이념적 선호 및 정책적 선호와 정치적 교환관계에 있다.[5] 이렇게 정당간의, 후보자간의 경쟁으로만 한정하지 않고, 개별 정당 내부에서 중앙당과 후보자 간의 경쟁, 유권자들과 후보자

not voting: A decision theoretic analysis. *American political science review,* 68(2), 525–536. 최대후회의 최소화라는 것은 결국 미래에 발생할 후회(투표를 하지 않아서 발생하는 후회)를 최소화하기 위해서 투표를 하는데 발생하는 비용을 감수하는 행태이다. 이런 점에서, 최대후회의 최소화 행태라는 것은 결국 '잠재적 이득'과 연관된 행태이다. 투표에 높은 비용이 예상되어도 투표를 하지 않는 경우 나에게 가장 부정적 의미를 갖고 있는 후보자가 당선되는 것을 방지하기 위해서 투표에 참여했다면 이는 포괄적 의미에서 잠재적 이득을 위한 투표행위에 해당되며, 동시에 전략적 투표(strategic voting) 행태가 된다. 전략적 투표는 '순수투표'(sincere voting)에 대비되는 개념인데, 순수투표란 선거에서 당선가능성에 상관없이 자신이 가장 선호하는 후보에 투표하는 것을 말한다. 전략적 투표란 자신이 가장 선호하는 후보의 당선가능성이 낮을 때, 그리고, 자신이 가장 싫어하는 후보의 당선가능성이 높을 때, 자신이 가장 싫어하는 후보의 당선을 막기 위해서 차선의 후보자에게 투표하는 것을 말한다. 그래서 전략투표의 이런 성향 때문에 복잡투표(sophisticated voting)라고도 한다. Mueller, D. (1987). *Public Choice II.* Cambridge University Press. p.92.

3 '잠재적 이득'을 '전망적 투표행태'와 완전히 동일시 할 수는 없다. 왜냐하면, '잠재적 이득'이란 보다 더 복합적인 개념이기 때문이다. '잠재적 이득'이란 것은 단순히 시차적으로 미래에 관계된 것뿐만이 아니라, 소위 '위험회피적 행태'(risk-aversive behavior) 라든지, '위험추구형 행태'(risk-taking behavior)등의 심리를 포괄한 결과물로서 개인들이 판단하고 기대하는 이득일 것이다. 상대적 친화력의 관점에서 보자면, 위험감수형은 과거 회고적인 행태와 더 상관성이 있으며, 위험추구적인 성향과 행태는 미래에 대한 희망적 전망적 행태와 더 친화력이 있다. 정치행태와 위험추구적 성향과 위험회피적 성향에 대한 고전적 연구는 Quattrone, G. A., & Tversky, A. (1988). Contrasting Rational and Psychological Analyses of Political Choice. *The American Political Science Review,* 82(3), 719–736.

4 Gilens, M. (2009). Preference Gaps and Inequality in Representation. *PS: Political Science and Politics,* 42(2), 335-341; Carsey, T. M., & Geoffrey C. L. (2006). Changing Sides or Changing Minds? Party Identification and Policy Preferences in the *American Electorate. American Journal of Political Science,* 50, 464-477; Klingemann, Hans-Dieter, Volkens, A., Bara, J., Budge, I., & McDonald, M. (2006). *Mapping Policy Preferences II: Estimates for Parties, Electors, and Governments in Eastern Europe, European Union and OECD 1990–2003.* Oxford University Press; Gerber, E. R., & Lewis, J. B. (2004). Beyond the Median: Voter Preferences, District Heterogeneity, and Political Representation. *Journal of Political Economy,* 112, 1364-83; Page, B. I., & Jones, C. C. (1979). Reciprocal Effects of Policy Preferences, Party Loyalties and the Vote. *American Political Science Review,* 73, 1071-89.

5 과거시대에는 선거게임이 후보자들간의 게임(즉, 엘리트들끼리의 자리매김)이었는데, 상대적으로 SNS시대에는 선거게임이 유권자와 후보자의 게임으로 진화한다. 그만큼 뉴미디어시대에

간의 경쟁으로 보려는 이유는 유권자들의 분포가 다양하기 때문에 발생하는 필연적인 현상이다. 당내 지지층도 적극적 지지층과 소극적 지지층으로 나뉘며, 중도층도 있다. 당내경선에서는 경선 후보자들 사이에선 기존 지지층을 잡으려는 선명한 정체성의 게임을 우선하게 되지만, 당내경선이 끝나고 정당 상호간에 후보자가 격돌하면 그때는 외부 세력들(대개 중도층)의 지지를 확보하려는 경쟁을 하게 된다.

정치과정이란 권력투쟁이 현시화(顯示化)되는 과정이며, 권력투쟁의 극단적인 모습은 선거정치로 표출된다. 정치권력 획득이라는 정치 본연의 모습은 그렇게 안온하거나 단순한 것이 아니다. 정치현실을 이해함에 있어서, 특히 선거정치라는 정치현실을 이해함에 있어서, 역사, 제도 등의 논의만으로, 그리고 규범적 논의만으로 한정하는 경우, 그 현실을 온전히 이해할 수 없다. 이것이 바로, 역사, 제도, 규범 등과는 별도로 인간의 행태(行態, behavior)를 연구하는 이유이다. 사회구성원들이 어떤 의식과 제도를 갖느냐와 달리, 궁극적으로 그들이 어떤 행위와 행태를 보이느냐에 대한 논의가 함께 필요한 것이다. 사회현상은 인간의 인식의 결과물이란 보장이 없다.

사회현상은 인간의 인식과 별도로 인간의 행태를 통해서 더 직접적으로 이해될 수 있다. 우리는 종종 인식과 행태가 분리되는 인간들을 많이 목도(目睹)한다. 고상한 인식으로 무장하였지만, 막상 행태는 인간의 원초적 본능을 그대로 드러내는 것이다. 이런 점들은 새로운 것이 아니다. 스미스(A. Smith)는 그래서 '자본론' 이전에 '도덕적 감성에 관한 이론'에서 인간들의 본능에 따른 자기이익 추구의 게걸스러움(avarice)에 대해서 경계한 바가 있다.[6] 스미스는 자기이익추구가 도를 넘는 게걸스러움을 극복하고 함께하는 집단사회에 대한 애정을 잃지 않을 때 시장질서와 인간복지가 제대로 작동할 수 있음을 지적하였다. 자기이익추구와 자신이 소속된 사회에 대한 애정이라는 두 개의 축이 함께 가야만 하는 것이다. 마찬가지로 인간들의 인식, 관념, 제도에 대한 논쟁의 중요성과 함께, 그래서 그런 인식과 관념을 지닌 인간들이 투표할 때는 어떻게 행위하고 어떤 행태를 보였는지 살펴볼 필요가 있다. 선거정치에 있어서 행태를 연구하는 이유는 그래서 분명하다.

선거정치에서 어떤 후보자가 공천되느냐는 해당 정당내부 공천권을 지닌 모든 구성원들의 행태의 결과물이다.[7] 정치적 현상은 주체들의 행태를 통해서 해석될 수 있다. 고귀한 인식과 고양된 도덕성을 지니는 것과 최종 행태와 행동은 별개의 문제이다. 현실세계에서 고귀한 인식이나 도덕성을 지녔다고 해서 행태도 그럴 것이라고 보는 믿음이 오히려 현실을 호도(糊塗)한다. 그럴것 같지 않았던 사람도 종종 예측치 못한 엉뚱한 행태를 통해서 많은 사람들에게 "그 사람이 과연 그랬을까?" "그 사람이 그런 행동(행태)를 하다니? 세상은 모를 일이야..." 라는 의구심을 발생시키곤 한다. 이런 상황들이 벌어지는 것이 현실인 것이다. 홉스(T. Hobbes)의 주장처럼, 인간은 본능(자기이익추구와 죽음에 대한 반감)에서 자유롭지 않고, 그 연장선상에서 행동하게 될 개연성이 있다.[8] 선거정치는 선거 주체들의 행태를 직접적으로 분석하고 연구해야만 한다. 선거과정에서 결과물로서의 정당의 공천행태, 후보자의 선거행태, 유권자의 투표행태 등을 통해서 현상을 해석할 필요가 있

는 유권자들이(특히, 선거결과 나오는 권력과 이익창출에 민감한 소수 집단들이) 선거에 깊게 관여하고 있다.

6 Smith, A. (2010[1759]). *The Theory of Moral Sentiments.* Penguin Classics; Colleti, L. (1972). *From Bousseau to Lenin: Studies in Ideology and Society.* Trans. J. Merrington & J. White. Monthly Review Press.

7 신진. (2008). 한국의 지방선거와 정당공천에 관한 연구: 정당공천의 문제점과 개선방안. *대한정치학회보,* 16(2), 255–275; 황아란. (2010). 지방선거와 정당공천: 비교론적 시각에서 -기초의원 선거의 정당공천과 정보제공 효과-. *지방행정연구,* 24(1), 37–75.

8 Hobbes, T. (1985[1651]). *Leviathan* (C. B. MacPherson, Ed.). Penguin.

다. 후보자의 선거행태나 유권자의 투표행태를 살펴보기 전에, 우선하여 그러한 행태가 이뤄지는 선거의 경쟁환경을 보기로 한다.

선거가 유권자들의 선택에 근거하는 것처럼 보이지만, 실상을 보자면, 선거에서 선택의 구조는 개인을 위한 선택이라는 확신을 갖기에는 부족하며, 주어진 조건 속에서 주변의 타인과의 관련 속에서 이루어지는 선택일는지도 모르고, 그나마도 공적 논쟁이 부족한 상태에서의 선택일 수 있다. 좀 더 개인의 입장을 극화하여 표현하자면, 선거가 일종의 집단행동으로서 선거시기이니까 관심을 갖는 것 정도이고, 선거일이 다가와서 투표하는 것일 수도 있다. 선거정치에서의 큰 문제는 상당한 규모의 '불참 가능성'과 '무관심'의 문제이다.

많은 사람들은 정치의 이론과 현실 사이에 큰 괴리감을 느낄 때가 많다. 특히 선거과정에서 모든 사건, 사고들이 실시간으로 중계되는 모바일 SNS시대에는 더욱 그러하다. 교과서적인 민주주의 이론과 선거정치 현실의 괴리감을 느끼게 되는 정도는 사람마다 다를 것이다. 학자는 데이터에 의해서 도출된 통계결과물을 금과옥조로 삼아야하지만, 데이터가 조사되는 과정에서의 신뢰성 등은 또 다른 문제이다.[9] 심화된 미시적 접근은 "나무만을 보고 숲을 보지 못하는 우를 범할 수 있다". 기존의 지나친 변수중심의 통계적 선거연구물들에 대한 자성의 목소리가 나오면서, '선거민주주의' 자체에 대한 철학적, 관념적 논쟁으로 확산되면, '참여민주주의'(participatory democracy), '숙의(熟議)민주주의'(deliberative democracy)가 함께 강조되기도 한다.[10]

선거정치라는 것이 투표행태연구라는 본연의 모습에서 멀어지기 어렵기 때문에, 변수중심의 통계적 연구물들을 골간으로 할 수밖에 없는 측면이 있다. 문제는 그러한 다양한 미시적 수준의 경험적 연구물들을 일괄하여 '정치적 함의(含意)'(political implication)를 찾아서 민주시민 교육으로 연결시킬 수 있느냐의 여부라고 본다. 연구를 위한 연구는 사회적 가치가 그다지 높지 않을 수 있다. 인류가 선거민주주의라는 형태를 거부할 수 없는 한 (적어도 선거민주주의라는 체제를 다른 민주주의의 형태로 대체하지 않고 유지하는 한) 선거민주주의의 현 주소를 제대로 진단하고 그 질을 고양시킬 수 있는 지혜를 얻는 것이 중요할 것이다. 학문의 세계와 현실의 세계는 어차피 다른 것이라고 영역의 구분을 전제하기도 하지만, 관념적인 이론의 세계와 경험적인 현실정치의 세계를 지나치게 이분화된 관점으로 보는 것은 바람직하지 않을 것이다. 현실에서 부족하고 오류가 있다면 관념적 이론의 관점에서 개

9 인식조사에서 '빅데이터'(big data) 활용법이란 또 다른 의미에서 이러한 데이터연구의 한계를 극복하기 위한 방법이다. SNS시대의 빅데이터는 의도적인 조사기법을 통해서 인식을 조사하는 기존의 방식과 구분되어, 사회구성체내에 자연스럽게 존재하는 데이터가 활용된다. 정형화된 데이터 뿐만이 아니라 대화, 오디오, 비디오 등의 비정형의 데이터도 모두 포함하게 된다. Monroe, B. L. (2012). The Five Vs of Big Data Political Science: Introduction to the Virtual Issue on Big Data in Political Science. ***Political Analysis,*** 21(5), 1-9; Ward, J. S., & Barker, A. (2013). Undefined by data: a survey of big data definitions. ***arXiv preprint arXiv: 1309.5821***; Nickerson, D. W., & Rogers, T. (2014). Political Campaigns and Big Data. ***Journal of Economic Perspectives.*** 28(2), 51-74.

10 Saward, M. (2003). Enacting Democracy. Political Studies, 51(1), 161–179. 대의민주주의(선거민주주의를 통한 의회민주주의)에 대조되어 참여민주주의적 성향의 강조에 대한 논의는 Pateman, C. (1970). ***Participation and Democratic Theory.*** Cambridge University Press; Budge, I. (1993). Direct Democracy: Setting Appropriate Terms of Debate. In D. Held (Eds.), ***Prospects for Democracy*** (pp. 136–155). Polity Press. '숙의민주주의'의 현실 정치과정에서의 적용에 관한 논의는 다음을 참조할 수 있다. Fishkin, J. S. (1991). ***Democracy and Deliberation: New Directions for Democratic Reform.*** Yale University Press; Elster, J. (1997). The market and the forum: three varieties of political theory. In J. Bohmann, & W. Rehg (Eds.), ***Deliberative Democracy*** (pp. 3–33). MIT Press; Rosenberg, S. W. (Ed.). (2007). ***Deliberation, participation and democracy.*** Londres: Palgrave Macmillan; Rosenberg, S. W. (2007). Rethinking democratic deliberation: The limits and potential of citizen participation. ***Polity, 39***(3), 335–360; Rosenberg, S. W. (1988). ***Reason, ideology and politics.*** Princeton University Press; Rosenberg, S., Ward, D., & Chilton, S. (1988). ***Political Reasoning and Cognition: A Piagetian view.*** Duke University Press.

선할 수 있는 추동성을 얻을 수 있는 것이고, 현실세계에서 지속하여 존재하는 것들에 대해선 그렇게 될 수밖에 없는 어떤 이유가 있으므로, 지나친 결벽성으로 대할 필요는 없을 것이다. 선거민주주의 운용에 대한 지혜를 얻으려면 유권자만을 선거정치의 행위자로 혼동하는 상황을 벗어나, 정당 및 후보자의 행태에도 주위를 기울여야 한다는 것이다.

선거과정이 정당, 후보자, 유권자라는 행위주체들간의 상호작용이라면, 결국 상호작용은 그 주체들간에 형성되는 일종의 '게임'(game)이다.[11] 그러한 게임적 시각의 선택은 유권자 중심의 모델인 컬럼비아 모델이나 미시간 모델을 넘어서서 정당, 후보자, 유권자 상호간의 관계를 종합하려는 경우엔 불가피하다.[12] 선거주체들(정당-후보자-유권자)간의 '복합적 상호의존성'(complex interdisciplinary)하에서 행위 주체들이 지니는 목적들을 수행하는 과정에서 일부는 목표를 효과적으로 수행하기도 하고, 일부는 손해를 보기도 하는 그들 사이의 역학관계를 인식할 필요가 있다.[13] 진보진영의 후보자가 경선과정에서는 진보진영의 색채를 강하게 하면서 유권자와 정치적 교환행위를 한다. 이런 경우, 지지층을 단결시키지만 중도층을 잃을 수도 있다, 본선과정에서는 후보자가 진보진영의 색채를 상대적으로 옅게 하면서 유권자들과 교환행위를 하게 된다. 이런 경우, 중도층을 얻고 강성지지층을 잃을 수도 있다. 물론, 후보자가 얻는 것과 잃는 것은 중도층의 유권자 분포가 많고 적음에 따라서 달라질 것이다.[14]

관념적으로 정당의 선거전략과 해당 정당에서 공천한 후보자의 선거전략은 일치할 것이 예상된다. 하지만, 선거전략에서 정당이 제시하는 대푯값으로서의 선거전략과 정당내 후보자의 선거전략은 구분될 수 있다. 총선거(總選擧)와 같이 많은 수의 지역구에서 동시에 치루는 선거에 출마한 후보자의 선거전략은 정당이 기존에 주장하던 입장과 반드시 일치한다고 말할 수 없다. 대선(大選)에서 정당 후보자의 전략이나 정체성은 반드시 해당 정당에

11 김재한. (2021). *전략으로 승부하다: 호모 스트라테지쿠스.* 아마존의나비.

12 경험적 검증을 통한 선거연구의 계기를 마련했던 미국에서 선거연구의 방향도 1950년대 이래로 정당, 후보자, 이슈에 대한 유권자들의 유대감을 연구하는 것에서 크게 벗어났다고 보기는 어렵다. 미국에서 1940년대에 컬럼비아학파(Columbia School)가 정당은 유권자들에게 상품을 발표하게 되고, 정당들은 각각의 캠페인을 통해서 경쟁하면, 유권자들은 캠페인의 선전을 통해서 최종 선택을 하게 된다는 시각을 가져오게 된다. 하지만, 컬럼비아 학파의 이러한 초기 시각이 유권자 개인의 선택이라는 행태를 중시하면서, 후기에 이르러는 집단의 행태 속에서 개인의 행태를 소홀히 한다는 비판을 극복하기 위해서 개인행태에 영향을 미치는 집단행태에 주목하면서 보완하게 된다. 예를 들면, 어떤 집단들은 선거 캠페인을 접하면서 그 내용에 익숙하기도 전에 특정 후보를 선택하게 될 수 있는 것이다. 심지어는 어떤 정당이나 후보자가 특정한 이슈나 정책을 주장하기도 전에 그 정당이나 후보자를 지지하거나 반대하고 있는 것이다. 따라서 사회적 집단들의 특성을 통한 투표행태를 연구하게 된다. 예를 들면, 도시거주자, 지방거주자, 공업단지, 농어촌, 교육수준, 소득수준에 따른 집단분류, 종교, 연령 등을 기준으로 각 집단 내에서 나타나는 공통된 투표행태를 연구하게 된다. 이러한 점은 지역균열이나 이념균열의 와중에 있는 현재의 한국정치과정에서도 특정 후보에 대한 지지나 반대가 단순히 개인의 선호가 아닌 균열집단(즉, 영남지역, 호남지역, 충청지역; 또는 진보집단, 보수집단 등)의 행태로 나타나는 것을 보면 알 수 있다. 결론적으로, 집단행태를 파악하는 것이 개인행태를 파악하는 것 만큼이나 중요하다는 시각이 제시되고 있는 것이다. 1950년대에 들어서서 미시간학파(Michigan School)는 선거연구를 세 가지 주요 변수를 통해서 구성한다: 유권자의 정당일체감(party identification), 유권자의 이슈에 대한 정책 정향(policy orientation toward electoral issues), 그리고 유권자의 후보자에 대한 유대감이 그것이다. 이에 반해서 키(V. O. Key)와 같은 학자들은 선거를 하나의 종합된 이벤트로서 의미를 부여했다. 키에 따르면, 특정한 선거를 계기로 선거이전에는 존재하지 않던 사회적 변화의 발생이 인지할 수 있는 수준에서 명확하게 존재하는 경우 그러한 특정 선거를 지칭하여 '중대선거'(重大選擧, critical election)라고 하였다. 앞서 컬럼비아학파나 미시간학파의 선거연구가 선거결과에 영향을 미치는 변수들을 규명하는 방식에 집중한다고 한다면, 키의 선거연구는 보다 사회변동, 사회발전이란 거시적인 차원에서 선거라는 종합적인 이벤트를 중심으로 정치과정과 관련된 의미있는 변수들의 변화들이 가져오는 정치적 함의를 파악하는데 의미를 두고 있다.

13 '복합적 상호의존성'이란 정당, 후보자, 유권자의 관계를 상정할 때, 동일한 수준(즉, 정당들끼리, 후보자들끼리, 유권자들끼리)에서의 상호작용만 있는 것이 아니고, 이에 덧붙여서 정당과 유권자, 정당과 후보자, 유권자와 후보자, 유권자와 정당은 물론이고 정당–후보자–유권자의 모든 상호작용의 경우의 수가 동시다발적으로 존재하는 것을 의미한다. 국제정치학에서 국가(정부), 다국적 기업, 민간 단체, 주요한 인물 등의 복합적 교류현상에서 쓰인 용어이다. Keohane, Robert O., Nye, Joseph. S. (1987). Power and Interdepence Revisited, *International Organization.* 41(Autumn), 725–753; Keohane, Robert O., Nye, Joseph. S. (1977). *Power and Interpedendence: World Politics in Transition.* Little & Brown.

게 관행적으로 기대되는 전략이나 정체성과 일치한다는 보장은 없다.

선거과정에서 발생하는 정당-후보자들-유권자들 사이의 모든 경쟁의 구도를 관념화하자면 우선 '정당내(政黨內, intra-party)의 게임'과 '정당간(政黨間, inter-party)의 게임'으로 구도화할 수 있으며, 다음과 같은 단계를 거치게 된다. 선거과정의 첫 단계는 예비선거 단계이다. 개별 정당내에서 당내 예비후보자들끼리의 경쟁을 통한 후보 공천과정이다. 정당 내부에서 벌어지는 당내 예비 후보자들간의 게임인데, 이것은 정당과 당내 예비 후보자들간에, 그리고 당내 예비후보자들간에 벌어지는 게임이다. 각 정당은 당내의 당헌, 당규에 따른 공천제도 속에서 예비후보자들간의 경쟁을 통해서 본선거에 나갈 후보자를 결정하게 된다. 물론 정당은 각급 선거의 종류에 따라서, 그리고 지역구의 성격에 따라서 특정 인물을 해당 지역구에 특별 공천(전략공천)을 하기도 한다.

두 번째는 본선거 단계이다. 해당 단계에선 정당에서 공천받은 최종 후보자들간의 경쟁이 벌어진다. 그런데, 선거게임이란 것이 단순히 후보자들간의 게임이라고 하기에는 어폐가 있다. 만약 선거게임의 성격을 후보자들간의 게임으로만 규정한다면, 대의민주주의를 구현하는 기제로서 선거과정, 투표과정의 주어(主語)인 '유권자들'은 민주사회의 객체에 불과할 것이다.

일견, 선거게임이라고 하면, 후보자들간의 대결구도를 연상하지만, 자유민주주의 사회에서 대의민주주의를 구현하기 위한 선거게임이란 것의 내용은 다음과 같이 세 가지 차원이 복합적으로 얽힌 것이다. ① 정당간의 대결구도이다. 공직을 담임하기 위해 정당이 공천한 후보자들 간의 권력게임이다. ② 후보자들과 유권자들 사이의 게임이다. 유권자들은 자신이 선호하는 후보자가 자신의 대표자가 되기를 희망한다. 후보자들에 대한 지지층의 요구와 일반 대중의 요구는 다르다. 후보자가 시민들의 요구를 어떤 형식과 내용으로 어떤 범위까지 담아낼 것인지 후보자와 시민 사이에 게임이 형성된다. 정당의 공천과정에서는 당원이나 지지자로부터 자신들의 당파성이나 선호를 반영하고 싶어하며, 후보자들은 어떤 이유에서이건 자신들이 공천받으려고 하는 게임이다. ③ 최종적으로, 후보자가 공천되고 나면, 이제 당파성을 지닌 유권자 진영간의 게임으로 전환된다. 서로 다른 이익을 지닌 유권자 집단들 사이의 게임이 되는 것이다. 유권자 집단들은 서로 자신의 이익을 가장 잘 반영하거나 그래서 자신들이 가장 선호하는 후보자를 통해서 대의민주주의를 구현하기를 원한다.

이상의 세 가지 차원으로 얽힌 선거정치는 정당과 후보자의 선거승리 전략과 유권자의 불만족한 상황속에서의 선택이 조합된 것이다.[15] 게임이란 것

14 중도층의 많고 적음에 대한 분포의 경우 수는 다음과 같이 4가지의 경우의 수로 관념화할 수 있을 것이다.

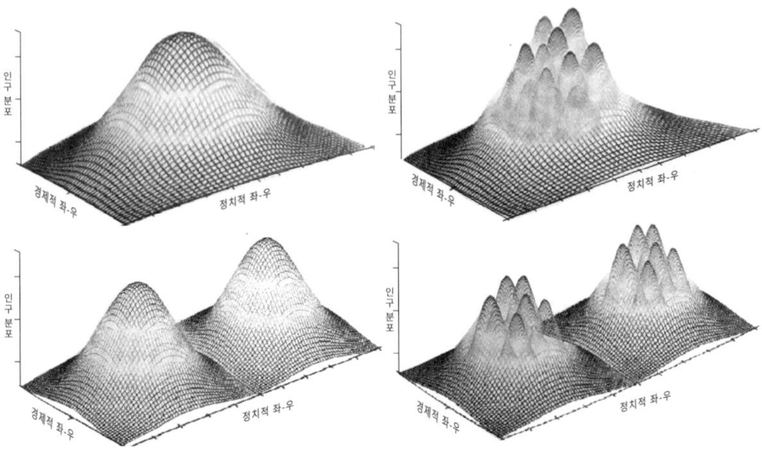

그림: 단핵구조-다핵구조 사회구성원 입체 분포도
출처: 진영재. (2021). *정치학 총론* (제6판). 연세대학교 대학출판문화원. p.311.

15 선거정치 주체들의 상호작용을 중심으로 정치교환에 의한 선거정치의 경쟁구도를 관념화하면 다음과 같은 표로서 9가지 경우의 수를 상상해 볼 수 있을 것이다. 해당 도표를 설명하기 위해서 두 가지 방식이 있을 것이다. 하나는 각 셀(cell)들을 구분하고, 각 셀별로 집중하여 설

은 행위자간에 '교환'(exchange)이 이루어지고 있음을 의미한다. 후보자와 유권자간에 정치교환의 내용을 살펴보고자 한다.

1. 선거와 정치교환

'교환'(exchange)은 '경제학'(經濟學, Economics)의 중심 용어이다.[16] 정치과정에서 특히 선거과정에서 발생하는 '정치교환'의 의미는 정당-후보자-유권자 사이의 교환이란 개념이기에, '시장교환'의 의미와는 차별성을 지닌다.[17] 경제활동은 기본적으로 화폐시스템을 기반으로 개인간의 교환이 기본이 된다. 일반적으로 화폐시스템을 통해서 교류가 이루어지지만, 화폐가 유일한 교류수단은 아니다. 정치시장과 경제시장, 정치행위와 경제행위에는 다음과 같은 차별성이 있다.

첫째, 정치행위의 특성 중의 하나가 '갈등'(conflict)이다. 정치교환의 관계에서 행위자들간에 갈등이 있을지라도 대승적 차원이나 장기적 관점에서 볼 때, 관련자들에게는 상호 이익이 될 수 있다. 정당들이나 후보자들이 이슈와 정책을 만들어서 제공하면, 유권자는 자신이 가장 선호하는 정책을 제공하는 정당이나 후보자에게 표를 던지게 된다. 정치적 교환관계에서 별 볼일 없는 정책을 내세운 후보자가 득표 행위를 하는 것은 유권자 입장에서 볼 때 싼 상품을 비싼 가격에 사는 느낌을 갖게 할 것이다. 이런 경우 정치적 교환의 관계는 갈등의 관계가 된다. 그러나 그들의 갈등과 충돌이 양쪽 모두에 관한 한 그들 각각을 더 나은 위치에 놓이게 하는 결과를 가져올 수도 있다. 교환의 조건이 변경될 수 있기 때문이다. 선거민주주의에서 정당이나 후보자가 부족하거나 오류가 있는 정책을 보다 더 많은 유권자들이 선호하는 정책으로 바꿀 수도 있다. 물론 최악의 경우도 현실에서 발생할 수 있을 것이다. 정당이나 후보자가 무능해서 또는 게을러서 또는 무심해서 그렇게 하지 못하는 경우에도 유권자들이 해당 정당이나 후보자에게 표를 주기도 한다.

명하는 것이다. 아니면, 행(row)과 열(column)을 구성하는 행위자 행태에 집중하여 유권자(유권자의 선택과 행태)와 후보자(정당과 후보자의 선거전략)를 설명하는 것이다. 해당 관념에서 각각의 셀들은 후보자와 유권자 사이의 상호작용(또는 정치적 교환)의 결과물이며, 한 쪽만의 행태로 설명될 수 없다. 해당 서적에서 '정치적 교환'(political exchange)이라는 개념을 사용하려는 근본적인 이유이다. 후보자들이 유권자집단별로 득표전략을 세운다면 각각 A(a, a', a''), B(b, b', b''), C(c, c', c'')로 표기될 것이다. A가 진보, B가 중도, C가 보수라면, 현실적으로는 A(a, a'), B(b, b', b''), C(c', c'')라는 득표전략을 계획할 것이다. 관념적으로는 중도의 후보가 보수와 진보 양쪽으로 확장성이 있어서 상대적으로 많은 집단들을 대상으로 선거전략을 구사할 수 있어서 유리한 듯하지만, 경험적 차원에선, 공약(公約) 이슈의 분산화 문제, 열성적 지지집단(또는 고정지지층)의 부재(不在)로 쉽지 않은 문제이다. 궁극적으로 그 사회에 진보, 중도, 보수의 유권자 지형(즉, 상대적 분포 규모)과 연관되어 판단될 수 있을 것이다.

	정당 X의 후보자 A	정당 Y의 후보자 B	정당 Z의 후보자 C
유권자 집단 X (진보)	a	b	c
유권자 그룹 Y (중도)	a'	b'	c'
유권자 그룹 Z (보수)	a''	b''	c''

16 Ricardo, D. (1817). *On the Principles of Political Economy and Taxation.* London: J. Murray; Alt, J. E., & Chrystal, K. A. (1983). *Political economics.* University of California Press.

17 개인 간의 상품 교환에서, 교환의 모든 당사자들은 그들의 만족도를 높일 수 있다. 시장의 구조가 불평등 요소를 포함할 수 있고, 한 개인의 이익이 다른 개인의 이익보다 상대적으로 더 높을 수 있더라도 이득의 전망은 자발적인 교환을 유발한다. 교환이 이루어지기 위해서는 두 명 이상의 개인이 관련된 보상에 서로 다른 상대적 가치를 부여해야 한다. 경제적 교환은 한 개인에 의한 보상의 상대적 가치는 보상의 상대적 한계 효용과 그들의 금전 또는 자원 비용에 의존한다는 식으로 정의될 수도 있다. 따라서, 모든 보상 보유자가 평형 상태에 있으려면 (교환 유인이 존재하지 않음을 의미할 뿐이다), 각 개인의 보상 보유는 그에 대한 보상비용의 단위당 한계효용(marginal utility)의 비율이 동일해야 한다. 하지만, 경제적 교환은 공통의 화폐 가치를 가진 것만으로 이루어지는 것이 아니라, 개인에 의해 어떤 것에 가해지는 다른 가치로부터 발생한다. 이것은 돈과 같은 방식으로 "수량화"될 수 없는 경우에도 발생할 수 있다. 이것은 관습적인 시장의 형태를 벗어날 수 있고, 그래서, 경제적 교환은 때때로 실현되는 것보다 사회적 변화의 다른 형태와 훨씬 더 유사할 수도 있고, 교환이라는 행위가 사회적 변화를 유발시킬 수도 있다.

선거정치에서 권력(및 일부 다른 요인)의 개념을 도입하여 상호 유리한 교환 가능성을 검증할 수 있다. 유권자가 반드시 정당이나 후보자에 비해서 권력의 위치에 서는 것은 아니다. 유권자는 출마한 후보자들 중에서 선택해야 하기에, “더 나은” 조건이라는 것은 한정적인 의미를 지니며, 출마한 그들 중에서 ‘덜 나쁜’(less evil) 후보자는 사실상 선택을 강요할 수 있는 권력의 우위에 있다는 해석도 가능하다. 우리는 어떤 교환에서든 더 강력한(또는 능력있는) 정당이나 후보자가 유권자에 대해서 “더 나은” 교환 조건을 달성할 것이라는 것을 상정할 수 있을 것이다. 우세한 정당이 강요하는 교환 조건에 따라 권력이 분배될 수 있다는 것을 부인하기 어렵다. 우리는 이 경우를 보통 자발적인 교환의 문제가 아니라 강요의 문제로 간주할 수 있다. 이런 상황을 ‘선거민주주의’에 대한 문제점으로 해석할 수도 있지만, ‘선거민주주의’가 갖는 고유의 특성으로 볼 수도 있다. 선거민주주의라는 것이 결국 정치의 영역이고, 권력관계라고 볼 때, 때로는 선택하는 유권자가 총체적으로는 권력자이지만, 항상 권력자는 아니라는 것을 의미하는 것일 수도 있다.

둘째, 정치시장은 유권자들이 정당들 간에 이루어지는 경쟁 및 능력 향상에 대한 판단을 할 수 있는 곳인데, 경제시장보다도 더 ‘과점적 경쟁’(oligopolistic competition)의 형태를 띠고 있다. 역설적으로, 권력 및 기타 정치적 자원의 불균일한 분배를 설명하기 위해 경쟁적이 아니라 “불완전한” 정치시장이라는 것을 지나치게 불편하게 받아들일 필요가 없을런지도 모른다. 정치시장은 경제시장과는 달리, 그 영역 자체에 무관심한(심지어는 정치행위 자체를 죄악시하는) 사람들도 많고, 인간생활의 필수성에 있어서 아주 절박한 것은 아니다. 인간사회가 본연적으로 해결해야 할 가장 원초적인 문제는 “먹고사는 문제”인데, 이것은 경제의 영역이다. 이런 인간의 원초적인 욕구가 작동하는 경제시장과는 다르다. 정치의 영역은 민생복리와 연관되어 있다고 해도, 정치 영역에 대한 무관심층, 무의미층이 상당 수가 존재하는 것이 현실인 것이다. 사회적으로 해결할 필요가 있는 주요 이슈들 중에서 우선 순위가 매겨지고, 그런 주요 이슈들이 정책으로 전환되고 입법화되는 과정은 '시민 요구의 투입'(input)과 '정부 정책의 산출'(output)이다. 투입과 산출 사이에 교환이 성립된다. 대의민주주의하에서 선거정치란 것이 시민들의 요구(투입)가 조직화되어 정치적 생산(정책)으로 전환되는 과정에 대한 설명을 제시하는 것이다. 시민들은 후보자들에게 자신들이 선호하는 정책을 표출하며 이를 입법화하여 정책으로 반영해 주기를 희망한다. 정치인들은 득표를 위해서 재선을 위해서 정책활동을 수행한다. 후보자들 간의 선거경쟁 과정은 유권자의 요구 투입과 정치인의 정책 산출 사이에 성립되는 교환의 성격을 반영한다. 정치시장이 과점적 경쟁의 성격이 강하다면, 그런 점에서 유권자의 요구투입은 제한될 수 있다.

정치시장에서 유권자들은 정당들 간에 이루어지는 경쟁 및 능력 향상에 대한 판단을 할 수 있는 곳이다. 교환의 개념을 통해서 선거정치에서 권력의 작동 과정을 분석하는 것이다. 정당이나 후보자의 입장에서 권력은 유권자들이 자유롭게 선택할 수 있는 대안들의 수를 줄이거나 제거할 수 있는 능력이다. 권력의 결과는 힘없거나 덜 강력한 사람들에게 그들 자신의 조건에 따라 교환을 강요하는 힘 있는 사람들의 능력이다. 정치시장이란 곳은 정당이나 후보자들의 자유로운 경쟁과 그 의사결정 시스템이 분산될수록 사회적 효율성, 정치적 자유, 사회적 평등의 목표가 달성될 가능성이 높게 되는 것이 기대될 것이다. 시장의 구조 자체가 '과점적 시장'이라면 유권자의 권한은 제한 될 수밖에 없다.[18]

18 시장구조와 상관없이, 유권자가 가진 최후의 무기는 선거당일에 투표로서 자신의 의지를 실현하는 것이다. 선거정치과정에서 후보자와 유권자간의 정치교환에는 유권자의 참여율, 즉 투표율(投票率, the ratio of voting turnout)이 중요하다. 선거경쟁에서 후보자의 지지도와 별도로 지지자들의 투표율이 선거의 승패를 가를 수도 있다. 투표율은 대의자의 권력정당성

선거정치과정에서 '정책'(政策, policy)이란 것은 누군가가 원하거나 추구하는 상태의 이슈거나 이슈의 내용을 말하는 것이다. 정치라는 것의 고전적 정의에 의해서 "정치란 사회 전체를 위한 가치의 권위적 배분"이라고 본다면, "가치"가 결국 "정책"이라는 것의 유사어라고 볼 수 있을 것이다. 정책이란 정치행위자들(대표자-시민; 정당-후보자-유권자)간에 교류하고 경쟁하는 가치들이며, 더 중요한 것은 영원한 정책이란 존재하지 않는다. 소위 정책결정권을 위임받은 대표자들이 임기중에 적어도 권한의 범위내에서 권위적으로(혹은 강압적으로) 독점적인 정책을 시행할 수 있더라도, 그러한 정책은 영구적이지 않다.

일반적 의미에서, 시민들은 현재의 정책이 자신이 원하는 바로 그것이 아니더라도, 현재의 정책이 하는 것에서 어느 정도 사회적 가치의 배분효과를 누릴 수 있다. 이것은 정부가 유사한 정책의 영역내에서 다양한 세부 정책들을 조율할 수 있는 권한(또는 정책결정권)을 갖고 있기 때문이다. 예를 들면, 자신의 지역에서 자연국립공원의 설치 및 보존 확대를 원하는 자연보호론자들의 요구에 정부가 응하지 않을 수 있다. 하지만, 정부가 해당 자연보호론자의 거주지 주변에 공원조성이라든지, 공장의 건립을 막았다면, 이는 자연보호론자가 혜택을 받는 것이라고 볼 수 있다. 정부는 자연보호론적 기치를 갖고 있었지만, 단순히 예산의 문제로 보다 세분화된 다른 주제의 자연보호를 위한 정책을 취했을 수도 있다는 것이다. 정부가 주어진 영역내에서 수요자들이 원했던 동일한 사안에 대항 응답은 아니더라도 또 다른 다양한 형식으로 응답하면서 지역민들이 원하는 것을 할 수 있는 것이다. 자연보호론자의 입장에서 보자면, 과연 정책적 응답을 받았는지, 아닌지에 대해서는 여러가지 논의가 있을 수 있겠지만, 해당 지역 정부의 예산이 더 증대되는 시점에, 아니면, 통 큰 기부자가 나타나는 경우에 해당 지역의 자연국립공원의 설치는 가능할런지 모른다. 정부의 정책이 영구적이지도 않고, 또한 한 가지

주제의 정책내에서 그와 연관된 세부 정책들이 서로 연관되어 있는 경우엔 정부의 국민들의 요구에 대한 응답성의 수준을 너무 경직되게 해석할 필요는 없을 것이다.[19] 정부는 사회적 파이를 나누기 시작할 때 정책 영역 내에서 주어진 정책의 일부를 매우 정제된 차원으로 축소하거나 연관된 분야로 전환하는 것에 대한 권한을 가지고 있다. 그리고 그런 것들은 사회 전체를 위해서 생산적이고 효율적일 수도 있다. 그런 가능성을 완전히 닫아버리고 응답성을 자구적으로 곧이 곧대로 해석하는 것은 선거민주주의에 대한 과도한 기대감을 가져오게 된다. 이것은 대의민주주의, 선거민주주의에 대한 많은 불평들 중에 "대표자들이 제대로 응답하지 않는다"라는 불만이 가장 큰 주류를 이루고 있기 때문이다.

유권자의 후보자 선택에서 발생하는 현실적인 문제는 정책선호과정에서 후보자간 정책의 분리 문제일 것이다. 선거과정에서 유권자가 중시하는 두

은 물론이고, 유권자들 간의 진영논리에 의한 진영간 대결에서도 그 의미가 부각된다. 모든 선거에서 투표율은 해당 선거를 이해하는 출발점이다. 투표율은 전체 모집단(population; universe)의 특성을 그대로 비율로 반영한 '소우주'(microcosm)가 될 때 바람직하다. 여성의 비율이 48%라면 선거투표율이 60%에 불과하더라도, 투표에 참여한 사람들 중에서의 여성의 비율이 48%의 유사치로 나타날 때 바람직할 것이다.

19 예를 들어, 자연보호론자들은 단지 국가로부터 국립공원을 보호하는 것만이 아니라, 다양한 지리적, 경치적 가치를 포함하는 다양한 규모의 공원을 받는다. 국립 공원, 국립 기념물, 야생 지역, 국립 숲의 야영지, 이 모든 것들의 차원과 중요성은 사람들에게 다양하다. 공공 고속도로는 특별한 요구가 없더라도 정부가 신경써서 군사력, 세금, 해상 보조금, 복지 프로그램, 사업, 공공 일자리, 그리고 우리에게 일어나는 다른 모든 공공 정책과 프로그램들과 마찬가지로 분명히 같은 의미에서 분리된다. 사실, 원자로는 최소한의 크기와 투자를 필요로 할 수 있지만, 만약 정부가 가정 조명 시스템에 관한 보다 일반적인 정책 질문에 관심이 있다면, 등유 등불이나 심지어 양초를 구할 수 있다. 이것은 정책의 분배에 의해 의미된다. 예를 들어, 덜 가시적인 정책에서도 마찬가지다. 정부가 정치 구조에 의해 제공되는 이러한 능력을 가지고 있다는 것은 정치 분석에서 중요하다. Easton, D. (1957). An approach to the analysis of political systems. *World politics,* 9(3), 383–400.

개의 정책 이슈 A와 B에 관해서 두 명의 후보자가 서로 다른 정책을 내게 되었을 때, 그리고 B정책은 X후보가 좋고, A정책은 Y후보가 좋은 경우에 유권자의 선택은 혼란스러울 수도 있다. 반면에, 정책이 분리되지 않는다고 가정하면 정책 이슈 A와 B의 연계성을 생각해서 후보자 X와 Y를 선택하는 상황이 발생한다. 즉, 두 후보가 주장하는 정책 이슈가 국립공원설치와 동네공원정비라면, 이 두가지는 자연보호정책이란 우산하에 포함된 일종의 자연보호정책이란 이름으로 연계된 것으로 결국 유권자는 후보자의 인물됨을 보고서 선택을 할 수 있다. 물론, 자신의 경제적 입장이 국립공원의 설치로 더 이익을 볼 것인지, 아니면, 인근 동네의 생활공원을 다양화하는 것에서 이익을 볼 것인지는 보다 더 근본적인 선택의 동인이 될 것이다. 이에 대한 보다 구체적인 내용은 뒤에 투표행태 부분에서 '경제적 투표행위'에서 상술하기로 한다. 마샬(A. Marshall)은 경제적 이익과 관련된 이러한 측면을 "경제학이 인간의 욕망을 충족시키기 위한 노력을 다루는 사회과학의 일부"라고 정의한 바가 있는데,[20] 선거정치과정에서 유권자-후보자의 관계에서도 예외가 될 수 없다. 어찌 보면, 자신이 자신의 이익관계를 직접 관리하는 경제적 상황보다, 다른 사람들을 선출하여 자신의 이익관계를 위임하는 관리의 형태를 취하는 선거민주주의하에서는 이익 결과물에 대한 비판에 있어서 더욱 극단적인 모습이 나타날 수도 있다. 자기 자신에게 보다 남에게 더 너그럽지 못한 측면을 부정할 수 없기 때문이다.

자유민주주의 사회에서 선거민주주의를 시행하기 위해서 보통투표, 평등투표를 통해서 대표자를 선출하며, 정보획득의 자유를 성취하기 위한 언론의 자유는 당연히 요구되는 조건이다. 만약, 보통, 평등, 비밀, 자유투표가 시행되지 못하거나, 정보획득의 자유, 복수정당제의 보장등이 없다면 자유선거의 기본적 규범이 무너진 것이어서 선거민주주의를 더 이상 논하기 어려울 것이다. 그렇다면, 선거정치의 속성을 설명함에 있에서 '교환'이란 개념이 어떻게 기여할 수 있는지에 대해서 개인 행태적 차원에서 '효용'과 관련하여 상술해 보고자 한다.

합리적 유권자의 효용과 행태

선거정치에서 유권자들의 정책에 대한 '효용'(效用, utility) 은 두 가지 방식으로 대별되어 표현될 수 있다. '효용'이란 개인이 재화와 서비스로부터 '만족'(滿足, satisfaction)을 얻는 것을 말한다. 앞서서 다음과 같은 예를 제시한 바가 있다. 선거과정에서 유권자가 중시하는 두 개의 정책 이슈 A와 B에 관해서 두 명의 후보자가 서로 다른 정책을 내게 되었을 때, 그리고 B정책은 X후보가 좋고, A정책은 Y후보가 좋은 경우에 유권자의 선택은 혼란스러울 수도 있다. 앞서서는 후보자가 주창하는 선거 이슈나 정책끼리 분리가 되지 않는 경우를 보았지만, 만약 분리된다면 어떻게 될 것인가? 선거과정에서 두 후보자의 강조하거나 집중하는 정책이 서로 주제적으로 분리되는 경우가 더 일반적일 것이다.[21] 이에 대한 답으로서는 특히 선거과정에서 유권자의 효용을 설명할 수 있는 방식은 두 가지의 경우를 생각해 볼 수 있다. 하나는, 이것도 경제학적인 개념에서 이지만, "무차별 곡선"(indifference curve)을 통한

20 Marshall, A. (1961). *Principles of Economics* (9th ed.). The Macmillan Company. p.49.

21 이것은 후보자가 소속된 정당의 정체성에서 비롯된다. 정당의 정체성이 후보자의 이미지에 미치는 영향력(즉, 후보자의 이미지는 정당의 정체성을 벗어나기 어려운 경우)에 관한 연구로는 Brewer, M. D. (2009). *Party Images in the American Electorate*. Routledge; Huddy, L., Mason, L., & Aarøe, L. (2015). Expressive Partisanship: Campaign Involvement, Political Emotion, and Partisan Identity. *American Political Science Review,* 109(1), 1-17; Plutzer, E., & Zipp, J. F. (1996). Identity Politics, Partisanship, and Voting for Women Candidates. *Public Opinion Quarterly,* 60, 30-57; Green, D. P., Palmquist, B., & Schickler, E. (2002). *Partisan Hearts and Minds: Political Parties and the Social Identity of Voters.* Yale University Press.

것이 그 하나이고, 또 다른 하나는 "총체적 효용"(total utility)을 통한 것이다.

총체적 효용은 다양한 종류와 이에 대한 다양한 양의 보상을 획득하여 얻은 총 만족도를 말한다. 시간 단위당 보상이 더 많이 주어질수록, 개인은 특정 시점까지 총 효용(또는 만족도)이 더 커진다. 어느 정도의 총 효용 수준에서 보상은 최대에 도달할 것이다. 하지만, 좀 비현실적이기도 한데, 개인은 보상의 종류에 무관하게 더 많은 보상을 받더라도, 주어진 보상만으로는 더 큰 만족을 누린다고 느낄 수는 없다. 모든 것은 보상의 종류, 기회비용(opportunity cost), 한계효용(marginal utility)의 문제와도 연관되어 있기 때문일 것이다. 선거과정에서 보다 더 현실적인 가정은 총효용의 증진을 구성하는데 있어서 자신과 특별히 관련된 어떤 특정한 이슈나 정책과 관련된 효용의 증가가 총효용의 증가에 절대적 영향력을 갖고 있다고 볼 수 있다는 것이다. 이것이 유권자들의 정책 우선 선호가 선거과정에서 표심의 향방을 결정하는 주요한 변수로 작용하고, 정당도 유권자들의 특정 분야에 대한 정책적 선호의 우선과 집중을 중시하는 이유일 것이다.

선거정치과정에서 효용의 개념을 논하게 되면, 이는 개별 유권자의 행태를 설명함에 있어서 개인(행위자)이 특정한 목적을 달성하기 위한 합리적인 행동을 가정하게 된다. 합리적 유권자(rational voters)의 행위의 가정된 목표는 주어진 자원(자신의 입지 및 개선에 대한 잠재적 가능성까지도 포함)과 제한된 자원(특히, 선출된 후보자들로 한정하여 선택할 수밖에 없음으로 인해서)으로부터 얻을 수 있는 효용(또는 만족)의 양을 극대화하는 것이다. 합리적 유권자의 투표행태상의 문제는 그가 이용할 수 있는 자원으로 가능한 최고 수준의 총 효용성을 확보하기 위해 많은 다양한 이익(보상)을 각각 얼마씩 획득할지를 결정하게 될 것이다. 달리 표현하자면, 투표 만족을 극대화하는데 있어서 유권자가 직면하는 한계점은 그가 얻을 수 있는 자원과 그가 얻고자 하는 이익과 이익을 추구하는 과정에서의 비용이다. 선거과정에서 유권자는 자신의 자원과 비용에 의해 제한되고, 그러한 상황에서 자신의 투표효용(또는 만족)을 극대화하려고 시도한다는 것이다. 그렇게 본다면 주변환경의 영향에 구속된 '제한된 합리성'(bounded rationality)의 성격을 띄게 될 개연성이 있다.

현실에서의 선거정치를 해석함에 있어서, "모든 개인은 자신의 효용을 극대화하는 방식으로 행동한다"라는 소위 효용적 차원의 '합리적 선택'(rational choice)이라는 관점만으로는 한계가 발생한다. 선거결과는 비합리적일 수도 있다. 이것은 개인이 "비합리적"(irrational)이라는 의미가 아니라, 선거이론에서 반복적으로 검증된 경험적 사실 때문인데, 사회계층, 소득, 교육, 학력 등에 따라서 선거참여율에 차이가 발생하기 때문이다. 선거결과를 해석할 때, 단순히 개인의 효용극대화를 통한 합리적 선택이란 개념의 연장선상에서 모든 개인들을 동일한 개인들로 취급해야하는 상황이 발생하기 때문이다. 현실적으로 개인들은 자신이 정치적, 사회적 자원을 이용할 수 있는 그런 위치에 있는 경우에 (적어도, 그런 가능성을 비관적으로 생각하지 않을 경우에), 정치활동에 참여할 가능성이 높다.[22] 개인들은 자신의

22 정치적 자원의 이용가능성과 정치참여의 함수관계는 다음을 참조할 수 있다. Lipsky, M. (1968). Protest as a Political Resource. ***American Political Science Review,*** 62(4), 1144-58; Mccarthy, J. and Zald, M. 1977. Resource Mobilization and Social Movements: A Partial Theory. ***American Journal of Sociology,*** 82(6) 1212-41; Schlozman, K., Brady, H., & Nie, N. (1993). Race, Ethnicity and Political Resources: Participation in the United States. ***British Journal of Political Science,*** 23(4), 453-97; Brady, H., Verba, S., & Schlozman, K. (1995). Beyond SES: A Resource Model of Political Participation. ***American Political Science Review,*** 89(2), 271-294; Calhoun-brown, A. (1996). African American Churches and Political Mobilization: The Psychological Impact of Organizational Resources. ***Journal of Politics,*** 58, 935-53; Plutzer, E. (2002). Becoming a Habitual Voter: Inertia, Resources, and Growth in Young Adulthood. ***American Political Science Review,*** 96(1), 41-56; Apollonio, D. E., & La Raja, R. J. (2004). Who Gave Soft Money? The Effect of Interest Group Resources on Political Contributions.

환경의 지배를 받을 수밖에 없고, 포괄적 의미에서 그것을 개인이 이용할 수 있는 '사회적 자원'(social resources) 또는 '사회적 제약'(social constraints)의 차이라고 할 수 있을 것이다. 이상의 상황들을 "개인들은 자신이 처한 사회적 제약 속에서 자신의 효용을 극대화하는 방식으로 행동한다"라는 말로 종합해 볼 수 있을 것이다. 결론적으로, 유권자들을 '합리적 유권자'라고 규정하기는 어려워도, 주변환경 속에서 '제한된 합리성'이란 용어로 모든 유권자들을 동일시하는 것에는 큰 문제가 없을 것이다.[23] '제한된 합리성'이란 비합리적인 것이 아니라, 주변환경에 적응한 결과물인 것이다. 어차피 유권자는 출마한 후보자들 중에서 선택할 수밖에 없다. 출마한 모든 후보자들에 대한 정책적 선호가 낮은 환경에서, 유권자들은 자신의 효용을 극대화하는데 어려움이 있어도 그런 선거환경에 적응할 수밖에 없다. 후보자를 바꿀 수는 없고, 후보자 중에서 선택해야 한다는 의미이다.

선거연구에서 유권자들의 정책 선호 연구는 '공간이론'(spatial theory)을 통해서 축적되어 있다. '공간이론'이란 유권자들의 정책적 선호의 방향성이나 심도를 후보자의 정책적 입장과의 공간적 거리(spatial distance)를 측정하여, 유권자들이 자신과 가장 정책적 입장의 거리가 가까운 후보자에게 투표한다는 것이 핵심이다.[24] 선거과정에서 후보자들은 당선이 목적이기에 수단과 방법을 가리지 않을 수 있다. 자신의 이념적 정체성과 그다지 일치하지 않는 정책 공약을 남발하면서 보다 많은 유권자들이 분포하고 있는 정책적 입장의 대푯값의 위치로 다가가려고 시도할 수 있다. 공간이론에서 후보자의 정책적 입장이란 것은 그 후보자의 경력이나 기존의 업적을 반영하고 있기에 유권자들의 인식 속에 이미 일정 수준 각인되어 있는 것이다.[25] 어떤 이유에서이건, 유권자들은 선거과정에서 자신과 가장 정책적 입장이 비슷한 후보자에게 투표하는 것이다.

선거연구에서 유권자들의 자신이 처한 사회적 제약 속에서 자신의 효용을 극대화하는 방식을 관념적으로 이론화한다거나 그러한 이론에 대해서 경험적으로 입증하는 연구들은 의외로 많지 않은 듯하다. 유권자들이 자신이 처한 사회적 제약 속에서 자신의 효용을 극대화한다는 것은 두 가지 상황에 대한 논쟁을 발생시킨다. 첫째는 사회적 제약에 상관없이 모든 개인들은 정치적 관심도나 정치적 자원을 이용할 수 있는 지위에 상관없이 (아니면, 그러한 관심도나 자원이용성의 정도는 경미한 것으로 봐서) 투표에 참여한다는 생각이다. 둘째는, 총효용의 문제이다. 유권자들은 한 가지에만 관심이 있는 것은 아니다. 정당, 인물, 정책, 그리고 나아가, 정책들도 한 가지 정책이 아니라, 두 세개의 정책들 중에서도 관심있는 정책에 우선 순위가 존재한

Journal of Politics, 66(4), 1134–54; Lowery, D., & Gray, V. (2004). A Neopluralist Perspective on Research on Organized Interests. ***Political Research Quarterly,*** 57(1), 163–75; Wong, J., Lien, P. T., & Conway, M. M. (2005). Group Based Resources and Political Participation among Asian Americans. ***American Politics Research,*** 33(4), 545–76.

23 Simon, H. A. (1955). A behavioral model of rational choice. ***The Quarterly Journal of Economics,*** 69(1), 99–118.

24 공간이론은 기준 점(후보자의 이념적 위치, 정책적 위치)이 2개인 경우 평면적 공간거리를, 기준 점이 3개 이상이면 (세개로 축약하여) 3차원에서 입체적 공간거리를 측정하게 된다. Downs, A. (1957). ***An Economic Theory of Democracy*** (1st ed.). Harper and Row; Enelow, J. M., & Hinich, M. J. (Eds.). (1990). ***Advances in the Spatial Theory of Voting.*** Cambridge University Press; Ordeshook, P. C., & Niou, E. (2015). ***Strategy and Politics: An Introduction to Game Theory*** (1st ed.). Routledge.

25 후보자들의 정책적 위치는 자신이 생각하는 정책적 입장에 대한 이념적 위치와 유권자들이 평가하는 정책적 위치가 다를 수 있다. 그래서, 후보자들의 정책적 위치를 알기 위해서, 후보자들에게 직접 설문조사를 하여, 그 위치를 확인하는 경우도 있다. 유권자들의 입장에서도 유권자들마다 후보자에 대해서 평가하는 정책적 위치는 다를 수 있다. 각 개인들이 생각하는 후보자들의 정책적 입장이 한 점으로 고정되어 있는 것은 아니다. 각 개인들 자신도 개별 정책들을 평가하는데 있어서 정책에 대한 이념적 위치가 항상 자신의 마음 속에서 일치하지 않을 수 있다.

다. 경제학에 '무차별곡선'(indifference curve)이론이 있는데, 선거정치과정에서 유권자들이 갖고 있는 제약 상황 하에서 효용 상황을 조감할 수 있는 설명력이 있다.

무차별곡선상의 두 개의 정책(이슈)의 묶음이 유권자에게 동일한 만족을 준다고 하면, 유권자는 이 두 개의 묶음에 대해서 무차별(indifference)한 것이다.[26] 한 개인이 두 개의 정책(X, Y)에 대한 각각의 보상체계를 갖고 있다고 한다면, 한 개인이 동등한 만족을 주는 두 개의 보상체계의 조합들을 이어서 그린 곡선이 '무차별곡선'이다. 한 개인이 갖고 있는 하나의 무관심 곡선 상에서 모든 점들(즉, 조합들)은 개인에게 동일한 만족감을 준다. 한 개의 무관심 곡선의 모든 점들은 동일한 만족을 주는 재화(선거정치에 대입하자면 '정책' 또는 '이슈)의 묶음을 나타내는 (A=B=C=D) 곡선이다. 무차별곡선은 개인이 자신에게 만족을 주는 조합과 그렇지 않은 조합을 구분할 수 있으며, 동시에 총 효용의 크기 차원에서 한 개인은 구분되는 여러 개의 무관심 곡선들(I_1, I_2, I_3, I_4)을 갖을 수 있다. 한 개인으로 볼 때, 높은 효용 무관심곡선의 모든 조합은 낮은 효용 무관심곡선의 조합보다 더 만족스럽다($I_4 \rangle I_3 \rangle I_2 \rangle I_1$).

개인별로 파편화되어 개인이 중심이 되는 모바일 SNS시대에 개인 유권자들은 할 수만 있다면 그들이 현재 가지고 있는 것보다 더 많은 이익(또는 보상)을 얻으려 하는 정치교환을 할 것이라고 가정해 볼 수 있을 것이다. 유권자 개인의 입장에서 후보자가 제공하는 이슈와 정책의 수가 많으면, 보다 많은 효용을 얻겠지만, 이슈에는 중요한 우선순위가 적용되며, 단순히 제공되는 이슈와 정책 수의 많고 적음으로 유권자 한 개인의 총효용을 계산할 수는 없을 것이다. 정치경쟁에서 두 후보자는 표를 얻기 위해서 서로를 흉내내며, 결국 이는 두 후보의 정책이 수렴하는 결과를 가져오기 마련이다.[27] 이것은 뒷부분의 투표행태 부분에서 중위자투표이론에서 보다 더 상술하기로 한다. 지금은 유권자의 행태 이상으로 선거정치경쟁구도에서 후보자의 입장도 함께 고려한 정치시장의 성격에 집중하여 논하기로 한다. 통상 위의 분석에서 알 수 있듯이 어떤 가치의 단위가 많으면 다소 적은 양보다 만족도가 높겠지만, 정책적으로 중요한 수의 증가를 감안할 때 만족도는 더 작은 비율로 증가한다고 가정하는 것이 현실에 가까울 것이다.

그렇다면, 선거승리를 위해서 모든 수단과 방법을 강구하는 후보자가 얼마나 많은 정책들을 확보하는 것이 유리할 것인가?[28] 어차피 유권자들도 단

26 단일 무관심 곡선상에서 개인은 동등한 만족도를 제공하는 X와 Y의 다른 조합을 보여준다. 무관심 곡선은 다음과 같은 세 가지 기본 특성을 가지고 있다: 첫째, 무관심 곡선은 아래로 기울어지며 아래로 향한다; 둘째, 그것들은 원점을 향해 볼록하다; 셋째, 그들은 교차하지 않는다. 무차별 곡선의 중요한 부분은 오른쪽으로 아래로 경사진 형태로 나타난다. 수평으로 구조화된 무차별 곡선은 두 조합 사이에 개인이 무관심하다는 것을 의미하며, 두 조합 모두 Y의 양은 같지만 두 조합 중 하나는 다른 조합보다 X의 양이 더 많다. 즉, X의 추가 단위만으로는 그의 총 만족도에 아무런 도움이 되지 않을 것이다. 무차별 곡선이 수직인 경우, 동일한 양의 X와 Y의 두 가지 조합이 모두 Y를 다른 것보다 더 많이 포함하는 경우, 개인에게 등가 만족을 제공한다는 것을 의미한다. 이는 개인이 Y의 포화점에 도달한 경우에만 발생할 수 있다. 일반적으로 개인의 만족도가 일정하다면 한 상품(또는 정책)의 단위를 포기하고 다른 상품(또는 정책)의 추가 단위로 손실을 보상해야 한다. 무차별곡선상의 한 점의 기울기는 소비자가 만족수준을 일정하게 유지하기 위해서 한 재화를 다른 재화로 대체할 때 교환되는 두 재화의 비율[즉, 한계대체율(MRS: marginal rate of substitution)]을 나타낸다. 김경환, 김종석 (역). (2007). 맨큐의 경제학. 교보문고. pp. 530–534.

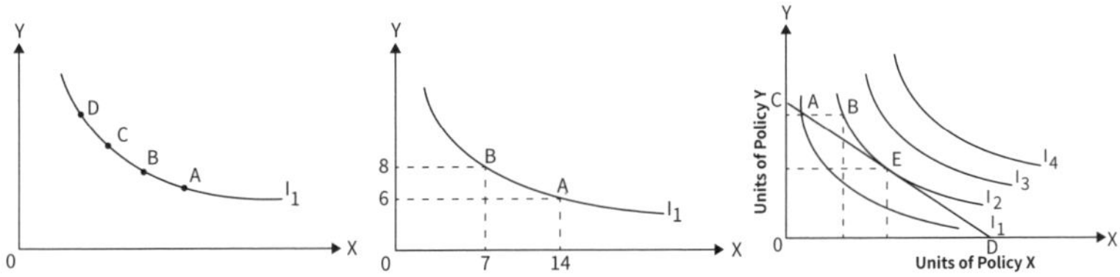

27 지병근. (2012). 제19대 총선에서 한국정당들의 정책경쟁: 총선공약에서 나타난 정책적 일관성과 차별성을 중심으로. *인문사회과학연구,* (36), 31–65; 채진원 · 장대홍. (2015). 중도수렴과 중도수렴 거부 간의 투쟁: 18대 대선과정과 결과. *동향과 전망,* (93), 132–168.

28 유권자의 표를 얻으려는 후보자, 당직자, 열성당원, 정치에 관심이 깊은 유권자들은 모두 정

순히 정당이나 후보자가 제공하는 이슈나 정책의 수가 많다고 해서 효용이 증가하는 것은 아니며, 자신의 이념적 위치나 정책적 선호와 유사해야 한다. 그리고, 유권자마다 정책적 선호의 우선순위는 다르다. 이를 종합하면 선거경쟁에서 후보자와 유권자의 정치교환은 단순히 제공되는 이슈나 정책의 숫자의 많고 적음의 양적인(quantity-wise) 문제가 아니라, 그 이슈나 정책이 당시 시대상황 속에서 유권자들에게 중요도를 갖는 명시적으로 공론화된 이슈(salient issues)에 연관된 질적인(quality-wise) 문제이다.[29] 또한 유권자의 정책 선호의 분포도에 연관되어 있을 것이다. 그래서, 유권자의 성향이나 분포를 고려하여 선거과정에서 후보자들은 몇 개의 이슈와 정책에 집중하는 선거전략을 채택하는 것이 일반적 상황이라고 할 것이다.

여전히 의문점이 남는다. 앞서서 정치적 교환에서 개인의 효용을 언급하였는데, 대다수의 경험적 선거연구들은 사회 계층, 소득, 교육, 기타 희소한 사회적 가치가 모두 정치 참여와 연관성이 있음을 보여준다. 계층, 소득, 교육 등의 영역에서 더 상위에 있을수록 정치활동에 참여할 (즉, 투표장에 갈) 가능성이 더 높다는 것이다. 왜 그런지 그 이유에 대해서 일반적인 추론이 가능할 것이다. 더 큰 사회적 자원을 가진 사람들이 잠재적으로 더 많은 위험에 처해 있고 (더 많은 것을 잃을) 따라서 정치적으로 더 많이 민감하고, 이를 자신의 이익과 결부시켜서 표를 행사한다.[30] 경험적 증거는 좀 더 복잡한 듯하다. 일단 집단의 규모가 아주 커지면, 계층, 소득, 교육 등의 집단 분류가 선거참여에는 별 영향력이 없고, 단지 선거참여 후보의 지지성향에서 차이가 난다는 것이다. 사회적 자원을 적게 소유했거나 부족한 상황에 있기에 무엇이든 더 많이 확보하기 위한 노력으로서 정치적으로 더 참여하려는 성향도 있다.[31]

무차별곡선이론에 대한 관념들은 유권자들이 가지고 있는 사회적 자원의 한계 내에서 그들이 정치적으로 어떻게 행동할지를 추측하는데 유용한 시사점을 준다. 선거과정에서 개인의 자원 기반이 주어지고 고정되며, 모든 것을 두 개의 공공정책을 확보하는데 할당해야 한다고 가정할 수 있을 것이

책 탐색자(policy seekers)라고 볼 수 있다. 정책 탐색자는 추구하는 정책 단위의 효용성과 이를 얻기 위해 포기해야 하는 자원의 효용성을 따지게 된다. 그는 하나의 정책 단위보다 두 개의 정책 단위를 확보하는 데 얻는 추가 효용과 하나의 정책 단위보다 두 개의 단위를 얻는 데 필요한 자원을 포기함으로써 잃는 추가 효용을 따져봐야 한다. 그는 정책 단위를 얻고 자원이 투입되는 모든 의사결정 상황에 대해 이러한 요소들을 따져봐야 한다. 그가 한 개 사는 게 아니라 적어도 두 개 사는 게 좋을까? 정치 행위자가 더 많은 정책 단위 또는 보상의 확보를 고려할 때 더 많은 단위와 관련된 한계 효용이 감소하게 된다. 만약 지역민들이 도로건설 정책과 함께 자녀들의 교육시설건립에 관심이 있다면, 그리고 그 두 정책에 대한 무차별곡선을 갖고 있다면 그들의 결정 문제는 고정된 자원 기반에서 얻을 수 있고 가장 큰 만족감을 줄 수 있는 도로와 학교를 조합해서 선택하는 것이다. 한계 효용 감소의 원칙이 문제의 두 값 모두에 적용 가능하다고 가정할 수 있을 것이다. 경제적 답변은 지역민들이 학교의 한계효용이 도로의 한계효용성과 동등한 방식으로 자원을 배분하는 것이다. 마지막으로 건설된 학교에서 도출된 자원 비용 단위당 효용성이 마지막 도로 건설에서 얻은 효용성과 동일하도록 모든 자원을 할당하여 얻을 수 있는 도로와 학교의 조합을 선택해야 한다. 물론, 지역에 도로건설이나 교육시설건설의 문제는 어떤 특정한 개인의 효용차원보다는 모든 지역민들의 총체적인 효용차원에 연관된 것이다. 무차별곡선의 단위를 개인으로 할 수도, 지역민들의 집합을 한 단위로 할 수도 있을 것이어서 논리는 마찬가지일 것이다. 한계 분석은 경제나 정치에 적용되든 간에 사람들이 교환에서 받는 만족도를 측정하는 것이 가능하다고 가정한다. 핵심은, 그러나, 적어도 정치학적인 대답에서는, 효용이 정확하게 합산되고 측정될 수 있다고 가정할 필요는 없다는 것이다. 그러한 해답에 대한 추구가 정치학적이건, 경제학적이건, 보다 포괄적인 사회과학적 차원에서 보자면, 관심의 최대화나 만족도의 정확한 측정 가능성을 가정하지 않고, 보다 거시적 차원의 조감도가 그려진다면, 시스템적으로 그리고 연역적으로 개별 의사결정에 접근하는 것도 가능하다고 본다.

29 최효노. (2018). 한국 정당의 이슈 소유권(issue ownership)과 유권자 투표행태: 20대 총선을 중심으로. *의정연구,* 24(1), 171–202.

30 Wolfinger, R. E., & Rosenstone, S. (1980). ***Who Votes?***. Yale University Press.

31 단선적인 해석은 어렵지만, 한국의 경우, 저소득층에선 보수지지성향이 더 강하게 나타나기도 한다. 강원택. (1998). 유권자의 이념적 성향과 투표행태. 이남영(편), *한국의 선거 II.* 푸른길; 박병철. (2006). 부산 · 울산 · 경남지역 빈곤층의 정치태도와 투표행태. *21세기정치학회보,* 16(2), 195–219; 김민성 · 이상헌. (2010). 실업, 빈곤과 투표행태. *한국경제연구,* 28(2), 37–65.

다. 유권자 또는 후보자는 정책의 가용성 또는 비용의 변화 (즉, 사회적 지위, 즉 자원 기반 변화 등으로서 발생하는 비용의 변화)에 대해 그는 어떻게 반응할 것인가? 정책의 가용성이란 유권자 입장에선 후보자가 제공하는 정책이 얼마나 자신에게 이득을 가져다 줄 것인가이며, 후보자 입장에선 자신이 제공하는 정책이 얼마나 득표에 도움이 될 것인가이다. 비용의 변화란 자신의 입지나 주변 환경의 변화로부터 비롯되는 것인데, 선거과정이란 고정되어 있는 것이 아니고, 하루에도 사건 사고가 빈번히 일어나면서 개인이 상황 판단에 대한 감정이 반전될 수 있다. 예를 들어서, 나의 최고 선호 이슈와 정책에서 나와 유사한 생각을 지녔기에 지지하던 후보자가 있는데, 그렇게 지지하던 후보에게 해당 선호정책 관련해서 치명적인 스캔들이 발생하며 심한 실망감을 느꼈을 때, 내가 그 후보자를 지지하는데 드는 비용에 변화가 온다. 나만 그런 것이 아니라, 사회 구성원들 속에서 나와 비슷한 상황의 사람들이 해당 후보자에게 실망감을 느꼈다면, 지지집단이 축소되어 당선가능성이 낮아지면서 정책의 실현가능성(즉, 포괄적 의미에서 정책의 가용성)이 낮아지는 것이다. 자신이 회사에서 선거기간에 간부로 전격 승진한 경우에 소득수준에 변화가 오면서 자신의 정책적 입장이 바뀌기도 한다.[32] 이런 세세한 변화들 모두가 개인의 효용에 영향을 미치는 것이 현실인 것이다.

자신의 가장 상위의 정책선호체계에서 지지하던 후보자에게 스캔들이 발생했을 때, 무차별곡선의 이론을 적용하자면, (1)총효용을 유지시키면서 (동일한 효용수준에서 정책조합의 변화 등을 통해서) 곡선상의 다른 점으로 이동할 수도 있다. 즉, 지지하던 후보자의 또 다른 장점을 찾아서 총효용의 크기를 유지시키는 것이다. 결국, 같은 무차별곡선상에서 다른 점을 찾았다는 것은 후보자에 대한 지지수준에 맞추어서 또 다른 합리화 방안을 찾은 것이다. (2)총효용을 증가시켜서 총효용이 증가된 또 다른 무차별곡선으로 이동할 수도 있다. 하지만, 선거과정에서 원래 지지하던 후보자에게 사건이 발생한 경우, 나의 무차별곡선에서 더 증가된 총효용의 또 다른 무차별곡선으로 옮겨간다는 것은 현실성이 높지 않고, 상상할 수 있는 관념상의 문제일 것이다. 또 다른 무차별곡선으로 옮겨가는 것 이상으로 유권자들이 지지후보자를 변경하는 하는 일이 쉽게 일어나지 않는다. 사람들은 변덕스러워서 쉽게 변한다고도 하지만, 선거과정에서의 유권자의 행태를 보면, 내가 한 번 지지하기로 마음을 결정한 후에 그렇게 쉽게 마음을 바꾸지 않는다. 웬만한 사건 사고로는 지지후보자를 바꿀 가능성이 높지는 않다. (3) 총효용이 감소되는 무차별 곡선으로 이동되더라도, 지지하던 후보자를 계속 지지할 수도 있을 것이다. 개인의 정치비용의 환산은 단순히 개인의 문제로만 한정되지 않기에, 특정 후보를 지지하는 집단의 문제는 자원 내에 있는 무관심 곡선을 찾는 것이며, 동시에 자원 제약이 주어졌을 때 도달할 수 있는 가장 높은 무관심 곡선을 찾는 것이다.

무차별곡선은 공공정책의 가용성의 변경이 유권자나 후보자가 해당 정책 또는 다른 정책과 관련하여 자신의 행동을 변화시키는 정도에 어떻게 영향을 미치는지 설명하기 위해 사용될 수도 있다. 정책의 가용성의 감소 또는 증가는 그 정책에 대한 개인의 성향에 영향을 미칠 것이다. 결과론적으로, 선거과정에서 공공정책 가용성의 변동이란 문제의 핵심은 개인이나 집단을 지원하기 위해 설계된 공공정책이 정책 입안자가 예상하지 못한 결과를 초래할 수도 있다는 점이다. 모든 시민에게 확대된 공교육은 그것을 성취할 수

32 경제학에서는 이를 소득 대체효과라고 부른다. 정치에서 소득효과는 단순히 돈 이상을 사회적 자원으로 포함한다고 해서 '정치적 자원' 효과(또는 '자원' 효과)라고 할 수 있는데, 우리는 그 효과를 다음과 같이 나타낼 수 있다. 주어진 사회적 지위와 그리고 그에 따라 주어진 정치적 자원을 갖게 된 정치 행위자 A가 있다고 가정하자. 그 결과 A는 이전에 확립된 비용보다 더 적은 비용으로 정책을 이용할 수 있게 되었다. 물론 정책의 가용성이 떨어지면 그의 재원이 줄어들 것이다. 정치적 행동에 대해 가장 확실히 알고 있는 것 중 하나는 사회적 지위는 정치적 행동과 밀접한 상관관계가 있다는 것이다.

없는 사람들의 교육 비용도 함께 줄여준다. 고등 공교육의 큰 확장이 보여주듯이, 그러한 개인의 실질적인 재원은 증가하고 더 많은 교육이 요구된다. 하지만 하나의 정책이 채워지는 경우에 순차적으로 다른 것들도 동시에 요구될 것이다. 정책 변경 효과는 새로운 정치적 요구와 정치권의 새로운 조합을 만들어 낼 것이라는 점이다.[33]

호모 폴리티쿠스

정치교환 이론은 이슈 및 정책의 문제와도 연관된다. 정치시장은 후보자의 이슈와 정책을 유권자의 표 사이에서 교환이 이루어지는 곳이다. 경제시장에서의 생산자는 정치시장에서의 정당, 후보자로 유추될 수 있고, 경제시장에서의 소비자는 정치시장에서의 유권자로 유추될 수 있다. 생산자가 상품을 생산하여 소비자에게 팔고, 소비자가 생산자의 상품을 구매하게 되면서 경제교환이 일어난다. 정당이나 후보자는 이슈와 정책을 개발하여 유권자에게 선전하며, 유권자들은 정당이나 후보자가 제공한 이슈와 정책에 표를 던지면서 유권자와 정당, 후보자 사이에서 정치교환이 발생하는 것이다.

정치적 교환이 경제교환의 개념과 다른 점은 정치 주체들의 "소신교환"이다. 여기서의 '소신'(所信)이란 개인들이 갖고 있는 일종의 '신념체계'(belief system)를 말한다. 경제시장에서 교환은 효용, 즉 만족도를 중심으로 이루어진다. 앞서 정치시장에서도 유권자의 행태를 설명하기 위해서 효용의 개념을 사용한 바 있는데 그것만으로 유권자의 정치교환의 행태를 담아내기 어렵다. 선거정치과정에서 유권자의 행태를 입체적으로 묘사하기 위해선 효용과 함께 '소신'이라는 축이 필요하다. 결론적으로 유권자의 정치교환이라는 행태를 설명하기 위해서 두 개의 개념적 축이 필요한데, 하나는 '효용'이고, 나머지 하나는 '소신'이다. 선거행위는 정치행위이며 권력추구와 권력획득의 과정이다. '정치적 인간'(Homo Politicus)이 '경제적 인간'(Homo Economicus)과 다른 점은 경제적 인간이 도구적 이익(instrumental benefit)과 손해를 계산하는 것으로 대변된다면, 이와 상관없이 '정치적 인간'은 신념(belief)과 신조(credence)를 위해서 모든 것을 희생하는, 어찌보면, 좀 무모하다거나 센티멘탈한 측면과 연관되어 있다. 결론적으로 '정치적 인간'을 설명하기 위해선, '비도구적 이익'[non-instrumental benefit; 또는 심리적 이익]의 영역이 상당 수준에서 작동하고 있다는 설명이 필요하다. 정치적 인간은 이념의 성취를 위해서 목숨을 걸기도 한다. 역으로, 정치적 인간이 사악해지면, 사익과 공익을 구분하지 않으며, 자신의 사익(individual good)을 공익(public good)으로 연관시키고 전환하는 과정에서 혹세무민(惑世誣民)을 초래하기도 한다. '정치적 인간'은 '혁명'(revolution)의 완수를 위해서 목숨을 걸 수도 있다. 선거과정에서 정권교체세력과 정권유지세력의 권력투쟁에서 정권교체세력이 승리한다면, 이는 당해 선거의 성격에 따라서는 일종의 제도권내의 혁명으로 해석될 수도 있다.

선거정치과정은 권력을 추구하는 과정이며, 결과물이 권력획득으로 표현될 수 있다면, 앞서 사회구성원들의 취향과 선호에 대한 효용을 통한 교환의 개념으로 설명하는 것 이외에도 '신념' 또는 '신조'를 통해서 선거정치의 과정과 결과가 설명될 필요가 있다. 선거정치에서 다양한 정치적 자원들이 어떻게 배분되는가? 정치적 자원들은 어떻게 그리고 누구에 의해 조직되는가? 정책에서 수요 우선 순위는 누구에 의해서 어떻게 매겨지는가? 사회구성원들의 선호는 어떻게 정책으로 해석될까? 정책 결정과 기타 비정치적 사건은 정치적 자원 분배와 조직, 우선순위 요구, 따라서 후속 정책 결정에 어

33 우리가 관심을 갖는 모든 대안적 비용을 지불함으로써, 우리는 전체 사회 또는 관심 있는 사회의 어떤 부분에 대한 정책 수요 곡선을 얻는다.

떤 결과를 초래하는가? 이런 질문들에 대해서 개별적으로 답을 할 수도 있지만, 궁극적으로 "정치 교류 시장의 구조가 어떤 내용으로 어떻게 기능하는가?"에 대하여 답할 수 있다면, 이상의 모든 것들에 대해서 답을 구하기가 수월해 질 것이다.

정치적 행위와 결과물은 행위 주체들의 상호작용적인 관점에서 분석되어야 한다. 효용에 의한 교환이론만으론 사회 시스템이 공유된 사회집단들의 믿음, 열망, 가치관의 결과로 보이는 현상들을 해석하는데 한계가 있다. 선거과정에서 두드러지는 것이 다양한 사회집단들 간의 믿음, 열망, 가치관의 차이로 인한 갈등이며, 따라서 사회집단들의 다양한 선거활동들을 경원시하면 그 해석은 반쪽의 연구가 된다. 오히려 정치과정으로서의 선거과정이 권력획득과 투쟁이라고 하면 교환이론보다 사회를 적대적인 집단들간의 묶음으로 보고 그들간의 세력 갈등으로 보는 마르크스주의(Marxism)가 더 일치할 수도 있다.[34] '집단행동'(collective actions)은 특정한 상징체계를 통해서 동일한 사회적 상황에 대해서 다른 이익구조를 가지고 있거나 다르게 반응하는 행태를 갖고 있는 사람들마저도 (그들의 이익이 상충하지 않고 하나로 결집할 수 있음을 보여주는) 문화행사의 형식을 빌려서 정치세력을 형성하게끔 한다. 선거과정에서의 집단행동은 그 사회의 문화코드도 작용하게 되며, 역설적으로 파편화된 개인들이 강조되는 시대에 "네트워크화된 개인"(networked individuals)으로서 존재한다.[35] 모바일 SNS시대는 평소에는 개인으로 파편화되어 있지만, 특별한 사건과 사고의 상황에서는 실시간으로 "네트워크화된 개인"이 되어 강력한 기동성을 발휘하게 된다. 상징체계화된 집단행동의 현장은 효용함수에 의해서 설명되는 인간들의 집합소가 아니며, 선거과정을 권력추구와 권력획득이라고 볼 때, 신조, 신념, 가치로 집단화되어, 일종의 사회적 영향력의 '헤게모니'(hegemony) 장악을 위한 의사표출의 현장으로 보는 것이 사실에 가깝다.[36]

정치과정에서, 특히 선거경쟁과정에서, 집단행동이 "비합리적인" 사회적 상호작용이라고 인식되는 스테레오타입을 형성할 수도 있지만, 정치 관념(객관적이고 "합리적으로" 거짓인 것으로 입증될 수 있는 정치에 대한 부르주아적 설명)이란 종종 개인, 집단, 계급의 사리사욕과 일치한다. 린드블럼과 브레이브룩이 제안하는 것처럼 합리성에 대한 인지적 한계가 있으며, 정치적 의사결정은 종종 다수에게 통합적이고 한번에 포괄된다기 보다는 소수에게 분리되거나 점진적인 과정으로 나타나곤 한다.[37] 정치에 적용되는 경제이론들에 가장 자주 제기되는 비판은 그러한 이론들이 정치에서 '권력'(power)의 역할을 부정하거나 최소한 간과한다는 것이다. 권력이란 관련된 두 당사자가 비대칭적 위치에서 비대칭적 행동을 하는 것을 의미한다. 권력관계에서 소위 경제학적으로 연상되는 개념으로서 교환이 일어나지 않는 것은 권력의 속성이 관행적으로 "승자"(힘있는 자)와 "패자"(힘없는 자)일 뿐이고 보상과 비용의 쌍방향 분배가 확정되지 않기 때문에 권력을 정치교환의 개념의 연장선상에서 생각하기 어렵기 때문일 것이다. 그렇다고 해서, 현대 민주주의 사회에서 소위 승자와 패자라는 개념으로 선거정치에서의 대표자와 유권자의 관계를 생각하는 것은 더욱 오류에 가깝다. '신조'라는 개념을

34 네오마르크스주의자(Neo-Marxists)들이 그들이다. 레닌은 어떤 사회의 형태에서도 사회내 집단간의 갈등은 지속될 수밖에 없는 경우 프롤레타리아가 집권하는 프롤레타리아독재를 주창한다. Lenin, V. (1992[1917]). ***The State and Revolution.*** Penguin Books.

35 윤성이. (2017). *한국정치: 민주주의, 시민사회, 뉴미디어.* 법문사. p.222.

36 그람시(A. Gramsci)의 '헤게모니'를 말한다. 다양한 집단들이 표출하는 신조와 가치들은 상호간에 '대항이데올로기'(counter ideology) 내지는 '대항헤게모니'(counter hegemony)로 작용한다. Gramsci, A. (1975). ***Letters from Prison.*** Harper and Row.

37 Lindblom, C. E. (1965). ***The Intelligence of Democracy: Decision Making Through Mutual Adjustment.*** The Free Press of Glencoe; Lindblom, C. E., & Braybrooke, D. (1970). ***A Strategy of Decision: Policy Evaluation as a Social Process.*** The Free Press.

'교환'이란 개념과 함께 조합한다면, 지나친 권력관계의 속에서 승자, 패자의 논리를 벗어날 수 있다고 본다.

다양한 종류의 교환이 인간사회에서 존재한다. 민주주의의 성취를 논하고, 선거민주주의의 수준을 논하는 것은 정치적 교환 관계 속에서 권력과 자유에 대한 문제를 논하는 것과 관련이 있다. 서구에서 경쟁적 경제체제가 경쟁적 정치체제와 함께 등장한 것은 물론 우연이 아니었다. 19세기와 20세기 초는 그 이전의 시대와 비교하여 영미권 및 일부 사회에서 경제와 정치 모두에서 상당히 높은 수준의 경쟁으로 특징지어졌다. 경제학에서는 리카르도, 스미스, 맬서스와 같은 18세기 이후 자유주의 경제학자들이 제안한 자유 기업 이데올로기가 경제 사건의 과정을 설명하거나 합리화하였다.[38] 로크, 밀의 철학은 소수의 정치 권력의 다수로의 확산을 설명하고 합리화하였다.[39] 두 영역의 권력은 군주나 계급의 주권으로부터 개인의 주권으로 옮겨진 것으로 여겨졌다. 정치 시스템에서 평등은 '보통투표권'(universal suffrage)에 의해 확립되었다.[40] 보통투표하에서 경쟁적인 선거정치하의 사회정책은 엘리트들의 이해관계가 아니라 소비자와 시민들의 총체적인 의도를 반영할 것이다. 경제교환의 논리로 보자면, 소비자는 상품과 서비스에 대해 자유 시장에서 합리적으로 구매할 것이고, 정치교환의 논리로 보자면, 유권자들은 이슈와 공공정책에 대해 투표장에서 합리적으로 기표할 것이다.

선거민주주의 작동의 주된 메커니즘인 교환을 통해서 작동하는 정치시장과 선거정치가 과연 바람직한 민주주의의 성취를 예상할 수 있는가? 그렇지는 않은 듯하다. 정치적 교환 이론은 그 자체가 소위 자신의 사익추구에 게걸스러움이 없는 청정무구한 행태를 지닌 교환활동의 주체들이 존재한다는 것을 확신시키는 것은 아니기 때문일 것이다. 스미스도 시장은 개인의 자유로운 교환을 통해서 이익을 추구하는 곳이지만, 그러한 장소에 애정을 잃고서 욕심과 게걸스러움이 지배하는 상황을 경계해야만 한다고 했다.[41] 대다수의 사람들은 정치적 자원이 최대한 넓고 공평하게 분배되고 정치 시장이 개방적이고, 경쟁적이며, 시민 개개인의 요구, 이익에 반응하는 정치를 선호하며 기대할 것이다. 그렇지만, 경제영역에서 독과점이 결코 쉽게 사라질 수 없는 것과 마찬가지로, 정치적 의사 결정의 중요한 중심들이 상대적으로 집중되고 있고, 소수를 제외한 모든 사람들에게 다소 폐쇄되는 경향이 있다. 물론 소수에게 의사체계가 집중된다는 것 그 자체가 정치 본연의 목적인 '민생복리'에 반드시 부정적이라는 의미는 아니다.[42]

38 물론 이러한 입장의 이론가들은 그들의 견해(예를 들어 지주들의 불로소득에 대한 리카도의 적대감)가 만장일치도 아니었고, 실제 사건이 그들의 글에서 표현된 희망과 일치하는 정도에 대해 특별히 순진하지도 않았다. 결론적으로, 시간이 흐르면서 권력은 분산되었고, 경쟁은 여러 가지 방식으로 활성화되었다.

39 Locke, J. (1993[1690]). *Two Treatises of Government.* Phoenix; Mill, J. S. (2011[1859]). *On Liberty.* Cambridge University Press.

40 '보통선거'(universal suffrage)는 신분과 전문성에 상관없이, 생물학적 나이를 충족한 모든 사람에게, 일괄적으로, 평등하게, 투표권을 부여한 '1인1표제'로 구현된다. 1인1표제의 '평등선거'하에서 모든 유권자 개인들의 판단은 동등한 가치를 지니게 된다. 민주주의 정치경쟁구도에서는 모든 사람들이 동등한 권한으로 참여하는 1인1표제도는 정당, 후보자, 유권자 행태를 이해하는 가장 근본적인 출발점이 된다.

41 Smith, A. (2010[1759]). *The Theory of Moral Sentiments.* Penguin.

42 극단적으로, 양심있고 능력있는 1인의 독점적 정치가 사회의 부패를 막는데 가장 유리할런지도 모른다. 대통령제를 생각해보라. 대통령의 비리라기보다 모두 측근들의 비리이다. 이것은 의원내각제도 예외가 아니다. 대통령제는 1인이 부패하면 이를 탄핵하지만, 의원내각제는 의원들 몇 백명이 부패하면 이를 통제하는 것은 사실상 불가할 것이다. 하지만, 능력과 양심의 겸비란 것이 주관적 판단의 영역이라면 이것은 결국 1인 독재체제이고, 전체주의로 전환될 가능성이 농후하여 민주주의는 아니다. 가장 좋게 표현한 용어가 소위 플라톤류의 '일인철인정치'(一人哲人政治) 정도일 것이다. 철인정치의 보다 더 근본적인 문제는 계급사회가 아닌 이상, 정치는 혼자서 하는 것이 아니다. 함께 하는 것이다. 대의민주주의하에선, 특히 선거민주주의의 형식을 통해서 보통선거권을 지닌 모든 국민들로 부터 선출되어 권력자(또는 대표자)가 된다면, 자당(自黨)내에서도 당원들과 함께 눈높이를 맞추어 가면서 하는 것이고, 자신

선거민주주의가 민주주의 고양의 선순환을 유도하는 수단으로서 기능하는지를 알려면, 정치체계가 시민 개개인이 자율적으로 만들어 내는 요구에 얼마나 반응하는지를 판단해야 한다. 반복되는 선거가 후보자들로 하여금 유권자들의 요구를 정책으로 만들어내고 이를 실현하도록 촉구하는 수단으로서 작용하게끔 하여야 한다. 부르주아 민주주의(즉, 의회민주주의)와 자유방임주의적 자본주의가 역사적으로 함께 발전한 것처럼, 생각하건대, 우리 시대에 독점적 자본주의와 독점적 정당들이 대국민 정책수행 능력과 상관없이 생명력을 이어가고 있다. 여러가지 이유가 있겠지만, 핵심은 간단하다. 대의민주주의, 선거민주주의의 선순환 구조는 정치입문과정에 '공공성'(公共性)의 개념을 지닌 양심과 역량을 겸비한 자들로 넘쳐나면서, 그런 자들끼리 후보자들로서 경쟁하여야 한다. 유권자들이 투표할 후보가 없다고 불평하는 상황에선 선거민주주의가 선순환 상황을 유인할 수 없다. 정치입문을 위해서 자유경쟁을 하기 어려운 상황은 취약한 후보자 인적 풀을 만든다. 지금까지 존재했던 많은 정치적 현상들과 결과물들은 선거민주주의가 선순환할 가능성이 높지 않다는 것을 보여주는 듯하다. 그렇다면, 선거민주주의를 쉽게 포기할 수 없는 상황에선 어떻게 해야 하는가? 이 정도 수준에서 그대로 흘러가면 되는가? 이런 질문에 답하기 위해서, 정치교환이 발생하는 근본인 경쟁구조에 대해서 우선 살펴보기로 한다. 그렇게 하는 이유는 경쟁구조가 교환과정에서 가장 중요한 부분으로서 교환의 조건에 영향을 미치기 때문이다.

2. 정치시장구조와 교환조건

시장의 성격은 시장내 행동 주체들의 교환의 조건에 의해서 결정된다. 여기서 조건이라는 것은 형식적인 것과 덜 형식적인 것들을 포괄하여 일종의 "게임의 규칙"(rule of game)과 같은 것들을 의미한다. 앞서 언급한 정당-유권자-시민의 관계를 국가-시민들의 관계에 적용하여 정치교환으로 표현하다면, 헌법, 법령, 조약, 기관 규정과 같은 것이다. 정치적 결과물들은 헌법, 법령, 조약, 기관 규정 등에 영향을 받는다. 선거정치에서 선거경쟁을 하는 정당에겐 보다 더 세부적인 각종 법규들이 게임의 규칙으로 작용하게 된다.[43] 정치시장의 경쟁구조가 중요한 이유는 선거민주주의가 선순환한다는

의 측근들과도 의견을 들어보면서 심지어 '위임의 정치'(politics of delegation)도 할 수 있는 여유가 있어야 하고, 결론적으로 잘하는 정치는 혼자서 하는 느낌을 주는 것이라기보다는 사회구성원들이 "함께 가는 것"의 느낌을 공유하도록 하여야만 한다. 대의민주주의체제하에선 "혼자서 잘난 사람"이 정치하는 것은 비극이자 민주주의체제 선순환 기능에 대한 도박이다. 대통령의 입법부에 대한 의도적인 위임정치는 정치적 양보와 협치라는 순기능을 가져오기도 한다. Shugart, M. S., & Carey, J. M. (1992). *Presidents and assemblies: Constitutional Design and Electoral Dynamics.* Cambridge University Press.

43 한국선거과정을 보면 다음과 같은 세부규칙들이 작동하고 있다.

종류	명칭	개정일
법(10)	정당법	2018. 8. 14 일부개정
	공직선거법	2018. 4. 6 일부개정
	선거관리위원회법	2016. 1. 15 일부개정
	불법정치자금 등의 몰수에 관한 특례법 (약칭 불법정치자금법)	2017. 10. 31일부개정
	국민투표법	2016. 5. 29 타법개정
	주민투표법	2017. 7. 26 타법개정
	주민소환에 관한 법률	2018. 4. 6 타법개정
	정치자금법	2017. 6. 30 일부개정
	공공단체등 위탁선거에 관한 법률 (약칭 위탁선거법)	2017. 12. 26일부개정
	지방교육자치에관한 법률	2012. 1. 26 타법개정
규칙(15)	공공단체등 위탁선거에 관한 규칙	2018. 9. 21일부개정
	선거관리위원회법 시행규칙	2018. 6. 1일부개정
	불법정치자금 등의 몰수보전 등에 관한 규칙	2007. 3. 29 타법개정
	당내경선 위탁사무 관리규칙	2014. 7. 29 타법개정
	국회의원선거구 획정위원회 구성 및 운영 등에 관한 규칙	2011. 4. 5 일부개정
	국회의원선거구 획정위원회 설치 및 운영에 관한 규칙	2015. 6. 19 제정
	공직선거관리규칙	2019. 5. 30 일부개정
	선거방송토론위원회 구성및운영에 관한 규칙	2018. 4. 6 타법개정
	인터넷선거보도심의위원회의 구성 및 운영에 관한 규칙	2016. 1. 15 타법개정
	선거여론조사심의위원회의 구성 및 운영에 관한 규칙	2017. 2. 24일부개정
	정당사무관리규칙	2019. 5. 30 일부개정

성과에 대한 평가가 (1) 사회구성원들이 지닌 사회적 가치의 분배, (2) 정치적 형평성이란 민주주의의 궁극적 목표와 관련이 있기 때문일 것이다.

첫째, 교환 이론의 논리에서 주어진 정치적 교류가 "정의로운" 교류가 될 것이라는 사실을 암시하는 것은 거의 없는 듯하다. 많은 사람들에게 회자되는 특정 경제교환의 조건만 보더라도 생활과 밀착된 통신활동에 대해서 우리가 생각하는 것보다 필요 이상의 더 많은 돈을 지불할 수도 있다. 모바일 통신 회사들은 사실상 독과점체제이기 때문에, 우리는 부당한 요금을 받아들이거나, 아니면 통신사 서비스를 포기할 수밖에 없다. 생활밀착형 서비스이기때문에 주어진 요금을 '자발적으로' 받아들이는 듯한 상황이 만들어지면서, 독점통신사의 권력에 고개를 숙이면서 교환관계를 맺게 된다. 물론 통신사는 초기 건설비용 등을 주장할 것이다. 한심한 것 같지만 현실이다. 권력과 교환이 상호 침투하는 것이 바로 이런 방식이고, 권력의 문제를 교환의 문제와 함께 거론하는 이유가 그것이다. 이런 상황은 결국 시장구조에서 비롯된 것이다. 그렇다면 바람직한 민주주의를 위해서 권력의 긍정적 모습은 바람직하지 못한 상황을 규정하고 대안을 제시하며 바람직한 방향을 정의할 수 있는 능력이다.

둘째, 교환의 당사자들이 교환행위 이전에는 서로 동의하여 교환이 이루어졌더라도 교환이 이루어진 이후에 모든 정치적 성과나 결과물에 대한 교환 당사자들의 관점이 상호 일치한다고 보기 어렵다. 선거경쟁에서 승리하여 대표자로 권한을 위임받은 자는 자신에게 권한을 부여한 자들의 자유를 축소시킬 수도 있고, 그렇게 함으로서 또 다른 사회적 자원의 힘을 보태서 대표자로서의 권한을 연장해서(다시 말해서, 재임해서) 자신의 입지를 지킬 수도 있다. 이런 상황은 특히 한 개의 정당이 의회권력을 독점하는 의석수를 차지하여, 입법권을 좌지우지하는 경우에 발생할 개연성이 높다.

선거경쟁을 특성지우는 정치시장 구조의 특성들은 (1) 시장 내 행위자

수. (2) 시장 진입 또는 퇴출의 용이성 또는 어려움, (3) 가치, 비용 또는 보상의 특성, 그리고 (4) 시장 내 행위자가 갖는 정보 및 인식수준과 연관되어 있다. 이상의 내용을 현실 정치경쟁구도로 볼 때 관념상 3분화하여 ①순수독점[monopoly, 일당체계(one-party system)], ②과점[寡占; oligopoly; 특히 복점(復占; duopoly)의 상황이 주된 것으로 "양당체계"(two-party system)를 말함], ③순수경쟁[free competition, 파편화된 다당체계(extreme multi-party system)]으로 나누어 볼 수 있을 것이다.[44]

순수 경쟁

먼저, 순수한 경쟁이란 것의 의미는 '정당간'(政黨間, inter-party)의 경쟁에만 적용할 필요는 없으며, '정당내'(政黨內, intra-party)에도 적용된다. 순수 경쟁의 핵심은 소수로 제한되지 않고, '다수'가 '자유롭게' 경쟁하는 것이 핵심이다. 선거민주주의를 논하기 위해서 순수경쟁이란 개념은 미디어 매체들간의 보도 내용의 경쟁에도 적용되며, 특정 언론사 내부의 기자들끼리의 신속하고 정확한 보도 경쟁에도 적용된다. 유권자들 내부의 의견형성과정에서 하위집단들간의 자유로운 토론, 여론조사회사들간의 신뢰성있고 타당성

정치자금사무관리규칙	2018. 1. 19 일부개정
주민소환관리규칙	2019. 5. 30 타법개정
주민소환에 관한 법률 시행령	2015. 12. 30타법개정
주민투표관리규칙	2011. 5. 20 일부개정

출처: 진영재. (2020). *정당정치의 진화* (제1판). 연세대학교 대학출판문화원. p. .xxi

44 스칼라피노(R.A. Scalapino)가 언급했던 일본의 자민당의 압도적 주도의 정당체계로서 "일점반(一點半) 정당체계"(One-and-half Party System)에 관해선, Scalapino, R. A., & Masumi, J. (1962). *Parties and Politics in Contemporary Japan* (1st ed.). University of California Press.

있는 조사방법을 위한 경쟁, 시민단체들간의 경쟁에도 모두 적용된다.

순수하게 경쟁적인 정치 시장은, 다른 사회적 경쟁 상황과 마찬가지로, 첫째로, 시장 내에 많은 수의 정치 행위자들의 존재에 의해 특징지어진다. 공공의 이슈나 정책과 관련하여 순수한 경쟁은 특정 정책 결과를 요구하는 유권자들에 대하여 이에 응답하는 많은 수의 정당들이 있다고 가정한다. 특히 많은 수의 정당이란 적어도 의회 내에서 소수 의석이더라도 일정 정도 의석수를 갖고 있는 정당들이 많은 경우를 말한다. 많다는 기준이 정해져 있는 것은 아니지만, 적어도 5개 이상은 되어야 하지 않을까 생각해 본다.[45] 정치경쟁시장에서 순수경쟁의 성격을 갖고 있다고 말하는 것은 의회의석수에서 다수의 의석을 차지한 정당들이 상당 수준에서 다수(多數)일 때 가능한 것이다. 자유민주주의체제에서 복수정당제를 보장하는 것과 선거결과 의회에서 복수정당이 영향력을 갖는 것은 별개의 문제이다. 선거과정에서 10개의 정당이 경쟁하여도, 유권자들의 투표결과 2개의 정당만이 의회에 유의미한 의석수를 갖게 된다면 이는 순수경쟁의 정치경쟁구도로 볼 수 없다. 정치경쟁에서 정치경쟁자는 이슈나 정책에서 유의미한 정책을 산출할 힘과 연관되어 있기 때문이다.

정치경쟁에서 경쟁의 성격을 판단하는데 의석수가 중요한 이유는 유권자들이 선호를 표출하는 것으로 그치지 않고, 확실한 결과물(즉, 최종 정책 산출물)을 요구하기 때문이다. 정치적 보상이 정당의 정책의 입안과 법안의 통과 이후 실천이 아닌 경우엔 유권자들은 문제의 정책이나 정치적 보상을 획득하는 데 관련된 비용 단위가 무엇이든 공허해지기 마련이다. 순수경쟁체제하에선 보상(즉, 정책공급)을 요구하는 대다수의 유권자들은 효과적인 수요에 근거하여 그렇게 할 것이다.

순수한 정치경쟁시장에선 유권자들의 요구도 다양화되지만, 정치적 요구들에 대한 정치적 보상을 기꺼이 공급하려는 행위자들이 다수라는 것이 핵심이다. 정치적 보상의 생산자들이 다수로 존재하게 되면, 그들 중 어느 누구도 유권자들과의 정치교환의 방식이나 내용을 일방적으로 설정할 수 없다. 정치교환의 방식이나 내용도 다양하고, 유권자들이 자신들의 요구를 관철하는데 드는 정치비용을 낮추는 방법과 내용에 대해서도 자유롭게 경쟁한다. 카르텔화된 양당체계에 길들여진 유권자들은 일반적으로 정치권이 유권자들의 요구에 이정도 해줄 것이라고 기대하며, 타성적으로 그 이상은 바라지 않는 상황이 연출된다. 또한 후보자들이 주요 정당의 장막 속에서 하나의 블록을 형성하여 자신의 기득권을 지키면서 정치인으로서 출마하고 활동해도, 유권자들은 불평불만 이상의 것을 하기 어렵다.

45 이것은 이념의 가장 기본이 되는 경제적 차원의 경우에 (정치적 차원의 경우에도 마찬가지이지만), 특히 상대적으로 미시적인 차원의 관심견인이슈(valence issue)가 증대되는 현대 모바일 SNS시대의 이슈중심의 정체성의 정치 하에서는, 관념적 차원에서 (좌파, 중도좌파, 중도파, 중도우파, 우파) 정도가 기관으로서 보장 되어야지 그 사회구성원들의 다양성을 보장할 수 있을 것이다. 3당체계로서 좌파, 중도파, 우파만으로는 그 다양성이 보장되기 어렵다. 양당체계는 더더욱 그렇다. 관심견인이슈란 스톡스(Stokes)가 제기한 개념인데, 스톡스는 좌–우로 나뉘어서 유권자들이 형성되더라도, 이념적 양극단을 극복하여 모든 유권자들이 관심을 갖게 되는 이슈를 '관심견인이슈'라고 정의했다. 앞서 지적하였듯이, 유권자들 사이에서 폭넓게 합의된 이슈의 성격이 강하다. 예를 들면, 낮은 범죄율, 낮은 인플레이션, 평화추구 등이 그것이다. 그런데, 모든 유권자들의 입장에서 보면, 세금감면도 '관심견인이슈'가 될 수 있는데, 이슈의 분류를 단순화하기는 곤란하다. 한 사회 속에서 자신이 처한 재산적 위치 때문에, 일정 수준의 인식을 지닌 유권자라면, 자신의 처지가 낮은 소득계층인 경우, 이것은 관심의 대상이 될 수 없거나, 아니면 아예, 반대할 수도 있을 것이다. 중산층 이상에서의 감세는 결국 자신의 복지와도 무관할 수 없기 때문이다. 결론적으로, 관심견인이슈는 기존의 전통적 의미에서의 '좌–우 이념차원'(the left–right ideological dimension)과는 별 상관이 없는 차원의 이슈로 정의하기도 한다. 그렇지만, 생각해 보라, 범죄율감소는 국가공권력의 치안강화와 무관하지 않을 것이고, 평화란 것이 적극적 의미에서 방어력의 확보라면, 국제평화란 것도 군비확장과 전혀 무관하다고 할 수 있을 것인가? 이슈들의 종류와 그 상대적 의미에 대해서는 뒷부분에서 상술한다. Stokes, D. E. (1963). Spatial models of party competition. *American Political Science Review,* 57(2), 368–377.

순수정치경쟁체제하에선 그런 일이 없다. 이것은 단순히 관념상의 문제가 아니다. 자유경쟁의 최대 강점은 "악화(惡貨)가 양화(良貨)를 구축(驅逐)할 수 없다"는 것이다. 경쟁이 없는 곳은 부패한다. 숫자의 크기는 의미를 갖는다. 과점체제인 양당체계하에선 후보자가 당선될 확률이 1/2이지만, 자유경쟁체제하에선 기껏해야, 1/5, 1/10로 축소될 것이다. 선거인단의 규모가 극히 작을 때는 작당하는 상황을 걱정해도, 선거인단의 규모가 거대해 지면, 일부가 작당해도 전체에 미치는 영향은 극히 미미하다. 공급자가 교환의 법칙을 만들어서 수요자에게 강요하는 일은 애시당초 불가한 것이다. 그런데, 순수경쟁체계가 실현되기가 현실세계에서는 쉽지 않다. 여러가지 이유가 있을 것이다. 제도상의 문제로 '정당국가보조금'제도를 꼽는다. 정당국고보조금 제도는 정당자금을 재력을 지닌 자들에게 의존하지 않고, 국가가 책임지겠다는 것으로, '금권정치'(金權政治)를 막겠다는 보다 더 원대하고 고귀한 제도적 목적이 있다. 하지만 현실에서는 그러한 상황을 치유하는 것만은 아니다. 국가보조금을 의석수를 기준으로 수여하다 보니 문제가 발생한다. 그런 기준이 비상식적인 것은 아니다. 문제는 특정 시점의 차원에서 이미 큰 것은 자체 모순에도 불구하고 망하기가 어렵다. 이른바 '대마불사'(大馬不死)인 것이다. 인간사회의 특징 중의 하나가 무리를 지을 때, 경쟁과정에서 다양한 집단으로 분산화 되는 경향 그 이상으로 될 것 같은 집단으로 집중화되는 현상이 강하다는 것이다.

정치경쟁시장이 순수하게 경쟁적인 것으로 재정비되려면 충족되어야 할 다른 조건들이 있다. 두 번째 요건은 정책의 어떤 공급자도 다른 정책 공급자를 해당 정치시장에서 강제로 내쫓을 수 없으며, 공식 또는 형식적으로 다른 행위자의 시장 진입 또는 퇴출에 대한 장벽을 만들 수 없다는 것이다. 제3정당의 정치권으로의 진입의 어려움은 단순히 기존의 커다란 양대정당의 전적인 책임은 아니다. 그렇다면 양대 정당 경쟁체제인 곳에서 순수경쟁시장의 신호탄인 제3정당의 태동이 어려운 것일까? 이것은 보다 근본적으로는, 순수경쟁시장의 또 다른 특징인 보상과 비용의 표준성 문제와 연관된 것이다. 순수경쟁체제하에선 정책의 공급자로서 어떤 정당이나 수요자들이 원하는 것을 공급해 줌에 있어서(즉, 이슈를 정책화하여 최종 법체계로 산출함에 있어서) 각 공급자가 제공하는 보상(보상을 요구하는 행위자에게 제공되는 보상)은 유사하거나 동일하다. 그렇지만, 의석수가 적은 정당들은 유권자들의 수요에 맞추어서 법을 산출할 능력이 현저히 낮다. 조금 부패하고, 마음에 들지 않아도 많은 의석수를 차지할 개연성이 높은 기존의 정당은 다른 군소 정책 공급자보다 더 확실하게 법안을 통과시켜서 정책을 실현할 개연성이 현저히 높다. 공급자가 수요자에게 제공하는 보상이 내용이나 형식에서 현저한 차이점을 보이거나 그렇게 기대되는 경우엔 순수경쟁이 무너지는 것이다. 유권자들은 정책실현의 보상이 현저히 낮은 정당을 도덕률만으로서 지지하지 않는다. 이렇게 본다면, 순수경쟁이 무너지는 것은 단순히 정책공급자로서 정당의 문제인 것만이 아니고, 높은 정책실현성과 보상을 기대하는 정당에게 지지하는 행동을 할 수밖에 없는 유권자들에게도 이유가 있는 것이다. 공급자의 보상의 차별성이 있는 한 자유경쟁이란 존재하기 어려운 상황이 조성되며, 비경쟁상황을 확대재생산 할 수 있음에 주의를 기울여야만 한다.

마지막 조건은 유권자의 정보 수준이다. 수요자들 개개인은 시장에 대한 일정 수준 이상으로 지식을 갖춰야 한다. 이는 해당 정책 또는 기타 보상의 각 제공자가 단일 보상에 대해 대체할 수 있는 모든 대안 정책 또는 보상의 존재에 대한 지식을 가지고 있어야 함을 의미한다. 만약 공급자의 보상체계가 하나의 형태로 통일되어있는 것이 아니고, 여러 형식의 대안들도 존재하는 것이라면, 대체 결과와 관련하여서, 모든 대체 결과를 얻는데 수반되는 교환에 드는 비용을 알아야 한다. 정치권에서는 특정 '조세정책'을 대체하는 '노동정책'을 생각할 수도 있다. 무엇보다도, 수요자는 공급물들(즉, 정책)에 대한 정확한 지식과 정보를 갖고 있어야 한다. 어려운 조건인 듯 하면서도 보다 높은 수준의 민주시민이 되기 위해서 필요한 소양인데, 물론 쉽지 않다.

현대사회에서 공공성을 지니며, 나아가 계몽적 민주시민이 되는 것은 그다지 쉬운 일이 아니다. 건전한 국가관과 사회관을 지닌, 공공성과 계몽성을 지닌 민주시민 의식을 위해선, 조기에 일정 기간 '민주시민교육'의 과정이 필요하다. 생물학적 나이를 넘어서서 투표권을 지닌 어쩌다 어른이 바람직한 의미에서 민주시민이 아닌 것이다. 순수정치경쟁시장에서 정책 입안자들로서 정당은 문제의 단일 보상을 다루는 모든 대안 정책 입안자들의 존재를 알아야 하듯이, 수요자로서 유권자는 특정 정책에 대한 모든 대안 정책의 다양한 공급자를 알고 있어야 하며, 따라서 특정 공급자의 경쟁자로부터 얻을 수 있는 비용과 이익을 파악할 수 있어야 사용자로서 그 이익을 보장받게 되는 것이다. 독과점시장보다 자유경쟁시장에서 사용자는 공급자로부터 더 많은 이익과 혜택을 누릴 개연성이 높다는 사실은 자명하다.

사회적 논쟁에서 '공익'과 '편익'은 두 개의 극단이다. 편익은 효율성으로 귀결되거나, 수요 우선순위가 중요하다. 자유로운 순수경쟁의 규범은 입법, 소송 및 기관 규제 측면에서 반독점 정책의 기초가 되었음에도 불구하고, 정치과정상 오랫동안의 결과물들을 보면 현실적이지 않았다. 세상일은 복잡한 것이어서, 자유경쟁이 오히려 거대한 콩글로머레이트(conglomerate)를 유인할 수도 있고, 경쟁에서 밀려난 약자들은 어려움을 겪게 되는 측면도 있다. 그럼에도 이러한 자유경쟁의 규범이 받아들여지고 지속적으로 사회에서 논의되는 것은 순수하게 경쟁적인 조건이 존재할 때 사회 전반에 이익이 발생하기 때문이다. 약자들이 거대한 자들과 경쟁하는 것은 규제 속에서는 불가하고, 오히려 약자들이 고삐 풀린 망아지 형국으로 갈 때 더 지위상승의 가능성이 높을 것이라는 기대감이 있는 것이다. 물론, 해당 논의는 그렇게 단순한 것은 아닐 것이다. 인간의 본능에는 집단의 '공유'(共有)보다는 개인의 '편익'(便益)이 더 강하게 자리 잡고 있는 듯하다. 분명한 것은 인간들의 선호는 '집단공유'와 '개인편익'이란 양극단 사이의 어디에 존재할 것이다. 일반적으로 이러한 '편익'이 '공익'에 비교하여 얼마나 많이 정치체제에 발생하는지(즉, 널리 분포되어 있는지)는 분명한 비율로서 언급하기는 어렵지만, 정치의 일부일 수는 있지만, 아무래도 특정 개인이나 집단에 따라서 '편익'과 '공익'에 대한 기대감과 실현감은 다를 것이다.

순수 독점

'편익'과 '공익'에 대한 논쟁은 정치경쟁시장에서 순수 독점의 형태로서 일당체계를 상정한다면, 그 구도가 혼란해진다. 순수 정치독점 상황은 하나의 기관(또는 인물)이 대체자가 없는 특정 정책의 배분을 통제하는 상황이며, 어떤 이유로든 같은 정책의 공급자로 다른 누구도 경쟁에 진입할 수 없는 상황을 말한다.[46] 경쟁과 달리, 독점은 시장에 거대하고 강력한 행위자가 한 명 있으며, 비용과 보상의 교환 비율을 특정 한도 내에서 설정할 수 있는 힘을 가지고 있다고 가정한다. 일반적으로 이 행위자는 유일한 공급자(예: 경제적 재화나 정치적 정책의 유일한 공급자)로 가정한다. 일당체계 하에선 그 결과물을 성취함에 있어서 불가능에 가까운 '불능의 정책'(imponent policy)도 제공되고 추진되는데, 이는 정책이 수요적 차원에서 유인되는 것이

46 독점자가 권력을 얻는 방식에 대한 논의는 중요할 수밖에 없다. 독점자가 과거의 형태로부터 권력을 물려받는다고 가정할 수 있다. 또한 독점자의 권력 행사의 내용을 보면, 당연하겠지만, 정치적 독점자가 여타의 정치적 주체들보다 더 큰 권력을 가지고 있다고 가정한다. 제도권 내 유일한 정책 입안자일 뿐 아니라 잠재적 경쟁자의 진입을 막을 수 있는 힘도 갖고 있다.

아니고, 공급자 위주의 필요로 부터 유인되기 때문이다.

정치경쟁구조로서 일당체계란 사실상 소수 공급자들의 위한 편익에서도 극단에 있으며, '공익'을 가장 큰 명분으로 한다. 정치과정상 이론으로서 단순히 일당체계라는 것만으로 순수독점형태라고 말하는 데는 한계가 있다. 소위 소수의 '비토그룹'(veto group: 거부권단체)의 존재가 중요할 것이다.[47] 여기서 거부권단체란 것은 소수(minority)가 다수(majority)를 지배한다는 것으로, 미국 정치에 대한 일부 이론들은 다수가 거의 이기지 못하고, 소수의 비토그룹만이 지속적으로 승리한다는 관점에 초점을 맞추고 있다. 이론적 용어로 매우 명확하게 명시되어 있지는 않지만, 거부권 집단은 아마도 권력구조에 위치하여 보상을 요구하는 사람들에게 배분할지 여부를 결정할 수 있는 작은 집단(또는 아마도 강력한 개인)으로 구성된다. 거부권 단체들은 종종 민주주의 게임의 목적과 의도에 반하여 민주주의를 전복시키는 것으로 간주되며, "공익"을 파괴하는 것으로 간주된다. 그러한 권력의 근간은 다양하다 - 때로는 소수의 부유한 기업가나 금융가, 의회 내 특정 상임위원회 관여자, 정당의 일부 당직자, 이권에 개입된 정책결정을 하는 부패한 관료들, 부패한 선출직 등이다.[48] 구체적인 힘의 원천에 상관없이, 거부권 집단은 민주주의의 과정을 방해할 수 있다. 불행히도, 이들의 상당수는 공교롭게도 선거민주주의와 연관하여 선출직들이라는 점이다. 민주주의를 방해한다는 의미를 좀 달리 표현하자면, 소수가 공공 정책의 특정 영역을 효과적으로 통제한다는 것이다. 그러한 이유로, 그들은 제한 범위 내에서, 만약 누군가가 그들의 권력으로 이득을 볼 수 있을지 결정할 수 있다.[49]

정치적 독점자는 관련된 정책의 분배를 관리함으로써 경쟁자들의 진입을 막을 수도 있고, 따라서 다른 정책 입안자들이 경쟁적 교환비율로 정책을 제공하는 것을 방지할 수도 있다. 법률, 그리고 다른 협정들은 종종 진입을 막는 힘의 경험적 표현이다. 게다가, 특정 정책의 유일한 할당자로서, 정치적 독점자는, 사실상, 독특한 정책을 다루고 있다. 앞서 지적했듯이 정책에 대한 대체품이 있을 수 있지만 각각의 대체품은 독점자가 제공하는 것과 어떤 면에서 다르다. 정책으로서 공급품목도 다르고, 그러한 공급품묵(즉, 정책)에 수혜자들이 불만이 있는 경우에, 보완하는 대체품목도 다르다. 특히, 더 나은 공급품목을 제출하려는 또 다른 공급자가 있는 경우에도, 그런 공급자가 더 나은 공급품목(또는 대체품목)을 제출하는데 드는 비용 때문에라도 그것은 선전에 불과하지 결국은 그렇게 실현하지 못한다는 것을 잘 알고 있다. 독점자는 일단 자본이 풍부하며, 기존에 자본시장에서 절대적 우위를 보이는 것이 일반적 경향이다.[50] 또한 독점적 정치인은 자신이 통제하는 정책과 관련하여 정책추구자가 보유하는 정보에 영향을 미칠 수도 있고

47 비토그룹은 노멘클라투라(nomenclatura)에 비유될 수도 있다. 우리는 독점으로 특징지어지는 정치적 상황을 고려해야만 한다. 독점적인 경우에, 모든 행위자들은 결정 구조의 많은 지점에서 이용할 수 있는 정책을 추구하는 것이 자유롭지 않다. 그들은 정책의 유일한 할당자와 교환하거나 전혀 교환하지 않을 수 있습니다. 그러나 정치적 독점자들이 권력을 갖는 정도는 거의 같은 성격의 정책들이 정치권의 다른 곳에서 확보될 수 있거나 확보될 수 없는 정도에 달려있다는 사실에서 비롯된 완화 요인이 있다. 사실 정치권에서는 대체 보상이 많은 경우가 많다. 강은 국가 자원 기관, 지역 협동조합, 민간 산업에 의해서도 개발될 수 있다. 물론 각각의 경우 시행 중인 정책이 다소 다르겠지만 대체보상이 많은 곳에서는 독점자의 힘이 약해지고 상황이 경쟁자 쪽으로 접근한다는 것이 핵심이다. 이러한 경우, 행위자가 정책을 보다 효율적으로 확보하기가 다소 쉽다. Beard, C. A. (1921). ***An Economic Interpretation of the Constitution of the United States.*** The Macmillan.

48 정정목. (2015). 부패에 따른 지방정부 실패와 대응 방안. *한국부패학회보,* 20(4), 209–224.

49 미국정치과정에서 과거 20세기 중반에 국회의원의 설탕 수입쿼터 통제, 주지사의 사면권, 대통령이 일방적으로 다른 사회의 일에 개입할 수 있는 권한이 모두 적나라한 사례다. 더 전형적인 경우는 일종의 힘의 공유를 의미한다. 어떤 경우이건, 한 명 또는 소수의 사람들이 정책의 배분을 통제한다면, 민주주의를 위해서 바람직할 수가 없다.

50 Fenno, Jr. R. F. (1966). ***The Power of the Purse: Appropriations Politics in Congress.*** Little, Brown & Company.

그렇지 않을 수도 있다. 그는 경쟁자의 정책 Y가 실제로 정책 X에 대해 열등한 정책 또는 열등한 대체 정책임을 정책 탐색자들에게 납득시키기 위해 자신의 권력과 자원을 사용하게 된다. 그는 일반적으로 정책 Y와 관련된 실제 조건을 정책 탐색자들에게 알리는 것이 아니라 정책 Y(또는 정책 공급자들)를 잘못된 위치에 놓음으로써 그렇게 할 수 있다. 정치적 독점자가 업적을 대중들에게 알리는 과정은 자신들의 업적에 대해 '자랑하려는' 형식을 띠며, 자유경쟁체제에서처럼, 경쟁자들의 독설이나 흑색선전에 노출되지는 않기에, 자신의 행위에 대해서 '경각심을 갖고 반추해 보는 것'은 생략된다. 일방적인 자신에 대한 자랑이나 흑색선전은 둘 다 틀릴 수 있지만, 둘 다 옳을 수는 없다.

정치 독점자는 그가 정치 시장의 효율적인 조직자이기 때문이 아니라, 오히려 독점력을 소유하고 다른 정책 공급자들을 배제하기 때문에 보상을 받는다. 독점적인 정치인이 권력에 대한 보상을 받는 한, 또는 중앙집권적 의사결정 과정을 강제할 수 있는 능력을 유지할 수 있는 한, 그는 정치적 평등이나 정치적 자유를 악순환의 고리로 몰아가게 된다. 정치적 자유가 제한되며, 궁극적으로 정치적 평등이 무너지게 된다. 독점자는 독점적 권력을 행사하여 여타의 정책공급자를 거의 완전히 밀어내게 되며 민주주의 실현과정에서 "본질적 우월성의 원칙"(한 개인이나 집단이 본질적으로 다른 개인이나 집단보다 우월하다는 원칙)으로 인해서 평등은 좌절된다.

현실세계에서 정치시장은 종종 완벽한 경쟁이나 순수 독점으로 특징지어지지 않는데, 그들은 종종 이러한 양극화된 위치들 사이 어딘가에 놓여있게 되고, 그것이 바로 '정치과점'(oligopoly)이다. 정치경쟁 과점시장은 다음의 몇 가지 특성을 갖고 있다: ① 경쟁하는 소수의 정당이 정치시장을 지배하며; ② 각 정당은 정치시장에 대한 자신의 관점에 따라 자신의 정책을 만들어서 유권자들에게 제공하며, 즉, 각 정당은 다른 정당의 정책 산출물과 어떻게든 구별되는 산출물을 제공하고; ③ 접근의 제한으로 인해 새로운 실체가 시장에 진입하기 어렵고; ④ 반드시는 아니지만, 일반적으로, 사용자들(즉 유권자들)은 시장에 대하여 불완전한 지식의 상황에 있다.

정치과점

정치과점(政治寡占, political oligopoly)은 두 개 이상의 경쟁적인 수의 행위자가 있는 상황을 말한다. 정치경쟁구도상으로 정책의 수요자들에게 정책의 경쟁적 공급자들이 있지만 소수인 경우이다. 정치시장에서는 양당체계를 떠올리게 되는데, 그렇게 본다면, 두 개 이상이 경쟁적인 수의 행위자라고는 했지만, 3개도 많고, 보통 2개인 것이다. 생산물(정책)이 소수의 생산자(정당 또는 정치인)에 의해 통제될 때 과점이 존재한다. 과점의 시장 구조는 완벽한 경쟁과 독점의 시장 구조와 구별될 수 있다. 독점적인 경우에, 한 개의 기관이 전체 시장을 통제한다. 과점에서는, A정당이 제공한 정책이 수혜자들의 수요에 영향을 미치며, B정당이 해당 상황을 보고서 순차적으로 수혜자들에게 또 다른 대안 정책을 제시하면서 수혜자들의 수요에 영향을 미친다. 다시 A정당은 B정당의 정책의 수혜자들의 수요를 파악하면서 또 다른 대안 정책을 마련한다. 최소한의 경쟁적 순환고리가 존재하는 것이다. 주어진 정당의 정책 생산의 결정과 내용이 다른 정당이 직면한 유권자와의 관계에 직접적인 영향을 미치는 한 과점은 존재할 것이라는 의미이다. 이런 의미는, 과점 상태에 있는 한 정당은 다른 정당(들)이 신경쓸(또는 따를) 어떤 정책을 정하면서 정책 주도자 역할을 할 수도 있다.

극심한 정책 경쟁을 막기 위한 방법들이 존재하는데, 과점상태의 정당들이 여타 정당들의 정치시장으로의 진입을 제한하거나 막는 것이다. 정치시장 진입을 막기 위해 과점상태에 있는 정당들이 사용하는 방법은 독점정당이 사용하는 방법과 다르지 않다. 하나는 바로 정책산출을 위한 자원을 통제하는 것이고, 다른 하나는 정책산출에 있어서 자신 정당만의 고유한 "특허"를 확립하는 것이다. 한 정당이 정책에 대한 고유한 특허를 개발하여 유권자에게 인정받는다면 (이것은 정당의 정체성에 관련해 유권자들이 정책과 정당의 정책연계성을 인정할 때 성립된다), 그 특정 정책 분야의 조잡한 경쟁으로부터 보호된다. 특허는 일종의 정치규칙으로 작동하게 되는데, 새로운 진입자(즉 신흥 정당, 제3의 정당)는 기존 시장에서 거대 양당과 경쟁하기 위해서는 예외적으로 큰 "투자"가 필요하다. 경제시장에서 대규모 투자에는 생산에 필요한 공장과 설비 비용뿐만 아니라 새로운 시장을 개척하는 데 필요한 광고 비용이 따른다. 유권자들의 기존의 당파성이나 인식 때문에라도 정치시장에서의 광고 문제는 그렇게 만만한 문제가 아니다. 정당민주주의에 근간한 정치시장에서 유권자들은 책임정당정치를 기대하며 당파성을 중심으로 기존 정당에 대한 고정 인식을 갖고 있다. 독점시장과 달리 과점시장은 시장 지식의 완전한 부재로 특징지어지지 않는다. 과점상태에 있는 정당은 유권자들에게 자신의 정책에 대해 충분히 관심을 가질 수 있도록 말해야 하지만, 유권자는 자신의 입장을 유리하게 반영할 수 있는 형태의 정책에 대해서 완전하지는 않아도, 그렇다고 해서 무지하다고는 할 수 없는 일정수준의 지식을 소유하고 있다.[51]

민주주의의 성취는 과점경쟁에서도 가능한가? 시민들이 일정 수준 정치지식을 갖고 있고, 엘리트들끼리의 경쟁(즉, 양당체계하의 경쟁)이 존재하는 한 민주주의 성취에 비관적일 필요는 없을 것이다. 어떤 체계에 경쟁이 있는 한 부패하지 않기 때문일 것이다. 민주주의 성취를 위해서 과점적 양당체계가 문제인 것이 아니고, 선거경쟁의 성격이 문제일 것이다. 정당은 공직을 위한 선거경쟁에서 유권자들이 원하는 것을 그들에게 줄 것이고, 정당이란 유권자들의 수요와 욕망에 반응하는 존재이다. 양당의 선거경쟁구도가 극단적 포퓰리즘 정책 경쟁으로 흐를 개연성이 있다. 두 개의 커다란 양당이 자유로운 득표경쟁을 벌이는 상황에선, 특히 득표를 위해서 어떤 일이든지 해야만 한다는 당지도자나 선거후보자의 인물적 특성(personality)과 조합되면, 포퓰리즘(populism)으로 흐를 개연성이 크다. 다당체계에서는 특정한 정당의 포퓰리즘이란, 다수가 경쟁하는 곳에선 한 개의 정당이 제시하는 포퓰리즘적 정책이 다수 경쟁자들에게 제어되기에 유리한데, 두 개의 정당이 경쟁하면 '서로 따라하기'라는 득표전략에서 벗어나기 어려워, 상대적으로 제어가 잘 되지 않을 위험이 있다.[52] 두 개의 정당이 상대방의 포퓰리즘을 방치하지 않고, 개입하는 상황이 초래되는 것인데, 결국, 포퓰리즘에 대해서 포퓰리즘으로 응수하면서 경쟁할 개연성이 농후한 것이다. 포퓰리즘에 대한 대응책은 더 강한 수준의 포퓰리즘일 것이기 때문이다.

양당정치가 자칫 극단으로 흐를 수 있는 이유는, 그리고 앞서 언급한 포퓰리즘의 선거정치가 될 수 있는 또 다른 이유는, 양대정당이 경쟁하는 과점시장의 특징은 "순환적 상호의존"으로 특징지어지기 때문이다. 양당체제에

51 유권자들의 무지상황에 대한 논쟁은 역설적으로 모바일 SNS시대에 더 크게 발생하게 된다. 거짓뉴스의 전파와 이러한 거짓뉴스를 사실로서 인식하는 상황 때문이다. 거짓뉴스로 인한 사실관계의 오류는 오히려 무지보다 더 부정적인 효과를 가져올 것이다. 있는 사실을 확대해석하거나 축소해석하는 문제를 떠나서, 아예 거짓뉴스로 인해서 누명을 씌우는 것은, 없는 것을 있는 것으로 만드는 행위이기 때문이다. 거짓뉴스의 사회적(특히 선거와 연관하여) 파급효과에 관해서는 Silverman, C., & Alexander, L. (2016, November 4). How Teens in the Balkans Are Duping Trump Supporters With Fake News. BuzzFeedNews; Solon, O. (2016, Novemeber 10). Facebook's Failure: Did Fake News and Polarized Politics get Trump Elected? *TheGuardian.*

52 21세기에 들어와 이탈리아총선거에서도 포퓰리즘이 득세하곤 하는데, 이탈리아는 다당체계이다. 문제는 정당간의 선거연합, 정책연합이 형성되면서, 포퓰리즘은 파편화된 다당체계에서 형성된다기 보다는 두 개 내지 세 개로 정리되는 주도적 선거연합 및 정책연합세력들을 배경으로 형성된다는 점이다.

서 정당들이 여러 가지 일을 할 수 있다는 것은 그들이 활동하는 조건을 당연하게 여길 수 없다는 것이다. 양대 정당의 결정에 따라 정치 시장의 조건이나 변수가 바뀌거나 바뀔 수 있기 때문이다. 이것은 순환적 상호의존성이 의미하는 것이다. 만약 상대방 A가 x를 할 경우, 상대방 B는 y를 하거나 하지 않을 수 있고, z를 하거나 하지 않을 수도 있다. 어떠한 경우에도 상대방 A는 상대방 B의 응답을 확신하지 못한다. 상대방 B는 A의 의도에 대해서도 마찬가지로 불분명하다. 이 모든 것은 단순히 두 개의 과점적 구성원들이 당장 닥칠 미래에 대해 확신 할 수 없다는 것을 의미한다. 과점적 경쟁에서 결정은 항상 불투명한 환경에서 이루어진다. 정치교환의 관점에서 볼 때, 이는 어느 한 당사자에게도 '최선의' 결정을 특정하는 것이 불가능하다는 것을 의미한다. 과점상태는 독점으로 갈 수도 있고, 아니면 과점상태가 무너져서 다점상태로 갈 수도 있는 불확실성이 상대적으로 독점제나 다점제보다 클 수도 있다. 각 정당은 (단기든 장기든) 승리하기 위한 충분한 표를 확보하고 승자가 되기 위해 필요한 만큼의 재원만 소비하기를 원하지만,[53] 각 정당은 그 목적이 어떻게 달성될지에 대해서는 확신할 수 없다. 대의민주주의의 고양을 위해서 선거민주주의가 순기능한다는 것은 정당민주주의가 제대로 작동하는 것인데, 이는 고전적 의미에서 유권자들의 선호와 수요에 기반하여 응답하는 '책임(정당)정치'란 것이다.[54] 순환적 상호의존의 특성은 서로간에 선의의 경쟁을 유발시킬 수도 있지만, 역설적으로, 과점적 경쟁구도는 책임정당정치를 무너뜨리는 포퓰리즘의 나락으로 빠질 개연성도 농후하다. 특정 사회에서 포퓰리즘의 발생은 그 사회의 정치문화와 깊은 관련이 있다.[55] 포퓰리즘은 제도의 탓이 아니다. 어떤 제도도 포퓰리즘을 부과하지 않는다. 선거승리 위해선 수단과 방법을 불사하는 사생결단의 선거문화가 느껴지는 곳에선 포퓰리즘을 경계할 필요가 있다.

과점경쟁에서 정당간에 '순환적 상호의존성'의 특성은 정당들이 각각의 자율성을 갖으면서도, 무리수를 두지 않기 때문에 벌어지는 일이기도 하다. 말하자면 과점경쟁에서 경쟁하는 두 개의 정당사이에서 순환적 상호의존성이 지켜진다면, 정당 엘리트들의 기득권 유지와 보호에 과점경쟁은 독점에 상응하는 수준에서 지켜질 수 있다. 이른바 '보장된 게임'(secured game)인 것이다. 당해 선거에서 패배해도 2등이고, 곧 이어 오는 또 다른 선거에서 승리의 기회는 최소한 50%로 곧 제공된다.

먼저 정당 A가 내릴 수 있는 결정은 자율적이다, 정치적 경쟁자인 B당의 존재에 관계없이 많은 득표를 상정한 정책을 상정하고 입안할 수 있다. 그러한 A당의 결정이 A당의 입지에 특정한 위험을 수반할 수 있다는 것이다. B당은 유권자에게 더 나은 수정된 정책을 제공하여 A당의 정책적 입지를 초

53 모든 정치인들은 선거승리를 원한다. 그들은 비용에 대한 약간의 제약을 고려하더라도 얻을 수 있는 모든 표를 원한다. 선거승리를 위해서는 유권자들의 정책적 수요에 응해야 한다. 그러나 정치인들은 유권자가 관심있고 선호하는 정책들에는 일정 수준 이상의 비용을 할당해야한다는 것을 알고 있다. 그런데, 정치인들의 선거승리는 선거제도와도 연관성이 깊다. 후보자들은 더 많은 표를 얻으려고 하지만, 단순다수제에서는 이기기만 하면 된다. 한 표만이라도 더 많으면 되기 때문에, 불필요한 비용을 지출하면서 필요이상의 많은 표를 얻으려고 하지 않을 것이다.

54 American Political Science Association. (1950). ***Toward a More Responsible Two-Party System: A Report of the Committee on Political Parties of the American Political Science Association.*** Rinehart; Downs, A. (1957). ***An Economic Theory of Democracy*** (1st ed.). Harper and Row; Lipset, S. M. (1960). ***Political Man: The Social Bases of Politics*** (1st ed.). Doubleday; Pennock, J. R. (1952). Responsiveness, Responsibility, and Majority Rule. ***The American Political Science Review,*** 46(3), 790–807; Griffith, E. S. (1956). ***Congress, its Contemporary Role. New York University Press,*** pp. 156–157; Ranney, A. (1954). ***The Doctrine of Responsible Party Government: its origins and present state.*** University of Illinois Press.

55 김현준 · 서정민. (2017). 포퓰리즘 정치 개념 고찰 : 문화적 접근의 관점에서. *한국정치학회보,* 51(4), 49–74.

라하게 만들게 되는 것이다. 어차피 B당의 수정된 정책적 제안은 다시 A당에 의해서 견제되어 보완되기 전에는 또 다른 정책 대안은 없다. 제3당, 제4당이 없기 때문이다. 정당 A는 자칫 정당B의 존재를 무시함으로써 시장에서 제거될 위험에 처할 수도 있고, 정당 B는 정치적 독점자가 될 것이다. 정당 A는 (정당 B도 마찬가지로) 자율성의 이름으로 자유롭게 정책을 선발자로서 제안하는 것이 별로 현명한 게임이 아닐 수 있음을 경험으로 알고 있을 것이다.[56]

이런 상황의 연장선상에서, '순환적 상호의존성'(circular interdependence)의 상황과 연계된 또 다른 전략은 정당 A가 단순히 상대방 B에 의해 설정된 정책 패턴을 채택하는 것이다. 정당 A는 정당 B가 선례를 따르겠거니(항상 그런 것은 아니지만, 상당 부분에 있어서) 기대하고 있으며, 그로인한 과거의 정책이 득표에 미친 영향에 대해서 기억하고 있다. 그러한 기존의 정책-득표의 패턴 속에서 만약 상대방 B가 상대방 A의 뒤를 따른다면, 정당 A는 나름대로 정치적 보람을 느낄 수 있는 위치에 있게 된다. 정당 A는 정책으로 정국을 주도하는 형국이 되기 때문이다. 그렇지만, 경쟁자로서의 정당 B가 정당 A를 안이하게 따른다는 상황은 일반적일 수 없다. 또 다른 가능성으로서, 정당 A가 정당 B에 의해 설정된 교환 비율을 수용하는 동시에, 유권자들과의 교류를 더 빠르게 수행하거나 유권자들에게 더 시의적인 정치적 선전을 제공함으로써 정당 B의 업적을 정당 A는 자신의 것으로 포장하면서, 그것의 고객들에게 사실상 비용 없는 보상을 제공하는 것이다. 따라서 정당B는 자신이 정책을 주도하는 듯하지만, 사실상 정당 A에게 이용당하는 상황이 초래될 수도 있다.

또 다른 경우는 정당 A가 정당 B를 정책 경쟁에 끌어들이는 것인데, 정당 A는 비용 구조를 고려할 때 정당 B가 제공할 수 없는 더 낮은 비용 구조를 제공하면서 유권자들에게 혜택을 주는 정책을 설정하려고 할 수 있다. 중차

대한 정책을 놓고 벌어진 정치경쟁에서 성공한다면, 정당 A는 해당 정책의 독점자로 등장할 수도 있다. 독점자의 특권을 자유롭게 누리게 된다. 하지만 만약 A당이 결국 정책 싸움에서 진다면? B당이 독점자로 부상할 것이다. 두 정당간에 정책대결이 제로섬 게임(zero-sum game)에 들어가는 결정을 내리기 전에, 정당 A는 그러한 투쟁에 수반되는 비용, 패배의 가능성과 결합되어, 전부(全部) 아니면 전무(全無)의 전술을 따르는 것을 억제할 수 있는 비용도 고려해야 할 것이다. 현실은 좀 더 복잡하다. 정당이 선택한 전술에 상관없이, 정당의 후보자는 자신이 가장 선호하는 유리한 정책적 위치로 이끌

56 모든 것은 각 정당이 상대방을 어떻게 보느냐에 달려 있다. 양당체계의 정치시장에선, 다음과 같은 정당경쟁의 역설(逆說, paradox)이 나타난다. 즉, 경쟁이 아닌 일종의 '담합'(談合)이 형성되는 것이다. 역설의 발생 이유를 이해하기 위해선 과점하에서 한 쪽의 결정이 또 다른 한 쪽의 결정에 '반응'하는 방법으로서 경쟁자들이 상호간에 "독점으로 가는 길목의 적인지? 아니면, 기득권 유지를 위한 동지인지?" 소위, "이중적 정치 구조"를 보면 된다. 만약 정당 A가 유권자로 부터 더 높은 득표를 위해서 자신의 위치를 개선하려고 한다고 가정하자. 이는 정당 B의 지지자 (아니면, 무당층의 표)를 가져오기 위해서 상대 정당보다 유권자들에게 낮은 교환비율(즉, 낮은 비용의) 정책을 제공해야 한다. 여기에 정당 B도 더 이상 자신의 지위 침식을 막기 위해서, A당의 낮은 환율로 돌아가는 것이 좋다. 결국, A당이 환율을 낮춘 행동이 B당의 흉내내기로 별로 효과없는 행동으로 귀결되면서, A당의 환율 낮추기는 쓸데없는 행위가 된다. 물론, A당이 환율을 높이게 되면, B당은 그냥 가만히 앉아서 유권자들의 지지를 가져올 수도 있다. 종합하면, 어느 한 쪽도 쉽게 환율을 낮추거나 높일 수 없을 것이다. 과점적 경쟁하에선, 경쟁하는 두 개의 엇비슷한 정당들은 유권자들에 대해서 특별히 모험적 행동(또는 실험정신에 의거한 행동)을 하지 않고, 상대방이 앞서서 한 행위를 보면서 "선례(先例)를 따를" (또는 상대방의 흉내를 낼) 가능성이 크다. 어느 한 쪽은 다른 한 쪽의 결정에 대한 책임(즉, 원인성)이 있다. 과점적 경쟁 하에서는 어느 한 쪽도 쉽게 자신의 정책에 대한 유권자와의 교환비율을 높이거나 낮게 할 수 없으며(또는 하기 어려우며), 특히 경쟁 상대방이 득표 차를 크게 벌리는 상황을 막기위해서 "흉내를 내는 전략"을 사용할 것을 알고 있다. 각 정당은 다른 정당을 희생시키면서 자신의 입장을 증진시키려는 것이 합리적인 것이지만, 방금 설명한 과정을 통해 조성된 기존의 환율비율을 그럭저럭 유지하는 것도 합리적일 것이다. 결론적으로, 과점적 경쟁하에선, 사용자에게(즉, 유권자에게) 최적의 환율이 설정되기 어렵다. 그래서, 양당체계의 경쟁은 정책에 의한 차별성 경쟁이 아닌 인물에 의한 차별성 경쟁으로 흐르게 될 가능성이 농후한 것이다.

수 있는 전략을 상정함에 있어서, 당의 정책방향에 대한 믿음에 근거해야 하는데, 그것에 대해서는 결코 확신할 수 없다. 정당의 정책적 입장은 급변하는 상황속에서 유권자들의 요구와 맞물려서 요동칠 가능성이 있다. 선거정치에서 정당과 후보자의 입장은 반드시 일치하는 것은 아니다. 세간에서 정당지지율이 높은 경우에 후보자들은 정당과 자신을 일체화시키지만, 정당지지율이 바닥에 있는 경우, 자신의 득표전략을 위해서 정당의 기존정책과의 차별성을 강조하기도 한다. 이런 부분들은 제3장의 정당이나 후보자의 선거전략 부분에서 상술하기로 한다.

양당이 동일한 종류의 정책을 통제하고 있으며, 유권자들의 이러한 정책에 대한 요구가 정치인들이 결정한 정책 비용의 변화에 완벽하게 반응한다고 가정하자. 두 정당은 동일한 교환 비율로 투표에 대한 정책을 할당하기를 원할 것이다. 따라서 한쪽이 비율을 낮추면 다른 쪽도 따라올 것이다. 여기서 파생하여, 선거경쟁의 현실에서 서로 다른 정체성을 지닌 두 개의 경쟁하는 양대정당의 정책에 대한 요구가 비용에 완벽하게 반응하지 않고 어느 한쪽이 다른 쪽보다 더 큰 비용으로 정책을 제공하더라도 유권자의 지지를 유지할 수 있는 약간 더 불완전한 시장을 상상할 수도 있다. 정당 B가 낮은 정책 비용을 설정함에도, 정당 A는 정책의 내용상 자신의 정당 정체성과 관련하여(즉, 유권자들이 상식적으로 기대하는 정당의 정책방향과 관련하여) 다소 높은 정책비용을 설정할 수도 있다. 그런 경우에, 정당 A는 지금까지 지지했던 유권자들의 일부를 잃게 될 수도 있다. 그렇지만, 정당정치의 특성상, 정당 A는 높은 정책비용의 책정에도 불구하고 상대방 A의 지지층의 일부는 여전히 충성심을 유지할 수도 있다. 유권자들이 선호하는 정당을 단순히 특정 정책에 대한 수혜만을 계기로 그렇게 쉽게 바꾸는 것은 아니다. 현실 세계에서 유권자의 입장에선 습관, 무지, 사회적 압력 등으로 인해 정당가입을 변경하는 것이 매우 어렵다는 것을 알게 된다. 그러나 이것은 유권자들이 그렇게 충성심을 유지하는데 낮은 비용이 드는 경우에만 사실일 가능성이 높다. 정당A가 자신의 정당지지자들이 자신을 지지하는데 높은 비용이 들게 한다면, 결국 정치적인 변화는 일어난다. 결론적으로, 과점적 경쟁하에서 두 양대 정당은 정당간 경쟁에서 안정을 생산하는 방식으로 상대방에게 반응할 것이다. 쓸데없는 모험을 하지 않을 것이다.

우리는, 앞서, 한쪽의 결정이 또 다른 한쪽의 결정에 반응하는, 다시 말해서, 과점 상황에 처한 각 정치 행위자가 경쟁자의 결정에 대하여 그의 결정의 결과에만 관심이 있는 '순환적 상호의존성'에 대해서 살펴보았다. 논의를 좀 더 발전시켜볼 필요가 있다. 바로 과점 정치구조의 내구성에 대한 문제를 논의할 필요성이다. 과점경쟁구조는 어떻게 장기적으로 유지되는가? 과점구조를 유지하도록 움직이는 동인은 무엇인가? 왜 새로운 경쟁자들이나 새로운 정당이 시장에 진입하지 않는가? 이러한 질문들에 답함에 있어서, 사실, 각각의 과점경쟁시장에서 혜택을 보는 주체들은 정치경쟁시장에서 새로운 경쟁자들이 들어오지 못하게 하는 방식으로 그의 위치를 유지한다는 것이다. 무엇이 양당 체제, 또는 2인 수탁자 블록, 또는 과점적 정치경쟁시장을 지탱할 것인가?

과점적 정치경쟁구도가 정치적 안정에 기여하는 것도 사실이다. 너무 많은 경쟁자들이 너무 혼란한 상황을 만들지 않고서 특히 이념이 작용하는 정치시장에서, 그리고 그러한 이념이 대개 두 개의 대조개념(좌파-우파)으로 정리되는 곳에서 선거민주주의란 원칙하에서 형성된 과점적 정치경쟁구도는 그것이 자기발전적으로 형성된 것이라기 보다는 유권자들의 투표 선택의 결과물인 것이다. 따라서 그러한 양대정당구도의 경쟁적 성격을 지나치게 폄하할 필요는 없을 것이다. 다시 말해서, 정치경쟁구도로서의 정당체계(political party system)는 유권자들의 투표의 결과 만들어진 결과물이지, 원인물은 아니다. 문제는 시간이 지나면서 결과물로서의 이러한 정당경쟁구도가 다음의 오는 시간에 대해서는 원인물로 작용한다는 점이다.[57] 정치적 참여에 대한 상당한 장벽이 만들어지고 유지될 때, 일부 사람들은 무력감과 박탈감을 느낄 것이다. 이러한 장벽은 시스템의 규칙(투표 연령 제한 등) 또는 미국 흑인들을 제한하는 일련의 행위에서 알 수 있듯이 불법적으로 부과될 수 있다. 그들의 결과적인 환멸과 좌절은 시스템의 구조를 파괴하기 위한 폭력적인 행동으로 이어질 수 있고, 이는 결국 시스템을 유지하기 위한 동등한 폭력적인 반응으로 이어질 수 있다.

선거과정이라는 차원에서 보자면, 모든 정치적 경쟁이 정당 간에 일어나는 것은 아니다. 과거의 확실한 예가 있다. 정치입문이 상대적으로 더욱 어려웠던 과거가 더 좋은 예가 될 것이다. 1968년 미국 민주당 대선후보 선거운동이었다. 본질적으로 매카시 상원의원이 과감하게 뉴햄프셔에서 도전한 것은 정치 사업가가 기성 정치인에게 도전한 듯한 것이었다. 매카시 상원의원은 유권자들에게 새로운 정치적 보상체계(외교 정책에 대한 그의 매우 다른 접근법)를 주고 받았다. 정치경쟁의 진입 장벽이 무너지는 듯한 상황이 연출되면서, 정치경쟁시장은 더 많은 경쟁 정치인들, 더 많은 자원들, 그리고 전국적으로 훨씬 더 넓은 시장을 포함하도록 확장되었다. 매카시 상원의원의 도전은 베트남에 대한 미국의 정책 변화를 "합법적인" 보상으로 만드는 효과를 가져왔다. 이것은 또한 화가 나고 좌절된 관중들을 수혜자이자 수탁자로서 정치적 과정에 끌어들이는 효과를 가져왔다.[58]

정치적 과점의 상황에서도 당내에서는 다양한 경쟁구도가 형성될 수 있어서 과점상황이 반드시 경쟁이 존재하지 않는 답답한 상황만을 연출하는 것은 아니다. '영국의 양당체계'보다 더 완벽한 형식을 보이는 '미국의 양당체계'에서, 1968년 시작되어 2000년까지 연결된 상황은 과점적 상황에서도 정치적 여백은 존재한다. 미네소타주 상원의원인 유진 맥카시(Eugene Joseph McCarthy: 1916-2005)는[59] 1968년 대통령 존슨에 맞서 뉴햄프셔예비선거에 출마하여, 풀뿌리선거운동을 통해 '반전(反戰)운동'(anti-war movement)의 미국외교정책 이슈만으로 42%의 지지를 획득(존슨은 47%)하며, 사실상 기세를 장악한다. 이로인해서, 민주당원의 압도적 지지를 예상했던 존슨은 다수세력의 확보의 난항(難航)이 예상되면서, 존슨은 선거전에서 철수하며 본선에 불출마를 선언한다. 이후 뉴햄프셔예비선거이후 로버트 케네디(Robert F. Kennedy) 상원의원이 출마하며 가장 강력한 후보가 되었으나 캘리포니아주예비선거에서 승리한 직후 암살되었다. 결국 시카고전당대회에서 허버트 험프리(Hubert H. Humphrey) 부통령이 지명되었지만, 험프리는 원래는 경선에 출마하지 않았었고, 선출과정이 비판에 휩싸이게 된다. 물론 이것은 개인의

57 전통적인 정치학 문헌에서, 아마도 정당 배제에 대한 두 가지 최고의 치료법은 샤츠슈나이더와 듀베르제를 참조하는 것으로 환원될 것이다. 그들은 물론 양당제가 단순다수제와 소선거구제를 병합한 결과물이란 것를 강조한다. 해당 선거제도의 역사적 의미를 보면, 그러한 제도가 일종의 배타적 전술이며 이미 지배적인 엘리트들에 의해 설치되었다는 점이다. Schattschneider, E. E. (1942). *Party Government* (1st ed.). Rinehart and Winston. 양당체계는 미국의 독특한 양당체계의 특성을 대표값으로 여기는 경우가 많은데, 이에 대해서는 Duverger, M. (1959[1954]). *Political Parties* (2nd Amrecian ed.). John Wiley & Sons, pp. 206–228; Grumm, J. G. (1958). Theories of Electoral Systems. *Midwest Journal of Political Science,* 2(4), 357–376.

58 뉴욕타임스는 1968년 5월 1일자 이 사건에 대한 기사에서 "갑자기 우리 젊은이들 사이에도 희망이 생겼다"고 긍정적으로 보도한다. Kenworthy, E. W. (1968, May 1). M'Carthy Decries the War's Impact: Deplores Effect on 'Blight' and on Faith in Dollar. *The New York Times.*

59 1950~1954년 미국을 휩쓴 반(反)공산주의 '맥카시즘'(McCarthyism)의 선풍을 일으킨 조셉 맥카시(Joseph Raymond McCarthy) 위스컨신주 상원의원과는 다른 인물이다. 미국을 공산주의로부터 지킨다는 명분하에 많은 정치인이나 사회지도층 인사들을 공산주의자로 낙인을 찍었다. 1946년에 공화당 위스콘신주 상원의원[정당을 옮겼는데 민주당(1936–1944), 공화당(1944–1957)]에 당선된 조셉 맥카시는 1950년 2월에 "국무성에 205명의 공산주의자가 있다"고 폭탄선언을 하였다. 후에 군부내에도 공산주의자가 있음을 주장하며, 현대 미군의 설계자인 마셜(George Catlett Marshall Jr.)에게까지 비난을 연결한다. 무리한 행동에 대해서 1954년 12월 상원에서 비난결의가 채택되면서 의원직만 겨우 유지하는 상황으로 전락한다.

특성에 의한 것이며, 당내 경쟁구도의 다변화가 시도되었다는 것이며, 정치시장구조에 의한 것도 아니고, 정치시장구조의 변화를 이끌 수 있는 동력은 아니었다.

결국, 유진 맥카시는 1968년, 1976년에 무소속으로 대통령선거에 출마하였으며, 1988년에는 미네소타진보당으로 대통령선거에 출마한다. 그리고 2000년에는 무소속의 대선후보 랠프 네이더[Ralph Nader: 반(反)부패, 반(反)공해, 소비자보호운동가]를 지지하기도 한다. 적어도 당내에서 경쟁의 성격을 다변화할 수 있는, 당간(黨間)경쟁(inter-party competition)에서는 군소후보가 힘을 발휘하기 어렵지만, 당내(黨內)경쟁(intra-party competition)은 군소후보도 이슈에 따라서는 동력을 형성할 수 있는 여지가 있다. 즉, 당내경쟁은 다자구도로, 당간경쟁은 양자구도로 치뤄지게 되는 것이다. 유진 맥카시와 같은 류(流)의 인물이 다시 나타날 가능성은 있다.

이상의 정치적 사건은 '정치적 과점경쟁'에서 이슈의 중요성을 깨우쳐 준다. 과점적 정치경쟁구도의 내구성에 대한 답을 얻기 위해서는 이슈를 중심으로 그 답을 추구해 볼 필요가 있다. 예를 들면, 큰 정당 위주의 정치경쟁구도가 과연 '관심견인이슈'(valence issue)들의 존재로 인해서 타격을 받을 것인지, 아니면, 그대로 소위 양대정당의 전취정당(catch-all party)의 이슈 흡입에 기존 양대정당의 대세가 유지될 것인지 등에 관한 문제이다.[60] 이것은 현실정치에서 앞으로 조금 더 높은 수준으로 파편화된 정당체계의 가능성이라든지, 아니면 관심견인이슈를 중심으로 한 군소정당들의 선거정치를 통한 현실정치에의 착근 가능성과 관련된다.

정책 이슈와 정당 경쟁

'과점적 정당경쟁체제'라는 것은 자유민주주의 사회에서의 정치적 다양성과 경쟁의 복잡성을 효과적으로 포착하기 어려울 것이다. 모바일 SNS시대에 많은 사람들은 안정적이고 일관된 이념적 기준에 따라서 선택을 하는 상황이 과거와 비교하여 감소되는 경향에 있다. 유권자들은 시민적 의사결정을 위한 대안적이고 다원화된 이슈들을 중심으로 시의성(時義性)이 있는 주요한 사회적 이슈들에 영향을 받게 된다. 핵심은 선거정치과정이 당대의 대안적이고 세분화된 이슈들에 영향을 받을 가능성이 높다는 점이다.

립셋과 로칸(S.M. Lipset and S. Rokkan)의 서유럽의 정당사 연구를 보면, 1920년대부터 1970년대까지 '계층분열'로 인한 사회적 분열이 지배적이었다.[61] 서유럽뿐만이 아니라, 근대화, 산업화의 과정을 거칠 수밖에 없는 모

60 이슈의 종류를 구분하는 개념 문제는 단순한 듯하면서도, 주관적 영역에선 그렇게 간단하지가 않다. 이슈 연구와 연관된 대한 논쟁들은 한 개의 이슈가 여러가지 속성의 내용을 포함하는 것이어서 발생한다. 이슈의 종류는 당해 선거상황에서 작동하는 이슈들의 종류와 특성들을 비교하면서 그 상대성을 이해하는 것이 필요할 것이다. 여기서, 문제의식의 출발점은 다운즈(A. Downs, 오히려, 그 이후에 많은 사람들)이 관행적으로 말하는 "전통적 이데올로기적 차원의 좌–우 이슈차원"과 스톡스(D. Stokes)가 말하는 전통적 이데올로기적 차원의 좌–우 관련 이슈(국가개입 vs. 시장자율; 국가권위 vs 개성존중)에 포괄되지 않으면서, 그 자체로서 독립된 이슈로 작용하면서 유권자들에게 중요한 "관심을 유발하는 이슈"[관심견인이슈]의 구분에 있다. 이런 의미에서 'valence issue'는 '유의성(誘意性)이슈'라는 번역도 가능한데, 종종 '합의이슈'라고 번역한다. 탈(脫)이데올로기시대에 대다수의 사회구성원들에게 이견(異見)의 여지가 없이 받아들일 수 있는 (즉, 합의된 것과 같은) 그런 이슈를 말한다. 예를 들면, 낮은 범죄율, 치안유지, 평화전략, 노후생활보장, 의무교육 등과 같은 것들이다. 이데올로기적 차원의 좌–우 이슈를 '대립이슈'[또는 입장이슈, position issue: 예를 들면, 낙태, 동성애, 사형제도, 윤택한 경제생활, 가처분소득증가....)라고 한다면, 탈(脫)이데올로기적 차원에서 사회구성원들의 광범위한 합의를 유발하는 이슈가 '합의이슈'(valence issue)이다. 이렇게 본다면, 번역을 '합의이슈'라고 할 때, 번역 용어는 오해의 소지를 만들 수도 있다. '합의이슈'란 탈이데올로기 사회라는 것을 전제해야만 적실성이 있게 되기 때문이다. 현대사회가 탈이데올로기사회인지 결코 확언할 수 없다. 여전히, 아니 오히려, 이데올로기적 갈등이 심화되는 사회로 해석될 수도 있다.

61 Lipset, S., & Rokkan, S. (1967). Cleavage Structures, Party Systems and Voter Alignments: An Introduction. In S. Lipset, & S. Rokkan.(Eds.), *Party Systems and Voter*

든 곳에서 이러한 계층분열은 나타났다. 중요한 것은 이러한 계층분열은 두 개의 주요 정당(또는 정당 블록)이 대변하는 선거경쟁체제로 고착화된다는 것으로, 이는 이른바 '동결(凍結)명제'(freezing thesis)라고도 불리운다. 그런데, 이러한 동결된 틈새가 풀리기 시작한 것은, 커다란 두 개의 블록을 중심으로 형성되는 정당체계가 1970년대 후기산업주의(post-industrialism) 내지 후기물질주의(post-materialism) 시대의 도래와 함께 시민들에게서 정당정치의 의미를 잃기 시작하면서 부터이다. 이 시점은 시민들의 '정당일체감'(party identification)이 약화되기 시작하는 그 출발점의 시기이다.[62]

동결구조[즉, 고착화된 사회균열구조]가 풀린다는 것은 선거경쟁체계를 이해하는데, 두 가지의 의미를 지니게 된다. 첫째, 이슈의 중요성이다. 이슈 중에서도 당대에 특별히 주요한 사회적 이슈[즉, '현저한 이슈'(salient issues)]와 더불어 당대의 세분화되고 대안적인 관심견인 이슈(valence issue)를 중심으로 한 정치와 쟁점 투표 이론의 관련성은 유권자들의 지지성향을 파악하는데 점점 더 중요한 역할을 하게 되었다.[63] 정당일체감이 선거경쟁에서 주요한 역할을 하던 시대에, 정책과 관련없이 투표가 이루어지거나, 정책과 관련없이 정당에 대한 유권자의 선호가 형성되었다는 의미가 아니다. 정당일체감이 정당지지에 골간이 되던 시기에는 정당의 이념성에 기반하여 기대되는 주요 정책(즉, 경제정책)을 중심으로 다른 세세한 이슈들은 대다수가 흡수되었다. 정당이 상대 정당에 대해서 지니는 이념적 상징성, 그로 인해 예상되는 정책에 대한 기대감들이 정치과정에 도도히 흐르고 있었다. 하지만, 개인들의 인권을 중시하는 자유주의의 흐름과 함께 세상은 양적 풍요와 함께 '삶의 질'(quality of life)를 생각하게 되었고, 정당은 시민들의 삶의 질에 연관된 세세한 이슈와 대안들에 대해서 응답해야만 했다. 모든 시각이 일치하는 것은 아니지만, '높은 수준의 정당일체감'을 기반으로 한 정당경쟁구도는 1970년대를 기점으로 그 이전에 두드러진 정치현상으로서, '후기물질주의'(post-materialism)의 흐름과 함께 그 이후에 무너지게 된 것이다.

'정당 경쟁'[즉 복수(複數)정당의 존재에 근거한]의 개념은 민주주의에 대한 최소한의 정의의 핵심이다. 정당경쟁이 효과적으로 작동하기 위해서는 유권자, 정당, 후보자가 공통의 언어를 가지고 있어야 하며, 그 언어를 통해 유권자가 자신의 아이디어와 가장 일치하는 언어를 선택하고 그에 따라 선택을 할 수 있어야 한다. 이 공용어는 일반적으로 충돌의 연속성 또는 차원을 식별하는 데 중점을 두고 있으며, 왼쪽-오른쪽 구분은 이 중 가장 널리 인식된다.[64] 물론 정치적 갈등이 발생하는 이슈의 범위가 넓다는 점을 감안하면 현실은 더 복잡하고 다차원적인 이슈 공간이다. 여기서 정의한 다차원성은 완전히는 아니더라도 대부분 서로 개념적으로 차별화될 수 있다. 한 이슈

Alignments, Free Press. pp. 1–64.

62 Dalton, R. J., & Wattenberg, M. P. (2000). ***Parties Without Partisans: Political Change in Advanced Industrial Democracies.*** Oxford University Press; Dalton, R. J. (2006). ***Citizen Politics: Public Opinion and Political Participation in Advanced Industrial Democracies.*** CQ Press; Wattenberg, M. (1998). ***The Decline of American Political Parties 1952–1988.*** Harvard University Press; Craig, S. C. (1985). The Decline of Partisanship in the United States: A Reexamination of the Neutrality Hypothesis. ***Political Behavior,*** 7, 57-78.

63 송근원. (2011). 선거아젠다 이슈가 후보의 가시성에 미친 영향: 17대 대선을 중심으로. *국가전략,* 17(1), 155–179.

64 Fuchs, D. and Klingemann, H–. D. (1989) The Left–Right Schema In Jennings, M. K. and van Deth, J. W. (Eds.). ***Continuities in Political Action,*** Berlin: de Gruyter: 203-234. 20세기 중반의 다운즈의 연구는 자유민주주의가 정치체제의 유일한 실행 가능한 모델이 아닌 시대에도 대의민주주의가 국민의 뜻을 대변하는 정치적 균형을 만들어 낼 수 있음을 보여주는 그것의 능력은 중요하다는 평가를 받는다. 달리 표현하자면, 대의민주주의를 통하여 국민의 뜻을 대변하는 정치적 균형을 만들어내는 것은 자유민주주의하에서 가장 실현 가능하다는 의미로도 해석될 수 있을 것이다. Downs, A. (1957). ***An Economic Theory of Democracy.*** Harper.

에 대한 유권자나 정당의 입장은 다른 이슈에 대한 그들의 입장을 예측하는 데 도움이 되지 않을 수도 있다. 결과적으로 유권자의 인식에서 형성되는 이슈 공간은 상당히 복잡해진다.[65] 모든 사회구성원들이 파편화되어 개인적 존재감이 두드러지는 모바일 SNS시대에는 극단적인 경우, 인구수만큼 대안 이슈들이 존재할 수 있으며, 정당이 이들 모든 대안 이슈에 응답하는 것은 사실상 불가능하다.

정당들이 시민들의 다양한 대안적 이슈들에 모두 답하지 못한다고 해서 바로 정당일체감이 사라진 것은 아니다. 말하자면, 정당일체감이 과거보다 감소되면서도, 그러면서도 나름대로 양당의 블록은 그런대로 정치경쟁구도를 유지해가고 있었던 것이다. 그러한 후기산업시대, 후기물질주의시대라는 시대적 전환기에도 양당 블록이 그런대로 유지될 수 있었던 힘은 무엇일까? 다운즈(Downsian)적 관점을 이용하자면, 상대방보다 더 많은 득표를 추구하는 두 개의 지배적인 정당(혹은 블록)을 마주하는 합리적인 유권자들이 중위 유권자가 지지하는 위치로 두 정당이 수렴하게끔 하는 동인을 제공할 수 있다는 것이다. 그 동인은 거대 양당이 경쟁할 경우, 상대방보다 더 많은 득표를 하기 위해서 중위(中位, median position)로 수렴한다는 것이다. 다운즈는 정치적 갈등의 주요한 단일 차원을 가정할 경우, 그러한 가정 하에서, 유권자와 정당의 다양한 이슈의 승수(乘數, 각각의 이슈들이 상호작용하며 발생시키는 복합 이슈들)를 하나의 차원, 즉 관습적이고 전통적인 좌-우 차원이 흡수할 수 있다고 본다.

시대상황에 상관없이, 대안적인 관심견인 이슈들은, 각각의 한 차원상에서 보자면, 대부분 중위에 많은 유권자의 분포를 예상하기 보다는 오히려 중위에 적은 수의 유권자 분포가 예상되는 경우가 다반사이다. 낙태, 동성애, 평화운동, 반핵, 반원전, 페미니즘 등의 이슈는 해당하는 한 차원상에서 '찬성' 내지는 '반대'로 두 양극단에 분포가 몰려 있지, 그저그렇다는 중위적 입장에 많은 사람들이 분포하지 않는다. 이런 이유에서 다운즈의 중위수 유권자 정리의 한계에도 불구하고, 전통적인 좌-우 차원을 중심으로 주요한 정책이슈를 중심으로 두개의 거대 정당이 경쟁할 때, 두 정당의 경쟁형태는 중위적 위치 부근에 머물면서 온건한 경쟁을 보이는 양당체계가 된다는 것은 많은 국가들의 비교연구에게 경험적으로 검증되었다.[66] 현실정치에서 좌-우 이념경쟁이란 1차원 공간은 정당경쟁에 정치균형을 제공하는 가장 큰 요인인 것이다.

결국 다운즈의 논리대로라면, 정당들은 자신의 입지에 유리하도록 다양한 이슈들을 담을 수 있는 주요 강조전략을 선별하여(즉, 그 선별된 이슈를 중심으로 다른 이슈들을 포괄하며) 정치적 경쟁을 벌이게 된다. 이는 대부분의 다양한 대안적 이슈에 대해 명시적인 입장을 취하기보다는 전체 정치 플랫폼의 대리 역할을 할 수 있는 특정 부분집합에 불균형적으로(말하자면, 상대 경쟁정당을 생각하면서 애매하게) 초점을 맞춘다는 것을 의미한다.[67] 여기서 정당의 행태가 '불균형적'이란 의미는 말 그대로 보다 많은 득표를 위한 정당의 전략이란 의미이며, 유권자들의 다양한 관심들이 반영된 다양한 대안 이슈들에 대한 직접적인 응답은 아니다. 정당이 그 사회에서 중요할 수밖에 없는 일부 주요한 정책들에 대한 선택적 강조는, 정책 사안에 따라서는,

65 Enelow, J. M., & Hinich, M. J. (1984). *The Spatial Theory of Voting.* Cambridge University Press.

66 Lijphart, A. (1984). *Democracies: Patterns of Majoritarian and Consensus Government in Twenty-One Countries.* Yale University Press.

67 Robertson, D. B. (1976). *A Theory of Party Competition.* John Wiley; Budge, I., Crewe, I., & Farlie, D. (Eds.). (1976). *Party Identification and Beyond: Representations of Voting and Party Competition.* John Wiley; Budge, I., & Farlie, D. J. (1983). *Explaining and Predicting Elections: Issue Effects and Party Strategies in Twenty Three Democracies.* Allen & Unwin.

시대의 흐름과 시민사회의 발전이란 거시적 차원에서 보자면 지극히 단기적이고 단편적인 '임시방편전략'이란 비판도 가능할 것이다. 보다 많은 득표를 위해서, 소위, 키르크하이머의 전취정당(全取政黨, catch-all-party)적인 행태를 통해서 더 넓은 영역의 이데올로기의 범위를 포괄할 수 있다는 정당의 역량을 입증하여야 하는데,[68] 그러나, 그것은 쉽지 않다. 유권자 입장에서 세금정책에 대한 복지정책이나 환경정책을 생각해 볼 수 있다. 좌파인 '사민당'은 거의 전적으로 복지 조항의 바람직성에 초점을 맞추며, 복지증가에 따르는 세금 인상의 필수적인 경로는 함께 설명하지 않는다. 우파인 '자유당'은 세금 감세와 감면을 광고하더라도 복지정책의 축소 수순에 대해서는 많은 설명을 하지 않는다.

어떻게 정당에 의한 선택적 쟁점의 강조가 관행적인 좌-우측 차원에 이념적 포괄성을 과시하며 정당의 입장을 전달하는 수단으로 기능할 수 있을까? 그 답은 어떤 특정시기에는 수많은 사회 이슈들 중에서도 특정한 당대에 그 사회의 주목을 받는 주된 이슈[즉, 주요한 몇 개의 '현저한 이슈'(salient issue)]가 있는데, 해당의 현저한 이슈들을 중심으로 다양한 이슈들을 누구도 피해가기 어려운 좌-우 이념적 차원[예를 들면, 누구에게나 적용될 수밖에 없는 국가권위-개인인권, 시장논리-국가개입과 같은 논리]에 묶어내는 것이다.[69]

좀 더 상상의 나래를 펴자면, 과점상황에서 양대 정당의 위치에 있지 않은, 소위 제3정당에게 득표경쟁이란 이슈의 다양성을 통한 대중들의 관심 증대가 정당의 득표수를 늘리는 첫걸음인데, 다운즈의 이론의 틀안에선 사실상 비관적이다. 방법이 있다면, 대중들이 다양한 대안적 이슈들, 소위 관행적인 좌-우 이슈 차원이 아닌, 소위 이념적 분기(ideological divergence)의 성격이 거의 없는 다양한 대안적 '관심견인 이슈'(valence issue)에 관심이 증대되는 상황이다. 현실적으로, 이슈를 중심으로 정당들이 경쟁한다고 한다면,[70] 다운즈와 비슷한 시기에 스톡스(D. Stokes)는 정당의 경쟁과정에서 이슈의 다양성에 주목하면서, 따라서 다양한 세부적 대안 이슈들인 '관심견인 이슈'의 중요성을 주목한 바 있다.[71] 스톡스의 이론을 따르자면, 불리한 경쟁 상황에서 벗어나려는 정당들에게는(양대 정당 경쟁구도에서 어떤 한 정당이 항상 밀리고 있다면, 그 한 개의 정당도 포함하여), 이슈의 다양성이 유일한 전략적 자원이라고 해도 과언이 아닐 것이다. 스톡스는 1952년 공화당 후보인 아이젠하워(D. Eisenhower)가 성공적인 선거운동으로 승리를 이끌어 낼 때 선거에서 결정적인 전환점을 이슈의 성격에서 찾았다. 이는 아이젠하워 선거운동이 유권자들이 좌-우익 구분에 얽매이지 않고, 사실상 승리가 한국, 부패, 공산주의와 같은 광범위한 비당파적 이슈에 대한 "비교적 새롭고 일시적인 정치적 태도"에 있다는 것을 깨달은 것에서 비롯되었다. 스톡스의 작업의 핵심 통찰력은 불리한 균형에 직면한 당사자가 대중의 관심을 이동

68 Kirchheimer, O. (1966). *Political Parties and Political Development.* Princeton University Press.

69 Paolino, P. (1995). Group-Salient Issues and Group Representation: Support for Women Candidates in the 1992 Senate Elections. *American Journal of Political Science,* 39, 294-313.

70 지역정당의 견고한 모습을 지켜보는 한국 유권자들에겐 그렇지 않을 수도 있다. 정당들이 이슈를 중심으로 경쟁하지 않고, 지역적 지지기반을 중심으로 경쟁할 수도 있다. 현재 한국사회에선, 지역균열이외에도, 이념균열, 세대균열, 계층균열 등이 주요 균열로서 존재하고 있다. 역으로, 소셜미디어시대에 한국사회에서 지역균열과 같은 공룡변수하에서 정당이 유권자들의 지지를 얻는 효율적인 방법은 '관심견인이슈'의 개발일 수도 있다. 단적으로, 양쪽 정당에게 모두 파괴력이 있었던 선거공약으로서 '수도이전'공약도 관심견인이슈의 한 종류로 해석될 수 있다. 송진미 & 박원호. (2016). 이슈경쟁과 합의이슈모델:2014년 서울시장선거를 중심으로. *한국정당학회보,* 15(1), 29-62.

71 Stokes, D. E. (1963). Spatial models of party competition. *American Political Science Review,* 57(2), 368-377.

시키기 위해 대안적 이슈를 강조할 것이라는 점이다. 스톡스의 주장은 전략적 자원으로서의 대안 이슈의 중요성을 강조한 것이다.[72]

선거과정에서 다양한 관심견인 이슈가 중요해지는 선거경쟁체계는 '통합의 정치'보다는 '분열의 정치'로 갈 가능성이 있다. 사회가 다원화되어 '정체성의 정치'(identity politics)를 반영하는 세분화된 대안적 관심견인 이슈들의 난무는 단순히 과점경쟁구도를 깨기 위한 선거경쟁구도의 변화 이상의 또 다른 부정적 파급효과를 갖는다는 관점도 가능할 것이다. 단, 과점경쟁체제에서 양대 정당들의 치열한 경쟁의 원인인 이념적 대결구도가 앞서 언급한 중도로 수렴하면서 이념적 차별성이 약화 된 상황에서의 관심견인 이슈들이 정당들의 차별성을 보완하는 방식으로 득표전략에 사용될 경우, '관심견인 이슈'의 활성화가 '분열의 정치'로까지 확대해석될 필요는 없다는 그런 낙관론도 가능하다.[73]

두 개의 대비되는 정당경쟁의 득표전략으로서 다운즈의 시각과 스톡스의 시각은 시대적 흐름과 함께 계속 대비되어 평가와 검증을 받게 될 것이다. 최근에는 가까운 미래에 정당의 예상되는 형태로서 '플랫폼정당'(platform party)의 모습을 예견하는 연구들이 있다. 플랫폼정당이란 당대의 주요한 어떤 특정 이슈를 중심으로 그 때마다 특정 이슈에 대한 의견들을 중심으로 기동성있게 헤쳐모여를 할 수 있는 정거장(또는 기준점)의 역할을 하는 정당을 말하는 것이다. 일반적인 거대한 주요 '대중정당'이 관행적인 좌-우 이념적 이슈에 함몰되는 성향이 강하다면, '플랫폼정당'은 일반 유권자도 정책이나 이슈의 선정이나 구성 단계에서부터 정당이나 후보자의 정책결정에 긴밀하게 참여할 수 있다. 따라서, 플랫폼정당은 관심견인이슈정당과 친화력이 있음을 알 수 있다.

정당이란 '사회균열'(social cleavage)이 '정치균열'(political cleavage)화한 것이다. 따라서, 정당 경쟁의 내용은 사회구성원들의 요구를 반영한 결과물이다. 그렇다고 해서 정당의 기관적 자율성을 망각하면 곤란하다. 민주주의를 고양하기 위한 현실적 방편으로 대의민주주의하에서 정당민주주의를 근간으로 하는 선거민주주의가 시행되고 있다면, 정당이란 단순히 시민들의 요구를 반영하는 기관이면서도, 사회통합을 위한 교조적 기능도 갖고 있다. 그것이 포괄적 의미에서의 '책임정당'인 것이다.

시대가 어떤 방향으로 흐르게 될지, 그래서 정당경쟁의 형태가 어떤 형태

72 라이커의 이단적 도입은 정치적 결과를 이해하기 위한 이론적으로 이단적 개념을 발전시키려는 첫 번째 시도였다. 라이커에 따르면, 장기적으로 민주주의에 영향을 미치기는 하지만 다차원성에 의해 생성된 비탄성 관련 불균형은 현실적으로 정치 행위자들이 불리한 평형에서 벗어날 수 있는 자원으로 보아야 한다. 또는 "어떤 결정에서 질 것으로 예상되는 사람에게, 근본적인 이단적 장치는 새로운 대안, 즉 이전에 이길 것으로 예상되었던 대안보다 더 많은 사람을 나누는 것이다." (Riker 1986: 1) 이 전략은 1952년 아이젠하워의 논리를 완전히 포착한다. 라이커(Riker)는 단일차원(uni-dimensional)하에서 안정된 내쉬 균형(Nash-equilibrium)으로 간주되는 것을 전복시키기 위해서는 의도적으로 다차원성(multi-dimensionality)을 이용할 수 있다고 보았다. 결국, 단일차원의 안정된 내쉬균형이란 "양당체계가 갖는 이념적 단일차원의 이슈 경쟁"을 의미하는 것이고, 다차원성에 의해서 전복된다는 의미는 "다양한 관심유발이슈들에 의해서 불균형에 연관된 비전이성(intransitivity)"의 상태는 또 다른 형태의 균형으로 넘어갈 수 있는 자원이 되는데, 그것이 바로 "다양한 이슈들이 경쟁하는 다당체계에서의 균형"이다. Riker, W. (1986). *The Art of Political Manipulation.* Yale University Press.

73 최근의 경험적 연구는 정당간 이념적 차이가 감소한다는 아이디어를 지지하는 것으로 나타났다. Adams, J., de Vries, C. E., & Leiter, D. (2012). Subconstituency Reactions to Elite Depolarization in the Netherlands: An Analysis of the Dutch Public's Policy Beliefs and Partisan Loyalties, 1986–98. *British Journal of Political Science,* 42(1), 81–105; Adams, J., Green, J., & Milazzo, C. (2012). Has the British Public Depolarized Along With Political Elites? An American Perspective on British Public Opinion. *Comparative Political Studies,* 45(4), 507–530; Hellwig, T. (2014). The Structure of Issue Voting in Postindustrial Democracies. *The Sociological Quarterly,* 55(4), 596–624. 이런 맥락에서 이슈는 유권자의 의사결정 과정뿐만 아니라 정당 전략에서도 더 중요해진다. 이념적 차별화가 특색 있는 능력을 잃는다면, 정당들이 새로운 차원의 경쟁 파악을 시도하는 것은 자연스러운 일이다.

가 될지 예측하기가 쉽지 않다. 우리는 주위에서 “왜 다른 모든 것들은 변화하고 발전하는데, 정치는 맨날 저 모양이냐?”라는 푸념들을 빈번히 듣게 된다. 변하지 못하고, 그런 모습이 지속되는 데는 분명히 변화하기 어려운 이유가 있을 것이다. 정치는 사회 구성원들 우리 모두가 만들어낸 결과물이다. 누구 한 사람의 책임이라고 할 수 없다. 정치의 모습이 원래 권력획득과 투쟁의 과정이기에 제도를 몇 개 바꾼다고 해도 본질은 변하기가 어려울 수도 있고, 그래서, 어떤 획기적인 새로운 형태가 도래할 가능성에 대해서 기대하기 쉽지 않다.

변화를 기대할 수 있다면, 경우의 수들에 대해서 정리해 볼 수 있을 것이다. 첫 번째 가능성은 정당경쟁에서 관심견인이슈의 득표에 대한 중요성이 증가하는 방향으로 가는 것이다. 좀 더 추상적으로 표현하자면, 그런 세상으로 가는 것이다. 우리는 숲에 들어가면 나무만 보인다. 바깥에서 보아야 숲이 보인다. 정당조직은 일단 설립되면, 그 이후에 그렇게 이념적 위치가 쉽게 변하는 것이 아니다. 이념적 위치의 상대성은 정당이 태동하여 소멸될 때까지 그대로인 경우가 많다. 많은 연구들을 보면, 정당이란 득표를 위해서 유권자들에게 지속적으로 새로운 모습을 보여주어야만 하는데, 사실 정당이 자신의 이념적 위치를 바꿀 수는 없기에, 새로운 이슈 쟁점을 강조하는 것으로 개혁과 변화가 한정된다는 것이다.[74] 좌파 정당이 중도쪽으로 이념적 위치를 변경한다고 해도 경쟁하는 우파 정당보다 더 오른쪽으로 갈 수는 없다. 그런 의미에서 해당 정치체계내에 그 좌파정당은 여전히 상대적 좌파정당인 것이다. 이것은 우파정당도 마찬가지이다. 현대사회에서 복지정책을 강조하면서 더 중도쪽으로 수렴한다고 해도, 경쟁하는 좌파정당보다 더 좌측으로 갈 수는 없다. 그런 의미에서 그 우파정당은 정치체계내에서 여전히 상대적 우파정당인 것이다.[75]

정당민주주의에서 정당경쟁구도는 당간 뿐만이 아니라 당내에서도 형성

74 광범위한 경험적 연구가 그러한 전환의 아이디어를 지지해 왔으며, 당 경쟁이 위치 기반 갈등보다는 쟁점 강조와 역량 쪽으로 어떻게 이동해 왔는지를 보여주었다. Nadeau, R., Blais, A., Gidengil, E. and Nevitte, N. (2001). Perceptions of Party Competence in the 1997 Election. In H. G. Thornburn & A. Whitehorn (Eds.). *Party Politics in Canada* (8th ed., pp. 413-430). Toronto: Prentice Hall; Blais, A., Turgeon, M., Gidengil, E., Nevitte, N., & Nadeau, R. (2004). Which matters most? Comparing the impact of issues and the economy in American, British and Canadian elections. *British Journal of Political Science,* 34(3), 555–563; Van der Brug, W. (2004). Issue ownership and party choice. *Electoral studies,* 23(2), 209–233; Clarke, H. D., Sanders, D., Stewart, M. C., & Whiteley, P. F. (2009). *Performance politics and the British voter.* Cambridge University Press; Bellucci, P. (2006). Tracing the cognitive and affective roots of 'party competence': Italy and Britain, 2001. *Electoral Studies,* 25(3), 548–569; Bélanger, É., & Meguid, B. M. (2008). Issue salience, issue ownership, and issue-based vote choice. *Electoral Studies,* 27(3), 477–491; Duch, R. M., & Stevenson, R. T. (2008). *The economic vote: How political and economic institutions condition election results.* Cambridge University Press; Green, J., & Hobolt, S. B. (2008). Owning the issue agenda: Party strategies and vote choices in British elections. *Electoral Studies,* 27(3), 460–476; Sanders, D., Clarke, H. D., Stewart, M. C., & Whiteley, P. (2011). Downs, stokes and the dynamics of electoral choice. *British Journal of Political Science,* 41(2), 287–314. 예를 들어, 그린페더슨은 정당들이 더 다양한 정책 이슈를 다루면서 선거 매니페스토의 좌–우 내용이 지속적인 감소하고 있다고 시사했다. Green–Pedersen, C. (2007). The growing importance of issue competition: The changing nature of party competition in Western Europe. *Political studies,* 55(3), 607–628. 이와 동시에 환경, 이민, 그리고 최근에는 EU 통합과 같은 주요 이슈에 동원된 소규모 정당들이 부상하고 있다. De Vries, C. E., & Hobolt, S. B. (2012). When dimensions collide: The electoral success of issue entrepreneurs. *European Union Politics,* 13(2), 246–268; Kitschelt, H. (1995). The Radical Right in Western Europe: A Comparative Analysis. The University of Michigan Press; Kitschelt, H. (1995). Formation of Party Cleavages in Post–Communist Democracies Theoretical Propositions. Party Politics, 1(4), 447-472; Kitschelt, H. (1994). *The transformation of European social democracy.* Cambridge University Press; O'Neill, M. (2019). *Green parties and political change in contemporary Europe: New politics, old predicaments.* Routledge; Mair, P. (2001). The green challenge and political competition: how typical is the German experience?. *German Politics,* 10(2), 99–116; Talshir, G. (2002). *The political ideology of green parties: from the politics of nature to redefining the nature of politics.* Springer; Hainsworth, P. (2000). *The Politics of the Extreme Right: From the Margins to the Mainstream,* London: Pinter.

된다. 당간의 경쟁에서 이슈의 중요성이 크다는 것은, 당권 경쟁에서도 이슈의 중요성이 커진다는 것을 의미한다. 정당의 입장이란 것은 당권경쟁을 통한 당대표의 정당에 대한 이념적 위치매김, 전략적 쟁점이나 대안적 이슈에 대한 자리매김이 절대적이기 때문이다. 나아가 정당경쟁과정에 이슈의 중요성이 크다면, 주요 쟁점 강조를 조작하는 방법이나 전략적인 이슈 선정의 역동성에 대한 논의가 필요하다. 그것이 전략적 선정이건, 조작이건 이슈생산의 문제를 좀 더 보기로 한다.

앞에서와 같이, 다운즈의 이론을 스톡스의 이론과 대조되는 이론으로 위치시킬 수도 있지만, 보다 많은 득표를 추구하는 선거전략의 차원에서 보면, 역설적으로 다운즈의 연구와 대비되는 관점을 지닌 스톡스의 연구는 다운즈의 관점에 포괄될 수도 있을런지 모른다. 왜냐하면, 스톡스의 관점에서 '관심견인이슈'(valence issue)란 결국 이념적 양극단을 극복하고 중도적 위치의 이슈의 성격을 지닐 기대가 높기 때문이다.[76] 다시 한 번 다운즈의 이론을 이용해 보기로 한다. 다운즈에 따르면, 모든 정당전략이 향하는 방향은 득표의 극대화이다. 그런데, 다운즈는 득표란 유권자 자신의 입장과 정당의 정책적 거리(distance)에 따라서 결정된다고 보았다. '중위투표자이론'(median voter theorem)이란 것도 정당이 어떤 일차원의 좌-우 차원상에서 중간으로 갈 때 유권자들과의 정책적 거리를 최소화할 수 있다고 본 것이다. 왜냐하면, 그곳 중위에 많은 유권자들이 몰려 있기 때문이다.

문제는 좌파이건 우파이건 정당이 보다 많은 득표를 위해서 중위로 수렴한 후에 벌어진다. 이념적 입장의 변화는 이념적 입장의 강조보다 더 많은 정치적 비용과 분란을 야기시킨다. 좌파정당을 예로 들어보자, 어렵게 우여곡절을 겪으면서 중위로 수렴한 후에,[77] 이제 더 발전하기 위해서 정당은 득표전략으로 관심견인 이슈들을 사용할 수 있지만, 생각해 보자, 관심견인 이슈가 어디 한두 개인가? 많을 것이다. 어떤 관심견인 이슈를 선정할 것인가?

결국, 정당이 현명하게 대응하는 방법은 관심견인 이슈들 중에서도 어떤 특정한 관심견인 이슈가 다른 관심견인 이슈들을 포괄할 수 있도록, 물론 쉽지 않겠지만, 최대한 그렇게 해야 하는 것이다. 관심견인 이슈들끼리 비교하면, 모든 관심견인 이슈가 중요한 것이 아니라, 특정 관심견인 이슈는 다른 관심견인 이슈들을 연관지어서 포괄할 수 있는 힘이 있는 관심견인 이슈가 있다는 것이다. 이슈는 문구(文句)가 중요할 수밖에 없다. 예를 들면, 정당이 이용할 수 있는 '자연보호', '국립공원설치', '동네공원설치'라는 세 개의 환경관

75 Coleman, J. J., Goldstein, K. M., & Howell, W. G. (2011). *Understanding American Politics and Government.* Longman.

76 어떤 특정의 정당의 선거전략 차원에서 각 정당마다 사용하는 '관심유발이슈'가 다를 수 있다. X정당은 '낮은 범죄율 사회'의 달성이라고 하고, Y정당은 '세금감면정책'과 같은 것이다. 정당마다 당해 선거에서 선거승리를 위해서 어떤 '관심유발이슈'를 '현저한 이슈'(salient issue)로 자리매김할 것인가에 대한 판단은 다를 수 있다. 문제는, 정당이 사용하는 '관심유발이슈'가 그것을 사용하는 정당이 기존에 갖고 있는 이념적 이미지에서 자유로운데는 한계가 있기 마련이다. 일반적 의미에서, 유권자들에게 '합의이슈'이건 '관심유발이슈'는 중도적 위치에 존재하는 이슈일 개연성이 농후하다. 일반적 의미에서 '관심유발이슈'는 이념적 분기(分岐)(ideological divergence)와는 상관없이, 유권자들의 관심에서 상당수의 유권자가 합의의 상황에 있는 이슈를 말한다: 예를 들면, 범죄관리(낮은 범죄율에 대한 합의), 평화, 실질소득 증가(낮은 인플레, 낮은 세금), 은퇴후 생활보장 등이 그런 것이다. 관심유발이슈는 전통적인 좌파-우파의 이념적 이슈 (국가개입, 시장자율)처럼 지엽적인 또 다른 이슈들을 포괄하거나 연계되기 보다는, 이슈의 내용이 그 한 개로서 온전히 독립된 이슈의 성격이 강하다. 가장 큰 문제는 정당이 기존의 기관적 정체성과 관련하여 '중도적 이슈'를 자유롭게 사용할 수 있는가의 여부이며, 나아가 중도전략이 유리하다고 판단한다면, 어떻게 중도적 이슈로 꾸며서 성공적인 분장(扮裝)을 해낼 것인가의 여부이다.

77 정당의 이념적 노선변화와 그 과정에서 발생되는 이념노선투쟁이란 것은 그렇게 단순한 문제가 아니다. 그래서 다운즈의 이론은 득표전략이란 입장에서는 여전히 많은 영감을 주지만, 역사적 입장에서 정당기관화(또는 정당제도화, party institutionalization)의 입장에서 보자면, 당내갈등과 투쟁의 결과물이 이념적 변화인 것이다. 그래서, 좌파정당의 중도정당으로의 변화 또는 우파정당의 중도정당으로의 변화는 시대변화와 함께 개인의 생활정치가 강조된 유권자성향과 유권자지형의 변화에 수반된 결과물로 해석하기도 한다.

련 정책 이슈가 있다고 가정하자. 모두는 관심견인이슈가 될 수도 있지만, '자연보호'라는 것은 상징적 호소로서 관심견인이슈의 차원으로 내려가기 어려울 수도 있다. 이것은 유권자들의 인식과 필요성에 달린 것이다. 환경론자인 유권자들의 관심을 견인하기 위해 '국립공원설치'라는 이슈에 반응할 수도 있지만, '동네공원설치'라는 보다 구체적인 구호로 내려가야만 그 지역구민들의 관심을 견인할 수도 있다. 유권자들이 정당 선택을 하는데 있어서 기댈 수 있는 핵심 기준으로 그들의 마음에 떠오르는 제한된 수의 호의적인 문제들에 초점을 맞추는 것이다.

결국, 정당이 직면하는 과제는 가장 유리한 이슈를 식별하는 것이다. 그런 것들을 찾아내어(유권자 인식조사를 이용하건, 빅데이터를 이용하건, 정당의 전략가가 할 일이다), 가장 유리한 이슈들을 선점하고 득표전략에 이용하는 것이다. 만약 좌파정당이 관심견인 이슈를 찾아내는 과정에서 다른 관심견인 이슈들을 포괄할 수 있는 기막힌 관심견인 이슈를 찾아냈다고 할 때, 그러한 관심견인 이슈가 우파적인 정책일 가능성도 있다. 앞서 언급한 환경정책은 전통적으로 전반적으로 좌파친화적 정책의 부류이다. 하지만, 우파에게 환경정책이란 관심견인이슈로서 얼마든지 관심을 가질 수 있는 정책이다. 따라서, 관심견인 이슈를 포괄할 때의 문제는 당내의 내부분열을 최소화하면서, 바깥으로는 상대 정당과의 득표경쟁에서 유리한 (다시 말해서, 지금의 지지기반을 넘어서 새로운 지지기반을 확보하는) 입지에 서야한다는 것이다.

정당이 새로운 구체적 전략이슈를 이처럼 개발하여 제시할 때, 정당이 기존의 지지층을 실망시키지 않으면서도, 새로운 유권자 지지층에게 관심을 확보하는 것이 된다.[78] 실례로, 이런 조합이 새로운 유권자를 얻기 위한 강력한 자원이 된다. 미국에선 민주당의 금융시장 개혁, 공화당의 총기 규제 강화 반대는 기존의 지지기반을 구성하는 주요한 이슈다. 각 정당의 관행적인 지지기반의 이슈를 무너뜨리지 않으면서 새로운 관심견인이슈를 통해서 지지층을 확장하려고 할 때, 새로운 관심견인이슈가 기존의 지지기반을 형성하는 이슈와 얽혀들면서 각 당사자에 대해 다른 위험-기회 조합을 제시할 수도 있지만, 어느 당사자도 소수만이 누릴 수 있는 고수익 상황을 누리고 있는 것은 분명하다.

정당이 지지기반을 확보함에 있어서, 새롭게 포괄된 지지층이 언제까지 해당 정당에 남아있을지는 정당의 숙제일 것이다. 나만 똑똑한 것이 아니다. 다른 정당도 나와 동일한 득표추구전략을 가져간다면, 내 정당의 기존 지지층이 다른 정당으로 빠져 나갈 수도 있다. 이번에는 성공적이어서 기존 지지층이 지켜졌더라도, 시간의 흐름속에서 지속되는 주요 관심견인 이슈의 발굴을 상대 정당이 성공적으로 해내는 경우에는 내 정당의 전략은 무력화된다.

여전히 문제는 남는다. 유권자들에게 정당들이 단기적인 전략과 이익을 추구하면서 근시안적이고 나아가 기회주의적이라는 인상을 준다면, 사실 관심견인이슈의 추구전략이란 것은 단기적 성공전략에 불과할 수 있다는 점이다. 정당이 태동한 이후 정당사 속에서 유권자가 기대할 수 있는 어떤 정책의 범위까지를 활용할 수 있는지, 이용할 수 없는지를 선택할 수 있는 최종 기준점을 제공한다는 점에서 정당의 이슈 생산 전략은 정당의 흥망성쇠에 절대적이라고 할 것이다. 만약, 한 개의 정당만이 똑똑해서 이런 이슈생산전략을 활용하는 것이 아니고, 정치체계내에 존재하는 대부분의 정당이 해당 이슈전략을 활용한다면, 결국, 정당간의 경쟁은 정당 고유의 이념적 위치가 중요하다. 다운즈가 언급했듯이 정당이 중도로 수렴하되, 콜만이 언급했듯

78 이러한 내용에 대해서 '교량전략'(bridge strategy)라는 용어를 쓰기도 하는데, 특정 관심견인이슈(valence issue)가 새로운 지지층과 기존이 지지층 사이에 일종의 연결 교량의 기능을 한다고 볼 수 있을 것이다. 아니면, 변화된 중도이념적 위치와 그를 보완하기 위한 관심견인이슈의 교량적 관계로 볼 수도 있을 듯도 하다.

이, 좌파가 우파보다 더 우쪽으로 가거나, 우파가 좌파보다 더 좌쪽으로 가는 일은 없을 것이다. 그렇게 본다면, 결국 정당간의 경쟁은 정당 태동 당시 고유의 이념적 초기값이 매우 중요한 것이다.[79] 정당경쟁과정은 신속한 변화보다는 시간이 지남에 따라 정당 플랫폼과 지지층의 점진적인 진화를 예측하게 한다. 분명한 것은, 정당경쟁에서 증가하는 이슈의 다양성은 결국 기존 정당경쟁구도에서 불이익을 보는 행위자들의 입장에 있는 자들이 불리한 균형에서 벗어나기 위해 사용할 자원으로 볼 수 있다는 것이다.

현실정치에서 이슈공간은 복잡계를 이루고 있는데, 하나의 이슈에 대한 정당이나 유권자의 입장은 다른 이슈에 대한 그들의 입장이나 행태를 이해하는데 별로 도움이 되지 않을 수도 있다.[80] 정당들이 소위 '관심견인이슈'(valence issue)에 근거한 다양한 정책이슈들을 다루는 일이 증가하면, 선거매니페스토 운동에서 좌-우 이념적 내용에 근거한 이념적 대척점을 지속적으로 약화시키게 된다.[81] 그래서, 정당동결의 효시이자 완결판이었던 서유럽정당사에 환경, 이민, 민족주의, EU통합과 같은 이슈들에 동원된 소규모 정당들이 나타나고 있다.[82] 이른바, 그러한 소규모 정당을 '니취정당'[niche party: 틈새정당, 특정영역정당]이라고도 하는데, 그들은 '관심견인이슈'에 근거한 영역과 범위안에서는 자신들이 최고가 될 수 있는 군소정당들인 것이다.[83]

선거경쟁과정에서 이슈가 중요하다는 의미를 이해하기 위해서는 논의가 단순히 정당전략의 차원으로 한정될 수 없다. 정당이 어떤 이슈를 통해서 유권자들에게 다가서려면, 유권자의 입장에서도 정당, 후보자들에 대해서 정치정보체계라든지, 정치인식이 일정 수준에 도달해 있어야만 한다. 이슈의 의미와 내용을 알려면 정치체계 내의 정당들에 대해서도 지식과 정보가 있어야 한다. 선거경쟁과정에서 정당의 '좌-우 이슈'를 기반으로 한 전략이라든지, 아니면, '관심유발이슈'에 관련된 이슈라든지, 그러한 이슈가 대중들에게 제공되었을 때, 그러한 이슈가 갖는 의미와 내용에 대해서 유권자들이 일정 수준이상으로(적어도 최소한의 수준으로는) 정치정보체계 및 정치인식의 수준이 갖추어져야 하는 것이다. 선거경쟁과정에서 유권자가 정당이나 후보

79 진영재. (2020). *정당정치의 진화.* 연세대학교 출판문화원. 1장 참조

80 Enelow, J. M., & Hinich, M. J. (1984). ***The Spatial Theory of Voting.*** Cambridge University Press.

81 Green–Pedersen, C. (2007). The growing importance of issue competition: The changing nature of party competition in Western Europe. ***Political studies,*** 55(3), 607–628.

82 O'Neill, M. (1997). ***Green parties and political change in contemporary Europe: New politics, old predicaments.*** Aldershot: Ashgate; Mair, P. (2001). The green challenge and political competition: how typical is the German experience?. ***German Politics,*** 10(2), 99–116; Talshir, G. (2002). ***The political ideology of green parties: from the politics of nature to redefining the nature of politics.*** Springer; Kitschelt, H. (1994). ***The transformation of European social democracy.*** Cambridge University Press; Hainsworth, P. (2000). ***The Politics of the Extreme Right: From the Margins to the Mainstream,*** London: Pinter; De Vries, C. E., & Hobolt, S. B. (2012). When dimensions collide: The electoral success of issue entrepreneurs. ***European Union Politics,*** 13(2), 246–268.

83 Meguid, B. M. (2005). Competition between unequals: The role of mainstream party strategy in niche party success. ***American Political Science Review,*** 99(3), 347–359; Meguid, B. M. (2008). ***Party competition between unequals: Strategies and electoral fortunes in Western Europe.*** Cambridge: Cambridge University Press; Adams, J., Clark, M., Ezrow, L., & Glasgow, G. (2006). Are niche parties fundamentally different from mainstream parties? The causes and the electoral consequences of Western European parties' policy shifts, 1976 - 1998. ***American Journal of Political Science,*** 50(3), 513–529; Ezrow, L. (2008). Research note: On the inverse relationship between votes and proximity for niche parties. ***European Journal of Political Research,*** 47(2), 206–220. 참고로, 드브리스나 후볼트(2012)는 '도전자정당'(challenger party)이라는 용어를 사용하기도 한다. De Vries, C. E., & Hobolt, S. B. (2012). When dimensions collide: The electoral success of issue entrepreneurs. ***European Union Politics,*** 13(2), 246–268.

자들을 지지한다는 것은 일정 수준의 '신뢰'(trust)가 바탕이 될 때 견고하게 형성된다. 그러한 '신뢰의 수준'이 낮건, 높건 어떤 수준에서 형성되려면, 유권자들의 정치정보체계 및 정치인식의 수준이 있음을 전제로 한다.[84]

선거경쟁과 유권자 수준

현실세계에서 대중들 사이에 정치적 세련됨의 수준에는 상당한 차이가 있다. 정치정보의 차이는 특정 유권자가 정치발전 전반과 선거운동을 더 잘 인식하고, 고(高)정보 유권자와 저정보 유권자가 다르게 반응한다는 의미이기도 하다.[85] 예를 들어, 지식이 풍부한 유권자들은 선거 운동 활동과 정치적 경쟁의 본질을 더 잘 알고 있다. 정치적 세련됨은 정치정보의 획득수준과 무관할 수 없다. 정치정보의 획득은 선거 광고, 후보 연설, 선거의 뉴스 보도 등 선거의 정보 환경이 기본이 된다. 최근에는 모바일 SNS시대여서 누구나 자유롭게 실시간으로 정치정보에 접할 수 있다. 역설적으로, 모바일 SNS시대에는 정치정보 획득을 위한 환경을 탓하기는 어려울 것이나, '거짓뉴스'가 '확증적 편향'을 부추기는 상황에서, 유권자들은 보도매체들의 진정성을 구분할 필요성이 있다. 모바일 SNS시대가 되었어도 정치정보를 획득하고 이를 제대로 해석하는 것은 환경의 영역이라기 보다는 개인의 자질의 영역이다.

정치적 정보의 부족이 투표 행동과 민주주의 전반에 중요한지 여부에 대한 논의가 있다.[86] 현대 사회에서 교육 수준이 크게 성장했음에도 불구하고 정치영역에서의 지식과 행태는 고양된 민주시민 의식을 느끼게 하기에는 미흡하다는 것이 중론인 듯하다. 유권자들은 지식이 부족함에도 불구하고 합리적인 결정을 하는가? 정치적 정보가 투표 결정 요인의 영향을 수정하는가? 유권자들이 좀 더 충분한 정보를 제공받는다면 다른 결정을 내릴 것인가? 건전한 민주주의는 정보에 입각한 유권자에게 달려있는 것인가? 복수경쟁을 기반으로 하는 자유민주주의 하에서의 민주주의 성취를 위해서는 그렇다. 자유민주주의의 기본 전제 중의 하나가 정보획득의 자유이다. 그렇다면, 건강한 자유민주주의는 정치정보획득 및 평가, 정치에 대한 인식에 있어서 일정 수준 이상의 수준에 있어야만 한다. 그런데 여기서 논쟁이 발생한다. 그러면 개인들은 모두가 일정 수준이상의 정보체계와 인식수준이 있어야만 선거경쟁에서 건전한 민주시민이 되는 것인가? 선거기간은 몇 달 동안 계속된다. 선거시작 시점에는 정당, 후보자에 대해서 잘 모르더라도, 선거과정을 통해서 반복되는 정보획득이라든지 주위 사람들과의 대화를 통해서 자신의 경험적 체험에 기초한 '자기발견적'[또는 '자기발전적', '자기학습적'] 행태(heuristic behavior)]로 일정수준의 정치정보체계의 수준에 도달할 수도 있다.[87] 자기발견적 행태의 문제는 그러한 정치정보체계나 인식이 잘못된 오류

84 Dowding, K. (2005). Is it rational to vote? Five types of answer and a suggestion. *The British Journal of Politics and International Relations*, 7(3), 442–459.

85 유현종. (2008). 선거에서 정보환경이 유권자의 선택에 미치는 영향에 관한 실증연구: 한국 대통령선거(제14대–제16대)를 중심으로). 한국정치학회보, 42(4) 155–188.

86 Key, V. O. (1966). The responsible electorate. Cambridge, MA: Harvard University Press; Niemi, R. G., & Weisberg, H. F. (Eds.). (2001). *Controversies in voting behavior*. CQ Press.

87 이러한 점은, 그 반대의 경우에도 해당된다. 즉, 높은 교육을 받고 일정 수준의 정치정보체계 수준과 인식수준을 갖추고 있더라도, 선거시작 시점부터 아예 정치무관심으로 선거과정 내내 무관심으로 일관한 사람은 막상 해당 선거의 투표일에 이르러서, 자기발견적 접근을 하는 사람과 비교해서 더 낮은 정치정보체계와 인식수준을 갖고 있을 수 있다. 단순히 교육수준의 정도가 정치정보체계수준이나 정치인식수준을 결정하지는 않는다. 정치과정에 적극적인 관심을 갖는다는 점에서는 자기발견적 접근법을 자가발전(自家發電)에 불과하다고 폄하할 수 없다. 개인이 지름길이나 휴리스틱을 통해 좋은 결정을 하고, 개인의 결정이 의심스럽더라도 집단적 결정은 합리적이라고 주장하는 흐름이 있지만, 결론적으로 자신의 체험을 기준으로 구성된 자기발견적 접근을 합리적 유권자의 범주에 넣기는 쉽지 않을 듯하다. 분명한 것은 세상 모든 사람들은 자기발견적 접근을 하면서 살아간다.

로 들어설 가능성이 농후하다는 것이다. 예를 들어서 국가의 정치 지도자, 정당, 정치 제도에 대한 기본적인 사실들을 알지 못하거나,[88] 정치를 논할 때 '자유주의', '보수주의', '사회주의'라는 이념의 최소한의 의미를 제대로 알지도 못하는 상태에서, 거짓뉴스에 노출되어 확증적 편향으로 형성된 자기발견적 이념이란 건전한 민주주의의 성취 차원에서 단순히 오류를 넘어서서 위험을 초래할 수 있다.[89] 선거과정에서 대체적으로 신경을 끄고 있다가, 특정 사건이나 사고의 정보를 접하면서 그 전체 선거과정의 판단의 근거로 삼는 일종의 '지름길' 행태를 비판할 수만은 없을 것이다. 문제는 그러한 부분을 이용하는 지름길 행태가 전체를 이해하는데 오류를 야기할 가능성이다. 단서들과 지름길들이 사실 상대적으로 정보가 없는 유권자들이 마치 그들이 충분히 정보를 받은 것처럼 행동할 수 있도록 한다는 증거들이 있다.[90]

모든 인간들에게 자기발견적 행태라는 것은 비합리적행태의 영역과는 상관없는 정보 부족을 보완하기 위한 자연스러운 행태로 볼 수 있다.[91] 선거과정에서 유권자들의 자기발견적 행태의 종류와 수준에도 차이가 있다. 일상 생활 속에서 거의 모든 유권자들이 자기발견적 행태를 보일 가능성이 높다. 다만 자기학습적 행태를 보임에 있어서, 정보에 밝은 유권자일수록 이념에 기반하고, 후보 개인에 의존할 가능성은 낮다.[92] 자기발견적 의사결정이 종종 높은 정보를 가진 사람들에 의해 더 "올바른" 투표 결정으로 이어질 수 있고, 그 결과, 더 많은 정보에 입각한 유권자들이 투표에 임할 가능성이 더 높다.[93]

정보 차이가 투표에 중요한 방식으로 영향을 미칠 수밖에 없다. 정당 식별, 이슈 및 후보 평가에 높은 정보를 가진, 소위, 이념적 성향에 더 박식한 유권자들은 그런 이념적 기본 지식이 부족한 유권자보다 정당의 정책적 위치를 더 잘 예측하며, 특정 정책을 후보선택과 더 적확하게 연결시킨다.[94] 선거과정에서 개인의 투표행태를 설명하는 변수들 중에서 가장 중요한 것들

중의 하나가 '경제투표행태'인데, 정치적 지식의 세련됨이 경제투표행태의

88 Converse, P. E. (1964). The Nature of Belief Systems in Mass Publics. In , D. E. Apter (Ed.). *Ideology and Discontent* (pp. 206 - 261). New York: The Free Press; Luskin, R. C., Fishkin, J. S., & Jowell, R. (2002). Considered opinions: Deliberative polling in Britain. *British Journal of Political Science, 32*(3), 455–487; Zaller, J. R. (1992). *The nature and origins of mass opinion.* Cambridge university press; Carpini, M. X. D., & Keeter, S. (1996). *What Americans Know about Politics and Why it Matters.* Yale University Press; Althaus, S. L. (2003). *Collective Preferences in Democratic Politics: Opinion Surveys and the Will of the People.* Cambridge University Press; Lewis-Beck, M. S., Norpoth, H., Jacoby, W. G., & Weisberg, H. F. (2008). *The American Voter Revisited.* University of Michigan Press; Highton, B. (2009). Revisiting the Relationship between Educational Attainment and Political Sophistication. *The Journal of Politics,* 71(4), 1564–1576.

89 Lewis-Beck, M. S., Norpoth, H., Jacoby, W. G., & Weisberg, H. F. (2008). *The American Voter Revisited.* University of Michigan Press.

90 Bartels, L. M. (1996). Uninformed votes: Information effects in presidential elections. *American Journal of Political Science,* 194–230.

91 Page, B. I., & Shapiro, R. Y. (1992). *The Rational Public.* University of Chicago Press.

92 Lau, R. R., & Redlawsk, D. P. (2001). Advantages and disadvantages of cognitive heuristics in political decision making. *American Journal of Political Science,* 951–971.

93 Lau, R. R., & Redlawsk, D. P. (2006). *How Voters Decide: Information Processing in Election Campaigns.* Cambridge University Press; Lau, R. R., Andersen, D. J., & Redlawsk, D. P. (2008). An exploration of correct voting in recent US presidential elections. *American Journal of Political Science,* 52(2), 395–411.

94 Bartels, L. M. (2008). *Unequal Democracy: The Political Economy of New Gilded Age.* Princeton University Press; Zaller, J. (2004). Floating voters in US presidential elections, 1948–2000. In W. E. Saris & P. M. Sniderman (Eds.). *Studies in Public Opinion: Attitudes, Nonattitudes, Measurement Error, and Change* (pp. 166–212). Princeton: Princeton University Press; Potthoff, R. F., & Munger, M. C. (2005). Voter uncertainty can produce preferences with more than one peak, but not preference cycles: a clue to the fate of Ross Perot?. *Journal of Politics,* 67(2), 429–453.

성격에 영향을 미친다는 연구도 있다. 5개국 비교선거연구에 따르면, 정치적 정교함이 경제투표의 성격을 규제한다.[95] 국가경제 및 재정상황에 대한 책임 귀책성을 지닌 인물들에 대한 지식을 기준으로 할 때, 잘 아는 사람들은 자신의 재정 상황에 근거하여 더 많이 투표하는 반면, 덜 알고 있는 유권자들은 국가 경제에 대한 평가의 영향을 더 많이 받는다고 나타난다. 정치적으로 정통한 유권자들은 자신의 경제적 지위를 특정 정부 정책과 연결할 수 있는 반면, 지식이 부족한 유권자들은 경제가 전적으로 대통령의 손에 달렸다고 생각하기 쉽다. 이러한 경험적 연구가 갖는 함의는 정보에 입각한 유권자들의 이익이 선출된 공무원들에게 더 많이 전달될 가능성을 시사한다.

정치지식이 풍부한 유권자들은 선거운동 활동과 정치적 경쟁의 본질을 더 잘 알고 있다. 정보가 적은 유권자는 경제 상황, 정부 성과, 후보자의 이념적 위치의 변화에 더 잘 반응하는 반면, 정보에 밝은 유권자는 후보와 정책의 변화에 더 민감하고 상대적으로 영향을 받지 않는 경향이 있다.[96] 더 많은 정보를 가진 유권자들은 또한 더 큰 수준의 이념 양극화와 이데올로기와 정당 정체성 사이의 더 강한 상관관계를 보여준다.[97] 그 결과, 더 많은 교육을 받고 정보에 밝은 사람들은 미국에서 증가하는 엘리트 수준의 양극화에 더 반응한다.[98]

유권자들 사이에서 정보 차이의 가장 중요한 의미는, 정보에 취약한 일부 유권자들이 자신의 최고 이익을 위해 행동하지 않을 수도 있다는 것이다. 즉, 정보가 부족한 유권자는 정보가 더 많으면 선호하지 않을 정책이나 후보를 선택할 수 있다.[99] 예를 들어, 더 높은 수준의 일반적인 정치지식을 가진 사람들이 정치적 평가를 할 때 새로운 정책별 정보를 이용할 가능성이 더 크다고 결론짓는다.[100] 여론조사가 지식이 부족한 사람들의 의견을 정확하게 반영하지 못할 수도 있다.[101] 낮은 정보 응답자는 몇 가지 다른 공공정책 질문에 대해 의견을 제시할 가능성이 현저히 낮다. 더 중요한 것은, 완전한 정보를 가진 대중은 종종 상대적으로 정보를 잘 모르는 대중보다 더 진보적인 정책 선호도를 가질 것이다. 언론의 많은 관심을 받는 매우 중요한 이슈들의 경우 여론에 대한 정보 효과가 더 작을 수도 있다.[102] 고메즈와 윌슨의 비교연구처럼 고도로 정보에 입각한 사람들이 생태학적 불평등을 특정 정부 정책과 연결할 가능성이 더 높다는 것을 발견했다.[103] 연구물들을 종합해 보면, 정

95 Gomez, B. T., & Wilson, J. M. (2001). Political sophistication and economic voting in the American electorate: A theory of heterogeneous attribution. *American Journal of Political Science,* 899–914.

96 Zaller, J. (2004). Floating voters in US presidential elections, 1948–2000. In W. E. Saris & P. M. Sniderman (Eds.). ***Studies in public opinion: Attitudes, Nonattitudes, Measurement Error, and Change*** (pp. 166–212). Princeton: Princeton University Press.

97 Abramowitz, A. I., & Saunders, K. L. (2008). Is polarization a myth?. ***The Journal of Politics,*** 70(2), 542–555.

98 Hetherington, M. J. (2001). Resurgent mass partisanship: The role of elite polarization. ***American Political Science Review,*** 95(3), 619–631; Zaller, J. R. (1992). ***The Nature and Origins of Mass Opinion.*** Cambridge University Press.

99 Althaus, S. L. (1998). Information effects in collective preferences. ***American Political Science Review,*** 92(3), 545–558; Bartels, L. M. (1996). Uninformed votes: Information effects in presidential elections. ***American journal of political science,*** 194–230; Carpini, M. X. D., & Keeter, S. (1996). ***What Americans Know about Politics and Why it Matters.*** Yale University Press.

100 Gilens, M. (2001). Political ignorance and collective policy preferences. ***American Political Science Review,*** 95(2), 379–396.

101 Althaus, S. L. (2003). ***Collective Preferences in Democratic Politics: Opinion Surveys and the Will of the People.*** Cambridge University Press.

102 Althaus, S. L. (1998). Information effects in collective preferences. ***American Political Science Review,*** 92(3), 545–558.

103 특히 민주당원들 중 더 많은 정보를 가진 사람들은 2001년 부시 대통령의 세금 감면에 반

보가 없는 대중이 덜 평등한 사회에 기여한다고 유사하게 결론짓고 있다.[104]

정치적 정보는 '대표성'에도 영향을 미친다. 정보는 투표율의 예측 변수이다.[105] 다른 사람들은 정치에 관심을 기울이는 것은 그 나름의 보상에 대한 기대를 바탕으로 하는데, 투표율이 높은 지역에서 지역구민에 대한 보상체계가 더 클 것이 예상된다.[106] 미국선거의 경우, 경제 투표에서는 저소득층과 중산층 유권자들의 경우 자신이 소속된 집단의 성장보다는 가장 부유한 미국인의 소득 증가에 더 민감하게 반응하기도 한다. 공무담임자의 지역구민에 대한 정치응답성의 차이가 전적으로 지역구민들의 정보 차이에 기인하는 것은 아니지만, 입법자들이 고소득 유권자의 선호도에 반응한다는 경험적 증거도 있는데, 이것은 경제 투표에 소득 편향이 있다는 것을 의미하는 것이다.[107] 미국의 정책 변화가 고소득 시민의 선호도를 더 대표한다는 것을 발견한 연구도 있다. 고소득층과 저소득층이 서로 반대되는 선호도를 갖고 있는 문제에 대해서는 실제 정책 변화는 고소득층 선호도에 반응하지만, 빈곤층이나 중산층 미국인의 선호에는 반응하지 않는다.[108] 비슷한 맥락에서, 여론은 더 많은 정보를 가진 비즈니스 리더와 전문가들의 선호보다 미국 외교정책에 영향력이 낮다는 연구도 있다.[109] 결론적으로, 이러한 연구들은 유권자의 지식 부족과 관련하여 '대표성'과 연관된 여러 결과들을 보여준다. 정보가 부족하면 후보자를 평가하고 선택하는 방법이 달라진다.[110] 정보의 부족은 낮은 수준의 정치 참여를 야기한다. 그 결과, 공공정책은 정보가 없는 유권자의 선호에 덜 반응하는 등 낮은 정보와 정치적 불평등 사이에 연관성이 있다. 그렇다면, 대표자는 '여론'(輿論, public opinion)에 귀를 기울이는 것이 아니고, 특정인들의 목소리와 이익에만 반응하는 것인가?

개별 유권자 지식의 넓이와 깊이는 종류와 내용에서 다양하며, 그래서 차별화되고 편차가 있다. 그런 다양한 유권자들의 의식이 '집합'되어 하나의 '여론'을 형성한다. 그렇다면, '집합수준'(aggregate level)에서 존재하는 '여론'

이란 허상적 의미인가? 아니면 실질적인 의미를 갖는 것인가? 여론이 다수의 의견을 대변할 수 있는, 말하자면, '대푯값'의 위치에 있다고 볼 수 있는

대할 가능성이 더 높았다. 일반적으로 대중이 더 잘 알았더라면, 이러한 감세에 대한 반대가 더 강하게 있었을 수도 있을 것이다. Bartels, L. M. (2008). *Unequal Democracy: The Political Economy of New Gilded Age.* Princeton University Press.

104 Gilens, M. (2001). Political Ignorance and Collective Policy Preferences. *American Political Science Review,* 95(2), 379–396; Althaus, S. L. (2003). *Collective Preferences in Democratic Politics: Opinion Surveys and the Will of the People.* Cambridge University Press; Bartels, L. M. (2008). *Unequal Democracy: The Political Economy of New Gilded Age.* Princeton University Press. 보다 구체적으로는 낮은 수준의 정치 정보[Wattenberg, M. P. (2007). *Is Voting for Young People?* (2nd ed.). Pearson]; 반민주적 관점에 대한 대중의 지지[Carpini, M. X. D., & Keeter, S. (1996). *What Americans Know about Politics and Why it Matters.* Yale University Press]; 정치 엘리트에 의한 조작에 대한 민감도 [Page, B. I., & Shapiro, R. Y. (1992). *The Rational Public.* University of Chicago Press] 의 문제들이 있다.

105 Carpini, M. X. D., & Keeter, S. (1996). *What Americans Know about Politics and Why it Matters.* Yale University Press; Lassen, D. D. (2005). The effect of information on voter turnout: Evidence from a natural experiment. *American Journal of Political Science,* 49(1), 103–118.

106 Martin, P. S. (2003). Voting's rewards: Voter turnout, attentive publics, and congressional allocation of federal money. *American Journal of Political Science,* 47(1), 110–127.

107 Bartels, L. M. (2008). *Unequal Democracy: The Political Economy of New Gilded Age.* Princeton University Press.

108 Gilens, M. (2005). Inequality and democratic responsiveness. *Public Opinion Quarterly,* 69(5), 778–796.

109 Jacobs, L. R., & Page, B. I. (2005). Who influences US foreign policy?. *American Political Science Review,* 99(1), 107–123.

110 이소영. (2011). 정치적 태도와 선택에 있어서 정치적 정보의 영향: 18대 총선 유권자를 중심으로. *현대정치연구,* 4(1), 39–71; 지병근. (2014). 선거구 제도와 군소정당 지지자들의 투표행태: 2010년 기초의회선거 사례 분석. *한국정치연구*, 23(2), 185–210.

가? 컨버스(P. Converse)는 유권자 지식의 정교성의 수준에 관한 논의를 시작했었다.[111] 이른바 투표결과를 해석함에 있어서 "집합의 기적"이란 것이 있다.[112] 여론조사의 조사 응답자와 선거 결과 유권자의 통계 집계는 다음과 같은 결함을 극복한다. 정보 부족에 따른 오류는 무작위적인 경향이 있기 때문에 많은 사람들의 의견이나 투표가 집계되면 사라지게 된다. 그 결과 전체 여론의 향배는 시간이 지남에 따라 비교적 안정적이고(즉, 조변석개하는 것이 아니라 일정 수준 유지되고), 중요한 사건에 대한 반응만 변화한다.[113] 설문들에 나타난 여러 질문들에 대한 이슈 태도들을 통합분석하면서, 상당한 측정 오차가 제거될 수 있다면, 집합의 기적은 나름대로 현실성이 검증된다. 일부 연구에 따르면, 이슈 척도를 만들기 위해 최대 34개의 조사 항목을 사용하면서 이슈 태도가 시간이 지남에 따라 상대적으로 안정적이라는 것을 발견했다.[114]

유권자의 정치관심도 및 정보수준과 '합리적' 선택의 연관성에 대해서도 논쟁이 있다. 일부 시각은 일반적으로 많은 유권자들이 정치에 관심이 없거나 잘 모른다고 해도, 그들이 순위를 매기고 후보들 사이에서 선택하는 능력은 상세한 정치적 지식을 필요로 하지 않는다고 주장한다. 유권자의 정치적인 정보라는 것이 복잡한 세부 지식과 상관없이 효과적인 결정을 내리는 데 필요한 지식에 집중해서 이루어질 수도 있다. 대부분의 유권자들은 합리적인 투표 선택을 하기 위해 많은 자기발견적 단서를 사용한다. 그런 경우, 유권자들의 정보 부담을 덜어주는 투표 환경 요소에 주목할 수 있다. 예를 들어, 다양한 종편채널이나 엔터테인먼트 포럼을 포함한 광범위한 미디어 보도는 널리 알려진 캠페인과 함께 유권자들에게, 특히 정치에 관심을 덜 기울이는 사람들에게 알리는 데 실질적으로 도움이 된다.[115] 이러한 관점들에 따르면 유권자들이 합리적인 결정을 내릴 수 있도록 충분한 정보를 제공할 필요는 없다.

선거과정에서 유권자들에게 정보의 많고 적음에 상관없이 '요약적 심리성향'은 중요하다. 이런 것은 단순히 주체가 객체를 평가할 때 항상 일어나는 일이다. 시간과 노력의 차원에서 객체에 대한 모든 정보와 지식을 쌓아가면서 객체를 평가할 수는 없다. 결국, 의사결정의 지름길은 유권자들이 대안 후보나 정치체제에 대해 많이 알지 못한 채 할 수 있는 일을 선택할 수 있도록 도와준다. 당파성은 거의 틀림없이 가장 흔한 투표 경험적 접근법이며, 그것은 많은 정보를 제공한다. 유권자는 후보자의 정당 가입이나 이데올로기에 의존하여 후보자의 이슈 입장과 지지 집단에 대해 추론할 수 있다. 결과적으로, 당파성이 강력한 투표 예측 변수라는 것은 자연스러운 일이다.[116]

111 Converse, P. E. (1964). The Nature of Belief Systems in Mass Publics. In , D. E. Apter (Ed.). *Ideology and Discontent* (pp. 206 – 261). New York : The Free Press.

112 Converse, P. E. (1990) Popular Representation and the Distribution of Information. In J. A. Ferejohn & H. Kuklinski (Eds.). *Information and Democratic Processes* (pp. 369 – 388). Urbana : University of Illinois Press.

113 개인수준에서의 무작위적인 오류가 대규모 유권자에게서는 배제되는 경향이 발견되었다. Page, B. I., & Shapiro, R. Y. (1992). *The Rational Public.* University of Chicago Press.

114 Ansolabehere, S., Rodden, J., & Snyder, J. M. (2008). The strength of issues : Using multiple measures to gauge preference stability, ideological constraint, and issue voting. *American Political Science Review,* 102(2), 215–232.

115 팝킨은 이런 관점을 요약하면서 "유권자들이 모르고 할 수 없는 것에 집중하다 보면 그들이 알고 할 수 있는 것을 많이 놓친다"고 말한다. Popkin, S. L. (2020). *The Reasoning Voter: Communication and Persuasion in Presidential Campaigns* (1st ed.). University of Chicago Press.

116 Campbell, A., Converse, P. E., Miller, W. E., & Stokes, D. E. (1960). *The American Voter.* University of Chicago Press ; Bartels, L. M. (2000). Partisanship and voting behavior, 1952–1996. *American Journal of Political Science,* 35–50 ; Bartels, L. M. (2002). Beyond the running tally : Partisan bias in political perceptions. *Political Behavior,* 24(2), 117–150.

단체들이나 개별 정치인의 지지도 유권자들에게 결정적 보탬이 된다. 특히 당파성이란 것은 여전히 정치과정에서 다양한 현상들에서 '인과성(因果性)의 함정'(funnel of causality)의 자격을 지닌 변수이다.[117] 하나의 대표적인 예를 들면, 대통령에 대한 개인적인 평가도 이미 정치적 의식 속에서 그가 소속된 정당에 대한 평가(적어도 정치의식을 갖기 시작한 이후로 갖게된 종합적인 평가)가 전제된 결과일 개연성이 높다. 상대적으로, 정당에 대한 충성심을 생각하면서 특정 인물을 생각하는 경우는 드물다. 이렇게 본다면, 당파성, 정당에 대한 유대감은 선거과정에서 일종의 '공룡변수'인 것이다.

결국 정치정보획득체계의 확보 및 정치지식의 많고 적음은 핵심이 아닐 수도 있다.[118] 사람들은 개인마다 관심사가 다르다. 그렇다면, 선거과정의 유권자 의사 결정에서 자신의 주요 '핵심 가치'를 지닌 '관심견인이슈'(valence issue)의 역할이 중요할 수 있다.[119] 첫째, 몇 개의 핵심가치는 모든 유권자가 자신의 상황에 맞추어 보유하고 있을 것이다. 모든 유권자는 자신의 지식수준과 관계없이 이러한 핵심 가치를 개발하고 사용하여 공인과 정책 선택을 평가할 수 있다. 주로 경제적 자유주의, 진보적 평등주의, 도덕적 보수주의, 외교정책 (한국의 경우엔, 특히 남북문제에 대한 정부및 정당, 후보자의 태도)의 가치를 일정 수준 알고 있다. 사람들이 경제 정책, 문화 문제, 외교 문제에 대해 토론과 후보들을 평가하는 데 각각 이러한 가치들을 적용할 것이다.[120] 둘째, 유권자 개인의 핵심가치와 연결된 관심견인이슈가 유권자의 정치 정보 수준과 관계없이 결정에 큰 영향을 미친다는 것을 발견한다. 이는 유권자들이 투표 결정을 내릴 때 이념적 견해, 경제적 평가 또는 자기발견적 접근법에 의존하는 정도에서 정보의 차이를 발견하는 위에서 설명한 다른 연구들과는 대조적이다.

뉴스 미디어의 역할에서도 정치정보지식의 획득은 '경성(硬性)뉴스'(hard news)뿐만이 아니라 '연성(軟性)뉴스'(soft news)를 통해서도 도움이 된다. 이

시대에는 연예 뉴스와 토크 쇼와 같은 소프트 뉴스 프로그램들이 상당한 양의 정치적 내용, 특히 외국의 위기에 대한 내용을 포함하고 있다고 여겨진다. 이러한 프로그램들이 많은 시청자들을 전통적인 뉴스 소스에서 멀어지게 했기 때문에, 소프트 뉴스 프로그램은 정치에 관심이 없는 많은 사람들에게 정치소식을 알릴 수 있다. 소프트 뉴스 시청자들이 비시청자보다 일련의 주요 뉴스 사건에 대해 더 잘 알고 있으며, 소프트 뉴스의 정보 증가는 낮은 정치정보와 지식수준의 일반인들에게 가장 강력했다.[121] 소프트 뉴스 편성이 유권자들을 오도할 수 있는지 의문이 들 수도 있다. 소프트 뉴스 프로그램에 노출되면 지식이 부족한 유권자들이 이슈 선호도와 일치하는 대통령 후보를 선택할 가능성이 높아진다는 것을 발견했다.[122] 하드 뉴스 소비는 높은 정보

117 Campbell, A. and Kahn, R. L. (1952). ***The People Elect a President.*** Ann Arbor, Michigan: Survey Research; Campbell, A., Converse, P. E., Miller, W. E., & Stokes, D. E. (1960). ***The American Voter.*** University of Chicago Press; Campbell, A., Converse, P. E., Miller, W. E., & Stokes, D. E. (1966). ***Elections and the Political Order.*** New York: John Wiley and Sons.

118 오수진 · 박상훈 · 이재묵. (2017). 유권자의 계급배반과 정치지식: 제20대 총선에서 나타난 투표행태를 중심으로. *한국정치학회보,* 51(1), 153–180.

119 Goren, P. (2004). Political sophistication and policy reasoning: A reconsideration. ***American Journal of Political Science,*** 48(3), 462–478.

120 김성연. (2017). 20대 총선에서 정책 투표의 영향: 안보와 복지 이슈를 중심으로. *한국정당학회보* 16(3), 47–78; 문우진. (2017). 한국 유권자 투표행태의 지속과 변화: 통합자료 분석. *한국과 국제정치,* 33(2), 35–64; 이한수. (2017). 정책 선호가 후보자 선택에 미치는 영향력의 변화: 제19대 대통령선거를 중심으로. *사회과학연구,* 24(3), 221–246.

121 Baum, M. A. (2002). Sex, lies, and war: How soft news brings foreign policy to the inattentive public. ***American Political Science Review,*** 96(1), 91–109; Baum, M. A. (2003). Soft news and political knowledge: Evidence of absence or absence of evidence?. ***Political Communication,*** 20(2), 173–190.

122 Baum, M. A., & Jamison, A. S. (2006). The Oprah effect: How soft news helps inattentive

를 가진 유권자들의 정확한 투표 기회를 향상시키지만, 소프트 뉴스 소비는 정보를 덜 가진 유권자들에게 더 중요하다. 따라서, 소프트 뉴스 프로그램의 성장은 유권자들에게 정보 평준화 역할을 할 수도 있다.

다양한 정치현안들에 대한 방송채널의 증가와 텔레비전 보도의 증가는 모든 사람들의 지식을 증가시킨다는 것을 발견한다.[123] 역설적으로, 기존 주요 신문의 쇠퇴는 정치 정보에도 평등한 영향을 미칠 수 있다. 최근 정치 캠페인에 대한 많은 연구들은 투표 결정에 미치는 영향은 물론이고 선거운동의 정보 기여도에도 영향을 미친다.[124] 텔레비전의 보도 증가 못지않게 정치 캠페인이 유권자들 사이의 정보 차이를 평등하게 만드는 데 도움을 준다.[125] 캠페인은 정치에 대한 열린 사고를 장려하고 유권자들 사이에서 우발적인 편견을 감소시킬 수 있는 긍정적 측면이 있다.[126] 투표 운동과 그에 대한 언론의 보도가 이슈에 대한 대중의 인식을 높이고 후보 선거에서 이러한 이슈들을 투표 기준으로 삼는 상황으로 발전될 수 있다.[127]

포지티브 캠페인만 있는 것은 아니다. 연구자들은 네거티브 캠페인 광고의 성격을 이슈정치와 연결시키는데, 그는 부정적인 캠페인 광고가 긍정적인 광고보다 이슈에 기반한 내용을 포함할 가능성이 더 높을 수도 있다.[128] 결과적으로, 대통령선거에서 부정적인 광고의 빈도가 증가하는 것은 유권자들에게 보다 많은 정보를 알리고 그러한 정보를 중심으로 또 다른 정보들을 파급시키는 데 긍정적인 효과를 만들 수도 있다. 미국 전역의 미디어 시장에서 의회 및 대통령 선거 운동에서 TV로 방영되는 모든 광고의 내용, 시기 및 분량에 대한 방대한 데이터베이스를 구축하여 조사한 한 연구들을 보면, 캠페인 광고가 유권자들에게 정보를 제공하고 정보에 참여하도록 동기를 부여하는 '다중비타민캡슐'(multi-vitamin capsule)의 역할을 한다.[129] 특히, 정치광고의 효과와 동기부여 효과는 가장 적은 정보를 가진 유권자에게서 가장 두드러지는 경향이 있다.

교육수준이 증가하고 있는, 그리고 모든 정보체계들을 실시간으로 공유하고 있는 현대사회에서, 많은 학문적 연구들의 논리적 세련됨과 이슈적 태도의 일반적인 척도가, 예기치 않게, 대중의 지식과 역량을 과소평가할 수도 있다. 컨버스(Converse)가 주목했던 유권자들의 "비태도"(non-attitudes)에 대

citizens vote consistently. *The Journal of Politics,* 68(4), 946–959.

123 Jerit, J., Barabas, J., & Bolsen, T. (2006). Citizens, knowledge, and the information environment. *American Journal of Political Science,* 50(2), 266–282.

124 Johnston, R., Hagen, M. G., & Jamieson, K. H. (2004). *The 2000 presidential election and the foundations of party politics* (Vol. 2). Cambridge: Cambridge University Press; Fournier, Patrick. (2006). The Impact of Campaigns on Discrepancies, Errors, and Biases in Voting Behavior. In H. E. Brady & R. Johnston (Eds.). *Capturing Campaign Effects.* Ann Arbor: University of Michigan Press.

125 예를 들어, Gilens, Vavreck, Cohen(2007)은 지난 50년 동안 대통령 선거운동의 뉴스 보도는 현저하게 감소했지만, 선거운동은 같은 기간 동안 더욱 유익해졌고, 그 결과 대통령 후보들에 대한 대중적 지식은 시간이 지남에 따라 꾸준히 유지되고 있다고 언급했다. Gilens, M., Vavreck, L., & Cohen, M. (2007). The mass media and the public's assessments of presidential candidates, 1952–2000. *The Journal of Politics,* 69(4), 1160–1175.

126 Kam, C. D. (2006). Political campaigns and open-minded thinking. *The Journal of Politics,* 68(4), 931–945.

127 Nicholson, S. P. (2003). The political environment and ballot proposition awareness. *American Journal of Political Science,* 47(3), 403–410; Nicholson, S. P. (2005). *Voting the agenda: Candidates, elections, and ballot propositions.* Princeton University Press.

128 Geer, J. G. (2006). *In Defense of Negativity: Attack Ads in Presidential Campaigns.* University of Chicago Press.

129 Freedman, P., Franz, M., & Goldstein, K. (2004). Campaign advertising and democratic citizenship. *American Journal of Political Science,* 48(4), 723–741; Franz, M. M., Freedman, P. B., Goldstein, K. M., & Ridout, T. N. (2008). *Campaign advertising and American democracy.* Philadelphia, PA: Temple University Press.

한 검증을 하는 과정에서 응답자들에게 "잘 모른다"(don't know)라는 응답 옵션을 제공하는 관례와 같은 많은 정치적 지식 질문들의 특징들은, 그렇게 함으로써, 많은 사람들이 '잘 모른다'에 응답하게 한다. '잘 모른다'라는 것은 "알고는 있지만 더 정확히 알기전에는 함부로 이야기할 수 없다"라는 한 차원 높은 수준의 지적 수준의 단계로 해석도 가능한 항목이다. 이런 경우, 설문결과는 응답자들의 정치적 지식의 수준을 과소평가할 수 있다.[130]

더 세련된 유권자들이 더 합리적인 선택을 하고 따라서 민주주의에 더 나을 것이라는 주장은 반드시 연구를 통하지 않더라도 상식적 수준에서 기대할 수 있는 상황일 것이다. 정보 처리의 편견에 대한 문헌이 증가함에 따라, 높은 정보를 가진 유권자 또는 적어도 높은 정보를 가진 것으로 보이는 유권자들을 부정적 시각으로 몰아가는 경향도 발생할 수 있다. 복지 프로그램에 할당된 예산에 대한 잘못된 믿음은 흔할 뿐만 아니라,[131] 그러한 믿음의 정확성을 떠나서 종종 자신 있게 유지되며 정책 선호도에 영향을 미친다.[132] 게다가, 사람들은 종종 올바른 정보에 직면하더라도 잘못 받아들인 믿음을 바꾸기를 꺼린다. 흥미로운 것은 미디어 노출이 증가하면 과거의 정치적 선호도에 대한 잘못된 기억의 가능성이 높아진다는 것이다.[133] 사람들이 기존의 선호도를 지지하는 새로운 정보를 비판적으로 수용하는 경향이 있지만 정책 선호도와 모순되는 증거를 무시하는 경향이 있다는 것을 발견했다. 선택적 편견과 주관적 취합은 '합리성'과는 거리가 멀다.[134]

게다가, 더 많은 정보를 가진 사람들은, 특히 정확한 인식이 그들의 정당에 좋지 않은 영향을 미칠 수 있을 때, 경제성과와 관련해 나타나듯이, 실제로 덜 정확한 정치적 인식을 가지고 있을 수 있다. 방송국들의 뉴스편성과 방송이 서로 다른 당파적 취향에 맞춰 더욱 양극화된 미디어 환경은 이러한 상황을 악화시킬 수 있다. 더 많은 정보를 가진 유권자들이 더 당파적이고 덜 열린 마음을 가질 것이라는 것을 암시한다. 즉, 많이 아는 사람들이 더 '합리화'와 '정당화' 시키는 능력이 있는 것이다. 하지만, 정치과정이라는 것이 많은 부분에서 '시시비비'(是是非非)를 가리는 상황들과 연관되어 있기에, 그렇게 하는 과정에서 갈등이 증폭되고 사회비용이 증가하기 마련이다.

민주시민과 사회 신뢰

20세기 말에도 시민들이 종종 매우 제한된 정보에 기초하여서도 합리적인 결정을 내릴 수 있는지 아닌지에 대한 논쟁이 완전히 끝났다고 보기는 어렵다. 낮은 정보 유권자들이 자기발견적 인지적 장치들의 한계성에도 불구하고 의사결정 지름길과 같은 요령을 통해서 총체적 의견의 예측 가능한 패턴에 주목함으로써 합리적 결과물을 선택할 가능성을 배제할 수 없다는 것이다.[135] 사실 선거과정에서 대표자를 선출한다는 것은 단순할 수도 있다. 사

130 Mondak, J. J. (2001). Developing valid knowledge scales. *American Journal of Political Science,* 224–238.

131 Kuklinski, J. H., Quirk, P. J., Jerit, J., Schwieder, D., & Rich, R. F. (2000). Misinformation and the currency of democratic citizenship. *The Journal of Politics,* 62(3), 790–816.

132 Gilens, M. (2001). Political ignorance and collective policy preferences. *American Political Science Review,* 95(2), 379–396.

133 Joslyn, M. R. (2003). The determinants and consequences of recall error about Gulf War preferences. *American Journal of Political Science,* 47(3), 440–452.

134 Taber, C. S., & Lodge, M. (2006). Motivated skepticism in the evaluation of political beliefs. *American Journal of Political Science,* 50(3), 755–769.

135 '합리성'에 대한 논쟁의 핵심은 개인의 합리성의 집합수준(즉, 결과물)이 사회적 합리성인지, 아니면 '사회적 합리성'이라는 것이 따로 존재하는지 그런 것이다. 선거라는 것이 유권자 개개인의 자질에 의존하는가? 아니면, 시민전체의 정보 수준(적어도 그런 분위기)에 의거하는가? 충분한 정보를 가진 유권자 외에 건전한 선거결과물을 초래할 수 있는 또 다른 기준

람들은 개인마다 나름대로의 생활철학을 지니고 살아간다. 결코 한심한 존재들이 아닐 것이다. 비합리와 부조리는 개인에게서 자체적으로 발생하는 문제라기보다 사회관계 속에서 발생하는 것이다. 선거과정에서 사람들은 정당 지지와 후보 평가라는 단순한 두 개의 축에 대해서 각각의 나름대로의 그 입장에선 그럴 수밖에 없는 의미 있는 의견을 가질 가능성이 있다. 후보들에 대해 인물 평가를 취할 가능성이 높고 정치적 논쟁의 주제에 대해서 자신의 체험을 바탕으로 논의할 수 있을 것이다. 그런 상황에서 언론 보도에 반영되거나 다른 방식으로 소통되는 정치인들의 개인적 행태에 더 관심을 기울이는 경향도 있을 것이다. 개인적 행태를 중심으로 평가를 하면서 선거경쟁의 의미가 좀 지엽적이고 하찮은 논의로 전락할 가능성도 있다.

그럼에도 불구하고, 정치지식이 높은 수준인 사람들은 정책, 이슈 투표와 관련하여 그렇지 않은 사람들보다 더 긍정적 행태를 나타낸다. 분명히, 높은 수준의 정보를 가진 사람들은 자신의 정책 선호도를 반영하는 후보들을 선택할 가능성이 더 높다. 특히 대표자가 선출된 선거이후의 상황과 연계한다면, 정보 부족은 결과의 불평등과 관련이 있는 듯하다. 공무원 의 응답행태 및 공공정책의 산출은 정보가 없는 사람보다 정보를 많이 가진 사람의 선호도를 더 많이 반영할 수 있다는 것에 유의해야만 한다.

교육수준의 증가와 함께, 소셜미디어 시대에 유권자들에게 정치 정보 매체는 획기적으로 증가했으나, 이념적 정교함에는 큰 변화가 없었던 듯하다. 1970년대 이후에 새로운 이념적 사조는 '생태주의'(ecologism) 정도라고 해도 과언이 아닐 것이다. 더 많은 교육이 실제로 정치적 인식이나 이념적 다변성이나 세련성을 향상시키는지에 대한 의문을 제기할 수 있다.[136] 미래사회는 개인의 개성이 집단 속에 함몰되지 않으며, 또한 개인의 개성이 집단을 압도하는(사실상 독재 또는 전체주의)일이 발생하지 않도록, 집단과 개인이 조화로운 공공성을 형성할 수 있는 건전한 '민주시민교육'이 조기교육은 물론이

고, 전체 국민을 대상으로 펼쳐져야 할 것이다.[137]

대의민주주의를 사용할 수밖에 없다면, 그리고 대표자를 위해서 선거민주주의를 이용할 수밖에 없다면, 민주적인 책임과 통제는 사람들이 정책 입안자들이 하는 일에 대해 합리적으로 잘 알고 있어야 한다. 정보가 없는 대중은 정책 입안자에게 책임을 물을 수 없다고 간주한다. 정책 입안자들은 정책에서 대중이 원하는 것을 대표할 유인이 거의 없을 것이다 - 그렇게 하는 것에 대한 실질적인 이익도, 그렇게 하지 않는 것에 대한 실질적인 비용도 없을 것이다. 최근에 정책이나 이슈에 대한 대중들의 반응 및 요구(demand, input), 그러한 여론에 대한 대표자들의 정책대응(supply, output; 또는 정책 입안자들의 행동)이란 두 축을 중심으로 구조화된 방정식 모델인 '자동온도조절모델'(Thermostatic Model)을 통해서 건전한 민주주의의 수준을 평가한다. 대의민주주의 성취수준을 위한 모든 것의 출발점이자 핵심은 유권자들의 정치정보수준에 달려있다고 본다.[138] 그런데, 이런 대중들의 정책이

이 있는가? 베렐슨은 우리에게 다양한 유형의 사람들이 존재했다고 말했다: 어떤 사람들은 정치에 관심이 있고, 어떤 사람들은 우리가 구시대의 이상적인 시민에게 귀속시키는 모든 특성을 가지고 있고, 어떤 사람들은 정치에 관심이 없고, 그리고 이러한 특성들 중의 일부만 갖고 있다. Berelson, B. R., Lazarsfeld, P. F., & McPhee, W. N. (1986). ***Voting: A Study of Opinion Formation in a Presidential Campaign.*** University of Chicago Press. chapter 1. 민주사회에서 시스템의 요구사항은 다양한 개인들의 요구와는 구분될 수도 있고, 단순히 개인들의 집합물(aggregate stuff)은 아닐 수 있다. 21세기 사회를 더 잘 다스리기 위해 건전한 민주시민이 갖는 특성의 범위를 어떻게 규정하고, 어떻게 발현하여 사용하는 것이 최선인가에 대한 고민이 필요할 것이다.

136 Highton, B. (2009). Revisiting the relationship between educational attainment and political sophistication. ***The Journal of Politics,*** 71(4), 1564–1576.

137 신두철. (2009). 시민교육과 정치참여에 대한 고찰. *한국시민윤리학회보,* 22(2), 149–163.

138 Wleizen, C. (2020), "The Thermostatic Model: The Public, The Policy, and Politics" In Justin Fisher, Edward Fieldhouse, Mark N.Franklin, Rachel Gibson, Marta Cantijoch and

나 이슈에 대한 요구, 그리고 대표자들의 정책대응은 서로가 서로에게 미치는 영향이 동시에 일어나는 것이 아니라 시간이 지남에 따라 시차적으로 일어난다. 또 국가운영의 복잡한 사정으로 정책대응에 시간이 지체되기도 한다. 이것의 정치적 함의는 대의민주주의, 선거민주주의의 과정에서 '정치신뢰'(political trust)가 중요하다는 것이다.[139] 믿고 기다릴 수 있는지, 어려워도 요구에 응답할 자세와 성실함이 있는지, 이런 문제들은 결국 '정치신뢰'의 문제인 것이다.

정책 입안자들이 이미 했던 일도 제대로 알지 못하는 무지함으로는 정책과 이슈를 관리하고 보완해 나갈 수 없다. 대중들의 요구나 선호와 유리(遊離)되어서 그렇게 만들어진 공공정책은 대중들의 선호나 수요에 기반한 '민생복리'(民生福利)와는 거리가 있다. 효과적인 선거민주주의를 위해선 대표자들이 시민들의 요구에 효과적인 결과물들을 산출해야 한다. 효과적인 대의민주주의를 위해선 정보에 입각한 계몽적 시민이 필요하다. 민주주의 성취 수준과 관련된 많은 연구들은 정치과정에서 이슈와 제도의 중요성을 말한다. 선거제도에 관하여, 학자들은 비례성이 강화된 제도는 오히려 정부의 대응력(또는 책임성)을 약화시킨다고 지적하기도 하고,[140] 연립정권을 파생하는 제도는 선거 사이의 의견 변화에 효과적으로 대응하는데 미진하다는 경향성을 주장하기도 한다.[141] 정부 기관에 관한 연구는 입법부와 집행부에 걸친 수평적 권력 분립을 유인하는 제도가 정책중심의 국가운영을 강화한다고 말하기도 한다.[142]

대의민주주의의 고양된 성취 수준을 논하는 가장 직접적인 방식은 결국 단순한 제도논쟁이 아니라, "누가 대표자가 되는가?" "누구를 대표자로 뽑을 것인가?" 하는 논의들로 수렴된다. "누가 대표자가 되는가?"라는 질문은, 세속적인 차원에서, "어떤 선거전략을 취하는 경우 득표전략에 유리하며 선거에 승리할 수 있는가?"라는 질문으로도 연결될 수 있다. "누구를 대표자로 뽑을 것인가?"라는 질문의 연장선상에 "유권자들의 투표행태는 어떤 특성을 지니고 있는가?"라는 질문이 존재한다. 약간의 논리적 비약을 포함하자면, "당선자의 득표결과는 중위적 위치에 있는 시민의 선호를 반영하는가? 아니면, 시대정신에 의한 특정한 이념과 주장을 대변할 수 있는 선호를 반영하는가?"라는 질문들도 유사한 류의 질문들이다. 이런 질문들에 대해서 답하기 위해서, 정당이나 후보자는 어떻게 당선되려고 선거전략을 구사하며, 유권자들은 어떤 행태를 지니고 있는지에 대해서 차례대로 살펴보기로 한다.

Christopher Wleizen (Eds.). ***The Routeledge Handbook of Elections, Voting Behavior and Public Opinion.*** Routeledge, pp. 404–415. 시시각각의 변화하는 대중들의 요구에 맞추어 자동적으로 실시간적으로 응답하는 대표자들의 이상적 상황을 상정하는 자동온도조정모델 방정식의 구조는 정책에 대한 대중의 대응과 정책 표현의 두 가지 방정식의 구조로 되어있다. 이러한 개념은 특히 이스턴(1965)의 정치 시스템 묘사와 도이치(1963)의 "통제" 모델에 그 뿌리를 두고 있는데, 자동온도조정모델은 요구와 반응이 일정 정도 시차를 갖고 순환하는 것(특히 선거시기를 중심으로 정책응답을 확인하는)과 달리 실시간적 자동반응을 상정한다. Easton, D. (1965). ***A Framework for Political Analysis.*** Englewood Cliffs: Prentice–Hall; Deutsch, K. W. (1963). ***The Nerves of Government: Models of Political Communication and Control.*** New York: The Free Press.

139 허석재. (2013). 민주주의에 대한 불만과 투표참여: 전환모형 접근. *민주주의와 인권,* 13(1), 111–141.

140 Powell, G. B., & Powell Jr, G. B. (2000). ***Elections as Instruments of Democracy: Majoritarian and Proportional Visions.*** Yale University Press.

141 Wlezien, C., & Soroka, S. N. (2015). Electoral systems and opinion representation. ***Representation,*** 51(3), 273–285.

142 Moe, T. M., & Caldwell, M. (1994). The International Foundations of Democratic Government: A Comparison of Presidential and Parliamentary Systems. ***Journal of Institutional and Theoretical Economics,*** 150(1), 171–195.

선거정치

제 3 장

선거운동과 선거전략

제 3 장

선거운동과 선거전략

선거민주주의하에서 정치인들은 자기공명심(自己公明心)이 있는 자들이다. 선거민주주의에선 추대(推戴)의 형식으로는 공직자의 지위를 얻을 수가 없다. 선거를 통해서 공직에 가기 위해선 자신에 대한 대중선전(大衆宣傳)과 자가발전(自家發電)을 통해서 상대 후보자와 경쟁하는 것이 불가피하다. 그리고, 그러한 선거경쟁은 상대방에 대한 흑색선전으로 이어지는 경우가 다반사이다. 후보자간의 경쟁은 항상 확대재생산되며 과열되기 때문이다. 소위 '점잖은 사람들'이 선거판에 들어 오기 어려운 이유일 것이다.

어떠한 이유에서이건, 정당민주주의에 기반한 선거민주주의의 선순환을 위해선, 선출직에는 "역량과 양심을 겸비한 자들"이 공천되어 경쟁하여야만 한다. 민주주의사회에서 국가와 사회의 주요한 정책결정권은 선출직을 통해서 공무를 담임한 자들 이외에는 행사할 수 없기 때문이다. 후보자 시기의 정치인은 대중선전과정을 통해서 유권자들이 그를 공직에 선출하도록 설득하기 위해서 유권자들의 기존 사회적 분배상태에 대한 변화를 제공할 것을 약속한다. 선거경쟁에서 승리하여 당선된 이후 공직에 진출한 공무담임자들은 전체 사회 유권자에 대한 보상과 비용의 '권위적인 배분'(authoritative allocation)에 참여하는 행위자가 된다.[1]

선거과정에서 후보자가 당선가능성을 높이기 위해서, 후보자 자신이 누군지 알려서 인지도를 높이고, 자신의 긍정적 이미지를 개발하고, 자신의 정책을 홍보하는 것이 '선거운동'[選擧運動: 선거캠페인(electoral campaign)]이다. 선거운동은 특정한 행사(行事, event)의 형태로 구현된다. 선거과정에서 후보자가 원하는 모든 것들을 할 수 있는 것은 아니다. 선거법과 정치자금법 등의 법규의 제약하에서 있는 후보자는 제한된 운동을 할 수 있을 뿐이다. 물론, 선거승리를 위해서 편법(便法)과 불법(不法)에 의한 선거운동이 행해지기도 하는 것이 현실이다. 선거승리를 위해서 선거전략을 세우는 후보자 입장에서 보자면 '자신이 할 수 있는 것'(in hand)과 '자신이 할 수 없는 것'(out of hand)이 있는 셈이다. 후보를 둘러싼 정치적, 경제적, 사회적 상황이 존재하는데 그것은 후보자가 통제하기 어려운 것이다. 선거과정에서 후보자는 법의 테두리 하에서 자신이 할 수 있는 것을 선거운동을 통해서 실행하게 된다.

'선거운동'과 '선거전략'(選擧戰略, electoral strategy)은 구분할 필요가 있

1 Easton, D. (1968). Political Science. In D. L. Sills (Eds.), *International Encyclopedia of the Social Science.* McMillan Co & Free Press; 임혁백. (2021). *민주주의의 발전과 위기: 아테네에서 21세기 한국까지, 민주주의 연대기.* 김영사, p. 40. 여기서 '권위적'이란 "authoritative"[권위있는, 믿을 만한(reliable)]이지 "authoritarian"(권위주의적)이 아님에 유의해야 한다. 정치행위에서 '권위주의적(독재적)'인 것이 부정적인 것이며, 믿을 만한 대상을 통해서 형성되는 '권위'의 존재는 중요하며 필요한 것이다. 정치과정에서 위정자(爲政者)의 권위가 실종되면 정치는 희화화(戱畫化)된다. 마키아벨리의 말처럼, 정치과정에서 가장 우려스러운 상황은 정치지도자가 희화화되고 정치가 우스갯거리로 전락되는 상황이다.

다. '선거전략'은 "선거경쟁에서 정당이나 후보자가 선거승리를 이루기 위한 선거 전반에 대한 준비, 조직, 수행 등을 기획(企劃)하는 것이다. 목적을 이루기 위한 전반적이고 근본적인 방책(方策)을 말한다. 일정 수준에 있어서, 선거운동과 선거전략은 상호 연관된 개념일 수밖에 없지만, 하나의 선거운동이 하나의 행사로 실천되는 성격을 지닌 것이라면, 전략은 최종 목적을 위해서 여러 개의 사건과 행위들을 연결시켜 구현하는 조감도의 성격을 지닌 것이다. 예를 들면, 선거과정에서 정당이나 후보자들이 하는 '유세'(遊說)는 '운동'이다. 그러한 유세를 어느 지역에서 먼저 할지, 아니면 어떤 지역에서 집중적으로 할지를 기획하는 것은 '전략'이다.

후보자가 마음대로 할 수 없는 것들의 대표적인 것이 유권자들의 '선거지형'(選擧地形)이다. 선거지형이란, 후보자가 입후보한 선거구(選擧區, electoral district)를 단위로 할 때, 특정 시점, 특정 기준을 중심으로 유권자들의 정당 및 후보자 '지지성향'에 따른 '유권자분포'(voters' distribution)를 말한다. 후보자의 입장에서 보자면, 해당 지역구에 자신을 지지하는 유권자들이 어떤 규모로 분포하고 있는가의 문제로 '지지층분포'(支持層分布)를 의미한다. 서로 구분되는 유권자들과 다양한 하위집단들이 특정한 정당이나 후보자에게 지지성향을 띠게 되면서 '지지층분포지형'이 존재하는 것이다. 예를 들면, 유권자의 이념적 차원(ideological dimension)에서 보수층 몇 %, 진보층 몇 %, 그리고 중도층 몇 %로 구성된다든지, 세대별로 20대, 30대, 40대, 50대, 60대, 70대이상이 각각 몇 %이며, 특정 정당이나 후보자에 대한 세대별 지지성향은 어떻다라든지 하는 것이다. 후보자에게 지역민들의 지지성향의 규모와 이로 인한 선거판세는 후보자의 득표 유불리 상황과 직결된다.[2] 어떤 사회의 이념적 성향에 대한 유권자들의 분포가 진보가 30%, 보수가 30%, 중도가 40%로 나타난다면, 진보후보자와 보수후보자는 중도의 표심을 공략해야만 하는 상황이 발생한다.

선거지형이 완전히 고정되어 있는 것은 아니며, 시대에 따라서, 후보자의 선거전략(또는 정책제공)에 따라서 변화가 생긴다. 후보자가 대하는 선거지형은 선거전략이나 시대적 상황에 따라서 일정 수준 유동적(流動的)이다. 예를 들면, 앞서 이념적 '중도층'(中道層)이라고는 하지만, 더 세분화한다면, '순수한 중도층'도 있고, '좌파친화적 중도층'도 있고, '우파친화적 중도층'도 있을 것이다. 결론적으로, 후보자가 제공하는 선거공약의 내용에 따라서, 후보자의 지지층의 규모는 증가할 수도 있고, 감소할 수도 있다.

선거지형이 단(短)기간에 급변하는 것을 기대하기는 어렵다. 개인 유권자들의 성향이 그렇게 조변석개(朝變夕改)하는 것은 아니기 때문이다. 특정한 성향을 지닌 개인 유권자들이 모여서 하위집단으로 분류되고, 그러한 하위집단들 (즉, 계층별, 세대별, 이념별, 지역별...)이 모여서 정당이나 후보자에 대한 전체 유권자지지성향의 지형을 형성하고 있다. 보통·평등선거하에서, 단순다수제하에선 유리한 지지층지형(즉, 보다 많은 유권자 규모를 지닌 그룹들의 지지)을 지닌 후보자가 선거승리에 유리할 것이다. 1인1표제하에서 진보유권자가 보수유권자보다 많다고 하면, 진보정당 후보자가 유리한 것이다. 그리고 특정그룹들의 지지성향과 연계되면서, 특정 정당 및 특정 후보자들이 계속적으로 유리한 위치에 서는 선거지형이 유지된다면, 그 사회에선 '영구다수'(永久多數, permanent majority)와 '영구소수'(永久小數, permanent minority) 의 문제가 발생하게 된다.[3] 영구다수와 영구소수가 존재하는 곳에선 반복되는 선거를 통해서도 정권의 교체가 어려울 수 있다.

2 김기석. (2017). 20대 총선거: 강원도 정치지형 변화와 표심의 향방. *사회과학연구,* 56(2), 3–36; 김기석. (2005). 17대 총선과 강원도민의 투표행태: 보수적 실용주의. *21세기정치학회보,* 15(2), 95–119; 김원동. (2012). 19대 총선과 강원도민의 투표행위: 유권자의 연령대별 구성과 투표율의 차이를 중심으로. *지역사회학,* 14(1), 237–281.

3 김재한. (2001). 분열사회와 다수제/합의제. 김재한 (편.), *분열의 민주주의* (pp. 29–41). 소화.

구조적인 변수라고 할 수 있는 선거지형이라는 것도 선거경쟁과정에서는 그 정도에 있어서 선거마다 다르게 나타날 수 있다.[4] 단적인 예로, 기존 유권자분포에서 후보자의 표심을 변화시키는 능력은 차치하고라도, 선거일에 투표장에 나가 투표를 해야만 선거지형의 분포도가 그대로 표로 반영될 것이다. 모든 사람이 투표하지 않는다. 75%도 결코 높은 투표율이 아니다. 1/4이 투표하고 있지 않은 것이다. 전체의 1/4은 결코 적지 않은 숫자이다. 이런 경우, 선거 당일에 어떤 지지층에서 더 높은 투표율이 나오느냐가 선거결과에 영향을 미치게 된다. 정당이나 후보자에겐 현재의 선거지형에서 유리한 지지층의 분포규모를 갖고 있다고 하더라도, 해당 지지층이 얼마나 투표장에서 직접 나오느냐[즉, 투표율(投票率)]에 따라서 유리한 선거지형이 유지될 수도 있고, 그렇지 않을 수도 있는 것이다. 정당이나 후보자는 보다 더 많은 유권자가 투표장에 나오도록 해야 한다. 당해 선거에 형성되어 있는 선거지형은 후보자가 통제할 수 없는 것이지만, 후보자는 지지세력들을 투표일에 투표소에 나오도록 해 지지세력의 투표율은 일부 통제할 수도 있을 것이다.[5]

후보가 마음대로 할 수 없는 것들이 선거과정에서 존재함으로, 선거운동은 일원적 차원(자기가 통제할 수 있는 것들만 존재하는 경우)으로 구성되는 것이 아니고 이원적 차원(통제할 수 있는 것들 + 통제할 수 없는 것들) 속에서 구성된다. 결국 후보자 자신이 통제할 수 없는 것들이 선거에서 기본 '구도'를 형성한다.[6] 후보가 마음대로 할 수 없는 것, 그것 중에서 가장 중요한 것은 상대 경쟁자이다. 과거 그람시(A. Gramsci)가 권력투쟁의 과정에서 '대항(對抗)이데올로기'(counter ideology)의 중요성을 지적했듯이, 선거과정에서 대항마(對抗馬, counter figure)의 중요성이 선거승리와 패배에 절대적이다. 대항마인 후보자는 인물 개인으로서 존재하는 것이 아니다. 그 인물은 정치집단에 속하게 되는데, 그 정치집단이란 바로 '정당'이다. 따라서 대항마가 어떤 정당에 소속되어 선거에 출마하게 되느냐는 선거결과에 큰 영향을 미치게 된다. 그래서 정치인들은 흔히, 선거승리는 인물이 좋다고 되는 것이 아니고, 후보자간 경쟁구도(競爭構圖)가 절대적이라는 말을 한다.

후보자 입장에서 선거경쟁구도는 경쟁 상대 후보들이 어떻게 형성되는가의 문제인데, 대략 두 가지 차원의 것에 의해서 형성된다. 하나는 여당의 후보자인지 또는 야당의 후보자인지 후보자 자신의 입지(立地)가 가져오는 선거구도이다. 당해 선거에서 후보자가 여당후보자일 수도 있고, 야당후보

4 강명세. (2008). 한국의 보수화 회귀와 진보세력의 선택. *동향과 전망,* 72, 182-214; 윤종빈. (2007). 2007 대선과 수도권 투표성향: 지역, 이념, 그리고 인물. *한국정당학회보,* 6(2), 65-95.

5 선거지형(유권자지지층분포)도 장기적인 시간의 차원에서 보면, 변화를 유도하는 경우 통제할 수 있는 변수가 된다. 후보자에게 불리한 선거지형을 극복하는 최대의 전략은 지지층확장을 위한 '정책공약'(政策公約)의 제공이다. 해당 지역구에서 불리한 선거지형에 있었던 좌파 후보 X가 있었다고 가정하자. 그런데 보수유권자들의 투표율이 저조해서 해당 지역구에서 승리하였다. 이런 경우, 재선이 목표인 X는 지역구활동과 민생복리를 위한 정책활동을 열심히 하면서 해당 지역구에서의 유권자지형을 바꾸려고 한다. 즉, 자신의 지지층을 늘리는 (좌파 정당을 지지하는 유권자들의 규모를 늘리는) 정치활동을 계속하면서, 이후 의정활동을 열심히 하면서 자신이 속한 정당의 이미지를 개선하였을 때, 정당을 중심으로 형성된는 좌-우 유권자 지형에 변화를 주게 된다. 결국 X가 재선, 삼선에 성공하였다. 이런 경우, 선거지형이 변한 것에 대한 가능성 여부에 대해서 논의가 있을 것이다. 이것에는 논쟁이 있다. 첫째, X가 열심히 지역구활동을 하면서 이미지 개선을 하고, 그러면서 좌파 지지자들이 늘면서 좌-우 지형이 변한 결과로서 선거지형이 변했다는 시각이 가능할 것이다. 둘째, 좌-우 선거지형이 변한 것이 아니고, 원래부터 해당 지역중도층이 일정수 분포되어 있었는데, 이들이 다른 후보자들보다 X를 지지한 것일 뿐이고, 우파들이 X를 지지하는 변화가 있었던 것은 아니다. 그러니까, 선거지형으로서 유권자분포의 지형이 변한 것은 아니다. 선거정치과정에 대한 이상의 상이한 관점은 '중위투표자'의 중요성, 중도 '제3정당'의 입지 등과 관련하여 중요한 정치적 함의를 갖는다.

6 예를 들면, 한국정치과정에서 대통령선거구도는 변해왔다. 민주 대 산업화, 영남 대 호남, 보수 대 진보, 그런데 차후에는 무엇인가? 이영작 박사는 "누가 더 유능한가이다"라고 답변하고 있다. 그렇다면, 누가 더 유능정권창출에 누가 더 준비되어 있는가인가? 아니면, 선거일을 6개월 정도 앞두고 형성되는 시대정신인가? 이영작. (2001). *대통령선거전략 보고서: 97 김대중 대통령만들기.* 나남, p.25.

자일 수도 있다. 경제상황이 좋지 않은 시점에서 벌어지는 선거에는 '여당심판론', '여당견제론' 등이 작용하며, 야당후보자가 유리한 선거구도가 형성된다. 다른 하나는 같은 진영에서 복수(複數)의 후보자가 형성되는 선거구도이다. 유사한 이념적 성향의 후보자가 두 명 이상이 출마해서 경쟁한다면, 해당 이념진영의 표가 분산되며, 선거득표에 불리하게 된다. 하지만, 선거구도도 선거시기전후로 정치권(政治圈)에 거대한 정치적 사건을 계기로 형성된 정치바람(政治風)이 당해 선거에 불어오면, 그러한 정치바람에 인물적 요소, 선거구도 등이 모두 묻혀버린다. 예를 들면, 2004년 총선에서 '대통령탄핵풍'이 불면서 노무현 대통령이 새롭게 창당한 '열린우리당'이 제1당이 된다. 대통령의 탄핵에 참여한 현직국회의원들이 대부분 고배를 마셨다. 그래서 정치인들은 선거승리에 영향을 미치는 변수는 바람(風)〉구도(構圖)〉인물(人物)의 순서라고들 한다.

1. 선거운동

사람의 마음이 쉽게 변한다고 보는 시각도 있지만, 종합적 시각에서 보자면, 일상생활이나, 선거과정에서 특별한 충격으로 다가오는 어떤 사건이나 계기가 없다면, 그렇게 사람의 마음이 쉽게 바뀌는 것이 아니다. 개인의 행태에 영향을 미치는 개인이 갖고 있는 '선호체계'(preference structure)는 일정수준으로 안정된 체계를 구축하고 있다. 한 개인이 갖고 있는, 포괄적 의미에서, '당파성'(黨派性, partisan)이란 것도 선호체계의 한 측면인데, 쉽게 바뀌지 않거나, 거의 바뀌지 않는다.

'선거운동'이란 것이 일정기간동안 꽤 시끌벅적하고, 마치 후보자가가 선거운동을 열심히 하면 선거결과에 지대한 영향을 미칠 것처럼 느끼지만, 사실은 선거결과에 무시할 만한 영향을 주는 것에 불과할 수도 있다고 보기도 한다.[7] 선거운동의 '최소효과가설'(minmal effect hypothesis)에 대한 가능한 시나리오들 중의 하나는 사람들이 기존의 표심을 잘 바꾸지 않는 이유는 유권자들의 정당 식별 및 인식에 대한 고정 관념 및 후보자들(여당, 야당)의 성과에 대한 회고적[回顧的, 또는 소급적(遡及的)] 판단 때문이라는 것이다.[8] 과거를 잊어버리고 미래의 앞날만 생각하는 행태보다 과거를 반추하는 행태를 취할 때, 보다 비판적 시각에 서게 된다. 정당에 대한 고정관념을 갖고서 그러한 정당의 업적에 대해서 판단하는 유권자들에 대해선, 후보자들의 선거운동이 유권자들의 마음을 바꾸거나 행동에 영향을 미칠 여지는 거의 없다고 봐야 할 것이다. 선거지형에서 후보자 자신을 지지하는 성향의 유권자 분포가 보다 근본적인 변수임은 자명하다. 그래서 정당이나 후보자의 선거운동이란 것이 생각보다 별 의미가 없다는 시각으로 귀결되는 것이다. 이런 시각대로라면, 선거결과에 유권자분포가 그대로 반영되는 것이라면, 그리고

7 Fisher, J. (2017). Persuasion and mobilization efforts by parties and candidates. In J. Fisher, E. Fieldhouse, M. N. Franklin, R. Gibson, M. Cantijoch, & C. Wlezien (Eds.), *The Routledge Handbook of Elections, Voting Behavior and Public Opinion* (pp. 280–292). Routledge. 피셔의 시각은 선거승리를 예견함에 있어서 선거막판까지 '부동표'(浮動票, floating voters)가 갖는 표심의 향배가 중요하다는 시각과 대조된다. 결국 유권자분포에 부동표의 규모가 어느 정도 형성되어 있는가가 해당 논쟁에 핵심이 될 것이다. 부동표에 관련해서 유권자 행태는 두 가지로 구분된다. ㉠스윙보터(swing voters)는 지난번에 지지했던 정당과 이번에 지지하는 정당을 바꾸는 유권자 행태를 말한다. ㉡선거당일까지 어떤 후보자를 지지할 지 결정하지 않고 있다가, 선거일에 임박해서 자신의 지지 후보를 결정하는 경우이다. 부동층의 종류에 대한 논의는 진영재. (2002). *부동층 유권자 행태 분석.* 집문당.

8 Holbrook, T. (1996). Do campaigns matter? (Vol. 1). Sage publications; Iyengar, S. (1994). *Is anyone responsible?: How television frames political issues.* University of Chicago Press; Shaw, D. R. (1999). The effect of TV ads and candidate appearances on statewide presidential votes, 1988–96. *American Political Science Review,* 93(2), 345–361.

앞서 언급한 그러한 유권자분포에 대해서 대략적인 정확성을 지닌 정보가 사전에 있을 경우, 선거의 승패는 미리 결정되어 있으며, 선거과정에서의 요란한 선거운동들은 해보나 마나 하는 어떤 이벤트인 것이다.

그러나, 또 다른 선거연구에서 제시하는 변수들에 의하면, 사안이 그렇게 단순하지 않은 듯하다. 선거결과에 영향을 미치는 변수들 중에는 '선거경합성'(electoral closeness)이란 변수가 있는데, 후보자들 사이에 선거경합성이 큰 곳에선 '인물효과'를 무시할 수 없고, 이로 인한 '동원효과'(mobilization effect)가 존재한다. 인물효과가 지지층을 결집시켜서 투표장으로 이끌게 되면, 후보자간의 지지 격차가 크지 않은 상황에선 선거승패를 결정지을 수도 있다.

'인물효과'는 독립되어 존재하는 변수는 아니다. 대의제하에서의 선거의 구도를 형성하는 기본 차원은 "정당 대 정당"의 경쟁구도다. 대의민주주의는 정당이란 기관을 통해서 실현된다.[9] 모든 각급 선거(대통령선거, 국회의원선거, 지방선거)에서 각 정당은 자신의 후보들을 공천한다. 유권자들은 자신들이 일정 수준 고정관념을 지닌 정당에서 공천한 후보자들을 선택하기에, 후보자라는 인물효과는 정당이란 기관효과와 독립되어 존재할 수 없는 변수가 된다. 경우의 수는 세 가지가 있을 것이다. '인물효과'가 '정당효과'가 동등한 상태인 경우, '정당효과'가 '인물효과'보다 더 큰 경우, 그리고 '인물효과'가 '정당효과'보다 더 큰 경우이다.

그렇다면, 유권자들은 정당이나 인물에 대하여 어떤 판단의 기준을 갖고서 선택을 하게 될까? 분명한 것은, 유권자는 후보자의 총체적인 '이미지'(image)를 중심으로 판단하리라는 것이다. 더 정확히 표현하자면, 정당이란 기관을 중심으로 선거가 치러지지 않고 후보자란 인물을 중심으로 선거가 치뤄지는 상황에서도, 유권자는 후보자가 소속된 정당의 이미지에 대해서 이미 판단을 갖고 있다. 유권자는 후보자 개인의 이미지를 별도로 해석하기 보다는, 후보자가 소속된 정당의 표상이 갖는 이미지와 합성된 종합적 이미지로 판단한다는 것이다.[10] 로젠버그(S. Rosenberg)는 유권자가 후보자나 정당에 대해서 갖는 '이미지'(image)가 유권자의 표심(票心)의 근본에 영향을 미침을 주장하였다.[11] '이미지'라는 것은 두 개의 차원으로 구성되는데, 하나는 과거에 근거하여 형성되어 있는 이미지이며, 또 다른 하나는 현재를 중심으로 형성해 나가고 있는 소위 현재진행형으로서의 이미지이다. 결국, 선거 경합성이 치열하여 인물 중심으로 선거경쟁이 이뤄지는 곳에서 후보자의 이미지는 후보자의 정당에 대한 과거로부터 형성된 표징(表徵)과 후보자가 선거과정에 갖는 현재의 이미지가 합성되어 형성되는 것이다.[12] 이 두 가지 차원이 의미하는 것을 종합하면, 후보자는 과거 행태로부터 본인이나 본인이 소속된 정당이 소유한 이미지를 갖고서 후보자들에게 기억되지만, 이미지는 완전히 고착된 것이 아니고 현재진행형이기에 당해 선거과정에서 후보자가 어떠한 말과 행동을 하느냐가 이미지 형성에 영향을 미친다.[13] 유권자들이

9 진영재. (2021). *정당정치의 진화* (2판). 연세대학교 대학출판문화원.

10 송건섭. (2010). 유권자의 후보자 선택모델 검증 및 비교. *한국행정논집,* 22(3), 671–691; 장혜영. (2012). 지방선거에서 전망적 투표성향 분석: 2006년 서울시장 선거를 중심으로. *21세기정치학회보,* 22(3), 213–237.

11 Rosenberg, S. W., Kahn, S., & Tran, T. (1991). Creating a political image: Shaping appearance and manipulating the vote. ***Political Behavior,*** 13(4), 345–367; Rosenberg, S. W., & McCafferty, P. (1987). The Image and the Vote Manipulating Voter's Preferences. ***Public Opinion Quarterly,*** 51(1), 31–47.

12 남궁영. (2016). 제17대 대통령선거 예비후보자 이미지에 대한 유권자 유형 연구. *주관성연구,* (33), 87–111.

13 로젠버그는 시간차원에서 이미지 형성은 근접한 과거와 현재가 중요할 수밖에 없다고 본다. 왜냐하면 이미지란 것이 인간의 기억력을 바탕으로 형성되는 것이기 때문이다. Rosenberg, S. W., Kahn, S., & Tran, T. (1991). Creating a political image: Shaping appearance and

실시간적으로 체험하는 후보자의 현재 이미지는 중요하다.

선거경쟁과정은 정당간 후보자간의 공적(公的) 차원에서의 정책경쟁들로 한정되지 않는다. 후보자들의 사적(私的) 영역이 그대로 포함되며, 오히려 후보자들의 사적인 영역들이 공적인 차원 이상으로 후보자나 정당의 이미지를 형성해 나간다. 이런 연구를 선도했던 로젠버그(S. Rosenberg)는 이미지가 선거결과에 포괄적인 영향을 미치기에 선거과정의 대세에 관여한다고 보았다.[14] 그렇다면 좋은 이미지를 위해서는 남의 이미지이더라도 그것을 빌려서 선거과정에 이용할 수도 있다. 다운즈(A. Downs)의 주장처럼, 정당은 선거에 승리하기 위해서 정책을 만들어 내는 것이지, 정당의 정체성에 맞는 정책을 만들어내기 위해서 선거경쟁을 하는 것이 아니다. 그런 곳에서 경쟁하는 정당들은 상대방 정당의 이미지를 전부는 아니더라도 일부 차용(借用)할 수 있으며, 자신의 기존 위치보다 상대방과 더 유사한 입지를 유권자에게 보여준다. 경쟁정당들이 서로를 차용하면서 중위(中位, median)로 수렴하는 것이다.[15]

라스웰(H. Lasswell)은 정치과정에서의 정치인들의 운명은 조직력, 협상력(설득력), 선전력, 그리고 폭력이라는 네 가지의 기술과 결합되어 있다고 주장했었다.[16] 현재의 선거과정에서 폭력을 제외한(?), 조직력, 설득력, 선전력이란 것은 가장 현실적으로 그리고 이론적으로 선거경쟁전략을 이해하는 분류법이 될 수 있을 것이다. 후보자들이 처한 환경과 환경의 변화, 유권자에 대한 설득력, 선전력에 관해서 차례로 살펴보고자 한다.

선거환경의 변화와 인물효과

정당이나 후보자들은 최대한의 득표활동을 위해서 선거환경에 적응하게 된다. 세상은 변하는 것이어서, 유권자의 성향이나 행태는 고정된 것이 아니고 변화하고 있다. 유권자들도 변화하는 환경에 맞추어서 적응하고 있다. 변화하는 환경의 가장 큰 것이 '미디어 환경'의 변화이다. 미디어 환경의 변화는 '유권자 환경'의 변화에도 영향을 미쳤다.[17]

많은 선거연구들은 지난 수십년동안 (특히 후기산업사회, 후기물질사회가 시작되는 이후의 시점을 계기로) 소위 '정당재편'(party dealignment)이라는 현상을 통해서 유권자들의 '정당충성도'(party loyalty)가 많이 감소되었다고 주장한다.[18] 그리고 '정당재편'이란 현상은 근본적으로 어느 편이고 할 것

manipulating the vote. *Political Behavior,* 13(4), 345–367.

14 선거경쟁에서 후보자의 이미지와 정당의 이미지는 '형세'(形勢)를 형성하며 선거의 승리와 패배에 영향을 미치게 된다. 형(形)은 외관, 스펙이고 세(勢)는 전략능력으로 구분되는데, 선거과정에서 후보자의 이미지는 일종의 형에 해당한다고 유추해 볼 수도 있을 것이다. 송병락. (2015). *전략의 신.* 쌤앤파커스. 김학노 교수는 '손자병법'에서의 '형세'의 개념이 개념의 높은 추상성에도 불구하고 우리의 일상생활과 사고에 깊이 자리잡고 있음을 지적한다. '형세' 개념은 그람시(A.Gramsci)의 헤게모니 개념 및 행위자-네트워크 이론과 유사한 부분이 있음을 지적한다. '형세'의 정치학적 개념에 관한 세분화된 논의는 김학노. (2018). 형세: 정치학적 개념 탐구. *한국정치학회보,* 52(1), 229–256.

15 다운즈(Anthony Downs)의 중위투표자이론이 결국 정책의 문제가 아니라, 후보 이미지의 문제로 귀결된다는 연구들도 존재한다. 즉, 유권자에게 '중위'라는 것은 정당의 정책 차원에서 느껴지는 것일 수도 있지만, 후보자의 이미지와 연관되어 발생할 수도 있다는 것이다. 공약(公約)이 공약(空約)이 되는 한국정치과정에서 특히 참고할 필요가 있다.

16 Lasswell, H. (1936). *Politics: Who Gets What, When and How.* McGraw Hill, p. 112.

17 이강형. (2007). 선거 커뮤니케이션의 이론적 개관: 투표행태 연구를 중심으로. *커뮤니케이션 이론,* 3(1), 1–36.

18 Dalton, R. J., & Wattenberg, M. P. (Eds.). (2002). *Parties without partisans: Political change in advanced industrial democracies.* Oxford University Press on Demand. 정당재편은 단순히 정당들끼리의 세력재편으로도 발생하지만, 정당이외의 시민단체가 정치과정에 영향을 미치는 경우에도 발생한다.

없이, 정당들의 공직 수행에 대한 불만, 냉소, 환멸 등에서 비롯된다.[19] 유권자들이 특정 정당에 대한 정당충성심이 약해지고 마음이 산란해지기 시작한 것은 미디어 환경의 변화와 가장 직접적인 연관이 있다. 당해 선거에서의 특수성(즉, 당해 선거는 역대의 어느 선거와도 다르다는 것)을 느끼게 하는 선거관련정보들이 더 많은 채널들을 통해 크게 증가하면서, 자신의 기존 생각들에 대해서 다시 생각해 보는 계기가 증가하게 되는 것이다.[20]

앞서 논의한 바와 같이, "선거과정에서 영향력이 있다"고 함은 두 가지 차원이 있다. 하나는, 일종의 구조적 변수로서 선거지형, 정당의 입장(여당과 야당)을 영향력 있는 변수로 볼 수 있다. 구조적 변수의 영향력은 절대적인 것이다. 또 다른 하나의 의미는 "다른 것들이 거의 변화하기 어려운 것들일 때, 그래도 그중에서 선거결과에 변화를 줄 수 있는 변수"라는 측면에서 '인물효과'가 영향력이 있다"라고 볼 수 있다. 거의 고정되어 있거나 변화가능성이 없는 구조변수는 신경써도 소용없고, 결국 선거운동에서 고려할 만한 의미가 있다는 의미에서 '인물효과'는 영향력이 있는 변수라고 볼 수 있다는 의미이다.[21] 유권자들에게 후보자의 인물효과란 유권자가 기대하거나 평가하는 기준이 정당이라는 기관이 아닌 후보자 개인의 인성(personality)을 말한다.[22] 인물효과는 지도자(또는 대표자)로서 갖추어야 할 전반적인 영향력 또는 지도자의 지위에 어울리는 일련의 성격(또는 인격) 특성으로 개념화된다.[23]

선거경쟁에서 여당과 야당의 지위는 변할 수 없는 것이며, 판세에서 유권자지형은 주어진 변수로 생각할 수밖에 없다. 이런 경우 선거결과에 조금이라도 변화를 주기 위한 (즉, 조금이라도 더 득표를 하기 위한) 선거운동은 '인물효과'를 이용할 수밖에 없는 것이다.[24] 선거과정에서 변화를 이끌 주요한 변수는 '인물효과' 변수일 것이다.[25] 그러나, 선거과정에서 인물효과를 해석함에 있어서, 인물효과를 단순히 후보자 개인의 영향력하에 선거과정이 놓

19 Pharr, S. J., & Putnam, R. D. (Eds.). (2020). *Disaffected democracies: What's troubling the trilateral countries?* Princeton University Press; Franklin, M. N., Mackie, T. T., & Valen, H. (1992). Electoral Change. Cambridge University Press. '정당재편'(party dealignment)이란 '정당재정렬'(party realignment)와 구분된다. 선거결과 형성되는 정당체계의 변화를 묘사하는 경우, 정렬(alignment), 재정렬(realignment), 탈정렬(dealignment)로 용어의 상대적 구분이 요구된다. 수 있다. 정렬은 기존의 주요 정당체계가 유지되는 상태에서 의석수의 변화가 있는 일상적인 경우를 말한다. 재정렬은 정당체계내에서 새로운 정당들이 구 정당들을 대체하거나 주요한 정당들이 교체되거나, 괄목할 만한 제3정당세력이 진출하는 정도의 변화가 있는 경우를 말한다. 마지막으로 탈정렬은 기존의 정당체계 이외의 '시민단체'가 일정수준의 '정치적 선제권'을 갖는 상황이 발생하는 것을 말한다. 정치체계내의 기존 정당들이 신뢰를 잃은 상태에서 정당외적인 시민단체가 정치적 영향력이 증대되는 상황을 포괄한다. 기존 정당들의 수행능력 등에 대한 회의감으로 정치과정에서 세3세력들인 이익집단, NGOs 들의 목소리가 강해지며, 정치과정에 정당 이외의 기관이 실질적인 대체세력에 버금가는 영향력을 갖는 상태를 말한다. 정렬과 재정렬은 구분없이 하나의 용어로 포괄하기도 한다. Guy Peters, B., & Hunold, C. (1999). *European Politics Reconsidered* (2nd ed.). Holmes & Meier Pub, pp. 176–214.

20 선거에서 인물중심성이 강화된 것은 이러한 미디어 환경의 변화와 관련이 있다. 인터넷, 모바일 SNS시대에 가장 큰 미디어 환경 변화의 속성은 '실시간(real time)' 사건 중계와 의견 공유란 것이다. 이런 경우, 미디어의 실시간 현장 중계라는 사건 보도 대상의 초점은 인물(후보자)이지, 기관(정당)이 아니다. McAllister, I. (2007). The Personalization of Politics. In R. J. Dalton, & H-. D. Klingemann (Eds.), *The Oxford handbook of political behavior* (pp. 571–588). Oxford University Press.

21 김영하. (2005). 대구경북지역 제3회 기초의원선거 후보자의 '인물' 요인이 갖는 함의. *대한정치학회보,* 13(2), 463–493.

22 정당을 '기관화'라고 본다면, 인물은 '개인화'라고도 할 수 있다. 유권자들이 특정 정당을 지지하도록 이끄는 것은 후보자의 개성이라는 심리적 변수라는게 일치된 의견이다. Mughan, A., & Aaldering, L. (2017). Politics, Media, and the Electoral Role of Party Leader. In J. Fisher, E. Fieldhouse, M. N. Franklin, R. Gibson, M. Cantijoch, & C. Wlezien (Eds.), *The Routledge Handbook of Elections, Voting Behavior and Public Opinion* (pp. 170–180). Routledge, p. 171. 후보자의 개인 이미지를 업무 수행능력과 관련해서, 후보자의 '여유로운 스타일'(pull factor)이 '밀어붙이는 스타일'(push factor)보다 더 흡인력이 있다는 연구도 있다. Aarts, K., & Blais, A. (2011). Pull or push? The relative impact of positive and negative leader evaluations on vote choice. In Aarts, K., Blais, A., & Schmitt, H. (Eds.), *Politicall Leaders and democratic elections* (pp. 165–186). Oxford University Press & British Academy.

이는 "개인화"(즉, 정당효과와도 분리되어)가 진행되는 것으로 확대해석되는 것은 사실을 과장하는 것이라고 본다. 미디어 효과와 후보자의 인물효과의 함수관계를 논의해 보고자 한다.

모바일 SNS(social network service: 소셜미디어)로 대변되는 '뉴미디어시대'에 정치정보를 제공하는 매체의 종류가 크게 증가하였다.[26] 후보자들이 소셜미디어를 사용하여 유권자들과 직접소통하는 것은 이제 보편화되었고, 그렇지 못한 정치인들은 도태되는 시대이다.[27] 정당 기관적 차원에서의 선거운동에서도 소셜미디어는 선거캠페인 전략의 중심적 위치로 가고 있다.[28] 뉴미디어 환경은 정당이나 후보자가 일반 시민들이 이메일, 블로그, 유튜브, 문자메시지, 페이스북, 마이스페이스 등 소셜네트워크서비스(SNS)와 다른 뉴미디어를 통해 더 많은 선거운동에 참여하도록 독려할 수 있도록 한다.[29] 그런 와중에도, TV뉴스는 선거과정에서 인물효과에 가장 큰 효과를 지닌 매체이다.[30] 특히, 대통령선거과정에서도 후보자는 유권자들에게 그들의 역량과 대통령직에 대한 적합성을 알리게 되는데, TV토론은 유권자들이 자신의 표심을 결정하는데 결정적인 최후의 판단근거가 된다.[31] TV토론은 후보자들의 일거수일투족, 표정, 대화 방식 (억양, 어법 등) 모든 것을 담아내며, 그 사람됨과 자질을 알린다.[32] 이런 점에서 인물효과를 알릴 수 있는 다양한 통신매체들이 존재함에도, TV는 여전히 선거캠페인(선거운동) 과정에서 강력하고 효율적인 선거매체의 위치를 점하고 있다.[33]

매체들의 다양성이 극도로 증가된 '뉴미디어시대'에 비전통적인 다양한 뉴스매체들이 제공하는 정보는 후보, 미디어, 유권자들 사이에서 새로운 역학관계를 형성하게 된다. 인터넷 (internet), 블로그(blog), 웹사이트(web-site), 팟캐스트(pod-cast), 모바일 소셜 네트워킹 서비스 사이트(mobile SNS sites), 유튜브(YouTube) 및 이메일(e-mail) 목록과 함께, 일반 시민들은 이제 정보와 의견의 소비자이자 공급자로서 이중적인 역할을 한다. 뉴미디어시대

23 일반적으로, 유권자 입장에서 후보자의 인성에 대한 평가는 '호감도'(好感度)라는 개념으로 측정된다. 평가척도는 보통, 온도계척도(barometer index)를 사용하여, 유권자들이 각 당 대표에게 0에서 10까지의 온도계 척도로 점수를 부여하며, 양 극단이 "극도의 비호감"와 "극도의 호감"으로 고정되며, 그 사이에서 혐오와 호감의 감정을 표현하게 된다. 호감을 얻는 정치인의 경우, 그러한 호감의 감정에는 정치인의 개성이 역량에 대한 기대감으로 연결된다. Mughan, A., & Aaldering, L. (2017). Politics, Media, and the Electoral Role of Party Leader. In J. Fisher, E. Fieldhouse, M. N. Franklin, R. Gibson, M. Cantijoch, & C. Wlezien (Eds.), ***The Routledge Handbook of Elections, Voting Behavior and Public Opinion*** (pp. 170–180). Routledge.

24 김만기. (2012). 선거공보물에서 후보자의 메시지 전략 분석: 2010년 6 · 2 지방 선거공보를 중심으로. *디지털융복합연구,* 10(7), 69–75; 조희정, 류석진, 전시홍, 박정우, & 임선우. (2014). 제6회 지방선거 후보자 제공 정보와 홍보전략에 대한 고찰: 선거공보의 디자인 · 이미지 · 공약 · 현안 · 채널 분석을 중심으로. *한국정당학회보,* 13(3), 123–156; 이혜숙. (2015). 2014년 지방선거와 여성의원의 홍보전략: 광역시도 지역구 여성당선자의 선거공보를 중심으로. *젠더와 문화,* 8(1), 125–159; 조희정, 이한수, & 민희. (2016). 후보자의 선거전략과 득표율: 제20대 총선 선거공보 분석을 중심으로. *한국정치연구,* 25(2), 57–87.

25 조희정, 류석진, 전시홍, 박정우, & 임선우. (2014). 지방선거 후보자의 제공 저보와 홍보 연구: 제6회 지방선거 광역시의원 후보의 선거공보를 중심으로. *21세기정치학회보,* 24(3), 293–317.

26 Semetko, H. A., & Tworzecki, H. (2017). Campaign strategies, media, and voters: The fourth era of political communication. In J. Fisher, E. Fieldhouse, M. N. Franklin, R. Gibson, M. Cantijoch, & C. Wlezien (Eds.), ***The Routledge Handbook of Elections, Voting Behavior and Public Opinion*** (pp. 293–304). Routledge. 세멧코와 트보르젝키(H. Semetko and H. Tworzecki)는 미국선거에서 선거캠페인(선거운동) 방식의 변화를 과학기술의 발전에 따라서 4기로 구분한다. ① 1기는 시기적으로는 제2차세계대전 이전으로 인쇄언론이 선거캠페인을 주도했던 시기이다. 정당은 지역 분권화되어 '지역적 집회'와 '문간 유세' 등이 함께 활용되었다. ② 2기는 시기적으로 1950년대부터 1980년대 중반까지이며, TV 매체의 보급과 함께, TV뉴스 프로그램이 중심이 되었고, 비디오의 중요성이 나타났다. 선거캠페인 전략이 중앙집권화되고, 전문화된 캠페인 프로그램 마련의 필요성으로 선거비용 상승이 두드러지게 되었다. ③ 3기는 1980년대 중반부터 1990년대 말까지로 케이블, 위성 및 초기 인터넷, PC의 보급과 함께 이메일, TV광고 등을 활용하며, 여론조사업체, 선거전문컨설턴트가 활성화되는 시기였다. 이러한 기술들을 배경으로 선거캠페인의 형식과 내용이 소규모 캐스팅을 중심으로 하여 분권화되는 현상을 보였다. 특히, 캠페인이 선거시기에만 국한하지 않고 평상시에도 정당이나 후보자의 선거운동을 보조하는 '영구적 캠페인'의 속성을 나타내기 시작한다. 이런 캠페인의 특성과 맞물려서, 유권자들도 과거보다 더 파편화되기 시작한다. 참

의 두드러진 특성은 미디어 콘텐츠 제작 및 보급의 과정에서 대화식 프로세스가 보다 가능하다는 것이다. 따라서 기존의 공중파 뉴스미디어가 정보 생산과 전달에 대한 영향력이 감소되고 있다. 유권자들과 후보자 모두는 소프트뉴스 프로그램이나 오락프로그램을 이용하기도 하고, 인터넷, 문자메시지, SNS, YouTube 등의 활동을 통해 서로 직접 연결됨으로써 전통적인 미디어를 우회하는 현상이 증가되고 있다.

지금까지 신문, 텔레비전, 라디오를 포함한 전통적인 뉴스 매체는 유권자들이 정보 및 공공 영역으로 진입하는 길목에서 문지기(gate keeper) 역할을 독점해 왔다. 이들의 영향력이 여전히 유지되고 있지만,[34] 다양한 정보매체의 영향력으로 전통적 뉴스 매체들이 더 이상 매체 독점의 문지기 역할을 할 수 없게 되었다. 유권자들은 다양한 선거 정보 출처(선거 행사, 뉴스 및 연예 매체, 토론회, 정치 광고, 여론조사 등)로부터 정치적 지식을 쌓는다.[35] 유권자들이 뉴스 미디어를 더 많이 고려할수록 더 나은 이해로 이어지고, 이는 후보자의 성격, 후보의 이슈에 대한 입장, 후보자에 대해서 반대되는 입장 등 모든 것들에 대한 더 많은 지식을 얻는 것이 기대된다.[36] 그런데, 이러한 일반적인 기대와는 달리, “더 나은 이해”, “더 많은 지식”이라고 말하기가 쉽지 않다. 뉴스 관련 미디어 자체가 이념적으로 양극화되며, “편식에 대한” 더 많은 지식과 더 나은 이해의 경향이 있기 때문이다.[37]

현대 사회에서 유권자들은 미디어와의 관계에서 상당 수준 능동적인 행태를 갖고 있다. 유권자들은 기존에 자신이 갖고 있는 정치적 성향에 따라 정치 정보의 출처를 선택한다.[38] 그리고, 미디어 정보의 전달이 자신이 갖고 있던 기존의 믿음과 모순된 경우엔 그 정보에 저항한다.[39] 일부 유권자들은 자신의 선호 후보자에게 행해진 부정적인 정보에 대한 반대 논의를 위해 미디어의 정보를 찾고 회상한다.[40]

시간과 공간의 제약을 초월하여, 인터넷은 상호작용적이고 협력적인 공고로 이 시기에는 '정당일체감'이 감소되는 현상이 나타나던 시기이다. ④ 4기는 3기의 PC와 인터넷의 연장선상에서, 모바일(mobile)과 SNS(social network service)에서와 같이 실시간 정보공유 및 쌍방향 의사소통이 가능한 상태에서, 시간과 공간의 장벽이 약해진 상태에서 [여전히 오프라인(off-line)의 중요성은 남아 있으므로] 선거캠페인이 진행된다. 특히 '빅데이터'(big data)가 좀 더 완성도 있는 활용도를 확보한다면, 선거과정에서 후보자와 정당으로 부터 각 개인별로 차별화된 응답이 가능한 선거캠페인의 시대로 가고 있다.

27 트위터를 많이 사용하는 공직자들이 보다 많은 득표를 했다. Kruikemeier, S. (2014). How political candidates use Twitter and the impact on votes. ***Computers in human behavior,*** 34, 131–139; 장우영. (2019). 소셜미디어 선거캠페인 연구 동향과 쟁점. *정보화정책,* 26(1), 3–24.

28 Druckman, J. N., Kifer, M. J., & Parkin, M. (2007). The Technological Development of Congressional Candidate Web Sites: How and Why Candidates Use Web Innovations. ***Social Science Computer Review,*** 25(4), 425–442.

29 임연수, & 박한우. (2010). 10.28 재보궐 선거의 블로그 캠페인에 대한 웹계량화 분석. *Journal of The Korean Data Analysis Society,* 12(1), 539–551; 김민정, & 현은형. (2014). 모바일 선거캠페인 채널의 접근으로써의 게이트웨이 전략 분석. *디지털디자인학연구,* 14(2), 503–512; 장우영, & 김석주. (2014). 트위터 선거캠페인과 정치동원: 2011년 서울시장 재보궐선거 사례를 중심으로. *한국지역정보화학회지,* 17(1), 93–123.

30 정인태. (2012). 「공직선거법」에 규정된 법정 홍보매체의 효과 및 선거 PR 캠페인 전략 연구. *정치커뮤니케이션 연구,* 24, 133–176.

31 이수범, & 김용준. (2017). 제19대 대통령선거 TV토론의 설득전략 연구. *선거연구,* 1(8), 37–57; 차영란. (2018). 제19대 대통령 선거의 유권자 투표행태와 정치캠페인 및 정치광고에 대한 수용자 분석: 심층인터뷰를 중심으로. *한국콘텐츠학회논문지,* 18(6), 385–398.

32 이수범, 우정민, & 신동숙. (2007). TV토론에 나타난 후보자들의 설득전략 연구: 2006년 서울시장 TV토론을 중심으로. *한국소통학보,* 7, 38–75; 범기수, & 최용혁. (2013). 한국의 역대 대선 TV토론에 나타난 후보자의 충돌 전략에 관한 연구. 한국언론학보, 57(3), 455–481; 박연진, & 김관규. (2014). TV토론의 후보자 설득 전략과 효과에 관한 연구: 2012년 18대 대통령선거 TV토론을 중심으로. *언론과학연구,* 14(4), 77–105; 박연진, & 김관규. (2016). 선거방송토론에서 나타난 후보자의 설득전략. *방송문화연구,* 28(1), 121–152; 박연진, & 김관규. (2017). 한국 대통령 선거방송토론에 나타난 후보자 설득전략에 영향을 미치는 요인: 17대 · 18대 · 19대 대통령선거를 중심으로. *사회과학연구,* 24(4) 7–34; 김관규, & 박연진. (2018). 19대 대통령선거 선거방송토론에서 나타난 후보자의 설득전략 분석. *언론과학연구,* 18(2), 35–69; 범기수. (2010). Persuasive Strategies of a Three-time Presidential Candidate, Lee Hoi-Chang, in 1997, 2002, 2007 Korean Presidential Debates. *한국소통*

간이며, 주류 미디어에서 종종 간과되는 정치적 견해가 표출된다.[41] 디지털 통신은 지속적으로 '담론(談論)'을 형성하며 시민들이 편리하게 정보에 접근하고 상호작용할 수 있도록 하면서 공간과 시간을 초월하여 정치 캠페인의 범위를 확장한다.[42] 결론적으로, 인터넷은 서로 다른 참여자들에 의한 정치적 메시지와 의미들의 구성을 용이하게 만드는 기회를 제공한다. 특히, 오늘날의 미디어 환경이 점점 복잡해짐에 따라 기존에 존재했던 미디어 관행을 무너뜨렸다. 엔터테인먼트와 인터넷 모두에서 강력한 새로운 정치 행위자들의 등장은 소비자와 제작자 사이, 뉴스와 엔터테인먼트 사이에 존재했던 전통적인 경계를 허물어 버렸다. "소프트 뉴스" 프로그래머들, 유튜브를 통한 1인방송 및 선거운동, 블로거(blogger) 등은 이념적 메시지들의 집중 공격을 통해서 개인들의 표심에 영향을 미친다.[43] 결론적으로, 인터넷 접속은 정치적 논의를 촉진하고 투표 확률을 증가시킨다.[44] 투표로 직접 이어지는 이러한 미디어 환경에서 정당과 후보자는 정치과정에서 자신에게 유리한 담론을 형성하기 위해 온라인(on-line)의 세상에서 고군분투한다.[45] 후보자들은 기존 미디어를 바이패스하여, 자체 웹사이트, 이메일, SNS 등을 사용하여 이미지를 관리하고, 자원봉사자를 조직 및 모집하고, 기금을 모금하고, 유권자와 직접 소통하게 되는 방식을 활성화한다[46]

이러한 미디어의 종류가 및 전달하는 콘텐츠의 다양화가 중요한 이유는, 선거경쟁에서 뜨거운 논쟁들은 으레 '프레임 씌우기'가 진행되기 때문이다. 프레임은 정보를 전달하고 평가하는 데 사용되는 개념인데, 일부 유형의 정보를 강조하고, 다른 정보를 축소 및 배제하며, 유권자들의 '선험적 도식[先驗的 圖式: schema]를 활성화한다.[47] 프레임이 씌워지면 인물, 사건, 정책들에 관련된 모든 구체적 사안들이 일차원적, 범주형적 묘사로 단순화된다.[48] 프레임은 그 하나의 틀 속에 모든 것을 끼워맞추면서 특정 성향으로의 편견과 방향성을 초래하여 사실을 은밀하게 왜곡시키는 것이다. 편견은 여러 가

학보, 14, 33–63.

33 TV라는 매체가 선거경쟁에서 유권자들의 인식형성에 중요한 역할을 하게 된 기념비적인 사건은 1960년 미국대통령선거에서 민주당 후보 케네디(J.F.Kennedy)와 공화당 후보 닉슨(Richard Nixon)의 TV토론일 것이다. 해당 TV토론이 그 이전까지 업무수행에 대한 의구심에 근거해서 밀리던 케네디 후보에게 박빙의 승리를 가져다 주게 된다. TV토론을 중심으로 승패가 바뀌게 된 것이다. TV토론에서 젊은 케네디 후보는 자신있고 결단력을 지닌 모습을 시청자들에게 보여주었다. 이때 젊은 케네디가 미국인들에게 내건 구호는 '뉴프론티어십'(new frontiership)이었다. 반면에 닉슨은 뚜렷한 구호가 없었고, 소심한 이미지로 비쳐지게 된다. 21세기 현재는 '뉴미디어시대'(모바일 SNS시대)이며, 다양한 매체들이 활성화되어 있음에도, 선거경쟁과정에서 유권자들의 인식형성에 TV매체가 가장 중요한 역할을 유지하고 있다는 연구들이 많다. 유권자들이 TV토론이나 TV뉴스를 통해서 정당이나 후보자의 정책적 입장이나 상대적 위치를 정확히 알 수 있다. Van der Meer, T. W., Walter, A., & Aelst, P. V. (2016). The contingency of voter learning: How election debates influenced voters' ability and accuracy to position parties in the 2010 Dutch election campaign. *Political Communication,* 33(1), 136–157. 또한 TV 매체는 후보자의 성격을 판단하고 표심을 결정하는데 가장 유용하다. Druckman, J. N. (2003). The power of television images: The first Kennedy - Nixon debate revisited. *Journal of Politics,* 65(2), 559–571.

34 윤성이. (2013). 트위터의 정치적 활용이 투표행태에 미치는 영향: 19대 총선 사례를 중심으로. *21세기정치학회보,* 23(3), 225–245.

35 Benoit, W. L., & Hansen, G. J. (2004). Presidential debate watching, issue knowledge, character evaluation, and vote choice. *Human communication research,* 30(1), 121–144; Shaw, D. R. (1999). The impact of news media favorability and candidate events in presidential campaigns. *Political Communication,* 16(2), 183–202; Meyer, P., & Potter, D. (1998). Preelection polls and issue knowledge in the 1996 US presidential election. *Harvard International Journal of Press/Politics,* 3(4), 35–43; 차태훈, 김춘식, 하지영, & 이영화. (2008). 정치광고에 대한 비교문화적 접근: 한국과 미국의 대통령선거(1992년~2004년) 정치광고를 중심으로. *광고학연구,* 19(2), 103–126. 부정확하거나 왜곡된 정보가 있을 경우 잘못된 정보가 그대로 흡수될 수도 있다. Jackson, B., & Jamieson, K. H. (2007). *unSpun: Finding facts in a world of disinformation.* Random House Trade Paperbacks.

36 Kim, S. –H., Scheufele, D. A., & Shanahan, J. (2005). Who Cares About the Issues? Issue Voting and the Role of News Media During the 2000 U.S. Presidential Election. *Journal of Communication,* 55(1), 103 – 121; Weaver, D. H. (1996). What voters learn from media. *The Annals of the American Academy of Political and Social Science,* 546(1), 34–47; Mutz, D. C. (2007). Effects of "in–your–face" television discourse on perceptions

지 형태로 표출되는데, 전체과정에서 일부분을 생략하거나, 일부분만을 취합하거나, 사실 자체를 왜곡(歪曲)하는 등의 형태를 취할 수 있다.[49] 일반적으로, 편견이란 당파성이나 이념에서 나올 수 있지만, 사실보다 더 많은 편견이 사건에 대한 시각이나 "뉴스"의 정의와 같은 미디어의 구조적 요소에서 비롯된다.[50]

후보자를 취재할 때 텔레비전 미디어는 후보자의 개인적 특징, 이미지 및 성격에 초점을 맞춘다.[51] 후보자의 개인적 인성에 대한 보도는 또 다른 자기 발견적 이해를 위하여 사용될 수도 있다.[52] 달리 말하자면, 미디어는 오디오와 비디오의 정보들을 주관적으로 조합하여 전달하는 경우엔 후보들의 이미지를 재창조할 수 있다.[53] 이런 경우, 미디어는 '킹메이커'(king-maker)의 역할을 할 수도 있다.[54]

미디어가 후보자의 '인물효과'에 미치는 영향이란, 미디어 매체들이 언론의 보도에 따라서, 후보자 인물효과의 크기와 효과의 방향(선량효과 vs. 불량효과; 강화효과 vs. 약화효과)이 다르게 나타남을 의미한다.[55] 유권자들이 기존의 표심을 바꾸는 경우는, 정치지도자들의 인간적 매력, 즉 개성에서 긍정적인 신호를 받았을 경우이다. 후보는 유권자들이 습관적인 투표 선택에서 벗어나 다른 정당에 투표하도록 설득하기에 충분히 매력적일 수 있다. 유권자들이 요구하는 후보자의 성격은 개별 선거가 치러지는 시점에 따라서 달라질 수 있다. 유권자 입장에서 보자면, 정치인의 업무수행능력과 관련된 '능력'(competence)이나 '신뢰감'(reliability)이라는 자질을 중시하기도 하고,[56] 아니면, 인간미와 관련된 '진실성'(integrity)이나 '공감력'(empathy)이라는 자질을 중시하기도 한다.[57] 이러한 유권자들의 대별되는 성향에 후보자들의 득표 전략도 적응한다. 자신이 경쟁자와 비교하여 더 불리한 후보로서 선거운동을 할 경우에는 "더 공격적이고 과격한 언사와 억양을 쓰게 되고", 반대로 경쟁자와 비교하여 자신이 더 유리한 후보로서 선거운동을 할 경우에는 "이해

of a legitimate opposition. *American Political Science Review,* 101(4), 621–635.

37 Rainie, L., Cornfield, M., & Horrigan, J. (2005, March 6). The Internet and Campaign 2004. *Pew Internet and American Life Project.*

38 Taber, C. S., & Lodge, M. (2006). Motivated skepticism in the evaluation of political beliefs. *American journal of political science,* 50(3), 755–769; Rosentiel, T. (2005, January 20). Trends 2005. *Pew Reasearch Center;* Mutz, D. C. (2001). Facilitating communication across lines of political difference: The role of mass media. *American political science review,* 95(1), 97–114.

39 Westen, D. (2007). The political brain: *The role of emotion in deciding the fate of the nation. Public Affairs.*

40 Meffert, M. F., Chung, S., Joiner, A. J., Waks, L., & Garst, J. (2006). The effects of negativity and motivated information processing during a political campaign. *Journal of Communication,* 56(1), 27–51.

41 Mayer, J. D. (2008). Campaign Press Coverage—At the Speed of Light. In, R. J. Semiatin (Eds.), *Campaigns on the Cutting Edge.* CQ Press; Chadwick, A. (2006). *Internet Politics: States, Citizens, and New Communication Technologies.* Oxford University Press; Bimber, B., & Davis, R. (2003). *Campaigning online: The Internet in US elections.* Oxford University Press.

42 Hamilton, J. (2003). *All the News That's Fit to Sell: How the Market Transforms Information into News.* Princeton University Press; Kovach, B., & Rosenstiel, T. (1999). *Warp Speed: America in the Age of Mixed Media.* Century Foundation Press.

43 황하성. (2012). 서울 지역 20대 유권자의 팟캐스트 이용과 정치참여에 관한 연구: 〈나는꼼수다〉 청취 사례를 중심으로. *사회과학연구,* 19(3), 151–184

44 Tolbert, C. J., & McNeal, R. S. (2003). Unraveling the effects of the Internet on political participation?. *Political research quarterly,* 56(2), 175–185.

45 토크쇼와 예능 프로그램에 출연하는 것은 후보들이 유권자들과 개인적으로 관계를 맺고 유권자들의 후보 평가에 결정적이 되는 정서적 차원을 더하는 데도 도움이 된다.

46 Graf, J. (2008). New Media—The Cutting Edge of Campaign Communications. In, R. J. Semiatin (Eds.), *Campaigns on the Cutting Edge.* CQ Press; Williams, A. P., & Tedesco, J. C. (2006). *The Internet Election: Perspectives on the Web in Campaign 2004.* Rowan & Littlefield Publishers, Inc; Howard, P. N. (2005). Deep democracy, thin citizenship: The

심있고, 덜 엄격하고, 온건한 이미지로서" 접근하게 된다.[58]

유권자들이 후보자의 긍정적인 이미지보다는 부정적인 이미지에 더 영향을 받게 될 수 있다. 그러한 유권자들의 행태가 초래할 가능성을 추론해 볼 수 있다. 이것은 '강화효과'와 연관해서, 선거운동은 이미 일정수준(충분히 만족하진 않더라도) 자신이 상대적으로 선호하는 후보를 더 확실하게 지지하는 계기가 된다는 의미일 것이다. 관념적으로 보자면, 유권자의 '강화효과'는 특정 인물에 대한 기대효과와 특정 인물이 소속된 정당에 대한 기대효과가 결합할 때, 증가할 수 있을 것이다. 하지만, 인물에 대한 기대효과와 인물이 소속된 정당에 대한 기대효과는 별개의 것은 아니다. 특정 인물을 지지하면, 소속된 정당에 대한 별도의 평가에 별로 가치를 두지 않거나, 반대로, 특정 정당을 지지하면, 그 정당의 후보자에게 대략적인 지지를 보내게 될 것이다. 소셜미디어 시대에는, 정당들은 정치적 이념과 사회적인 주요 이슈들을 공유하면서, 그 이념적 거리가 과거보다 더 좁혀지는 성향을 무시할 수 없으며,[59] 상대적으로 정당이란 기관효과보다는 후보자라는 인물효과가 돋보이게 된다.[60]

그런데, 사회적 분열로 '진영논리'가 지배하는 곳에선 실제 정당간 이념적 거리보다 유권자들이 인식하는 이념적 거리가 더 멀게 느껴지고 또한 그 차이가 뚜렷이 인식될 것이다. 이런 곳에선 유권자들이 인물효과에 눈을 돌리기보다는 지속적인 정당투표를 할 개연성이 매우 높다.[61] 이런 곳에서 인물효과에 의한 선거캠페인이 가능한 경우란, 정당조직의 변화와 무관하지 않을 것이다. 즉, 과거 정당조직이 보다 많은 진성당원들을 중심으로 선거운동을 진행할 수 있었다면, 현재와 같이 진성당원수가 적은 시대에는 '대량(大量)정당'(big party)이 아닌 '전원(全員)정당'(total party)의 조직으로 선거캠페인을 진행하게 된다.[62]

유권자들 사이에 존재하는 정당차별성의 정도에 대한 '인식'(cognition)은

impact of digital media in political campaign strategy. *The ANNALS of the American Academy of Political and Social Science,* 597(1), 153–170; Trippi, J. (2005). *The revolution will not be televised: Democracy, the Internet, and the overthrow of everything.* Regan Books; Bimber, B., & Davis, R. (2003). *Campaigning online: The Internet in US elections.* Oxford University Press.

47 Van Gorp, B. (2007). The constructionist approach to framing: Bringing culture back in. *Journal of communication,* 57(1), 60–78; Entman, R. M. (2007). Framing bias: Media in the distribution of power. *Journal of communication,* 57(1), 163–173.

48 Entman, R. M. (2007). Framing bias: Media in the distribution of power. *Journal of communication,* 57(1), 163–173.

49 Bennett, W. L. (2007). *News: The politics of illusion.* University of Chicago Press.

50 Hamilton, J. (2003). *All the News That's Fit to Sell: How the Market Transforms Information into News.* Princeton: Princeton University Press.

51 Druckman, J. N. (2004). Priming the vote: Campaign effects in a US Senate election. *Political Psychology,* 25(4), 577–594; Wattenberg, M. P. (1991). *The Rise of Candidate-Centered Politics: Presidential Elections of the 1980s.* Harvard University Press.

52 Lau, R. R., & Redlawsk, D. P. (2006). *How voters decide: Information processing in election campaigns.* Cambridge University Press; Crigler, A. N. (1998). Making Sense of Politics: Constructing Political Messages and Meanings. In A. N. Crigler (Eds.). *The Psychology of Political Communication.* University of Michigan Press.

53 Romer, D., Kenski, K., Winneg, K., Adasiewicz, C., & Jamieson, K. H. (2006). *Capturing campaign dynamics, 2000 and 2004: The national Annenberg election survey.* University of Pennsylvania Press.

54 Graber, D. A. (2009). *Mass media and American politics.* CQ Press.

55 Barisione, M. (2009). Valence image and the standardisation of democratic political leadership. *Leadership,* 5(1), 41–60. 정치과정에서 '인물효과'란 특정 후보가 그 당시 평가된 공적 이미지의 효과를 통해 자신의 정당이나 연정을 이끌어낼 수 있는 정당이 갖고 있는 역량 이외의 부가가치적 역량이라고 볼 수 있다.

56 Miller, A. H., Wattenberg, M. P., & Malanchuk, O. (1986). Schematic assessments of presidential candidates. *American Political Science Review,* 80(2), 521–540.

중요할 수밖에 없는데,[63] 선거경쟁과정에서 그 인식의 새로운 일면은 정당의 후보자를 중심으로 형성되기도 한다. 유권자들은 정당이란 기관에 대해서는 과거로부터 누적된 정보를 통해서 일종의 '스테레오타입화된 인식을 이미 갖고 있다. 따라서 선거경쟁과정에선 여기에 후보자의 이미지가 덧붙여지면서 인식을 형성하게 된다. 이 때, 후보자들은 많은 경우, '요약적 심리성향'을 이용하는 경우, '틀씌우기'(Framing)와 '초점형성'(Priming)란 두 가지 기제를 사용하게 된다. '틀씌우기'란 어떤 사건을 바라보고 해석함에 있어서 그 해당 사건을 특정한 틀 속에 가두어 고정된 해석만이 가능하도록 시각을 고정시키는 것을 말한다. 어떤 특정 후보자에게 틀씌우기가 적용되면, 그 후보자는 그 틀 속에서 해석되고 판단된다. 최근의 한국에서 좌–우 진영간 선거경쟁에서 우파가 좌파에게 말하는 '탄핵프레임'이라든지, 좌파가 우파에게 말하는 '종북(從北)프레임'이란 것이 그것이다. 후보자가 특정 정당에 소속된다는 것은 그것 또한 일종의 프레임이 씌어지는 것이다. 정당지도자는 그 역할로 인해서 더욱 더 강력한 프레임하에 놓이게 된다. 이러한 프레임은 언론매체에 의해서 그렇게 언급되는 자체만으로도 형성되는 측면을 배제할 수 없다.[64]

'초점형성'이란 일종의 의제설정(agenda setting)의 과정이며, 정치적 평가를 하는 기준을 설정하거나 변경하는 것과 연관된 것이다. 선거과정에서 초점형성이란 특정 후보자를 연상할 수 있는 제1의 근본적인 대표정책이슈나 대표구호를 중심으로 하여 후보자의 나머지 정책이슈들이나 구호들을 연계하여 이해하는 것을 말한다. 일반적으로, 초점형성의 주요한 주체는 정당 지도부를 구성하는 정치인들이지만, 소위 선거전략가로서 '선거전문가'들이 관여하는 경우가 다반사이다. 현대의 정당은 선거경쟁과정에서 '선거전문가정당'의 모습이 두드러지곤 한다.[65] 유권자들 사이에서 초점형성을 위한 구호나 이슈가 설득력을 지니게 되면 득표에 유리함은 물론이다. 특정 후보자에게

57 Bittner, A. (2011). *Platform or personality?: the role of party leaders in elections.* Oxford University Press. 정치인의 업무역량에 대한 평가와 인성에 대한 평가가 얽혀있을 가능성도 배제할 수 없다. 합리적 유권자들이란 특정한 '정치적 상황'에 대하여 그러한 상황에 맞는 '정치적 고려'를 할 수 있는 자들로 보는 시각이 있다. 정치인들의 개인적 존재감이 더 영향력이 있는 정치적 상황 하에서는, 그렇지 않은 경우보다, 합리적 유권자라면 특정한 정치적 상황 하에서 인성에 대한 평가가 중요할 수 있으며, 그러한 인성에 대한 평가는 업무역량에 대한 평가로 연장될 개연성이 있다. Lobo, M. C., & Curtice, J. (Eds.). (2014). *Personality politics?: The role of leader evaluations in democratic elections.* Oxford University Press.

58 Mughan, A. (2000). *Media and the presidentialization of parliamentary elections.* Springer; Young, H. (1991). *One of Us: A Biography of Margaret Thatcher.* Macmillan. 1983년 영국 총선에서는 마가렛 대처(Margaret Thatcher) 총리와 마이클 풋(Michael Foot) 야당 지도자가 투표 패턴에 별로 신경을 쓰지 않고 자신의 스타일대로 밀고 나갔다. 그런데, 대조적으로, 덜 양극화된 1987년 선거에서 대처 총리의 같은 인식은 보수당에 투표하기 위해 노동당 식별자들을 설득하기 위해서 선거유세 태도가 바뀌었다. '철(鐵)의 여인' 대처는 유권자들에게 덜 엄격하고, 더 이해심 있고, 더 동정적으로 보이기 위해 그녀의 대중적 이미지를 온건하게 하려는 모든 노력을 하였다. 대처는 복장과 헤어스타일의 변화, 그리고 그녀의 자연스러운 음높이를 낮추기 위한 목소리 레슨까지 받았다.

59 이념진영간의 치열한 싸움이 반드시 진영간의 '이념적 거리'(ideological distance)가 먼 것을 의미하지 않는다. 이념적으로 일정 수준 차별화된 것 이상으로, 집단 상호간에 '권력투쟁'의 정도가 심화된 것으로 해석하는 것이 사실에 가까울 것이다.

60 Franklin, M. N., Mackie, T. T., & Valen, H. (2009). *Electoral change: Responses to evolving social and attitudinal structures in Western countries.* ECPR Press.

61 Holmberg, S. and Oscarsson, H. (2011) Party Leader Effects on the Vote. In K. Aarts, A. Blais, & H. Schmitt (Eds.), *Political Leaders and Democratic Elections* (pp. 36–52). Oxford University Press.

62 축구에서 특별한 포지션에 얽매이지 않는 전원공격, 전원수비라는 '토탈사커'(total soccer)에 비유될 수 있을 것이다. 정당의 당원수는 과장되기 마련이다. 일시적으로 동원되어 당원으로 가입된 정당원은 '진성당원'을 논하기 이전에, 일반적 기준에서 말하는 당원이라고 하기 어렵다. 한국에서도 그래서 일반당원과 기간당원, 책임당원 등을 구분하여 권한과 의미에 차별성을 두고 있다. 이런 경우, 가입과 탈퇴 등을 자유롭게 반복하는 당원들은 사실상 해당 시기에 정치인에 대한 선호도를 중심으로 '인물효과'에 의한 '지지자'(supporters)라고 볼 수 있다. 당원이란 '기관효과'를 중심으로 한 개념이다. Duverger, M. (1955). *Political Parties. Wiley.*

초점형성의 대상이 된 정책이슈가 그 후보자의 당선이후 공직 성과를 평가하는 시금석(試金石)으로 작용하게 된다.[66]

많은 사람들은 정당이 민생복리에 실질적인 도움이 되는 정책활동을 성공적으로 수행해 줄 것을 기대한다. 정당들은 정책에 의해서 경쟁해야 하고, 유권자들도 정책적 관심사에 기초한 투표를 기대한다. 이런 경우라면, 선거정당연구에서 정책적 관심사에 기초한 '정책기반 투표'가 습관적인 '정당기반 투표'나 특정 인물의 매력을 중심으로 한 '인물기반 투표'보다 더 우월할 것으로 기대된다. 어떤 연구를 보면, 세련된 유권자들은 역시 '정책기반 투표'를 하는 성향이 강하다고 주장한다.[67]

이와 비교해서, 선거경쟁에서 유권자들이 '인물효과'에 기반한 투표를 보이는 성향을 고찰해 보면 좀 혼란스럽다. 왜냐하면, 인물효과에 근거해서 투표하는 현상은 교육을 덜 받았거나 정치정보 습득수준이 낮은 사람들에게서도 나타나지만, 동시에, 앞서 정책기반 투표를 한다고 예상하는 소위 세련된 유권자들에게서도 나타나고 있다. 유권자들에게 인물기반 투표행태는 교육수준이 낮거나, 교육수준이 높은 사람들에게 양극화되어 나타나고 있는 것이다.[68] 그리고, 그러한 양극화된 집단을 비교할 경우, 고학력 및 정치적으로 세련된 유권자들에게 그런 현상이 가장 강력하게 나타난다는 연구결과도 있다.[69] 이상을 종합해서 추론해 본다면, 아마도 각종 선거의 종류, 선거의 시기적 상황, 경쟁하는 후보자들의 인물됨 등이 상호작용하면서, 그 때 그 때 선거의 상황에 따라서 정당정책에 대한 판단을 중시할 수도 있고, 후보자 개인의 인물됨에 대한 판단을 중시할 수도 있는 듯하다. 결국 세련된 후보자란 하나의 판단근거를 일관되게 갖고 있다기 보다는, 해당 선거상황의 특수성 속에서 정당정책중심으로 판단하는 것이 좋을지 아니면 후보자의 인물됨 중심으로 판단하는 것이 좋을지 사이에서 오가고 있는 것이 아닌지 상상해 본다. 이것도 유권자 인식의 차원에서는 일종의 '스윙보터'(swing voter)라고 할 수 있을런지도 모르겠다.

뉴미디어시대의 또 다른 논쟁들의 하나가 각종 매체들이 선거과정에서 '정치화'(政治化, politicization)된다는 것이다. 방송매체들이 정치화되어 방송하는 경우, 후보자의 이미지를 한쪽 방향으로 편향하는 '강화효과'를 가져올

63 "정치에서 유권자들에게는 팩트(fact)가 중요한 것이 아니라, 그러한 팩트를 어떻게 인식(cognition)하고 있느냐가 중요하다"라는 말이 있다. 이렇게 본다면, 정당이나 후보자는 선거 전략 차원에서 사건, 사고에 대한 팩트체크만이 아니라, 그런 팩트를 사회구성원들이 어떻게 인식하고 있느냐에 더욱 관심을 두게 된다. 진영논리(陣營論理)로 깊게 파편화된 곳에선 사건의 사실관계에 상관없이 유권자들의 인식은 자기확증편향성으로 거의 고정되어 있다. 진영에 근거하여 모든 상황을 합리화시킨다. 거짓뉴스도 거짓뉴스가 아니라고 인식하게 된다. 이런 곳에선 사회구성원들 사이의 합의를 이루는 과정에서의 '거래비용'(transaction cost)이 필요이상으로 높을 수밖에 없다.

64 Iyengar, S. (1992). Is anyone responsible?: *How television frames political issues.* University of Chicago Press; Iyengar, S., & Kinder, D. R. (1987). *News that matters: Television and American opinion.* University of Chicago Press.

65 정진민. (2003). 탈산업사회와 정당정치의 변화. 심지연(편.), *현대 정당정치의 이해* (pp. 403–430). 백산서당.

66 Scheufele, D. A., & Tewksbury, D. (2007). Framing, agenda setting, and priming: The evolution of three media effects models. *Journal of communication,* 57(1), 9–20.

67 Carmines, E. G., & Stimson, J. A. (1980). The two faces of issue voting. *American Political Science Review,* 74(1), 78–91.

68 정치인 지도자 개인의 인물효과를 보는 이런 경험적 결과물을 해석함에는 논의의 여지가 있다. 즉, 세련된 유권자라는 것이 반드시 교육수준과 함수관계에 있는가 하는 점이다. Gidengil, E. (2011). Voter Characteristics and Leader Effects In K. Aarts, A. Blais, & H. Schmitt (Eds.), *Political Leaders and Democratic Elections.* Oxford University Press.

69 Lachat, R. (2014). Leader Effects and Party Polarization. In M. C. Lobo, & J. Curtice. (Eds.), *Personality Politics? The Role of Leader Evaluations in Democratic Elections* (pp. 105 - 124). Oxford University Press; Bittner, A. (2011). *Platform or personality?: the role of party leaders in elections.* Oxford University Press.

수 있음은 자명하다.[70] 유권자들이 후보자 개인에 대한 인물평가를 위한 인식형성은 여전히 TV토론이나 TV뉴스와 같은 수단이 병행되고 있다.[71]

그렇다면 TV매체와 구분되는 소셜미디어만의 차별화된 기능과 효과는 무엇인가? 소셜미디어는 감성(sentiment)과 정체성(identity)에 기반한 사고경향을 높인다는 점이다. 소셜미디어라는 수단은 유권자들이 후보자를 선택함에 있어 자신들의 흥미(entertainment)나 감성을 통해서 자신들의 존재감을 확인하는 수단이 된다. 감성은 이성보다 앞서 정치적 의미를 형성하는 더욱 강력한 기제가 될 수 있다. 유권자들도 투표할 때 후보자에 대한 감정적 판단에 크게 의존한다.[72] 과거의 '의무적 시민'과 달리, 뉴미디어시대에 '관여적 시민', '모니터 시민'은 모든 사회적 이슈, 사건, 사고를 리뷰하기 보다는 자신의 감성과 맞닿아 관심있는 이슈, 사건, 사고가 생기면, 그에 집중한다.[73] 유사한 맥락에서, 평상시보다 사회적 불안정이 확산되는 시기에, 공포와 불안과 같은 특정 감정은 이슈, 사건, 사고에 대한 관심과 집중력을 증가시킨다. 이러한 관심과 집중력은 미디어에 대한 접촉을 늘리게 된다.

유권자들이 후보자에 대한 감정적 판단에 의존할 가능성이 높은 경우, 미디어 진행자에 대한 유권자의 감정적 신뢰여부가 중요할 것이다. 유권자의 미디어 진행자에 대한 신뢰도는 미디어 콘텐츠의 흡수 및 해석에 영향을 미치게 될 것이다. 미디어의 특정 정보원을 신뢰하는 유권자들은 그들이 제공하는 정보를 더 쉽게 통합한다.[74] TV뉴스보도와 달리, 소셜미디어는 이러한 "효과"가 일방향성으로 발생하기 보다는 미디어와 유권자 간의 상호작용에서 비롯된다.[75] 소셜미디어는 언어적, 비언어적 정서적 프레임을 제공하여 유권자의 감정을 활성화하고 상호작용하게 되는 것이다.[76] 유권자들은 더 많은 미디어들을 접촉하면서 정보를 통합하고 해석하는 과정을 강화시킬 수 있다.[77] 궁극적으로, 유권자들은 미디어에서 얻은 선별된 정보와 기존의 신념과 지식을 결합함으로써 의견을 구성하고 투표 선택을 하게 된다.[78]

70 구교태. (2013). 여론조사와 선거방송보도 관계에 대한 연구: 제17, 18대 대통령선거 보도량과 메시지 유형을 중심으로. *의정연구,* 19(3), 85–108.

71 Holian, D. B., & Prysby, C. L. (2014). ***Candidate character traits in presidential elections.*** Routledge; 송종길. (2006). 공직후보 TV토론 이용 동기가 유권자의 투표행위에 미치는 영향 연구: 서울지역 유권자들의 정치적 지식과 효능감을 중심으로. *한국언론학보,* 50(6), 440–460; 송종길, & 박상호. (2009). 17대 대통령 선거에서 TV토론 이용동기가 유권자의 정치행태에 미치는 영향 연구: 정치 정보효능감, 정치냉소주의, 정치적 지식과 투표행위를 중심으로. *한국언론학보,* 53(3), 417–442; 박연진, & 김관규. (2016). 선거방송토론이 후보자 호감도와 지지도 변화에 미치는 영향. *언론과학연구,* 16(4), 5–40.

72 송종길, & 박상호. (2009). 제17대 대통령선거 기간에 선거보도 이요 동기가 유권자의 정치행태에 미치는 영향에 관한 연구: 정치 정보 효능감, 공중의 분위기 및 투표행위 중심으로. *방송문화연구,* 21(2), 2013–234.

73 윤성이. (2018). *한국정치: 민주주의·시민사회·뉴미디어* (제2판). 법문사.

74 송종길, 고삼석, & 박상호. (2010). 제17대 대통령 선거기간에 미디어 신뢰도와 정치행태에 관한 연구: 정치 신뢰도, 부정주의, 정치 정보효능감을 중심으로. *정치커뮤니케이션연구,* 16, 101–135; 설진아, & 김활빈. (2008). 대중매체의 후보이미지 형성 및 유권자의 투표행위에 관한 연구. *한국언론학보,* 52(2), 328–252.

75 윤선영, & 김수연. (2020). 선거기간 동안 정치인의 커뮤니케이션 방향성과 메시지 유형을 활용한 페이스북: 커뮤니케이션 전략이 유권자의 정치참여 의도에 미치는 영향. *광고PR실학연구,* 13(1), 103–129.

76 유권자들이 미디어가 제공하는 후보자의 특성과 지지에 노출되었을 때, 유권자들은 미디어가 제공하는 기준에 따라서 평가하고 투표한다. Kinder, D. R. (1998). Communication and opinion. ***Annual review of political science,*** 1(1), 167–197; Kinder, D. R. (1998). Opinion and Action in the Realm of Politics. In D. T. Gilbert, S. T. Fiske, & G. Lindsey (Eds.), ***The Handbook of Social Psychology*** (4th edn., volume 2, ed.). McGraw Hill. 미디어가 "윤리적 또는 도덕적" 프레임을 사용할 때, 유권자들은 윤리적 및 도덕적 고려를 사용하여 후보와 이슈를 평가하는 경향이 있다. Watts, M. D., Domke, D., Shah, D. V., & Fan, D. P. (1999). Elite Cues and Media Bias in Presidential Campaigns: Explaining Public Perception of a Liberal Press. ***Communication Research,*** 26(2), 144–75; 류철균, & 이주희. (2011). 트위터를 통한 선거 후보자의 스토리텔링 분석: 4 · 27 재 · 보궐 선거기간의 최문순 · 엄기영 후보의 트윗을 중심으로. *인문콘텐츠,* 23, 237–261.

77 이상묵, 박성복, & 이정기. (2011). 미디어 이용행태가 재 · 보궐 선거 후보자 결정요인에 미치는 영향에 관한 연구: 2011.4.27. 경기도 성남시 분당을 지역 재 · 보궐 선거를 중심으로.

설득과 동원: 당파성과 중도성

앞서, "선거운동은 열심히 한다고 이기는 것이 아닐 수 있지 않는가?" [선거운동 최소효과(minimal effect) 가설]라는 질문과 이에 대하여 유권자 인식을 중심으로 초기적 논의를 했다. 기존에 존재하는 유권자지지층분포라는 선거지형하에서 선거경쟁이 있는 것이고, 이러한 선거지형이 조변석개(朝變夕改)하는 것이 아니다. 선거승리를 위한 득표활동이란 것은 선거승리를 희망하는 정당이나 후보자에게 절실한 문제이지만, 의외로 유권자들에겐 그만큼 절실한 문제는 아닐 수도 있다. 유권자들의 입장에선 어느 정당이 정권을 잡던 국민들의 입장에선 민생복리(民生福利)에 신경써서 그 성과를 결과로서 보여주는 정당이면 될런지도 모른다. 지지하는 정당이나 후보자가 당선되어도, 당선된 이후에 지지층의 기대를 충족시켜준다는 보장도 없다. 선거정치란 것의 의미가 정당에겐 공무직을 맡기 위해서 선거승리가 선거결과 사전(事前)의 문제이지만, 국민들은 민생복리를 체감하는 선거결과 사후(事後)의 문제인 것이다. 그래도 정당이나 후보자가 선거운동을 열심히 하면 유권자들과 더 소통하는 인상도 주고, 불성실하다는 비판에서 자유로울 것이며, 득표에 불리하지는 않을 것이다. 여기서 더 중요한 질문은, "정당이나 후보자의 선거에서 자당의 득표에 유리하도록 설득하고 동원하는 노력이 다양한 성격의 유권자들 사이에서 어떤 동등한 내지 상이한 효과를 갖는가?"일 것이다.

선거연구발전의 획기적 계기가 된 캠벨, 밀러, 스톡스(A. Campbell, P. Miller, D. Stokes)는 당파적 인식이 유지되는 한, 선거캠페인의 중요성이 감소할 것으로 예측했다.[79] 앞서 논의한 바와 같이, 선거기간동안 다양한 매체를 통해서 쏟아지는 선거캠페인들의 빈도수만 가지고 선거캠페인의 중요성을 판단하는 것은 경솔할 수 있다. 단순히 그러한 다양한 선거캠페인들이 일종의 소셜미디어시대에 일상생활방식에서 빈번한 의사소통의 결과물일 수 있는 것이다. 한 사람이 열번 의사소통행위를 해도 한 표이고, 백번 의사소통을 해도 한 표일 뿐이다. 적어도 캠벨, 밀러, 스톡스의 입장에선, 선거캠페인이 해당 선거에서 영향력이 있다는 것은, 그러한 선거캠페인을 통해서 지지 후보자를 변경하는 유권자들이 다수가 나와야 하는 것이다. 유권자들은 평소에도 자신의 입장을 어느 정도 정리하고 있으며(즉, 일정 수준의 '당파성'을 지니고 있으며), 기존의 성향이 선거시기라고 해서 갑자기 바뀌지는 않을 가능성이 더 높다.

그렇지만, 유권자들에게 좋은 정책공약을 제공하는 선거캠페인이 정당의 득표활동에 '당파성'을 넘어서서 주요한 득표활동의 원천력이 될 것이란 상상도 여전히 가능하다. 만약, 이념적 당파성에서 상대적으로 자유로운 '부동층'(浮動層, floating voters)이 유권자들 중에 다수 분포한다면, 그래서, 그러한 부동층의 표심의 향배가 선거캠페인에 영향을 받는다면 분명 선거캠페인은 부동층을 설득하여 자기 정당의 득표로 이어가려 할 것이고, 선거캠페인은 선거결과에 영향을 미칠 가능성이 커진다. 물론 부동층이 움직이는 기제는 제공되는 정책공약의 내용일 것이다.

SNS시대에 유권자들이 접하는 다양한 미디어 매체들은 방대한 정보들을 포함하고 있다. 더 많은 미디어에의 접촉이 유권자의 지지후보 결정에 다양한 정보를 제공하여 지지후보를 결정하는데 도움을 줄 수 있지만, 많은 미

정치커뮤니케이션연구, 23, 217–261.

78 Zaller, J. (2003). A new standard of news quality: Burglar alarms for the monitorial citizen. ***Political Communication,*** 20(2), 109–130; Perloff, R. M. (1998). *Political communication: Politics, press, and public in America.* Routledge.

79 Cambell, A., Converse, P. E., Miller, W. E., & Strokes, D. E. (1960). *The American Voter.* University of Chicago Press.

디어 정보를 접한 유권자들 중에서 투표일에 임박한 시점까지도 지지후보를 아직 결정하지 못한 유권자들(즉, 부동층의 한 부류)도 상당수에 이른다는 연구도 있다.[80] 이런 경험적 연구결과에 따르면, 그 시점까지의 정당이나 후보자들의 선거캠페인은 사실상 영향을 끼치지 못했다는 해석도 가능할 것이다. 미디어 매체가 지나치게 다양하고 많은 상황에서 후보자에 대한 넘치는 정치정보는 유권자의 의사결정을 지연시킬 가능성이 있고, 오히려 유권자가 명확한 결심을 하는 데 미디어가 혼란을 끼치고 있는 것에 불과하다는 해석도 가능할 것이다.

그렇다면, 다양한 언론매체에서 쏟아지는 정보의 홍수 속에 있는 이 시대에 유권자들의 정치적 관심사는 무엇이며, 어떻게 끌어낼 수 있겠는가? 그렇다면, 어떤 이슈가 정당과 후보자의 득표활동에 도움이 되는 이슈인가? '정당일체감'(party identification)을 지닌 유권자들이 감소되고(즉, 이념적 당파성에 자유로운 유권자들이 증가하고), 유권자들이 관심사는 전통적인 '좌-우 이슈'(left-right issue)가 아니라 사회구성원들의 '관심견인이슈'(valence issue)일 가능성이 높다.

유권자들은 정당이나 후보자가 정책과 이슈를 통해서 선거경쟁을 해 주기를 바란다. 정당이나 후보자 입장에서 유권자들을 대상으로 적절한 이슈들을 개발하거나 제시하면서 득표활동을 벌이게 된다. 선거과정에서 이슈란 것은 정당, 후보자 그리고 유권자가 소통하는 '정치적 교환'의 한 대표적 방식들 중의 하나로서, 이슈는 일종의 '구호'(口呼)와 같은 기능을 하게 된다. 어떤 하나의 특정 이슈는 그 표현방식에 따라서, 그 종류가 결정될 수도 있고, 하나의 이슈는 단선적 차원으로만 해석되지 않고, 복합적인 성격을 지니고 있으며, 어떤 이슈와 대조되어 설명되느냐는 주관적 영역으로 넘어갈 수 있다. 정당이나 후보자가 사용하는 이슈들의 종류와 내용은 다음과 같이 구분해 볼 수 있을 것이다.

A. 투표연구에서 이슈의 종류와 그 의미를 본격적으로 구분하여 다루기 시작한 것은 1950년대 베렐슨, 라자스펠드, 맥피의 연구가 기점이 된다.[81] 그들은 ①'양태(樣態)이슈'[또는, 양식(樣式)이슈, style issue]와 ②입장(立場)이슈[또는 처지이슈, position issue]를 구분하였다. 양태이슈란 '애국심고취', '반전운동', '새마을운동'과 같이 보다 거시적 차원에서 시대적 상황속에서 커다란 사회적 흐름을 잡아내는 구호와 같은 것이다. 따라서, 일종의 교조적 성향도 반영하게 된다. 상대적으로 입장이슈란 것은 어떤 이슈의 '찬성'과 '반대'에 해당하는 성향을 유발하는 내용을 지닌 이슈를 말한다. 예를 들면, 낙태, 동성애, 사형제도, 총기소유허용 등의 문제가 그런 것이다. 또는 미시적 차원에서의 구체적인 어떤 입장과 처지에 대한 구호인 것이다. 예를 들어서 '섬마을 복지를 위해서 교량건설'을 하자. 이런 경우, 마을에 교량건설이란 구호는 발전론자의 찬성과 환경론자의 반대라는 입장을 유발하게 된다. 우리는 관념적으로, 양태이슈와 입장이슈를 구분하지만, 경험적으로는 좀 더 복합적이다. 만약 마을의 복지를 위한 교량건설이 새마을 운동을 지지하는 것과 맥을 같이 하는 구호라면, 유권자들의 인식 속에서 새마을 운동은 양태이슈가 아니라, 입장이슈일 수도 있다. 앞서 말한 이슈라는 것이 받아들이는 유권자의 인식에서 주관적 영역의 문제라든지, 이슈의 기능을 해석하는 것

80 Clarke, H. D., Sanders, D., Stewart, M. C., & Whiteley, P. F. (2004). ***Political Choice in Britain.*** Oxford University Press; Whiteley, P., Clarke, H. D., Sanders, D., & Stewart, M. C. (2013). ***Affluence, Austerity and Electoral Change in Britain.*** Cambridge University Press; Fisher, J., Cutts, D., & Fieldhouse, E. (2011). The electoral effectiveness of constituency campaigning in the 2010 British general election: The 'triumph'of Labour?. ***Electoral Studies,*** 30(4), 816-828; 진영재. (2002). *부동층 유권자 행태 분석: 14-16대 국회의원 선거 분석.* 집문당.

81 Berelson, B. R., Lazarsfeld, P. F., & Mcphee, W. N. (1954). Voting: A Study of Opinion Formation in a Presidential Campaign. University of Chicago Press.

이 단순하지 않다는 것은 바로 그런 점 때문이다.

B. ③'실적(實積)이슈'['업적(業績)이슈', performance issue]라는 것이 있다. 사회적 목적이나 구체적으로 유권자들의 요구를 효과적으로 달성하여 실적을 볼 수 있는 이슈들이다. 실적이슈는 정당이나 후보자가, 특정 대상물을 지적하면서, 앞으로 어떤 일을 어떻게 하겠다는 구호일 것이다. 앞으로 어떤 일을 어떻게 하겠다고 하면 미래에 있을 일과 관련된 듯하지만, 유권자들의 인식 속에서 정당이나 후보자의 실적, 업적은 과거의 행위를 바탕으로 형성된다. 지난 정권의 과거의 실정을 회상케하는 구호도 실적이슈로 해석될 수 있는 것이다. 간혹, '입장이슈'(position issue)를 좌파-우파의 이데올로기적 입장이라는 차원에서 '대립이슈'라고도 번역하여 사용 하는데, 특히 이런 경우엔, 입장이슈의 대조적인 개념으로서 '탈이데올로기적' 이슈로서 ④'합의이슈'(또는 '관심견인이슈', '공통관심이슈', '결합이슈', valence issue)를 들기도 한다. 탈이데올로기적 상황에서 정당의 시민적 요구에 대한 효과적 응답과 업적수행이라는 차원에선, '관심견인이슈'는 정당의 '실적이슈'(performance issue)로 기능한다고 볼 수 있다. '합의이슈'는 정당이 효과적으로 문제해결 능력을 보여줄 수 있는 이슈가 될 수 있다. 입장이슈는 사회구성원들 사이에 이슈에 대한 찬성과 반대라는 입장으로 표현되며, 정당의 문제해결능력의 효율성을 판단하는 기제가 되기 어렵다. 반면에, '관심견인이슈는 유권자들에게 정당의 문제해결능력에 대한 기대감이나 판단의 기제로 작용할 개연성이 높다. 제3정당이 관심견인이슈, 현저한 이슈에서 주도권을 갖는 경우 새로운 정치지형이 형성될 가능성을 예견할 수 있다.

C. ⑤'전통적인 좌우이슈'(left-right issue)라고 하면, 대명사적으로, 인간사회의 가장 중요한 주요한 먹고사는 문제에 대한 경제적 차원의 좌-우를 말하는 경우가 대부분이다. 좌-우의 구분에 경제적 차원만 있는 것은 아니며, 정치적 차원도 존재한다. 결론적으로 좌-우차원이슈란 대명사적으로 이

슈를 중심으로 인간사회를 어떤 한 개의 차원에서 집단구분을 할 때 압도적인 설명력이 있는(즉, 그런 차원으로 다른 지엽적인 것들이 흡수되는) 그런 차원의 이슈를 말한다. 중요한 것은 좌-우차원은 연속선상으로 이해된다. 한 사회에서 좌파정책, 우파정책이라는 것은 연속선상에서 상대적 좌파, 상대적 우파가 존재한다는 의미이고, 어떤 기준까지가 좌파이고, 어떤 기준까지가 우파라는 분절적 구분이 아니라는 의미이다. 같은 미시적 차원이지만, '합의이슈'('공통관심이슈' '관심견인이슈')란 전통적 '좌파-우파'의 구분이 작동하는 이데올로기차원의 이슈가 아니라, 탈(脫)이데올로기적이며, 정당의 이슈해결능력에 대한 수행이 효과적인지 아닌지를 판단할 수 있는 것과 연관되어 있다. 이렇게 본다면, '실적이슈'(performance issue)와도 일맥상통한다. 당해 선거에서 사회구성원들의 관심을 집중시키는 ⑥'현저한 이슈'(salient issue)가 결국 이념의 양극단적인 좌-우의 이슈라기보다는 '관심견인이슈'라면, 해당의 관심견인이슈의 미래 성과에 대한 기대감을 심어주는 정당은 선거경쟁에서 유리한 고지에 서게 된다. 여기서 '현저한 이슈'란 수없이 많은 이슈들 가운데, 당해 시점에 사회구성원들이 가장 중요하다고 생각하는 이슈를 말한다. '현저한 이슈'라는 것은 유권자들의 수요차원이 중시된 것인데, 인식조사를 통해서 알아낼 수 있을 것이다.[82]

정당과 후보자는 이상의 다양한 이슈들을 조합적으로 사용하면서 득표활동을 벌이게 된다. 앞서 논의한 바와 같이, 많은 유권자들에게 자신의 먹고사는 문제를 중심으로 평화롭고 행복한 일상생활이 관심사라면, 결국 가

82 이런 의미에서, 여론조사분석을 통한 연구에서 '합의이슈'라고 분류되는 많은 이슈들은, 사실상 명칭만 '합의이슈'라고 분류했을 뿐이며, 당해 시점에서 '현저한 이슈'로 분류하는 것이 더 적합한 경우가 많다. 분명한 것은 사회구성원들에게 모든 이슈들의 내용은 그 정도와 수준에서 합의된 이슈가 되기 어렵다. 모든 유권자들에게 실질소득의 증가를 가져다주어 '합의이슈'로 작용할 개연성이 높은 '감세(減稅)이슈'도 감세의 구체적인 수준과 정도에서 서로 다른 생각들을 하고 있을 것이다.

장 현저한 이슈는 일상생활 속 민생복리(民生福利)에 연관된 이슈로 수렴하는 경향이 있을 것이다. 민생복리의 문제는 '경제문제'로 수렴되며, 당해 시점의 여당을 중심으로 정당의 경제업적성과에 대한 판단이 중요할 것이다.[83] 결국, 유권자의 인식은 단순히 특정 정당의 선거캠페인을 통해서 형성되는 것이 아니며, 여당에 대한 '경제업적 평가'와 야당에 대한 '경제업무수행능력 기대감'의 조합 속에서 결정될 것이다.[84] 이런 분위기라면, '관심견인이슈'로 기능할 수 있는 변수는 '경제투표'(economic voting)와 연관된 변수들일 것이다.[85] 유권자의 경제투표라고 함은 유권자들이 당해 시점에서의 국가나 자신의 경제적 상황과 관련하여 자신에게 유리한 방향으로 투표를 한다는 것이다. 결론적으로, 유권자의 수요와 관련하여 유리한 방향을 제시하는 '정책공약'이 결국 '관심견인이슈'로 작용할 것이다.

후보자는 유권자의 수요를 파악하고 이에 대한 공급(당선전에는 정책공약, 당선후에는 정책입법)을 하게 된다. 그렇다면, 후보자에게 효과적인 선거운동이란 무엇인가? "모든 일의 추진은 진공상태에서 진행될 수 없다"라는 격언이 있다. 선거운동도 진공상태에서 진행될 수 없을 것이다. 현재 정당의 인기, 후보자의 인기, 경쟁 정당과의 유사점과 상이점을 공기로 하여, 그 속에서 정당이나 후보자의 득표를 위한 선거운동이 진행된다. 그렇다면, 선거결과에 중대한 변화를 일으킬 가능성이 높은 사회적 환경(예를 들면, 경제적 위기상황 등), 정치적 상황(박빙의 승부가 예견되는 선거, 특정 팬덤을 지닌 정치인의 탄생 등)에서 상대적으로 선거운동의 중요성이 부각될 것이다.[86]

선거운동에서 유권자 설득비용이 현직자보다 도전자가 더 많이 들 수도 있다. 선거과정에서 정당이나 후보자에게 선거승리는 수단과 방법을 가리지 않고 획득해야 할 목표이다. 따라서, 대부분의 나라에서 선거비용지출을 통해서 유권자들을 매수할 수 있다면, 그렇게 하려는 동기는 선거경쟁과정에서 뚜렷하게 존재한다.[87] 선거과정에서 후보자의 지출비용의 크기는 선거결과에 영향을 미치며, 특히 현직자보다도 도전자에게 더 지출비용의 영향력이 크다는 가설은 경험적 증거들로 뒷받침된다.[88] 현직자는 평소의 공직활동

83 이렇게 본다면, 먹고사는 문제를 중심으로 한 민생복리의 문제는 관행적인 좌–우 차원의 이슈와 분리되기는 어렵다. 관행적인 '좌–우 이슈'는 "가능하면 나누어 갖자"라는 입장과 "개인의 능력과 기여를 인정하자"라는 '경제적 차원'(economic dimension)의 구분이다. 결국 '관심견인이슈'라는 것도 그 구체적인 내용에 따라서 관행적인 좌–우의 이슈와 연계되는 정도에 차이가 발생할 것이며, 완전히 분리되어 생각할 수는 없을 것이다. '정치적 차원'(political dimension)도 마찬가지의 상황이다. 이슈차원의 분화와 내용 및 행태와의 연관성은 4장의 투표행태 부분에서 상술되며, 그 곳을 참고하면 된다. 경제적 차원의 좌–우 구분의 관행적 유권자의 판단에 정당의 성과와 업적이 중요하다는 고전적 연구는 Key, V. O. (1966). *The Responsible Electorate.* Belknap.

84 Holbrook, T. (1996). *Do campaigns matter?.* Sage publications; 김왕식. (2008). 한국의 제17대 대통령 선거 후보자 선택 결정 요인 분석. *한국동북아논총,* 47, 223–245; 황아란. (2012). 제19대 국회의원선거와 투표행태: 긍정적 · 부정적 정당태도와 회고적 · 전망적 평가를 중심으로. *한국과 국제정치,* 28(4), 133–159.

85 Fiorina, M. P. (1981). *Retrospective Voting in American National Elections.* Yale University Press.

86 Fisher, J., Cutts, D., & Fieldhouse, E. (2011). The electoral effectiveness of constituency campaigning in the 2010 British general election: The 'triumph'of Labour?. *Electoral Studies,* 30(4), 816–828.

87 Benoit, K., & Marsh, M. (2003). For a few euros more: Campaign spending effects in the Irish local elections of 1999. *Party Politics,* 9(5), 561–582; Carty, R. K., & Eagles, M. (1999). Do local campaigns matter? Campaign spending, the local canvass and party support in Canada. *Electoral Studies,* 18(1), 69–87; Forrest, J., Johnston, R. J., & Pattie, C. J. (1999). The effectiveness of constituency campaign spending in Australian state elections during times of electoral volatility: The New South Wales case, 1988 – 95. *Environment and Planning A,* 31(6), 1119–1128; Maddens, B., Wauters, B., Noppe, J., & Fiers, S. (2006). Effects of campaign spending in an open list PR system: The 2003 legislative elections in Flanders/Belgium. *West European Politics,* 29(1), 161–168; Palda, F., & Palda, K. (1998). The impact of campaign expenditures on political competition in the French legislative elections of 1993. *Public choice,* 94(1), 157–174.

그 자체가 선거운동이며, "인지도"(認知度, identification)를 위해서 별도의 선거비용지출을 하지 않아도 된다.[89] 도전자는 자신을 알리는데 많은 지출비용이 든다. 정치권의 인재 순환은 그래서 쉽지 않다. 반드시 시장구조(과점적 정치경쟁 구도)가 아니어도, 새로운 인물들이 정치권에 들어오기가 어려운 것이다. 단적으로 도전자가 현직자와 동등한 수준의 경쟁력을 지니기 위해선 더 많은 선거비용지출이 요구되는 것이다. 그렇지만, 선거지출비용가설이란 것이 일반화할 수 없는 어떤 것이란 주장들도 있다. 선거지출이란, 총체적으로 보면, 돈을 사용하는 선거운동의 결과만이 아니고, 재정적 지출이 아니더라도 노력봉사, 시간봉사 등의 비용을 결코 무시할 수 없다. 따라서, 재정적 지출에 불리한 후보자는 또 다른 대안을 통해서 자유롭게 경쟁을 도모해야 한다. 정당이나 후보자는 선거비용 지출확대를 통해서 비용보다 더 큰 결과물을 유권자들로부터 얻을 수만 있다면, 유권자들을 동원하는데 비용지출을 아끼지 않을 것이다.[90] 그리고, 선거운동에서 도전자의 유권자 설득비용은 일인선거구제에서 비례구에서보다 더 많이 들 수도 있다.[91] 이렇게 본다면, "돈 안쓰는 선거"와 "정치신인들의 정치권 유입의 활성화"라는 목표를 종합적으로 고려할 때, 일인선거구제도보다는 비례구제도가 유리할 수 있다.[92] 비교연구차원에서 보자면, 특정 목표를 분리하여 하여 행하는 선거운동은 비례제(PR system)보다 지역구 중심의 단순다수-일인선거구제(single member-plurality system)하에서 더 효율적으로 사용될 수 있다.[93] 목표물을 잘 설정하여 필요한 곳을 제대로 공략하는 선거운동이 더 효과적이라는 연구결과가 있다.[94]

선거운동은 내용 이상으로 형식이 중요하다. 예를 들면, ① 중앙당 중심으로 전국적 선거운동의 형식을 기반으로 할 것인지, 아니면 지역당 중심으로 지역적 특색을 반영한 선거운동으로 지역구마다 분리하여 진행할 것인지 하는 것이다. 선거운동을 효율적으로 조정하고 관리하는 것은 조직화된

88 기대가설과 경험적 검증의 반복에 관해서는 Jacobson, G. C. (1978). The effects of campaign spending in congressional elections. *American Political Science Review,* 72(2), 469–491; Jacobson, G. C. (1980). *Money in Congressional Elections.* Yale University Press; Jacobson, G. C. (1990). The effects of campaign spending in House elections: New evidence for old arguments. *American Journal of Political Science,* 334–362.

89 선거과정에서 '인지도'는 후보 지지를 결정하는 결정적 변수들 중의 하나이다. 현직자의 경우는 자신의 현직성(incumbency)을 활용하여 재선이 확실한 경우, 선거비용지출을 줄이려는 동기가 발생한다. Jacobson, G. C. (1980). *Money in Congressional Elections.* Yale University Press. 2007년 대통령선거과정에서 이명박 시장은 경쟁후보들보다 짧은 정치경력에도 불구하고, '청계천재정비사업'과 '공공교통 환승제도'를 성공적으로 수행하면서 얻어낸 최고의 인지도가 바탕이 되어서 최고의 호감도를 얻는다. 호감도와 인지도의 인과관계를 유추하자면, 후보에 대한 호감이나 비호감의 감정은 일단 해당 후보를 인지한 이후에 형성될 것이다.

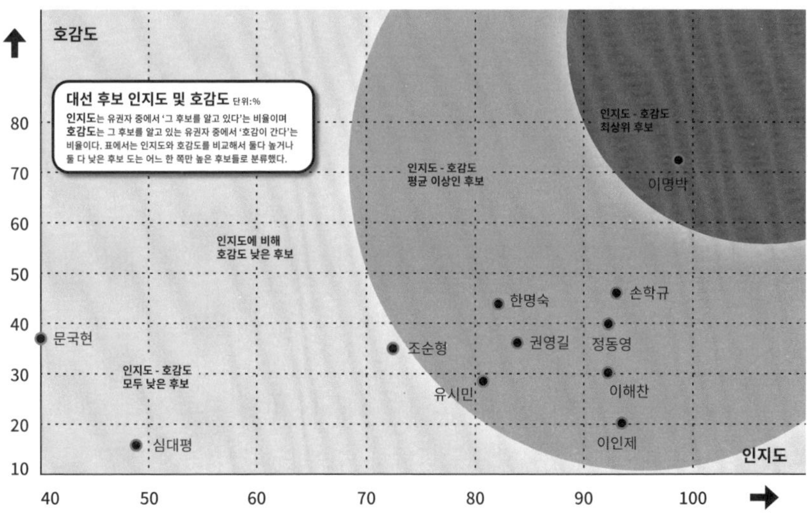

출처: 홍영림 기자. (2007, 9월 10일). 이명박외 다른 후보 호감도 50% 미만. 조선일보. https://www.chosun.com/site/data/html_dir/2007/09/10/2007091000054.html

90 Karp, J. A., Banducci, S. A., & Bowler, S. (2007). Getting out the vote: Party mobilization in a comparative perspective. *British Journal of Political Science,* 38(1), 91–112.

91 Sudulich, M. L., Wall, M., & Farrell, D. M. (2013). Why bother campaigning? Campaign

중앙관리시스템에서 가능할 것으로 기대된다. 반대로, 뚜렷한 목표를 정해서 가장 필요한 곳을 제대로 공략하는 선거운동전략은 지역분산관리시스템에서 더 효율적으로 기능할 것이 기대된다.[95] 또한 ② 정당이나 후보자의 득표에 유리한 것으로 예상되는 지역에서 선거운동을 시작하거나 집중할 것인지, 아니면, 불리한 것으로 예상되는 지역에서 시작하거나 집중할 것인지의 문제이다. 달리 말하면, 정당이나 후보자가 심각한 도전에 직면해 있는 곳에 집중할 것인지, 아니면, 그렇지 않은 경쟁안전지대에서 확실한 교두보를 중심으로 경쟁지역으로 확장해 나갈지의 문제이다. 마지막으로, ③ 후보자 개인의 매력과 인성에 초점을 맞추는 소위 후보자기반시스템을 구축하는 선거캠페인을 할 것인지, 아니면 정당기반시스템을 구축하여 선거캠페인을 할 것인지의 문제이다. 경험적 연구결과를 보면, 후보자중심 선거운동이 정당중심의 선거운동보다 더 많은 유권자를 동원할 수 있다.[96]

정치과정에선 상징적 표상이나 상징적 행위가 중시된다. '경제적 인간'(Homo Economicus)과 달리 '정치적 인간'(Homo Politicus)은 '도구적 이익'(instrumental benefit) 이상으로 '심리적 이익'[psychological benefit, 또는 '표현적 이익'(expressive benefit), 또는 감정적 이익]을 중시한다. 정치과정에서 정치행위자들의 상징적 표상의 사용이나 상징적 행위는 포괄적으로 '명분'(名分)에 대한 감성을 형성하는 것이며, 손에 잡히는 '실리'(實利)에 직결되는 수단은 아니다. 정당민주주의는 '당파성'을 기반으로 형성되지만, 정당이나 후보자가 집권이후 공직을 담임하게 되면, 당파성을 넘어선 모든 국민들에 대한 책임정당, 책임정치인으로의 기능이 강조된다. 그런 경우, 선거과정에서 정당이나 후보자에게 있어서, 선거운동에서 보다 많은 유권자 층들을 대상으로 한 '명분'을 중시할 것인지, 아니면, 선거에서 자신의 지지자들의 관리를 통해서 그룹 내에서 비판에 시달리지 않으면서, 기득 지지층을 유지할 '실리'를 중시할 것인지의 문제가 발생한다. 다른 당파성을 지닌 사람들

을 끌어 들이는 일은 자신의 당파성을 넘어선 사회 구성원들 모두가 공유할

effectiveness in the 2009 European Parliament elections. ***Electoral Studies,*** 32(4), 768–778.

92 강원택. (1997). 게임 이론으로 살펴 본 돈 쓰는 선거의 논리. *한국과국제정치,* 13(3), 191–205.

93 André, A., & Depauw, S. (2016). The electoral impact of grassroots activity in the 2012 local elections in Flanders. ***Acta Politica,*** 51(2), 131–152; Gschwend, T., & Zittel, T. (2015). Do constituency candidates matter in German Federal Elections? The personal vote as an interactive process. ***Electoral studies,*** 39, 338–349; Sudulich, M. L., Wall, M., & Farrell, D. M. (2013). Why bother campaigning? Campaign effectiveness in the 2009 European Parliament elections. ***Electoral Studies,*** 32(4), 768–778. 해당 경험적 결과는 또 다른 논쟁을 유발한다. 단순다수–일인선거구제는 다수제(Majoritarian system)을 초래하는데, 앞서 논의한 바와 같이, 다수제는 '중위투표자'(median voters)와 더 친화력이 있기 때문이다. 만약 단순다수–일인선거구제가 구역별로 특화된 선거캠페인에 이용된다면, 그것은 '당파적 투표'(partisan votes)와 더 친화력이 있기 때문이다. 자칫, 중위투표자가 많은 곳에서 당파적 투표를 위한 선거운동을 한다는 논리도 가능하기 때문이다. 따라서, 선거운동의 핵심은 한 표라도 많은 득표를 통한 선거승리이며, 구역별로 득표전략만큼은 중위투표자전략을 사용할런지도 모른다. 아니, 상위의 경험적 연구결과들이 허구가 아니라면, 중위투표자전략을 사용할 것이다.

94 Fisher, J., Cutts, D., & Fieldhouse, E. (2011). The electoral effectiveness of constituency campaigning in the 2010 British general election: The 'triumph'of Labour?. ***Electoral Studies,*** 30(4), 816–828. 목표물을 잘 설정하여 필요한 곳을 제대로 공략하는 것은 '선거전략'의 일환이다. 후보자는 득표를 위해서 무분별한 다수의 '선거운동'을 벌이는 것보다는 득표활동에 유리한 '선거전략'을 통해서 '선거운동'을 해야하는 것이다.

95 정당이 뚜렷한 목표를 갖는다는 것은 일반적 의미에서 "최대 의석수 확보"와 상관없을 수도 있다. 뚜렷한 목표란 다수의석확보가 목표가 아니며, 이것은 정당이나 후보자에게 특별한 정치적 상징적 의미를 지니고 있는 곳에서의 의석확보를 의미한다. 만약 "최대 의석수 확보"가 모든 정당의 목표에서 제외될 수 없는 것이라면, 여기서의 뚜렷한 목표의 의미는 경쟁하는 상대 정당이 과반수 의석을 확보하지 못하도록 하는 것으로 해석하는 것이 좋을 것이다.

96 Karp, J. A., Banducci, S. A., & Bowler, S. (2007). Getting out the vote: Party mobilization in a comparative perspective. ***British Journal of Political Science,*** 38(1), 91–112.

수 있는 '명분'을 통해서 가능하다.[97]

선거운동의 형식은 기존 지지층에 대해 지지와 확인을 강화할 것인지, 아니면, 변화를 통해서 새로운 지지층으로 확장해 나갈 것인지의 내용과 직결되는 것이다. 물론 정당이나 후보자의 어떤 상징적 행위가 반드시 실질적인 보상(즉, 득표)으로 돌아오는 것은 아닐 수 있다. 하지만, 정치에서 상징적 행위는 '명분'을 얻는 작업이며, 명분을 잃을 경우, 이에 따라서 실리도 잃을 가능성이 크다. 그러니까, 정치현실에서 기대할 수 있는 경우의 수 (규범적인 기대치와 경험적인 기대치를 조합하여)는 명분을 얻게 되고, 그러한 명분을 바탕으로 하여 실리를 얻게 되는 경우일 것이다. 이것은 정치는 명분을 잃으면, 실리를 잃게 될 가능성이 높다는 것을 의미할 수 있다. 명분을 유지하지만 실리는 얻지 못하는 경우도 있지만, 최악의 상황은 명분을 잃으면서 실리도 잃을 가능성이다. 일반인들이 예상하는 것처럼, 정당이 명분을 잃으면서 실리는 획득하는 경우인데, 그러한 정당의 실리가 장기적으로 유지되기는 쉽지 않을 것이다. 정당은 유권자들을 대상으로 '한 번의 게임'(one-shot game)을 하는 것이 아니고, '반복되는 게임'(repeated game)을 하기 때문이다. 유권자들은 정당의 불합리한 실리취득을 기억할 가능성이 높고, 이를 투표행위로 연결할 가능성이 높다.

선거운동의 시작을 해당 정당이나 후보자가 불리한 지역을 먼저 찾아가서 하는 것들은 소위 '중도유권자로의 확장전략'의 색채가 느껴진다. 반면에 자신에게 유리한 자신의 텃밭으로 부터 선거운동을 시작하는 것은 상대적으로 '지지층유권자 견고화전략'의 색채가 느껴진다. 한국사회에서, 모든 정당들에게 '지역주의 타파'라는 명분은 공유되는 것이다. 역시 중앙당 중심의 전국적 차원의 선거운동은 '중도전략'의 색채가 짙고, 지구당 분화적 차원의 선거운동은 '당파전략'이 강조될 개연성이 높다. 또한 후보자 개인의 매력이나 능력을 중심으로 인물에 기반한 선거운동은 '중도전략'의 색채가 강조되고,

상대적으로 정당을 중심으로 기관에 기반한 선거운동은 '당파전략'이 강조될 것이다. 결론적으로, 정당과 후보자는 당해 선거에서 여당과 야당, 현직자와 도전자로서 서로 다른 입지에 있으며, 당해 선거시점에서의 여당과 야당의 유불리 상황, 경쟁구도, 인물효과 들이 총체적으로 결합하면서, 정당과 후보자의 전략에 따른 선거득실이 발생할 것이다. 정당과 후보자는 그 상황에서 적절한 선거전략과 이에 따른 선거운동을 시행하게 될 것인데, 어떤 상황이건, 선거경쟁에서의 후보자의 금과옥조(金科玉條)는 "더 많은 표를 위하여"일 것이다.

변화효과 vs. 강화효과

언론매체가 유권자들의 기존의 성향을 설득하고 바꿀 수 있는 것인지 아니면, 단순히 유권자들의 기존 성향을 강화시킬 것인지에 대해서는 견해가 엇갈린다. 결과론적으로 생각하자면, 후보자간 선거득표율 차이가 근소한 차이인 경우엔, 언론매체가 갖는 설득효과가 최소한의 크기로 존재해도 선거결과에 영향을 미친다고 볼 수도 있다. 이런 논의들이 복잡하게 진행되는 이유는 유권자들이 이질성(異質性, heterogeneity)을 지닌 집단이기 때문이다. 하나의 용어나 속성으로 유권자들의 특성을 무리하게 단순화할 수 없기 때문이다. 따라서, 유권자들이 갖고 있는 속성들의 최대공약수(LCM), 최소

97 '명분'과 '실리'도 관점에 따라서 달리 해석될 수 있다. 특정 이념적 정체성의 후보자가 자신의 정체성을 지키는 것이 '명분'이라고 해석한다면, 이런 경우, 중도확장전략은 선거승리를 위한 '실리'로 해석된다. 어떤 관점이건, 상대적 의미에서, 당파성을 지닌 정당의 지지층 확장전략을 '중도전략'(median strategy: 즉, 중도유권자들로의 확장전략)이라고 하고, 당파성의 테두리에서 지지층의 유지강화전략을 '당파전략'(partisan strategy: 즉, 지지층유권자 견고화 전략)이라고 구분할 수 있을 것이다.

공배수(GCM)라는 논리로서 접근하는 것이 유용할 것으로 생각한다.

키(V.O.Key)의 말처럼 “유권자는 결코 바보가 아니다”. 키는 유권자가 정치인의 업적에 대한 기억을 갖고서 회고적투표를 할 수 있다는 의미로 사용한 말이지만, 모바일 SNS시대에 이 말은 유권자들 개개인은 모두가 나름의 정체성을 지니고 있으며, 다양한 언론매체에 노출되어, 상시적으로 정보를 여과(濾過, filtering)하고 있다는 것으로 확장하여 해석 해 볼 수 있다. 사이몬(H. Simon)의 지적처럼 인간들은 자신이 처한 상황속에서 그 환경을 넘어설 수 없는 조건에서 ‘제한된 합리성’(bounded rationality)를 갖고 있다. 설득되거나, 설득되지 않거나 어떤 선택도 그들의 주체성과 정체성에 따른 주도적 행위의 결과일 가능성이 높다. 그렇다면 미디어는 어떠한가? 분명한 것은 미디어는 결과의 규범성에 상관없이 직·간접적으로 이용자들을 설득하는 행위를 할 수 있다는 것이다. 이것은, 대부분의 유권자들의 투표결정이 언론으로부터 후보자에 대해 제공되어 축적된 정보에 의존할 가능성을 말하는 것이다.[98]

선거는 제도, 문화, 시기, 선거구의 크기 등에 연동되어 다양한 현상을 보인다. 하나의 시각으로 모든 것을 단순화하거나 일반화하기에는 무리가 따른다. 기존의 경험적 연구물들을 참조하면서 대체적인 경향성을 살펴보기로 하자. 선거운동이란 선거결과에 영향을 미치려는 행위이다. 앞에서도 지적했듯이, 선거결과에 영향을 미친다고 함에는 두 가지 경우가 있다. 하나는 한 후보자가 기존의 불리한 선거판세를 뒤집는 것이고, 또 다른 하나는 후보자간 선거격차를 줄이는 것이다. 이런 상황은 ‘인식’(또는 신념)과 ‘행태’(또는 ‘행동’, ‘행위’)라는 것을 구분해야 할 필요성을 제기한다. 유권자들이 어떤 인식을 가지고 있다고 해도, 그러한 인식이나 신념의 결과물로서 행위(行爲), 행동(行動), 행태(行態)로 표출되어 가시화될 수도 있고, 그렇지 않을 수도 있다. 정당이나 후보자의 선거운동이 유권자에게 영향을 미친다고 할 때, 현상에 대한 과정적 성격이 강한 ‘인식’의 차원인지, 결과론적인 성격이 강한

'행태'의 차원인지도 구분될 필요가 있을 것이다.[99]

선거운동 최소효과가설에서 중요한 논리 고리는 다음과 같다. 투표 결정은 주로 오랜 성향(정당 식별)과 당사자들의 성과에 대한 소급 평가의 산물이며, 선거운동을 통해서 마음을 바꾸거나 행동에 영향을 미칠 여지는 거의 없다는 것이다. 그런데, 선거구역의 규모가 큰 선거구보다는 상대적으로 작은 선거구에서는 선거운동이 선거결과에 영향을 미친다는 연구들이 있다.[100] 정당이나 후보자의 선거캠페인이 성공적인 효과로 이어지기 위해서 중요한 변수들을 보면 선거캠페인 이외의 변수인 대통령이 인기도나 당시의 경제상

98 Hagen, M. G., Johnston, R., Jamieson, K. H., Dutwin, D., & Kenski, K. (2000). Dynamics of the 2000 Republican primaries. *The annals of the American Academy of political and social science,* 572(1), 33–49.

99 선거연구에서 궁극적인 분석 대상은 '행위'나 '행태'이며, 이를 통해서 현상을 분석하는 것이다. 일반적으로, 행위나 행태라는 것은 '인식'의 과정을 통해서 산출된 결과물을 말하는 것이다. 한 개인에게 있어서 인식과 행태는 일치하는 것으로 전제하고 해석하는 경우가 대부분이다. 즉, 어떤 행태를 보았을 때, 이러한 인식을 할 것이라고 추론하는 것이다. 반대로, 이러한 인식을 하고 있으니 따라서 이러한 행태를 하게 될 것이다라고 추론하는 것이다. 방법론적인 차원에서, 인식과 행태의 연관성의 해석은 두 가지 경우를 상정하면서 주의깊게 할 필요가 있다. 하나는, 어떤 인식(공부를 열심히 하는 시험성적이 좋아진다)이 반드시 그러한 행태(열심히 공부하는 행위)로 연결되지 않을 가능성을 상정하면서 현상(시험성적)을 해석하는 경우이다. 한 개인이 어떤 인식을 했다고 해서(공부를 열심히 하면 시험점수가 좋을 것이라는 인식), 열심히 공부하지 않는 행태를 보일 수도 있다. 설문조사(survey data)는 유권자들의 인식자료이다. 반면에, 선거결과(electoral outcome)은 행위를 통한 결과물이다. 어떤 특정 후보를 지지해도, 투표장에 나가지 않는 경우도 많다. 당연히 설문조사와 선거결과 사이에는 일정 수준의 괴리가 발생한다. 정리하면, 인식은 하나의 과정이고, 행위나 행태는 결과물이란 것이다. 한 개인의 인식과 행태가 결합하여 하나의 현상을 만들었다는 논리구조 속에 있는 것이다. 유권자들의 정치인식이 '투표행태'(voting behavior)를 통해서 실현되며, '선거결과'(electoral outcome)라는 현상을 분석하게 된다.

100 Carsey, T. (2000). *Campaign Dynamics: The Race for Governor.* University of Michigan Press; Kahn, K. F., & Kenny, P. J. (1999). *The Spectacle of U.S. Senate Campaigns.* Princeton University Press.

황이기 때문에, 사실상 선거캠페인의 성공여부는 선거캠페인 이외의 변수들에 달려있다는 주장도 있다.[101] 즉, 선거캠페인이 성공적이기 위해선 '내생적(內生的) 변수'(endogenous variable)로서 선거캠페인의 내용 그 자체보다, 오히려 '외생적(外生的) 변수'(exogenous variable)들이 더 중요할 수 있음이 흥미롭다.

선거캠페인은 정당이나 후보자에게는 업무(業務)의 문제이지만, 유권자들에게는 업무가 아니다. 우리는 관중들이 많지 않은 썰렁한 선거캠페인 행사를 종종 목도하게 된다. 정당이나 후보자가 선거경쟁에서 구조적인 변수들(정당일체감, 유권자분포 등...)이 자신의 정당과 후보자에게 불리한 상황이라고 해서, 그리고, 상대방의 선거운동들에 대한 소식을 들으면서, 아무것도 하지 않고 있을 수는 없을 것이다. 선거 캠페인이 투표 대중의 신념, 태도 및 행동에 측정 가능한 영향을 미칠 수 있고 실제로도 (비록 선거판세를 뒤집는 것까지는 아니어도, 일정 수준의) 영향을 미친다는 경험적 연구들도 있다.[102] 이상의 의견들을 종합하면, 선거운동이 선거결과에 영향력을 지닌 주된 변수라기 보다는, 부분적으로 중요하다는 생각을 하게 한다. 선거캠페인의 최소효과에 대한 경험적 증거들과 반대되는 연구결과물이 함께 존재하는 상황에선 선거현실을 정확히 파악하기 위해서 두 가지 측면에 유의할 필요가 있을 것으로 생각된다.

첫째, '선거운동'의 범위를 어떻게 규정하느냐가 중요할 것이다. 정치캠페인이나 선거캠페인은 그러한 캠페인을 통해서 유권자의 잠재된 성향을 활성화시킬 수 있다는 것이다.[103] 당파성으로 나뉘어져 있는 양측의 고정지지층만이 전부는 아니다. 당파성이 있는 자들은 마음을 결코 바꾸지 않는다. 문제는 당파성이 약한 자들인데, 그들의 변화 잠재성을 자신의 정당이나 후보자에게 유리하게 발현시켜서 투표장으로 이끄는 것은 선거승패에 중요할 것이다. 선거캠페인은 당파성이 있는 사람들의 마음까지 바꾸는 것은 아니지만, 정당지지자를 확대하는 '동원효과'(mobilizing effect)를 기대할 수 있다.[104] 선거캠페인이라는 이벤트성 행위가 일부 유권자들의 잠재된 성향을 활성화시키는 계기가 된다면, '직접효과'(당해 선거에서 투표행태까지 바꾸는 것)까지는 아니더라도 '간접효과'(인식의 유연성을 확보하거나, 차기 선거에서 투표행태의 변화 가능성을 기대하는 것)를 가져올 수 있다. 선거캠페인에 대한 '최소효과가설'이라든지, 그 효과가 선거판세를 뒤집을 정도는 아니라는 것은 '직접효과'에 한정된 논의이다. '직접효과'로 보면 최소효과가설이

101 Fiorina, M. and Peterson, P. (2002). *The New American Democracy* (2nd ed). Longman Press; Rosenstone, S. (1983). *Forecasting Presidential Elections.* Yale University Press.

102 많은 경험적 연구들은 TV 광고는 선거운동에 다양한 효과를 가지고 있음을 보여준다. 다른 어떤 매체보다 가장 좋은 효과가 있다. Huber, G. A., & Arceneaux, K. (2007). Identifying the persuasive effects of presidential advertising. *American Journal of Political Science,* 51(4), 957–977; Shaw, D. R. (2006). *The race to 270: The electoral college and the campaign strategies of 2000 and 2004.* University of Chicago Press; Johnston, R., Hagen, M. G., & Jamieson, K. H. (2004). *The 2000 presidential election and the foundations of party politics* (Vol. 2). Cambridge University Press. 후보자 확인효과가 있다. Lau, R. R., & Redlawsk, D. P. (2001). Advantages and disadvantages of cognitive heuristics in political decision making. *American journal of political science,* 951–971. 관심을 증대시키는 이벤트효과가 있다. Hillygus, D. S., & Jackman, S. (2003). Voter decision making in election 2000: Campaign effects, partisan activation, and the Clinton legacy. *American Journal of Political Science,* 47(4), 583–596. 개인 선거운동 차원에서 하는 선거운동은 효과가 있다. Gerber, A. S., & Green, D. P. (2000). The effects of canvassing, telephone calls, and direct mail on voter turnout: A field experiment. *American political science review,* 94(3), 653–663.

103 Lazarsfeld, P. F., Berelson, B., & Gaudet, H. (1944). *The People's Choice: How the Voter Makes Up His Mind in a Presidential Campaign.* Duell, Sloan, and Pearce.

104 Kramer, G. H. (1970). The effects of precinct-level canvassing on voter behavior. *Public Opinion Quarterly,* 34(4), 560–572.

어느 정도 설득력이 있지만, '간접효과'까지 고려한다면, 최소효과가설의 설득력은 상대적으로 감소하게 될 것이다.

둘째, 선거경쟁은 혼자서 하는 것이 아니다. 상대방이 있다. 상대방도 무기력하지 않다. 나만 똑똑한 것이 아니다. 내가 움직이는 것만큼 상대방도 움직인다. 선거운동이 결국 나의 정체성을 재확인하는 계기로 작용한다면, 오히려 상대방에게 긴장감을 불러일으키고, 상대방 후보진영의 결속을 자극하게 된다. 특히 진영간 대결구도가 심화된 곳에서 진영내의 위기의식은 진영내의 유대감과 결속을 불러일으킬 수 있다. 내가 기막힌 전략이 있다고 생각하고 있는 동안에, 상대방도 거의 동일한 전략을 알고 있고, 심지어는 그러한 전략을 역이용할 수도 있다. 대부분의 전략은 사실상 노출되어 있다고 보기 때문이다. 우리는 이런 생각을 해 볼 수 있을 것이다. 서로의 경쟁 속에 이뤄지는 선거캠페인이 난무하면서, 결국에는 서로를 무력화시키고, 총효과는 상쇄되어 제로(즉, 없어지는)로 가게 되는 상황이다.[105] 일반적으로 두 개의 양대 정당들의 경쟁은 선거기술이나 선거비용지출에서도 서로 막상막하의 위치에 있다.

그렇다면, 여전히 남는 문제는 선거운동의 효과에 있어서 '강화효과가설'이다. '강화효과가설'이란 유권자들이 선거캠페인에 접하면서 기존에 갖고 있던 성향을 연장하거나 강화하게 된다는 것이다.[106] 선거운동이 당파성을 심화시킨다면, 자신이 지지하는 정당에 대한 애착심을 강화하거나,[107] 아니면 상대방 정당에 대한 적개심을 강화하게 된다. 다양한 선거운동들은 유권자들에게 후보자들의 정책적 입장과 이념에 대한 불확실성을 줄여주게 된다. 그러면, 강화효과를 가져오는 것은 어떤 것들인가? TV광고를 통한 선거운동이 가장 주요한 영향력을 지니고,[108] TV를 통한 '하드뉴스[hard news; 경성(傾性)뉴스] 프로그램' 이 주요한 영향력을 지니고 있지만,[109] 이외로 인터넷, 케이블TV 등에서의 엔터테인먼트의 속성을 지닌 '소프트뉴스[soft news,

연성(軟性)뉴스] 프로그램'도 강화효과에 영향을 미치는 것으로 드러났다.[110] 하드뉴스 프로그램뿐만이 아니라, 소프트뉴스 프로그램이 유권자들의 선거 행태에 영향을 미친다는 것에서 몇 가지 의미를 발견하게 된다.

하나는 소프트뉴스 프로그램이 하드뉴스 못지 않게 중요하다는 의미로 해석하는 것인데, 이것은 보다 많은 정보의 습득은 다양한 채널을 통해서 이루어지게 되며, 모든 채널이 영향을 미친다는 것이다. 캠벨, 밀러, 스톡스

105 Finkel, S. E. (1993). Reexamining the "minimal effects" model in recent presidential campaigns. *The Journal of Politics,* 55(1), 1–21.

106 Gelman, A., & King, G. (1993). Why are American presidential election campaign polls so variable when votes are so predictable?. *British Journal of Political Science,* 23(4), 409–451.

107 Holbrook, T., & McClurg, S. D. (2005). Presidential campaigns and the mobilization of core supporters. *American Journal of Political Science,* 49(4), 689–703.

108 Brians, C. L., & Wattenberg, M. P. (1996). Campaign issue knowledge and salience: Comparing reception from TV commercials, TV news and newspapers. *American Journal of Political Science,* 172–193; Mondak, J. J. (1995). Newspapers and political awareness. *American Journal of Political Science,* 513–527; Patterson, T. E., & Mcclure, R. D. (1976). *The Unseeing Eye: The Myth of Television Power in National Elections.* G. P. Putnam; 김만기, & 김규현. (2013). 인게이지먼트 관점에서 선거전략의 후보자 몰입에 관한 정치 인게이지먼트 모델(PEI)연구: 제18대 대통령선거에서 대학생들이 후보자를 선택한 기준을 중심으로. *디지털융복합연구,* 10(7), 69–75.

109 Johnston, R., Hagen, M. G., & Jamieson, K. H. (2004). *The 2000 presidential election and the foundations of party politics* (Vol. 2). Cambridge University Press.

110 Baum, M. A. (2003). Soft news and political knowledge: Evidence of absence or absence of evidence?. *Political communication,* 20(2), 173–190; Moy, P., Xenos, M. A., & Hess, V. K. (2006). Priming effects of late-night comedy. *International journal of public opinion research,* 18(2), 198–210; Niven, D., Lichter, S. R., & Amundson, D. (2003). The political content of late night comedy. *Harvard International Journal of Press/Politics,* 8(3), 118–133.

(1960)는 '미국유권자'(American Voter)들은 정당유착, 집단정체성과 같이 오랜기간 형성된 성향에 근거하여 정당들의 성과를 회고적으로 돌아보는 투표를 하는 것으로 규정했다.[111] 그 이후, 나이, 버바, 페트로식(1976)은 '변화하는 미국유권자'(Changing American Voter)를 통해서 유권자는 단순히 자신의 정체성을 기반으로 회고적 투표를 할 뿐만이 아니라, 정치캠페인들을 통해서 '학습효과'를 얻는다고 주장했다.[112] 학습효과는 특히 선거기간 중의 다양한 선거캠페인에 노출되면서 형성되는데, 후보들이 제시하는 이슈들을 인식하고, 그러한 이슈들에 대한 인식을 바탕으로 '전망적 투표'를 할 가능성을 열어 놓았다. 선거캠페인이 다양한 이슈를 제공하며, 유권자들이 그러한 이슈들을 접하면서 학습하는 일종의 '장(場)'을 마련해 주는 기능을 하게 되는 것이다.

또 다른 하나는 미디어가 영향을 미친다고는 하지만, 매체의 방송 내용을 판단하고 마음을 결정하는 것은 궁극적으로 유권자가 미디어의 정보를 주체적으로 받아들이는 것에 달려있다. 경험적 연구들에 따르면, 선거운동은 후보자의 정책적 위치나 이념에 대한 정보를 통해서 후보자에 대한 불확실성을 해소하는데 도움이 된다.[113] 유권자들은 뉴스방송에서 후보자의 캠페인을 보도하거나 분석해 주는 방송을 보면서, 그리고 후보자들간의 TV토론을 보면서 후보자의 정책적 위치에 대한 판단을 하게 된다.[114] 미디어와 유권자는 상호작용하고 있는 것인데, 유권자가 전달되는 정보를 습득함에 있어서 단순히 수동적 자세를 취하는지, 아니면 주체적인 해석의 기제를 갖고 있는지의 문제인 것이다. 하드뉴스이건 소프트뉴스이건 매체의 종류가 중요한 것이 아니고, 정보습득과 판단은 유권자들이 주체적으로 하는 것이라는 평범한 사실을 우리에게 환기시켜 주는 것이다.

선거캠페인에서 정당이나 후보자가 전달하는 내용은 반드시 이슈와 정책인 것은 아니다, 오히려 상대방에 대한 비방 등이 상당 부분을 차지한다.

그리고 이런 내용들이 가감없이 방송되는 경우, 교육 수준이 높아졌음에도 그것을 보면서 판단하는 시청자들의 수준과 세련됨에는 분명히 차이가 존재한다.[115] 이용가능한 정치정보의 양과 범위가 확대되면서 '초점형성'(priming: 프라이밍)의 중요성이 강조되는 것이다. 다양하고 복잡하게 얽힌 정보들에 대해서 유권자들이 특정한 정보 사안에 가중치를 주거나 변경함으로써 자신의 후보자 선택에 영향을 미칠 수 있다.[116] 유권자들은 선거캠페인이 제공하는 보도 내용들의 일부 사안에 대해서는 상대적으로 주의를 환기하며, 다른 사안에 대해서는 상대적으로 무시함으로써 후보들을 평가할 수 있다.[117] 정

111 Cambell, A., Converse, P. E., Miller, W. E., & Strokes, D. E. (1960). *The American Voter.* University of Chicago Press.

112 Nie, N. H., Verba, S., & Petrocik, J. R. (1976). The changing American voter. In N. H. Nie, S. Verba, & J. R. Petrocik. *The Changing American Voter.* Harvard University Press.

113 Alvarez, R. M. (1997). *Information and Elections.* University of Michigan Press; Bartels, L. M. (1993). Messages received: The political impact of media exposure. *American political science review,* 87(2), 267–285.

114 Johnston, R., Hagen, M. G., & Jamieson, K. H. (2004). *The 2000 presidential election and the foundations of party politics* (Vol. 2). Cambridge University Press; Beck, P. A., Dalton, R. J., Greene, S., & Huckfeldt, R. (2002). The social calculus of voting: Interpersonal, media, and organizational influences on presidential choices. *American political science review,* 96(1), 57–73; Chaffee, S. H. (1978). Presidential Debates: Are they Helpful to Voters? *Communication Monographs,* 45, 330–46.

115 초, 중, 고등학교 과정에서 국가관이나 공공성을 위한 민주주의 조기(早期)시민교육을 별도로 받지 않는 경우, 교육수준의 증가가 반드시 건전한 '시민교육'의 확대와 일치한다고 확언하기 어렵다. 인간은 20세에 들어서면 자아와 세계관이 일정 수준 완성된다고 보아야 한다.

116 Iyengar, S., & Kinder, D. R. (1987). *News that matters: Television and American opinion.* University of Chicago Press.

당이나 후보자에 대한 특정한 초점이 되는 정보를 중심으로 하여 나머지 지엽적인 정보들을 해석하게 되는지는 분명 유권자들의 수준 내지는 세련됨과 무관할 수 없다.

선거캠페인과정에서 한 개인이 유권자가 이슈나 정책들에 의한 프라이밍의 기제를 갖는 경우, 그 프라이밍은 시간적으로 최근에, 그리고 가장 많이 접한 자극들(즉, 정보들)에 의해서 형성될 가능성이 있다.[118] 반대로, 정치적으로 세련된 사람들은 프라이밍을 통해서 정보체계를 구축할 수 있는지 몰라도, 대부분의 보통 유권자들은 '프라이밍'을 통해서 자신에게 제일 중요하다고 생각하는 몇 개의 특별한 이슈가 있으며 그 몇 개의 이슈에 대한 판단이 최종 투표선택에 결정적인 역할을 한다는 시각도 있다.[119]

이상의 선거캠페인의 효과성에 대한 경험적 연구물들이 서로 상반되는 연구결과물들로 귀결되는 근본적 이유를 추론해 보면, 대략 3가지 정도로 정리해 볼 수 있을 것이다. 첫째, 정당이나 후보자가 전달하는 캠페인 메시지의 이질성(異質性, heterogeneity)에 있을 것이다. 오늘날의 선거운동은 후보들의 다양한 전략적 행태(분명한 용어와 어법이라기 보다는 모호한 어법의 사용)로 그러한 선거운동을 접하고 개인들이 받아들이는 인상에는 차이가 있을 것이다.

둘째, 유권자들의 결심과정의 이질성 때문일 것이다. 유권자들 개인도 일련의 심리적 성질들을 조합하여 갖고 있다. 인간들의 심리는 그렇게 일관된 상태가 아닌 것이다. 따라서 같은 선거 메시지를 접해도, 어떤 후보자나 정당으로부터 전해듣느냐에 따라서, 또 어떤 시점에 전해 듣느냐에 따라서, 다른 인식과 해석을 할 가능성이 농후한 것이다. 따라서, 특정 시점에서의 유권자 인식조사 결과가 그 시점을 넘어서도 동일하게 지속되리라는 확신을 하기 어렵다.

마지막으로, 셋째, 가장 근본적이고 중요한 이유로서, 선거운동에 관한 많은 연구물들이 사실상 '당파성'(당파성의 증가 내지는 감소)의 개념에 기반하고 있어서, 유권자들의 인식을 추론하거나 해석함에 있어서 '무당파'(無黨派, independents), '부동층'(浮動層, floating voters) 집단의 중요성이 무시되는 경우가 많다.[120] 유권자들에게 무당파의 인식은 단순히 당파적 인식의 여집합적(餘集合的)인 '이분법'(二分法)의 논리로는 이해하기 어렵다. 정당 선거운동의 효과를 당파적 인식을 주요 변수로 하여 설명하고, 나머지 설명되지 않는 부분은 무당파와 연계된 것으로 해석하는 것은 오류의 가능성이 상존한다. 무당파 내에도 상대적 의미에서 [즉, 무당성(無黨性)의 강도에 따라서] "이념친화적 무당파"가 있는 것이고, "절대(순수) 무당파"가 존재할 수 있다.[121] 예를 들어서, 어떤 특정 정당 후보자의 선거운동의 결과로 이념친화적 무당파가 마음을 바꾸었다고 하면 그것은 선거운동의 효과가 있는 것이다. 순수무당파가 어떤 특정 선거운동의 결과로 마음을 바꾸었다면, 그것은 선

117 Druckman, J. N. (2004). Political preference formation: Competition, deliberation, and the (ir)relevance of framing effects. *American political science review,* 98(4), 671–686.

118 Zaller, J. R. (1992). *The nature and origins of mass opinion.* Cambridge university press. 특히, 프라이밍이 제대로 기능한다는 것은 선호하는 후보자를 선택하기 위한 기제가 될 때이다. 즉, 다양한 정보체계에서 프라이밍을 가동하고, 그 결과 어떤 후보의 선택이 더 바람직할 것이라는 결론에 이르게 되는 것이다. 프라이밍은 유권자의 합리적이고 효율적인 요약적 심리성향의 일환이지만, 반드시 그런 것은 아니다. 유권자는 자신이 선호하는 후보자의 모습에 근거하여 그에 맞도록 모든 정보체계를 정당화하는 프라이밍을 가동할 수도 있다.

119 Krosnick, J. A. (1990). Government policy and citizen passion: A study of issue publics in contemporary America. *Political behavior,* 12(1), 59–92.

120 채진원. (2013). 18대 대선, '중도수렴 전략'에 중도와 무당파들은 어떻게 반응했나? *동향과 전망,* 88, 177–213.

121 정진민, & 길정아. (2014). 18대 대선에서 나타난 한국 무당파 유권자의 특성과 행태: 인지적 동원을 중심으로. *국가전략,* 20(3), 135–162; 소순창, & 현근. (2006). 한국 선거에서 나타난 무당파층과 정당정치. *한국정책과학학회보,* 10(2), 47–75.

거운동의 효과가 상대적으로 극대화된 것이다.

무당파의 표심은 선거결과에 절대적인 효과를 지닐 수도 있다.[122] 그 사회의 무당파 내부의 세부적인 구성에 대해서는 인식조사를 통해서 구체적으로 조사되겠지만[123], 일단, 무당파 분포의 선거결과의 미치는 영향력의 중요성에 대한 인식이 필요하다. 선거결과에 영향을 미치는 선거운동의 효과를 이해하기 위해서, 방법론적 접근에 대한 반성으로서 '실험설계'(experimental design)까지 논의되고 있으며,[124] 그런 경우, 무당파들의 존재와 그들의 행태에 초점을 맞추는 연구는 선거운동의 효과를 이해함에 적절한 연구방법이 될 수도 있다.[125] 대부분의 선거결과가 압도적인 득표차이로 귀결되지 않고, 후보자간 득표율에 별 차이가 없는 경우, 선거결과에 영향을 미치는 것은 결국, 무당파, 부동층, 스윙보터(swing voter) 등의 투표행태의 향배이기 때문이다.

당파성에 의한 인식과 행태는 '진영(陣營)논리'를 연상시킨다. 많은 사람들은 2022년의 대통령선거에서 승자와 패자의 0.73% 득표 차이가 승패를 갈랐음을 기억하고 있을 것이다. 과열된 선거과정에서 다양한 선거운동들이 있었고 해당 선거운동들은 그 과정에서 어떻게 표심의 결정에 작용하였을까? 결과가 결정된 시점에선 대부분의 해석이 결과론적인 해석으로 치부 되겠지만, 2022년 대통령선거에서 결정적인 승부는 당파성이 아니며, '부동층'의 향배였다.[126] 양쪽 진영은 치열한 선거운동을 통해서 대결하였다. 그렇지만, 그러한 선거운동과 상관없이, 선거의 승패는 '단일화'를 통해서 결정된 듯하다. 윤석열 후보는 안철수 후보라는 제3의 후보와 단일화가 없었더라면, 사실상 선거에 패배했다.[127] 이렇게 본다면, 수많았던 선거운동들이 선거결과에 중요한 것이 아니고, 단일화를 성사시키는 선거전략이 선거결과를 결정한 셈이다.[128] 연합하여 당파성이 약한 표를 흡수함으로서 0.73%의 득표 차이로 가까스로 승리한 것은 사실상 선거지형(좌-우진영)은 고정되어 있었을 가능성이 높다. 선거운동으로 변화하지 않은 선거운동 최소효과가설이 설득력이 있다. 중도-보수의 연합으로서 진보를 겨우 이긴 것이다.[129] 이를 다른 말로 하면, 결국 '단일화 전략'이 승리를 가져온 것이다.

122 조기숙. (2012). 4.11총선의 선거전략 평가: 민주적 거버넌스에 주는 함의를 중심으로. *한국정당학회보,* 11(3), 93–126.

123 윤종빈, 김진주, & 정회옥. (2016). 한국 무당파의 특성과 투표행태 분석: 제18대 대통령선거를 중심으로. *인문사회과학연구*, 17(1), 83–109.

124 Lau, R. R., & Redlawsk, D. P. (2006). ***How voters decide: Information processing in election campaigns.*** Cambridge University Press; Lupia, A., & Philpot, T. S. (2005). Views from inside the net: How websites affect young adults' political interest. ***The Journal of Politics,*** 67(4), 1122–1142; Mendelberg, T. (2001). ***The Race Card: Campaign Strategy, Implicit Messages and the Norm of Equity.*** Princeton University Press.

125 Green, D. P., Gerber, A. S., & Nickerson, D. W. (2003). Getting out the vote in local elections: Results from six door-to-door canvassing experiments. ***The Journal of Politics,*** 65(4), 1083–1096; Gerber, A. S., & Green, D. P. (2000). The effects of canvassing, telephone calls, and direct mail on voter turnout: A field experiment. ***American political science review,*** 94(3), 653–663. 앞서 언급한 바와 같이, 어떤 결과물(현상)을 설명하는데, 행태자료를 통해서 인식을 추론하는 것이, 인식자료를 통해서 행태를 추론하는 것보다 더 안전하다.

126 한국사회의 경우, '진영논리'가 심하지만, 현재 소위 진영논리에서 상대적으로 자유로운 집단으로서 '부동층'의 규모를 21세기에 들어선 시점에서 현재까지 장기적인 시점에서 그 규모의 경향성을 보자면 (2000년–2020년) 최소 20% 최대 40%까지도 조사되고 있다. 진영재. (2020). *정당정치의 진화* (제2판). 연세대학교출판문화원, p. 436.

127 "뭉치면 살고, 흩어지면 죽는다."는 한국선거사에서 선거승패를 결정하는 경구라고 본다. 심지연. (2022). *한국 정당 정치사: 위기와 통합의 정치.* 백산서당; 김현우. (2000). *한국정당통합운동사.* 을유문화사.

128 사실상 단일화가 실패로 돌아가는 것이란 분위기가 팽배한 시점에, 윤석열 후보는 안철수 후보를 찾아가 양자 비공개 협상을 하면서 "종이를 믿지 말고, 나를 믿어라"라고 말하면서 단일화를 성사시킨다. 이러한 파격적이고 전격적 행태는 선거전략의 일환이다.

129 우파 국민의힘과 좌파 더불어민주당의 좌–우 당파성에서 상대적으로 자유로운 부동층의 모든 표가 안철수를 지지하는 것은 아니다. 안철수의 고정 지지표는 대략 10~13%정도로 보

2022년 한국대선과정을 구체적으로 보면서, 대선과정에서 예상되었던 무당파(부동층)의 분포를 매개변수로 하여, 앞서 이야기한 선거운동의 최소효과가설, 강화효과가설, 소프트 뉴스의 영향력, 인물효과 등에 대해서 추론해 보고자 한다. 정당과 후보자가 유리한 선거결과를 만들어 내는데 선거운동이란 것의 효과가 있는지의 여부, 그 사회가 갖고 있는 당파성의 특성, 그 사회의 구조적인 변수로서 유권자지지층의 분포에 의한 '선거지형', '정치문화', '그 사회의 당파성을 이해할 수 정당사' 등이 종합적으로 논의될 필요가 있다. 이를 살펴보고자 한다.

한국정치과정이나 한국정치문화의 특성으로 '역동성'(力動性)을 언급할 때, 긍정적 의미에서 국민들의 요구가 자유롭게 발산되고, 그렇게 발산된 요구들이 흡수되는 과정으로 해석될 수 있다. 그 과정을 보면 '대의민주주의'(代議民主主義)의 영역을 넘어서서 '참여민주주의'(參與民主主義: participatory democracy)로 확대된다.[130] 부정적 의미도 공존할 수밖에 없다. 무엇보다 미래사회에 대한 예측가능성이 낮고 국민이 체감하는 변동의 폭이 크다. 특히 대통령선거를 계기로 어떤 이념성향의 정부(또는 대통령)가 들어오느냐에 따라서 경제정책과 제도 및 외교정책이 급변하며 국민이 체감하는 변동의 폭이 커서 사회 불안정성이 심화된다. 유권자들의 인식의 변동성이 심해서 정부의 정책이 바뀌는 것이 아니라, 선거결과로서 정권을 담임하게 되는 정부의 이념성향에 따라서 정부의 정책이 조변석개(朝變夕改)하고 있는 것이다. 변화에 대한 적응은 불가피하지만, 변화의 정도와 수준이 적절한가에 대한 논의가 핵심일 것이다.

선거경쟁과정에서 선거운동의 최소효과를 논하는 것은 오랜 기간 축적되어 결정된 지지정당에 대한 '당파성'이 그렇게 쉽게 변하지 않기 때문에 가능한 것이다. 당파성이란 개념이 정당들의 반복되는 이합집산이 있는 곳에선 그렇게 적절한 용어인지에 대해선 추가적인 논의가 필요할 것이다. 정당의 이합집산에 인물효과가 크게 관여하는 것이라면, 당파성이란 기관효과를 전제로 한 개념이기 때문이다. 한국정치의 역동성의 긍정적 측면이건, 부정적 측면이건, 역동성의 원인은 근본적으로 한국정당정치의 반복하여 이합집산하는 정당사의 특성과 연계되어 있다고 본다. 한국의 정당사를 1897년 대한제국 출범 이후 또는 1945년 해방 이후로 거슬러 올려서 반추해 볼 수도 있지만,[131] 1987년 민주주의 체제 출범이후에 나타난 한국정당정치과정에서 지속되는 특성들을, 2022년 3월 9일의 대통령선거와 연계하여 반추해 볼 수 있을 것이다. 한국정치과정을 보면, 1987년 민주화 체제이후에도 정당의 빈번한 이합집산, 주요정당들의 반복되는 개명 등으로 소위 서구적 기준의 '제도화된 정당'(institutionalized political parties)이 존재한다고 보기 어렵다.[132] 제도화된 정당과 대비되는 개념으로 보자면, 한국의 주요 정당들은, 이런 표현이 좋은지는 모르겠으나, 무정형적인 '변성형 정당'의 성향에 가깝다고 본

는데, 해당 표의 대부분은 소위 한국의 거대양당을 지지하지 않는 무당파 표이다.

130 '참여민주주의'란 말 대신에 특정 집회(集會) 현상과 연관시켜서 '광장민주주의'(廣場民主主義)란 용어를 사용하는 경우도 있다. 또한 '대의민주주의'와 '참여민주주의'의 혼합된 성격을 강조하여 '헤터라키 민주주의'(heterarchy democracy)로 표현하기도 한다.

131 진영재. (2020). *정당정치의 진화.* 연세대학교출판문화원, pp. 15–34, pp. 458–459.

132 제도화된 정당'(institutionalized party)의 기준은 정당이 특정 기간동안 기관 생존(institutional survival)을 유지 하는 것을 말한다. 그리고 기관의 생존은 반복되는 몇 번의 선거에서 지속적으로 최소한의 의석수라도 유지하면서 유권자들로 부터 기관의 존재를 유지해 나가는 것을 말한다. 물론 이 경우에도, 유권자들로부터 존재감을 인정받는 것과, 선거에서 의석수의 득세를 성취하는 것은 별개의 문제이다. 헌팅턴(S. Huntington)의 경우에 '제도화'의 개념은 유권자들로부터의 기관의 사회적 가치를 인정받는 경우를 강조하는 반면에, 상대적으로 로즈와 맥키(R. Rose and T. Mackie)는 선거에 참여하며, 경험적 연구를 통해서 첫 번째 선거에서의 의석수 득세가 해당 정당의 제도화의 성공여부에 중요하다고 본다. 정당간 통합이나 黨名의 改名을 통해서 기관의 생존이 유지되는 경우에 대하여는 그 판단이 복잡해진다. 일반적 의미에서, 정당연구가들은 당명의 개정은 새로운 정당의 탄생이며, 새로운 정당이 훗날까지 지속적으로 존재하지 않는 한 제도화된 정당으로 보기 어렵다고 주장한다.

다. '무정형적인 변성형 정당'이란 선거경쟁에서의 생존을 위해선 언제든지 정당의 개명이나 이합집산(탈당, 분당, 합당, 창당)을 계속해 나가는 정당을 말한다. 주요 정당들의 족보나 뿌리가 일정 수준 존재하지만, 빈번하게(특히 선거를 전후하여) 정당간 통합, 개명등을 반복하고 있다는 의미이다.[133] 문제는 앞으로도 계속 그럴 잠재성이 크다는 것이다.[134]

그렇다면, 미국이나 영국의 정치과정에서 말하는 당파성과 한국에서 말하는 당파성은 달리 표현되어야 하는가? 그렇지도 않다. 사실, 선거정치에 있어서 선거승패에 집중하는 선거경쟁, 선거운동을 중심으로 보자면 근본은 같다고 본다. "파르티잔(partisan)이 선거운동과 선거승리에 가장 민감한 자들"이라고 보면,[135] 당파성이란 개념은 정당이합집산으로 점철된 곳이나, 제도화된 정당들이 정착된 곳이나 모두 적용될 것이다. 오히려 당파성에 대한 집착때문에 선거승리를 위해서 무분별하기까지 한 정당간 이합집산을 했을 수도 있다. 선거승리에 민감한 심리가 당파성이라면, 선거승리를 위한 사생결단의 정치문화가 있는 사회에선 이합집산의 정당형태는 제도화된 정당보다도 더 강력한 수준의 당파성을 드러낸다고 볼 수도 있을 것이다. 제도화된 정당의 유무와 당파성의 유지와 강화는 상관없는 셈이다.

2022년 대통령선거과정에서 선거결과를 중심으로, 부동층과 당파성을 지닌 유권자들의 인식을 추론하기에 앞서, 먼저 선거운동의 주체로서 한국정당의 행태를 이해하는 것이 필요하다. 정당의 선거패배는 병가지상사(兵家之常事)임에도 직후엔 예외없이 외부인들을 끌어들여서 '비상대책위원회'가 설립된다. 선거직전에는 '인재영입위원회'가 가동된다. 이것이 무조건 부정적인 것도 아니지만, '비상대책위원회'가 남발되는 것만큼은 분명하다. 2022년 대선정국 시점에서 보자면, 제1야당 '국민의힘'의 윤석열 후보는 박근혜 대통령 탄핵과정에서 특검에 소속된 검사이며, 이를 계기로 문재인정부에서 검찰총장에 임명된 후보이다. 정당활동과는 무관한 사람이다. 그렇지만, 윤

후보는 검찰총장 재임시 "살아있는 권력의 비리를 파헤친다"는 신조를 실천하면서 문재인 정부와 대척점에 섰고, 결국 과거 새누리당의 후신인 국민의힘에서 대선후보로 나서게 되었다. 국민의힘은 대선 승리를 위해서 자기 정당의 대통령을 탄핵한 문재인 정부의 검찰총장을 대선후보로 선택한 것이다. 내용이 형식보다 우선할 수도 있고, 때로는 형식이 내용을 만들어 내거나 우선할 수도 있다. 윤석열 총장이 국민의 힘의 대선후보가 된 것은 새누리당이나 자유한국당이란 형식에서는 가능하기 어려웠을런지도 모른다. 이미 박근혜의 새누리당은 탄핵사건이후에 새누리당-자유한국당-국민통합연대-국민의힘으로 계속해서 정당의 개명이 이루어지면서 과거의 이미지에서 일정 수준 멀어졌기에 가능했다. 한국정당정치에서 정치세력간의 빈번한 이합집산이나 당명의 개정은 변수(變數, variables)라기보다는 상수(常數, constants)에 가까운 듯하다.

선거지형이 당파성으로 양분화되어 있는 소위 '진영대결' 속에서 선거운동은 자당의 후보자들을 결집시키는 효과는 있어도 상대방의 표심을 바꾸기 어렵다, 정치문화가 세련되지 못한 곳에선, 정당의 선거운동은 우아해지기 어려우며, 동시에 다른 정당의 적개심을 불러올 개연성이 높다.

133 정당들이 선거를 전후하여 개명이나 이합집산을 통해서 정당의 세력을 유지하려는 노력은 정당이란 기관을 주어로 볼 때 어찌보면 자연스러운 것이다.

134 2022년 3월의 대통령선거와 6월의 지방선거를 계기로 선거에서 승리한 쪽이던, 패배한 쪽이던 정계개편의 잠재성이 있다고 조심스럽게 예측해 본다.

135 McClurg, S., & Holbrook, T. H. (2005). Presidential Campaigns and the Mobilization of Core Supporters. *American Journal of Political Science,* 49, 689-703; Holbrook, T. M., & McClurg, S. D. (2005). The Mobilization of Core Supporters: Campaigns, Turnout, and Electoral Composition in United States Presidential Elections. *American Journal of political Science,* 49, 689-703; Green, D. P., & Gerber, A. S. (2004). *Get Out the Vote! How to Increase Voter Turnout.* Brookings.

비교정치의 연구 결과물로써 레입하트(A. Lijphart)가 주장한 '양당체계'(two-party system)의 특성과 한국정당정치의 양당체계적 특성은 차별성이 있다. 레입하트의 주장은 정치체계에서 양당체계가 형성되면 다당체계가 형성될 때보다 상대적으로 "온건한 이념적 차별성에 근거한 정당경쟁구도"(moderate two-party competition system)가 형성되는 경향이 있다고 주장했다. 다시 말해서, 다당체계와 비교해서, 양당체계는 경쟁하는 두 개의 주요정당 간 이념적 거리가 크지 않은 것으로 나타나며, 따라서 온건한 정당간 선거경쟁구도를 만드는 경향이 있다는 것이다. 레입하트는 이것을 양당체계의 경우 경쟁구도가 극좌와 극우로 가기보다는 상호간에 중위로 수렴하는 경향성이 있다고 표현하였다. 이것은, 일반적 의미에서 보자면, 선거정치에서 극좌나 극우로 가는 것보다는 아무래도 중위로 수렴하는 것이 더 득표에 유리하기 때문인데, 이유야 어떠하던 간에 양당체계하에서 협치의 가능성이 높을 수 있음을 시사한다.[136] 이와 대비하여 한국의 양당체계는 정당간 선거경쟁구도가 온건하고 완화된 경쟁구도가 아니라 오히려 치열한 대결구도로써 갈등을 확대재생산하는 경쟁구도의 성격으로 보는 사람들이 대부분이다. 그렇다면 한국의 양당체계는 왜 여타 국가들의 양당체계와 비교하여 더 진영논리로 대치하는가? 한국정당정치와 2022년 대선구도와 관련해서 두 가지 시사점을 정리할 수 있을 것이다.

첫째, 연동형 비례제에서 위성정당을 만들면서 과열된 경쟁구도를 형성하고 있다. 이것은 한국의 주요한 두 개의 정당이 '보수'(우파)와 '진보'(좌파)를 대표하면서 소위 두 개의 '진영'(陣營)을 대표하여 대결구도를 형성하면서 '진영정치'(陣營政治)를 하게 되기 때문이다.[137] 양당체계에 의한 진영정치가 심한 경우, 대한민국의 정체성이나 체제논쟁으로까지 비화될 수도 있다.

둘째, 유권자들의 선택지 문제이다. 중도좌파 및 중도우파라는 두 개의 정당이 존재하더라도(다시 말해서, 중도정당을 표방하는 정당이 기관적으로 존재하지 않더라도) 그 두 개의 정당이 현실정치과정에서(즉, 입법과정 등에서) 상호간에 이념적 거리를 좁히면서(즉, 중도로 수렴해 준다면), 유권자들은 구태여 독립된 제3의 기관으로서 중도정당을 필요로 하지 않을 수도 있다. 그런데, 한국정당정치는 그렇지 못함은 앞서 말한 바와 같다. 특정 이념을 표방하는 정권이 들어서면 경제정책이나 외교정책이 급변한다. 타협에 의해서 중도로 수렴하는 것이 아니고, 좌와 우로 널뛰기를 하는 것이다. 이렇게 본다면, 좌와 우로 널뛰기를 하면서 갈등이 확대재생산되는 정치는 단순히 정당체계의 문제가 아니고, 협치와 타협의 정치문화가 부재한 것이라고 봐서 '정치문화'라는 차원의 문제일 수도 있다. 분명한 것은 국가의 경제정책이나 외교정책이 단기적으로 급변하는 것은 분명히 한국의 경제와 외교에 큰 짐이 될 수밖에 없다는 사실일 것이다. 서로 다른 이념의 정권이 들어서도 경쟁정당간의 이념적 거리를 최소화 한 상태에서 경제정책이나 외교정책이 시행되어야 한다. 그렇다고 해서, 제3의 중도정당이 기관적으로 존재하기도 쉽지만은 않은 상황이다. 한국정치과정의 토대에서 제3의 중도정당이 존재하기 위해선 그것을 실현할 만한 걸출한 정치적 인물이 나와야 한다. 물론 걸출함의 여부는 궁극적으로 국민들의 인식과 선택에 달린 것이다. 그리고 그러한 중도정당이 선거에서 득세하여 기관으로 형성되더라도, 그러한 인물들이 계속 배출되면서 중도적 위치의 정당을 유지해 나가야 한다.[138] 정

136 레입하트의 주장은 미국정치의 경험적인 근거에 의한 것이다. Lijphart, A. (1999). ***Patterns of Democracy.*** Yale University Press. 한국정치과정을 보면 다를 수도 있다. 즉, 두 개의 정당만이 존재하면 더욱 사생결단, 승자독식의 대결을 할 수도 있을 것이다. '정치문화' 변수가 함께 중요한 이유가 된다. 합의문화가 존중되는 곳에서의 정치문화와 양보하면 지는 것 내지는 사생결단의 정치문화가 있는 곳에서의 양당체계의 기능은 다르게 나타날 것이다.

137 김한나. (2020). 왜 연동형 비례대표제 하에서도 통합이 이루어지는가?: 준연동형 비례대표제의 작동원리와 정당들의 구심적 선거 전략을 중심으로. *한국정치연구,* 29(1), 129–162.

당정치란 인물에게만 기댈 수 없기에 그러한 걸출한 정치적 인물을 기대하는 것은 중도정당의 기관 태생의 초기단계에서 필요조건 정도로 생각한다. 충분조건은 역시 중도정당이 득세한 이후에 지속적으로 유지될 수 있는 '기관으로서의 힘'이다. 그러한 중도정당의 기관으로서의 힘은 근본적으로 유권자들의 인식과 선택에 달린 것으로 중도세력의 형성일 것이다. 기관적 중도로서 안철수의 '국민의당'을 들기도 하지만, 2022년 대선 당시 세력이 미약했으며 사실상 무시되는 상태에 있었다. 2021년의 서울시장 보궐선거에서 정치인 안철수는 보수세력의 후보인 오세훈(국민의힘)과 연합하면서 '기관적 중도'로서의 의미보다는 '기능적 중도'로의 의미가 더 강해졌다. '기능적 중도'란 정당은 진보적 성향이나 보수적 성향에 기반하면서도 특정 정책들을 중심으로 '기능적으로' 중도적인 입장에 서는 것을 말한다. 기능적 중도란 정책적으로 유연성이 있는 정당이다. 그나마, 2022년 대선과정에서 윤석열 후보와 단일화이후에 제3세력으로서의 '국민의당'은 '국민의힘'과 합당으로 종말을 고했다.

한국유권자의 '중도층' 지형을 살펴보는 것은 한국정당정치의 바람직한 방향성을 평론하거나 대선 정국에서 특정 후보의 선거승리를 예측하는데 긴요하다. 일단, 한국유권자의 중도층 지형의 규모에 집중하기로 한다.

정당차원에서 보자면, 한국정당들의 빈번한 이합집산 및 당명개정이 정치과정에 역동성을 초래하는 원인이지만, 사실 선거에서 선택은 유권자들이 하는 것으로 유권자들의 성향분포를 살펴볼 필요가 있다. 작금의 한국정치과정에서 두드러지는 것은 보수-진보의 진영간 대결구도인데, 이들 두 진영간의 대결구도의 역동성은 사실 중도층이 분포함으로서 고정되어 있지 않고, 시시각각으로 가변성을 띄게 된다.

한국의 중도층이란 관념적인 것이고, 경험적으로는 '스윙보터'(swing voters)를 일컫는 다는 주장이 있다. 이런 경우를 해석해 보자면, 한국의 유권자 분포에는 보수와 진보로 양분화되어, 어떤 선거에서는 보수를 지지하고, 어떤 선거에서는 진보를 지지하면서 표심을 바꾸는 유권자집단을 중도층이라고 보는 것이다. 이것은 결국, 투표행태를 중심으로 한 개념인데, 하지만, 사안이 그렇게 단순하지 않다. 왜냐하면, 2003년부터 2018년까지 한국유권자의 주관성 이념성향에 대한 경험적 인식조사에서 자신을 중도라고 대답하는 유권자 집단의 크기가 최소 24.8%에서 최대 36.7% 이며, 평균 32-33% 정도로 나타난다.[139] 결론적으로, 자신의 이념적 성향을 중도층이라고 하는데, 그러한 중도층을 대변하는 정당이 기관으로 존재하지 않는다는 것에 대해선 논의가 필요할 것이다. 그리고 만약 중도층의 규모가 제법 된다면, 유권자의 상당수는 선거에서 선택지에 제한을 받을 수밖에 없다. 최근 대선을 앞둔 시점인 2021년 2월 이후 현재까지를 보면 중도층은 이것보다는 줄어들어서 대략 15%-25%로 나타난다. 이유는 평상시기에 중도층이라고 생각하는 사람들도 대선후보에 대한 선호도나 지지도 조사를 하면 결국 '진보친화적 중도'와 '보수친화적 중도'는 각각 진보와 보수로 빠져나가고 중도만 남기 때문일 것이다.[140] 물론 조사의 시기뿐만이 아니라 조사방법 등에 따라서도 중도층의 분표규모는 다양하게 나타날 것이다.[141] 이상의 모든 상황들을 정리해 보면,

138 대통령제하에서 주요정당들은 대통령후보를 반복적으로 낼 수 있어야 한다. 단임제하에선 그렇게 쉬운 일은 아니다. 걸출한 인물들이 그렇게 많지 않기 때문이다. 대선후보급의 인물은 정치적 사건과 사고가 만들어내는 경향이 있다. 한국과 같은 대통령제하에서는 정당이 유지되기 위해선 주요 정당도 대통령후보로 낼 수 있을 만한 인물들을 계속 찾아내는 노력이 중요하게 된다.

139 진영재. (2020). *정당정치의 진화.* 연세대학교 대학출판문화원, p. 434.

140 참고로 대선정국에 들어온 2021년에 중도층의 분포상황을 1주일마다 조사한 자료가 있으며, 이를 참조할 수 있다. 출처: http://nbsurvey.kr/overview (엠브레인 퍼블릭, 케이스탯리서치, 코리아리서치, 한국리서치)

한국정치에서 진보: 보수: 중도의 크기를 가늠하는 시각들은 다음과 같이 정리할 수 있다.

표 3-1 한국선거정치에서 당파성과 무당파성(중도) 이념분포의 대강 [단위(%)]

	진보	보수	중도
진보나 보수의 각 크기의 1/2정도라는 시각	40	40	20
진보나 보수의 각 크기에 버금간다는 시각	35	35	30
진보, 보수의 각 크기보다 오히려 중도가 크다는 시각	30	30	40

선거정치에서는 시점에 따라서 중도표의 크기가 달리 표현되기도 한다. 선거승리를 위해서 중도표심이 중요하다. 그런 경우, 중도의 크기가 중요할 수밖에 없을 것이다. 한국정치과정에서 '중도성향'이란 이념 인식을 조사한 것임에도 불구하고, 이념지향적이 아닐 수도 있다. 정치혐오가 심해서 현재의 정치권에 대한 혐오감의 범주에 있는 인식들이 혼용되어 있다고 볼 수도 있다. 중도성향이란 것이, 보수와 진보의 사이에 위치하는 것으로 관념적으로는 이념적 차원의 것이지만, 경험적 증거들을 종합해 보면, 보수와 진보의 '진영논리'에 반대하거나 현재 보수와 진보를 대표하는 두 개의 거대 기존 정당에 혐오감을 갖고 있는 이른바 '무당파'(無黨派, independents) 집단으로도 표현될 수도 있다. 즉, 보수적 성향이더라도 기존의 보수정당이 마음에 들지 않거나, 진보적 성향이지만 지금 존재하는 진보정당이 마음에 들지 않는 유권자들이다. 따라서 '무당파'는 '중도성향'의 유권자와는 겹칠 수도 있고, 구분될 수도 있다. 분명한 것은, 양당체계하에서 중도성향의 유권자들의 향배는 각 정당의 선거승리에 중요한 지표가 된다.

선거경합이 치열한 곳과 경합이 치열하지 않은 곳을 비교해 보면, 정당이나 후보자의 선거운동은 선거경합이 치열한 곳에서 더 효과가 있다는 것이다.[142] 그렇다면, 핵심 질문은 이런 것이다. "양대 정당에 의한 진영논리가 있는 곳에서 그리고 양대정당의 선거승리의 가능성이 절대적인 곳에서, 무당파를 설득하는데, 과연 어떤 선거운동을 통해서 무당파들을 설득하여 표심을 가져올 수 있을까? 그리고 과연 선거경쟁이 치열했던 2022년 대통령선거에서는 어떠했던가? 하는 것이다.

2022대선에서 양대 정당과 후보자는 모두 최선의 노력으로 할 수 있는 모든 종류의 선거운동을 했다. 그렇다고 해서 양대 정당과 후보자가 행한 선거운동들이 선거결과에 큰 영향을 미쳤다고 보기 어렵다. 득도 있고 실도 있고, 내가 하는 것도 있고, 상대방이 하는 것도 있고, 그 총효과는 대체적으로 제로에 가깝다는 이론이 더 사실에 가깝다고 본다. 결국, 선거운동이 아닌, 선거전략에서 승패가 갈렸다. 다양한 선거전략이 있었겠지만, '단일화 전략'이 결정적이었다. 만약 선거 막판에 안철수후보와의 단일화가 없었다면, 그래서 안철수 후보의 일부 지지세력들을 끌어안지 않았다면, 이 선거는 결코 보수후보 윤석열후보가 승리할 수 없는 선거였다. 여기서, 안철수의 지지세력들의 대세는 양대 정당의 당파성에서 자유로운 '무당파'로도 해석될 수 있다. 안철수는 반복되는 대통령선거에 나서며, 대략적으로 고정 지지층으로 13~15% 정도를 확보하고 있다. 물론 다자경쟁구도에서 인식조사를 보면 안

141 방법론적 차이란, 단순히 유선조사, 무선조사, 혼합비율, 안심번호 등의 문제가 아니며, 근본적으로 인식조사 유목값의 차이에서 비롯된다. 예를 들면, 응답항목이 진보, 중도, 보수 의 3개 항목만 있는 경우와, 강한 진보, 약한 진보, 중도, 약한 보수, 강한 보수의 5개 항목만 있는 경우에 중도 응답 비율은 달라질 수 있다. 일반적으로 3개 항목에서의 중도로 조사되는 비율이 5개 항목에서의 중도로 조사되는 비율보다 높게 나타날 개연성이 크다.

142 Shaw, D. R. (2006). The Race to 270: *The Electoral College and the Campaign Strategies of 2000 and 2004.* University of Chicago Press; Holbrook, T. M., & McClurg, S. D. (2005). The Mobilization of Core Supporters: Campaigns, Turnout, and Electoral Composition in United States Presidential Elections. *American Journal of political Science,* 49, 689-703; 한정훈, & 강현구. (2009). 유권자의 합리적 선택과 정치엘리트의 전략적 행위가 투표율 변화에 미치는 영향: 제18대 국회의원 선거 사례분석. *한국정치연구,* 18(1), 51-82.

철수 후보의 평균 지지율이 5%까지 내려가기도 했다. 이것은 뒷부분의 투표 행태에서 자세히 다루겠지만 '당선가능성'을 생각한 유권자들의 행태로 해석하는 것이 적합하다. 안철수의 당선가능성이 낮은 경우에, 기존 지지표의 일정 정도가 당선가능성이 있는 후보에게 옮겨가게 되는 것이다. 그렇다면, 적어도 5%는 '절대(순수)무당파'인 셈이다.

이런 상황에서 안철수 후보가 윤석열 후보로 단일화하게 되면, 기존에 안철수를 지지하던 모든 표들이 윤석열 후보에게 가는 것은 아니다. 오히려 안철수를 지지하던 표가 윤석열 후보로 가지 않고, 이재명 후보에게 갈 수도 있다. 소위 무당파층으로 대변되는 부동층에서 최소한 어느 정도의 규모의 표가 윤석열에게 가게 되는가 하는 점이 핵심인데, 앞서 언급한 바와 같이 인식조사들의 평균값에 근거해서 대략 5% 정도로 추론한다. 해당 5%가 모두 투표하지 않았다고 하더라도, 50%만이 투표했다고 하더라도, 2022년 대선의 승리후보의 득표 격차 0.73%를 여유있게(?) 넘어선다.

선거당시의 시대상황 속에서 선거의 성격이 중요한 것이다. 2022대선의 구도가 문재인정부의 실정(부동산 정책, 세금 정책 등)을 중심으로 "회고적 투표"의 성격이 주류였으며, 이는 유권자들의 '경제투표' 행태가 주류였음을 추론하게 한다. 그래서 안철수가 후보직을 철회하는 경우에, 안철수의 표가 당시 여당인 더불어민주당의 이재명 후보에게 가는 표보다는 적어도 윤석열 후보로 가는 표가 더 많을 것이라고 추론하는데 큰 무리가 없을 것이다. 결론적으로 당해 선거에서 보수진영의 후보자는 지지층의 규모에서 불리한 선거지형에 있었으며, 그러한 불리한 지지층의 규모를 단일화로 극복한 것이다. 야당의 윤석열 후보와 여당의 이재명 후보가 불과 유효득표수 0.73%로 승패가 갈린 것을 생각하면, 안철수와의 단일화가 선거승리에 절대적임을 알 수 있다. 앞선 선거운동에 관한 경험적 연구결과들을 논의하면서, 정당이나 후보자의 선거운동의 효과는 유권자의 회고적 투표행태나 국가경제상황에 대한 경제투표행태가 두드러질 때 최소효과밖에 얻지 못할 가능성을 논의한 바가 있다.

그렇다면, 이재명 후보는 어떠한가? 역사에 가정은 금물이라고 하지만, 선거승리의 관점에서만 보자면, 이재명 후보는 심상정 후보와 단일화했다면 승리했을 가능성이 있다. 심상정 후보의 모든 표가 이재명 후보에게 가지는 않았을 것이다. 정의당 심상정 후보가 과거 2019년에 '정치개혁특별위원회'를 통한 '선거개혁법' 제정 과정에서 '연동형비례대표제'를 얻으면서도 거대정당들의 '위성정당'(衛星政黨, satellite party)만들기라는 편법에 당한 감정이 있다. 심상정 후보는 진보진영의 단일화에 대해서 정의당의 비례구 의석수를 짓밟은 민주당과의 연합은 애시당초 고려하지 않고 있었다. 하지만, 윤석열 후보와 이재명 후보의 득표 격차가 미세했다. 역사에 가정은 금물이라고들 하지만, 이재명 후보가 심상정 후보와 단일화하였다면 0.73%의 격차는 쉽게 극복할 수 있었다. 결과론적인 해석일 수밖에 없지만, 2~3%정도의 승리를 했을 것이다. 이와 달리 생각할 수 있는 현실적인 경우의 수가 사실상 존재하지 않는다. 이재명 후보는 단일화전략에 그렇게 적극적이지는 않았던 듯하다. 당시 여당이던 더불어민주당이나 이재명 후보의 입장에선, 선거결과가 0.73%의 격차로 패배한 것을 보고 난 이후에, "단일화하지 못한 것"에 대한 후회의 차원에서 사후에 '단일화전략'이 논의되었을 뿐이다. 복잡한 상황들을 극복하고 목표를 이루어 내는 것은 단순히 '운동'이라는 차원이 아닌 '전략'이라는 차원에서 가능한 것이다.

소위 한국정당정치에서 보수와 진보를 대변하는 두 개의 양당은 카르텔정당체계로서의 양당체계를 형성하고 있다. 거대한 당조직망을 가동하며 대통령을 배출할 가능성이 크다. 특히 한국정치과정과 같이 보수-진보 양대진영정치로 갈려 있는 곳에선 대통령을 배출하는데 반복적으로 실패하는 제3정당들은 흡수합당이나 정개개편의 대상이 되어 왔다. 그래서 카르텔 정당의 대항 형식으로서 '플랫폼정당'(platform party)이 논의되는 일이 많다. '플랫폼 정당'이란 특정한 이슈나 인물을 중심으로 하여 불특정 다수의 유권자들이 주인의식을 갖고 적극적으로 참여하며 정당의 구체적인 정책방향, 후보자 선출, 정당운영에 대한 결정권을 행사하는 정당을 의미한다.[143] 플랫폼 정당은 기존의 관행적인 좌-우 이념적 '진영논리' 보다는 시대상황 속에서 사회적인 주요한 관심 이슈 내지는 그러한 실용적인 삶의 질을 고양시켜줄 수 있는 기대에 부응할 수 있는 인물을 중심으로 형성될 수 있다. 참여하는 유권자들은 정당의 정치행위에 대한 공급자 및 수요자로서의 역할을 수행하게 되며, 정당은 플랫폼으로서 대강의 정치적 방향성 제시 및 정당운영관리의 역할을 맡게 된다.

정당이 '플랫폼정당'으로 기능한다는 것은 서구정치에서와 달리 한국정치과정에서 두 가지 의미를 지닌다. 첫째, 역설적으로, 거대한 두 개의 정당 이외에는 대선과정에서 '플랫폼 정당'으로 기능하기 어려울 수도 있다는 의미가 그 하나이며, 둘째로, 역으로 보자면, 제3의 정당이 대선과정에서 당선 가능성이 높은 제3의 후보를 중심으로 플랫폼 정당을 구성할 수도 있다는 것이다. 과거 2012년 대선에서 '안철수 현상'이 그것인데, 사실상 안철수 후보가 진보진영의 문재인 후보와 단일화를 시도하면서 안철수의 세력이 플랫폼 정당으로까지 이르지는 못했다. 2021년 서울시장 보궐선거과정에서는 보수진영의 오세훈 후보와 단일화를 시도하면서 국회의원수 3석의 안철수의 국민의당은 플랫폼정당으로 거듭나지 못했다. 공교롭게도 현 시점에서 '플랫폼정당'을 표방하는 조정훈의 '시대전환'이 제3세력의 정당으로 남아있을 뿐이다. 플랫폼정당을 표방하는 '시대전환'의 정치적 실험이 한국사회의 거대한 양당중심의 선거정치를 어떻게 헤쳐나갈 수 있으며, 과연 득세할 수 있을지에 대해선 지켜보아야 할 것이다. 물론, 조정훈이란 인물효과와 '시대전환'이란 기관효과는 달리 나타날 수도 있다.

대통령제 권력구조하에서, 대선을 중심으로 '회오리바람의 정치'가 형성되는 한국정치과정은 대선후보라는 인물로부터 정당정치의 형식과 내용이 영향을 받는다. 그리고 거대한 양당중심의 선거정치를 심화시킬 수도 있다. 한국정치문화의 특성상, '플랫폼정당'은 자칫 '기관중심의 정치'가 아닌 '인물중심의 정치'라는 성향과 친화력을 갖는 경우엔 '제도화된 정당'에 의한 예측가능성이 일정 수준 유지될 수 있는 기관중심의 정당정치에 해가 될 수도 있다. 특히 미래사회의 정당조직의 발전경로가 '플랫폼정당'으로 가게 된다면, 정당조직의 다양화와 가변성은 현재 한국정치에 나타난 정당간 이합집산에서보다 더 높아질 수도 있다. 예단(豫斷)하기는 쉽지 않지만, 당분간 현재의 대통령제란 권력구조를 유지한다면,[144] 반복되는 정당이합집산의 정도를 일정 수준 완화하여, 많은 정당들이 제도화된 정당들로 거듭나기 위해서 기관으로서의 정당정치를 강화하는 길은 '대통령결선투표제'(round-off system)라고 생각해 본다. 단순다수제(plurality system)의 대통령선거하에선 한국정당들의 이합집산이 선거직전에 선거승리를 위한 것들이 다수여서, 정당들이

143 한국사회에서 21대 국회(2020–2024년)를 보면 '시대전환' 정당(대표 조정훈 의원)은 바로 플랫폼정당의 대표적인 예이다. '시대전환'은 생활진보플랫폼을 주장하면서, 기존의 정치의 이념적 대결구도를 탈피하고, 중도와 실용에 기반한 실질적 민생복리를 위한 문제해결에 집중함을 선언하고 있다. '시대전환'의 강령을 보면, 플랫폼정당을 '의제와 인물을 기동성 있게 담아내는 그릇'으로 이해하고 정의하고 있다. 따라서, '시대전환'은 기존의 거대한 주요 대중정당의 권력구조에 나타나는 소수가 독점해온 정책결정, 공직후보지명 등의 권한을 다중이 참여하는 시스템으로 옮겨서 투명하고 민주적으로 관리하는 것을 추구한다. 따라서, 이러한 기관 목적을 지닌 플랫폼정당(즉, 시대전환)이 구현하려는 내용은 '공론장'을 통한 의제개발과 이를 알리는 미디어, 그리고 '인물육성시스템'이다.

144 1987년 제6공화국 헌법이 만들어진 이후 35년이 흐르고 있다. 개헌과정에서 필연적으로 논의되는 부분이 이원집정부제(semi–presidentialism), 의원내각제(parliamentarism) 등과 같은 권력구조 개편논의이다. 진영재 (편.). (2017). 1987년 제6공화국 헌법과 2017년 개헌 논의: 개헌. 카오스북.

온전히 자신의 기관적 모습을 유지하기 보다는, 변형을 통해서 몸집을 키우거나 선거승리에만 주력하는 경향이 있다. 대선에서 결선투표제를 시행하면 1차선거에서는 모든 정당들이 온전히 자신의 모습을 유지하면서 선거경쟁을 하려는 경향이 강화되고, 2차선거에서 자신의 모습을 유지한 상태에서 정책연합으로 갈 개연성이 높다.[145] 물론, 제도의 변경이 의도한 바를 온전히 수행해 주리라고는 확신하기 어렵기 때문에, 과신(過信)은 금물(禁物)이다.

결론적으로, 2022년 대선의 승패는 회고적투표, 경제상황, 그리고 단일화라는 세 개의 변수가 조합된 결과물이다. 그렇게 본다면, 선거운동이 결정적인 영향을 미친 것이라고 보기 어렵다. 선거운동이나 선거전략은 정당이나 후보자가 행하는 것이다. 선거경쟁에서 승패를 결정하는 구조적 문제이기에 다시 반복하자면, 선거운동의 효과보다 선거전략의 효과라는 차원에서 대통령선거의 승패를 이해할 수 있다면, 이것은 과점적 정당경쟁형태라는 속성에 기반한 정당, 후보자, 유권자 사이에서 발생하는 '정치교환'의 특성때문일 것이다. 유권자들은 투표과정에서 어차피 될 정당을 밀어주게 된다.[146] '사표방지'(死票防止) 투표행태가 발현되는 것이다.[147] 후보자는 거대 양당의 후보자가 되어야만 당선가능성이 높아진다. 유권자들의 투표행태를 논하기 이전에, 보다 더 건전한 정당경쟁구도를 통한 정당, 후보자, 유권자 사이의 정치교환의 상태를 만들기 위해선 두 가지 시나리오가 가능할 것이다.

첫째, '플랫폼정당'(platform party)의 발현이다. 이것은 파편화된 사회에서 유권자들의 관심을 유발하는 이슈중심의 정당을 만드는 것이다. 플랫폼정당이란 시대상황 속에서 시민사회의 다양하고 즉흥적인 요구들에 대한 적응성과 기동성(機動性)이 강조된 정당으로서 기존의 조직적 체계보다는 새로운 이슈를 중심으로 네트워크가 강조된 개념의 정당을 말한다. 플랫폼정당이란 형식보다 기능이 강조된 개념이다. 관념적 차원에선, 기존의 거대한 정당조직이 필요없다. 당직자, 당원, 일반사용자의 구분에 특별한 의미가 없다. 거대한 조직은 오히려 플랫폼정당으로 기능하는데 번거롭고 방해가 될 수도 있다. 플랫폼 정당은 어떤 특정 이슈나 인물을 중심으로 다수의 유권자들을 집결시키는 정거장의 기능을 할 수 있는 정당이다.[148] 좀 더 직관적 차원에서, 한국정치과정과 연관지어서, 플랫폼정당을 정의하자면, 선거승리를 위해서 특정한 사회적 주요 이슈를 중심으로 기능성과 기동성을 강화하여(즉, 소셜미디어 매체의 장점을 활용하여), 유권자들의 관심을 집중시키면서, 다른 여타의 이슈들도 흡수하면서, 유권자들에 대해 새로운 정거장의 역할을 할 수 있는 정당을 의미한다. 기존의 주요정당이건, 신생군소정당이건, 모두 플랫폼정당으로 기능할 수는 있다. 하지만, 소셜미디어시대에는 역설

145 이런 경우, 사르토리(G. Sartori)의 정당분류 중에서 소위 '분극적(分極的) 다당체계'의 형식이 한국정당정치에 도래할 수 있을지도 모르겠다.

146 지병근. (2008). 한국에서의 전략적 투표: 대통령 선거와 국회의원 선거에서 나타난 약소 정당 지지자들의 투표 행태. *국제정치논총,* 48(2), 151–172.

147 박찬욱, & 홍지연. (2009). 제18대 국회의원 총선거에서 한국유권자들의 분할투표 행태에 관한 분석. *한국정치연구*, 18(1) 1–28; 김정도. (2014). 1인 2표제 선거에서 나타난 지역구 선거 득표율과 정당투표 득표율의 차이 분석. *의정논총,* 9(1), 143–170.

148 그래서, 플랫폼정당은 선거과정과 연계되어 기존정당의 형태와 차별성이 두드러진다. 선거시기에 정치인이 아니었던 사람이 어느날 정치인으로 쉽게 편입되는 것도 '플랫폼정당'하에서는 더욱 용이하다. 대통령선거경쟁에서 정당은 대중적 인지도와 인기도를 갖는 특정 인물을 필요로 한다는 측면에서, 권력구조형태(대통령제, 의원내각제 등)와 연계되어 있기도 하다. 거대한 주요정당들이 전통적인 좌–우 차원의 이슈에서 벗어나 어떤 분화된 특정 이슈[즉, 관심유발이슈(valence issue)]를 중심으로 기능하는 정당으로 보기는 어렵다. 유권자들의 인식차원에서도 기존의 주요정당들은 전통적인 좌–우 이슈를 기반으로 하되, 특정한 시점에 사회적 관심이슈들을 포섭하는 형태가 될 것이다. 단, 사회적 관심이슈들이 포괄되는 과정에서 정당의 전통적인 좌–우의 입장과 얼마나 조화롭게 포섭될 지는 별개의 문제일 것이다. '플랫폼정당'이란 시민들에게 파괴력이 있는 어떤 이슈를 선점하여 지엽적인 이슈들이나 파생되는 이슈들을 흡수하는 과정에서(즉, 플랫폼의 역할을 하는 과정에서) '기동성'의 유무 여부가 중요하다. 기존의 거대 주요 정당은 관심유발이슈들을 표출할 수 있지만, 조직이 거대하고 관료제 조직의 성격으로 높은 기동성을 갖기 어렵다.

적으로 거대한 정당조직에 구축된 관료제적 행정조직이 자유로운 "헤쳐, 모여"의 '기동성'을 방해할 수 있다. 앞으로 한국의 주요정당들은 '온라인'(on-line)의 성격을 강화하면서 '플랫폼 정당'(platform party)의 성격을 강화할 수 있다. SNS시대에 정당조직내의 운영과정이 디지털화된다고 해서 플랫폼정당은 아니다. 플랫폼정당이란 기능적으로 당직자들과 당원 중심에서 벗어나, 불특정 다수가 네트워크를 형성하며 정당의 공천이나 운영에 결정권을 행사할 수 있어야 한다.

'사회균열'(societal cleavage)이 '정치균열'(political cleavage)화 된 것이 정당정치의 이상적 상황이나, 현실의 권력경쟁하에선 '정치균열'이 '사회균열'을 이끌기도 한다. 현대사회가 '정체성의 정치'로 다원화되고 일부 파편화되는 것은 어찌보면 자연스러운 것이다. 하지만 정도와 수준이 문제이다. 유권자들의 관심을 유발하는 이슈들은 그 수가 셀 수 없이 많으며, 그런 경우 정당체계가 '플랫폼정당'이란 형식으로 기능하면서 소위 사르토리가 말하는 "분극적 다당체계"(extreme multi-party system)가 형성되면, 자칫 '책임정당정치'의 영역에서 벗어날 수도 있다. 따라서, 플랫폼정당의 형식은 당대에 사회구성원들이 합의하는 몇 가지 주요한 소위 '현저한 이슈'(salient issue)를 중심으로 형성되는 것이 바람직할 것이다. 물론 사회적으로 현저한 이슈는 기존의 거대한 양대 정당을 중심으로 논의될 가능성이 더 크다. 플랫폼정당의 존재감을 위해선, 사회구성원들이 몇 개의 현저한 이슈를 중심으로 플랫폼정당을 구성할 필요가 있을 것이다. 모든 차원의 이슈를 대변하는 지나치게 많은 수의 플랫폼정당이 존재한다고 해도, 선거경쟁에서 득세하긴 어려우며, 따라서 정도로 최소한의 영향력을 지닌 플랫폼 정당은 5~7개로 형성되는 정도일 것이며, 그 이상의 정당들로 파편화되는 플랫폼 정당의 형식은 현실적으로 쉽지 않을 것이다.[149]

둘째, 세상에는 '관성(慣性)의 법칙'이 존재한다. 정치과정에서도 마찬가지이다. 현재 존재하는 것을 개혁하기가 어려운 것은, 개혁해도 다시 원래의 모습으로 돌아갈 개연성 때문일 것이다. 더 중요한 것은, 현재 존재하는 것들이 과거에 그렇게 개혁하고자 한 결과물일런지도 모른다는 사실이다. 정당경쟁체제가 과점적 형태로 양대정당구도를 통해서 나타나는 것에는 그것이 정치제도적인 것의 영향을 받았건, 아니면 정치문화의 영향을 받았건 분명한 이유가 있다.[150] 정치는 유권자들에게 응답하는 '책임정치'로 구현되어야만 한다. 앞서서 언급한대로 파편화된 '정체성의 정치'나 'PR 시스템'이 비

149 정당-유권자 관계의 핵심 요체는 유대감, 일체감인데, 선거정당사에서 정당 조직의 유권자들과의 유대는 플랫폼정당 이전에도 중요시 되었다. 인터넷 온라인시대에 거대한 '포털사이트'(portal site)가 존재하면서 오히려 과점의 포털사이트를 중심으로 사용자들이 형성되면서 모든 네트워크가 이루어지는 원리와 같다. 그러니까, 플랫폼정당의 역할을 할 수 있는 정당은 관념적으로는 이슈를 선점하면서 얼마든지 파편화될 것 같아도, 경험적 현실세계에선 소수의 정당으로 집중되어 형성될 가능성이 있는 것이다. 온라인시대가 파편화를 이끌면서도 편리성에서 집중화를 부추기는 양면성이 있는 것이다. Van Dijck, J., & Poell, T. (2013). Understanding social media logic. *Media and communication,* 1(1), 2–14; Van Dijck, J. (2013). *The culture of connectivity: A critical history of social media.* Oxford University Press; Gerbaudo, P. (2019). The Digital Party: The Transformation of Political Organization in the Era of Big Data. In D. Chandler, & C. Fuchs (Eds.), *Digital Objects, Digital Subjects: Interdisciplinary Perspectives on Capitalism, Labour and Politics in the Age of Big Data* (pp. 187–198). University of Westminster Press.

150 대통령제하에선 대통령을 배출하지 못하는 정당은 생존해 나가기 어렵다. 한국선거정당사는 이를 단적으로 보여준다. 그밖에 단순다수제-소선거구제 병행제도, 겉모습은 소수의 비례제를 일부 병행한 MMP(연동형 혼합비례)제도지만, 사실적으로는 MMM(병립형 혼합비례)제도로 기능하는 제도, 그리고 정당국고보조금제도하에서 큰 정당들은 계속 큰 정당으로 남게 된다. 강우진. (2020). 한국의 준연동형 선거제도 개혁과정 평가: 주체, 목적, 정치적 결과를 중심으로. 21세기정치학회보, 30(4), 65–86. 한국정치과정에서 양당체계가 지속적으로 유지되는 현상의 원인을 유권자 선거행태의 시각에서 보자면, 야당으로 표를 분산시키지 않고 '제1야당'에 표 몰아주기 라든지, 조금 달리 표현하자면, '사표방지심리' 등일 것이다. 합리적 선택이론 입장에서 보자면, '이익최대화행태'(benefit maximizing voting behavior)보다 '최대후회의 최소화행태'(minimax regret voting behavior)의 행태가 더 보편적인 것으로 해석해 볼 수도 있다. 이에 대해서는 제4장의 투표행태부분을 참조할 수 있다.

례성을 반영하다고 해서, 책임성까지 보장하지 못한다는 점이다. 오히려 '다수제 시스템'이 책임정치의 구현에 유리한 측면이 있다. 그렇다면, 우리들이 목도하는 정치적 폐해에도 불구하고 과점적 경쟁구도로서 양대 주요정당에 의한 정치는 극복할 수 없는 것인가? 이에 대한 답은 유권자들의 현명한 '투표행태' 이외에는 뾰죽한 별 다른 수가 없다. 유권자들이 자신도 확신할 수 없는 당파성의 노예가 되기보다는, 시대상황에 맞는, 지도자로서 적합한 자를 상식에 입각하여 선택하는 것이다.

2022년 대선을 '분노의 선거'로 규정하는 사람들도 적지 않은데, 이것은 보수 대통령의 탄핵이후, 진보 대통령의 경제정책 및 외교정책의 부진 속에서 단순히 정당이 이념적 대결의 승리를 위한 도구적 성격과 대리만족을 위한 수단으로 전락할 수도 있음을 느끼게도 한다. 역설적으로 플랫폼정당이란 인물중심의 정치가 극대화된 곳에서 명확하게 그 존재가 드러난다. 당해 선거에서 당선가능성이 높은 사람을 중심으로 하나의 정치세력이 형성되는 것으로 일종의 '선거용 정당'이 만들어 지는 것이다. 현 시점에서 단기적 관점에서 앞으로의 한국정당정치의 미래를 예측하는 것에 주력해 보자면, 양당체계의 지속적인 관성때문에라도, 그리고 선거승리지상주의의 진영대결의 정치가 펼쳐지는 이상엔, '선거전문가정당'의 기능으로 '플랫폼정당'(platform party)의 기능을 대신하게 될 수도 있다.[151]

유권자의 투표행태를 다루기 전에, '선거전략'을 살펴보려고 한다. 앞서 정당이나 후보자의 '선거운동'을 살펴보았고, 이러한 선거운동의 효과를 2022년 한국대통령선거에 적용하면서 선거승패는 '선거전략'의 차원을 함께 고려할 때 더 확연하게 이해되는 것이며, 단순히 '선거운동'의 차원에서 이해하는 것으로는 부족함을 느끼게 된다. 이것은 선거전략은 구조적 차원의 문제이고, 선거운동은 상대적으로 미시적 차원의 문제이기 때문일 것이다. 다양한 선거운동들은 어떤 특정한 선거전략과 연계성 속에서 결정되어야 의미와 효과를 지니게 될 것이다.

'선거전략'은 개별 선거에 따른 의미를 지니게 된다. 항상 우월한 선거전략이 존재한다기 보다는, 해당 선거의 성격과 상황에 따라서 그 의미를 지니게 된다. 선거이론과 선거현실이 가장 큰 괴리를 보이는 것은 정당이나 후보자가 행하는 '선거전략'의 측면 때문일 것이다. 정치과정, 그리고 선거과정은 단순히 규범적 논의와 도덕적 기대만으로는 설명할 수 없거나 이해할 수 없는 부분들이 존재한다.

2. 선거전략

후보자들은 표를 얻기 위해서 유권자들을 설득해 나간다. 그런데, 유권자 집단의 규모와 집단간 차이점 등으로 인해서 설득의 과정은 복잡해 진다. 어떤 집단의 규모가 크고 그 구성이 복잡할수록, 그 집단 내부에서는 추구해야 할 목표와 전술에 관한 결정을 도출하기 위해 상호작용하는 하위 조직들이 얽혀 있을 가능성이 높다. 전략이란 협의의 과정이나 합의형성이란 문제와는 별개로 존재하는 듯하다. 전략은 상향식으로 구성될 필요가 없으며, 전략

151 인물중심적 정당정치를 견인하는 현상 중의 하나가 '선거전문가정당'이란 것이다. 선거시기에 정당의 기존 조직들(당원조직, 최고위원회조직 등)이 중심이 된다기 보다는, 그 시기에 특정 선거전문전략가를 중심으로 정당이 운용되는 것을 말한다. 시대적으로 보면, 이론적 논의는 '선거전문가정당'의 논의는 20세기 말로 더 오랜 것이고, '플랫폼정당'의 논의는 21세기 이후의 것이다. 선거승리란 결과물만 놓고 본다면, '선거전문가정당'은 자칫 '플랫폼정당'과 중첩되어 혼동될 수도 있다. 실제로 플랫폼정당으로 기동성있게 기능하기 위해서 선거전략가의 역할이 필요할 수도 있다. 그런 경우, 선거전략가정당으로 볼지, 아니면 플랫폼정당으로 볼지는 주관적 시각의 문제일 수도 있다. 가장 큰 차이점은 전자는 전문전략가 1인 및 소수의 역할이 큰데 반해서 후자는 다수의 네트워크로 기능하는 정거장의 의미가 강할 뿐이다.

가에 의해서 하부조직으로 전달되고 실천된다. 궁극적으로 성공적인 전략이란 결과로 판단될 수밖에 없다.

항간에 전략에 관한 이런 명제들이 있다. “다양한 최소효과를 누적시키면서, 결국엔 최대효과를 만드는 것이다”. “파편화된 효과들이 누적되려면, 어떤 특정 효과가 지정되어야 그 효과 내부에서 누적되는 것으로 인식되는 것이다.” 선거운동과 선거전략은 서로 상호연계된 것이지만, 선거운동을 최소효과에 선거전략은 최대효과에 유추해 볼 수 있다. 지역구의 크기에 따른 각급 선거구별로 정당이나 후보자의 다양한 선거전략이 존재할 수 있다. 일반적 의미에서는, 당해 선거를 기준으로 했을 때, 정당이란 기관이 ‘선거전략’을 제시하고, 개별 후보들은 정당에 소속되어서 ‘선거운동’을 할 것이다.

1) 대항마(對抗馬) 전략

선거전략에서 가장 중요한 것은 경쟁 상대에 대한 ‘대항마’(counter-candidate)를 제대로 세우는 것이다.[152] 선거는 집단들간의 ‘세(勢)싸움’이다.[153] 후보자의 세력은 시대정신과 결부되어 형성될 수도 있고, 특정 사건·사고와 연관되어 형성될 수도 있으며, 인물 자체의 자질과 관련하여 형성되기도 한다. 선거경쟁에선 그러한 기세를 대표할 수 있는 어떤 상징적인 인물을 내세울 수 있어야 할 것이다. 어떤 이유에서이건 한 쪽이 기세등등하여 나름대로 선거판의 초반 기세를 장악하는 경우가 있다. 이 때, 처진 분위기를 극복하고 선거승리의 가능성을 높이기 위해선 대항마(對抗馬)를 제대로 세우는 것이 중요하다. 선거경쟁 상호간에 어떤 인물을 대항마를 세우는가가 결정적으로 승패를 결정하는 요인이다.

그렇다면 상대방에 대하여 어떤 대항마를 내세우는 것이 선거경쟁에서 승리할 가능성이 있는가? 대항마를 제대로 내세우는 전략은 무엇인가? 대항마를 세우는 과정이란, 정당과 유권자의 정치적 교환의 관계의 관점에서 보자면, 정당이 세운 인물에 대해서 유권자들이 그 상품성을 인정하는 시작점을 포함한 과정을 말한다. 정당이 대항마를 지명하여 최종 후보로 올렸을 때, 유권자들의 첫 인상이 중요할 것이다. '첫 인상'에 영향을 미치는 것은 인지도(認知度, identification)와 '파격'(破格)이란 두 개의 대조적 요소이다.

152 그람시(Antonio Gramsci)의 '대항(對抗)이데올로기'(counter-ideology)란 개념이 있다. 헤게모니의 장악을 위해선 그 헤게모니를 장악한 세력의 '이데올로기'에 대항하여 사람들을 결집할 수 있는 '대항이데올로기'를 제조해야만 한다. 임혁백. (2012, 6월 19일). [동아광장/임혁백]'박근혜 대세론'은 지속될 것인가. *동아일보;* 김민철 기자. (2000, 10월 11일). "이총재 대항마 필요...반개혁세력 압도해야". *조선일보.*

153 김학노. (2018). 형세: 정치학적 개념 탐구. *한국정치학회보*, 52(1), 229–256. 김학노에 따르면, '세'(勢)란 개념을 사물의 성향, 피아(彼我) 사이의 기울기, 조건 또는 상황, 우월적 위치, 전술적 주도권, 무형(無形)의 주는 힘, 비가시적(非可視的)인 능력, 일종의 잠재력, 기정상생(奇正相生)의 힘 등의 의미로 정리한다. 김학노는 '세'란 개념을 보다 입체적으로 이해하기 위해선, 상대적으로 적은 관심을 갖는 개념이지만 '형'(形)의 개념과 함께 조합하여 이해할 필요가 있다고 주장한다. '형'이란 개념은 외관, 스펙, 가시적(可視的)인 물질적인 힘을 뜻한다. 임건순. (2016). *동양의 첫번째 철학, 손자병법*. 서해문집. 김학노는 형과 세는 밀접히 연관되어 있기에 '형세'(形勢)는 단순히 물리력의 합이 아니며, 고정되어 있지 않으며, 상황에 따라서 끊임없이 변화한다고 본다. '형세'라는 용어는 형과 세가 구분되는 개념임에도 불구하고, 개념적으로 상호 밀접히 연관되어 있기에 조합하여 이해하는 것이 필요하다고 본다. 달리 표현하면, 형이 달라지면 세가 달라진다는 것이다. 예를 들면, 동일한 인원의 동일한 사람들의 군대도 일렬횡대로 공격할 때와 학익진(鶴翼陣)이나 마름모꼴로 공격할 때 그 파괴력은 다르다. 해당 연구를 선거경쟁상황에 원용하자면, 여러가지 시각이 있겠지만, 정당조직은 '형'이고 상대적으로 후보자는 '세'인 듯하다. 정당조직의 이미지는 상대적으로 고착화되어 있지만, 후보자의 이미지는 상대적으로 변화를 연출할 수 있는 가능성이 조금이라도 더 크다고 할 수 있기 때문이다. "형세중심의 사고방식"이 (김학노에 따르면) (1) 목적이나 사람이 아닌 상황을 중심으로 사고하고, (2) 형세에 따라 적절한 전략을 운용하며, (3) 유리한 형세를 선점하거나 구축하는 것과 관련된다고 하는데, 이를 선거경쟁에 (1), (2), (3)을 각각 원용할 수도 있을 것이다. 역시 다양한 관점들이 존재하겠지만, (1) 기존의 정당 이념성에 집착하지 않고, 상황속에서 이념적 유연성을 중심으로 사고하고, (2) 유권자집단의 분포별 맞춤형 전략을 운용하며, (3) 유권자분포의 집단 규모가 가장 큰 것으로 판단되는 집단을 선점하거나 장악하는 것이 필요한 것이다.

선거경쟁은 후보자가 누구인지를 알리면서 시작된다.[154] 선거과정에서 어떤 특정 후보의 지지율이 기대했던 것보다 오르지 않고 낮은 수준에 머물러 있을 때 이를 유권자의 후보에 대한 낮은 '인지도'때문이라고 설명하게 된다. 인지도란 후보자의 자신을 알리려는 노력과 유권자의 후보자에 대한 관심이 종합되어 만들어진 결과물이다.[155] '정치적 교환'의 개념을 유권자를 주어로 했을 때, 사실상 '관심도'(關心度)와 상통하는 개념이다. 인지도란 것은 단순히 유권자 입장에서 후보자가 알고 있던 인물인지, 모르던 인물인지의 문제로 한정되지 않는다. 후보자 자신이 누구인지를 알린다는 것과 유권자들이 받아들이는 것은 다를 수도 있는데, 후보자 개인의 인생 역정에 대한 유권자들의 인식은 후보자의 의도와는 다를 수 있기 때문이다. 김대중 후보의 예를 들면, 공산주의자라는 오명으로부터 탈피하여 자유시장경제를 지킬 수 있는 (외환위기 극복이라는 시대적 상황하에서) 후보, 지속적으로 대선에 패한 대통령병자가 아닌 다년간의 경험을 통해 준비된 후보, 지역적 불리를 극복하고 국민통합을 할 수 있는 후보임을 유권자들에게 반복적으로 알리는 과정을 겪었다. 선거는 후보자가 자신이 누구인지를 알리려고 노력한다고 되는 문제는 아니다. 유권자들 입장에서도 이러한 후보자의 자신을 알리려는 노력에 긍정적 관심을 갖게 될 때 진정한 효과가 발생한다. 그러면, 유권자들은 어떤 경우에 후보자에게 관심을 갖게 될까?

후보자는 유권자들에게 "나는 왜 선거에 나왔는가? 왜 나여야만 하는가?"를 일단 설명해야 한다. 이렇게 하는 것이 중요한 이유는 일반적 유권자들의 관점에선 무엇보다도 후보자가 선거시점에서 사회에 당면한 주요한 문제들을 해결할 수 있는지 '문제해결 능력'을 보게 되기 때문이다. 보통 대선과정에서 TV토론을 하게되면 의례히 사회자가 후보자들에게 하는 질문이 있다. 후보자께서는 왜 선거에 나왔습니까? 왜 본인 후보자가 대통령이 되어야한다고 생각합니까? 법정에서 누군가에게 입증책임을 요구하는 것 같기도

하고, 어찌 보면 영미식의 소위 서양적 질문 같기도 하다. 조금 단순화하자면, 유권자입장에선 토론하는 내용을 보고 그 중 가장 좋은 사람을 선택하면 그만인 것이다. 해당 질문에 대답을 그럴 듯하게 하는 후보자가 좋은 후보자라는 근거는 어디에도 없을 것이다. 자신이 자신을 이야기하고 있기 때문이다.[156] 후보자 자신은 자신을 좋게 이야기 한다.

판단은 유권자가 하는 것이다. 후보자 입장에서 자신이 당시의 시대적 소명을 가장 잘 구현할 수 있는 후보자라고 주장하지만, 유권자의 판단은 그렇지 않다. 후보자마다 구분되는 지지층이 있어서 아무리 자신의 주장을 설파해도 일부 지지층에게만 받아들여진다. 역설적으로 민주주의 사회에서 유권자가 주인이라면, 이러한 질문들을 할 필요도 없고, 질문에 대한 대답을 들을 필요도 없고, 유권자 자신이 후보자의 역량, 자질, 인품 등을 고려해서 어떤 후보자가 현재의 시대상황에 맞는지 판단하면 그만일런지도 모른다.

유권자 개인에게 있어서, 어떤 후보자가 가장 적합한 후보자인지, 후보자

154 김대중의 후보의 당선 전략의 출발점은 "김대중이 누구인가 알려야 한다"였다. 이영작. (2001). *대통령선거전략 보고서: 97 김대중 대통령만들기.* 나남, p. 331.

155 비정치인 출신이 유권자들에게 인지도를 확보하는 경우는 기존에 이미 사회적 인지도를 확보한 경우도 있지만, 논란의 중심에 서면서 인지도를 확보하게 되기도 한다. 안철수 후보의 경우는 전자이고, 윤석열 후보는 후자이다. 안철수 후보의 경우, 높은 인지도를 바탕으로 선거경쟁에 입문하는 초기부터 양자구도, 삼자구도의 위치에 서게 된다. 2021년 윤석열 검찰총장은 검찰개혁으로 인한 법무부장관–검찰총장의 모든 갈등 내용들이 중계되면서 인지도가 높아지고 있었다.

156 방송토론들을 리뷰해 본 결과 대개 질문에 대한 답은 거의 일치한다. 1. 국민들로 부터 철저한 검증을 거쳐온 후보이다. 2. 현재의 불합리한 상황을 극복할 수 있는 자질과 역량을 지니고 있다. 3. 국가를 경영할 수 있는 정견과 정책을 바탕으로 대한민국을 이끌어갈 준비가 되어 있다. 4. 정책적으로 준비된 대통령이다. 4번의 경우만 말하자면, 대선에 두 번 이상 도전하는 후보들이 특히 주장하는 경향이 강하고, 특정한 상황적 계기를 바탕으로 나온 후보자의 경우에는 4번의 경우는 특별히 언급하지 않는다.

의 차이점은 무엇인지에 대한 인식은 다양하다. 어떤 이유에서건 후보자는 유권자들로부터 '긍정적 관심'을 받아야 한다.[157] 긍정적 관심도는 후보자가 당면한 사회문제들에 대한 해결 능력을 갖추었다는 인식과 연관될 것이다. 선거과정에서 후보자들간에 "준비된 지도자"와 이에 대항하여 "준비안된 즉흥적 지도자" 라는 구호들은 궁극적으로 유권자들에게 후보자의 문제해결능력을 선전하는 것이다.[158]

종합적인 시각에서 보면, 후보자의 사회적 문제해결 능력에 대한 유권자들의 총체적 감정은 당시의 '시대정신'(時代精神, zeitgeist)이 대세인 듯하다. 세속적 선거논리로 볼 때, 선거 당시의 '시대정신'을 반영하고 주도할 수 있는 상징성을 지닌 인물이 득표에 유리할 것이다. 선거논리에서 시대정신이란 철학적인 심오한 것이 아니라, 유권자들에게 닥친 주요한 사회적 당면문제들을 해결하는 것을 말한다. 당해 선거시점에서 유권자들은 후보자의 문제해결능력을 즉석에서 검증할 수 없다. 많은 부분을 후보자의 언변(言辯)에 의존하게 된다.

후보자의 인물 '인지도'는 기존 관행에서 '파격'(破格)인 경우에도 일정 수준 효과가 있을 것이다. 정치적 불만이나 정치적 무관심의 수준이 높은 곳에서 '파격'이란 유권자들의 관심을 환기시키는 효과가 있다. 당해 선거에서 승리에 대한 기대감이 낮은 경우, 파격을 통한 전략은 효과를 가져올 수 있다. 이런 상황을 더 정확히 이야기하자면, 파격의 인물을 대항마로 선정하는 정서가 "어차피 승산이 없으니 선거에 져도 할 수 없고, 어쩌다가 이기면 더 좋다"라는 정서의 산물일 수 있다.

유권자들이 받아들이는 인물에 대한 정치파격이란 정서는 두 가지 종류가 있다. 하나는 인물 자신이 파격인 경우도 있고, 또 다른 하나는 해당 인물에게 기대하는 경험치, 예측치를 벗어난 정치적 결과로 부터 오는 경우도 있다. 1991년 김영삼의 '삼당합당'(三黨合黨)이나, 1997년 김대중의 'DJP연합'(김대중-김종필 연합)은 그 예이다. 1960년대 이후 박정희정권(민주공화당 정권)하에서 민주화투쟁의 길을 걸어온 두 정치인에게 5·16혁명세력의 주체이면서, 민주공화당의 2인자였던 김종필과의 연대는 국민들에게 상당한 파격으로 다가왔다. 모두 선거전략의 일환이었음은 자명하다. 두 개의 연합은 '선거승리연합'의 성격이 가장 클 것이다. 일반적 의미에서, 선거전략에서 말하는 정치파격이란 정치행위에서 발생하는 파격이란 의미로서 후자를 의미하는 것이다.

인물 자신이 파격이란 의미는 인지도의 문제가 아니라, 인생역정에 대한 스토리가 있는 인물이 정치인으로 발탁되어 유권자들의 관심이 발동하는 경우이다.[159] 일종의 유권자들에게 새로움을 주는 '신선한 인물'이란 효과인데,

157 이소영 외. (2017). *제19대 대통령선거 후보자토론회 효과 분석 연구.* 한국정치학회; 이한수 외. (2022). *제20대 대통령선거 후보자토론회 효과 분석 연구.* 한국정치학회. 제19대와 제20대 대선후보자토론회를 분석해본 결과, 토론회이후 후보자들에 대한 관심도가 상승하는 것을 확인할 수 있었다. 유권자의 후보자 관심도 변수 특히 정치관심도 변수는 미디어관심이나 이용시간에 영향을 미친다. 김주환, 김민규, & 진영재. (2008). 미디어이용이 후보자 평가에 미치는 영향에 대한 종단연구: 잠재성장모형을 통한 17대 대선 패널데이터 분석을 중심으로. *한국언론정보학보,* 44(4), 76-107; 이수범, 박원준, 김인경, & 양소정. (2006). 정치 관심도와 정치광고 유형이 후보자 인지에 미치는 영향. *정치커뮤니케이션 연구,* 4, 35-62; 이강형. (2006). 정치후보에 대한 유권자 감정 유발 요인 및 미디어 캠페인 활동의 효과에 관한 연구. *한국언론학보,* 50(3), 337-365; 이강형. (2007). 인지 일관성 이론에 근거한 텔레비전 후보 토론회의 효과: 합리적 투표, 설득, 선택적 지각의 가능성을 중심으로. *한국언론학보,* 51(1), 272-303; 송건섭, & 이곤수. (2011). 유권자의 투표행태와 결정요인에 관한 연구. *한국정책과학학회보,* 15(3), 49-71.

158 그런데, 대선과정에서 캠프정치가 유행하게 되면, 사실 대선캠프에 전문가들이 합세하여 정책보고서를 1주일이면 만들어 주기도 한다. 권력 주변에 있는 자들은 자신이 도와주는 후보가 선거에 승리하여 권력이 창출되면 특정 지위를 보상받을 수 있는 인센티브가 작동한다. 권력 주변의 주위 참모들의 도움만으로 준비되지 않은 권력의 대리인으로서 대통령이 탄생할 가능성이 있는 것이다. 대선과정에서 탁월한 참모의 도움은 불가피하겠지만, 후보자 자신이 일정 수준 이상의 자질과 역량이 기반이 되는 것이 중요할 것이다. 이영작. (2001). *대통령선거전략 보고서: 97 김대중 대통령만들기.* 나남, p. 366.

일단, 기존의 정치인이 아닌 인물이 대상이다. 2011년말 대선정국에서 '안철수 현상'도 그런 예라고 할 수 있다. 2022년초의 대선정국에서 윤석열 후보의 이미지도 일종의 신선한 인물의 이미지를 갖고 있었다. 반면에, 2002년 새천년민주당의 대통령후보지명을 위한 '국민참여경선제'로 처음에는 선전할 것으로 예상하지 못했던 노무현 후보가 전국순회를 통하여 대통령후보로 결정되었다. 결과론적으로 노무현후보로의 결정은 당시 정치 기득세력들에 대한 파격의 성격이 있었으며, 유권자들에게 신선한 충격을 주었다. 2002년말 대선정국에서 노무현 후보는 신선한 인물로서의 파격은 아니었다. 후보 노무현의 국민들에 대한 인지도는 이미 '5공청문회스타'로서 결정적으로 각인되어 있었으며, 정치적 손해를 보면서(당선되기 어려운 지역에 나가서 낙선하면서) 정치를 한다는 '바보 노무현'이란 이미지로 각인된 인지도가 있었다.[160] 현실세계에서 인지도에 대한 상위의 두 개념은 완전히 배타적일 수는 없을 것이다. 정치행위는 국가와 사회의 운명을 개척하는 중차대한 행위이다. 인물의 '역량과 도덕성'이 결여된 상태에서 '신선(新鮮)함'이란 파격만으로 유권자의 긍정적 관심을 이끌어서 득표로 연결시킬 수 있는 후보자의 능력으로의 대항마 효과를 기대하는 것은 무리일 것이다.

대항마 전략은 당해 선거의 시대정신 속에서 규정되어야만, 효과가 배가 될 수 있다. 선거승패를 좌우하는데, 선거구도보다 중요한 것이 선거당시에 어떤 '바람'(風)이 부느냐에 달려있다. 2003년 노무현대통령에 대한 국회의 탄핵소추안의결 이후 2004년 4월에 치러진 국회의원선거는 '대통령탄핵풍' 하에서 치러졌다. 국회의원 선거에서 대통령의 탄핵소추에 찬성하였던 야당 의원들은 거의 낙선하였으며, 노무현 대통령이 창당한 '열린우리당'은 창당 몇 개월만에 제1당이 되었다.[161] 2017년 대통령선거와 2018년 지방선거는 '박근혜대통령탄핵풍'의 영향력하에서 치러지며, 자유한국당은 대통령선거는 물론이고, 정당 자신의 텃밭지역(영남)을 제외하고는 서울과 경인지역에

서 거의 몰락하다시피 하였다. 바람이 어느 쪽으로 얼마나 강하게 부는가는

159 최근의 예로서 양향자 의원은 이런 경우에 해당할 것이다. 파격이란 것의 해석과 의미는 사람들마다 다를 것이다. 파격이란 것이 유권자들에게는 받아들여지는지의 여부는 인물의 과거 인생 역정 스토리가 중요한 듯하다. 미국의 경우, 극단적인 예로, 주 차원에서 2008년 토크쇼 진행자이자, 작가, 코미디언인 앨런 프랑켄(Alan Stuart Franken)이 미네소타주 상원의원으로 당선된 것은 전통적인 정치인이 아닌 새로운 인물에 대한 투표였다. 당시 앨런 프랑켄은 미네소타주 민주농민노동당[Minnesota DFL(Democratic–Farmer–Labor Party); 민주당과 별도의 정당이면서 민주당과 제휴를 맺어, 연방의회에선 민주당과 함께 활동한다]으로 당선되었다.

160 국민들의 관심이 높았던 '5공청문회' 당시 노무현 의원의 활약에 대한 언론의 언급들을 참고할 수 있다. "청문회는 이런식으로 8시간 가량을 지지부진하다가 노무현의원(민주)의 질문으로부터 긴장감이 되살아나기 시작했다. 노의원은 조목조목 장씨의 증언의 허점을 짚어나갔고, 장씨도 상당히 당황한 표정을 감추지 못했다....."[출처: 홍준호 기자. (1988, 11월 8일). 첫 聽聞會라지만..... *조선일보*]. "...3일 낮밤에 걸쳐 치른 시험에서 채점관들은 낯선 얼굴의 노무현 의원(민주)에게 높은 점수를 매기는데 인색하지 않았다. 많은 의원들이 사실규명보다는 정치연설과 알맹이 없는 호통으로 일관한데 비해 그는 치밀한 논리를 동원한, 간명하되 예리한 신문으로 노?한 증인들을 압도했다는 것이 채점평이다. 지루한 청문회에 긴장감을 불러일으켰으며 실제 교묘한 면탈작전을 세우고 출전한 증인들의 견고한 방어벽을 여지없이 무너뜨렸다. 시청자들은 그것이 통쾌했다는 것이다." [출처: 송영승 기자. (1988, 11월 11일). 인터뷰 '政治스타'된 盧武鉉 民主의원 "鄭周永씨가 가장 힘든 상대였다". *경향신문*]. "3일 동안 온 국민이 지켜보는 가운데 진행된 일해재단 청문회에서 차분하고 진지한 자세와 민중적 시각 그리고 논리적인 신문으로 단연 두각을 드러낸 노무현 의원(42 · 민주, 부산 동구)은 10일 쇄도하는 격려전화로 "도무지 일을 할 수 없을 정도"라고 말했다. 부산상고를 졸업, 독학으로 사법고시에 합격한 그는 그러나 "이번 청문회에서 국가와 권력을 사유물로 인식한 자들이 저지른 부정비리가 노동자, 농민 등 민중의 고통과 어떤 관련을 갖는지 제대로 비쳐지지 못했다"며 아쉬움을 나타냈다." [출처: 최영선 기자. (1988, 11월 11일). 일해청문회서 돋보인 노무현 의원 매도당하던 '운동권사람' 실상 보여주고 싶었다. *한겨레*].

161 헌법재판소는 탄핵소추안에 대한 판결을 2004년 4월 국회의원선거이후로 미루고 있었다. 이것은 헌법재판관들이 총선결과를 보고서 판결을 내린 것이란 해석도 가능하게 한다. 헌법재판소는 총선결과와 반대되는 판결(즉, 국회의 대통령탄핵소추안의결을 인용하는 판결)을 내릴 수가 없었을 것이다. 선거에 "바람이 분다"라는 의미는 모든 유권자들의 총체적인 정서의 평균값을 의미한다. 단순히 개별 지역구별로 형성되어 있는 여당과 야당의 경쟁구도에 대한 유불리가 아니라, 전국적으로 부는 바람으로 형성되는 선거분위기를 말한다.

내가 만드는 것이 아니라, 시대적 상황이 만드는 것이다.[162] 모든 상황은 하늘 뜻일 수도 있다. 모든 일들의 성사는 '우연'과 '필연'이 날과 씨가 되어 엮이는 것이다. 마키아벨리의 언급처럼, 실력(virtuna)도 중요하지만 운(fortuna)도 중요한 것이다. 선거승리를 위해서 가장 중요한 것은 대항마를 누구로 세울 것인가 하는 문제이다. 이것이 선거승패의 거의 모든 것을 결정한다고 해도 과언이 아니다.

2) 구도 전략

선거결과는 선거구도에 크게 영향을 받는다. 다자구도(多者構圖, multi-person game)에서는 승리할 수 있지만, 양자구도(兩者構圖, two-person game)에서는 승리할 수 없는 경우가 비일비재하다. 선거과정에서 후보자들의 선거구도가 바뀌게 되면, 유권자들의 표심은 역시 변화된 경쟁구도하에서 후보자들에 대한 표심이 결정된다. 경쟁구도가 바뀌게 되면 득표가 증가할 것이 기대되는 후보자도 있고, 감소할 것이 예상되는 후보자도 있게 된다.

한국의 대통령선거는 다자구도의 형식을 보이지만, 거의 양자구도로 기능하게 된다. 이것은 유권자들의 '사표방지(死票防止) 심리 및 큰 것을 중심으로 뭉쳐서 진영대결을 벌이는 정치문화와 무관하지 않다. 1960년대 이후 1987년 체제 이전의 한국민주화과정에서도 여당을 중심으로 한 '산업화세력'과 '민주화세력'의 대결구도 속에서, 야당세력은 '제1야당'을 중심으로 단합하며 산업화세력에 대항했었다. 민주화세력으로서의 야당이 여러 개로 분열하여 선거를 치루면 거대 여당을 상대할 수 없는 것이다.

선거경쟁구도는 선거초기에 다자구도로 시작하지만 후보들간에 '단일화'(單一化)를 통해서 3~4명 내지 양자경쟁구도로 가게 되는 경우도 있다.[163]

선거승리에 있어서 대항마 옹립(擁立)의 중요성을 보았지만, 대항마를 세우는 전략은 후보들간의 단일화를 통해서도 이루어진다. 선거경쟁 후보자들간에 '단일화' 전략은 선거도중에 예상되는 선거결과의 유불리를 역전시키거나, 박빙의 승부하에서 유리한 상황을 고착시키기 위해서 선거구도를 인위적으로 바꾸는 노력을 말한다. "뭉치면 살고, 흩어지면 죽는다"라는 경구는 선거경쟁에서 검증된 경험적 사실로, 단일화 전략은 선거승리를 위한 필승전략 중의 하나이다. 후보자간 단일화전략으로 유리한 상태가 발생한다는 것은, 다자구도하에서 유리한 후보자도 있음을 의미한다. 후보자의 입장에 따라서, 선거승리에 자신의 '단일화전략'이 유리할 수도 있고, 상대후보들간의 '분할전략'이 유리할 수도 있다.[164]

단일화전략끼리 부딪힐 가능성도 있는데, 성사되는 쪽이 승리할 가능성이 높아짐은 물론이다. 2022년 대통령선거에서 윤석열후보와 이재명후보는 0.73%의 차이로 승패가 갈렸다. 윤석열후보는 투표일 직전에 안철수후보와

162 이렇게 본다면, 인물 개인이 자신의 업적과 시대상황을 연결시킬 수 있는 그 시대상황을 기다리는 것이 현실일 것이다. 타이밍은 중요한 요소이다. 정치인의 주요 덕목은 때를 기다릴 줄 아는 것이다. 때가 올 때까지 참고 기다린다는 것은 훌륭한 정치인의 주요 덕목들 중의 으뜸 가는 것이다. 사회생활을 통해서 능력을 배양하고, 신념을 가다듬으면서, 주위의 많은 사람들이 인정할 수 있는 일정 수준의 경력을 바탕으로 하는 것이 정치이다. 특별한 인연으로 정치계에 들어와서 하는 것이 정치가 아니다. 그런 일이 가끔 벌어질 수는 있을 것이다. 분명한 것은 정치는 국민들의 민생복리(民生福利)를 위해서 국가대사(國家大事)에 직·간접적으로 관련된 정책들을 논하고 결정하는 일을 담임한다. 아무나 할 수 있는 것이 아니며, 아무나 해서도 안된다. 정당은 바람직한 정치충원제도를 개발하는 것이 시급하다.

163 후보들간의 단일화가 과연 지지자들의 단일화로 이어질런지, 아니면, 또 다른 후보로 지지세력이 전이될 것인지의 문제는 남을 것이다. 도묘연. (2014). 6.4 지방선거 선거연합의 특성: 광주, 부산, 울산 광역자치단체장 선거연합을 사례로. *의정연구,* 20(2), 39–76.

164 정병기. (2014). 선거연합 연구의 한계 검토와 재분류 및 일반 이론 구성을 위한 메타 이론적 시론(試論). *한국정치연구,* 23(1), 51–74.

의 단일화를 성사시켰고, 해당 단일화의 성사로 선거에 승리할 수 있었다. 역으로 이재명후보도 진보진영 단일화를 성사시켰다면, 이야기는 달라졌을 것이다. 당시 심상정 후보가 3%정도를 얻었는데, 해당 득표는 0.73%와 비교하여 충분히 큰 숫자이다. 결론적으로, 보수-중도연합이 진보에 이긴 것인데, 만약 보수-중도연합(윤석열-안철수)과 진보연합(이재명-심상정)으로 연합 대 연합, 후보단일화 대 후보단일화의 구도였다면 또 다른 결과도 가능했을 것이다. 악셀로드는 정치적연합의 성사에 관한 경험적 연구에서 정치연합의 성사가 이념적으로 근접한 상황에서만 일어나지만, 이념적으로 먼 경우에도 세력을 크게 할 수 있다면 연합이 일어나게 된다고 하였다.[165]

거의 모든 선거는 다자구도로 치러진다. 하지만, 선거승리라는 관점에서만 보자면, 다자구도의 의미를 확대해석해서는 안 된다. 형식적으로만 다자구도일 뿐이지, 득표에 영향력을 지니고, 선거결과에 영향을 미치는 후보자들은 두 명 내지는 많아야 세 명인 경우가 대부분이다. 현실세계의 선거구도는 상당수의 경우에 형식적으로는 다자구도이지만, 실질적 기능은 양자구도라고 할 수 있는 것이다. 다자게임에는 3종류가 있다.

(1) 양자게임에서의 제3후보가 있는 경우, 다자게임이라고 이야기 할 수 있지만, 사실상 양자게임구도를 이룬다. 1987년 체제이후에 형성되는 '삼김구도'(三金構圖)를 보면, 김영삼, 김대중에 비해서 김종필은 제3의 후보의 입지에 있었던 정치인이다. 따라서, 세력싸움의 커다란 줄기는 김영삼, 김대중 '양김씨'(兩金氏)를 중심으로 형성되었다. 1996년 국회의원선거에서 김종필의 '자유민주연합'은 33석을 얻어서 의회에서 캐스팅보트의 능력을 확보한 정당이 된다.[166] 기존의 양당정치에 불신이 팽배한 경우 유권자들은 정치권에 대한 불신을 기반으로 제3지대(또는 중도정치)가 고개를 들곤 했다. 1987년 6공화국 출범이후의 한국정치사를 보면 '제3지대'의 문제는 사실상 특정

시기의 특정한 현상이라기보다 지속적으로 이어져 왔다.

제3의 후보라는 것을 좀 더 포괄적 의미에서 해석할 필요도 있다. 기존의 양대 정당의 정치인 출신이 아닌 인물들은 나중에 기존 정당에 포섭되건, 그렇지 않건 포괄적 의미에서 '제3후보'의 성격이 있다고 보면 된다. 현대그룹회장으로서 경제인 출신이었던 정주영 후보나 신정치개혁당의 박찬종 후보도 제3후보군으로 분류된다.[167] 2002년 대선과정에서 국민통합21 정몽준 후보도 제3후보였는데, 결국, 여당의 노무현후보와 단일화를 한다.[168] 2007

165 Axelord, R. (1970). *Conflict of Interest: A Theory of Divergent Goals with Applications to Politics.* Markham.

166 이갑윤. (1998). 한국의 선거와 지역주의. 오름. 김영삼, 김대중, 김종필 세 김씨에 의한 '삼김구도'는 영남, 호남, 충청이란 지역구도의 성격이 기본이었다. 세 김씨는 각각 영남, 호남, 충청지역의 정치맹주인 셈이며, 선거정치 속에서 해당 지역 유권자들은 자신의 지역적 맹주를 밀어주게 된다. 이른바 출신연고의 정치인을 지지하는 '지역주의'인데, 대통령제가 한국정치과정에서 지역구도를 강화시킨다는 연구가 있다.

167 제3세력으로서의 정주영과 박찬종 후보와 상대 후보들의 지지성향은 다음과 같다. 제3세력이 둘로 나뉘어 있었는데, 두 후보의 지지율을 합하면 대략 15%에서 20% 사이에서 형성되고 있음을 알 수 있다.

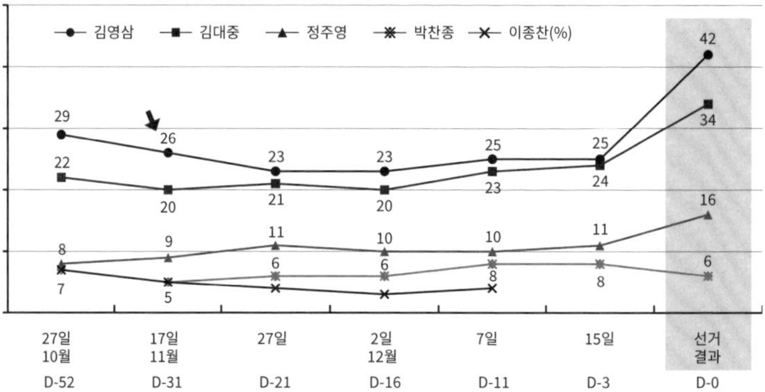

출처: 한국갤럽. (2012). 한국갤럽 역대 대선 여론조사 추이와 제18대 대선. 한국갤럽조사연구소, p.3.

년 고건 국무총리도 정치인이 아닌 직업공무원 출신이었는데, 대선을 앞두고 유력한 제3후보의 성격을 띠고 있었지만, 결국 뜻을 접었다.[169] 창조한국당 문국현 후보도 득표율 5.8%에 그쳤지만 중도세력의 제3의 후보였다.[170] 가장 최근의 예로는 안철수후보가 제3후보의 예가 된다. 2012년에 '안철수신드롬'을 만들면서 '제3의 후보'였으나, 민주당의 문재인 후보와 단일화를 추구하면서 소위 '단일화 트랩'에 걸려서 사실상 후보를 사퇴하게 된다.[171] 안철수의 '국민의당'은 2022년 대선에서 윤석열 후보의 '국민의힘'과 당을 통합하게 된다. 2022년 대선을 앞두고서 2021년 8월에 문재인 정부에서 부총리겸 기획재정부 장관을 지낸 김동연 후보가 제3지대 후보로서 대선 완주를 선언했으나, 지지율의 수준을 볼 때 선거를 완주할 수 있는 상황이 아니었다. 결국 많은 사람들의 예측대로 이재명 후보와 통합한다. 하지만, 당시 여러 가지 지지율의 추이를 볼 때, 이재명-김동연의 단일화는 그다지 관심을 받는 단일화는 아니었다. 결과론적으로, 이재명 후보는 심상정 후보와 단일화를 이끌어내지 못했다.

앞서, 과두적 정치시장의 내용에서 보았듯이, 거대양당구조하에서 제3지대가 정치세력을 획득하는 것은 쉽지 않은 일이다. 그런대로 선거정치에서 영향력을 발휘하는 것은 전국단일광역구의 선거로 치러지는 대통령선거과정에서나 어느 정도 그 효과를 기대할 수 있을 것이다.[172] 대통령선거가 국회의원들의 지역구 조직들을 활용하는 것이 현실인 상황에서 지역구 의원들이 거의 없다시피한 단순다수-1인선거구제하에서 제3지대의 대통령후보자가 당선되는 것은 쉽지 않은 일이다. 단, 절대적인 인물효과로서 선거돌풍을 일으킬만한 인물이라면, 양대정당에 대한 정치혐오감의 수준이 높은 곳에선 불가능한 일은 아니다.

(2) 현실 정치과정에서 큰 규모의 선거에서 양자가 경합을 벌이는 경우가

168 후보단일화의 방법은 단순하지 않았으며, 후유증을 남겼다. 노무현 후보로 단일화된 이후에 정몽준후보가 선거일 직전에 연합의 파기를 선언한 것이다. 2002년 17대 대통령선거에서 노무현 후보의 선거캠프와 정몽준 후보의 선거캠프는 후보단일화를 위하여 1회 TV토론 후에 여론조사를 하기로 합의하였다. 단일화의 이유는 두 후보가 연합하지 않고는 야당후보인 이회창 후보에 대해서 승리하기 어렵다는 판단 때문이었다. 문제는 여론조사를 할 때 한나라당 이회창후보를 지지하는 사람들의 '역선택' 문제였다. 이회창 후보의 지지자들은 대선경쟁에서 오히려 자신에게 약한 후보자를 선택할 수 있다는 것인다. 그래서 설문항목을 만들고 합의하는데 어려움을 겪었다. 노무현 후보측은 "이회창 후보에 대항할 후보"라는 문구를 선호했고, 정몽준 후보측은 "이회창 후보에게 경쟁력 있는 후보"라는 문구를 선호했다. 결국, "한나라당 이회창 후보와 경쟁할 단일후보로 노무현 후보와 정몽준 후보 중 누구를 지지하십니까?"로 실시하기로 했고, 이회창 후보의 역선택을 막기 위해서 두 가지 선택을 했다. 첫째, 설문조사는 이회창 후보 지지자들을 제외하고 실시하기로 했다. 둘째, 역선택을 방지하는 방안으로 여론조사에서 나온 이회창 후보 지지율이 가장 최근의 조사 결과 지지율 최저치(30.4%)를 밑돌 경우 해당 조사 결과를 무효화하기로 합의했다. 여론조사시간대도 직장인 지지층이 많은 노후보는 휴일을 주장했고 주부 지지층이 두터웠던 정후보는 평일 낮 시간대를 주장했다. 결국 토요일(11월 24일) 오후 3시에서 11시에 실시되었다. 2개 여론기관(월드리서치와 리서치앤리서치)이 전국 성인남녀 2천명(95%신뢰수준에서 2.1% 오차범위)을 대상으로 조사했고, 오차범위에 들어오더라도 승부를 인정하기로 했다. 리서치앤리서치의 조사결과는 노후보 46.8%, 정후보 42.2% (이후보 32.1%), 월드리서치의 조사결과는 노후보 38.8%, 정후보 37.0% (이후보 28.7%가 나왔는데 이것은 유효기준인 30.4%를 밑도는 기준)로 나왔다. 결국 리서치앤리서치의 결과로 노후보로 단일화되었다. 단일화가 어떤 분위기에서 진행되었는가를 알기위해선 단일화 이전에 후보자간의 지지율 추이를 볼 필요가 있다. 정몽준 후보와 노무현 후보의 지지율 추이는 다음과 같다.

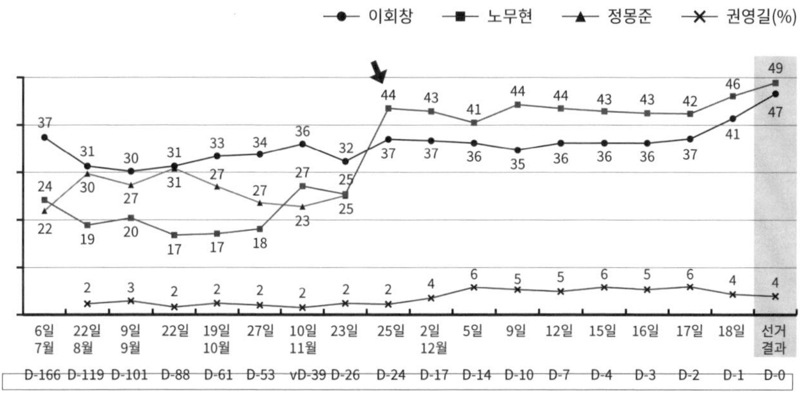

출처: 한국갤럽. (2012). 한국갤럽 역대 대선 여론조사 추이와 제18대 대선. 한국갤럽조사연구소, p.5.

다반사이고, 3자가 비등하게 나서는 경우는 거의 드물 것이다. 현실정치과정에서 발생하는 현상들을 보면, 3명의 후보가 어느 정도 바람을 일으키는 경우로서 양대 후보에게는 미치지 못하지만, 일정 수준 이상의 영향력을 지닌 세력을 형성하는 경우가 대세이다. 통일국민당 정주영 후보 (1992 대선에서 16.3%로 민자당의 김영삼 후보와 민주당 김대중 후보에게 뒤졌다)[173] 1997년 대선에서 국민신당의 이인제 후보는 19.2%를 득표하였다. 2017년 대선에서 안철수 후보는 23%를 득표하였다. 삼자구도에서 3자가 비등한 경우는 드물게 발생한다. 이것은 연합에 의해서 3자게임으로 정리된 경우도 있고, 시작단계에서부터 순수하게 3자게임인 경우도 있다. 1명의 두드러진 후보만 존재하고 나머지 후보들이 난립하는 경우도 있고, 모든 후보들이 비등하게 난립하는 경우도 있다. 단, 2명의 두드러진 후보가 존재하면서, 효과적인 제3의 후보가 없이 군소 후보들이 난립하는 경우에는, 단일화 과정에 상관없이 사실상 양자게임과 다름이 없을 수도 있다.

결론적으로, 효과적인 제3의 후보가 있고 없음에 따라서, 선거경쟁과정에서의 내용과 선거결과는 달라진다. 2012년의 선거에서 박근혜-문재인-안철수가 출사표를 던졌는데, 안철수 후보가 문재인 후보와의 단일화 과정에서 후보를 사퇴하게 되어, 결과적으로 박근혜-문재인 양자구도가 형성되었다. 문재인-안철수 양 후보가 합동유세를 벌이기도 했지만, 소위 정치인들의 용어를 빌리자면, '화학적 결합'은 없었으며 '물리적 결합'의 수준에 머물렀다. 당시 안철수 후보는 조기(早期)에 '단일화프레임'에 걸려들고, 무기력함을 느끼면서 후보 조기사퇴로 귀결되었다. 결국, 대중들로부터(특히 '제3세력'들로부터) 신선한 과학자의 이미지를 통한 자신의 폭발적인 인기와 기대를 포기하게 되었다. 선거를 성공적으로 치루기 위해서는 정당조직의 뒷받침이 그만큼 중요한 이유가 된다. 개인 안철수가 민주당 조직의 도움을 받는 문재인 후보와 성급한 단일화를 시도한 것이다. 더 선거막판에 이르러서

169 당시 고건 후보에 대한 여론조사 지지율 추이

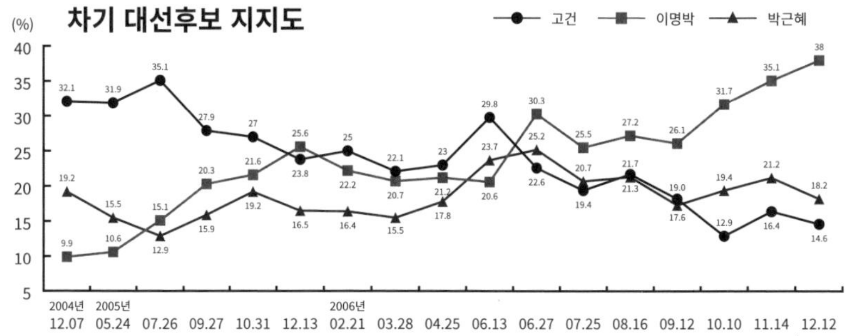

출처: KSOI. (2007). 스페셜리포트: 개헌정국에 대한 여론 분석 및 향후 전망. 한국사회여론연구소, p.29.

170 제3후보로서 문국현 후보의 상대적 지지율을 보면 다음과 같다. 문국현 후보와 이명박 후보는 모두 경제인 출신이었다.

"올해 12월에는 대통령 선거가 있는데요,귀하는 누가 다음 번 대통령이 되는 것이 좋다고 생각하십니까?
('없음/모름'인 경우) 그럼, 누구에게 조금이라도 더 호감이 가십니까?"

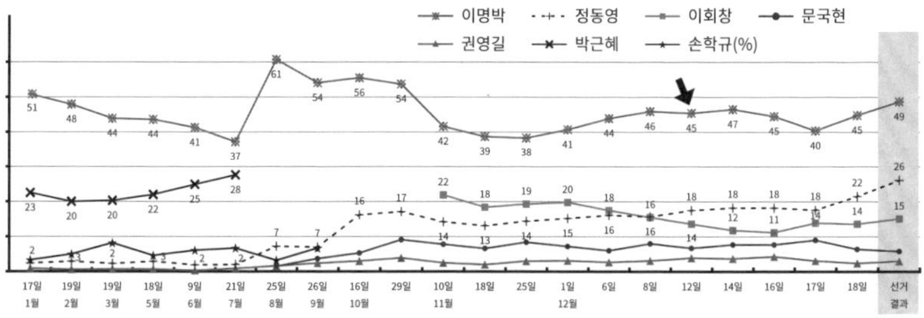

출처: 한국갤럽. (2012). 한국갤럽 역대 대선 여론조사 추이와 제18대 대선. 한국갤럽조사연구소, p.6.

171 제3후보로서 안철수 후보의 상대적 지지율 추이는 다음과 같다.

"올해 12월에는 대통령 선거가 있는데요,귀하는 누가 다음 번 대통령이 되는 것이 좋다고 생각하십니까?
('없음/모름'인 경우) 그럼, 누구에게 조금이라도 더 호감이 가십니까?"

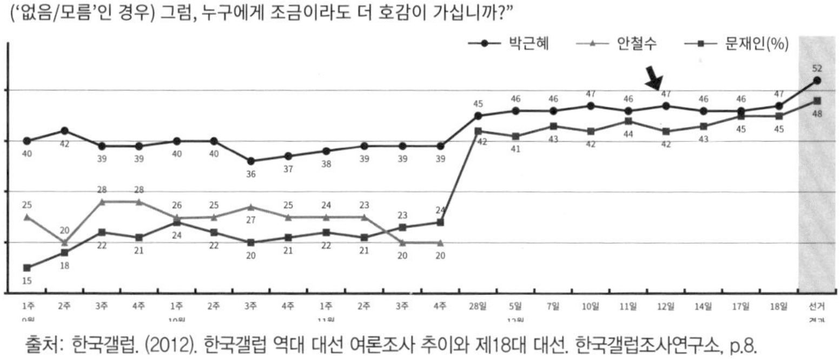

출처: 한국갤럽. (2012). 한국갤럽 역대 대선 여론조사 추이와 제18대 대선. 한국갤럽조사연구소, p.8.

두 후보간의 대중적 지지율의 추이를 보면서 단일화가 이루어졌다면, 안철수 후보가 유리했다는 시각이 있다. 달리 표현하면, 민주당이 선거승리를 위해서 여론의 추이를 보면서 안철수 후보를 선택했을 수도 있다는 가정이다. 그리고 박근혜-안철수의 양자구도로 갔을 때, 이념적 포괄성으로 볼 때, 안철수의 득표수는 문재인의 득표수를 상회하였을 가능성이 크다고 본다.

(3) 다수의 후보가 난립하는 경우이다. 물론 이 경우에도 다수의 후보가 난립하는 선거구도를 선거과정 내내 유지하는 경우는 드물다. 2017년 박근혜대통령탄핵이후 4월의 대통령선거에서 5명의 후보자(군소후보들은 제외)가 경합한 적이 있다: 문재인, 홍준표, 안철수, 유승민, 심상정. 해당 선거에서 특이점은 홍준표와 안철수의 득표 차이가 적었다는 것이다. 두 후보의 연합은 또 다른 선거 결과를 상상하게 한다.[174] 물론 여기에 유승민 후보의 표까지 합하는 상상도 할 수 있다. 다수의 후보가 난립하는 경우에는 특히 경쟁하는 후보를 '견제'하기 위해서 '보호'하는 후보가 있을 수 있다는 점이다, 소위 '보호와 견제'라는 전략이다.

후보자 단일화가 후보들의 입지를 강화시켜주기도 하지만, 특정 선거상황의 구도상 상대방에게는 분열전략이 더 유효한 경우도 있다.[175] 김대중후보는 DJP연합으로 지역연합을 형성하여 득표확대전략으로 가면서도, 이회창후보와 이인제후보의 단일화전략은 막아야 했을 것이다.[176] 문제는 후보지지율 상황에서 1등하는 후보가 2등과 3등의 후보의 단일화를 막는 상황과, 2등하는 후보가 1등과 3등 후보의 단일화를 막는 상황은 다르다는 것이다. 2등하는 후보가 1등 후보를 견제하지 않고, 그냥 놔두어서 오히려 1등과 3등이 경쟁하게 하는 것이다. 선거전략은 선거과정에서 세우는 것이며, 선거결과가 나온 이후에 선거전략을 세우는 것이 아니다. 선거과정에서는 자당, 경쟁 정당, 외부 여론조사 기관들이 모두 여론조사를 한다.[177] 1997년 8월에서 9

월 사이에 조사한 후보자 호감도 조사의 순위는 이인제-김대중-이회창의 순서였다.[178] 이런 상황에서 김대중 후보의 이인제 후보에 대한 견제전략이 나

172 국회의원선거나 지방선거의 소지역단위에서는 제3의 후보가 득세하는 것은 어렵다. 득세하는 상황이 있다고 하더라도, 특정 지역에서 현직자가 정당공천을 받지 못해 무소속으로 출마한 경우이다. 이런 경우는 엄격한 의미에서 제3의 후보는 아니다.

173 통일국민당 정주영 후보는 1992년 대선에서 16.3%로 민자당의 김영삼 후보와 민주당 김대중 후보에게 뒤졌다. 이 당시 선거과정에서 정주영 후보의 지지율 추이는 다음과 같다.

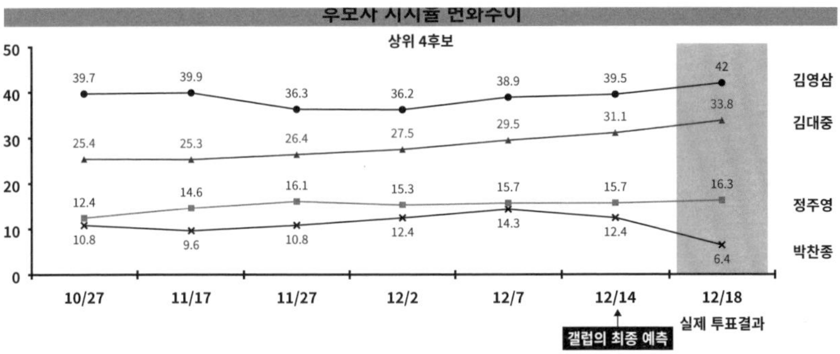

출처: 한국갤럽. (1993). *갤럽리포트 1993년 1·2월(통권 제5호)*. 한국갤럽조사연구소, p.4.

174 [2017년 제19대 대통령선거 득표율]은 다음과 같다. 더불어민주당 문재인: 41.08% / 자유한국당 홍준표: 24.03% / 국민의당 안철수: 21.41% / 바른정당 유승민: 6.76% / 정의당 심상정: 6.17% (출처: 중앙선거관리위원회 선거통계시스템)

175 여기서의 분열전략이란 적극적인 실천프로그램으로서의 분열전략과는 다르다. 상대방 후보들끼리 반목하는 것은 그들의 문제로서 자신이 관여할 문제는 아니라는 것이다. '이간계'(離間界)라는 전략과는 구분된다는 의미이다. 이간계는 본인이 적극적으로 상대방을 반목하게끔 만들기 위해서 이간책을 사용하는 것이다. 일반적인 전략서를 보면, 내부 분열은 집단보다 개인들을 내세우는 상황, 즉, 개인들의 욕심으로 부터 시작된다. 정치인들은 모두 자신의 존재감을 확인시키는 것이 가장 큰 행동의 동기가 된다. 태공망, & 황석공. (1972). *六韜 三略* (이상옥 역.). 河西出版社.

176 정병기. (2016). 한국 대선 선거 연합의 성격과 정당 체제적 요인. *대한정치학회보,* 24(3), 221-242.

177 해당 여론조사들이 정확하건, 정확하지 않건, 후보자들과 당직자들은 모두 그 시점에서의 여론조사결과들을 보면서 전략을 세우게 된다.

왔을 때, 오히려 내부에서 이인제를 견제하여 힘을 빼지 말고, 이인제 후보를 그대로 두어서 이회창 후보가 더 이상 올라오지 못하도록 한다는 것이다. 사실 두 후보는 같은 정당을 뿌리로 두었지만, 이인제 후보의 탈당으로 경쟁하는 상황이었다. 당연히 지지기반도 겹치는 성향이 강했다. 1997년 대선의 선거결과를 보면, 김대중(40.5%)-이회창(39%)의 양자대결구도에 이인제후보(18%)가 제3후보의 위치였다.[179] 결론적으로 선거를 3달 앞둔 시점에 호감도 2위의 김대중 후보의 입장에서 1위의 이인제 후보를 견제하지 않고, 그대로 둔 것은 이회창을 견제하기 위함이다. DJP연합만큼이나 선거승리에 기여한 전략일 것이다.

3) 확장전략, 빗장수비전략

누구에게나 '정체성'이란 것이 있다. 정체성은 당사자 본인이 규정(주관적으로 규정한 정체성)할 수도 있지만, 주위의 사람들의 평가(객관적으로 규정된 정체성)에 근거한다. 선거경쟁에서 후보자들은 일종의 정체성을 지니게 된다. 앞서 말한 이미지란 것이 그런 것이다. 주관적 정체성이건, 객관적 정체성이건, 정체성은 연역적으로 규정되는 것이라기보다는 귀납적으로 규정되는 성향이 강할 것이다. 즉, 그 사람이 살아온 역정을 통해서 정체성이 자리매김된다. 선거전략으로 후보자가 자신의 정체성을 지키는 모습으로 유권자에게 어필하기 위해서 다른 잡것들과 섞이지 않는 '빗장수비'의 모습을 보일 것인지, 아니면, 정체성을 무너뜨리면서 '확장'해 나갈 것인지의 문제가 있다.

후보자들의 정체성이란 것은 반드시 이념적인 것은 아니다. "원칙주의자", "대쪽", "두주불사형" 이런 것이 일상생활 속에서 유권자들에게 다가오는 후보자의 정체성이다. 1997년 대선정국에서 이회창 후보는 빗장수비전략으로 낭패를 보았다. 이회창 후보는 정치인 김종필과의 정치적 제휴를 맺게 되면, 자신의 원칙주의자 이미지에 해가 될 것으로 생각했을 것이다. 선거 여론도 이회창후보는 김대중후보보다 유리한 위치에 있었다. 이인제 후보도 마찬가지이다. 당시 이인제 후보와도 강대강 대결을 고수했다. "원칙대로

178 이영작. (2001). *대통령선거전략 보고서: 97 김대중 대통령만들기.* 나남, pp. 512–515.

179 [1997년 제15대 대통령선거 득표율]은 다음과 같다. 새정치국민회의 김대중 후보: 40.27%, 한나라당 이회창 후보: 38.74%, 국민신당 이인제 후보: 19.20% (출처: 중앙선거관리위원회 선거통계시스템). 앞서 특정 선거캠프에서 조사한 자료들에 의하면 해당 선거에서 이인제후보는 '호감도'에서 압도적 우위를 보였어도 최종득표율에서는 3위였다.

〈표 3〉 호감도의 변화 (%)

	1997년 3월(수도권)			1997년 8월 4일 (전국)			1997년 9월 24일 (전국)		
	호감이 간다	호감이 안간다	잘 모르겠다	호감이 간다	호감이 안간다	잘 모르겠다	호감이 간다	호감이 안간다	잘 모르겠다
이회창	48.5	23.3	28.2	36.3	37.1	26.5	24.4	54.9	20.7
김대중	30.3	54.8	14.9	40.0	40.5	19.6	40.5	41.7	17.8
김종필	20.2	59.1	20.7	26.3	47.9	25.8	12.9	66.6	20.5
조순	69.2	14.9	15.9	53.4	22.5	24.1	32.2	44.1	23.6
이인제	조사안했음			56.3	19.6	24.0	46.1	36.2	17.6
박찬종	55.1	27.2	17.7	31.8	45.3	23.0	조사안했음		

이러한 편차는 유권자들의 '당선가능성'을 생각한 투표행태의 가능성이 크다는 점이다. 특히 양대 정당의 표대결 구도로 가는 경우, 제3의 후보의 득표에 대한 입지는 난망하다. 이회창 후보의 입장에서 보자면, 이인제후보와 표가 나뉘게 된 것이 가장 큰 선거패인이다. 이영작. (2001). *대통령선거전략 보고서: 97 김대중 대통령만들기.* 나남, p. 515.

최병묵 기자. (1997, 10월 27일). 2위 굳히는 이인제. *조선일보.*
https://newslibrary.naver.com/viewer/index.naver?articleId=1997102700239103002&editNo=1&printCount=1&publishDate=1997-10-27&officeId=00023&pageNo=3&printNo=23865&publishType=00010

미상. (1997, 10월 28일). 김대중 32.3–이인제 21.8% 서울방송 지지도 조사. *한겨레.*
https://newslibrary.naver.com/viewer/index.naver?articleId=1997102800289105010&editNo=6&printCount=1&publishDate=1997-10-28&officeId=00028&pageNo=5&printNo=3020&publishType=00010

박창식 기자. (1997, 10월 29일). 김대중 "응집력" 이인제 "잠재력". *한겨레.*
https://newslibrary.naver.com/viewer/index.naver?articleId=1997102900289106005&editNo=6&printCount=1&publishDate=1997-10-29&officeId=00028&pageNo=6&printNo=3021&publishType=00010

하자. 막후에서 거래하고, 타협하고, 이런 것들은 원칙에 맞지 않는다. 그렇지 않은가. 선거는 모든 사람이 나와서 유권자들이 판단을 얻으면 되는 것이다" 결과는 선거패배다. 정체성을 넘어서서 상대방을 끌어안고 확장할 것인가? 아니며, 원칙을 지키면서 빗장수비로 자신의 정체성의 테두리를 지킬 것인가?

이를테면, 이런 것이다. 김영삼의 '삼당합당'이나 김대중의 'DJP연합'은 모두 확장전략의 일환이었다면, 이회창 후보의 김종필과의 연합에 대한 거부는 '빗장수비전략'이라고 할 수 있다. DJP연합은 이회창과 김종필의 연대가 불발된 이후에 성사된 것이다. 이 선거에서 김대중 후보는 이회창 후보를 이기고 대통령에 당선된다.

제3의 후보가 거대 양당후보와 맞서서 바람을 몰고 온다는 것은 거대 양당후보에 대한 '양비론'(兩非論)이 팽배할 경우이다. 선거과정에서 유권자인식조사에서 '후보지지도'와는 별도로 '당선가능성'을 조사한다. 양비론하에서도 제3후보는 여전히 불리하다. 유권자들은 '양쪽 모두 마음에 안 든다'는 심리와는 별도로 '당선가능성'을 상정한 '사표방지심리'라는 투표행태를 갖고 있다.[180] 가능하면 자신의 표가 당선자의 표로 기록될 때, 대리만족의 감정이 극대화 될 것이다. 이것은 유권자에게 중요한 심리적 차원의 '비도구적이익'(non-instrumental benefit)이다.[181] 제3후보를 지지하는 유권자라고 하더라도, 그 지지정도가 그다지 강한 경우가 아니라며, 거대 양당의 두 후보자가 박빙의 승부를 펼치는 상황에선, 두 명의 후보자 중에서 한 명에게 투표하는 것을 기대해 볼 수도 있다. 소위, 두 후보의 승부를 결정하는데 '내 한 표의 가치'가 크기 때문에 심리적 이익이 발생한다.

후보자들 간의 단일화는 반드시 성사되는 것은 아니다.[182] 특히 상당한 격차로 1위를 달리는 후보자의 입장에서는 '원칙'을 강조하며, 소위 '수비전략'을 쓰게 되는 것이 인지상정일 것이다. 오히려 번잡한 세력들을 포함시켜서 또 다른 비판에 노출될 수도 있기 때문이다.[183] 하지만, 선거경쟁이란 것은 역시 세력확장이 유리한 듯하다. 단순히 지지세력 관리에만 힘을 쓰는 전략은 선거승리를 보장하는데 위험하다.

상당한 격차로 앞서있는 제1의 후보가 단일화에 신경을 쓰는 것은, 후보단일화 전략이란 세력확장을 위한 발판전략이 되기 때문이다. 정치연합도 마찬가지이다. '3당합당'은 노태우, 김종필 측에서 김대중에게 먼저 제안한 것으로 알려지고 있다. 김대중이 3당합당을 받지 않았고 김영삼이 3당합당 제안을 받아들이면서, 노태우-김종필-김영삼의 3당합당이 성사된 것이다. 3당합당의 목표는 선거승리연합의 구성이었으며, 그 성격은 이념적으로 이웃한 정당들간의 연합이면서도, 이념적으로 가장 우측에 있었던 김종필이 중간자역할을 한 연합이었다.[184]

선거과정에서의 후보단일화전략이라든지, 아니면, 평상시에 정치연합전

180 김용호. (2009). 유권자 선거판세인식과 전략투표행동에 대한 매체이용 효과의 탐색적 연구. *언론과학연구,* 9(2), 243–280; 강신구. (2018). 전략적 동기와 투표선택: 2018년 제19대 대통령 선거를 중심으로. *미래정치연구,* 8(1), 5–34.

181 Stokes, D. E. (1963). Spatial Models of Party Competition. ***American Political Science Review,*** 57(2), 368-77; Stokes, D. (1967). Parties and the Nationalization of Electoral Forces. In W. Chambers, & W. Burnham (Eds.), ***The American Party Systems: Stages of Political Development.*** Oxford University Press.

182 손성민, & 김준석. (2012). 후보 단일화 그리고 '권력나누기'의 메커니즘: 한국 대통령 선거 연합 형성의 신호게임(Signaling Game) 접근. *한국정당학회보,* 11(1), 113–138.

183 김정훈. (2013). 18대 대선의 의미와 진보의 재구성: 파국적 균형을 넘어서. *경제와사회,* 97, 121–154.

184 통념상, 이념적 연합에서 중간자 역할은 이념적으로 중간에 위치한 정당의 지도자가 하게 된다. 3당합당이 성사되는 당시에는 '보수'와 '진보'의 대결구도를 상정한 이념연합은 아니었고, 지역기반을 중심으로, 경북 노태우, 경남 김영삼, 충청 김종필의 지역연합을 통한 선거승리연합의 의미가 강했다. 하지만, 1993년 김영삼의 대권이후, 1997년 김대중이 대권

략은 그 이전과 비교하여 그 이후에 세력의 규모가 커지는 것을 전제로 한다. 정치인들끼리의 단일화와 연합이란 것이 항상 지지세력으로서 유권자들 사이의 단일화나 연합을 의미하는 것은 아니기 때문이다. 후보자나 정치인의 지지세력이 아니어도 '잠재적 지지층'이 함께 존재하는데, 단일화나 연합 이후에 해당 잠재적 지지층이 빠져나갈 수도 있다. 여기서 잠재적 지지층은 대략적으로, '부동층'(浮動層, floating voters)이라고 보는데 무리가 없을 것이다. '부동표'는 통념상 이념적으로 중간에 위치한다는 점에서, 좌–우 양대 정당에 대한 '양비론적(兩非論的)' 입장에 있는 제3지대 중도층이라고 인식할 수도 있지만,[185] 특히 투표행태와 연관지어 생각할 적에는 '스윙보터'(swing voter)의 투표행태를 지닌 유권자들이라고 인식해 볼 수 있다. 일정 수준 세력을 형성한 중도정당이 기관으로서 존재하지 않는 상황에선, 유권자들이 양대 정당을 오가면서 투표를 할 수 있기 때문이다. 이것은 '사표방지심리'와 연계할 때 설득력을 지닌다. 현실적으로도, 이념적으로 중간에 위치하기에 좌파, 우파를 오가면서 지지하는 것이 가능할 것이다. 양대정당을 혐오하는 소위 '순수 부동층'이 별도로 존재한다는 관념과 이를 뒷받침하는 경험적 증거도 있지만, 부동층을 투표행태와 연관하여 생각하면, 지난 선거에서는 X당, 이번 선거에서는 Y당, 다음 선거에서는 Z당으로 후보자 및 정책, 또는 시대정신에 따라서 정당지지를 옮기는 경우를 말한다. 한국의 경우 부동층 유권자는 거대 양당에 대해서 양비론적 시각에 있으면서도, 투표를 할 때에는 시의성(時義性)의 맥락에서 후보자의 호감도와 당선가능성을 생각하면서 스윙보터로서 기능할 개연성이 크다.[186]

양당에 대한 양비론에 근거한 부동층(또는 중도파)이라고는 하지만, 부동층도 세분화하면, 좌파친화적 부동층이 있고, 우파친화적 부동층이 있고, 순수 부동층이 있을 것이다.[187] 중도층은 당파성이 약하다는 것이지, 당파성의 개념이 없다거나 당파성에서 자유로운 순수한 자유인이라고 해석하기는 어렵다고 본다. 사실, 중도파는 하나의 이슈에 대해서 중도적인 입장이어서 중도파인 것이 아니다. 정치적 이슈 경쟁에서는 어떤 특정한 이슈를 중심으로 찬성이냐 반대냐의 성격이 강하다. 정체성이 없이 이도 저도 아닌 중간지대는 오히려 유권자들에게 어필하기 어렵다. 하지만, 후보자는 그가 관여하는 여러 가지 이슈들을 종합하여 유권자들의 종합적 판단 속에 머무르는 경우, 정체성의 모호함이 주는 정치인으로서의 매력상실을 피하면서 중도층에

을 잡으면서, '보수'-'진보'의 정치경쟁구도가 형성된다. 이후, 2003년에 노무현이 대권을 잡으면서 한국정치과정에 보수-진보의 정치대결구도가 정착된다. 이론 차원에서 정당이나 후보들 사이의 연합(聯合, coalition)은 크게 6가지 정도로 구분된다. 정당연합이론은 크게 6가지로 대별된다. 정당연합의 종류로는 ㉠'최소승자연합'(Minimum Winning Coalition: 연합으로 의석수의 50%를 넘기는 연합형태들을 망라함), ㉡'최소크기연합'(Minimum Size Coalition: 의석수의 50%를 넘기지만 불필요하게 많이 넘기지 않고 가장 가까스로 50%를 넘기는 연합형태); ㉢'최소행위자연합'(Smallest Number of Actor Coalition: 두 정당의 연합으로 50%를 넘기는 경우); ㉣'최소범위연합'(Minimun Range Coalition: 정당간 이데올로기의 범위를 최소화하되, 필연적으로 의석수를 50%가 넘도록 하는 연합); ㉤'최소범위연결연합'(Minimun Range Connected Coalition: 50%를 넘기되 이데올로기적으로 중간자 역할의 현실적 필요성을 강조하는 연합); ㉥'최소승자연결연합'[Minimal Connected Winning Coalition: 연합의 중간매개자를 가장 강조하면서 50%를 넘어서 다다익선(多多益善)의 관점에서 접근한 연합]. 구체적인 숫자를 통한 논의는 진영재. (2000). '유효정당수'(Effective Number of Parties) 계산법의 문제점: 정당연합이론을 중심으로. *한국정치학회보,* 33(4), 327-341, pp. 334-338; 진영재. (2020). *정당정치의 진화.* 연세대학교 대학출판문화원, p. 265.

185 중위투표자(median voters)의 다수파, 소수파와의 관계, 사이클 패러독스에 관한 문제와 실례는 Hirshleifer, J., Glazer, A., & Hirshleifer, D. (2005). *Price theory and applications: decisions, markets, and information.* Cambridge University Press, pp. 245-250.

186 조성대. (2018). 스윙 투표자의 특징과 투표 행태에 관한 연구: 2018년 6.13 지방선거 사례. *한국정치학회보,* 52(5), 31-56.

187 장승진. (2015). 한국 유권자의 정당일체감과 투표행태: 정당 편향 유권자(partisan leaners)의 특성과 투표선택을 중심으로. *한국정치연구*, 24(2), 25-52.

머무를 수는 있다.[188] 예를 들어, 좌파 진보 후보자가 유권자들의 기대가치가 분명한 이슈 몇 개에서는 진보의 입장을 취하면서도, 또 다른 주요한 이슈에서는 오히려 우파적 입장도 유연성 있게 취하면서, 전체적으로 '중도파'의 이미지를 얻는 것이다.[189] 유권자들을 상대로 가장 중요한 선거 이슈를 통해서 그 밖의 여러 가지 이슈들이나 사안들을 연결시키는 소위 '연환계'(連環計)적인 전략 속에서 중도적 이미지의 확보는 가능한 것이다.[190]

후보자의 선거전략으로 부동층을 바라본다면, 선거경쟁에서 고정 지지층의 규모에서 열세에 있는 후보에겐 득표확장을 통한 지지도를 관리할 수 있는 유권자층이 된다. 그런데, 후보의 득표를 위한 확장전략은, 일반적 의미에서 보자면, 과거를 회고할 때 아무래도 취하기 어려운 전략이다. 아무래도, 미래를 전망하면서 나오는 전략이다.

4) 유연전략, 포퓰리스트전략

선거정치에서 유연하다는 것은 과거의 관행에 얽매이지 않는 것과 함수관계에 있다. 선거전략에서 가장 필요한 것들 중의 하나가 후보자의 유연성(柔軟性, flexibility)일 것이다. '유연성'이란 것은 추상적이고, 또한 정도의 해석에서도 주관적 시각에 달린 문제이기 때문에, 그 기준점을 명확히 규정하기는 쉽지 않다. 선거정치에서 후보자의 선거전략과 연계하자면, "어떤 상황에도 대처할 수 있는 사고방식" 정도로 규정하는 것이 좋을 것이다. 예를 들면, 일반지식전문가(generalists)와 특화지식전문가(specialists)가의 구분이 있다. 이런 경우, 일반지식전문가는 모든 상황에 대해서 임기응변을 가지고 대처하는 인간형인 반면에, 특화지식전문가는 해당 주제와 내용에 특화된 맞춤형 인간을 말한다. 유연전략을 구사하기 위해선 일반지식전문가가 상대적으로 그런 입장을 취하기에 유리한 것으로 기대된다.

좌파정당이건, 우파정당이건 유연전략은 '중도층'이나 '부동층'의 흡수를 위한 것이며, 따라서, 대개 '중도층 공략'이나 '부동표 전략'과 일맥상통하는 부분이 많다. 보다 많은 득표가 목표인 후보자는 일종의 유연전략을 구사할 수 있을 때 선거경쟁에서 유리할 것이다. 반면에 후보자를 돕는 참모들은 분야별로 특별전문가들이 필요할 것이다. 막상 선거가 시작되면 후보자들은 선거승패를 위해서 정신없이 달릴 뿐이지, 다양한 사람들과 각종 사건들에

188 그래서, 후보자가 소속된 정당의 경쟁정당들에 대한 상대적 이념적 위치가 중요할 것이다. 중도정당의 후보자는 개인적인 이슈 파이팅과 상관없이 중도적 이미지를 부여받게 될 것이다.

189 위기관리능력이란 포괄적으로 예상치 못한 상황이 발생했을 때 (즉, 유동적 상황에 대한) 대처하는 능력이다. 상대방 후보들의 단일화로 인한 선거구도의 유동성, 다양한 사건, 사고의 발생으로 인한 유동적 선거상황 이후에 지지율의 하락을 막거나 올리는 것이 결국 위기관리능력이 된다. 이영작. (2001). *대통령선거전략 보고서: 97 김대중 대통령만들기*. 나남, pp. 523–533.

190 관념적으로는 그러한데, 한국선거과정에서 성공적인 중도 후보가 없었던 것을 보면 현실에서 이것을 실천해서 성공한 사람은 없는 듯하다. 미국선거사에선, 클린턴(Bill Clinton) 대통령을 '중도파'로 해석하기도 한다. 상대적 진보이면서도, 기능적 중도란 의미이다. 물론 중도파라는 시각은 자신이 그렇게 적극적으로 자신의 정체성을 규정하고 선전함으로써 얻어지는 효과도 크며, 단순히 다른 사람들의 평가만 기다린 결과는 아니다. 클린턴은 그의 일부 정책에서 중도우파로 이동하였다. 클린턴은 국민을 범죄에서 보호하고 생명을 구하는 것이 공적인 가치기준이라고 하면서, 범죄에 강경하고 총기를 구입하는 법을 통과시켜서 공화당의 가치를 사용했다. 클린턴은 자신을 '중도파', 밥 돌(Bob Doll)을 '위험한 보수파'로 선전하였다. 1996년 당시 미국유권자들의 정당일체감은 과거에 비해서 뚜렷이 감소하고 있었으며, 대략 중도파의 분포규모는 40%~50% 정도로 추산된다. 클린턴은 중도우파로 이동하여(즉, 중도파의 이미지를 이용하여) 분명한 이득을 보았다. 클린턴이 당선되었을 때 그의 선거정책들에 대한 평가를 보면, "미국 유권자들은 온건한 민주당 대통령이 온건한 공화당 정책을 끌고 나가도록 투표했다"라는 평가를 받았다. 후에 미국유권자들은 클린턴을 완전히 믿을 수 없어(인사에 대한 불만 등..) 하원에서 공화당에게 힘을 실어 견제세력의 역할을 하게끔 하였다. 심지어 하원의원선거에 패하면서 클린턴은 "나는 해방되고 있다"라고 말하면서 전통적인 민주당의 정책을 벗어나고 있음을 또 다른 기회로 이용하려는 속내를 드러내기도 했다. 이영작. (2001). *대통령선거전략 보고서: 97 김대중 대통령만들기*. 나남, pp. 175–178.

노출되면서 체계적인 사고방식 속에서 일관성있게 행동하기가 쉽지 않을 것이다. 선거승리가 가장 절실한 사람은 후보자 한 사람과 그 주위 조직의 식솔들일 것이다. 지지층마저도 그 후보자가 되면 좋고, 안돼도 할 수 없고 정도일 수 있다. 선거경쟁에서 후보자는 후보자 자신밖에 믿을 사람이 없다.

현실 선거과정에서 정당이나 후보자가 취하는 '유연전략'은 의외로 포퓰리스트 전략과 혼동될 수도 있다. 하지만, 두 가지는 명확히 구분된다. 인기영합적인 것은 정당의 정체성의 기준에서 파격적인 것을 제공하는 것과는 구분해야 한다.[191] 포퓰리즘의 무책임성과 유연전략의 책임성도 구분이 된다. 앞서서 언급된 '파격'이란 선거전략은 어떤 행위가 일반적인 기대치를 넘어설 때 체감된다. 좌파정당이 복지비를 삭감한다든지, 우파정당이 치안유지비, 방위비를 삭감한다던지, 그런 것들이 대표적인 예일 것이다. 하지만, 이런 범위라면, 선거전략적으로 중도확장전략 정도일 것이다. 물론, 포퓰리즘의 최종 판단의 관건은 '책임성'과 '무책임성'의 문제로 환원된다.

포퓰리스트 전략의 핵심은 권력의 획득이나 유지라는 목표를 위해서 '정치조작'(政治操作, political manipulation)을 수단으로 사용한다는 것이 핵심이다.[192] 정치조작의 내용의 대표적인 것이 피해자 코스프레이며, 대중들과 함께 핍박을 견딘다는 이미지를 도입하며 '퍼주기'를 한다. 포퓰리즘은 정치인 사적(私的)인 입지의 유리한 상황을 공적 차원에서 대중들을 설득하기 위한 미끼가 필요하기에 발생하며, 그 미끼는 일반적으로 무책임한 '퍼주기'라는 모습으로 나타난다.[193] 대표적인 예가 베네수엘라의 유고 차베스 대통령이었다. 총체적인 집행능력을 벗어난 '돈퍼주기 전략'은 '혹세무민'(惑世誣民)을 넘어서서 망국(亡國)에 이르는 길이다. 권력이 유지되어야 함을 설득하기 위해서 '퍼주기'는 일종의 미끼이다. 표면적으로 국가의 정상적인 운영은 내면적인 정치조작의 결과이다. 베네수엘라가 과거의 국가모습으로 돌아가려면 앞으로 반세기 이상이 걸리거나 아예 과거의 풍요로 돌아가지 못할런지도 모른다.

반면에, 유연전략이란 것의 극단은 일종의 '유체이탈전법'의 성격의 전략을 말한다.[194] 물론 유체이탈전법이란 것은 선거상황에서의 위기관리를 위한 유연전략이다. 선거경쟁에서 후보자의 위기는 후보의 당선가능성이 낮게 점쳐지는 순간들이다. 선거를 1년 앞둔 시점부터는 차기 후보자들의 당선가능성이나 인기도를 조사한다. 많은 경우, 선거일을 100일이상 앞 둔 시점에서의 후보자의 입지가 그대로 유지되는 경우가 드물다. 많은 과거의 사례들로부터 부정적 이미지가 덧씌어지는 경우를 막기 위해서 유체이탈이 필요할 수도 있고, 이것은 후보자들의 위기관리능력의 중요성을 말한다.

2021년 현 시점의 한국선거정치과정에서 소위 진보세력, 호남세력 등이 보수세력, 영남세력과 대등하게 세력을 형성하면서 양당체계의 형성과 지속의 골간이 되고 있다. 그런데, 이렇게 된 것은 김대중이라는 정치적 인물의 선거과정에서의 '위기관리능력' 덕택이라고 해도 과언이 아니다. 첫째, 1997년 대선과정에서 김대중 후보의 '위기관리능력', 그리고 둘째, 2002년 대선과정에서 김대중 후보의 또 다른 '위기관리능력'이 그것이다. 1997년 대선은 본인 자신이 대선후보로서 보였던 위기관리능력이고, 2002년 대선은 대선의 구도에서 새천년민주당의 정권재창출을 위한 후보지명과 관련된 것이다. 영

191 이영작. (2001). *대통령선거전략 보고서: 97 김대중 대통령만들기.* 나남, p. 400.

192 이 때, 포퓰리스트는 자신이 모든 희생을 감수하고 있다는 '피해자 코스프레'를 통해서 어려움에 처해있는 대중들 다수에게 동질감을 심어주려고 한다. Müller, J. W. (2017). ***What is populism?***. Penguin UK.

193 Müller, J. W. (2017). ***What is populism?***. Penguin UK.

194 고전적 전략서들은 이런 경우를 금선탈각[金蟬脫殼: 매미가 허물을 벗듯이 감쪽같이 몸을 빼 위기를 넘긴다]이라고들 한다. 유연전략에 관해서는 이영작. (2001). *대통령선거전략 보고서: 97 김대중 대통령만들기.* 나남, p. 523.

남출신의 후보를 민주당의 후보로 지명함으로서 지역구도에서의 불리를 극복한 것이다. 사실 정치 라이벌이었던 김영삼의 '3당합당' 이후에 지금의 진보, 호남세력은 정치세력으로서 집권까지 이르기에는 암울했다.[195]

1997년 선거에서 김대중후보는 큰 격차의 지지도 열세의 과정에 있었다. 1997년 외환위기가 야당에 유리한 상황이었던 것으로 말하지만 이것은 사실이 아니다. 왜냐하면, 외환위기상황에서도 압도적인 지지도를 갖고 있던 후보는 이회창 후보이기 때문이다. 사실 이회창후보도 김영삼 대통령과의 갈등속에서 '신한국당'을 창당해서 자신이 야당후보임을 주장했지만 이는 형식적인 모습일 뿐이다.[196] '신한국당'은 '민자당'을 그대로 물려받은 정당이었다.

야당 후보였던 김대중 후보는 여당 후보인 이회창 후보와의 대결에서 용공이미지와 더불어 "김대중 후보가 되면 정치가 불안정해진다"라는 분위기 개선하기 위해서 안정'이란 개념을 재정의한다. '견제'가 있을 때 안정이 있다는 호소를 하는 선거전략을 세운다. "국회가 행정부를 견제할 수 있고, 야당이 여당을 견제할 수 있을 때 정치가 안정이 되고, 정치가 안정이 되어야, 경제가 안정이 되고, 경제제일주의를 이루기 위해서는 국민회의가 견제력을 가져야한다"는 논리였다. 견제와 안정이 그렇게 상호 친화력이 있는 개념은 아니다. 안정이란 인식에 견제란 개념을 유연성 있게 포함시킨 것이다.[197] 후보자가 갖고 있는 불안정이나 과격성의 이미지가 득표에 불리할 수밖에 없는 선거위기를 관리한 것이다.

정치인(후보자)는 기존의 자신의 이념적 위치에 집착할 수도 있지만, 과거나 기존 이념적 위치에서 이념적 유연성을 보일 수도 있다. 이념적 유연성을 보임에 있어서 그렇게 이념적 위치를 변화할 수 있는 근거로 국민들의 여론을 참조할 수 있다. 이것은 정치인의 유연전략을 말한다. 반면에, 정치인(후보자)은 여론조사 결과를 통해서 선거경쟁과정에서 현 위치를 파악할 수 있지만, 해당 여론조사를 통해서 대세를 굳히는 전략을 사용할 수 있다.[198] 이것은 정치인의 포퓰리즘 전략을 말한다.

언뜻 생각하면, 정치인이 여론에 따라서 움직이는 것이 인기영합하는 것이 아니겠냐고 반문할 수도 있다. 정치인의 마음에 들어가기 전에 그 마음을 알 수는 없다. 정치인이 유권자들의 다수 의견을 존중하여 자신의 기존 입장(정책)에 유연성을 가질 수 있다. 반면에, 정치인이 자신의 입지의 유불리를 위해서 여론의 공급측면의 효과(supply-side effect)를 사용한다면 그것은 유연성의 요소가 아니라 일종의 포퓰리스트적인 요소가 된다.

정치판은 지나치게 혼탁하다고 말하지만, 정치시장에서 승자가 되는 것은 권력을 잡는 것이다. 권력을 잡기 위해서 정당이나 후보자는 선거과정에선 사실상 수단과 방법을 가리지 않는다. 목적을 위해서 수단과 방법을 가

195 김대중이라는 정치인은 '보수야당'이었다. 본인은 보수야당의 후예라고 했으며, 지금 말하는 의미에서의 '진보'와는 거리가 있다. 이것은 '새천년민주당'의 정책으로부터도 찾아볼 수 있다. 박명림. (2017). 연합정치, 정권교체, 대통령리더십. 박명림(편) *1987년 민주헌정체제의 등장과 운영, 2편 김대중.* 카오스북. 1장. 지금 우리가 한국정치과정에서 목도하는 진보세력은 그 연원을 노무현이라는 정치인으로 부터 득세하는 것으로 보는 것이 더 무난한 해석일 것이다. 물론 노무현의 죽음은 또 다른 의미에서 진보세력의 부활과 집권에 지대한 영향을 미쳤다. 노무현은 대통령이 된 직후 바로 '열린우리당'을 창당하여 자신이 대통령이 된 '새천년민주당'에서 분당하게 된다. 바로 '열린우리당'이 2023년 현재 한국사회가 목도하는 진보세력의 연원으로 볼 수 있다는 의미이다. 열린우리당 창당의 모토는 지역주의 극복과 정치개혁이었다. 김대중의 '동교동계'에 뿌리를 둔 정치세력과 2003년 창당된 열린우리당에 합세한 정치세력의 정치갈등은 그들이 다시 통합한 '민주당'에서 지속된다. 심지어 동교동계의 주요 인물들인 한광옥은 박근혜 정부의 비서실장, 한화갑은 국민통합위원회 위원장으로 활동했다.

196 이영작. (2001). *대통령선거전략 보고서: 97 김대중 대통령만들기.* 나남, pp. 19–20.

197 해방이후 이 당시까지는 자유선거를 통해서는 한 번도 야당이 여당을 이기고 평화로운 정권교체가 없었다. 야당이 정권을 잡는다는 것 자체가 정치불안정이라는 인식마저 있던 시절이다. 이영작. (2001). *대통령선거전략 보고서: 97 김대중 대통령만들기.* 나남, p. 113.

198 김준철. (2015). 신문의 여론조사 결과 보도 형태와 유권자의 후보 선택에 관한 연구. *의정논총,* 10(1), 93–120.

리지 않는 가장 극단적인 방식들 중의 하나가 이른바 '고육지책' "목적 쟁취를 위해서 자신의 몸을 상하게 하면서까지 일을 진행시키는 계략"이 있다. SNS(social-network service)로 상징되며 다양한 미디어 형식이 난무하는 '뉴미디어 시대'에는 선거여론조사가 난무하며, 여론조사결과가 정치시장의 수요효과(demand-side effect)에 국한되는 것이 아니라, 공급효과(supply-side effect)를 갖는다.[199] 여론조사결과가 현재 자신의 지지도를 알고 싶어하는 후보자들의 수요를 반영하여 만들어질 수도 있지만, 여론조사결과가 이러한 수요차원을 넘어서서 특정 후보자의 향후 지지도를 높여주는 이른바 공급효과를 제공한다는 것이다. 우군을 호도(糊塗)하는 잘못된(적군으로부터 의도되어 조사되고 조작된) 여론조사가 우군에 침투할 수 있다. 더욱 교묘한 것은, 실제로는 우군의 후보가 선두 후보가 아닌데, 선두후보인 것으로 착각을 유도할 만한 여론조사를 상대방에게 흘리는 것이다. 선거승리를 목표하는 선거캠프의 입장에서, 자기 캠프의 후보자가 2등후보인데, 1등후보라고 착각하는 상황이 선거전략 운용의 차원에서 더 위험할 수도 있다.

3자구도에서 우군 후보자가 3등인 경우에, 2등후보가 1등후보의 적군이 되어서 우군의 진영에 도움이 될 수도 있다. 예를 들면, 1997년 대선에서 이회창-이인제-김대중의 3자구도가 형성되었다. 이회창과 이인제 후보가 1등과 2등으로 조사될 때, 3등인 김대중 후보측에서 2등인 이인제 후보를 흠집내기하는 것은 이인제 후보를 제치고 2등으로 올라서는 것으로 한정된다. 2등 후보를 일방적으로 흠집내기 보다는 일정 수준에서 1등과 경쟁하게 하면서, 그러면서, 1등과 2등이 상호 비방하게끔 하는 전략도 가능하다. 실제로 이인제 후보는 선거를 완주(完走)하면서 이회창의 표를 잠식하였다. 이러한 전략은 3등을 하는 후보의 입장에서 2등의 후보자를 일정 기간 그대로 둔다는 것은 일종의 '고육지계'(苦肉之計)의 선거전략으로 나의 지지층을 결집시키기 위한 주의(위기감)환기효과를 불러 일으키게 된다. 자신의 지지율을 낮은 것을 감수하면서 하는 게임이니 고육지계일 것이다. 물론 이것은 선거경쟁 초기 단계에서 더 효율적일 것이며, 일정 시간이후에는 2등을 거쳐 선두주자로 올라서야 할 것이다. 예를 들면, 나의 지지율을 오히려 낮추어서 상대후보와 박빙으로 한다거나 아니면 아예 낮추어서 자기 진영의 위기감을 고조하는 것이다.

결론적으로, 선거예측을 시도하는 기관들이 많을 때, 그리고 그 기관들이 의도를 갖고 있건, 그렇지 않건, 그러한 기관들의 예측시도는 실제 선거결과에 공급적 효과로 작용한다는 것이다.[200] 유권자인식조사는 해석이 더 중요한 경우도 있는데, 그럴 경우, 그 해석을 어떤 방향으로 할 것인가하는 것은 중요한 문제이다.

선거과정에서 어떤 주장을 강하게 하는 집단이 형성되면, 그들 내부의 행태의 공통점을 파악하는 것이 긴요할 것이다. 예를 들면, '진보'의 특성과 행태를 파악하는데, '강한 진보' 그룹 내부의 행태적 특성의 공통점이 무엇인지 알아보는 것이다. 예를 들면, '강한 진보'는 반일세력프레임, 남북통일추구, 사회적 차원에서도 진보(예를 들면, 동성애 및 낙태 찬성 등) 등이다. '약한 진보' 그룹의 특성을 파악하는 것보다 '강한 진보'의 특성을 파악하는 것이

199 정한울. (2016). 외주민주주의 시대의 여론조사: 여론조사가 투표선택에 미친 영향. *한국정당학회보,* 15(1), 63–105; 김용호, & 김수기. (2013). 선거여론조사의 판세보도지각과 매체공표 제한 태도: 제3자 효과와 당선 가능성 중요도, 전략투표 성향의 매개효과를 중심으로. *정치커뮤니케이션 연구,* 31, 63–90.

200 관념적 차원에서 선거는 유권자들이 복수의 정당과 후보자라는 환경 속에서 시행하는 선택으로 볼 수 있다. 정당과 후보자 역시 다양한 유권자들이라는 환경에 둘러싸여서 행동하는 것으로 볼 수 있다. 이런 경우, 관념상 선거결과 예측을 위해서 '환경 모델링'(environmental modeling)을 생각해 볼 수 있다. 예측을 위한 환경모델링 방식에선 특히 환경과의 환원(feedback)을 지속적으로 고려하는 것이 중요하다. 이에 대한 보다 상세한 논의는 Hardisty, J., Taylor, D. M., & Metcalfe, S. E. (1993). *Computerized Environmental Modeling.* Wiley, pp. 53–67, 100–107.

차후 '진보' 그룹이나 진보그룹의 지지를 받는 정치인의 행태를 예측하는데 도움이 되었다. 필자의 직관에서 그 이유를 하나로 정리하자면, 어떤 집단이건 그 집단을 주도하고 집단내 여론을 형성하는 소집단의 행태가 결국 포괄적으로 그 집단의 성향을 결정하기 때문이라고 추측해 본다.[201]

마지막으로, 여론조사 인식의 해석 문제로 돌아간다. 2021년 서울시장보궐선거는 그 내용을 적나라하게 보여준다. 야당인 '국민의 힘'의 오세훈 후보가 약 60%로 압승했다고 하지만, 사실 이것을 보수의 승리로 해석하기에는 석연치 않은 것이다. 그 내용을 좀 더 면밀하게 들여다 볼 필요가 있다. '여당'의 박영선 후보는 패했음에도 40%의 지지를 얻고 있다. 그렇다면 보수정당인 국민의 힘이 얻은 60%는 과연 보수의 지지인가? 그렇지 않다. 우리가 흔히 최소 15%~20% 정도로 이야기하는 '중도표'가 보수를 지지한 것이다. 그리고 그 20%정도는 안철수의 시장출마 선언과 더불어 형성된 초기 분위기와 국힘-국당(국민의 당)의 후보 단일화가 가져온 효과에 불과한 것이다. 표현자체를 보수야당의 승리로 하는 것은 어폐가 있으며, 보수-중도의 연합의 승리인 것이다. 윤석열 후보와 안철수 후보의 단일화는 2022년 대선에서도 있었으며, 중도세력을 안은 보수세력이 박빙의 승리를 이끌었다. 2021년 서울시장보궐선거와 2022년 대선은 앞으로 선거승리에 중도와 연합을 성공적으로 이루는 것이 중요함을 보여주었다.

2020년에 있었던 21대 국회의원선거에서 여당이 180석을 차지하면서 거대여당으로 거듭난 것도 해석이 가능하다. 코로나상황에서 그 극복을 위해서 일정 수준의 불만이 있어도 중도표 20%가 여당을 지지했었던 것이고[202], 1년 후에 해결되지 않는 지리한 코로나 상황이나 LH한국토지주택공사의 부동산 파동 등의 상황에서 중도표는 서울시장보궐선거 및 대통령선거에서 야당을 지지한 것이다. 2020년의 여당의 승리는 중도-진보 연합 (가시적은 아니었다고 하더라도 결과적으로)의 승리였고, 2021년 야당의 승리는 중도-보수 연합 (이것은 후보단일화를 통한 가시적인 것으로서)의 승리로 해석될 수 있을 것이다.[203] 한국정치과정에서 '중도세력'은 힘이 없음을 말하지만, 2020년과 2021년의 선거를 통해서 양당체계하에서도 중도세력은 캐스팅보트를

201 해당 논의에 대해서 오해가 있을 수 있어서 첨언한다. 예를 들어서, 보수 집단내부를 조사했더니 '강한보수'가 1/4, '온건보수'가 3/4 이었다고 가정하자. 이런 경우에도 강한보수의 특성을 위주로 보수집단의 특성을 파악할 것인가? 필자가 말하는 것은, 정치과정, 선거과정에서 발생하는 보수 후보의 행태적 특성은 역시 강한보수 집단의 특성과의 연장선상에서 이해할 때 상대적으로 무리가 없었다는 의미이다. 이것은 경험적 논의로 국한되는 것이지, 보수집단이 강한보수의 성향을 따라야 한다던지 하는 규범적 차원의 논의는 아니다. 이영작 박사는 1997년 대통령선거에서 김대중 캠프에서의 현장 경험을 통해서 유사한 경험을 언급하고 있다. 하지만, 해당 기록에서는 당시 김대중 대통령후보가 직면하였던 '세대교체론'에 대비하여 '강한 세대교체론'을 주장하는 그룹의 특성을 분석하여 이에 정책적으로 대비하는 것이 필요하다고 주장하고 있다. 이영작. (2001). *대통령선거전략 보고서: 97 김대중 대통령만들기*. 나남, pp. 88-89.

202 오세제. (2020). 수구보수 청산이 촛불 민심이다: 민주당의 제21대 총선전략과 지역 세대변수 평가. *경제와사회,* 126, 174-208; 길정아, & 강원택. (2020). 제21대 국회의원선거에서의 회고적 투표: 대통령의 코로나 대응 평가와 당파적 편향. *한국정당학회보,* 19(4), 101-140.

203 이런 시각에서, 2021년 7월 국민의 힘 당대표 선거에서 승리하면서 발생한 새로운 정치에 대한 '이준석 현상'의 실체에 대해선 일정 기간 논란이 지속될 것이다. 어떤 현상이란 그 신드롬을 발생시키는 인물이 차후 어떤 행동을 해 나가느냐에 영향을 받는다. 기대감을 반영하여 신드롬이 형성되어도 그 기대감이 일정 수준 유지되거나 충족되어야만 신드롬으로 존재할 수 있는 것이다. 그 신드롬이 실상이었는지 허상이었는지를 판정하기 위해선 조금 더 시간이 필요할런지 모른다. 이준석 당대표는 2021년의 서울시장보궐선거와 2022년 대선에서 모두 당시의 중도세력이었던 안철수와의 연합보다는 보수정당의 홀로서기를 주장한 바 있다. 물론 정치인들 사이에는 상호 구원과 반감이 작용하기에 정당간 세력연합을 반대한 것이라기보다는 안철수라는 인물에 대한 반대일 수도 있다. 2021년 시장선거에서도, 2022년 대선에서도 국힘의 승리는 중도세력인 안철수를 안아 냈기에 가능한 것이었다. 앞으로 보수와 진보의 선거경쟁은 누가 중도와의 연합을 성공적으로 수행하는가에 달려있다고 본다. 달리 표현하자면, '중도-보수'의 연합이 성립하느냐, '중도-진보'의 연합이 성립하느냐가 선거경쟁에서 승리하는 관건이 될 것이란 의미이다. 아니면, 보수정당이건, 진보정당이건, 적어도 중도적 정책을 기능적으로 수렴하며 중도정책의 성격을 반영할 수 있어야만 득세하

분명히 갖고 있음을 보여주고 있다. 이러한 잠재성이 단순히 '기능적 중도세력'을 넘어서서 국회에서 일정 의석수를 차지한 '제3정당'이란 기관을 소유하는 '기관적 중도세력'으로 거듭날지는 더 두고 보아야 한다. 제3정당의 기관적 존재에는 그만큼 제3지대를 이끌 수 있는 지도력을 지닌 지도자의 인물효과가 중요하기 때문이다.

5) 네가티브전략, 포지티브전략

선거경쟁에서 반복되는 특징 중의 하나는 '네가티브 전략'(negative strategy)의 횡행이다. 흑색 선전은 왜 없어지지 않는가? 득표에 효과가 있기 때문이다. 이질적인 유권자 집단 내부에서 집단간에 원하는 것들이 상반된 상황에서 어떤 합의적인 결말을 내기에 모호하거나 어렵거나 불확실할 때, 상호 이질적인 유권자집단들을 대상으로 하는 네가티브 선거운동이 포지티브 선거운동보다 더 효과적이라는 경험적 연구도 있다.[204] 선거경쟁의 본류는 후보자간 정책경쟁을 통해서 이루어진다. 정책경쟁은 대표적인 '포지티브 전략'(positive strategy)이다. 선거에서 상대방을 칭찬하는 일은 거의 드물다. 상대방을 칭찬하는 것이 포지티브 전략은 아니다. 상대 후보의 정책을 비하하는 것은 네가티브전략은 아니다. 상대방 후보를 공격함에 직접적으로 정책으로 공격하고 방어하는 것이 아니라, 간접적으로 인신공격을 하게 되는데, 그것이 바로 네가티브 전략이다.

선거과정에서 후보자와 정당에 정책이 중요하다는 말을 입에 달고 산다. 그러면 후보나 정당은 유권자들과 대화함에 있어서 직접적으로 정책을 선전하면 된다. 그래서 후보자와 정당 상호간에 정책으로 대결하면 되는 것이다. 유권자 입장에서 말하자면 후보자들간의 정책대결을 보면서 그것들 중에서 더 선호하는 정책을 선택하면 그만인 것이다.[205] 그런데 반드시 그렇지도 않다. 어차피 선거승리란 것이 상대방 후보를 이기면 된다는 포괄적인 전략 속에 있을 수밖에 없으므로 그것이 직접적 전략이건 간접적인 '우회전략'이건 간에 상대방 후보를 흠집내게 되는 것이다.

우회정책 없이 정책대결만으로 선거과정이 이루어질 수 없다. 상대방이 네가티브전략을 선택한 경우, 적어도 나는 정공법으로 정책에 전념할 수가 없다. 왜냐하면 내가 상대방의 네가티브전략을 통해 제기된 의문점에 답해야만 하기 때문이다. 상대방이 제기한 네가티브 차원의 일신상의 질문들에 '무응답'(無應答)으로 일관한다면 이것은 상대방의 의문을 인정하는 것이 되고 만다. 그리고 최선의 방어는 공격이다. 네가티브 공략을 당한 후보자는 당연히 상대방에 대한 네가티브 전략을 취할 수밖에 없다. 게임의 흐름상, 누가 먼저 네가티브를 시작하느냐의 문제만 있을 뿐, 한 번 네가티브 전략이 선거경쟁에 나타나면 후보자들 모두는 네가티브 전략으로 상대방을 공격하게 되는 것이다.[206] 자연히 선거과정은 네가티브 대 네가티브의 대결 양상을 제외할 수 없게 된다.

는데 성공할 것이다.

204 Hinich, M. J., & Munger, M. C. (1994). *Ideology and the Theory of Political Choice.* University of Michigan Press, pp. 216–219.

205 박경산. (1993). 한국선거의 정치경제학. 이남영(편.), *한국의 선거 I* (pp. 379–400). 나남.

206 이것은 경험적으로도 검증된 '팃포탯 전략'(Tit–for–Tat strategy)의 차원에서도 그러하다. 팃포탯 전략이란, 특히 한번이나 두번으로 끝나는 단일게임(one–shot game)이 아니고 반복게임(repeated game)인 경우에 적용된다. 선거과정에서 후보자간의 경쟁은 선거기간동안으로 한정되지만, 사실상 반복게임의 성격을 띠게 된다. 게임의 내용은 다음과 같다. 첫번째 라운드에서는 '협조적 행동'(cooperative action; 선거게임에서는 정책대결)을 한다. 이어지는 다음 라운드에서 상대방이 협조적 행동(정책대결로 응수)으로 나오면 계속 협조적 행동으로 응수한다. 하지만, 상대방이 '비협조적 행동'(non–cooperative action; 즉, 인신비방대결)으로 나오면, 상대방에게 '비협조적 행동'으로 응수하는 것을 말한다. 즉, 팃포탯 전략이란 상대가 협조하면 협조하고, 상대가 비협조적이면 나도 비협조적으로 행동하는 것이다.

네가티브전략은 사실관계에 상관없이 한쪽 경쟁자를 파멸시키는 결과를 초래한다. '김대업 사건'이나 '드루킹 사건' 등은 그런 대표적인 예이다. 단적으로 사법적 판단은 항상 '사후약방문'(死後藥方文)적인 성격이 있기 때문이다. 김대업 사건은 대선이 끝난지 근 10년의 세월이 흐르고 나서야 선거공작의 의도가 밝혀졌고, 드루킹 사건 역시 대선이 끝난지 4년이 흐른 시점에서 법원의 판결이 나왔다. 두 사건 모두 법원에서 일단, 선거결과가 나오고 나면, 그 선거결과가 모든 것을 지배하기에 시차상 네가티브전략에서의 사실관계는 선거결과에 묻히게 되고, 선거이후 한참이 지난 시점에 그 사실관계가 밝혀진다고 해도, 이미 후보자간의 승패는 뒤바꿀 길이 없는 것이다. 역사에 가정이 금물이라고 하지만, 김대업 사건이 없었다면, 그리고 드루킹 사건이 없었다면 선거결과는 바뀌었을 것이라고 생각하는 사람들도 적지 않다.

선거전략적 차원에서 말한다면, 네가티브 전략이란 강한 적은 정책대결이란 정공법을 택하지 않고, 우회하여 또 다른 차원에서 상대의 약점을 찾아 수단과 방법을 가리지 않고 기세를 꺾어 공략한다는 것에 상응하는 내용이라고 볼 수 있다.[207] 상대방 후보를 비인격적 상황으로 몰고 간 후에 벌이는 정책대결은, 그렇게 비인격적 위치로 전락하기 전에 벌이는 정책대결과는 다른 양상을 초래할 가능성이 높다. 선거과정에서 공정한 선거경쟁에 관련된 내용은 어디까지인가? 해당 선거과정에서 정당이나 후보자가 유권자들에게 호소할 수 있는 내용은 어떤 범위여야만 하는가? 공적인 내용으로 한정되어야 하는가? 아니면 후보자의 사적인 내용도 포함되어야만 하는가?

네가티브전략이 선거승리에 함몰된 선거경쟁과정에선 피하기 어려운 현상임을 앞서 지적했지만, 많은 사람들은 '대의민주주의' 존립에 관한 보다 근본적 철학에 관해서 의구심을 갖게 된다. 선거란 대의민주주의를 수행하는 수단이다. 대의민주주의의 목적은 직접민주주의가 어려운 곳에서 공적인 차원에서 사회구성원들의 민생복리를 실현하기 위함이다.[208] 그렇다면 "바람직한 대의민주주의의 구현을 위해서 정당이나 후보자들의 선거경쟁의 내용은 어떤 형식과 내용이어야하는가?"라는 질문을 하게 된다. 이것을 다른 말로 하자면, 선거과정에서 후보자나 정당의 대결은 '정책대결'로 집중되어야만 한다는 것이다. 여당은 유권자들에게 현재의 정책들이 사회구성원들의 현재와 미래를 위해서 어떻게 바람직하다는 것을 설명하는데 집중해야 한다. 야당은 유권자들에게 여당의 정책의 한계를 지적하면서 그 대안으로서의 정책을 제시하는데 집중해야만 한다. 이것이 대의민주주의 구현에 바람직한 상식적 상황이다.

선거과정에서 후보자의 이미지는 후보자에게 일종의 프레임으로 작용한다.[209] 네가티브전략의 경우 후보자의 인격이나 가치관을 문제 삼게 된다. 후보자의 이미지는 지나온 생활방식이나 과거의 사건 속에서 투영되어 인식된다. 예를 들면, 한국사회에서 군대문제, 돈문제, 사생활문제, 가족문제 등이다.[210] 후보자의 이미지가 일종의 프레임이라면 이는 선거초기에 폭로하여

악셀로드는 컴퓨터 시뮬레이션을 통해서 경기자들의 팃포탯 전략이 평화적 상태를 유발할 수 있음을 검증하였다. 비협조적 행태에 대해서는 응징함으로써 비협조적 전략에 비용이 든다는 것을 알리는 것이다. 이런 게임포맷에 따르면, 일단 협조의 분위기가 정착하지 않으면, 비협조적인 상황의 굴레에 빠지게 된다. 선거과정에서 후보비방정책에 의한 흑색선전(black mail strategy), 인신비방대결의 굴레에 빠지면 이에서 나오기 쉽지 않을 것이다. Axelrod, R. M. (1984). *The Evolution of Cooperation.* Basic Books.

207 세간에서 정치컨설턴트들의 상대 후보자에게 치명적 유효타를 날리는 방식은 크게 두 가지로 나뉠 것이다. 첫째는 선거과정 초반에 상대후보자에게 치명적인 사건과 내용을 공개하는 방식이며, 둘째는 그 반대로, 선거과정 막판에 다가서서 (즉, 선거 당일에 가까이 다가서서) 상대 후보자의 약점을 공개하는 전략이 있다.

208 임혁백. (2021). *민주주의의 발전과 위기: 아테네에서 21세기 한국까지, 민주주의 연대기.* 김영사.

209 고원. (2014). 2012년 대통령선거의 정치프레임전략에 관한 연구: '강한 어머니'와 '자상한 아버지'의 프레임 대결. *사회과학연구,* 26(2), 105-130.

선거기간 내내 그러한 프레임을 씌우는 전략으로 사용될 때 효과적일 것이다. 이러한 후보자의 이미지에 기초한 유권자들의 인식이 '호감도'(好感度)란 개념일 것이다. '후보지지도'와 비교하여, 후보들의 '호감도'는 특별한 계기가 없다면 사실상 일정 수준의 편차를 가지고 유지되는 성향이 강하다. 즉 지지도는 한 개의 확정된 점(deterministic)으로 이해되는 것이 아니고, 일정한 폭(stochastic)을 갖고서 경향성(傾向性, deterministic)으로 이해된다.

후보자의 "호감도"와 "직위에 대한 자질"은 일정 수준 차이가 있다. 여기서 중요한 것은 유권자들의 인식에서 '호감도'는 상황에 따라서 변할 개연성이 높지만, "직위에 대한 자질"은 유권자들의 머리에 한 번 박히면 잘 변하지 않는다는 것이다.[211] 직위에 대한 자질은 결국 후보자의 정책수행능력인데, 그것은 선거과정에서 유권자들의 후보자 능력에 대한 기대감이지, 팩트로써 검증된 능력은 아니다. 그럼에도 중요한 것은, 유권자들은 특정 후보자로서의 '자질'을 그럴 것이라고 인식한다는 점이다.[212]

후보자들 간에 정책대결을 통한 후보자간의 자질경쟁이 결국 포지티브 전략인데, 이렇게 보면, 사실상 포지티브전략은 선거승리 전략이라기 보다는 그냥 명칭일 것이다. 정책대결에서 승리할 수 있는 포지티브전략은 결국 상대방 후보의 전략이 갖는 문제점을 확산시키는 것인데, 이것은 일종의 '불안감 심기 전략'(raising fears strategy)으로 구체화된다.[213] 자신의 정책과 상대후보의 정책을 비교하면서, "상대방 후보의 정책이 실현되면 특정 계층이나 특정 집단이 불이익이 심해지고, 나아가 국가 전체적으로도 사회적 문제가 심각해 질 것이다"라고 선전하는 것이다.

후보자 개인의 이미지와 더불어 정당의 이미지도 있다. 선거과정에서 특히 여당의 후보의 경우, 여당의 실정이 계속된 상태에서는 정당의 이미지와는 격리되어, 후보자 개인의 이미지로 선거를 치르려고 한다.[214] 만약 정당의 이미지를 사용하는데 문제가 있다면, 후보자들은 어떤 이미지를 이용하는 것이 유리할까? 보통사람들의 눈높이의 평균값을 상징하는 어떤 것들을 이용하는 것이다. 그래서 선거운동전략은 특별값을 지닌 지성적 선거운동(intellectual movement)보다도, 보통값을 지닌 서민적 선거운동(grass-root movement)이 대체적으로 유리하다.[215] 선거경쟁은 여론을 우호적으로 만들어야 하며, 여론은 국민과 눈높이를 같이할 때 우호적이다.[216]

210 이지호. (2013). 제18대 대통령선거에서 선거이슈가 투표행태에 미친 영향: 긍정적, 부정적 이슈를 중심으로. *한국과국제정치,* 29(2), 37–72.

211 이영작. (2001). *대통령선거전략 보고서: 97 김대중 대통령만들기.* 나남, p. 209.

212 그래서 정치는 팩트가 아니라 인식이라는 말이 있다. 전창영, 정윤재, 이영화, & 김춘식. (2018). 유머 소구를 이용한 네거티브 정치광고 효과 연구: 광고 유형과 정치관여도의 조절 효과를 중심으로. *한국광고홍보학보,* 20(3), 233–269.

213 옐친, 페레스, 클린턴이 건강보험정책을 놓고 밥 돌(Bob Dole)에게 사용한 전략이다. 밥돌의 정책은 결국 건강보험이 삭감되고, 극우보수세력이 득세한다고 선전하였다. 이영작. (2001). *대통령선거전략 보고서: 97 김대중 대통령만들기.* 나남, p. 133, 210.

214 정치 신인(YB: Young Boy)은 정당의 이미지와 격리되어 개인 후보의 이미지를 변화시킬 수도 있지만, 현직자(OB: Old Boy)의 경우는 현실적으로는 어려울 것이다. 처음 정치를 시작하는 사람들은 자신의 이미지를 조정하고 관리할 수 있지만, 이미 정치권에서 오랫동안 형성된 이미지를 변경한다는 것은 어렵다. 정치인의 이미지는 대중들에 대한 정치적 권위와도 직·간접적으로 영향을 미친다. 친근하고 소박한 이미지가 권위를 불러올 수도 있고 [Rabuffetti, M. (2016). 호세 무히카: 조용한 혁명. (박채연 역.). 부키. 참고], 냉혈한(冷血漢)의 이미지가 권위를 불러올 수도 있다. 정치가는 대중들에게서 권위가 있어야 한다. 권위주의가 나쁜 것이지, 권위가 나쁜 것은 아니다. 선거에서 카리스마적 권위를 갖는 정치인이란 '기린아'(麒麟兒)에 해당하는 인물일 것이다. 이렇게 본다면, 과거에는 모든 경력을 경험하면서 실적을 쌓은 경륜이 중시되었지만, 정치란 것의 무한성(無限性; unlimitedness)을 생각한다면, 모든 관직을 바이패스하고 한 번에 권력에 정점에 서는 경우도 있을 것이다. 모든 단계를 거치면서 단계마다 발생하는 비판과 비난을 축적한 상태에서는 기린아의 이미지를 갖는 것은 현실적으로 불가능할 것이다.

215 아무래도, 날카로움의 이미지는 다양한 유권자 집단에 대한 이미지전략으로서는 한계가 있는 듯하다. 너그러움의 이미지가 선거경쟁력의 차원에선 더 강력할 것이다. 커다란 규모의

일반적으로, 자신이 지성적 이미지를 갖고 있다고 생각하는 후보일수록 그 이미지를 활용하여 지성적 선거운동을 할 개연성이 크다. 그런데, 선거운동과 선거승리는 다른 것이다. 과거 옐친의 선거운동을 도와주기 위해서 미국에서 선거팀이 급파된 적이 있다. 그 때 한 이야기이다. "당신들은 모스크바에 사는 엘리트층이다. 또 당신들은 똑똑하기 때문에 당신들의 생각을 믿고 있다. 그러나 선거에서는 그렇게 하면 안된다. 당신들은 제일 먼저 당신이 모르는 사람들이 무엇을 어떻게 생각하고 있는가를 알아내야 한다. 유권자 대다수를 생각해야 한다는 말이다".[217] 이런 부분에선, 불가피하게, 선거경쟁에서 득표활동을 하는 정치인들은 일부 포퓰리스트적인 성향을 나타낼 수밖에 없을 것이다.

국민 여론과 눈높이를 같이 하기 위한 효율적인 방법은 일종의 구호와 메시지를 통한 정치를 하는 것이다.[218] 선거경쟁에서 후보자가 유권자들에게 메시지와 구호를 제시한다는 것은 복잡한 상황을 한번에 정리해서 이해하기 쉽게 갈 길을 제시하는 것이다. 그러한 메시지와 구호는 자신의 과거 역정, 국민들의 미래에 대한 기대감, 자기편과 상대방의 편협성을 초월한 모두를 위한 메시지이며 구호여야 한다. 그러한 메시지와 구호는 단순히 선언적 차원이 아니고, 선거 이후에도 작동하여 일종의 행동강령과 같은 것이어야만 한다. 이렇게 본다면, 구호와 메시지 전략은 단순히 포지티브전략이란 차원을 넘어서서, 유연전략과 포퓰리즘전략이 조합된 어떤 성격의 것으로 이해될 수도 있을 것이다.

6) 분노동원전략, 회고적행태유발전략

선거과정에서 '정책대결'이란 것의 성격과 '정치대결'(또는 '동원대결')의 성격은 다를 것이다. 예를 들어서, 거대 양당은 부동층을 '정책'으로써 어필할 수 있지만, 지지층에 대해서는 일종의 동원대결을 벌여서 투표장으로 끌고 나오는 표동원 대결이 중요할 것이다. SNS시대에 온라인정치의 의미는 정책대결보다 오히려 동원대결에서 더 두드러질 수 있다. 후보자가 좋은 정책을 내는 것으로 선거에 승리하는 것은 아니다. 이른바 선거에서의 정치대결은 자신을 지지하는 유권자들을 투표장으로 동원하는 것까지 이어져야만 한다. 후보자 입장에서는 씨앗을 뿌리고 최종적으로 추수를 해서 마무리해야만 하는 것이다. 대통령선거에서 보통 75%정도의 투표율을 높은 투표율로 인식하는데, 달리 보면 유권자의 1/4은 투표를 하고 있지 않은 것이다. 75%의 투표율에서도 25%가 투표하지 않은 것이다. 만약 국회의원선거에서 평균투표율이 55%에서 60%정도의 투표율 수준이라면, 2/5내지는 거의 1/2이 투표하지 않은 것이다. 심지어 보궐선거에서는 유권자의 75%정도(3/4)가 투표

유권자들을 대상으로 후보자가 호소력을 갖기에, 후보자 이미지의 무난함은 대표값이 될 수 있어도, 상대적으로 날카로움은 대표값이 되기 어렵다. 이영작. (2001). *대통령선거전략 보고서: 97 김대중 대통령만들기*. 나남, p 130.

216 탁재택. (2006). 국회의원선거 PR커뮤니케이션 전략 고찰: 입후보자 이미지 관리 방안을 중심으로. *국제정치논총,* 46(4), 223-240; 김만기. (2013). 한국 최근 정치캠페인에서 나타난 크리에이티브한 선거광고홍보전략 트렌드 분석: 2010. 6.2지방선거, 2011.10.26. 보궐선거 2012.4 · 11총선, 2012. 12 · 19 대선을 중심으로. *디지털융복합연구,* 11(8), 65-73.

217 이영작. (2001). *대통령선거전략 보고서: 97 김대중 대통령만들기*. 나남, p. 138.

218 나름대로 배웠다는 사람들이 모여서 논의를 하다보면, 아이디어만 난무한다. 항상 그런 것은 아니지만, 단서도 많고, 간단한 결론이 없다. 아이디어가 난무하는 자체가 문제는 아닐 수 있다. 문제는 그러한 아이디어가, 거의 모두라고 해도 과언이 아니지만, 하나의 집약된 결론이 없어서 회의 이후에 어떤 행동강령이 되기 어렵다는 것이다. 정당이나 후보자가 선거승리를 위해서 하나의 집약된 메시지나 구호를 제시하지 못하면, 그 후보는 유권자들의 일종의 행동강령을 제시하는 지도자로서 한계가 드러날 것이다. 후보자는 유권자들의 마음을 사서 행동강령으로 이어질 수 있는 느낌을 줄 수 있는 메시지와 구호를 제시해야 한다. 이영작. (2001). *대통령선거전략 보고서: 97 김대중 대통령만들기*. 나남, p. 139, 162.

에 참여하지 않기도 한다.[219]

정치대결의 또 다른 모습은 사건과 사고에 대한 책임소재를 추궁하면서 사회구성원들의 분노를 이용한다.[220] 정치분노는 정치동원을 야기한다.[221] 대형사고가 발생하면, 야당은 여당내의 혼란의 기회를 정권교체의 계기로 사용하고, 여당은 상대방이나 유권자들의 관심을 희석시키거나, 주위를 다른 곳으로 유도하기 위한 시도를 한다. 대형사건 사고가 일어난 경우, 여당 내에는 대개 두 개의 흐름이 존재한다. 우리의 잘못을 인정하자는 부류와 왜 그것이 우리의 잘못이냐는 흐름이다.

어떤 대형의 사건, 사고가 발생하면, 그러한 사건 사고의 원인이 발생한 당시의 현직자에게 책임이 돌아가는 것이 인지상정이다. 건축물 붕괴사고의 경우, 건축물이 축조된 당시 정치인의 책임인지는 논란의 여지가 된다. 예를 들면, 성수대교 붕괴가 붕괴될 당시 YS정부의 책임인지, 아니면 대교가 만들어진 당시 정부의 책임인지는 물리적으로는 분명할 것이다. 더 정확하게 표현하자면, 대교를 건설한 시공사의 책임이 클 것이다. 하지만, 대교를 건설한 이후에 안전진단이 정기적으로 적합하게 행해졌을 경우, 사고를 일정 수준 방지할 수도 있다는 점에서 사안은 좀 더 복잡해진다. 정치적 파장의 관점으로는 좀 더 복잡해 진다. 항상 현 정권하의 사건, 사고는 야당으로부터 정치적 공격의 주요한 원인이 되면서 여·야대결 정국으로 끌려 들어간다.

어떤 이유에서이건, 어떤 특별한 경우가 아니라면, 선거과정에서 유권자들이 갖는 대형 사건, 사고는 해당 사건, 사고가 일어난 시점의 문제이다. 한마디로, 유권자들의 직관은 어떤 정부에서 이런 사고가 일어났는가가 그러한 사건, 사고 이후에 즈음한 선거과정에서의 인지상정일 것이다. 대개 득세하던 정당이 무너지는 것은 유권자들이 해당 정당에 분개하는 상황을 통해서 구현된다.

이명박, 박근혜로 이어지면서 강력한 기세를 지녔던 보수진영은 '세월호

사태'로 무너졌다. 해당 사태에 대해선 진영별로 인식 차이가 뚜렷하다. 정치에서 중요한 것은 '팩트'가 아니라 '인식'이라는 말도 있다. 진영 간의 인식과는 별개로, 박근혜 정부의 '세월호사태'는 사건 그 자체로서 많은 국민들의 '분노'를 불러왔다. 물론 그 중심에는 진보진영의 분노가 있었다. 세월호사태는 '최순실국정농단사태'로 어어지고, 다시 대통령탄핵에 이르게 된다. 이른바 '분노'가 지배하는 곳에서 국정공백 이외에는 또 다른 자리가 없었다. 2018년과 2020년이후 더불어민주당은 국민의힘에 무려 70%나 많은 의석수를 갖고도, 그리고 한국인구의 절반인 지역으로서 서울의회와 경기도의회를 90%이상 점유한 상태에서 2021년 서울시장보궐선거와 2022년 대통령선거에서 국민의힘에 졌다. 문재인 정부의 '조국장관사태'는 대다수 국민들의 분노를 불러 왔다. 물론 그 중심에는 보수진영의 분노가 있었다. 2017년대선은 박근혜 정부에 대한 분노의 선거였으며, 민주당이 승리한 동력이었다. 2022 대선은 문재인 정부에 대한 분노의 선거였으며, 국민의힘이 승리한 동력이었다. 한국대선과정에서, 만약, 2017년의 박근혜대통령탄핵이 없었더라면,

219 재보선 선거율이 30%도 안되는 경우도 있다. 2003년 4.24 경기 고양시 덕양갑 재보선의 경우 투표율이 25.6%에 불과했다 (개혁국민정당 유시민 후보: 43.3%, 한나라당 이국헌 후보: 39.1%) [출처: 류정민. (2022, 3월 25일). [정치, 그날엔...] 유시민 강렬한 국회 데뷔전 이끈 '덕양 대첩'. *아시아경제.* http://view.asiae.co.kr/news/view.htm?idxno=2019010407441180251]

220 이현우. (2015). 2014년 지방선거에 세월호 사건이 미친 영향: 정부책임과 정당대응 평가를 중심으로. *한국정치학회보,* 49(1), 247-268.

221 국회의원선거에서 국민회의는 결코 1당이 되기 어렵고, 이전 국회보다 의석수의 약진을 통해서 1당과의 격차를 줄여서 비등하게 가더라도 1당은 못되니 결국 대약진을 하고도 패착이라는 이미지를 만들 수도 있다. 이런 경우, 유권자들이 민자당에 분개(anger)를 일으키도록 하는 정책을 쓴다. 결국 강한 적은 임기동안의 실정에 대한 약점을 통해서 기세를 꺾고 그것은 유권자들의 분개를 일으키는 전략을 통해서 가능하다는 것이다. 이영작. (2001). *대통령선거전략 보고서: 97 김대중 대통령만들기.* 나남, p. 86.

그리고 2020년의 조국사태가 없었더라면, 19대 대통령과 20대 대통령은 다른 인물이었을 가능성이 있다. 분노의 대상이 된 정치인은 "그저 그 상황을 회피하여 도망가는 것이 최상의 방책"(走爲上)일 것이다. 어차피 선거라는 것이 돌고 도는 것이어서 일단 상황을 회피하여 모면하고 다음을 기약하게 된다.

규범적으로 보자면, 훌륭한 정치인은 '분노의 정치'를 유발하기 보다는 '포용의 정치'를 할 줄 알아야 한다. 그런데, 격렬한 선거경쟁 속에서 그런 상식이 통하지 않는다. 인간의 분노는 주로 과거에 대한 평가로부터 나온다. 인간은 과거에 집착을 버리고, 미래를 생각할 때 포용할 수 있다. 인간이 과거를 쉽게 잊어버리는 것은 부족함 때문일 수 있다. 하지만, 과거에 집착하면서 미래로 나가지 못하면 그것은 더욱 부족한 것일 수 있다. 정치가 권력획득을 위한 경쟁이고, 권력획득의 수단으로 상호 경쟁하는 집단이 각각 상징체계를 세우는데, 그 때 양쪽을 나누는 축들 중의 하나가, '청산(淸算)의 정치'라는 축이다. 대한민국은 근대화시기에 일본의 침략으로 국가 주권을 찬탈당했고, 이후 국토분단의 아픔을 겪었다. 역설적으로, 이런 아픔이 선거전략 차원의 슬로건으로 환생하고 있는 것이다. 관련하여 두 가지 경우의 수가 있다. 첫째는 역사논쟁이다. 과거 국가의 적대세력에게 반대하지 않았던 세력은 청산되어야 한다는 것이다. 두 번째는, 현재의 상황을 변화시키기 위해서 사회에 불만세력들을 이용하는 것이다.

권력의 작동과정에서 '상징조작'의 중요성은 이미 백년 전에 현대 정치학의 태두라고 할 수 있는 찰스 메리엄(Charles Merriam)이 강조한 바 있다.[222] 권력의 수단으로서 하나의 상징체계라는 프레임에 함몰시켜서 심지어 소중하게 보관해야 할 것도 부인하면서, 무조건 과거를 부정하는 것, 이것은 우리 정치과정의 비극일 것이다. 한국정치과정이 과거를 인정하면 '보수', 과거를 청산하면 '진보'인데, 과도한 재단은 무리수를 동반한다. 어떤 인물이 통시적 역사적 사실관계를 벗어난 일부의 편린(片鱗)속에서, 어떤 '상징성'의 논리 고리속에서 '희생양'(scape goats)이 되어 모든 것이 상상된 상징성 속에서 평가되는 우를 범하기 때문이다.[223] 한국정치과정에 '청산의 정치'란 그림자는 긍정적 효과는 미미하고, 부정적 효과가 극대화되어 작용한다. 왜 그러

222 Merriam, C. E. (1950). Political Power. Free Press; Merriam, C. E. (1945). *Systematic Politics.* University of Chicago Press; Merriam, C. E. (1925). *New Aspects of Politics.* University of Chicago Press; Merriam, C. E. (1900). *History of the Theory of Sovereignty since Rousseau.* Columbia University Press.

223 인물 이승만과 박정희가 있다. 유권자들의 과거회고적행태 유발전략과 연관하여 종종 이승만, 박정희를 '친일'(親日)로서 상징화하곤 한다. 이승만 대통령은 한성정부, 상해임시정부, 제1공화국이후 대한민국의 초대 국무총리, 초대 집정관, 초대 대통령의 지위에 있었다. 박정희의 경제개발을 통한 '부국강병'(富國强兵) 등 많은 공적에도 불구하고, 두 인물 모두 장기집권으로 빛이 바랬다. 다양한 의견이 있겠지만, 필자의 견해로는 두 인물 모두 이념적으로는 오히려 우파 '민족주의'(民族主義, nationalism)에 가깝다고 본다. 이렇게 본다면, '민족주의자'들이 청산의 대상이라는 허황된 상황이 발생하는 것이다. 이승만 시절에 한 · 일국교정상화는 있을 수 없었으며, 대마도가 한국의 영토라는 국제청원을 한 것도 이승만이란 인물이다. 박정희 시절에 중공업의 수준이 일정단계에 이르면서 자체적으로 무기를 개발하고, 심지어 핵무기 개발을 검토하고 일부 실천하려 했음은 주지의 사실이다. 이러한 프레임이 발생하는 것은 보수세력 내부의 논리적 박약성(薄弱性)의 문제일런지도 모른다. 보수는 왜 임시정부의 존재를 소중히 다루지 못했던가? 지금은 이러한 시각이 어느 정도 극복되었지만, 과거 보수세력들은 소위 '뉴라이트'운동 속에서 1948년 8월 15일 1공화국 건립이후의 초대 대통령이었던 이승만을 '국부'라고 말하면서, 그 때를 '건국절'(建國節)로 하면서 상대적으로 그 이전의 임시정부의 역사를 경원시 해왔다. 현재 제6공화국헌법도 전문(前文)에 "....임시정부의 법통(法統)을 이어받아..."라고 선언하고 있다. 첫째, 이승만은 1948년 1공화국 태동이후 대한민국의 첫 대통령만이 아니다. 1919년에 국가독립운동의 거의 모든 세력들이 참여하고 조합되어 출범시킨 상해 임시정부 수립시에도 초대 대통령이었다. 그리고 그 직전에는 한성정부의 초대 집정관이었고, 상해임시정부 직전에 의원내각제를 도모하는 단계에서는 초대 국무총리로 천거되었다. 우국지사들의 합의로 이승만이란 인물이 존재했던 것이다. 당시 우국지사들이 합의로서 이승만을 국가위기의 지도자로 지명하고 선출했다는 점이다. 하지만, 1공화국 출범이후에 헌법개정을 통한 장기집권으로 인물의 이미지에 빛이 바랜 것도 지적하지 않을 수 없다. 그렇다고 해서, 나라가 없던 시절에 국가독립을 위해서 국제적으로 활약했던 대한민국 공화국의 초대 대통령이 '친일'(親日)이란 이름으로 청산의 대상이 될 수 있겠는가? 보수와 진보라는 진영논리 속에서 일본을 대상으로 인물들에

한가? 과거를 무조건 잘못된 시각으로 부정하는 것이 사회 내에서 갈등을 부추기면서 미래로 나가는 걸림돌이 되기 때문이다.

선거과정에서의 선거전략으로서의 상징조작은 잘못 사용되고 인식되는 경우 선거이후에도 정치과정에서 지속적으로 국민통합을 저해할 수 있어 유의해야만 한다. 상징체계를 구축하는 것 자체가 문제는 아니다. 그 상징체계가 과연 적합한 것으로 인정될 수 있느냐가 더 중요하다. 어떤 사회에 존재하는 '상징체계'는 특정 집단만의 주장이 아니고 경쟁하거나 상호작용하는 집단들간에 장시간 형성된 상호작용의 결과물이다. 우리의 특정 역사를 특정 세력과 연계하거나, 부적절하거나 허황된 '상징체계'를 구축하거나, 나아가 그러한 잘못된 상징체계를 권력투쟁의 수단으로 전락시키는 불행한 일은 없어야 한다. 민주사회에서 선거경쟁이 치열해도 '국가통합'의 근간을 흔드는 일은 없어야 한다.

인간은 미래에 대한 희망을 갖고 살아간다. 과거없는 현재없고, 현재없는 미래는 없다. 정치과정에서 선거정치에서 가장 중요한 것은 민생복리를 실현하는 것이다. 자칫 선거민주주의가 지나치게 과거회귀형에 함몰된다면, 현재 시점에서의 민생복리를 돌보는데 해가 될 수도 있다. 지나치게 과거회귀적인 사회는 분노로 얼룩진 사회가 될 수 있으며, 이는 선거민주주의의 선순환에 악영향을 끼칠 수 있음을 돌아보아야 할 것이다.

분노유발전략은 유권자들의 "과거 회고적 행태"와 연관된다. 대다수의 유권자들은 선거과정에서 후보자들이 '인신비방경쟁'보다는 '정책경쟁'을 해주기를 원한다. 이 때, 인신비방경쟁은 과거회고적인 것이고, 정책경쟁은 미래전망적인 것이다. 정당이나 후보자는 선거전략으로 유권자에게 회고적 행태 유발 전략을 사용할 것인지 전망적 행태 유발 전략을 사용할 것인지를 고민하게 된다.

1992년 김영삼 후보가 대통령에 당선되면서, 실질적인 문민정부가 출범하였고, 1997년 김대중 후보가 대통령에 당선되면서, 선거에 의한 여당과 야당간에 최초의 정권교체가 있었다. 1992년 이전에는 유권자들의 투표행태에 '여당성향'(與黨性向)과 '야당성향'(野堂性向)이란 것이 있는데, 이는 과거 박정희 정권의 장기집권하에서 형성된 일종의 유권자 성향이다. 적어도 1992년 이전에는 한국유권자 행태를 설명함에 있어서 현재 시점에서 이념성향 못지 않은 근본적 변수(fundamental variable)의 성격을 지니고 있었다.[224] 여당성향, 야당성향이란 것은 한국선거과정에서 이념경쟁구도가 정착하기 이

대한 과거행적에 대한 논의가 있다면, '친일'이란 용어로 한정하기 보다는, '극일'(克日)이나 '승일'(勝日)이란 차원에서 해석되고 승화될 필요가 있다. 1919년에서 1945년까지 임시정부의 역사 속에 '민족주의세력'(우파)와 '공산 · 사회주의세력'(좌파)의 분열이 있었다. 독립과정에서 분열을 극복하기 위해서 1925년엔 '전민족대당체'(全民族大黨體)나 '민족유일당운동'(民族有一黨運動)이 주창되기도 했다. 그 세력적 우위와 권력의 정통성은 상대적으로 상해임시정부의 '민족주의세력'에게 있었다. 시발단계에서 상해임시정부는 모든 세력들이 규합을 시도한 정부이며, 극단의 상황에서도 지금의 시각에서도 전혀 하자가 없는 체계화된 '임시정부헌법'을 지니고 5번의 헌법개정을 통해서 그 정부를 유지해 왔다. 다양한 소집단의 임시정부세력들이 난립했지만, 상해에 구축된 임시정부와는 비교가 되지 않는다. 민족주의세력이 중심이 된 상해임시정부의 권력의 역사를 보수진영이 경원시 하다보니 소위 국가주의, 민족주의(우파의 개념)에 근간한 '광복회'(光復會) 마저도 보수-진보 논쟁의 각축장이 되었다. 대한민국의 역사적 연원이나 교과서적인 정의와도 무관하게 현재 시대에는 민족주의 상해임시정부 세력이 오히려 좌파 진보세력과 친화력이 있는 듯하다. 민족주의가 진보, 좌파라는 스테레오타입이 형성된 것이다. 1970년대와 1980년대에 학생운동세력들이 민주화운동과정에서 구축된 진보의 이미지가 민족통일-진보와 같이 가면서 진보가 민족이란 말을 점유하는 계기가 되었는지도 모르지만, 사실 분명하지는 않다. 더 근본적인 문제는 1948년 8월 15일이 국가 '건국절'(建國節)이라고 하니 우리의 현재 건국절이자 국경일인 10월 3일 '개천절'(開天節. BC. 2333)은 허공에 떠 있다. 그렇다면 한국이 1948년에 건국되었다는 것인가? 한국이 그렇게 짧은 역사의 국가인가? 단군조선은 차치하고라도, 고구려-신라-백제, 발해, 고려시대, 조선시대는 지금의 한국과는 무관한가? 건국일은 말 그대로 국가가 탄생한 날짜이다. 1948년 8월 15일은 '대한민국 제1공화국 건립일'이 더 적절한 용어일 것이다. 건국절 논쟁도 '우파진영'과 '좌파진영'의 진영논리 속에서 허상화된 결과물일런지도 모른다.

224 조중빈. (1993). 유권자의 여야성향과 투표행태. 이남영 (편.), *한국의 선거 I* (pp. 49–65). 나남.

전에 한국의 선거경쟁구도를 설명하기 위한 도구였다. 3공화국, 4공화국, 5공화국 시절엔, 권위주의정부의 산업화추진에 찬성하는 '산업화 세력'과 민주주의 성취를 지원하는 '민주주의세력'으로 대별 되었다. 더 폭넓게 정의하자면, 그래도 정부가 하는 일을 밀어줘야 한다는 '여당성향'의 유권자와 권위주의적 정부에 대한 비판세력으로의 '야당성향'의 유권자로 대별되어 있었다.[225] 역설적으로, 6공화국이 시작하고 40년이 다 되어, 보수-진보 이념경쟁구도가 정착한 이 시점에도 여전히 여당성향과 야당성향이란 투표성향은 대선과정에서 정권유지나 정권교체냐를 이해하는데 유용한 개념이다. 현재의 시점에서 반추해 보자면, 당해 시점에서의 여당성향이란 '그 시점에서 안정을 원하는 세력'이고, 야당성향이란 '그 시점에서 변화를 희구하는 세력'이란 설명도 가능할 것이다.

민주주의 사회에서 선거의 기능은 무엇인가? 라는 질문에 이런 대답이 가능하다. "민주주의 사회에서 유권자들은 재선(re-election) 기회를 극대화하기를 원하는 정치지도자들을 제지할 수 있다". 현직자(incumbent)가 재선을 추구할 때 그것을 유권자들이 투표로서 제지할 수 있다는 의미는 '회고적 투표' 성향을 전제로 한다. 상대적인 선거경쟁 구도하에선, '도전자'(challenger)에게 투표하는 경우도, 상대적으로 현직자보다 더 선호한다는 의미이며, 현직자보다 더 선호한다는 것의 판단기준은, 반드시 정책이 아니어도, 그 현직자 후보를 회고하고 있다는 의미가 된다.[226]

유권자가 지지하는 후보를 선택하고 투표할 때, 과거를 회고하여 투표하는 성향이 강할까?, 아니면, 앞으로의 미래를 전망하면서 투표하는 성향이 강할까? 한 명의 유권자에게 두 가지 투표행태성향이 모두 발견될 수 있을 것이다. 유권자들에게 어느 성향이 더 강한지를 살펴본다면, 과거를 기억하는 성향이 최소한 비슷하거나 더 강한듯하다.

읍소전략(泣訴戰略)이란 것이 있다. 일반인들의 입장에선 유치하거나 뻔

하게 속들여다 보인다고 하지만, 그래도 정치인들은 그렇게 한다. 이유가 있다. 선거구도는 후보자들도 중요하지만, 여당 대 야당의 구도로서 치러지면, 어떤 선거이건, 해당 선거에서 여당이 있고, 야당이 있다. 후보자들은 여당의 후보이거나, 야당의 후보이다. 여당 후보는 행정부의 지난 임기 동안의 업적을 갖고서 선거를 치르기 때문에, 더욱더 비판에 노출된다.[227] 다시 말해서, 선거는 대통령선거는 '정권유지냐, 정권교체냐'의 게임인 것이고,[228] 국회의원선거는 여당의 입장에선 정권유지를 하기에 유리한 교두보를 확보하는

225 조중빈. (1993). 유권자의 여야성향과 투표행태. 이남영 (편.), *한국의 선거 I* (pp. 49–65). 나남.

226 이곤수, & 김영종. (2010). 6.2 지방선거의 현직효과: 경기도와 경상남도 도지사 선거의 비교 분석. *지방정부연구,* 14(3), 355–371; 김정기. (2012). 2010년 (통합)창원시장선거에서 유권자의 투표행태 분석: 후보자요인, 정책공약, 직무수행평가를 중심으로. *한국행정논집,* 24(1), 211–234; 신정섭. (2019). 2018년 광역자치단체장 선거에서 나타난 회고투표 행태: 정치적 책임할당, 정치적 지식, 소득수준을 중심으로. *21세기정치학회보,* 29(2), 1–22.

227 김형준. (2010). 6.2 지방선거 분석: 집합자료 결과와 유권자 투표 행태를 중심으로. *국제정치연구,* 13(2), 205–231; 유진숙. (2009). 4.29 재보궐선거와 정당: 정당전략적 관점에서의 중간평가모델의 검토. *국가전략,* 15(4), 191–208; 박성복, & 이정기. (2012). 정보원, 정치심리, 후보자 평가 요인이 투표 유형에 미치는 영향에 관한 탐색적 연구: 2011년 분당을 지역 선거에서 여당에 대한 보상 및 처벌적 투표행위를 중심으로. *한국소통학보,* 18, 165–201; 하세헌, 최경희, & 고선규. (2014). 2014년 지방선거에서 유권자의 표심변화와 지역정치의 과제: 부산과 대구지역을 중심으로. *21세기정치학회보,* 24(3), 343–364; 차영란. (2020). 정치 PR 전략으로서의 SNS 메시지: 21대 총선을 중심으로. *한국콘텐츠학회 논문지,* 20(9), 208–223.

228 정당간의 문제에서는 정권유지냐 정권교체냐의 문제이지만, 당내에서 교체전략과 유지전략은 같은 용어이면서도 다른 내용의 전략이다. 당내에서의 교체전략이나 유지전략이란 대항마의 문제를 의미하는 것이다. 당내에서 후보자를 내세움에 있어서 기존에 대세이던 후보자를 유지할 것(Plan A)인지, 아니면, 보다 새로운 인물로 교체할 것인지(Plan B)의 문제이다. 일반적으로 플랜 A인 경우에는 "준비된 후보전략"이란 것이고, 플랜 B로 가는 경우 내세우는 것이 "세대교체전략"이란 것이다.

것이고, 야당의 입장에선 정권교체를 하기에 유리한 교두보를 확보하는 선거게임이다.[229]

이때 야당은 준비된 후보로서 유능정권을 창출할 수 있다는 상황을 보여줄 필요가 있으며, 대개 이런 전략을 구사하게 된다.[230] 특히, 야당은 유권자들의 불안감을 최대화하는 소위 '불안감 심기 전략'(raise fears strategy)을 이용한다.[231] 유권자들의 불안감을 최대화하는 가장 큰 두 개의 변수는 현정부하에서의 '부패'와 '경제실정'이다.[232] 이 두 가지가 사실상 정권교체냐 정권유지냐를 계기판이 시키는대로 결정하게 된다고 해도 과언이 아니다.[233]

7) 참모전략: '선거전문가' 이용 전략 vs '온라인' 가용 전략

고전적 작품들에서 정치영웅들끼리의 권력경쟁과정을 읽어보면, 대개 탁월한 식견의 참모들을 거느리고 있다. 일반적으로, 세상에 대한 공명심이 남다른 정치영웅들의 공통된 속성들 중의 하나가 소위 "인재(人才)에 대한 욕심이 많다"는 것이다. 실제로 그러한 인재들을 참모로 했을 때, 권력경쟁에서 앞서 나가게 된다.

현대의 선거경쟁과정에서 '훌륭한 참모'는 누구인가? 시류를 보면, '정치전문가'(또는 정치컨설턴트)나 주위의 당직자들이 후보자에게 선거지략을 알려주는 것이 일반적이다. 그런데, 소위 '뉴미디어시대'라고 일컫는 모바일 SNS시대에 '훌륭한 참모'는 반드시 사람일 필요가 없다. 온라인(on-line) '빅데이터'(big data)는 그런 자격을 지니고 있다. 유권자들의 성향이 실시간으로 업데이트되는 '측정성'과 이에 따른 맞춤형 '응답성'을 제공할 수 있기 때문이다. 만약 후보자가 자유자재로 빅데이터를 사용할 수 있는 능력이 있다면, 세상에 이렇게 훌륭한 참모는 없을 것이다. 어떤 개체보다도 좋은 참모의 자격을 갖추고 있다. 정치과정에서 온라인이 지닌 고유의 가용성이 그대로 활용되는 것은 아니다. 빅데이터를 사용하는 경우 주제에 맞는 데이터통합의 범위를 설정하고, 가동하여, 원하는 결과물을 출력하고, 이에 맞는 후보자의 응답방식을 도출하는 것은 선거과정에서 후보자가 직접 할 수 있는 일이 아니다. 빅데이터 활용을 위한 별도의 참모들이 필요할 것이다.

온라인 정치는 매우 미묘한 패러독스(paradox)를 만드는데, 그것이 바로 "각 개인들이 사실(facts)을 파악하기 위해서 세상의 다양한 정보들에 실시간적으로 바쁘게 대처하면서도, 그러한 사실관계에 대해서 여유롭고 느슨하게 다루면서 대처한다는 것이다." 이것은 소위 "사후(事後) 진실의 정치"(post-truth politics)라는 현상을 만들어 낸다.[234] 사실은 밝혀지겠지만, 선거기간은 정해져 있다. 결국 대표자를 뽑는 대의민주주의에서 "악화가 양화를 구축하는" 매우 위험한 상황을 초래할 수 있다. 기획되고 포장된 가짜뉴스가 사실을 과장하거나 축소하면서 양심과 능력 중에 최소한 하나라라도 지닌 자로서 정치인을 뽑는 것이 아니라, 무능력을 허위로 포장한 정치꾼을 뽑을 가능성

229 최용주. (2008). 제18대 총선 정치 광고 연구: 메시지 내용 분석과 정치 마케팅적 분석. *한국소통학보,* 10, 73–120; 강원택. (2009). 2007년 대통령선거와 18대 총선: 누가 왜 바꿨나. *한국과 국제정치,* 24(3), 1–28; 배성인. (2014). 19대 총선과 진보정당: 이슈와 전망: 평가, 야권연대, 선거전략. *경제와사회,* 103, 313–343.

230 김영욱. (2011). 선전, 보수세력 그리고 언론: 선전전략으로서 '잃어버린 10년' 분석. *한국언론정보학보,* 53(1), 100–120.

231 이영작. (2001). *대통령선거전략 보고서: 97 김대중 대통령만들기.* 나남, pp. 133–139.

232 이영작 박사는 유권자들의 경제문제에 대한 두 가지 판단방식 중에서 국가경제사정(socio-tropic)에 대한 판단보다 개인주머니사정(pocket book)에 의한 판단이 중요해 질 것으로 보았다. 참고로1997년 당시는 '외환위기'로 국가부도상황의 시기였다. 이영작. (2001). *대통령선거전략 보고서: 97 김대중 대통령만들기.* 나남, p. 25.

233 이외에 여당과 야당이 모두 사용할 수 있는 이슈는 "세금감면해주기" 공약이다.

234 Viner, K. (2016, July 12). How Technology Disrupted the Truth. *The Guardian.*

이 있다. 물론, 온라인(on-line) 세상을 설명할 때, 잘못된 정보를 퍼뜨리는 능력들을 가진 자들로 인한 비관론만이 전부는 아니다. 잘못된 정보를 바로 잡으려는 노력과 자정(自淨)기능으로 세상사(世上事)의 '사필귀정'(事必歸正)에 대한 낙관론도 있다.

정치판에는 여러 사람들에게 덕망과 능력으로 많은 이들에게 추대받을 만한 인물들이 들어온다고 보는 사람들은 많지 않다. 정치인들은 대개 자가발전(自家發電)을 통해서 발을 들여놓게 된다. 정치판이 거칠다는 이유만으로도, 정치판은 들어갈 곳이 못된다는 이야기를 많은 사람들이 한두 번쯤 들어보았을 것이다. 그것이 현실이다. 그렇지만, 정치는 시민들의 운명을 담지한 중차대한 현실이기 때문에, 아무나 할 수 있는 것이 아니다. 아무나 해서도 안 된다. 정치는 기능직이나 기술직이 아니며, 일종의 종합예술직이라는 것이 사실에 가깝다. 각급 단위별로 각 정치인은 일종의 오케스트라 지휘자와 같은 역할을 하는 직업인이다. 선거과정에 온라인 매체의 부정적 측면이 두드러지면, 정당민주주의에 근거한 선거민주주의라는 형식이 민주주의를 성취하는데 퇴보의 길을 걸을 수도 있다. 소셜미디어 혁명의 패러독스는 파편화된 개인의 존재감이 강조됨과 동시에, 보다 많은 사람들의 참여로 집단속의 개인의 존재감은 상쇄된다는 것이다.

뉴미디어시대에는 소셜미디어 플랫폼들이 정치정보 전달의 수단으로서의 중요성이 크게 증가한다. 이런 방식은 후보자와 유권자 모두에게 필요한 편리성을 제공하였다. 소셜미디어 플랫폼에서는 유권자들이 후보자들과 실시간 의사소통을 통해서 그 유대감을 증진시키게 되며[235], 팬덤(fandom) 현상이란 것은 소셜미디어로 인해서 그 규모가 커지고, 심도가 깊어졌다. 팬덤은 단순히 유권자의 지지자들로서 그 역할을 멈추지 않고, 그들은 유권자에 버금가는, 아니 그 이상의 적극적 선거운동원이 된다.

여기서, 선거경쟁과 관련해서 중요한 것은, 후보자 입장에서 유권자 개개인에게 맞춤형 서비스가 가능한 것인가 하는 점이다. 후보자가 선거운동을 하면서, 유권자 개인의 특성을 반영한 개인별 맞춤형 정보를 보내면서 소통하는 것이 가능하다면 득표활동에 큰 도움이 될 것은 자명한데, 과연 현실적으로 맞춤형 서비스가 가능하냐는 것이다. 소셜미디어시대의 온라인 홍수속에서 유권자들은 선거기간동안에 여론조사 및 선거운동이라는 명분하에 동일한 문자를 반복하여 받으면서 오히려 문자를 무시하는 단계에 이르렀다.[236] 후보자가 유권자에게 정보를 전하고, 자신을 지지하는 설득의 수단으로서 이용하기에 한계가 있는 것이다.[237] 하지만, '빅데이터'를 제대로 활용하면 이런 한계 상황은 극복된다.[238]

선거상황에서 빅데이터를 사용한 것은 1990년대 미국에서부터이다. 미국 민주당과 공화당은 인구조사기록파일, 유권자등록파일, 이슈관련 이익단체들의 회원명단파일에서 정보를 조합하여 통합 데이터베이스 파일을 만들게 되었다. 정당지지성향이 있는 이익단체들의 회원명단이 인구조사파일, 유권자파일에 결합되어 몸집을 불리는 경우, 초기 과정에서는 단순히 기존 지지자들에 대한 정보를 중심으로 형성되는 경향이 있지만, 신규유입을 통한 세

235 유현중, & 김문주. (2015). 정치 후보자의 정치담론 분석을 위한 탐색적 연구: 2014년 7 · 30 재 보궐 선거 유세 기간에 트위터 메시지를 중심으로. *광고PR실학연구,* 8(2), 111-139.

236 김연하, & 김현석. (2016). 정치 후보자의 모바일 메시지에 대한 흥미와 짜증이 후보자 태도에 미치는 영향: 부정적 메시지를 중심으로. *조형미디어학,* 19(2), 19-26.

237 윤성이. (2008). 17대 대선에 나타난 온라인 선거운동의 특성과 한계. *한국정치학회보,* 42(2), 203-230; 금혜성. (2014). 18대 대통령 후보들의 뉴미디어 선거전략 평가. *21세기 정치학회보,* 24(1), 121-144.

238 노규성. (2013). 빅데이터 기반 선거캠페인 전략에 관한 탐색적 연구. *디지털융복합연구.* 11(12), 113-120.

력의 확장, 또는 부동층에 대한 지지보다는 기존 지지층을 동원하는데 효율적으로 사용될 것이다.[239] 하지만, 빅데이터가 점점 더 그 역할의 영역을 불리는 경우엔, 잠재적 지지자에 대한 (적어도 정당지지세를 확장하기 위해서 어떤 사람들을 공략해야 할 지에 대한) 정보체계의 단서를 제공할 수 있다. 만약에, 이런 데이터가 개인들의 일상생활 속에서의 동선(動線)에 대한 자료와 결합하고, 그러면서 개인의 소득수준, 생활패턴, 거주지역, 소비성향, 취미, 접촉하는 사람들의 부류 등에 대한 통합된 정보로 확장되어 '빅데이터'가 된다면, 이것은 이야기가 달라진다. 정당과 후보자는 이러한 개인에 대한 완벽한 정보를 바탕으로 정책별 지지성향과 주요정책에 대한 선호정도, 나아가 투표성향을 추론하는 것이 가능하며, 그런 유권자를 설득하여 만족을 주기 위한 완벽한 맞춤형 서비스가 가능한 것이다. '빅데이터'는 '측정성'[measurability: 누가 무슨 콘텐츠를 클릭하면 그것을 클릭한 자의 세세한 개인정보에 연결시킬 수 있음]을 지니고 있다.[240] 후보자는 유권자들을 대상으로 '표적 선거운동'(targeting campaign)을 할 수 있어서 좋고, 유권자는 맞춤형 서비스로 응답을 받을 수 있으니 좋을 것이다.

빅데이터의 세상으로 변화하고 있지만, 그런 것에 개의치 않고, 관행적으로 지속되는 일들이 있다. 여러 가지 이유가 있을 것이다. 빅데이터 세상으로의 변화가 그 가용성에 있어서 실질적으로 완성될 수 있을지 회의적인 사람들도 있고, 또 빅데이터에 익숙해지기엔 게으른 사람들도 있고, 아예, 그런 일들이 벌어지는지 제대로 인식하지 못하는 사람들도 있을 것이다. 어떤 이유에서든지 오프라인상에서의 참모의 존재와 기능은 지속된다.

정치과정에서, 그리고 선거전략에서 참모의 중요성은 아무리 강조해도 지나침이 없을 것이다. 빅데이터를 '고용'하는 것이 최고의 참모이겠지만, 현실적으로는 빅데이터를 운용하는 회사나 가용할 수 있는 분석가를 고용하는 형태가 될 것이다. 그런데, 이들 빅데이터분석가들이 '정치적 감각'을 갖고 있는가는 별개의 문제이다. 분명히 정치는 기능이나 기술(technique)이라기보다는 '예술'(art)의 영역이다. 안되는 것도 되게 하고, 되는 것도 안되게 할 수 있다. 그래서 모든 가능성이 열려 있다. 선거운동이 지엽적인 일종의 기술이나 전술(tactics)의 차원이라면, 선거전략은 종합적인 일종의 예술적 차원일 것이다.

선거에서 어떤 후보자가 승리할까? 선거는 후보자 개인과 후보자 개인 사이의 경쟁이 아니다. 후보자와 후보자 측근이 하나의 시스템을 만들고 있다면, 선거는 후보자 시스템과 후보자 시스템 사이의 싸움이다. 이렇게 본다면 경쟁력 있고 유능한 시스템을 구축하고 있는 후보가 선거에서 승리할 수 있을 것이다. 그래서 후보자의 참모와 가신(家臣)이 얼마나 중요한가는 아무리 강조해도 지나침이 없다. 참모와 가신이 모두 공식적인 직위로 자리매김되는 것은 아니다. 후보자를 둘러싼 참모조직은 비공식적 조직도 있고, 공식조직도 있게 된다.[241] 특히 한국의 대통령선거처럼 선거과정에서 '선거캠프'를 중심으로 모든 것이 형성되는 정치과정에서 더욱 더 그러하다. 선거경쟁

239 Hersh, E. D. (2015). ***Hacking the Electorate: How Campaigns Perceive Voters***. Cambridge University Press.

240 Petre, C. (2015). ***The Traffic Factories: Metrics at Chartbeat, Gawker Media, and The New York Times.*** Columbia Journalism School: Tow Center for Digital Journalism.

241 비공식조직이 더 중요하다고 보는 시각도 있다. 사실 후보자가 어떤 사람들로 공식조직을 구축할 것인지의 시초는 비공식조직에서 시작할 수밖에 없기 때문이다. 예를 들어서 대통령 후보자가 대통령직에 당선된 후에 구축하는 공식조직이 장관들로 구성되는 '국무회의'이다. 그리고 국무회의에 임명되는 장관들은 반드시 공식조직에서만 추천되는 것은 아닐 것이다. 비공식적 조직에 있던 참모가 공식 참모조직에 들어가기도 하고, 대통령직을 유지하는 내내 비공식적 영역에 머물러 있기도 한다. '비선(秘線)조직'없는 정치는 없을 것이다. 문제는 그러한 비선을 구성하는 참모들의 전문성과 역량을 적어도 대체적인 시각에서(또는 참모들의 존재가 논란이 된 경우엔, 국민들의 눈높이라는 시각에서) 인정할 수 있는지 없는지의 문제일 것이다.

에서 좋은 참모란 선거경쟁에서 필승전략을 구상하고 후보자가 이를 실천할 수 있도록 충심으로 돕는 자이다. 사실 선거후보자에게 참모란 '심복'(心腹, confidant)이나 '가신'(家臣)이란 말이 더 적합할 것이다. 정치인에게는 자신이 믿고 모든 것을 상담할 수 있는 심복이 필요하다. 그래서 심복은 공식적 직위보다는 '비선(非線)라인'으로 존재하는 것이 더 상황에 맞을 수도 있다. 비선라인과 공식라인의 중간쯤에 존재할 것이다.[242] 특정 직위를 맡고 자신의 직위 업무에 바쁜 자가 정치인의 좋은 참모가 된다는 것은 기대하기 어렵다.[243] 한국의 정치토양에서 모든 정치적 몰락은 배신에서 비롯된다는 시각을 받아들인다면, 한국의 정치토양에서는 믿을 수 있는 동지(同志)들을 중심으로 정치를 하는 것은 자연스러운 일이며, 한국정치과정에서 '가신정치'의 불가피성이 일정 수준 인정된다.[244] 그런데, 생각해 보면, 과연 가신정치가 한국만의 일인가? 프랑스에서 대통령은 (특히 '여소야대' 정국하에선) '내각'(cabinet)과는 별도로 자신의 가신들로 구성된 내각을 따로 두게 되는데, 이를 '부엌내각'(kitchen cabinet)이라고도 한다. 샹젤리제 궁의 부엌에서 따로 회의를 한다는 의미이다.

인공지능(AI) 이용의 확산과는 별도로, 오프라인상의 참모정치는 이어질 수밖에 없을 것이다. 정당의 입장에서 보자면, 정당은 '선거전문가정당'으로 기능할 것이란 의미이다. 정치인들이 공식일정만 소화하는 것은 아니다. 비공식 일정들도 소화하는데, 한국의 정치문화는 공식조직뿐만이 아니라 비공식조직의 기능도 중요하고, 마찬가지로 비공식일정도 중요할 수밖에 없다. 정치가 행해지는 한 일정 수준 '막후정치'(幕後政治) 과정에서 유능한 정치전문가의 조언은 불가피하다. 정치과정에서 막후정치가 없어지지 않는 한, 정치전문가는 계속 존재할 것이다. 정치인이 이들 정치전문가들의 이견(異見)이나 분열을 조정할 능력을 자신 스스로가 갖지 못하면, 정치행위는 한계에 봉착할 수밖에 없다. 정치인이 데이터를 얻는 것과, 얻은 해당 데이터를 해석하고 조언해 주는 참모의 존재가 본인의 성공적인 정치일정에 도움이 되기 때문일 것이다.

정당경쟁체계에서 과점경쟁의 부정적 모습을 일깨웠던 캣츠와 메어(R. Katz and P. Mair)는 경제시장에서의 관념을 원용한 '카르텔정당'(cartel party)이란 용어로서 정당(후보자)과 유권자 사이의 관계의 특성을 지적한 바 있다.[245] 캣츠와 메어는 2~3개 정도 정당들의 권력과점은 해당 정당이나 후보자가 시민다수에 대하여 실시간적 장악력과 통제력을 갖기 때문인데, 그러한 장악력과 통제력은 '전자매체'의 증가를 통해서 가능한 것으로 보았다. 과거에 정당의 선거유세에서는 인쇄매체나 오프라인(off-line) 접촉을 통해서 시간과 공간의 제약하에 유권자와 후보자 사이에 정치적 교환이 성립했다. 하지만, 지금은 유권자와 후보자 사이에서 오프라인은 기본이고, 온라인(on-line)접촉이 기하급수적으로 증가한 상태이다. 이렇게 본다면, 카르텔정

242 비선(秘線 또는 비공식)라인이라고 해도 수준과 정도의 문제이다. 국민들의 상식은 그러한 비선이라고 해도 용납할 수준이 있고, 그렇지 않은 수준이 있을 것이다. 국민들은 자신의 대통령이 상식바깥의 사람을 비선조직으로 데리고 있을 때 용납하기 어려울 것이다. '박근혜 대통령탄핵사건'의 원인을 여러가지 측면에서 볼 수 있겠지만, 가신정치라는 차원에서 보자면, 단순히 비선조직이 있었다는 것이 문제가 아니라, '최순실'이란 인물에 대한 국민들의 평가의 결과물일 것이다. 비선조직이 없는 정치는 없을 것이다. 국민들이 분노한 것은 비선조직의 존재 그 자체라기 보다, 비선조직에 있었던 인물의 됨됨이일 것이다.

243 이영작 박사는 심복 또는 가신들 자신이 정치전면에 나서게 되면 정치적 물의가 생기게 된다고 지적한다. 지도자가 가신집단의 충성심을 유발할 수 있는, 소위 올슨(M. Olson)의 선택적 동기(selective incentive)의 제공[즉, 당선후에 공신들에 대한 직위보장하기] 문제는 후보자에게 닥친 또 다른 고민이다. 이영작. (2001). *대통령선거전략 보고서: 97 김대중 대통령 만들기.* 나남, pp. 277–278.

244 이영작. *대통령선거전략보고서: 97김대중대통령만들기.* 나남, pp. 276–280.

245 Katz, R. S., & Mair, P. (2009). The Cartel Party Thesis: A Restatement. *Perspectives on Politics,* 7(4), 753 – 766.

당은 미디어의 기술적 발달이 없었다면 성립하지 않았을런지도 모른다. 온라인 정치시장은 군소정당들의 활동과 생존의 여지를 확장시킬 것인가? 그렇게 낙관적인 대답이 많지 않을 것이다. 온라인 경제시장을 보면, 오히려 자유로움보다는 거대한 포털사이트를 중심으로 상권이 거의 집중된다. 어떤 시장의 종류이건, 온라인 매체는 분산화된 자유로움으로 파편화의 경향을 지니기보다는, 몇 개의 주목받는 개체로 집중화하는 현상을 심화시킬 개연성이 농후하다.[246]

소셜미디어는 시민사회로부터 다양한 목소리를 분출하게 한 것도 사실이지만, 그 각개의 의견들이 보다 더 효율적으로 확산될 수 있는 위치로 가기 위해서, 몇 개의 플랫폼(platform)을 중심으로 개진되면서, 플랫폼 그 자체에 종속될 가능성이 있다. 그래서, 해당 플랫폼을 어떤 이념을 지닌 자가 운영하는지, 그리고 그 플랫폼에 더 자주 모이는 사람들의 성향과 계층이 어떤 성격을 지니고 있는지는 매우 중요하다.[247] 온라인 세상에서 보다 많은 사람들이 이용하는 플랫폼을 구성하여 장악한 자는 권력자가 된다.

유권자입장에서 보자면, 무분별하게 동일한 메시지를 반복적으로 보내는 것도 불만족스럽지만, 자신의 모든 정보를 채집 분석한 후에 이루어지는 이런 식의 맞춤형 서비스를 받아 보면, 특히, 그런 일이 반복된다면, 그런 대접을 받는 자신에 대한 자존감이 생기기 보다는 오히려 무서움과 두려움이 생겨날 것이다. 20세기 말에 캣츠와 메어(R. Katz and P. Mair)가 '카르텔정당'의 내용에서 미디어의 역할을 기술할 때만 해도 반신반의하는 사람들이 적지 않았다. 미디어가 전자매체를 통하여 실시간적으로 통제하고 장악한다는 부분은 좀 과장된 예측일 것으로 생각했던 것이다. 하지만, 그것은 사실로 판명되고 있다.[248] 이것은 새로운 사실이 아니다. 과거 조지 오웰(George Orwell)이 이미 예견했던 사실이다. 그러한 상상을 이어 받아서, 김로벨은 '윈스턴의 귀환: Post-1984 디스토피아'(Dystopia)를 통해서 감시와 통제가 지배하는 디스토피아의 도래를 예상하며, '디지털 전체주의'(Digital Totalitarianism) 사회에서 인간의 자유와 풍요는 사라지고 공포와 좌절만 남을 수 있음을 경고했다.[249] 온라인 시대에 국가는 과거보다 더욱 쉽게 개인을 통제하고 장악할 수 있게 되었다.

246 송경재. (2012). 소셜 미디어 시대와 선거의 변화: 인터넷 팟캐스트 '나는 꼼수다'의 대학생 정치참여 효과를 중심으로. *시민사회와 NGO,* 10(1), 43–75.

247 박창문, & 조재욱. (2013). SNS의 정치적 동원기능에 관한 비판적 고찰: 18대 대선에서 트위터를 중심으로. *한국정당학회보,* 12(2) 187–220; 이상신. (2014). 인터넷, 태도극화, 그리고 지방선거: 제6회 지방선거의 투표행태 분석. *아태연구,* 21(4), 273–305.

248 2002년에 미국 의회는 HAVA(The Help America Voter Act)를 통과시키는데, 해당 법안은 각 주들이 선거운동에서 컴퓨터데이터로 사용가능하도록 유권자명단을 만드는 것을 가능하게 하였다. 이후 미국에서 빅데이터 제조와 활용은 급격히 활성화된다. 공화당은 2002년에 '유권자 저장실'(Voter Vault)을 만들어 선거운동에 이용하였고, 민주당은 2004년에 데모질리아(Demozillia)와 데이터상점(DataMart)을 만들어서 대선 선거운동에 이용하였다. Gertner, J. (2004, February 15). The Very, Very Personal Is the Political. New York Times Magazine, 43. 정당이외의 일반 상업기관들도 빅데이터를 제조한다. 당파성이 없는 빅데이터를 만들기도 하고[예를 들면, 국가건립자들(Nationbuilders)], 또는 2016년 트럼프가 사용하기도 한 캠브리지애널리티카(Cambridge Analytica)]의 경우엔 특정 성향의 사람들만으로 제조한 빅데이터이다. Funk, M. (2016, November 19). Cambridge Analytica and the Secret Agenda of a Facebook Quiz. *The New York Times.*

249 김로벨. (2022). *윈스턴의 귀환: Post-1984 디스토피아.* 동방의 손길. 여기서 윈스턴은 조지 오웰(George Orwell)의 〈1984〉의 주인공 윈스턴 스미스(Winston Smith)를 말한다. Orwell, G. (1949). *Nineteen Eighty-Four.* Secker & Warburg. 김로벨의 작품은 조지 오웰의 〈1984〉의 속편(續篇)이다. 윈스턴 스미스는 영국사회당이 지배하는 전체주의 국가 오세아니아의 진리부의 하급관리이다. 국가관리로서 그가 담당한 일은 현실정치의 추이에 맞게 과거 역사와 현존 뉴스들에 색칠을 하여 사실을 변조하는 일을 담당하고 있다. 그러나 윈스턴은 결국 인간의 사고를 통제하고, 행동을 감시하는 전체주의 체제에 회의감을 품게 된다. 조지 오웰은 해당 소설에서 "과거를 지배하는 자가 미래를 통제한다. 현재를 통제하는 자가 과거를 통제한다"는 경구를 남겼다. 물론 지배하고 통제하는 기제의 핵심은 "사실에 대한 조작" 그 이상도 그 이하도 아니다. 과거 〈1984〉에서의 디스토피아는 권력으로 인간을 억압하는 반면에, 현재 '세계화'이후의 '포스트-디스토피아'는 돈으로 통치하며, 그 기능의 효율성은 '디지털매체'를 통해서 확보된다. 마찬가지로, '핀테크'(Fintech) 작동의 근본 조건은 디

시민들에게 온라인 관리가 편리함과 함께 두려움의 대상인 것은 온라인을 통한 조작의 가능성때문이다. 온라인체계에 대한 시민사회의 신뢰감이 어떻게 형성될지는 더 두고 볼 일이다. 온라인이 활성화되어 선거과정에서 작용하더라도, 표면적으로는 오프라인만의 선거를 하는 것과 별 차이 없이 느낄 수도 있다.[250] 이것은 투표당일 투표행위만큼은 '전자투표'로 하지 않고, 오프라인으로 선거인명부를 확인하고 직접 기표하는 행위를 하는 것과 무관하지 않을 것이다. 정치과정, 선거과정에서의 온라인 활동은 이제 모바일 SNS를 넘어서서 이제 다양한 종류의 '빅데이터'를 제조하고 그것들을 정치선전에 활용할 가능성이 높아지고 있다.[251]

국가와 시민사회; 정당과 유권자

정당조직의 유권자 설득은 하위 공직에서 상향식으로 체계적으로 구축되는가, 아니면 "하향식"에서 나오는가?[252] 그리고, 정당이나 후보자가 취하는 선거운동은 어떤 비용과 편익구조를 취함으로서 선거경쟁에서 그의 위치를 최대화할 것인가? 여기서 어떤 비용과 편익에 대해서는 다양한 경우와 함께 다양한 의견이 있겠지만, 그의 위치를 최대화한다는 것의 의미가 '선거승리'임은 자명하다. 대략적으로 두 가지 형태의 답변이 가능할 것이다.

첫째, 유권자들의 일반적인 상황을 고려하는 것이다. 유권자들에게 일반적으로 후보자와 소속정당에 대한 기존의 고정관념을 강화하는 메시지가 더 설득력을 갖을 수 있다. 물론 후보자의 파격적인 언사로 유권자들의 관심과 인지도가 급증하는 효과를 볼 수도 있지만, 후보자는 혼자가 아니라, 정당속의 후보자이다. 이러한 관점에 따르면, 좌파정당은 교육, 사회보장제도, 고용증가 관련 이슈를 강조하고, 더 강력한 성과를 내는 것이 기대된다. 우파정당은 세금감면, 경제진흥과 같은 스테레오타입화된 기대감을 강화하는 메

시지를 내는 것이 비용과 편익의 접근에서 더 득표의 최대치로 가게 된다.[253]

둘째, 유권자들의 각 개인들이 개인적으로 민감해 하는 이슈들을 강화하는 것을 고려하는 것이다.[254] 정당과 후보자들은 공공 정책을 위한 선거경쟁에서 필요로 하는 다른 모든 자원들(당원규모, 후보자의 업적과 명성, 당직

지털매체이다. 정리하자면, 사안의 핵심은 소셜미디어 시대, 디지털민주주의 시대에 개인들은 권력기관에 의한 조작의 손쉬운 먹이가 될 수 있다는 것이다. 자유민주주의 체제하에서 선거민주주의의 선순환을 위해서 고민해 볼만한 중요한 기본 주제이다.

250 장우영, 민희, & 이원태. (2010). 지방선거와 웹캠페인: 제5회 서울시장 선거를 중심으로. *정보사회와 미디어,* 18, 45–86; 정인태. (2014). 유권자들의 소셜미디어 활용 정도가 투표결정요인에 미치는 영향: 2014년 6.4 부산 동시 지방 선거 분석. *지역과 커뮤니케이션,* 18(4), 239–278; 조희정, & 신경식. (2014). 제6회 지방선거의 온라인 참여: 참여유형과 참여효과를 중심으로. *시민사회와NGO,* 122, 117–149.

251 Hersh, E. D. (2015). ***Hacking the Electorate: How Campaigns Perceive Voters.*** Cambridge University Press; Nickerson, D. W., & Rogers, T. (2014). Political Campaigns and Big Data. ***Journal of Economic Perspectives,*** 28(2), 51 – 74; Stromer–Galley, J. (2014). Presidential Campaigning in The Internet Age. Oxford University Press; Nielsen, R. K. (2012). ***Ground Wars: Personalized Communication in Political Campaigns.*** Princeton University Press; Foster, S. (2010). ***Political Communication.*** Edinburgh University Press.

252 Aistrup, J. A. (1996). ***The Southern Strategy Revisited: Republican Top-Down Advancement in the South.*** University of Kentucky Press.

253 Iyengar, S., & Valentino, N. A. (2000). Who Says What? Source Credibility as a Mediator of Campaign Advertising. In A. Lupia, M. D. McCubbins, & S. L. Popkin (Eds.), *Elements of Reason.* Cambridge University Press; Petrocik, J. R. (1996). Issue Ownership in Presidential Elections, with a 1980 Case Study. ***American Journal of Political Science,*** 40, 825 – 50.

254 Hutchings, V. (2003). ***Public Opinion and Democratic Accountability: How Citizens Learn about Politics.*** Princeton University Press; Krosnick, J. A. (1990). Government Policy and Citizen Passion: A Study of Issue Publics in Contemporary America. ***Political Behavior,*** 12, 59 – 92.

자들의 기술, 정치자금, 선거홍보 예산의 규모 등)을 총 동원하여 유권자들의 수요에 응답하려고 할 것이다. 결국, 정당이나 후보자는 선거운동을 통해서 단순히 이런 자원들을 총 동원하는 것(즉, 선거운동에 매진하는 것) 이상으로, 자원의 범위와 추가적인 정치적 자원의 유치에 따르는 요구의 범위에 대해 어떻게 판단하고 어떻게 할당할 것인가를 기획하는 단계(즉, 선거전략)를 통해서 최대화함으로써 유권자 수요에 응답할 가능성이 더 높다. 정당, 후보자, 유권자는 상호간의 정치적 교환관계에서 다음과 같은 상호 차별성으로 대조된다.

① 후보자는 앞으로 일정 기간동안 자신의 정치적 자원 기반을 늘릴 수 없다는 것을 인식하게 되면 기존의 지지층에게 집중하게 될 것이다. 단기적으로, 특정 자원과 비용이 고정된 경우, 정당이나 후보자는 그들이 처한 정치의 위급상황, 변화, 조류에 우선적으로 대처하고, 동시에 그 현실의 제약과 규율 안에서 그의 입지와 그의 수혜자들의 위치를 극대화하려고 시도한다. 장기적 관점을 갖는 실행은 그러한 자원의 변경이 이루어질 수 있다는 기대감과 여유가 있을 때에 가능할 것이다. 당해 선거경쟁은 단기적 처방이나 응답을 위주로 한다. 일단 당해 선거경쟁에서 이기는 것이 능사임은 두말할 나위가 없다. 당해 선거에서의 승리가 미래를 보장하며, 정치자원의 확대는 선거승리의 결과물로서 가능하다. 선거경쟁에서 정당이나 후보자가 단기적 관점에서 유권자에게 응답하려 해결하려는 행위는 상대적으로 '전략'(strategy)적 차원의 것이라기 보다는 '전술'(tactics)적 차원의 것이라는 해석도 가능할 것이다.

② 대조적으로, 정당은 선거승리후 또는 선거패배후의 그의 장기적 운명에도 무관심할 수 없다. 선거는 주기적으로 반복된다. 당해 선거에 집중하지만, 당해 선거가 기관으로서 올인(all-in)해야 하는 최후의 선거는 아니다. 정당의 입장에선 개인 후보자들의 운명보다도 기관적 자율성과 생존이 더 중

요하다. 후보자의 입장에선 정당보다 단기적인 관점에 집중하면서 당해 선거에서 승리하여 선출직을 유지하는 것이 중요하다. 변화가 급격한 소셜미디어시대에 후보자의 일상적인 결정은 장기적인 관점에서보다는 단기적인 관점에서 합리적으로 보이는 것들을 선전으로 활용할 가능성을 배제할 수 없다. 단기적인 호흡으로 진행되는 사회 조류에 대응하지 못하면, 재선에 실패하고, 선거패배이후의 정치복귀를 위한 정치휴지기간을 보내는 것이 다음번의 정치복귀의 기회를 더욱 낮게 할 개연성이 상존한다. 대조적으로 정당(즉 정당의 당직자들)은 기관생존을 위해서 집단 자율성, 집단 성장 및 집단 안전이라는 장기적이며 별로 생색낼 수 없는 문제들에 대해서는 소홀할 수 없다. 그런 경우, 정당이 행하는 행동은, 단기적 관점에선, 현명하지 못한 것처럼 보일 수 있고, 기관의 장기적 집단의 이익과 결부된 정책을 얻는 곳에 비용을 감수하면서 업무를 수행할 수도 있다. 단기적인 차원의 것들이 수익자(즉, 유권자)의 이익을 위한 것처럼 보이지만, 결과적으로는 중·장기적인 관점에서 이익에 반하는 것이 될 수 있다. 반대로, 단기적 차원에선 이익이 아니지만, 장기적 차원에서 이익일 수도 있다. 표면적으로 자유주의적이거나 심지어 급진적인 정치 집단들조차도, 기관의 생존과 자율성을 위해서, 단기적 효과를 위해서 정체성에 적합한 과감한 행동전략보다는, 기관의 생존을 위해서 다소 보수적으로 행동하는 정당전략을 선택하는 상황이 종종 발생하게 된다.

③유권자의 입장에서 정당이나 후보자와의 정치교환 상황을 보면, 경쟁적인 정치상황의 경우보다 과점적인 경쟁의 구도하에서 (특히 선거가 끝난 이후에), 유권자들의 수요에 대한 응답성의 효율성이 낮을 가능성이 농후하다. 과점적 경쟁구도를 이끄는 정당이나 후보자는 잠재적인 경쟁자들이 정치경쟁시장에 들어오지 못하게 하고, 결과가 일정 수준으로 '보장된 게임'(secured game)을 하기 위해서 다른 대안들의 출현을 막으려는 동기가 크

다. 물론 정당이나 후보자의 이러한 동기는 유권자들도 그렇게 과점적 정당들에 대해서 지지를 지속적으로 보냄으로써 유지되고 완성된다. 정치적 과점 시장의 문제는 수혜자들(즉, 사회구성원들)에게 주어진 수량의 정책 단위를 얻기 위해서 더 많은 자원을 포기하도록 강요하는 상황이 발생한다는 것이다.[255]

과점적 경쟁하에서 정치인은 그 정치인이 정치시장에서의 특정 정책에 대한 전문성이나 그런 정책을 다루는 방식을 자신이 독점하거나 주도하고 있음을 유권자들이나 이해관계가 있는 사람들에게 선전한다. 국회의원들이 초선의 입장에서 상임위원회의 배정을 잘 받는 것은 중요하다. 국회의원의 입장에선 처음 정한 상임위원회에서 계속 정치인 생활을 할 수도 있지만, 임기를 반복하면서, 몇 개의 상임위원회를 옮겨 다닐 수도 있다. 일관적이고 장기적인 근무에 의한 전문성의 고양만 논할 것이 아니다. 여러 개의 상임위원회를 넘나든 사람이 정책에 대한 종합적 시각의 차원이 높아질 수도 있다.

정치인은 선거과정에서 정책이나 이슈에 대한 자신이 점유하고 있는 지위나 입장을 유권자들에게 납득시키기 위해 어느 정도까지 선전해야 하는가? 과점 경쟁하의 정치 질서에선 정치인들이 어느 정도 독점적인 통제를 유지할 수 있기 때문에, 선출직을 얻고 유지하는 데 드는 정상적인 비용과 어느 정도 수준의 독점적 통제권을 얻는 데 드는 비용을 분리시킬 수 있다.[256] 정상적인 비용이란 정책을 개발하고 입법화하는 과정에서 발생하는 시간, 조사비용, 회의비, 운용하는 보좌관들의 인건비를 포함하는 개념이고, 선전비용이란 유권자들에게 자신의 이슈개발이나 정책입법에 관한 업적을 선전하는데 드는 비용이다.

선거민주주의는 '의회민주주의'를 구현하기 위한 수단이다. 선거민주주의는 20세기 초반이후 보통·평등선거의 확산으로 본격화되기 시작하였다. 선거민주주의의 역사는 이제 100년정도에 불과한 것이다. 선거민주주의를

17세기 이후의 시점에서 근대 의회주의의 역사적 근원과 연관시켜서 보자면, '납세자(納稅者) 정권'이란 형식을 구현하기 위한 방편이라고 볼 수 있다. 국가에 '세금'을 낸 자들이 반대급부로서 얻은 대표자 선출 권한을 통해서, 그들의 대표를 선출하여 의회에 보내고, 자신들의 안전과 자산을 보호해 주도록 하는 형식을 취하고 있다. 시대적 상황의 변화에 따라서, 선거과정에선 정당이나 후보자가 이용할 수 있는 옵션들이 발생하기 마련일 것이다. 전략을 결정하기 위해 후보자들은 최소 비용으로 해당 정책을 얻을 수 있는 방식으로 자원을 결합하는 방법을 고려할 것이다. 경쟁하는 정치인들의 정치적 힘을 고려할 때, 그들은 이 "비용"을 청중들에게 전가할 수 있을 것이다; 예를 들어, 그들은 (유권자들이 대안을 가질 수도 있고, 가지지 않을 수도 있는) 더 높은 "세금"을 책정할 수 있다. 유권자들이 자유롭게 선택할 수 있는 대안적 정책이나 유권자들의 요구를 더 정확하게 수용해 줄 대안적 정치인이 부재해도, 공무담임자에 의해서 포괄적 수준에서 그럭저럭 뒷받침되고, 엉성하지만 유지될 수 있다. 유권자들은 대안들을 선택해서 추진할 수 있는 동력들(즉, 대안 정책, 대안 정치인)이 없는 곳에선 더 높은 세금에 반대하지 않을 수도 있다. 정책의 수혜자들은 자신들이 세금이 자신과 직접적으로 상관없이 외부의 이익(일반적으로 지역사회가 공유하는 이익)에 쓰이는 경우에도 기꺼이 세금을 납부한다. 이런 차원에서 보자면, 유권자들의 투표행태

255 경제학적 무차별곡선(indifference curve)의 관점에서 수혜자는 과점시장에서 경쟁시장과 비교하여 상대적으로 덜 선호하는 곡선의 위치에 있게 된다. 단적으로 표현하자면, 이것은 전적으로 정당이나 후보자의 기득권력 때문인 것이다. 정치경쟁구도 때문이지, 정당이나 후보자의 역량이나 업적과는 무관한 것이다.

256 정책과 선전의 관계, 그리고 이에 대한 '정치행동'(political actions)에 관한 통찰력 있는 설명은 De Grazia, A. (1962). Political Behavior. The Free Press, pp. 359–360; Wilkinson, P. (1971). *Social Movement.* Macmillan을 참고할 수 있다.

는 선택이란 것이 반드시 자신의 최선의 선호도 아니고, 불가피한 상황에서의 어떤 행태에 불과할 수도 있음을 깨닫게 된다.

유권자가 행하는 투표행위는 현재의 주어진 대의제 시스템과 제도, 자신의 처지와 인식이 결합한 복잡계(複雜界, complexity)일 것이다. 모든 사람마다 처지가 다르고 생각도 다르다. 결론적으로, 이러한 유권자 인식과 행태의 복잡성을 어디까지 단순화하여 어떻게 이해할 것이며, 그런 경우 선거정치 현상을 설명함에 있어서 어떤 적확성을 보장할 수 있느냐가 관건이 될 것이다. 다음 장에서 이에 대해서 살펴보기로 한다.

제 4 장

투표행태

제 4장

투표행태

인류(human beings)는 사회적 동물(social animal)이다. 인간 개인은 집단에 소속되어 사회관계를 맺으면서 살아갈 수밖에 없다는 의미일 것이다. 인류의 문제는 이것이다. 집단을 구성한 구성원들의 생각들이 서로 다르다는 것이다. 서로 다른 생각은 사유차원에 머무르는 것이 아니고 행동으로 옮겨지며 분쟁과 혼란을 초래하게 된다. 의도적으로 어떤 집단에 참여했건, 의도하지 않게 또 어떤 집단에 편입되었건 그 구성원들의 생각과 이익구조가 하나로 일치하는 일은 이상적인 관념 속에서 존재하는 것이지 현실적으로 존재하는 것은 불가능할 것이다. 그렇다면 인류사회의 분쟁과 혼란은 불가피한 것인가? 그러한 분쟁과 혼란을 어느 정도까지 제어할 수 있을 것인가?

하나의 집단은 그 내부를 들여다보면 다양한 하위 집단들로 구성되어 있다. 하나의 국가라는 집단 내부는 다양한 사회집단들이 존재하고, 하나의 사회집단 내부를 보더라도 다양한 성격의 개인들로 구성되어 있다. 이런 경우,

다양한 구성원들은 다양한 생각을 하며 다양한 이익구조를 갖게 된다. 집단의 성격에 따라서 집단 내부의 생각과 이익구조의 동질성의 정도는 차이가 있을 것이다. 어떤 단위의 집단이건 하나의 집단 내부에서 하나로 일치하는 생각과 이익구조가 존재한다는 것은 이상적 차원의 것이지 현실적으로 존재하는 것은 불가능에 가깝다. 그렇다면, 인류가 반드시 해결해야 할 가장 현실적인 문제들 중의 하나가, 하나의 집단 내부에서 다양한 하위집단들끼리, 아니면 하나의 집단 내부에서 다양한 구성원들이 분쟁과 혼돈을 극복하고 공존하는 방법을 찾는 것이다.

이상의 문제점에 대해서 '선거'(選擧: election)와 '투표'(投票: voting)는 일종의 해결책으로서 존재하게 된다. 두 어휘를 사전(辭典)적 의미로서 구분하자면, 선거는 특정 직위에 해당하는 인물을 선출(選出)하는 과정을 총칭하는 것이고, 투표라는 것은 선거과정에서 '나의 권리로서 표(票)를 행사하는 행위'(casting a ballot)을 의미하게 된다. 집단내의 어떤 안건에 대해서 자신들의 이익과 관련하여 서로 다른 이견(異見)이 있는 경우, 투표를 함으로써 해당 안건에 대해서 찬성과 반대가 어떻게 구성되는지를 확인할 수 있다. 집단내의 갈등을 조정하고 관리하기 위한 권력을 갖는 '대표자'를 선출할 수도 있다. 결국 이런 행동은 '정치'라는 행위로 환원되는 것을 알 수 있다. '정치'는 이익이나 권력을 추구하는 개인이나 집단들 사이의 분쟁이나 갈등을 조정하고 해결하는 과정이다.[1]

한 개인의 투표라는 행위는 일종의 수단적 행위인데, 투표 행위자가 갖는 의도에 따라서 해당 표는 전혀 다른 의미를 갖게 된다. 투표의 양(量)적 차원(quantity of vote)에선 모든 유권자들의 한 표는 동등한 가치의 한 표로 계산되는 것이지만, 투표의 질(質)적 차원(quality of vote)에선 각각의 한 표는 상

1 Danziger, J. N. (1991). *Understanding Political World.* Longman.

이한 인식과 내용을 반영하기에 결코 동등하게 취급될 수 없는 것이다. 인간의 행태는 복잡한듯하면서도 단순하고, 단순한 듯 하면서도 복잡하다.

인간이 정치영역에서 실행하는 투표행태는 복잡한 인지과정과 사려깊고 현명한 판단을 하기 위한 고뇌의 결과가 아닐런지도 모른다. 사회구성원들은 선거민주주의의 의미를 모르더라도, 민주사회에서는 선거가 주기적으로 행해지는 행사임을 알고 있다. 이런 경우, 투표는 시민들이 그들 스스로를 국가의 통치에 참여하는 사람으로 생각하게 만든다. 자신의 한 표가 선거결과에 영향을 미칠 가능성이 거의 없고 선거 결과가 미래의 공공 정책을 실제로 바꾸지 않을지라도 투표를 함으로써 국가의 통치에 참여하는 사람으로 생각하게 된다. 이 정도로 충분한 것이지, 유권자가 신중하고 현명한 판단을 위해서 모든 정보를 수집하고, 분석하여 판단할 필요까지는 없다는 시각도 있다. 유권자 자신이 선호하는 후보자는 이성의 결과물이어야 한다는 법칙은 없으며, 감성의 결과물일수도 있다. 유권자가 기대할 수 있는 최대의 희망과 기대는 자신이 투표한 사람이 대표자가 되는 것이며, 자신의 투표로 선거결과가 바뀌는 상황을 목도하는 것일 수 있다. 그러니까, 어떤 이유에서이건, 자신에게 비호감인 후보자가 나오면, 그에게 반대되는 투표를 하여 자신의 투표로 자신이 싫어하는 후보자가 낙선하면 그 뿐인 것이다. 투표행태를 위해서 복잡한 설명이 필요없다는 이야기다. 이렇게 본다면, 투표행위가 정책이나 통치행위와는 무관하다는 생각마저 들 것이다. 이런 상황에선 해당 선거의 결과로서 후보자가 주창하는 정책들이 어떤 파급효과를 지니고 사회구성원들의 생활에 영향을 미칠 것인지 별 상관없다. 결과적으로, 선거가 반드시 정부 정책의 방향에 영향을 미치지는 않는다. 이 정도의 상황이라면, 선거민주주의라는 것이 사회속에서 태생적으로 소수자가 된 사람들의 권리라든지, 특히 과점적 정치경쟁구도하에선 자신의 노력과 무관하게 후보자 선택의 옵션마저 없는 사람들에겐 답답한 일이 된다.

정치영역에서 인간의 행태는 그렇게 단순한 것이 아닐 수도 있다. 한 순간의 행태는 그 행태가 이뤄지는 순간의 인식이 표출된 것이 아니고, 장시간 진행되는 과정에서의 인식과 관념들이 복잡하게 얽힌 결과물일 수 있다는 것이다. 유권자들은 정치적 시스템의 수동적인 구성원이 아니다. 선거를 통한 대의민주주의하에서 유권자의 기능은 정부를 스스로 선택하는 것이다. 사회구성원들의 합의로 채택된 제도하에서의 의결정족수에 근거하여 자신들이 선호하는 정부를 선출한다. 개별 유권자들의 행태가 결집하여 선거결과를 좌우할 수 있다. 선거결과에 따라서 들어선 정부는 각종 사회적 현안, 정책, 이슈들을 논의하고 결정하며, 정부정책의 결과물들은 사회구성원들의 삶에 영향을 미치게 된다. 정부와 유권자사이에 순환관계가 형성된다. 유권자행태는 정부의 선택과 정책산출까지의 순환과정에서 일어난 모든 일들에 대한 복잡한 심경의 표출일 수 있다.

투표행태에 대한 두 가지 관점에서 어느 쪽이건 간에, 분명한 것은 인간사회는 이질적(異質的, heterogeneous)인 집단이라는 것이다. 서로 다른 인간의 동일한 행태는 사실 그들 각 개인에게는 서로 다른 의미를 지니는 행위였을 수도 있다. 선거과정에서 유권자들의 인식과 투표행태의 복합성때문에 하나의 투표행위가 두 가지의 대조적 의미를 포함할 수 있다. 결과물로서 투표행태를 분석할 때, 이들이 대조적 관점에서 어디에 해당하는 것인지 구분해야 될 필요성이 발생하기 때문이다. 대조적 관점에서 투표행위들 (①동의와 선택; ②투표행태와 무투표행태; ③순수투표행태와 전략투표행태; ④이익최대화행태와 후회최소화행태; ⑤회고적 투표행태와 전망적 투표행태; ⑥근시안과 초합리성)을 먼저 논하기로 한다. 인간의 행태가 복잡하다는 것은 바로 이렇게 다양한 대조적 관점의 투표행위들이 인간에게 개별적으로 독립하여 존재하는 것이 아니고 복합적으로 상호 연관되어 작동되기 때문이다. 인간의 행태는 시간의 흐름속에서, 자신이 처한 상황속에서 입장에 따라 변화할 수 있는 것이며, 일관성을 지닌 모습으로 고착화된 행태는 오히려 찾아보기 어려울런지도 모른다.

동의(consent)와 선택(choice)

개인의 행하는 투표행위는 어떤 의사표시를 위한 수단이며, 크게 두 가지로 대별될 것이다. 하나는 '선택'(選擇)을 위한 행위이고, 또 다른 하나는 '동의'(同意)를 위한 행위이다. 이 두 가지 행위는 상황적 논리에 불과할 수도 있거나 비슷한 듯하지만, 형식과 내용면에서 구분될 수 있는 행위이다. 형식차원에서 보자면, '선택'이란 여러 개의 옵션들 중에서 하나를 선택하는 것이고, '동의'란 하나의 옵션으로서 찬성하거나 반대하는 것을 말한다.[2] 내용차원에서 보자면, '선택'이란 대표자나 권력자의 이니셔티브에 대해서 국민들이 선택하는 것이고, '동의'란 대표자나 권력자의 제안에 대해서 국민들이 이니셔티브를 쥐고서 동의할지 말지를 결정하는 것이다. 과거 고대사회에서 부족장들이 합의를 구할 때도 동의 형식으로 진행된다. 여러개의 선택지를 놓고서 토론하여 합의를 구할 수도 있지만, 중차대한 하나의 안건에 대해서만 논의를 하기로 정해놓고, 해당 안건에 대하여만 찬성과 반대로 의견을 묻는 경우엔 합의를 구하기 더 수월한 측면이 있다. 고대사회에서 족장들이 부족민들을 모아 놓고 이웃 부족과 "전쟁을 할 것인지 아닌지"라는 마을의 운명이 걸린 안건에 대해서 논의할 수 있다. 처음부터 100% 동의가 이루어지지 않고, 토의하는 과정에서 합의가 모아지는 것이다. 고대사회에서 부족장들이 모여서 '만장일치제'를 채택하는 경우, 이는 다양한 선택지를 놓고서 만장일치에 이른다기 보다는, 하나의 적합한 대안을 제시하고 그 대안에 대한 찬성과 반대만 묻게 될 때 만장일치로 흐를 가능성이 높아진다. 현대사회에서 국민들의 찬반(贊反)만 묻는 '국민투표'는 독재자들이 즐겨쓰는 수단으로

인식된다.[3] 그러나, 국민투표를 반드시 독재자의 전유물로 해석할 필요는 없

2 '국민투표'는 두 가지로 대별된다. '레퍼렌덤'(referendum)과 '플레비사이트'(plebiscite)이다. Encyclopedia Britannica, Inc. (1986). Types of Elections. In *The New Encyclopedia Britannica* (15th ed. Vol 25., pp. 1007–1008).; 황도수. (2010). 헌법 제72조 국민투표의 법적 성격: 레퍼렌덤과 플레비시트의 구분. *세계헌법연구,* 16(2), 571–598. 레퍼렌덤과 플레비사이트는 구분이 모호하다는 입장과, 일정 수준 구분이 가능하다는 입장으로 대변된다. 구분이 모호하다는 입장에 따르면, 양자 모두가 국민의 의사를 구하는 공통된 기능을 가졌을 뿐, 역사적 배경을 통해서 구분하는 기준점을 찾기가 어렵다는 것이다. 반면에, 구분이 된다는 시각은, 국민을 위한 것이냐(레퍼렌덤), 인민을 빙자한 독재자의 합리화를 위한 것이냐(플레비사이트), 헌법상 제도화된 헌법규정적인 것이냐(레퍼렌덤), 헌법상으론 제도화되어 있지 않은 헌법현실적인 것이냐(플레비사이트), 의무적 국민투표(레퍼렌덤), 임의적 국민투표(플레비사이트) 등이다. 그 구분이 절대적인 것은 아닌 듯하지만, 문헌들을 종합적으로 참고하여 다음과 같이 정리해 본다. (1) 일반적으로, 레퍼렌덤(referendum)이란 제도화되어(즉, 헌법이나 법령의 규정에 따라서) 특정 안건에 대해서 동의(승인)인지, 반대(거부)인지에 대한 국민투표하는 것이라면, 플레비사이트(plebiscite)란 어떤 법령의 규정과는 별도로 시의적으로 발생한 특정한 안건에 대하여 시행하는 국민투표를 말한다. 예를 들면, 헌법개정 사안은 헌법에 개정에 관한 조항을 미리 규정하여, 헌법개정이 필요한 경우 레퍼렌덤을 실시하게 된다. 따라서 이것은 헌법 개정에 동의하는지 반대하는지에 대한 국민투표가 된다. 반면에 지도자가 자신의 임기를 마치는 시점에 임기연장을 위한 안건을 국민투표에 부칠수도 있다. 정권연장을 위한 플레비사이트를 실시하게 되는 것이다. 따라서, 상대적 관점에서 보자면, 레퍼렌덤은 헌법에 규정된 사안에 대해서 시행하기에 주권재민(主權在民)의 원칙에 따라서 "국민들(아래로)부터의 국민투표"라는 관점이 강조되는 반면에, 플레비사이트는 권력자가 시의성에 따라서 발생한 안건에 대해서 시행하기 때문에 "권력자로부터의 국민투표"라는 성격이 있다. (2) 또 다른 관점에서, '동의'와 '선택'을 나누는 기준은 형식이 문제가 될 수도 있다. 동의의 경우에 답변형식은 '예', '아니오'의 두 개 중의 하나지만, 선택의 경우엔 단순히 찬성과 반대가 아니라 몇 개의 제시된 옵션중에서 선택할 수 있는 답변형식을 말한다. 이러한 구분은 내용의 문제가 아니라 응답형식의 문제로 귀결될 수도 있다. 현실정치에서 국민투표(또는 주민투표)의 적용문제에 관해선, 박인수. (2004). 대표제 민주주의와 국민투표. *공법연구,* 32(3), 1–20; 음선필. (2004). 대통령 재신임 국민투표의 위헌성 논의. 공법연구, 32(3), 55–86; 김한나. (2021). 레퍼렌덤에 관한 엘리트의 정치적 동기와 정당 정치: 서울시 무상급식 주민투표 사례를 중심으로. *한국정당학회보,* 20(1), 77–106; 전학선. (2021). 프랑스의 국민투표제도: 헌법 제11조를 중심으로. *세계헌법연구,* 27(1), 67–113.

3 김학성. (2019). 정치적 기본권과 정치제도의 구체적인 법 해석 · 적용과 실제의 역사. 저스

다고 본다. 국민투표는 오히려 국가중대사에 대한 결정의 경우나 의회의 결정만으론 그 정치적 정당성을 확보하기에 문제가 있는 경우, '직접민주주의'에 버금가는 수단으로서 활용될 수도 있기 때문이다.[4]

투표(voting)와 무투표(無投票: non-voting)

투표를 하지 않는 것은 크게 두 가지 이유이다. 하나는 자신의 일상생활에 바빠서, 자신의 우선순위가 생업(生業)에 있기 때문에 투표장에 나가지 않는 것이다. 이런 경우가 많아지면 투표율이 낮아지고 이는 대의민주주의에 부정적인 정치상황으로 해석하는 것이 일반적이다. 하지만, 역으로 투표율이 높다고 긍정적인 정치상황을 유인하는 것은 아니다. 사생결단의 대결하에서 그리고 박빙의 승부가 예견되는 경우 투표율이 높다. 특히 단순다수제인 경우에는 박빙승부로 사표가 양산된다. 두 후보가 51%대 49%로 승부가 갈렸다면, 선거이후의 정치상황이 안온한 상황으로 전개될 가능성은 낮을 것이다. 그래서 오히려 무투표행태를 지나치게 걱정할 필요가 없고, 오히려 누가 되어도 상관없다는 여유로움(?)의 표시로 해석하는 경우도 있다. 문제는 100%가 투표하지 않는 경우, 대의제는 왜곡될 수 있다는 것이다. 대의민주주의의 원초적 비극은 여기에서부터 비롯된다. 소위 유권자 전체 모집단과 실제 투표자 샘플의 성격이 다른 경우, 대의자들의 구성은 전체 집단에 대한 허상(虛像)으로 치부될 수도 있는 것이다.

그렇다면 유권자들의 무투표행태로 인한 저조한 투표율은 당선자의 정당성을 왜곡할 수 있는가? 반드시 그렇지는 않다는 시각도 존재한다. 무투표행태는 "유권자로서 어떤 후보자도 대표자로서 인정한다"라는 표시일 수도 있다는, 어찌보면, 좀 낙관적인 해석이 있다.[5]

상대가 싫어서 투표장에 나간다는 이야기가 많지만, "내가 찍고 싶어야

찍는 것이다" 상대가 싫어서 덜 나쁜 사람 찍는다는 것은 반쪽짜리 이야기이다. 결론적으로, 무투표행태라는 것은 일종의 중립지대에 있는 것으로, 투표행태의 여집합적 논리를 가지고 무투표행태의 전부를 설명할 수 없다.

순수투표행태(sincere voting behavior)와 전략투표행태(strategic voting behavior)

이것은 유권자가 3개 이상의 옵션을 놓고서 선택하는 상황을 전제한다. 선거결과(선거승패)에서 벗어나 유권자 개인이 가장 선호하는 후보를 선택하는 행위를 '순수투표행태'라고 말한다. 반면에, 전략투표는 내가 가장 선호하는 후보는 A이지만, A를 선택하면 내가 가장 싫어하는 B가 될 수 있기 때

티스, (170-2), 97-129; 강승식. (2021). 현대 권위주의에 대한 헌법적 고찰. *미국헌법연구,* 32(2), 87-119.

4 국민투표가 의사결정의 최종 결정의 단계로 활용될 수 있음을 의미한다. 헌법개정안도 1차로 국회를 통과하면, 2차로 국민투표를 통해서 최종 결정된다. 장준호. (2008). 스위스 연방의 직접민주주의: 2008년 6월 1일 국민투표를 중심으로. *국제정치논총,* 48(4), 237-262; 정재각. (2008). 직접민주제도의 확산과 정책적 영향: 스위스를 중심으로. *한독사회과학논총,* 18(1), 9-47; 변해철. (2016). 한국 헌법상의 직접민주제. *외법논집*, 40(1), 19-34; 최정일. (2017). 직접민주주의와 국민에 의한 입법. *토지공법연구,* 80, 265-301; 임수진. (2018). 우루과이 직접민주주의 제도의 작동과 정치적 효과. *세계지역연구논총,* 36(4), 29-49; 정상호. (2018). 직접민주주의의 국제 현황과 이론적 쟁점에 관한 연구: 국민투표 · 국민발안 · 국민소환을 중심으로. *시민사회와 NGO,* 16(1), 3-47; 신규하. (2019). 현대 대의민주주의 제도 연구: 직접민주주의 요소인 국민투표제도의 재인식을 중심으로. *홍익법학,* 20(2), 1-27; 차진아. (2021). 21세기 민주주의의 새로운 도전, 직접민주주의 강화가 답이 될 수 있는가?: 스위스, 독일의 직접민주주의의 특징과 시사점. *고려법학,* 102, 45-104.

5 Will, G. F. (2012, Dec 19). Federal voting drive makes a mountain out of a molehill. *Washington Post;* 김래영. (2018). 공직선거법상 무투표당선과 관련한 몇 가지 쟁점. *법과 사회,* 58, 137-170.

문에, 내가 어느 정도 받아들일 수 있는 C를 선택하는 것이다. 결국, 순수투표행태와 전략투표행태를 구분 짓는 세속적인 분기점은 "선거결과"(즉, 특정인에 대한 선거승패)에 집착하면서 투표를 하느냐, 아니냐에 달려있다.[6] 역선택(逆選擇)은 '전략투표'(strategic voting)에서 발생하는 것이며, '순수투표'(sincere voting)의 행태로 진행되면 이것은 역선택이라고 할 수 없다.

정당의 후보자 공천과정에서 종종 '역(逆)선택' 문제가 논의의 대상이 된다. 당원들을 대상으로 한 '당원지지도'는 A후보가 앞섰으나, 당원 이외의 시민들을 대상으로 한 '일반여론조사'는 B후보가 앞서는 현상이 벌어지는 경우가 종종 있다. '민심'(民心)과 '당심'(黨心) 사이에 괴리가 발생하는 것이다. 왜 이런 일이 발생하느냐 하면, 경쟁 상대인 정당에서 자신들이 경쟁하기 수월한(즉, 자신들이 더 수월하게 이길것 같은 것으로 생각하는) 후보B를 "의도적으로 선택(즉, 역선택)"하기 때문이라는 것이다. 그런데, 당원들이 아닌 일반인들에게서 후보B가 더 인기있는 것이 경쟁정당 지지자들의 "전략투표행태로 발생하는 역선택의 결과"인지, 아니면, "순수투표행태로 발생하는 선택의 결과"인지 구분하는 것은 쉽지 않다. 당원이 아닌 외부인의 입장에서 후보B를 선호하면 반드시 전략투표행태의 결과인가? 그렇지 않다. 얼마든지 후보B가 순수하게 후보A보다 더 좋기 때문에 후보B를 선호하는 순수투표행태의 결과일 수도 있다. 당원들이 좋아하는 사람을 외부인들도 좋아해야만 하는가? 어떤 후보를 선호하는 것은 유권자들의 절대적 자유이다.

분명한 것은, "역선택의 결과인지 아닌지"를 판단하는 것은 오로지 '순수투표행태'인지, 아니면 '전략투표행태'인지를 확인한 후에 판단할 수 있다는 것이다. 일반여론조사에서 응답자들에 X정당의 경쟁 정당인 Y정당의 지지자들이 포함되는 경우, 더 상대하기 쉬운 후보(즉, 이길 수 있는 후보)를 선택하려 하기 때문에 결국 더 약세인 후보자를 선택하는 것으로서 B후보를 지지했다는 사실을 확인해야만(즉, 전략투표를 했다는 증거를 확인해야만),

그 때 '역선택'이 나타난 것이라고 할 수 있다. 일반적으로, 역선택의 존재여부가 의심의 대상이 되는 경우는 A후보의 당선가능성이 높음에도 불구하고, B후보의 당원외 여론조사결과가 높게 나온 경우이다. 의도적이고 전략적인 투표행태는 상황을 복잡하게(즉, 단순하지 않게) 고려한 것이어서 소위 '복잡투표행태'(sophisticated voting)라고도 한다.[7] 그렇지만, 당원이 아닌 사람들의 입장에서 단순히 A후보보다 B후보가 더 좋아서(순수하게 선호에서 우위를 보여서) B후보를 선택한 것이라면 이것은 '순수투표행태'가 된다. 결론적으로, 우리는 다음과 같은 두 가지 사실을 말할 수 있을 뿐인 것이다.

첫째, 순수투표행태인지, 전략적투표행태인지는 오로지 개인적 양심의 자유이며, 이것은 오로지 개인 스스로 아는 것이다. 어떤 투표자가 전략투표를 하고서 "나는 X가 너무 미워서, Y를 별로 좋아하지 않음에도, 그냥 Y를 지지했다"고는 하지 않는다.[8]

6 Mueller, D. C. (1989). *Public Choice II: A Revised Edition of Public Choice* (2nd ed.). Cambridge University Press; 김용호. (2009). 유권자 선거판세인식과 전략투표행동에 대한 매체이용 효과의 탐색적 연구. 언론과학연구, 9(2), 243-280; 김용호, 남연주, 김수기, 최민경, & 정경순. (2010). 매체이용이 전략투표에 미치는 영향에 관한 연구: 6.2 울산 시장 선거를 중심으로. *한국정치커뮤니케이션학회 2010 전반기 정기학술세미나 발표논문집,* 37-54; 김용호, & 김수기. (2013). 선거여론조사의 판세보도지각과 매체공표 제한 태도: 제3자 효과와 당선 가능성 중요도, 전략투표 성향의 매개효과를 중심으로. 정치커뮤니케이션 연구, 31, 63-90; 한상익. (2013). 2표 병립제에서 군소정당 지지자들의 전략투표. *한국정치학회보,* 47(5), 235-254; 강신구. (2018). 전략적 동기와 투표선택: 2017년 제19대 대통령 선거를 중심으로. *미래정치연구,* 8(1), 5-34; 강우진. (2020). 한국의 준연동형 비례대표 선거제도개혁과 집합적 전략투표 동원. *현대정치연구,* 13(2), 5-41.

7 Ordeshook, P. C. (1986). *Game theory and political theory.* Cambridge University Press.

8 개인 투표자는 주위 사람들에게 이렇게 말할 수는 있다. "나는 X에게 투표하느니, 숫제 Y에게 투표하고 말겠다." 이런 식의 표현이다. 이런 식의 표현에서는 개인의 투표행태가 과연 순수투표인지, 전략적 투표행태인지는 해석의 영역인 것이다. 결론적으로, 우리는 역선택을 신경쓰지만, 지나치게 민감할 필요는 없다. 사실 투표행위가 개인의 선택의 자유라면 '선택의 자유'

둘째, 그렇지만, 당심과 민심의 차이가 심해질 때는 정당은 역선택의 가능성을 고심하지만, 그렇다면, 정당은 후보자를 당원들만의 참여속에서 결정하도록 게임의 법칙을 정하면 그만인 것이다. 사실, 후보자를 공천함에 있어서 일반여론조사로 문호를 개방한 것은 정당 자신이 스스로 한 것이다. 자신의 후보결정과정에 더 많은 일반시민들의 관심을 높이고 분위기를 고조시켜서, 이를 본선에서 승리로 이어가려는 정당의 전략인 것이다.

이익최대화행태(benefit maximing behavior)와 후회최소화행태(mini-max regret behavior)

현실의 정치과정에서 유권자와 후보자 사이에 형성되는 '정치적 교환'은 유권자가 자신의 만족을 극대화하려고 노력하는 것이지만, 만족을 극대화한다는 것은 더 이상 가장 큰 총체적 만족을 달성하는 것이 아니라, 가능한 가장 선호되는 위치에 도달한다는 것을 의미하는 것으로 보는 것이 사실에 가까울 것이다.

㉠'이익최대화행태'(Benefit Maximizing Behavior: BMB)를 선거연구의 영역에서 체계화된 것은 라이커와 오디슉(Riker and Ordeshook)의 연구에서 였는데, 일반적으로 두 개의 논리로 정리된다. 첫째, 투표가 나의 이익이 된다고 생각될 때 투표한다는 것이다. 여기서 나의 투표가 나에게 이익이 된다는 의미는 선거결과(electoral outcomes)로 부터 내가 얻는 이익을 말하는 것인데, 중요한 것은 이러한 이익들은 '조건적인'(conditional) 것이다. 둘째, 따라서, 결국 선거로 부터 얻는 나의 이익은 해당 선거에서 선거결과에 내 한표가 갖는 영향력에 따라서 결정되기에 조건적이라는 것이다. 유권자들이 다양한 선거에 참여할 때, 선거의 종류나 선거에 참여하는 총 인원수에 따라서 내 한표의 가치는 달리 인식된다. 일반적으로 선거에 참여하는 유권자의 수

는 매우 크며, 결국 후보자들이 경합하고 있을 때 유권자 개인들의 한표의 가치는 높아지게 된다. 내 한 표가 선호하는 후보자의 당락에 영향을 미칠 가능성이 그만큼 커지기 때문이다.

라이커와 오디슉은 세 가지 용어로서 BMB를 일반화하여 설명한다. 유권자 개인이 투표행위에 연관하여 얻는 이익(Benefit: B), 투표행위에 연관되어 발생하는 손실(Costs: C), 그리고 해당 선거 속에서 내 한표가 갖는 변화의 성격이다. 내 한표가 갖는 가치는 전체 선거인단 수의 크기에 의해서 변화하며, 그 변화의 성격은 확률(probability: P)로 표시된다. 즉, 선거에 참여하는 선거인단의 규모가 클수록 그 선거인단 내에서 내 한 표의 가치는 작아지는 것이다. 종합하면, BMB 시각은 내 한 표의 가치에 기반하여 선거결과에 영향을 미칠 수 있는 정도로서 계산되는 '기대효용'(expected utility) 모델인 것이다.[9]

라는 영역에서 사실 전략적 투표행태라는 것은 무의미하다고 해도 과언이 아니다. 하지만, 정당은 당심과 민심의 차이가 역전되고 그 역전현상의 정도가 심할 때, 그리고 당심에서 더 경쟁력 있는 후보가 유독 민심에서 경쟁력이 약화될 때, 전략적 투표로서의 '역선택'을 신경쓰게 된다. 예선과정에서 경쟁력이 약한 후보가 정당의 후보자로 최종 낙점되어 본선에서 경쟁 상대 정당의 후보에게 패하게 될 개연성을 보면서 민감해지지 않을 정당은 없을 것이다. 정진민. (2011). 정당의 후보선출과 공정성: 유권자정당 모델을 중심으로. *의정연구,* 34, 145-170; 최병훈. (2013). 정당의 공직선거후보자 선출에 있어서의 역선택(Party Raiding) 문제: 미연방대법원의 판결 분석을 통한 대안 마련을 위하여. *안암법학,* 40, 35-86; 오호택, & 김재선. (2015). 국회의원선거 공천제도 개선에 관한 연구: 미국의 제도와 시사점을 중심으로. 미국헌법연구, 26(3), 41-79; 이재명. (2016). 정당의 공직선거후보자추천을 위한 당내경선에 대한 헌법적 검토. *중앙법학,* 18(3), 101-134.

9 '효용'함수는 연역적 논리로 구성되는 것이다. 행위자의 효용함수를 연역적 논리구조로 구성한다면, 그 효용함수는 다른 상황에서 어떻게 동작할지 예측하는데 사용하게 된다. 개인 유권자의 투표행위를 설명하기 위해서 효용함수를 구성한다는 것은, 어떤 상황 속에서도 해당 효용함수가 설명력을 지니는 상황을 기대하면서 만드는 것이다. 개인 유권자 효용의 크기는 주요정당의 후보자를 지지하건, 제3정당의 후보자를 지지하건 같은 효용함수로 부터 계산되지만,

㉡ 최대후회의 최소화 행태 (Minimax Regret Behavior)

기대효용모델은 효용을 계산할 수 있어야 한다. 그런데, 페어전과 피요리나(Ferejohn and Fiorina)는 유권자의 한 표의 가치를 중심으로 투표행태를 설명하려는 것에 대해서 의문을 제기한다.[10] 우선, 현실 선거과정에서 유권자의 한 표의 가치란 것이 '의미있게' [또는 '명확하게'] 계산되기 쉽지 않다. 내가 갖고 있는 한 표의 가치가 객관적 기준에 의해서 계산되려면, 유권자가 투표를 통해서 얻는 이익의 형태가, 일반적으로, '가시적 형태의 이익'(tangible benefit)의 형태를 띤 것이어야만 한다. 투표를 하지 않으면 '벌금'을 내는 경우는 다르겠지만, 투표를 하지 않는다고 해서 '벌금'을 내는 법규를 지닌 국가는 많지 않다.

'최대후회의 최소화 행태'란 투표자의 행태가 효용계산을 통해서 표현되는 그렇게 세밀하고 복잡한 것이 아닐 수 있는, 소위 투표행태는 단순할 수도 있다는 의견에 더 친화력을 지닌 관점이다. 보다 현실적인 선거정치에서 투표행태를 언급하자면, "많은 유권자들은 내가 투표할 수 있었는데 투표하지 않았을 경우, 그리고 만약 내가 선호하는 후보자가 크지 않은 표 차이로 졌을 경우, 과연 후회의 감정을 갖지 않고 별일 없었던 것으로 여길 수 있을 것인가?" 하는 의문에 답하는 것이 관건이라고 본다. 선거결과 유권자에게 발생하는 '후회의 감정'은 유권자에게 손실이며, 유권자 입장에서 자신의 손실을 최소화하는 것이 자신의 효용을 최대화하는 것이다. 이것이 페어전과 피요리나가 주장하는 '최대후회의 최소화행태'(Minimax Regret Behavior: MRB)라는 시각이다. 투표자의 효용을 계산할 때, 단순히, '가시적 형태의 이익'(또는, '물질적 이득')뿐만이 아니라, '심리적 이익'을 중시하는 관점이다.[11]

합리적 행위는 행위자가 그런 행위를 함으로써 이득이 발생할 때 행위로 이어진다. 이때 이득은 두 가지 종류가 있는데, 하나는 '도구적 이익'(instrumental benefit: 물질적 이익)이고, 또 다른 하나는 '표현적 이익'(expressive benefit: 심리적 이익)이다.[12] 구태여 비교하자면, 확률적 기대효용을 최대화하는 BMB이론이 소위 '이성'에 더 친화적이라면, 후회의 감정을 최소화할 수 있는 기대효용을 최대화하는 MRB시각은 감성에 더 친화적이라는 해석도 있다. 합리적선택이론의 순수형태가 효용함수 공식에 의한 '합리성'의 영역에 있는 것이라면, 감성이나 심리적 이익이 지나치게 포함되는 경우 이미 합리적선택이론의 범위를 벗어난다는 비판도 가능할 것이다.

선거과정에서 유권자의 투표행태를 설명함에 있어서, BMB이론보다 MRB이론의 설득력이 더 크다는 것을 보여주기 위해서는 단순히 내가 투표할 수 있었는데 투표하지 않아서 지지했던 후보자가 졌다는 '후회의 감정'만

단, 어떤 후보를 지지하느냐에 따라서 효용의 크기는 달라질 수 있다. 조성대. (2000). 미국 대통령선거에서 제3당 후보 지지자들의 전략적 투표(Strategic Voting)에 관한 연구. *한국정치학회보*, 34(2), 301–321.

10 Ferejohn, J. A., & Fiorina, M. P. (1974). The Paradox of Not Voting: A Decision Theoretic Analysis. ***American Political Science Review***, 68(2), 525-536; Ferejohn, J., & Fiorina, M. P. (1975). Closeness Counts Only in Horseshoes and Dancing. ***American Political Science Review***, 69(3), 920-925.

11 피요리나는 투표행태를 설명하기 위해서 두 가지 이익의 종류를 조합한 모델을 주장한다. Fiorina, M. P. (1976). The Voting Decision: Instrumental and Expressive Aspects. ***Journal of Politics***, 38(2), 390-413. 대조적 이익에 대한 관점의 시초적 논의는 Butler, D., & Stokes, D. (1969). ***Political Change in Britain: Forces Shaping Electoral Choice***. St. Martin's Press.

12 예를 들면, 유권자의 당파성은 표현적 이익, 즉 심리적 이익의 차원에서 이해된다. '표현적 이익'에 관한 심화된 논의는 Schuessler, A. A. (2000). ***A Logic of Expressive Choice***. Princeton University Press; Schuessler, A. A. (2000). Expressive Voting. ***Rationality and Society***, 12(1), 87-119.

으로 설명하는데는 한계가 있을 것이다. 최근에 들어서 MRB 시각이 자주 언급되는 것은 바로 '확실성'(certainty)과 '불확실성'(uncertainty)의 환경 때문에 그렇다고 보는 것이 더 사실에 가까울 것이다. 우리가 보통 기대효용을 현실에 맞게끔 계산하고 예측하기 위해서는 상황에 대한 일정 수준 상황의 확실성에 근간해야 한다. 선거과정에서 상황들(주변환경들)은 계속 변화하는데, 그래서 불확실성의 분위기 속에 있게 된다. 따라서 개인들의 행태에서 현실적으로 가장 강하게 작동하는 힘은 미래의 효용을 계산하려는 힘이 아니라(실제로 계산한다고 해도 불확실성 속에서 틀릴 수도 있고), 내가 최소한 후회는 하지 말아야겠다는(아니면, 후회를 최소화하는) 보편적 상념을 지니고서 이를 행동으로 표출할 수 있는 것이다. 바로 이러한 미래에 대한 불확실성, 특히 선거과정에서 시시각각으로 변하는 후보들의 지지도나 사건사고들을 볼 때, 미래에 어떤 일이 일어날지 확실하지 않고, 그래서 적어도 내가 지지하는 후보자를 위해서 투표한다면, 이기면 좋겠지만, 지더라도 나의 후회는 최소화되는 것이다. 물론 여기서의 후회(後悔)는 개인 차원의 '자책감'(自責感)을 말한다. 그러나 개인들이 갖는 후회의 감정은 그리 단순한 것은 아니다. 왜냐하면, 인간들의 후회는 단순히 자책의 차원에 머무르지 않고 환경과 주변과 상대방에 대한 원망의 감정으로 비화되어 발전되기 때문이다.

회고적 투표(retrospective voting)와 전망적 투표(prospective voting)

시절이 좋을 때 유권자들은 정치인에게 상을 주지는 않지만, 시절이 나쁠 때엔 유권자들은 정치인들을 처벌하려고 한다. 대의민주주의하에서 정치인들은 일정 수준의 특권(privilege)를 지니고 있지만, 동시에 시절이나 시대의 희생양(scape goats)이 될 수도 있다. 유권자들은 정당이나 정치인들의 과거 행적을 회고하며 그들의 업적과 실정(失政)에 대해서 보상하거나 처벌하기 위해서 투표를 할 수 있다. 따라서, 후보자들의 선거경쟁에서 정치인들의 재선을 막거나, 당선을 막는 것은 '회고적 투표행태'의 산물일 수 있다. 선거민주주의하에서 '책임정부'(responsible government)란 자유선거에 의해서 선출된 정부가 임기중에 내린 결정들에 대해서 '책임의 소재'를 분명히 하는 책임성(accountability)에 근거하고 있다. 따라서, 유권자들은 대표자들의 임기중 행위에 대한 회고적 투표행태를 통해서 과거 행적에 대한 책임을 물을 수 있는데, 그것은 대표자가 재선되지 않도록 투표하는 것이다.

대조적으로 '전망적 투표행태'는 특히 정당 및 후보자가 제시하는 이슈나 정책에 대한 유권자의 기대감이 투표행태로 이어지는 경우에 현실화된다. 유권자들은 자신의 "관심유발이슈"(valence issue)를 통해서 기대감을 갖게 되고, 소위 '이슈투표'(issue voting) 행태를 보여준다.[13] 유권자 집단의 이질성을 감안하면, 어떤 선거과정에서 전망적 투표행태가 대세가 될 수 있는 경우는 이질적인 집단들에게 공통으로 관심을 유발할 수 있는 이슈를 제시하는 것인데, 결국 유권자의 '관심유발이슈'(valence issue)는 선거시점에 사회적 논의와 해결을 필요로 하는 '현저한 이슈들'(salient issue)의 범위에 있을 것이다.[14] 유권자들이 미래를 생각하면서 '전망적 투표'를 한다는 것은 '관심을 유

13 Hurley, P. A., & Hill, K. Q. (1980). The Prospects for Issue-Voting in Contemporary Congressional Elections: An Assessment of Citizen Awareness and Representation. *American Politics Quarterly*, 8(4), 425 – 448. Stokes, D. E., & Miller, W. E. (1966). Party Government and the Saliency of Congress. In A. Campbell, P. Converse, W. Miller, & D. Stokes (Eds.), *Elections and the Political Order*. John Wiley. 송진미. (2020). 재난 상황에서의 이슈 선점과 정당 지지: 코로나19 발생 전 · 후 패널데이터 분석을 중심으로. *조사연구*, 21(4), 63–91.

14 '합의이슈'라고 번역하기도 한다. 형식적 수준을 강조하자면, '원자가(原子價) 이슈'로 번역할 수도 있는데, 이는 관습적인 좌–우 이념적 색채를 빼고 이슈의 내용 자체가 최소한의 독립된 하나의 가치를 지닌 이슈이다. 달리 말하면, 다른 이슈들과 연계되는 성향이 없이, 온전한 하나의 이슈로 존재할 수 있다는 의미이다. 관습적인 좌–우 이념적 이슈처럼 어느 한 쪽의 지

발하는 이슈'를 중심으로 후보자들에 대해서 갖는 '신뢰'와 깊은 연관성이 있을 것이다. 이렇게 본다면, 유권자의 전망적 투표행태는 후보자의 개인적 성격에 대한 투표의 성격을 반영할 수도 있다.[15]

전망적 투표행태가 회고적 투표행태와 개념적으로는 배타적이지만, 유권자들의 현실 투표행태에선, 복합적으로 작용하는 상호연관된 기제일 수도 있다. 전망적 투표행태에만 의존한다거나, 회고적 투표행태에만 의존하는, 단일성격의 투표행태보다는 두 가지가 조합된 투표행태일 가능성이 있다. 예를 들면, 경쟁하는 후보자들을 평가하면서, 현직자(incumbents)에 대해서는 회고적 인식과 행태를 갖지만, 도전자(challenger; 특히, 해당 선거에서 정치신인)에 대해서는 전망적 인식과 행태로 쳐다볼 수 있다. 이렇게 본다면, 유권자들의 투표행태는 회고적 투표행태와 전망적 투표행태가 섞여 있는 복합적 투표행태일 수도 있고, 그 중 하나가 중심이 되고, 나머지 하나가 '주변적 행태'(marginal behavior)가 되는 행태일 수도 있다.

민주주의를 성취하는데, "회고적 투표행태"가 전망적 투표행태보다 우월하거나 선진적인 행태라는 보장은 없다. 회고적 투표행태라는 것은 '책임정치'를 할 수 있는 기제이지만, 궁극적으로 유권자의 인식에 근거한 것이고, 보다 근본적으로 유권자 집단은 이질성을 지닌 집단이다. 그런 경우라면, 현실선거과정에서 회고적 투표행태는 유권자들의 객관적인 측정에 의해서 현직자들의 정책수행능력을 판단하는 것 뿐만이 아니라, 당파성의 이름으로 행해질 가능성이 상존한다. 선거과정에서 회고적 투표행태라는 것은 개인후보자보다는 정당에 대한 판단이 기저에 깔려 있게 된다.

근시안(myopic)과 초합리성(super-rationality)

대부분의 인간행태는 '근시안'(近視眼)적이다. 합리적 유권자의 투표효용함수는 현실적으로 근시안적인 효용함수일 개연성이 크다. 이렇게 본다면, 근시안적이란 개념이 반드시 부정적 의미를 갖고 있는 것은 아니며, 일상생활 속에서 오히려 다반사로 일어나는 확률을 지닌 사건일 뿐이며, 가치 중립적인 개념으로 취급할 수 있다. 멀리 보지 못하는 것은 한계일 수도 있지만, 먼날을 내다보며 전체 상황에 대한 조감도(鳥瞰圖, bird-eye view)를 지닌 상태에서 판단된 효용이라면 그것은 평소의 일반적 합리성을 넘어서는 '초합리성'(超合理性, super-rationality)일 수도 있다. '초합리성'은 여러 가지 상황에 따라서 여러 가지 해석이 있을 수 있어서 추상성이 제법 높은 용어이다. 선거과정에서 유권자의 '초합리성'이란 지엽적인 문제, 근시안적인 시각, 당파성에의 함몰 등을 극복하면서, 국가와 공동체를 생각하면서 전체적인 정치상황을 조감하며 갖는 '균형감각'으로 해석해 보는 것이 어떨까 한다. 일반적 의미의 합리성이란 현재시점에서의 효용이나 의미에 얽매인 합리성의 형태일 수 있기 때문이다. 근시안적이란 것은 현재 시점에서 가까운 과거일 수

지로만 형성되는 이슈가 아니라, 기존의 관행적 이념차원에 상관없이 존재하면서 유권자가 관심을 갖게 되는 이슈를 말한다. 이슈는 유권자와 후보자, 정당이 상호작용하는 매개체이다. 유권자를 주어로 하면, 유권자의 상당수가 합의에 이르는 이슈라는 차원에서 '합의이슈'라는 번역을 사용하기도 하지만, 만약 주어를 정당이나 후보자로 한다면, 양쪽 정당의 이념적 양극성을 극복하는 '결합이슈'로서 중도적 성향이 강조된 '관심유발이슈'로 환원된다. Stokes, D. E. (1963). Spatial Models of Party Competition. *American Political Science Review,* 57(2), 368-77; 송진미. (2022). 합의이슈정치와 유권자의 선택: 2017년 대통령선거에서 나타난 이슈경쟁을 중심으로. *한국정치학회보,* 56(1), 217-259.

15 Dowding, K. (2017). Rational Choice Theory and Voting. In J. Fisher, E. Fieldhouse, M. N. Frankling, R. Gibson, M. Cantijoch, & C. Wlezien (Eds.), *The Routledge Handbook of Elections, Voting Behavior and Public Opinion.* Routledge, p. 33; 박병훈, & 윤종빈. (2011). 2007 대선 수도권 유권자 투표행태 분석. *한국시민윤리학회보,* 24(2), 23-46; 장혜영. (2012). 지방선거에서 전망적 투표성향 분석: 2006년 서울시장 선거를 중심으로. *21세기 정치학회보,* 22(3), 213-237.

도 있고, 가까운 미래를 포함할 수도 있다. 하지만, 일반적 의미에서 근시안적인 투표행태란 유권자가 후보자를 판단할 때, 정치일정에서 현재 임기를 중심으로 판단하는 것을 말한다. 따라서 근시안적인 유권자들이 모여 있는 곳에선, 선거결과가 어떤 의도된 결과물을 기획한 유권자들의 원시안(遠視眼)의 결과로 해석되지 않는다. 선거결과란 근시안적인 유권자들의 각각의 결정들이 어떤 거시적으로 기획된 의도가 없이 모여서 산출된 결과물에 불과하다.

선거결과에 대한 예측을 하면서, 우리는 가끔 이런 이야기를 한다. "국민들이 현명한 선택을 할 것이다. 너무 걱정하지 않아도 된다". '초합리성'이란 앞서 논의한 개인 유권자들의 효용함수적 논리에 의한 합리적 투표행태를 초월하여, 선거결과가 형성하는 거시적 차원의 선거결과가 국가와 사회에 긍정적인 정치적 의미를 지니게 될 때, '의도적인'(intentional) 유권자의 선택의 결과로 행해지는 것을 말하는 것이다.[16] 예를 들어서 독선적인 대통령의 행정부 주도적 정국운영이 지속되는 상황에서 벌어진 입법부 선거에서 야당이 승리하여 '여소야대' 정국이 형성되는 경우가 있다. "여소야대는 어떤 유권자의 행태에 의해서 만들어지는가?" 민주주의란 것이 어느 한 쪽의 일방적인 독주를 인정하지 않는 것이라면, 민주주의 성취라는 조감도를 지니고, 선거에서 야당에게 힘을 실어주면서 여당을 견제할 수 있다. 앞서 근시안적인 투표행태에 의하면 여소야대란 선거결과는 단순히 개인투표행태의 집합적 결과물로 나타난 것이며, 그 이상도 그 이하도 아니다. 하지만, 초합리적행태란 시각에서 보자면, 여소야대에 의해서 만들진 '견제와 균형'이 개인 유권자 차원에서의 합리적 투표행태로 설명된다기 보다는 유권자 전체의 집합차원에서 의도적으로 형성된 '초합리성'의 결과로 해석되는 것이다. 민주주의의 성취를 위해서 바람직한 상황을 구현하려는 (초)합리적 유권자들이 행정부의 독선을 막기 위해서 입법부에서 야당을 밀어주어 '견제와 균형'의 역학관계를 형성해 놓는 것으로 해석하는 것이다.

그렇다면, 선거에서 야당을 밀어주어 '견제와 균형'을 택하지 않고, 여당에 힘을 실어주는 행태는 '초합리성'의 행태가 아닌 것인가? 이것은 선거당시의 상황에 달린 것이다. 국가비상시에는 여당의 잘잘못을 떠나서 여당에게 더욱 힘을 실어 줄 수도 있다. 2020년 코로나상황하에 있었던 제21대 국회의원선거에서 여당의 압승은 유권자들의 의도적인 힘실어주기의 행태로 볼 수도 있다.

유권자 투표행태

유권자는 대의제하에서 대표를 선출하면서, '정책'(policy)과 '리더십'(leadership)이란 두 개의 축에 대한 선택을 한다. 대의제 선거의 특징은 "누가 대표자로 당선되느냐"에 따라서 인간의 삶이 달라진다는 것이다.[17] 여기서 "누가 당선되느냐"의 문제는 정책과 리더십의 선택을 의미하는데, 이는 결국 유권자들의 인식과 투표행태에 달려있다.[18] 1963년 '민정이양'(民政移

16 여기서 의미하는 '초합리성'이란 칸트(I. Kant)가 주장하는 윤리적 도덕성(morality)에 근간한 '합리성'과는 다른 것이다. 칸트는 비윤리적인 것은 비합리적이라고 주장했었다. 상황과 문맥에 따라선, '초합리성'의 단계가 '윤리적 합리성'을 의미하는 경우가 종종 있다.

17 누가 당선되느냐에 따라서 차이점이 있는지 없는지의 문제도 궁극적으로는 이질적인 유권자 집단에서 다양한 반응을 만들어 낼 것이다. 자유지상주의자는 미국에서 민주당과 공화당의 정책 사이에 별 차이를 느끼지 못할 것이다. 유럽의 마르크스주의자는 좌파 정부와 우익 정부 모두의 정책을 똑같이 경멸할 수 있다.

18 정부의 정책결정이나 지도자의 정책방향은 그들이 선거에서 승리하거나 패배하도록 여론을 형성하게 된다. 정책과 유권자 여론은 불가분의 관계이다. Hetherington, M. J. (2005). *Why Trust Matters: Declining Political Trust and the Demise of American Liberalism.* Princeton University Press; Stimson, J. A. (2004). *Tides of Consent: How*

讓)을 위한 한국대통령선거와 이어 1967년 대통령선거에서 군부출신 박정희의 윤보선에 대한 승리는 '관권선거'(官權選擧) 이상으로 가난을 벗어나서 잘 살아보겠다는 경제적 풍요에 대한 기대감과 인식을 반영한 것이었다.

외국도 마찬가지이다. 국운에 연관된 주요한 선거를 보면 그러한 유권자들의 인식이 드러난다. 1979년 영국 보수당 마가렛 대처(Margaret Thatcher)의 선거 승리는 당시 '영국병'(英國病; 불법파업, 정부지출증대, 국가경쟁력 약화 등)에 대한 유권자들의 전반적인 인식을 반영한 것이었다. 특히 1983년 대처의 선거승리는 아르헨티나와의 포클랜드제도전쟁(Falklands War: 1982, 4, 12 ~ 6, 14)에서 영국이 아르헨티나에 승리한 것에 대한 영국 유권자들의 만족감과 동시에 노동당의 극단적이고 때로는 일관성이 없는 군축 정책에 대한 실망감을 반영한 것이다. 1979, 1983, 1987년의 선거에서 보수당 대처의 승리는 1979년 이전에 노동당 제임스 캘러헌(James Callaghan)정부가 국유화시켰던 일부 산업의 무력화로 이어졌다. 유럽연합(EU)에 대한 영국 유권자들의 우호적 입장(즉, 협력증대의 방향)은 1997년 토니 블레어(Tony Blair)의 당선에 영향을 미친다. 1996년 빌 클린턴(Bill Clinton)의 통화정책에 중점을 두었던 '신경제'(New Economics)는 물가와 고용을 동시에 해결하면서 미국경제시장의 활황을 가져왔으며 [여기에는 실리콘밸리(silicon valley)에서의 활황이란 시대적 효과가 있었음], 이것은 클린턴의 재선에 우호적 인식을 형성하게 된다. 유권자들의 선거인식은 경쟁후보간에 반대급부적으로도 형성된다. 1980년 미국대선에서 도전자 로널드 레이건(Ronald Reagan) 후보의 당선은 공화당의 보수적 정책에 대하여 유권자들이 우호적 인식을 가진 결과가 아니다. 당시 카터(Jimmy Carter) 대통령의 인플레이션 대책의 미흡과 테헤란에서 미국인 인질들을 제대로 다루지 못했다는 유권자들의 인식으로부터 형성된 반대급부적인 것이다.

유권자들의 투표행태에 대한 시초적 연구로 평가되는 1940년대의 컬럼비아연구(Columbia studies)는 유권자의 사회경제적 변수들(socio-economic variables: 지위, 소득, 교육수준, 연령, 거주지, 종교 등)을 중심으로 구분되는 사회집단들 사이에 투표행태에 차이점이 있는지를 살펴보는 것이었다.[19] 1950년대 미시간연구(Michigan studies)는 유권자들의 정체성(identity)을 중심으로 한 심리학적 변수들을 이용하여, 자신이 선호하는 정당에 대한 일체감(party identification), 이슈에 대한 태도(issue-oriented behavior), 후보자에 대한 성향 등을 중심으로 투표행태와의 연관성을 보았다.[20] 미시간연구는 유권자의 행태를 '인과관계의 깔때기'(funnel of causality; 다양한 요인들이 가장 넓은 깔때기의 입구로 들어가면, 시간에 흐르면서 깔때기의 끝으로 흘러가서 설명되어야할 최종 목표가 가장 좁은 깔때기 끝에 이름)라는 논리로 설명한다. 결국, 미시간연구는 깔때기의 끝에 남는 최종 변수는 정당식별의 문제라고 보았다. 정당식별이 투표행태에 가장 장기적으로 영향을 미치는 요인이 되는 셈이다.[21]

Public Opinions Shapes American Politics. Cambridge University Press; Miller, A. H., & Wattenberg, M. P. (1981). ***Policy and Performance Voting in the 1980 Election*** [Meeting paper]. the annual meeting of the American Political Science Association; 최혜민, & 송진미. (2022). 부동산정책 이슈선점 경쟁과 청년세대의 후보지지: 2021년 서울시장 재보궐선거의 공약과 투표결과를 중심으로. *한국정책학회보,* 31(1), 203–229.

19 Berelson, B. R., Lazarsfeld, P. F., & Mphee, W. N. (1954). ***Voting: A Study of Opinion Formation in a Presidential Campaign.*** University of Chicago Press; Lazarsfeld, P., Berelson, B., & Gaudet, H. (1944). ***The People's Choice.*** Columbia University Press.

20 Campbell, A., Converse, P., Miller, W., & Stokes, D. (1960). ***The American Voter.*** The University of Chicago Press.

21 미시간 연구를 다시 검증한 두 번의 연구가 있었다. 캠벨의 후속 연구에서 나이, 버바, 페트로식은 정당일체감의 변화를 중심으로 미국유권자들의 성향이 변화하였다는 결론을 얻었다. Nie, N., Verba, S., & Petrocik, J. R. (1976). ***The Changing American Voter.*** Harvard University Press. 반면에 루이스벡, 야코비, 노포스, 와이스버그는 미시간 모델과 거의 유사

1970년대에는 '합리적 선택모델'(rational choice model)에서는 유권자들의 투표행태는 그들이 투표행위에 참가하여 발생하는 이익과 손해를 계산하여 추론할 수 있다고 보았다.[22]특히 어떤 후보자에게 투표할지에 대한 유권자의 선택은 후보자의 어떤 행동이 유권자들에게 더 큰 기대이익(효용)을 주는지에 달려 있다. 합리적인 행위의 근거는 선거이슈와 연관된 것이어서, 합리적 투표행태를 설명함에 있어 후보자가 제시하는 선거 이슈의 성격이 중요성을 갖는다. 단, 유권자들이 합리적이라면 그 합리성의 범위는 어디까지를 말하는 것인지, 그리고 과연 모든 유권자들이 합리적 행위에 근거한 투표행태를 보이는지에 대해서는 논의가 필요하다.

인간의 사고와 행위는 모두 '이성'(理性, reason)과 '감성'(感性, sentiment)의 조합물일 것이다. 21세기에 들어서선, 인간 사고의 뿌리로서 정서(emotion)를 더 잘 이해하는 인지과학자들(cognitive scientists)의 연구물을 참조하며, 소위 '정치심리학'(political psychology)이란 조류가 형성되었다.[23] 해당 연구는 개인의 선호가 결정되는 순간까지는 감정의 효과(또는 이성과의 복합적 효과)에 주목하면서도, 일단 선호가 결정된 후에는 상당부분 합리적이고 전략적으로 행동한다는 입장이 주류이다. 따라서, 해당 연구는 합리적 선택모델과 상충하는 경향보다는 서로 보완하는 관계에 있다. 인간은 그 개체로서 '복잡계'(複雜界)이며, 인간들이 모여있는 사회는 이질적(異質的)인 곳이며, 따라서 앞으로의 선거연구의 방향, 방법, 주요한 주제 등에 대한 합의가 있기 어려울 것이다.[24] 이것은 앞으로 인공지능(AI, Artificial Intelligence)이 선거연구를 하는 세상에서 또 다른 획기적 전환점이 마련될 것임을 간접적으로 시사하는지도 모른다.

사건들에 대한 인식 과정에서 인간들은 이성적이기도 하지만, 때로는 매우 감성적이다. 종합적인 하나의 전체라는 틀 속에서 지엽적인 각각의 사건들을 바라보기도 하지만, 지엽적인 하나의 사건을 중시하여 그것으로 전체를 판단하는 경우도 있다. 인간사회는 이질성(異質性, heterogeneity)을 지닌 사회이다. 시대의 변화, 상황의 변화에 따라서 변화하는 인간들의 인식과 행태는 어떤 특정한 하나의 모습으로 묘사되기 쉽지 않다. 그렇지만, 시대가 변했어도 변하지 않은, 그리고 변할 것 같지 않는 인간들의 삶과 관련된 두 개의 변수가 있다. 인간들의 삶에 가장 큰 관심사는 "먹고 사는" 문제이다. 이것은 유권자들의 투표행태를 설명할 때, '경제변수'(economic variable)가 가장 주요한 설명변수가 될 수 있음을 암시한다.[25] 그렇다고 인간들이 빵만으로 사는 것은 아니다. 이것은 유권자들의 투표행태를 설명할 때, '이념변수'(ideological variable)가 주요한 설명변수가 될 수 있음을 강력하게 암시한다.

"인간은 빵만으로 사는 것은 아니다", 동시에 "이념도 좋지만 빵은 더 좋다"라는 두 개의 대조적 시각은 현실 정치과정을 설명하기 위해서 어느 것도

한 결과를 얻었다. Lewis–Beck, M. S., Jacoby, W. G., Norpoth, H., & Weisberg, H. F. (2008). ***The American Voter Revisited.*** University of Michigan Press.

22 Riker, W., & Ordeshook, P. (1968). A Theory of the Calculus of Voting. ***American Political Science Review,*** 62(1), 25–42; Ferejohn, J. A., & Fiorina, M. P. (1974). The Paradox of Not Voting: A Decision Theoretic Analysis. ***American Political Science Review,*** 68, 525–36; Ferejohn, J., & Fiorina, M. P. (1975). Closeness Counts Only in Horseshoes and Dancing. ***American Political Science Review,*** 69(3), 920–925; Mueller, D. C. (1989). ***Public Choice II: A Revised Edition of Public Choice*** (2nd ed.). Cambridge University Press.

23 이상신. (2009). 정치심리학: 역사와 현황. *현상과인식,* 33(4), 15–43.

24 21세기 미래의 선거연구에 대한 종합적 논의는 Franklin, M, N., & Wlezien, C. (Eds.). (2002). ***The Future of Election Studies.*** Pergamon.

25 한국선거에서 경험적 연구를 보면, 투표행태를 결정짓는 가장 중요한 변수는 경제변수이다. 김형준. (2010). 6. 2 지방선거 분석: 집합자료 결과와 유권자 투표 행태를 중심으로. *국제정치연구,* 13(2), 203–229.

소홀히 할 수 없다. 앞서, 인간의 행태를 함부로 단순화하기 어려우나, 최대한 단순화하면서도 적확하게 투표행태를 무엇을 중심으로 어떻게 설명할 것인지가 관건이 될 것임을 지적한 바 있다. 본 연구는 '경제변수'와 '이념변수'를 중심으로 유권자들에게 기대되는 합리적 투표행태의 범위와 한계를 논의해 보고자 한다.

1) 경제 변수와 투표행태

유권자들에겐 관심이 있는 문제와 관심이 없는 문제가 있다. 가장 관심이 있는 것은 그들의 먹고 사는 문제이다. 그리고 나아가 평안하고 풍요로운 생활이다. 이것을 '민생복리'(民生福利)라고 부른다. 상대적으로 유권자들이 관심이 저조한 것이 '체제논쟁'과 '헌법개정'과 같은 것들이다. 여기에는 평범하지만 분명한 이유가 있다. 인간사회의 가장 근원적인 문제는 '먹고 사는' 문제이다. '경제투표'(economic voting)란 당시 경제상황에 대한 인식이 투표행태로 이어지는 것을 말한다. 다운즈(Downs)는 유권자들이 최고의 경제 성과를 낼 수 있는 후보에게 투표할 것이라고 주장했다.[26] 이것은 유권자들이 '전망적 경제투표행태'를 보일 것으로 예상한 것이다. 반면에, 키(Key)는 유권자들이 경제 불황의 상황에선 현직 의원들을 처벌하는 투표행태를 보일 것이라고 주장했다.[27] 이것은 '회고적 경제투표행태'를 보일 것으로 예상한 것이다. 몇 가지 논점들이 있다.

첫째, 유권자들의 경제상황에 대한 인식의 차원이다. 유권자들의 경제투표행태가 '국가의 전반적인 경제 상황에 대한 판단'을 통해서 이루어지는 것인지, 아니면, '개인적 경제 사정'을 통해서 이루어지는지 하는 것이다. 따라서 두 개의 인식 차원을 구분하면 전자는 '국가 경제상황 인식에 근거한 투표'(사회성 경제투표: sociotropic economic voting)이고, 후자는 자신의 호주

26 Downs, A. (1957). *An Economic Theory of Democracy* (1st ed.). Harper and Row. 최고의 성과를 낼 수 있는 후보에게 투표하는 것은 경제투표에서 전망적 투표행태에 의거한 경제투표를 말한다. Abramowitz, A. (1985). Economic Conditions, Presidential Popularity, and Voting Behavior in Midterm Congressional Elections. The Journal of Politics, 47(1), 31-43; 김영태. (2005). 대통령지지와 정당지지. *한국정당학회보*, 4(2), 149-172; 이재철. (2008). 17대 대통령 선거에서의 경제투표. *현대정치연구,* 1(1), 111-136; 이곤수. (2009). 대통령 국정운영 지지의 영향요인 분석: 취임1년차 이명박 대통령에 대한 국민여론조사를 중심으로. *행정논총,* 47(3), 105-137; 박병훈, & 윤종빈. (2011). 2007 대선 수도권 유권자 투표행태 분석. *한국시민윤리학회보,* 24(2), 23-46; 장세호. (2012). 2011~2012 러시아 총 · 대선 결산: 평가와 시사점을 중심으로. 국가안보와 전략, 12(2), 133-170; 조기숙. (2012). 4.11총선의 선거전략 평가: 민주적 거버넌스에 주는 함의를 중심으로. *한국정당학회보,* 11(3), 93-126; 강우진. (2013). 제18대 대선과 경제투표: 경제성장에 대한 정책선호의 일치의 영향력을 중심으로. *한국정치학회보,* 47(5), 213-233; 문우진. (2018). 경제투표, 선거심판과 민주주의: 경제에 대한 객관적 · 주관적 평가와 전망이 여당후보 지지에 미치는 영향. *평화연구,* 26(2), 5-44; 김기동, & 이재묵. (2020). 한국 유권자의 국가자긍심과 경제투표. *정치정보연구,* 23(2), 29-58.

27 Key, V. O. (1966). ***The Responsible Electorate: Rationality in Presidential Voting 1936–1960.*** Harvard University Press. 경험적 연구에서는 경제투표행태의 경우, 회고적 투표행태가 전망적 투표행태보다 더 보편적인 유권자 행태임을 보여주는 듯도 하다. Fiorina, M, P. (1978). Economic Retrospective Voting in American National Elections: A Micro-Analysis. ***American Journal of Political Science*** (22), 426-443; Fiorina, M. P. (1981). ***Retrospective Voting in American National Elections.*** Yale University Press; Miller, A. H., & Wattenberg, M. P. (1985). Throwing the Rascals Out—Policy and Performance Evaluations of Presidential-Candidates, 1952-1980. ***American Political Science Review,*** 79(2), 359-72; 이현우. (1998). 한국에서의 경제투표. 이남영(편.), *한국의 선거 II* (pp. 97-150). 푸른길; 강원택. (2008). 2007년 대통령 선거와 이슈: 회고적 평가 혹은 전망적 기대?. 의정연구, 25, 31-59; 신계균, & 윤종빈. (2009). 미국 대통령 선거와 경제투표 :1996, 2000, 2004, 2008년 분석. *한국정치학회보,* 43(4), 231-253; 김형준. (2010). 6. 2 지방선거 분석: 집합자료 결과와 유권자 투표 행태를 중심으로. *국제정치연구,* 13(2), 203-229; 강명세. (2012). 18대 대통령선거의 정치경제: 복지국가, 의회중심제, 그리고 한국정치의 재편(Realignment). *동북아연구,* 17, 5-27; 장승진, & 길정아. (2014). 제18대 대선의 투표선택에 대한 방법론적 재검토: 한국 유권자는 정말로 전망적 투표를 했는가?. *한국과국제정치,* 30(3), 1-28; 배은진, & 엄기홍. (2016). 한국 지방선거에서의 경제투표?: 광역단체장 선거를 중심으로 한 경험적 분석. *21세기정치학회보,* 26(2), 77-98; 장승진. (2017). 한국 선거에서의 회고적 투표: 이론과 현실. *미래정치연구,* 7(1), 35-59; 장승진. (2019). 한국 지방선거의 다층적 회고적 투표. *한국정당학회보*, 18(1), 5-27; 김지혜, & 권혁용. (2020). 아

머니 사정에 대한 인식에 근거한 투표'(호주머니사정 경제투표: pocketbook economic voting)가 된다.[28] 국가경제상황에 대한 인식을 기반으로 한 경제투표의 차원을 따로 구분하였는데, 이것도 유권자들에겐 국가경제와 지역경제(자신의 경제활동지의 경제)의 체감정도로 분화될 수도 있다. 국가경제상황에 근거한 경제투표의 경우는 이타적인 것이고, 개인적 경제사정에 근거한 경제투표는 이기적인 것이라는 구분은 아님에 유의할 필요가 있다. 투표행태의 기본 분석 단위는 개인 유권자이다. 따라서, 유권자들이 경제투표를 하면서 "국가경제상황에 근거한 경제투표를 한다"라는 것은 "개인의 미래 복지를 예측하는데, 국가경제상황이 개인의 주머니사정보다 더 잘 예측할 것" 이란 의미를 가질 수도 있다. 종합하면, '사회성 경제투표행위'는 자기자신의 호주머니보다 사회적 경제상황에 더 비중을 두고 경제를 판단한다는 의미에선 이타적 성향이 있는 것이지만, 결국 사회적 경제상황이 좋아야 내 주머니 사정도 나아질 것이라는 의미에선 이기적 성향도 있는 것이다. 물론 어떤 개인에게 있어서 이타적인 성향만으로 표시될 수도 있고, 이기적인 성향만으로 표시될 가능성도 있다. 이상을 종합하면, 유권자의 경제투표행태를 결정함에 있어서 두 개의 차원 중에서 어떠한 가중치로서 두 차원이 조합되는가의 문제가 중요한 것이다. 결론적으로, 두 차원의 인식은 같이 혼합되어 갈 수도 있고, 하나의 인식 차원만이 두드러질 수도 있고, 아니면, 하나의 차원이 또 다른 차원의 인과관계를 형성할 수도 있을 것이다.[29]

둘째, 유권자들의 인식에서 경제투표행태의 대상의 문제이다. 유권자들이 경제투표를 한다면, 경제상황에 대한 인식의 대상은 선거가 이루어지는 시기의 집권 여당일 것이다. 경제투표는 당시의 경제상황에 가장 책임이 있는 것은 집권 여당일 것이라고 전제한다. 그런데, 경제상황이란 것이 시계열(time-series)적으로 이어지면서 형성되는 것이어서, 지난 정부에서의 경제실정이 이번 정부에까지 크게 영향을 미치는 경우, 유권자들이 이번 정부를 처벌하게 될 수도 있지만, 반대로 이번 정부가 지난 정부의 경제실정을 개선할 수 있도록 더 기회를 줄 가능성도 배제할 수는 없다. 특히, 대통령제하에서는 행정부를 장악한 정당과 입법부를 장악한 정당이 다른 경우[소위 '분할정부'(divided government)]인 경우엔 그 경제실정의 책임의 소재가 혼동스러울 수도 있다.[30] 그런 경우엔, 경제투표행태가 줄어들 수도 있다. 일반적인 상황

파트 가격 상승과 집권당 지지: 2006–2018 한국 지방선거 분석. *동북아연구,* 35(1), 305–338; 차재권, & 서선영. (2020). 공고화된 민주주의는 경제투표를 강화하는가?. *인문사회 21*, 11(3), 965–980.

28 Kiewiet, D. R. (1983). ***Macroeconomics and micropolitics: The electoral effects of economic issues.*** University of Chicago Press; Kinder, D. R., & Kiewiet, D. R. (1981). Sociotropic Politics: The American Case. ***British Journal of Political Science,*** 11(2), 129-61; 이재철. (2008). 17대 대통령 선거에서의 경제투표. 현대정치연구, 1(1), 111-136; 이한수. (2013). Cognitive Heterogeneity and Economic Voting: Does Political Sophistication Condition Economic Voting?. *미국학,* 36(1), 195–226; 문우진. (2018). 경제투표, 선거심판과 민주주의: 경제에 대한 객관적 · 주관적 평가와 전망이 여당후보 지지에 미치는 영향. *평화연구,* 26(2), 5–44; 김기동, & 이재묵. (2020). 한국 유권자의 국가자긍심과 경제투표. *정치정보연구,* 23(2), 29–58.

29 Kramer, G. H. (1983). The Ecological Fallacy Revisited: Aggregate–versus Individual–Level Findings on Economics and Elections and Sociotropic Voting. ***American Political Science Review,*** 77(1), 92-111. 크레이머(G. Kramer)는 두 가지 문제를 지적한다. 첫째, 개인의 객관적 소득의 척도는 정부유발소득과 비정부유발소득이 혼합되어 구성되어 있어 경제투표에서 유일하게 중요하게 여겨야 할 소득의 부분인 정부유발소득의 효과를 알 수 없다. 둘째, 연속선상에서 진행되는 국가 경제 상황에 대한 판단은 단일 선거의 맥락에서 판정하기 어렵다.

30 '분할정부'(divided government)는, 그렇지 않은 상황과의 비교관점에서 볼 때, 경제 투표의 대상이 명확하지 않아서 어떤 정당을 처벌하는 회고적 투표행태의 경제투표를 하기가 어렵게 만들 가능성이 있다. 루돌프는 사회집단의 이질성을 인정하면서 어떤 이들은 의회의 책임을 묻는 사람도 있고, 대통령에게 책임을 묻는 사람도 있을 것으로 본다. 분할정부는 유권자의 결정 계산을 복잡하게 만들 수 있다. Rudolph, T. J. (2003). Who's Responsible for the Economy? The Formation and Consequences of Responsibility Attributions. ***American Journal of Political Science,*** 47(4), 698-713. 루돌프는 주지사(governor)와 주의회가 동

을 보자면, 집권 여당의 기준은 행정부를 차지한 정당이며, 집권 여당의 책임을 묻는 상황이 대부분일 것이다.[31] 하지만, 분할정부 상황에서 경제가 불황이라면, 어떤 정당도 경제불황의 책임에서 자유로울 수는 없는 것이다.

셋째, 선거 당시의 경제상황이 선거결과에 영향을 미친다는 것을 의심하는 사람은 드물다. 그런데 경제투표가 '회고적' 투표행태의 산물인지, '전망적' 투표행태의 산물인지는 논의가 필요할 것이다. 과거에 크레이머(G. Kramer)는 1896년부터 1964년까지 미국에서 경제성과(유권자들의 실질소득의 증가)와 선거결과(의회선거에서 집권당이 차지하는 몫의 증가) 사이에 상관관계가 있음을 보았다.[32] 크레이머는 경제성과와 선거결과의 관계에 대해서 '회고적' 투표행태를 가정하고 연구결과를 해석하면서 경제투표행태가 현직자를 처벌하기 위한 것으로 보았다. 그런데, 그러한 전제는 정작 경제투표행태를 설명하는데 궁금한 부분을 소홀히 했다. 경제성과와 선거결과 양자 사이의 관계가 회고적 투표행태의 산물인지(즉, 집권여당에 대한 처벌의 결과였는지), 아니면 전망적 투표행태의 산물인지(즉, 경제성과를 낼 수 있는 정당에게 건 기대의 결과였는지)는 불분명하다.

유권자들의 경제투표행태는 정당의 경제정책에 대한 과거 이미지와도 연계되어 있을 가능성이 있다. 특히, 경쟁하는 정당들 상호간에 좌-우, 보수-진보로서 경제정책에 대한 방향성과 상대성이 상당 수준 일관적인 곳에서는, 평소에 유권자들이 좌파, 진보 정당은 확장주의적 재정 및 통화정책을 추구한다고 기대하고 있고, 우파, 보수 정당은 긴축정책을 통해서 인플레이션을 억제할 것이라고 기대하고 있을 것이다.[33]

정치과정은 권력획득과 이를 위한 갈등의 반복이다. 유권자들의 당파성에 따라서 정당의 경제운용성과를 판단하는 인식도 달라질 수 있을 것이다. 자신이 선호하는 정당이 집권한 경우에는 더 너그러운 눈으로 집권여당의 경제성과를 평가하거나, 경제적 어려움을 보완하고 극복하는 것에 대해서 낙관적일 수도 있다. 따라서, 앞으로 더 잘할 것을 기대하면서 전망적 경제투표행태를 보일 가능성이 있는 것이다. 반대로, 자신이 지지하지 않는 정당이 집권한 상황에서 열리는 선거에선 회고적 경제투표행태로 현직자들을 처벌할 개연성이 높을 것이다.[34]

세련된 유권자들은 충분한 정보와 정확한 지식을 갖고 있을 것이다. 선거에서 회고적 투표행태는 전망적 투표행태에 비교하여 정교한 지식이나 복

일 정당인지 아닌지의 여부도 검증한다. 핵심은 분할정부의 경우, 연방정부이건 주정부이건 분할정부의 경우엔 경제적 결과에 대한 책임이 모호해지는 측면이 존재하여 경제투표행태를 어렵게 하거나 줄어들게 할 가능성이 있다는 것이다. Rudolph, T. J. (2003). Institutional Context and the Assignment of Political Responsibility. *Journal of Politics,* 65(1), 190-215.

31 Norpoth, H. (2001). Divided Government and Economic Voting. *Journal of Politics,* 63(2), 414-35. 노포스는 미국인들이 분열된 정부 아래에서도 대통령에게 경제 상황에 대한 책임을 묻는다고 보았다. Anderson, C. (2000). Economic Voting and Political Context: A Comparative Perspective. Electoral Studies, 19(2-3), 151-70. 중간선거(mid-term election)의 경우 현직 대통령의 경제실적이 유권자 투표행태를 결정하는 가장 주요한 평가기준이 된다는 연구도 있다. Tufte, E. R. (1975). Determinants of the Outcomes of Midterm Congressional Elections. *American Political Science Review,* 69(3), 812-26; 김형준. (2010). 6. 2 지방선거 분석: 집합자료 결과와 유권자 투표 행태를 중심으로. *국제정치연구,* 13(2), 203–229; 김준석. (2011). 경제이슈를 중심으로 본 2010년 미국 중간선거. *사회과학연구,* 18(1), 271–297.

32 Kramer, G. H. (1971). Short-Term Fluctuations in U.S. Voting Behavior: 1896-1964. *American Political Science Review,* 65(1), 131-43.

33 Hibbs, D. A., Rivers, D., & Vasilatos, N. (1982). The Dynamics of Political Support for American Presidents Among Occupational and Partisan Groups. *American Journal of Political Science,* 26(2), 312-32.

34 이렇게 본다면 비판에 상시 노출되어 있는 현직자가 유리한 것만은 아니다. Roh, Jung-ho (2017). The incumbency disadvantage in South Korean National Assembly elections: Evidence from a regression discontinuity approach. *Electoral Studies*, 46, 112–122.

잡한 인식의 과정이 필요없을 것이다. 단순히(또는 당파성의 관점에서) 집권정당의 실적을 참조하고 체감하면 된다. 선거란 것을 집권정당이 재집권을 하려는 이벤트라는 관점에서 본다면, 집권 여당은 유권자들에게 경제정책에 관한 회고적 투표행태에 대해서 입증책임을 져야 하는 것이다. 반대로 선거란 것이 야당이 집권정당의 재집권을 막고 자신들의 집권을 시도하는 이벤트라는 관점에서 본다면, 야당은 자신들의 경제정책에 대한 미래 청사진을 통해서 전망적 투표행태를 할 수 있도록 입증책임을 져야 한다. 유권자들이 여당과 야당에게 요구하는 입증책임의 종류가 다를 수도 있는 것이다. 세련된 유권자의 경우, 여당이 경제정책운용에 성공적이지 못해도, 처벌만이 능사는 아니라는 식으로 행태할 가능성도 있다. 세련된 유권자라면, 야당이 새로 집권하여 경제정책을 더 망쳐 놓을 수도 있을 가능성도 함께 생각할 개연성이 높다. 결국 세련된 유권자는 당파성에 함몰되기 보다는, 여당과 야당의 정치력이나 해당 시대의 상황 속에서 경제정책 수행능력을 종합적으로 평가하면서 투표하게 될 것이다.[35]

경제투표행태를 설명함에 있어서, '호주머니사정 투표행위'(pocketbook voting)와 비교하여, '사회성 투표행위'(sociotropic voting)는 유권자들이 어떤 '집단'(group)에 소속되어 있느냐를 기준으로[즉, 그룹을 중심으로] 예측을 할 수 있다. 이것은 집단이란 것이 개인들에게 집단의 선호를 제공할 수 있을 뿐만 아니라, 공통된 행동으로 이끄는 사회적 정체성을 제공할 수 있기 때문이다.[36] 이런 경우, 서로 다른 집단의식은 서로 다른 이해관계를 초래할 것이며 집단간 갈등을 유발할 수 있다. 일반적으로, 집권여당의 경제정책을 평가하는데 있어서, 특히 소득별 집단과 이에 따른 계층집단들은 정치행위(투표행태)를 이해하는데 중요한 기준이 될 수 있다.[37] 문제는 정당이 수행하는 경제정책에 대한 유권자들의 기대는 나름대로 동질적이지만, 정당의 경제정책을 수행한 것에 대하여 반응하는 유권자들의 행태는 이질적일 가능성이 높다는 점이다. 예를 들면, 정당이 경제정책을 수립하고 실천함에 있어서 공화당이 인플레이션에 더 민감하고 민주당은 실업과 실질 소득에 더 민감할 것이 기대된다. 이러한 정당의 정책방향성에 대해서 각각의 선호를 갖는 사람들이 공화당원이고 민주당원이 된다.[38] 여기서 또 다른 문제는 '관찰적 동등성'의 현상이다. 서로 다른 현상이 동일하게 관찰되는 착시효과를 가져오는 문제를 말한다. 예를 들면, 공화당원이니까 긴축정책에 찬성하는 것인지, 긴

35 Nadeau, R., & Lewis-Beck, M. S. (2001). National Economic Voting in U.S. Presidential Elections. *Journal of Politics,* 63(1), 159-81; Lockerbie, B. (1992). Prospective Voting in Presidential Elections, 1956-1988. ***American Politics Quarterly,*** 20(3), 308-25; 김기동. (2021). 정치지식과 경제투표. *한국정당학회보*, 20(2), 5-38. 루이스-벡(1988)은 경제투표의 선택이 과거에 대한 소급평가와 미래에 대한 기대평가로 조합된 함수라는 것을 발견했다. Lewis-Beck, M. S. (1988). ***Economics and Elections.*** University of Michigan Press.

36 개인 유권자들의 정치상황에 대한 정보와 인식이 집단의 관점을 통해서 필터링되고 해석될 수 있기 때문이다. Campbell, A., Converse, P., Miller, W., & Stokes, D. (1960). ***The American Voter.*** The University of Chicago Press; 이종래. (2003). 노동자집단의 투표행위와 계급정체성. *경제와사회,* 58, 91-120.

37 Mutz, D. C., & Mondak, J. J. (1997). Dimensions of Sociotropic Behavior: Group-Based Judgments of Fairness and Well-Being. ***American Journal of Political Science,*** 41(1), 284-308; 신정섭. (2022). 코로나19 재난 지원금과 유권자의 정치적 지지: 대통령 직무수행 평가와 정부신뢰 변화를 중심으로. *국가전략,* 28(1), 141-169.

38 Hibbs, D. A., Rivers, D., & Vasilatos, N. (1982). The Dynamics of Political Support for American Presidents Among Occupational and Partisan Groups. ***American Journal of Political Science,*** 26(2), 312-32. 문제는 정치과정에서 어떤 집단(group)에 대한 성격의 규정이 중요하다. "그룹 집계"(grouping)는 어떤 면에서 자의적이다. 사실, 어떤 사람을 어떤 그룹에 배치하느냐가 그 사람의 선호도를 결정하기도 하고, 어떤 경우에는 어떤 사람의 선호도에 따라 그 사람을 어떤 그룹에 배치시킬 수 있다. 소득분배에서 어떤 한 사람을 어디에 위치시키는지의 문제는 중요하다. 공화당이 인플레이션 억제 정책을 수행하더라도 유권자 개인의 소득수준에 따라서 경제정책을 평가하는 체감온도는 다를 것이다. 조세정책도 개인의 소득수준에 따라서 정당의 감세정책을 체감하는 정도는 다르다. 조세 정책에 대한 평가는 같은 계층으로 분류된 집단 내에서도 개인별 소득 수준에 따라 체감온도는 다를 것이다.

축정책에 찬성하니까 공화당원인지 하는 문제이다. 경제긴축정책에 찬성한 집단이 공화당원일 수도 있지만, 긴축정책에 찬성했다고 해서 반드시 공화당원은 아니다. 계층을 중심으로 경제투표행태의 차이점을 본다고 하지만, 저소득층이어서 복지비지출확대에 찬성하는 것인지, 복지비지출확대가 자신의 경제적 복지에 도움이 된다는 인식으로 찬성하는 것인지는 단순히 집단에 대한 스테레오타입적 사고방식으로는 적확하게 추론할 수 없다. 상대적으로 공화당이 인플레이션에 민감하고, 상대적으로 민주당이 실업에 민감하다는 것이지, 어떤 정당이든, 경제실정을 막기 위해선(즉, 유권자의 경제투표행위로 처벌받지 않기 위해선) 높은 인플레이션과 높은 실업률 상황을 모두 피하는 것이 상책이다. 집단적 구분을 통해서 경제투표행태의 유사성을 이해하려고 할 때 유의할 필요가 있을 것이다.

정당이나 후보자들이 선거에서 득표로서 경쟁을 한다는 의미는 결국 권력투쟁과 세력갈등을 의미하는 것이다. 이런 경우, '실력'(virtue)이외에 '운'(fortune)도 작용한다. 정치인은 시대를 잘 만나야 하는 것이다. 세속의 경구 중에, "출세를 위해선 적합한 시간(right time)에, 적합한 장소(right place)에서, 적합한 사람(right person)을 만나야 한다"라는 말이 있는데, 이것은 정치인에게 잘 적용되는 말이다. 경제상황이 좋은 시절도 있고, 경제상황이 나쁜 시절도 있다. 그리고, 그러한 국내적 경제상황이 반드시 정치인이 경제정책에 대한 실정에 의해서 나빠지는 것도 아니고, 전세계의 경제상황은 얽혀 있어서 온전히 국내 정치인의 경제적 무능으로 책임을 돌릴 수도 없다. 경제투표에 대한 일반적 의미에선, 유권자들에게 좋은 시절을 판단하는 기준은 '실질가처분소득'이 증가하는 시절일 것이다.[39] 그렇지만, 경제거시지표에서 실질가처분소득이 증가하더라도, 상대적 의미에서 증가분의 대부분이 소수계층에게 집중된다면, 그럴 경우, 유권자는 경제적 삶에 대한 '상대적 박탈감'(relative deprivation)을 더 크게 느끼게 될 것이다. 관념적으로는, 경제투표란 것이 현직자의 경제정책 수행능력에 대한 상벌의 수단이라면, 유권자들의 상벌의 정도가 경제수행능력과 비례적이어야 후보자들에게 효과가 있을 것이다. 별로 잘하지 않았는데, 재선에 성공한다거나, 잘했는데도 재선에 실패했다면, 경제투표는 정치인들에게 경각심을 주는 유권자 행위는 아닐 수도 있다.

유권자가 경제투표를 정치인들의 재선과 당선에 효과적인 수단으로 사용한다고 해도, 경제수행능력에 대한 '비례적인 행태'로서 상을 주거나 벌을 줄 수는(즉, 수행능력과 비례하는 득표수로 표시될 수는) 없을 것이다. 경제투표행태가 전적으로는 아니어도 일정 수준으로 집단들간에 차별성을 보인다면, 집단간 차별성은 '당파성'의 문제로 환원될 수도 있다. 유권자들의 당파성에 따라서 정당과 후보자에 대한 경제수행능력에 대한 평가는 달라질 수밖에 없다. 당파성의 뿌리인 유권자 이념과 이념에 기초한 투표행태는 뒷부분에서 상세히 다루기로 한다.

선거경쟁과정에서 후보자는 유권자의 득표전략를 생각하기 이전에 유권자분포를 생각할 것이다. 유권자들의 다수가 몰려 있는 곳이 이념적 위치가 어딘지를 파악하고, 보다 많은 득표를 위해선 보다 유권자 다수가 분포하는 위치의 이념적 성향에 맞추려고 할 동기가 있다. 유권자들의 당파성을 생각한다면, 각각의 후보자는 당파성에 의한 지지자들을 갖고 있다. 각 후보자는 당파성을 지닌 자들을 찾아다닐 필요는 없다. 후보자는 선거구내에서 다수를 형성하는 이념적 위치를 만족시키는 이슈를 개발하고 선전하면 된다. 누군가(후보자이건, 후보자를 돕는 참모이건, 아니면 선거전문가이건) 당파성에 의한 지지자들의 다수가 몰려 있는 어떤 공간적(즉, 이념적) 위치를 정확

39 Hibbs, D. A. (2000). Bread and Peace Voting in US Presidential Elections. *Public Choice,* 104(1-2), 149-80.

히 발견해 낸다면 이는 선거승리에 일등 공신이 될 것이다. 물론, 유권자들도 이념적 공간의 어디엔가 위치시킬 수 있지만, 후보자 자신도 이념적 공간의 어디엔가 위치할 것이다. 이것이 '공간이론'(spatial theory)의 원초적인 문제의식이다.

하나의 이념 차원을 전제로 한다면, 유권자들의 다수가 양 극단보다는 중위(median)에 분포할 것이라는 기대가 있다. 이념적 양 극단의 중간지점을 중심으로 유권자들의 다수가 분포한다는 것인데, 그렇다면, 후보자는 유권자와 '정치적 교환'을 함에 있어서, 그 위치의 특성에 맞추어서 행동하게 될 것이다. 호텔링(Hotelling)은 "하나의 직선거리상에서, 두 개의 상점이 그 거리위에서 사는 주민들에게 보다 많은 상품을 팔기 위해서 경쟁한다면, 두 상점은 거리의 어디에 위치하는 것이 좋은가?" 라는 질문에 두 상점은 결국 중간지점에 이웃하여 위치하게 된다고 보았다.[40] 다운즈(Downs)는 한 개의 이념적 정책차원을 중심으로 두 개의 정당이 경쟁하면서 유권자들에게 보다 많은 득표를 목표하고 있다면 어떤 정책적 위치를 취하는 것이 좋은가?"라는 질문에 중위에 위치하는 정책을 취하는 것이 유리한데, 이것은 투표자들의 분포가 그 곳에 가장 많이 분포하기 때문이란 것이다.[41] 하나의 이념적 거리에서 중간에 위치하는 유권자들[즉, 중위유권자들(median voters)]가 단순히 숫자적 우세만으로 후보자에게 동기를 제공할 수는 없다.

이러한 동일한 가정하에서 '경제적 교환'의 관계를 '정치적 교환'의 관계로 유추할 때, 가장 큰 차별성은 유권자(또는 소비자)의 동기 문제이다. 유권자는 후보자와의 관계에서 반드시 중위에 위치해야 편리한 것도 아니고, 자신의 권력이 더 강해지는 것도 아니다. 그럴 수도 있고, 그렇지 않을 수도 있는데, 정책적 선호와 연관된 유권자의 선호는 사회적 지위, 소득수준, 거주지역, 연령 등에 따라서 차별성을 지니게 된다.

결론적으로, 정치에서는 경제와 달리 정책적 선호의 뿌리인 '이념적 방향성'(ideological direction)이 중요하다. 정치적 인간은 경제적 인간과는 다르다. '경제적 교환'의 관계에서 소비자는 중간지점에 있을 동기가 존재한다. 소비자는 쇼핑하기에 가장 편리하다고 생각하는 위치로 가게 된다. 그 지점은 양 극단이 아닌 중간지점이다. 이런 경우, 판매자가 보다 많은 물건을 판매하기 위해선 상점의 위치를 거리의 양 극단 보다는 중간지점에 위치시킬 강력한 동기가 존재한다. 소비자와 판매자 모두 강력한 동기가 존재한다.[42] 그런데, '정치적 교환'의 관계에선 그렇지 않다. 유권자들이 이념적 거리에서 중간지점에 위치하는 것은 특별한 동기에 의해서 그런 것은 아니다. 그럴 수도 있고, 그렇지 않을 수도 있다.[43]

40 Hotelling, H. (1929). Stability in Competition. *The Economic Journal,* 39(153), 41–57.

41 블랙(D. Black)은 유권자들이 '단봉 선호'(single–peaked preference)를 가지고 있는 1차원적인 이념 공간(one–dimensional ideological space)에서, 중위투표자(median voter)의 이상적인 지점은 콩도르세 승자가 된다고 본다. Black, D. (1948). On the Rationale of Group Decision–making. *Journal of Political Economy,* 56(1), 23 - 34. 콩도르세 승자는 각 대안별 투표에서 다른 모든 대안을 능가하는 대안이고, 따라서 콩도르세 승자를 당선자로 선정하는 선거제도는 중위투표자를 만족시키는 당선자를 제공한다. 콩도르세 승자는 모든 다른 대안들에 대한 다수적 승자(simple majority winner)이기 때문에, 중위유권자정리는 민주적인 결과와도 합치한다. 홍경준. (2009). 선호와 정치제도를 중심으로 한 사회정책 발달이론의 모색. *한국사회복지학,* 61(4), 33–59; 홍경준. (2010). 정치제도가 사회정책의 발전에 미치는 효과에 관한 비교 연구. *한국사회복지학,* 62(3), 141–162.

42 소비자와 판매자 중에서 어느 쪽에 더 강력한 동기가 존재하느냐는 여러 가지 상황들에 따라서 다르게 나타날 것이다.

43 중위(中位, median)에 사람들이 가장 많이 모여 있다면, 이것은 단순히 경험적 법칙으로서 '정규분포곡선'(normal distribution curve) 현상이 구현되는 것으로 해석할 수도 있다. 경험적 법칙에 따르면, 구성원의 숫자가 일정 수준 이상된다면(최소 20명이상, 일반적으로 30명이상), 중위에 가장 많은 수가 분포한다는 것이다. 그런데, 중위가 적고, 양극단이 많은 경우도 있다. 예를 들면, '찬성'과 '반대'라는 입장으로 양분되는 이슈들(동성애, 낙태 등의 문제 등...), 또는 진영논리로 양분되어 양극단의 보수유권자와 진보유권자가 다수이며, 중도유권자는 소수인 경우 등은 중위에 분포하는 숫자가 양극단에 분포하는 숫자보다 적다.

선거경쟁과정에서 중위유권자들은 시간이 지남에 따라서 이념적 위치를 변경할 수도 있다. 중위에 많은 사람들이 분포하기에 중위유권자일수도 있지만, 단순히 사람들이 많이 분포하는 곳이 중위유권자일 수도 있는 것이다. 이것은 선거경쟁에서 이념적으로 중간적인(즉, 양극단적인 이념적 과격성을 회피하는) 위치가 절대적인 전략이 될 수는 없음을 의미한다.

일종의 아이러니일 수도 있고, 패러독스적 현상일 수도 있지만, 단순다수제(plurality system)하의 양자대결구도에선 거대 양당이 제3정당이 중위후보자들로 부터 멀어지도록 하면서 제3후보의 진입을 제지할 수도 있다.[44] 사실, 제3정당이 선거경쟁시장에 뛰어들 가능성은 기존의 양대 정당(중도우파, 중도좌파)이 중위적 위치의 유권자들을 효율적으로 흡수하지 못하는 경우이다. 단순다수-소선거구제하에서 양대 정당이 중앙값에서 일정한 거리를 두고서 떨어져서 서로의 이념적 정체성을 확고히 하면서 일정 수준의 '정치적 균형'(political equilibrium)을 이루고 있는 경우,[45] 제3의 세력으로서 정당이나 후보자가 선거경쟁에서 득세할 수 없기에, 아예 선거에 참여하려는 의지가 약화되기 때문이다.[46] 달리 말하면, 이념적 공간에서 중간에 위치하는 중위유권자 이외에도 중도좌파, 중도우파로서 이념적 치우침을 갖고서 분포하는 유권자들의 규모를 무시할 수 없다는 것이다. 이것이 현실의 선거과정에서 일어나는 일이다.

선거경쟁에서 한 개의 이념적 정책차원에서 한 정당이 제시하는 정책이 다른 정당이 제시하는 정책과 비교하여 특별히 더 좋지 않다고 가정한다면(또는 비슷하게 느껴진다고 가정한다면), 가장 좋은 이념적 위치로 (즉, 중간 위치로) 이동하지 않는 정당은 경쟁에서 승자가 될 수 없다.[47] 경쟁하는 양대 정당이 선거에 승리하기 위해선 후보나 정당이 이념 스펙트럼의 중심에 모여야 한다는 논리는, 분포의 규모가 가장 큰 중위유권자가 만약 이념적 위치를 이동시키면, 정당도 더 많은 득표를 위해서 위치를 따라서 이동해야 한다는 것이다. 아니면, 정당들이 중위에 있지 않아도 승리할 수 있다거나, 정당들이 중위유권자들을 잡으려고 별로 노력하지 않음에도 승리할 수 있다면, 이것은 보다 복잡한 경우의 수들이 현실 선거과정에 존재하고 있음을 말하

44 Palfrey, T. R. (1984). Spatial Equilibrium with Entry. *Review of Economic Studies,* 51(1), 139-156; 조성대. (2013). 민주화 이후 한국 대통령선거에서 제3후보 현상과 선거연합에 관한 연구. *선거연구,* 3(1), 73–107; 정준표, 김진하, & 김정도. (2014). 지방선거와 일반화된 뒤베르제의 법칙. *국제정치연구,* 17(1), 1–26; 최장현. (2015). 민주주의와 선거에 대한 「법과 정치」 교육 패러다임의 전환: 다수제 모델에서 합의제 모델로. *법학논총,* 22(3), 339–367; 김정현. (2022). 정치적·사회적 갈등의 통합을 위한 권력구조 및 선거제도 개선방안: 제20대 대통령선거를 중심으로. *헌법학연구,* 28(2), 1–55.

45 여기서 '균형'이란 변화의 가능성이 없는 것을 말한다. '정치적 균형'이란 양대정당체계(two-party system)으로 장시간 정착되어 있는 상황을 말한다. 즉, 양대정당체계에서 다정당체계(multi-party system)로의 변화의 가능성이 적다는 것을 의미한다. 정태일. (2015). 한국에서 지역주의의 정치적 효과. *한국동북아논총,* (76), 289–308; 정태일. (2019). 3김정치 전후 한국정치의 비판적 검토: 정치적 효과와 왜곡. *한국과 국제사회,* 3(1), 5–38; 김한나. (2020). 왜 연동형 비례대표제 하에서도 통합이 이루어지는가?: 준연동형 비례대표제의 작동원리와 정당들의 구심적 선거 전략을 중심으로. *한국정치연구,* 29(1), 129–162.

46 제3정당이나 그 밖의 정당들이 선거경쟁에 뛰어들 동기는 선거제도가 비례제도인 경우에 높아질 수 있다. Grofman, B. (2006). The Impact of Electoral Laws on Political Parties. In B. R. Weingast, & D. A. Wittman (Eds.), *The Oxford Handbook of Political Institutions* (pp. 102-118). Oxford University Press; 김용복. (2009). 정당정치의 발전을 위한 선거제도의 개혁: 비례대표제의 확대와 석패율제도의 도입. *기억과 전망,* 20, 39–71; 김용복. (2010). 일본 선거제도 개혁과 석패율제도의 효과: 한국에의 시사점. *한국정치연구,* 19(3), 313–339; 선학태. (2013). 한국 정치패러다임의 전환: 국회의원 선거제도의 비례성 확대. *계간 민주,* 6, 166–185; 한의석. (2016). 제3정당의 성공요인: 일본유신회와 민나노당의 2012년 중의원 선거를 중심으로. *일본연구논총,* 43, 125–147; 이기완. (2019). 일본 선거제도 변화와 정당 간 정치 동학: 자민 · 공명 연정의 지속성을 중심으로. *선거연구,* 1(10), 109–131.

47 앤솔라브히어는 '중위유권자정리'(median voter theorem)의 가정(assumpton)[두 개의 정당이 하나의 이념 차원에서 경쟁하는 경우]은 거의 현실성이 없으며, 사회과학적 논리를 위한 하나의 준거점이라고 본다. Ansolabehere, S. (2006). Voters, Candidates, and Parties. In B. R. Weingast, & D. A. Wittman (Eds.), *The Oxford Handbook of Political Institutions* (pp. 29-49). Oxford University Press.

는 것이다.

모든 사람들이 단봉성 선호(single-peaked preference)를 가진 것이 아니며, 선거경쟁에서 유권자들의 정책선호도를 한 개의 이념적 차원으로 수렴하여 요약할 수 있는 것이 아니라면, 유권자들은 후보자들이 제시하는 종합선물세트(여러 개의 정책들을 포함하고 있음, 일종의 정책바구니)에 따라서 투표하게 될 수 있다.[48] 현실 선거과정에서 정책과 관련된 이념적 차원은 여러 개가 존재한다고 해서, 산만하게 존재하는 모든 정책들이 유권자들에게 동등한 가치로서 중요한 것은 아니다. 선거과정에서 현저한 이슈(salient issue)는 선거마다 다르며, 동시에, 당해 선거에서 현저한 이슈의 수는 많아야 2-3개일 가능성이 높다.[49]

현저한 이슈란 선거 시점에 사회구성원들이 명백하게 중요하다고 여길 수 있는 이슈들이다. 선거과정이란 것이 집단간의 세력 다툼이고, 따라서 현저한 이슈는 이념적인 것들과 연계된 것들이 많을 것이다. 반면에, '관심유발이슈'(또는 합의이슈, 원자가이슈, valence issue)란 것이 있는데, 이는 유권자들이 원하는 방향이 모두 한 가지 방향으로 수렴되는 이슈들에 관련된 것이다.[50] 예들 들어, 평화, 범죄감소, 웰빙 등과 같은 것들이다. 따라서 반드시 그런 것은 아니지만, 상대적 의미에서 관심유발 이슈는 이념적 성향이 약하다.[51] 바로 이런 점때문에, 관심유발이슈에서 우위에 있는 후보자는 중위권에 위치할 수 있는 개연성이 높아지고, 선거에서 승리할 기회가 높아진다.[52] 단, 앞서도 지적했듯이, 관심유발 이슈가 표로 연결되려면 후보자와의 신뢰의 문제가 중요한데, 유권자가 후보자에 대해서 '신뢰'가 있는 경우 전망적 투표행태를 보이게 될 것이다.

후보자들이 유권자들의 정책선호도와 이념적 위치에 대해서 신경을 쓰는 것처럼, 유권자들도 후보자의 정책적 선호도와 후보자들간에 정책적 차이에 대해서 신경쓰게 된다. 먼저, 후보자들의 입장에서 볼 때, 이념적 성향

48 McKelvey, R. D. (1976). Intransitivities in Multi-dimensional Voting Models and Some Implications for Agenda Control. *Journal of Economic Theory,* 12(3), 472 – 482. 맥켈비 주장의 핵심은 선거경쟁에서 후보자들은 정책들을 모아 놓은 종합선물세트를 갖고서 경쟁한다는 것이다. 경쟁하는 차원이 많아지면, 예측 가능성이 현저히 낮아진다. 따라서 후보자의 어떤 특정한 이념적 위치가 선거승리를 가져오는 그런 예견성이란 존재할 수 없으며, 어떤 종합선물세트도 선거에서 승리할 가능성이 존재한다는 것이다. 그렇다면, 유권자가 정책꾸러미인 종합선물세트를 파는 후보자의 상품성을 보고서 해당 상품을 살지 말지를 고민할 수 있다는 점이다. 이렇게 본다면 후보자(정치인)에 대한 신뢰의 문제가 중요할 것이다. 이슈에 대한 선호도를 하나의 이념적 차원으로 요약할 수 없다면 유권자들은 각자가 제시하는 정책 바구니에 따라 정당이나 후보를 선택할 수 있다. 선거에서 정책바구니는 n차원에 걸친 벡터 곱으로 생각할 수 있다. Schofield, N. (1978). Instability of Simple Dynamic Games. *Review of Economic Studies,* 45(3), 575 – 594.

49 Poole, K. T. (2005). *Spatial Models of Parliamentary Voting.* Cambridge University Press.

50 Valence issue에 대한 번역이 일정하지 않다. 합의이슈란 번역이 기존에 주로 쓰이고 있지만, 다양한 유권자들 사이에서 어떤 이슈도 합의된 이슈는 존재하지 않는다는 측면에서 오해의 소지가 있다. Stokes, D. E. (1963). Spatial Models of Party Competition. *American Political Science Review,* 57(2), 368 – 77; 송진미, 박원호. (2016). 이슈경쟁과 합의이슈모델: 2014년 서울시장선거를 중심으로. *한국정당학회보,* 15(1), 29–62; 송진미. (2022). 합의이슈정치와 유권자의 선택: 2017년 대통령선거에서 나타난 이슈경쟁을 중심으로. *한국정치학회보,* 56(1), 217–259. 송진미의 분석 결과, 제19대 대선에서 경제성장, 복지 확대, 일자리 창출, 부패 척결 등 주요 이슈에 대한 합의이슈 평가가 후보 선택에 유의미한 영향을 미치는 것으로 나타났다. 그리고 유권자의 정당일체감에 따라 이슈가 투표에 미치는 영향이 다르게 나타났다. 무당파 유권자들은 후보의 이슈선점이 차별적인 것을 인식할 때 본인이 중요하게 생각하는 이슈에 따라 투표했다. 정당 지지자는 지지하는 정당 후보가 선점한 이슈만 투표에 영향을 미쳤다.

51 하지만, 평화를 얻는 방법, 범죄를 감소시키는 방법 등을 논하면 이것도 좌파와 우파로 구분되어 이념적 차원에서 단절될 수 없을 것이다. 범죄를 감소시키기 위해서 우파는 치안을 강화할 것이고, 좌파는 오히려 규율과 억압이 범죄율증가를 가져온다고 볼 것이다. 평화를 얻기 위해서 우파는 안보를 통한 자강을 얻으려 할 것이고, 좌파는 안보가 결국 군비경쟁의 확산을 불러오니까, 대화를 강조할 것이다. 이렇게 본다면, 결국, 몇 단계의 논리를 거치면 모두 이념적 차원, 특히 좌–우의 이념적 차원으로 수렴하는 성향에 유의할 수밖에 없다. 중위투표자정리가 단순한 가정과 내용으로 인해서 공격을 받으면서도. 그런 단순성이 결코 비현실적인 것이 아니기 때문에 참조되는 것이다.

이 강한 유권자 집단일수록 선거운동이나 선거전략을 통해서 표심이 흔들릴 가능성은 낮다. 그런 경우, 거대 양당체제의 선거경쟁에선 이념적 성향이 중립적인 '부동층'을 중심으로 표심을 공략할 수 있다.[53] 그 때, 부동층의 유권자들은 '관심유발이슈' 특히 '경제이슈'들을 중심으로 표심이 흔들릴 가능성이 있다.[54] 경제이슈가 주요한 관심유발이슈로서 작용하며, 투표로 이어져서 선거결과에 영향을 미친다면, 후보자는 경제이슈를 활용하여 득표활동을 할 강한 동기를 갖게 된다.[55]

다음에, 유권자 개인의 입장에서 볼 때, 경제이슈와 같은 관심유발이슈를 자신의 이익과 연관시켜서 투표할 수 있지만, 그러한 이익은 개인으로 한정되지 않고, 가족, 지역사회, 집단, 계층 등으로 다수의 유권자들에게 광범위하게 적용될 수 있는 것이다. 역으로, 내가 투표하지 않더라도 다른 사람들이 투표한다면, 나는 '무임승차자'(free-rider)가 될 수 있다. '합리적선택이론'(rational choice theory)에서는 개인 행동의 효용함수를 사용하여 개인의 투표가능성을 인식하는데, 개인의 투표할 동기는 그렇게 크지 않다. 선거에서 후보자가 개인 투표자들을 대상으로 이른바 올슨(M. Olson)의 '선택적 동기'(selective incentive)를 제공할 수 있는 경우는,[56] 전체 유권자 규모를 생각할 때, 있다고 해도, 극 소수에 한할 것이다. 종합적 차원에서 논의하자면, 투표참여는 시민의식에 기대하게 되는 것이 일반적 상황일 것이다.[57]

선거민주주의의 가장 근본적인 문제는 '투표율'(投票率; ratio of votes)로 환원된다. 모든 사람들이 참여하지 않는 것이 현실이다. 앞서 말한 중위투표자정리는 "모든 유권자들이 투표한다면" (if everyone votes, then.........)을 전제로 형성된 정리이다. 현실정치과정에선 75%의 투표율은 높은 투표율의 수준으로 평가하는 듯하지만, 해당 숫자는 1/4의 유권자가 투표하지 않은 숫자이다. 보기에 따라서는 흡족하기 어려운 투표참여율일 수도 있다. 선거에서 투표율이 사회적 기대치보다 낮은 경우엔, 투표결과에 대한 '선거의 질'(質)

52 Wittman, D. A. (2005). Valence Characteristics, Costly Policy and the Median–Crossing Property: A Diagrammatic Exposition. *Public Choice,* 124(4), 365 – 382.

53 부동층은 이념적 성향에선 중립적이나, 중위투표자로서의 성향을 지녔다고 규정할 수는 없다.

54 Persson, T., & Tabellini, G. (2000). *Political Economics: Explaining Economic Policy.* MIT Press, pp. 52–58.

55 경제투표라는 것의 본질은 경제투표를 할 때 사회성투표행태가 주된 것인지 개인성투표행태가 주된 것인지를 가리는 것의 문제는 아닐 것이다. 경제이슈를 중심으로 선거의 유불리가 바뀐다든지, 경제이슈를 다루는 방식이 득표에 영향을 미친다든지, 그런 주제들을 다루는 것이 경제투표행태라는 주제의 본질에 더 가까울 수 있다. 최효노. (2018). 한국 정당의 이슈 소유권(issue ownership)과 유권자 투표행태: 20대 총선을 중심으로. *의정연구,* 24(1), 171–202. 해당 연구는 정당의 '초점전략'과 연관하여 한국선거에 대한 중요한 시사점을 제시한다. 보수우파가 진보좌파에게 경제이슈의 주도권을 뺏기게 되는 과정과 특히 이런 과정에서 무당파(포괄적으로는 부동층) 집단의 투표행태를 다루고 있다. 최효노에 따르면, 2016년에 실시된 20대 총선 당시 더불어민주당은 경제정당으로서의 면모를 강조하고 새누리당과는 다른 성장 전략을 제시하면서 새누리당이 소유하고 있는 경제 이슈 소유권을 뺏어 오려고 했다. 연구결과, 19대 총선과 비교해 민주당이 경제 이슈 소유권자라는 인식이 정당 지지자 및 이탈자, 무당파 집단에서 모두 증가하면서 민주당의 선거 전략은 유권자에게 어필한 것으로 나타났다. 한석준. (2012). 지역경제와 투표참여 : 기초지자체에 대한 경험적 분석. *사회과학연구,* 20(1), 210–237. 분석결과 대선과 총선의 경우 경제적 여건이 상대적으로 덜 개선된 지역일수록 투표율 증가폭이 큰 것으로 나타났다.

56 Olson, M. (1971). *The Logic of Collective Action* (2nd ed.). Harvard University Press.

57 Riker, W., & Ordeshook, P. (1968). A Theory of the Calculus of Voting. *American Political Science Review,* 62(1), 25 – 42. 합리적선택이론에서 합리적 유권자는 투표를 함으로써 생기는 이득과 손해를 계산하여 이득이 손해보다 클 때 투표에 참여한다. 라이커와 오디슉은 기본적 이득손해효용의 개념(B, C)에 D용어(비도구적 이익 개념)를 포함시켰다. $V_i = PB_i - C_i + D$ (V_i: 개인이 투표할 확률; P: 개인 한 표의 가치; B_i: 개인이 투표해서 얻는 이익; C_i: 투표에 참여시 발생하는 비용; D: 시민의무감). 여기서 B는 도구적 이득(instrumental benefit)에 해당되고, D는 비도구적 이득[non–instrumental benefit; 또는 표현적 이득(expressive benefit)]에 해당된다. 문제는 P값이 내 한 표의 가치로서, 대규모의 선거인단 속에서 내 한표의 가치는 아주 작기 때문에, B값의 크기에 별로 상관없이 결국 PB값이 작은 값이 된다. 따라서 $PB > C$ 인 상황에서 투표를 하는데, PB값이 작아서 $PB < C$ 인 상황이 발생할 것이 더 크게 기대된다. 현실에선 투표율이 50%를 넘는 경우가 더 일반적이다. 그래서 이론과 현실의 괴리를 '합리적 유권자의 패러독스'(paradox of (quality of election)이 문제가 될 수 있다. 경제이슈는 합리적 유권자들에게 관심유발이슈로서 작용할 수 있지만, 개인적 효용이라는 차원에선 합리적 유권자는 여전히 투표에 참여할 동기가 작을 수도 있다.

유권자의 규모가 큰 경우, 합리적 투표자의 투표참여를 '시민의식'을 이용하여 설명한다는 것은 '이슈투표'에 대한 효용이 생각보다 크지 않다는 것을 의미하기도 한다. 유권자들에게 이슈투표에 대한 효용이 커지는 상황은 자신이 지지한 후보의 공약(公約)이 입법을 통해서 정책으로 구현될 때일 것이다. 선거민주주의가 정책중심의 선거와 이슈투표로 이어지는 선순환은 선거과정에서 관심유발이슈를 얼마나 적절히 개발하여 제시하느냐 뿐만이 아니라, 선거이후에 당선자가 선거과정에서의 공약을 얼마나 실현해 내는가와도 연계되어 있는 것이다. 선거민주주의의 선순환은, 단순히 회고적투표행태를 통해서 후보자를 보상하고 처벌하는 것만으로는 부족하며, 이슈투표에 근거한 높은 투표율은 물론이고, 선거후에 후보자로서 공약한 이슈들에 대해서 당선자로서 입법을 통한 정책의 구현까지를 포함하여 이해되어야 한다. 이렇게 본다면, 권력의 원천은 유권자임이 분명하지만, 선거민주주의의 형식을 빌린 대의민주주의의 성공적 성취는 유권자들이 신뢰할 수 있는 후보자의 존재 그 자체가 가장 중요하다고 해도 과언이 아니다.

2) 이념 변수와 투표행태

정치에서 '이념'(理念, ideology)이란 위치는 경제에서 '시장'이 차지하는 위치와 상응할 것이다. 다양한 이념이 있기에 권력획득을 위한 갈등이 존재하는 것이다. 이념이란 정치가 기능할 수 있도록 기회를 제공하는 장(場)이며, 정치를 기능하게 하는 원동력이다.

'신뢰'와 비교하여 '이념'이란 것은 일종의 동질감, 유대감을 형성하는 기제로 작용한다.[58] 유권자에게 정당이나 후보자의 '이념적 위치'는 앞으로 닥칠 어떤 사회적 문제들에 대해서 그들이 어떻게 반응할지에 대한 기대를 형성하며, 그러한 기대에 대한 신호기 역할을 한다. 정치라는 것은 이질적인 다양한 집단들이 모여서 형성되며, 개인들은 집단지향적 사리사욕을 가지고 일한다.[59] 개인이 다양한 하위 집단을 통해서 정치행위에 '관심'을 갖는 것이

rational voter)라고 한다. 패러독스를 극복하는 방법은 시민의식(비도구적 이익)을 고려하는 것이다. 결론적으로 투표참여의 이득과 손해를 기본효용함수로 삼는 합리적투표자는 도구적이익이 작더라도 비도구적 이익을 종합적으로 고려할 때 투표에 참여한다는 것이다. 도구적이득을 기본으로 하는 효용함수에 비도구적이득(즉, 시민의무감과 같은 변수)을 덧붙여서 도구적이익과 비도구적이익을 혼합하는 모델을 만드는 것은 좋은 모델이 아니라는 시각도 있다. Barry, B. (1976). *Sociologists, Economists and Democracy* (2nd ed.). Chicago University Press.

58 이념은 유대감이나 동질감을 주지만, 신뢰는 반드시 유대감이나 동질감을 형성하는 것은 아니다. 이념이란 자기정체성(self-identification), 자기배치(self-placement)가 중심인 반면에, 신뢰의 문제는 인간 상호간의 문제이다. 일반적으로 자신의 이념이 타인과의 유대감이나 동질감으로 이어지고, 그러한 유대감이나 동질감이 신뢰를 형성하기에 유리한 상황을 만든다. 하지만, 현실세계에서의 인과관계는 더욱 복잡하다. 이념적 동지들끼리 반드시 상호신뢰가 있는 것은 아니다(오히려 내부에서 더 갈등할 수도 있다). 같은 이념적 동지가 아니어도 인간적 신뢰를 받을 수도 있다. 막무가내식의 정치인 트럼프가 선거에서 성공한 이유에 대해서도 여러가지 시각이 있다. 시대적 상황, 미국연방제의 대통령선거인단 투표제도 등인데, 트럼프의 당선의 원인은 백인 유권자들과의 동질감이나 유대감을 형성하는데 성공했기 때문이라는 시각이 있다.

59 Weeden, J., & Kurzban, R. (2014). *The Hidden Agenda of the Political Mind: How Self-Interest Shapes Our Opinions and Why We Won't Admit It.* Princeton University Press. 모든 이념적, 당파적 지지에 동기를 부여하는 것은 '개인적 관심'이다. 따라서 정당이나 후보자들에 대한 지지는 개인들의 직접적인 관심을 통해서 형성될 수도 있지만, 다양한 하위집단들을 매개체로 하여 형성된다. 이소영. (2013). 2012 한국 여성 유권자의 정치적 정향과 투표행태. 한국정치학회보, 47(5), 255–276. 이소영에 따르면, 남성과 여성은 참여나 투표선택, 그리고 정치정향에서 큰 차이가 나타나고 있지는 않지만, 여성들은 정치적 관심 및 지식, 그리고 정치참여나 선택을 추동하는 요인에서 남성들과 다른 것으로 조사되었다. 특히 여성의 참여나 선택에는 남성과 달리 사회경제적 상황이 직접적 영향을 미치는 것으로 나타나 교육

고, 합리적 투표자의 경우 집단행동의 동기를 갖게 된다. 종합하면, 자신의 이익과 관련된 이념적 위치를 갖게 되고, 당파적 행위로 연결되는 것은 부자연스러운 것이 결코 아니다.

집단행동 속에서 무임승차자 문제는 집단내 다수의 사람들이 필요한 특정 목표를 달성하기 위하여 집단내 모든 사람들이 참여할 필요는 없기 때문에 발생한다. 참여 비용이 많이 든다면, 집단행동에 실제로 참여하지 않고 무임승차 부류에 속하는 것이 각 개인의 이익이다. 각 개인들은 다른 사람들도 어떤 결과를 확보하는 것이 그들의 이익이기 때문에 그것을 성취하기 위해 노력할 것이라고 기대한다. 모든 사람들이 그런 생각으로 아무도 행동하지 않는 상황에선 집단 이익도 보장되지 않을 것이다.

집단행동의 원천은 동질감이나 유대감이며, 정치행동에서 동질감과 유대감을 제공하는 기제는 '이념'이다. '이념'이란 용어는 사회과학의 다양한 분야에서 다양한 방식들[현상을 이끄는 원인, 또는 결과, 또는 기능, 또는 구조]로 '정의'(定義, definition)되면서 복잡해졌다.[60] 선거정치 행위자인 정당, 후보자, 유권자들을 주어로 하여 '이념'이란 것을 다음과 같이 정리해 볼 수 있을 것이다.[61]

① 정치적, 경제적, 사회적 상태를 규정하거나 정당화하는 생각들
② 특정 이슈에 대해서 형성되는 정당, 후보자, 유권자의 입장(position)
③ 정당의 정치적 목적 및 정책적 입장을 결정하는 아이디어세트
④ 특정 사회집단들의 이익과 가치에 규범적, 도덕적 호소력을 부여하는 사상(思想)
⑤ 유권자의 태도와 가치에 "옳은 것", "그른 것"이란 가치와 관념을 구조화시키는 기제

이상의 추상적 정의를 중심으로 해서 선거경쟁과정에서 이념의 중요성에 대해서 많은 논쟁들이 있는데, 대략 다음과 같이 정리할 수 있을 것이다.

(1) 실제 정치과정에서 유권자들이 사용하는 이념들의 내용은 무엇인가?

정치체계내에서 이념적 입장들은 적어도 두 가지 이상의 복합적인 개념이어서 더 이상 단일 축의 위치로 적절하게 표현될 수 없다.[62] 정치체계내에 '좌파'와 '우파'를 정치범주로 사용하는 시민들의 좌익과 우익 자기 배치를 살펴보면, 국가별로, 시대별로 상당히 다르다.[63] 현실세계에서의 문제는 이념

과 사회진출의 확대를 통한 사회경제적 지위의 향상이 여성의 대표성 확보를 위한 주요 과제인 것으로 분석되었다.

60 Converse, P. E. (1964). The Nature of Belief Systems in Mass Publics. In D. Apter (Eds.), *Ideology and Discontent.* Free Press. 컨버스(P. Converse)는 '신념체계'(belief system)의 개념으로 '이념'이란 복잡다단한 개념을 대체할 것을 주장하면서, 신념체계란 "어떤 형태의 제약이나 기능적 상호의존에 의해 요소들이 함께 묶이는 태도와 생각의 구성이라고 정의한다. 컨버스(Converse)는 내용이나 이념적 중요성과 관련된 정치적 이슈에 대한 태도 사이의 낮은 상관관계를 근거로, 현대 미국 대중에서 그러한 믿음 체계는 매우 드물며, 고도로 관여된 정치 활동가들과 전문가들로 제한된다고 주장한다.

61 Elff, M. (2017). Ideology and Electoral Choice. In J. Fisher, E. Fieldhouse, M. N. Franklin, R. Gibson, M. Cantijoch, & C. Wlezien (Eds.), *The Routledge Handbook of Elections, Voting Behavior and Public Opinion* (pp. 136–145). Routledge; *정치학대사전.* (1983). 박영사.

62 Feldman, S., & Johnston, C. (2014). Understanding the Determinants of Political Ideology: Implications of Structural Complexity. *Political Psychology,* 35(3), 337–358; Hooghe, L., Marks, G., & Wilson, C. J. (2002). Does Left/Right Structure Party Positions on European Integration? *Comparative Political Studies,* 35(8), 965–989; 한겨레 집중기획팀. (2002년, 6월 2일). 한국인 절반 "진보 · 보수 이념 혼재". *한겨레.*

63 Elsas, E. van, & Brug, W. van der (2015). The Changing Relationship Between Left–Right Ideology and Euroscepticism, 1973–2010. *European Union Politics,* 16(2), 194–215.

이란 개념의 이러한 모호성과 복잡성에도 불구하고, 거시적이고 구조적인 변수로서 선거정치에서 작동하고 있다는 것이다. 이념은 유권자가 후보자를 판단함에 있어서 단순성을 통한 효율적 기제로 작동하기 때문일 것이다. 이념에 대한 적확한 판단과 해석은 유권자의 교육수준이나 정치적 세련됨과 관련이 있음은 분명하다. 소셜미디어시대에 개인들 모두는 합리적 유권자를 자처하고 있으며, 이념과 합리적 유권자 사이의 관계를 살펴볼 필요가 있다.

이념적 대립구도는 좌-우로 대변된다. 이념적 대립구도는 각 사회마다 차이가 있다. 유럽사회에서는 좌-우 대립이라는 표현이 사용되지만, 미국사회에서는 자유-보수, 한국사회에서는 진보-보수 (진보좌파-보수우파)라고들 한다.[64] 용어도 다양하지만, 정당, 후보자, 유권자들을 좌파-우파로 나누는 방식들이 하나로 통일되어 있는 것은 아니다. 특히 선거경쟁에서 좌파, 우파라는 스테레오타입적 이미지가 시대상황의 변화에 따라서, 경제상황의 변화에 따라서, 선거경쟁에서 승리의 도구가 되기도 하고 제물이 되기도 한다. 스테레오타입적 이미지가 선거 유·불리 상황을 극복하려는 자기 합리화의 도구로 사용되기도 한다. 시대적 변환을 기준으로 할 때, 잉글하트(Inglehart)의 '물질주의 사회'(materialistic society), '후기물질주의 사회'(post-materialistic society) 논의를 참조하여 이념식별 방식을 크게 두 가지로 대별할 수 있다.

①물질주의 시대

물질주의 시대란 대략 1970년대 이전을 말한다. 이 시기는 서유럽의 역사를 볼 때, 소위 '사회균열'에서 '계급' 및 '계층'의 균열이 두드러졌던 시기였다. 따라서, 한 쪽은 더 많은 평등을 향한 자산과 소득의 재분배에 대한 요구, 공공 복지 혜택의 제공, 그리고 국가의 경제에 대한 적극적 관여를 생각하였다 (좌파). 또 다른 쪽은 재산권(property rights)에 대한 국가간섭으로부터의 자유에 대한 확인과 함께, 그리고 시장이 자체적으로 시장을 운영하는 것을 국가에 요구하였다 (우파).

이러한 차원은 보통 교과서적인 의미에서 '경제적 차원'(economic dimension)에서의 좌-우 구분방식이라고 불리는 것이다. 결론적으로, 국가의 역할이 강조되는 쪽이 좌파, 시장에서 개인의 자유가 강조되는 쪽이 우파라고 보면 무방하다.

②후기물질주의 시대

후기물질주의시대의 맹아(萌芽)는 제2차세계대전이 끝나고 난 직후이며, 대략 1970년대 말 이후의 대량생산시대와 함께 히피문화, 반전운동 등이 나타난 시기와 일치한다. 잉글하트는 서로 다른 가치와 문화를 가진 세대가 탄생하고(20대), 그들이 가진 가치는 사회의 주역이 되는 (50대)에 실현될 가능성이 있기에, 새로운 가치와 문화를 갖는 세대의 탄생을 일종의 '조용한 혁명'으로 보았다.[65] 그리고 1970년대에 20대였던 세대들을 기점으로 '후기물질주의'문화가 형성되는 것으로 보았다. 사실, 후기물질주의는 물질주의를 완전히 배격하는 것은 아니다. 물질 지상주의에서 탈피하여, 일정 수준의 물질적 풍요를 바탕으로 하지만, 삶의 질(quality of life)로서 생태문제(ecology)를

64 한국사회에서 자유주의는 시장자유주의라는 개념으로 인해서 우파와 연관되어 있다. '자유민주주의'는 우파를 뜻하는 경우가 많다. 미국에서는 '자유'가 '민주당'과 더 친화적인 개념이며, 따라서 상대적 좌파의 용어이다.

65 Inglehart, R. (1977). *The Silent Revolution: Changing Values and Political Styles Among Western Publics.* Princeton University Press.

강조하는 가치를 말한다.

이 시기에는 시민의 정치적 권리와 개인의 삶의 방식을 선택할 수 있는 자유를 확인하는 입장(좌파)과 국가의 권위를 강조하여 공공 안보의 이름으로 시민을 구속하거나 강요하며, 경건함과 겸손의 전통적인 규범을 확인하는 것(우파)의 입장 차이가 두드러졌다.

이런 입장은 교과서적 의미에서 '정치적 차원'(political dimension)에서 좌-우를 구분하는 형식과 대개 일치한다.[66] 결국, 국가의 권위를 강조하면 우파, 개인의 자유를 강조하면 좌파가 되는 것이다. 이런 구분이 일단, 이념을 준거틀로 좌파-우파를 가늠할 때 혼란을 일으킬 여지가 있는 것이다. 즉, 개인을 강조하는 것은 우파도 되고 좌파도 된다. 개인의 경제적 자유를 강조하면 우파이고, 개인의 삶에서 인권을 강조하면 좌파인 것이다. 우파도 마찬가지이다. 경제에 대한 관여와 간섭을 통한 국가의 적극적인 역할을 강조하면 좌파이고, 시장에서의 개인의 자유와 능력에 따른 재산권에 국가가 개입하지 말 것을 요구하는 것이 우파인 것이다.

복잡성은 더해간다. 대개 물질주의시대와 후기물질주의 시대의 사회균열 현상을 각각 '구정치'(舊政治, old politics)와 '신정치(新政治, new politics)로 구분하기도 하지만,[67] 역사적 사실은 그렇지도 않다는데 혼란성이 있다. 즉, 어떤 하나의 기준으로 무엇을 나누어 생각하기가 어렵다는 것이다. 립셋과 로칸(S. Lipset, S.Rokkan)에 의하면, 서유럽에서 사회균열(社會龜裂, social cleavage)의 동결사(凍結史)는 국가와 교회의 대립도 한 몫을 한다. 즉, 국경내의 국왕의 권위를 우선할 것인지, 국경을 넘는 교황의 권위를 유지할 것인지도 이미 과거에 형성되어 있던 중요한 사회의 균열 축인 것이다. 더 거슬러 올라가자면, 해당 균열의 시초는 베스트팔렌조약(Peace of Westfalen)이 될 것이다. 핵심은 국가의 권위를 어디까지 인정할 것인지를 두고 벌어지는 사회균열현상이 결코 '신정치'가 아니라는 점이다.

역사적 배경까지 공부하면서 이념의 연원과 발전사 및 원형과 변형에 신경쓰는 극단의 세련된 유권자는 정치학도를 제외하고는 드물 것이다. 그런데, 그렇게 복잡하지 않을 수도 있다. 두 개의 기준을 모두 사용한다기 보다는 한 개의 기준만으로 정당이나 후보자의 이념적 성향을 판단할 수도 있다. 그리고, 앞서 지적한 이념의 성격을 더 단순화하거나 세속화하여 표현하고 생각하는 것이 가능하다. 예를 들면, 부자들에게 유리한 정당은 우파, 가난한 자에게 유리한 정당은 좌파로 자리매김하는 것이다. 그렇다면 '중산층'(middle class)은 어떤 이념적 기준으로 자신들에게 유리한 정당을 선택할 것인가? 이야기가 좀 복잡해질 것이다

(2) 정치교환의 관계에서 정당(후보자)와 유권자 사이에서 이념이 갖는 의미란 무엇인가?

정당과 유권자 사이의 '정치적 교환'의 형성에서 이념이란 것은 목적이 될 수도 있고, 수단이 될 수도 있다. 미국의 경제학자였던 다운즈(A. Downs)는 이념을 "좋은 사회를 건설하기 위해서 주요 수단이 갖는 이미지"라고 하였다.[68] 이것은 미국 양당체계적 역사적 특성에서의 영감과 무관하지 않을 것이다. 이것은 정당에게 이념이란 것은 보다 많은 득표를 위한 수단이지 결

66 '사회적 차원'(social dimension)이라고 하기도 한다.

67 Inglehart, R. (1984). The Changing Structure of Political Cleavages in Western Society. In R. J. Dalton, S. C. Flanagan, & P. A. Beck (Eds.), *Electoral Change in Advanced Industrial Democracies: Realignment or Dealignment?* (pp. 25–69). Princeton University Press.

68 Downs, A. (1957). *An Economic Theory of Democracy* (1st ed.). Harper and Row, p. 9.

코 목적이 아니라는 의미이다. 반대로, 듀베르제(M. Duverger)나 파네비앙코(A. Panebianco)등의 유럽정치학자들에게 이념은 그 자체로서 모든 정당들의 존재이유이며 실현해야만 할 목표였다. 이것은 유럽선거정당사에서 다당체계적 경쟁체계에 대한 영감과 무관하지 않을 것이다.

다운즈의 주장처럼, 정당이 좋은 사회를 건설하기 위해서 자신을 표현한 것이 이념이라면, 유권자들은 좋은 사회를 위한 정당을 통해서 그들 자신이 어떤 위치에 있는지 확인할 수 있다. 물론, 다운즈의 이론에서, 특정한 이데올로기적 공간적 위치를 지닌 정당이 어떻게 "좋은 사회"를 유인할 수 있는지, 그러한 정당과 유권자가 어떻게 조화를 이룰 수 있는지는 명확하지는 않다. 분명한 것은, 유권자들에게 이념은 정보 비용 절감을 위한 수단이 된다. 왜냐하면, 다운즈가 말하는 정당의 이념이란 목표가 아니고 수단이어서, 보다 많은 유권자들이 선호하고 있는 이념적 위치로 이동하는 것이 정당이지, 어떤 이념적 위치를 고정시키고 유권자들을 그런 이념적 위치를 끌어들이는 것이 아니기 때문이다. '선거민주주의'의 선순환을 위해서 더욱 중요한 것은, 선거과정에서 정당의 이념이 선거후 공직을 담임한 이후에도 그대로 유지되느냐의 문제이다. 정당의 이념이 선거의 수단(즉, 선거에서 유권자의 정체성과의 거리를 확인시켜주기 위한 수단) 이라면, 이념이란 것은 선거이전에만 중요한 것이고, 선거이후 당선자로서 공직을 담임한 시기로 확장해서 유권자는 정당의 잠재적 정부 활동에 대한 자세한 정보를 획득할 필요가 없을런지도 모른다.

현실을 보면, 유권자들에게 정당이나 후보들의 이념적 입장이 자리매김되는 것은 일종의 자기발견적(自己發見的, heuristic) 과정일 수 있다. 문제는 그러한 시간의 흐름에 따라서 배워나가는 자기학습, 자기발견의 과정에서 발견의 의미는 제한적일 것이고 맥락과 시간에 따라 달라질 가능성이 높다는 것이다. 특히 자기발견적 과정에서 가장 큰 문제는 미리 결론을 내어 놓고(즉, 자신의 처음의 이념적 위치를 고정시켜 놓고서), 그 결론에 모든 현상과 사건들을 끼워맞추는 식의 발견에 멈출 가능성도 높다는 것이다. 발전이 없는 발견의 연속에 불과할 수 있다는 의미이다. 유권자들은 후보자의 당선전과 당선후의 행태나 정책의 차이점 등을 고려해서 자신이나 후보자에 대한 이념적 위치를 정립할 가능성이 크다. 유권자들은 정당의 입장을 바라보면서 자신의 입장을 비교한다. 양대정당의 대결구도 위주로 형성되는 선거경쟁에서, 유권자들은 자신이 바라보는 정당의 이념이 목표로 사용되는지, 아니면 수단적 기제인지 그렇게 뚜렷하게 식별할 수 있지 않다. 비록 정당의 당헌, 당규에 어떤 이념이 목표로서 규정되어 있다고 해도, 대다수의 유권자가 일일이 당헌, 당규를 바라보는 것은 아니다. 설혹, 인터넷에서 그런 내용들을 숙지한다고 해도, 선거과정에서 정당이 쏟아내는 수없이 많은 공약과 정책들이 당헌, 당규의 목표와 일치하라는 보장도 없으며, 정당이 그렇게 보장하지 않는다고 보는 것이 사실에 가까울 것이다.

유권자들이 후보자 선호를 결정함에 있어서 이념이란 것이 진정한 잠재 요소인 경우, 유권자는 자신의 이념적 정체성을 기준으로 정당의 이념적 위치는 어디까지의 변주를 허용할 것인지, 소위 이념적 변주에 대한 '자유도'(自由度, degree of freedom)를 파악해야만 한다. 유권자의 이념이나 정당의 이념이 그렇게 한 지점으로 고정되어 있는 것도 아니지만, 그렇게 무조건적으로 왔다 갔다 하는 것도 아니다. 정당이란 기관이 일정 수준 이념적 존재라면, 그 이념적 존재는 득표가 최대한의 목표더라도, 해당 선거에서 패배를 감수하더라도(다음번 선거가 곧 있으니까), 좌-우를 자유롭게 넘나들지는 못할 수 있다. 콜만(J. Coleman)의 주장처럼, 좌파정당이 가장 우측으로 가더라도 우파정당보다는 상대적 좌파 정당으로 남을 수밖에 없다.[69] 대조적

69 Grofman, B. (2004). Downs and Two Party Convergence. *Annual Review of Political*

으로, 이념이란 것이 한 시점을 중심으로 동시에 존재하는 관념적 군집 (즉, 관념상 상호대립되는 두 개의 군집이 형성되는 것을 말함)이라면, 유권자들은 이들 두 개의 관념적 군집 중에서 자신의 입지와 가장 일치하는 하나의 군집을 선택하는 것 이상도 이하도 아닌 것이다.

(3) 유권자의 당파성에 이데올로기는 공급효과를 갖는가? 수요효과를 갖는가?

유권자에게 이념적 변수가 후보자에 대한 선호를 결정하는데 가장 중요한 변수라는 것을 설명하는데, 가장 곤혹스러울 수 있는 점은, 유권자 자신의 이념적 정체성에 대한 자기진단의 정확성 문제일 것이다. 자신은 자신을 진보적 위치에 있다고 주관적으로 생각하더라도, 객관적 지표에 의해서 측정해 보면 결코 진보가 아니고 중도이거나 오히려 보수적 위치에 가까울 수 있다. 주관적 판단으로는 자신을 보수라고 생각하지만, 객관적 이념 지표에 대한 자신의 위치를 측정하면, 진보에 가까울 수 있다. 개인 유권자에 대한 '주관성 측정'(subjective measure)에 의한 이념적 위치와 '객관성 측정'(objective measure)에 의한 이념적 위치는 다르게 나타날 수 있다.[70]

심지어, 유권자의 이념은 당파성의 결과물이란 연구도 있다.[71] 이념을 통해서 당파성이 형성된 것이 아니라(즉, 인과관계에서 이념이 원인이 되어 당파성을 유인), 이념적 자기식별이 당파성의 결과물(즉, 당파성이 이념적 자기식별을 유인)이라는 것인데, 이쯤 되면, 과연 이념이란 것이 그렇게 주체적이고 강력한 독립변수로서의 자리에 있어야 하는지 되물어야 할런지도 모른다. 결국, 이런 상황에서는, 당파성이 어떻게 형성되었느냐가 관건이다. 유권자입장에서 정확한 정책적 내용에 대한 고심을 통해서 갖게된 당파성인지, 아니면 우연히 접하고 순간적 환호에 의해서 얻게된 당파성인지의 문제가 남을 것이다.

유권자가 자신을 보수 또는 진보라고 생각하는 것을 '주관성의 이념'(ideology of subjectivity)이라고 한다. 반면에, 정책이나 이슈들(예를 들면, 교육정책, 안보정책, 복지정책, 인권정책, 등)에 대한 여러가지 객관적 사회 지표들을 통해서 판정되는 유권자의 이념을 '객관성의 이념'(ideology of objectivity)이라고 한다. 이 두 가지 사이에 일정 수준의 괴리는 불가피한 현상이지만, 의외로 사회구성원 이념의 주관성과 객관성 사이에는 큰 괴리가 존재한다. 이유는 간단한다. 유권자들이 이념에 무지해서가 아니고, 한 명의 개인 유권자가 다양한 이슈에 따라서 어떤 이슈에서는 좌파, 어떤 이슈에서는 중도파, 어떤 이슈에서는 우파의 성향을 보이는 소위 복합성(complexity) 때문이다. 이것은 유권자 입장에서 자신의 이념적 정체성과 유사한 좌파-우파라는 거시적 대표값으로 상징화된 이념적 입장을 가진 정당이나 후보가 취할 모든 이슈를 지지하겠다는 것을 의미하지는 않는다는 것을 시사한다. 선거과정에서 유권자마다 자신들이 가장 중요시할 특정한 이슈[즉, 관심유발이슈(valence issue)]가 선거득표에 중요할 가능성을 시사하는 것이다.

'상징이념'(symbolic ideology)과 '운영이념'(operational ideology)이란 것이

Science. 7: 25–46. Grofman, B. (1993). Toward an institution–rich theory of political competition with a supply side component. In Bernard Grofman (Eds.). *Information, Participation and Choice: An Economic Theory of Democracy.* (pp. 179–193). University of Michigan Press. Coleman, J. S. (1972). The positions of political parties in elections. In R. G. Niemi, & F. Weisberg (Eds.), *Probability Models of Collective Decision Making* (pp. 332 – 57). Charles E. Merrill; Coleman, J. S. (1971). Internal processes governing party positions in elections. *Public Choice,* 11, 35 – 60.

70 陳英宰. (2005). 韓国人の理念的性向分析 (2002 - 2004). 小此木政夫(編.), *韓国における市民意識の動態.* 慶應義塾大学出版会.

있다.[72] '운영이념'은 유권자가 갖는 일관성 있는 개념과 신념의 집합으로서 이른바 컨버스(Converse)의 신념체계(belief system)의 개념과 유사하다.[73] 개인의 상징적 이데올로기는 "좌파"나 "우파"와 같은 이념적 라벨이나 "자유주의"나 "보수"와 같은 라벨로 표시된 집단과의 자기정체성이다. 상징이념으로 무장된 유권자는 일관성이나 자기정체성을 강조하기에 유사한 이념적 성향으로 대표되는 정치인들을 그렇게 쉽게 지지하지 않으며, 자신들의 이념적 정체성을 중심으로 또 다른 사회조직으로서 이념적 집단을 구성할 수 있다. 그렇다면 이념은 유권자의 "수요효과의 결과물"인 것이다. '상징이념'이란 어떤 특정한 정책들과의 인과관계가 없이 상징성만 가지고 좌파-우파로 연결되는 이념을 말한다. 예를 들면, 이념적 가치지향(value orientation)이라기 보다는 당파성(partisanship)에 의해서 형성된 이념을 말한다.[74] 그렇다면, 당파성은 이념에 공급효과를 갖는 것이다. 이념은 "공급효과의 결과물"인 것이다.

유권자가 자신의 이념을 형성함에 있어서, 비록 한 순간이라고 할지라도, 나름대로 어떤 특정한 이념과 유대감을 갖게 되는 데는 이유가 있을 것이다. 이것은 상징이념이란 것도 일정 수준 운영이념의 영향을 받아서 형성되기 때문임을 배제할 수는 없을 것이다. 만약 당파성이 사회화의 산물이고, 이념적 "라벨"의 의미는 자신이 속한 정당의 정책적 위치에 적용함으로써 학습된다면, 당파성은 인과적으로 선행된다. 과거 정당간 이념적 양극화가 낮은 사회(예를 들면 미국)에서는 그럴 가능성이 높다. 이념적 차별성에 대한 긴장감이 떨어지는 사회에서는 특정 정당에 대한 선호(미국의 경우, 민주당이나 공화당)가 그 정당의 이념적, 정책적 위치의 우월함에 대한 인식으로 이어질 개연성이 존재한다. 즉, 당파성이 원인이 되어서 이념적 정체성의 형성에 영향을 미치는 것이다. 당파성이 이념적 정체성에 인과적으로 선행하는 것이다. 반대로, 이념적으로 분극화되어 경쟁하는 다당체계 사회(예를 들면, 유럽사회)에서는 이념적 자기 식별은 개인들마다의 이슈 쟁점을 중심으로 형성되고, 선거선택으로 이어지면서, 궁극적으로 당파적 애착으로 응고될 수 있다. 개인별 이념적 정체성을 형성하고, 그 정체성에 합당한 당파적 선택으로 이어지는 것이다. 즉, 이념적 정체성이 원인이 되어 정당의 선택 유인하는 것이다. 정당의 선택은 이념적 정체성의 결과물인 것이다.

(4) 유권자들의 주요 이념 차원에 머무는가? 아니면, 이념은 계속 분화하고 있는가?

이념이란 개인의 성격, 특정한 상황이나 경험, 심지어 유전적 구성에 뿌리를 둔 감정과 인지의 종합물일 것이다. 분명한 것은, 선거정치라는 것이 권력획득을 위한 과정이라고 본다면, 그리고 선거라는 것이 유권자와 후보자 사이에 형성되는 정치적 교환의 관계에 있는 것이라면, 유권자 측면에서의 이념에 대한 인식과 행태 이상으로, 정당이나 후보자 입장에서 이념의 이

71 Inglehart, R., & Klingemann, H- D. (1976). Party Identification, Ideological Preference and the Left-Right Dimension Among Western Mass Publics. In D. Castiglione, & V. Hoffmann-Martinot (Eds.), *Party Identification and Beyond: Representations of Voting and Party Competition* (pp. 243-273). John Wiley & Sons.

72 Ellis, C., & Stimson, J. A. (2009). Symbolic Ideology in the American Electorate. *Electoral Studies,* 28(3), 388-402.

73 Converse, P. E. (1964). The Nature of Belief Systems in Mass Publics. In D. Apter (Eds.), *Ideology and Discontent.* Free Press.

74 Inglehart, R., & Klingemann, H- D. (1976). Party Identification, Ideological Preference and the Left-Right Dimension Among Western Mass Publics. In D. Castiglione, & V. Hoffmann-Martinot (Eds.), *Party Identification and Beyond: Representations of Voting and Party Competition* (pp. 243-273). John Wiley & Sons.

름으로 정치적 결정을 정당화하고 합리화하는 행태를 제대로 볼 필요가 있을 것이다.[75] 선거의 주체가 유권자라고 하더라도, 후보자들에 대한 선택은 제한된 범위에서의 선택일 수밖에 없다. 정치인들은 공명심이 있는 제법 욕심이 많은 인물들이다. 선거승리를 위해서 후보자들은 모순되는 사실 정보에 직면했음에도 불구하고 어떤 조건에서 어떤 정치적 지위나 선호도를 유지하는가에 초점을 맞추면서 유권자들을 향해서 모든 것을 정당화하려고 한다.[76]

현 시대 선거정치에서 유권자들은 그 무엇보다 이념적 대결상황에 노출되어 있다고 본다. 보수-진보라는 커다란 두 개의 이념적 진영으로 나뉘어 갈등이 확대재생산되는 '진영논리'가 그것이다. 그렇지만, 과연 선거정치에서 이념적 분화(ideological diversification)가 지속되고 있느냐에 대해선 회의적이다. 21세기에 들어선 지금, 인간사회에서 이념의 분화란 '생태주의'(ecologism)정도라고 보기도 한다.[77] 그렇다면, 유권자와 후보자와의 관계에서 남는 문제는 특정 정당의 특정 이념적 브랜드의 '배타적 소유자'로서의 위치를 유지할 것인가의 문제일 것이다. 정당은 자유롭게 '제3의길'(The Third Way)이라든지, '좌파와의 타협' 내지 '우파와의 타협'을 통해서 배타적 소유의 의미를 강화할 수도 있다. 정치인들에게 이념이란 것은 하나의 프레임으로 작용할 수도 있지만, 그러한 프레임을 제거하는 또 다른 프레임으로 사용될 수도 있는 것이다.

정당의 이념적 입장과 자신의 입장을 비교하기 위해서는 그런 이념적 입장을 가질 수 있어야 하고, 그것은 좋은 사회에 대한 그들만의 생각을 가져야 한다는 것을 의미한다. 이를 위해서는 어느 정도 추상적인 사고가 필요한 것 같은데, 앞서 살펴본 것처럼 많은 시민들이 정치과정상에 그럴 능력이 있거나 참여할 수 있는 것은 아니다. 공간이론에 따르면, 유권자들은 자신과 가장 가까운 거리에 있는 후보자들을 지지하게 되는데, 유권자들이 정당이

나 후보자의 문제에 대해 관심을 가지지만 이러한 입장을 직접 배우는 것은 비용이 많이 들 것이다.[78]

선거경쟁에서 '이념'이란 변수가 가장 정확한 의미에서 작동하자면, 일단, ㉠정치체계에서 '이념'이란 것이 공통된 기준(즉, 관념)으로서 존재해야 하고, ㉡유권자는 자신의 이념적 위치에 대한 '객관적 판단'과 '주관적 판단'이 일치해야 하며, ㉢유권자는 후보자의 이념적 위치에 대해서 정확히 알고 있어야 한다. "자유민주주의 정치에서 정보는 경제에서 화폐와 같은 역할을 한다[79] 앞서 지적한 바와 같이, 유권자들이 정당이나 후보자의 문제에 대해 관심을 가져도 그들의 입장을 정확히 파악하는데는 비용이 많이 든다. 그러한 비용은 정보획득에 기초한 비용이다. 후보자와 유권자의 '정치적 교환'의 관계에서 ㉠은 사실상 불가능하더라도, ㉡과 ㉢의 경우는 합리적 유권자 개인이 관리하고 결정하는 것이다. 그런 경우 ㉢이 합리적 유권자로서의 자격

75 Redlawsk, D. P. (2002). Hot cognition or cool consideration? Testing the effects of motivated reasoning on political decision making. *The Journal of Politics,* 64(4), 1021–1044.

76 Kahan, D. M. (2012). Ideology, Motivated Reasoning, and Cognitive Reflection: An Experimental Study. *Judgment and Decision Making,* 8(4), 407 – 424.

77 Elff, M. (2017). Ideology and Electoral Choice. In J. Fisher, E. Fieldhouse, M. N. Franklin, R. Gibson, M. Cantijoch, & C. Wlezien (Eds.), *The Routledge Handbook of Elections, Voting Behavior and Public Opinion* (pp. 136–145). Routledge; Elff, M. (2009). Social Divisions, Party Positions, and Electoral Behaviour. *Electoral Studies,* 28(2), 297 – 308.

78 Enelow, J. M., & Hinich, M. J. (1982). Ideology, Issues, and the Spatial Theory of Elections. *The American Political Science Review,* 76(3), 493 – 501; Hinich, M. J., & Pollard, W. (1981). A New Approach to the Spatial Theory of Electoral Competition. *American Journal of Political Science,* 25(2), 323 – 341.

79 Delli Carpini, M. X., & Keeter, S. (1996). *What Americans Know About Politics and Why It Matters.* Yale University Press.

에 관건이 될 것이다. 그렇다면 합리적 유권자의 투표행위는 불확실성을 확실성으로 전환시켜주는 정보비용의 문제가 관건인데, 이를 몇 가지 논점에서 바라보고자 한다.

불확실성과 합리적 유권자

이념과 유권자와의 관계에서, 소셜미디어 시대에 다양한 정보매체들은 이념과 연관된 다양한 정보를 유권자들에게 제공하고 있다. 정당과 정치인들은 보다 많은 대중이나 오피니언 리더들과 직접 대화하기 위해서 인터넷이나 소셜미디어에 의존한다. 역설적으로 넘치는 정보는 불확실성의 상황을 증가시킨다. 무한한 정보로 넘치는 곳에서 더 이상 어떤 공통된 객관적 기준을 적용하여 시시비비를 가리기가 어려워진다. 결국 정보의 바다가 초래하는 불확실성의 상황에선 인플루언서(influencer)의 역할이 중요할 수밖에 없다.[80] 그런데, 해당 인플루언서는 당파성을 지니고 있는 경우가 태반이다. 그렇다면, 기존에 논의하던 '객관성이념'이나 '운영이념'의 중요성은 없어진다. 선거에서 인플루언서의 당파성에 영향을 받아서 유권자의 후보자에 대한 이념적 판단과 선택이 이루어지게 되는 것이다. 이념이란 것이 선거에서 정책이나 이슈와 관련하여 유권자 개인적 주체성을 실현하는 기제가 아니라, 후보자나 인플루언서의 당파성의 결과 주어진 모습에 불과한 것이다. 좀 우울하다고 할 수도 있지만, 현실정치가 그렇고 선거가 그런 모습이다. 이미 사르토리가 경고했듯이 그것이 이념의 모습인 것이다.[81]

결론적으로, 그렇다면 건전한 선거민주주의는 결국 깨어있는 세련된 유권자 개인의 책임으로 다시 돌아오게 된다. 앞서 이념의 문제에서도 결국은 개인 자신의 이념이란 것이 '객관성 측정'과 '주관성 측정'이 일치하는 그런 것이었냐는 질문에 답할 필요성이 있는 것이다. 그 이후에 이상향으로 설정하는 '좋은 사회'에 대한 이념적 위치가 적합하게 그려질 것이다. 정당이나 후보자의 정책과 이슈가 갖는 이념적 의미를 해석하고 일단 사회구성원들을 위한 "좋은 사회"에 대한 방향성이 설정되고, 추가적인 노력(당선이후에 유권자에게 약속한 공약을 입법하하여 실천하는 것)을 통해서 이상향으로 설정한 이념적 위치에 합당한 좋은 사회가 구현되는지에 대한 판단이 가능할 것이다.

합리적 유권자는 기대효용이 유의미하게 계산되는 것을 기본으로 한다. 그런데 다양한 정보들의 난무로 인해서 불확실성이 커지는 시대에 합리적 유권자들의 기대효용은 단순히 도구적 이익에만 기대어 계산할 수는 없다. 문제는 '비도구적이익'에 의해서 계산하는 경우, 소위 '시민의식'이라든지 '최대손실(후회)의 최소화 행태'(Minimax Regret Behavior)와 같은 '표현적 이익'에 기댈 수밖에 없는 것인데, 사실 이념은 '시민의식'과는 거리가 있다. 여기서 시민의식이란 대의민주주의하에서 선거에 참여하는 '의무적 시민'으로서의 시민의식을 말하는 고유명사에 가깝기 때문이다. 그렇다면, 이런 추론도 가능할 것이다. '최대손실의 최소화행태를 실현하는데, '이념'이 또 다른 기제로 작용할 수 있을 것인가? 더 포괄적인 의미에서, 유권자가 '비도구적이익'을 실현하는데, 이념이란 기제가 주요한 역할을 할 수 있을 것인가?

선거경쟁과정에서, 합리적 유권자는 자신의 효용을 극대화하는 방향에서 후보자를 선택하고 투표한다. 물론 후보자만 선정하고, 투표장에 나가지 않을 수도 있다. 먼저, 유권자가 투표장에 나가건, 나가지 않건, 후보자를 선

80 Messing, S., & Westwood, S. J. (2014). Selective Exposure in the Age of Social Media: Endorsements Trump Partisan Source Affiliation When Selecting News Online. *Communication Research,* 41(8), 1042-1063.

81 Sartori, G. (1969). Politics, Ideology, and Belief Systems. *American Political Science Review,* 63(2), 398-411.

택하는 과정에서의 효용에 집중하여 논해 보고자 한다. 일반적으로 합리적 유권자의 효용함수에서 B(Benefit)값은 경쟁하는 정당들(후보자들)의 이념적 차별성이 가져오는데서 비롯된 이익개념을 말한다. 만약 두 후보의 이념적 위치가 동일하다고 판단되면, 유권자는 어떤 후보자가 당선되어도 상관없기 때문에 투표할 필요가 "없어진다".

더 정확히 표현하자면, "낮아진다". 왜냐하면, 두 후보의 차이점이 이념적 차이점이 아니더라도 윤리적, 도덕적 선호도도 관계하기 때문이다.[82] 물론, 역으로, 유권자의 입장에서 후보자의 이념적 차별성이 중요한 것이 아니라 윤리성과 도덕성이 가장 중요하다고 판단될 수도 있다.[83] 도덕성을 강조하는 유권자입장에선 후보자간의 뚜렷한 이념적 차이를 인식하면서도, 비윤리적인 인간에게 투표하지 않을 수도 있다. 정치과정에서 이념적 차별성이 없는 후보자들을 대상으로 선택해야만 하는 유권자에겐 선거과정이 정치적 무관심(political indifference)을 느끼게 할 것이다. 후보자들의 도덕성과 윤리성에 적나라함이 드러나는 선거과정이란 도적적 유권자에겐 소외감(political alienation)과 냉소주의(political cynicism)의 대상으로 전락할 수도 있다.[84] 앞서 이념이란 것이 유권자의 태도와 가치에 "옳은 것", "그른 것"이란 관념을 구조화시키는 기제로서의 기능을 갖고 있음을 지적한 바가 있다.

그렇다면, 효용을 설명하기 위한 도구적이익과 비도구적이익의 개념속에서, 특히 비도구적이익의 개념과 연관하여, 이념의 이름으로서 효용을 설명할 수 있는 상황을 갖게 되는 것이다. 예를 들면, 낙태문제와 같은 사회적으로 주요한 이슈가 있다. 도덕적 확신이란, 규범적 관습을 초월하는 옳고 그름에 대한 감각에 뿌리를 둔 신념으로 정의된다.[85] 낙태문제를 허용하는 것은 자유주의-좌파, 낙태문제를 국가의 권위로써 과거의 관습을 존중하면서 지키려는 것은 보수주의-우파가 된다. 이런 경우, 산모의 건강상의 이유로, 원하지 않는 강제임신의 경우, 이념의 문제를 넘어서서 인권의 문제이자 윤리적 문제로 비화된다. 반대로, 인권의 문제이며 도덕적 문제이지만 결국 이념의 테두리로 들어오게 되는 것이다.

만약 합리적 유권자의 효용을 통한 투표행태를 설명하는데, 효용이라는 것에 '비도구적이득'(표현적 이득)과 이념이 주요한 연결고리가 있는 것이라면, 합리적 유권자가 이념에서 해방된다는 것은 어려울 것이다.[86] 유권자들이 느끼는 '정치적 소외감'과 '정치적 무관심' 중에서 무관심이 소외보다 더 투표참여를 제약한다고 하면,[87] 이것은 또 다른 의미에서 유권자 투표참여 요인으로서 이념의 중요성을 말하는 것이라고 추론할 수 있다. 결국 경쟁하는 정당의 차별성은 이슈와 정책에 연관된 이념적인 것으로 환원될 수 있기 때문일 것이다. 선거과정에서 어떤 후보를 내세우느냐는 경쟁하는 정당상호

82 Brennan, G., & Hamlin, A. (1998). Expressive Voting and Electoral Equilibrium. *Public Choice,* 95(1), 149 – 175.

83 Jenke, L. (2017, February 16). The Unique Utility Function of Morally Convicted Voters. *SSRN.*

84 Jenke, L. (2017, February 16). The Unique Utility Function of Morally Convicted Voters. *SSRN.*

85 Ryan, T. J. (2014). Reconsidering Moral Issues in Politics. *Journal of Politics,* 76(2), 380 – 397; Ryan, T. J. (2017). No Compromise: Political Consequences of Moralized Attitudes. *American Journal of Political Science,* 61(2), 409 – 423.

86 유권자의 투표효용을 설명하기 위해서 '도구적 이익'을 중심으로 설명하는 모델과 '비도구적 이익'을 중심으로 설명하는 모델은 서로 경쟁하는 모델이 아니라, 더 복잡한 전체를 뚜렷하게 구성하기 위한 측면들이다. Brennan, G., & Hamlin, A. (1998). Expressive Voting and Electoral Equilibrium. Public Choice, 95(1), 149 – 175; Riker, W., & Ordeshook, P. (1968). A Theory of the Calculus of Voting. *American Political Science Review,* 62(1), 25 – 42.

87 Brennan, G., & Hamlin, A. (1998). Expressive Voting and Electoral Equilibrium. *Public Choice,* 95(1), 149 – 175.

간에 '대항마 세우기'에 연관된 것인데, 두 곳이 모두 이념적인 성향이 아니어도, 한쪽이 이념적 대결을 점화하면, 선거과정은 이념적 대결의 장으로 발전할 수밖에 없을 것이다. 여기에 대리만족을 원하는 군중심리까지도 합세한다면, 선거는 이념의 대결장이 된다. 어떤 이유에서이건, 선거경쟁구도가 어설픈 이념의 탈을 쓴 '진영대결' 구도하에서 벗어나지 못하는 한, 선거는 단순히 권력투쟁의 장(場)일 뿐이다.

건전한 이념적 대결이란, 정책대결로 환원된다. 유권자들은 자신이 설정한 자신의 이념적 위치를 기준으로 그러한 이념적 위치와 유사한 정책을 제시하는 후보자를 선택하고 투표할 동인을 갖고 있다. 정당경쟁구도가 정책경쟁의 환경을 애당초 제시하지 않을 수도 있다면, 그것은 더욱 비극적 상황이다. 자기 자신과 정당이나 후보자를 대상으로 이념이란 관점에서 그 모든 것을 적확하게 해석할 수 있는 세련된 유권자가 많을 것 같지는 않다. 모든 유권자들은 바보가 아니라는 이유 하나만으로, '당파성'에 편승하여 시시비비를 가리지 못하는 유권자가 과연 합리적 유권자인가? 당파성을 기조로 하여 이념적 투표에서 자유롭지 못한 유권자가 과연 합리적 유권자인가? 이런 문제를 좀 더 논해 보고자 한다.

당파성과 합리적 유권자

대의민주주의의 성취에 대한 다양한 시각들이 존재하지만, 공통적 핵심은 시민들의 의견이 대표자를 통해서 공공 정책에 반영될 수 있고 반영되어야 한다는 것이다. 루소(J.J. Rousseau)는 공공정책의 지침은 국민의 의사라고 주장했다. 루소의 생각을 보면, 대의민주주의하에선 대표자가 국민의 의사를 잘 파악하여 공공정책을 수립해야한다는 말처럼 해석된다.하지만, 특히 현대사회에서, 해당 주장을 다른 측면에서 보면, 이것은 일반 시민들의 입장에서 '책임시민'(responsible citizen)이 될 것을 전제하고 있다. 시민이 정치와 공공 정책에 관심이 없다면, 그리고 공공정책에 대한 정보가 없다면, 국민의 의사를 제대로 전달할 수도, 형성할 수도 없는 것이다. 국민의 의사를 제대로 전달할 수도, 형성할 수도 없는 상황에는 몇 가지 경우의 수가 있을 것이다. 시민들이 자신의 정책선호에 대한 인식자체가 안되는 경우는 드물 것이다. 문제는 현대사회에서 정보에 입각하지 않거나 충분하지 않은 유권자조차도 합리적인 결정에 도달할 수 있는가? 하는 것이다.

대의민주주의하에서 유권자들의 투표 대상은 정당이란 기관이다. 유권자들의 정당일체감은 과거보다 많이 감소하였다. 이런 연구가 있다. 유권자들은 그들이 중요하다고 생각하지 않는 문제들에 대해서는 정당에 의해서 설득될 가능성이 높은 반면에, 그들이 중요하다고 생각하는 문제들에 대해서 정당과 의견이 다를 때에는 정당에 대한 지지를 줄인다는 것이다.[88] 해당 연구는 두 가지 시사점을 갖는다. 첫째, 유권자들에게는 각각 중요한 문제들이 따로 존재하며, 자신이 중요하다고 인식하는 것에서만 주체적 판단을 하며, 나머지는 대체적으로 자신의 정당(즉, 과거보다 정당일체감이 현저히 줄어든 시대임에도, 상대적으로 선호하는 정당은 있을 것임)의 입장을 따른다는 것이다. 그러니까, 높은 수준의 '당파성'은 아닌 것이다. 만약, 강한 당파성을 지닌 유권자라면 맹목적으로 당의 의견을 추종했을 가능성이 높다. 둘째, 정보가 낮은 유권자에게 정당의 입장을 취하는 것은 합리적인 접근일 수 있다는 것이다. 단, 유권자가 정당의 입장을 취함에 있어서 자신이 관심을 두는 이슈에 한해선 '자기학습'이나 '자기발견적' 접근을 하는 경향이 있다는

88 Carsey, T. M., & Layman, G. C. (2006). Changing Sides or Changing Minds? Party Identification and Policy Preferences in the American Electorate. *American Journal of Political Science,* 50, 464 – 477.

것이다.

이런 모든 상황을 정리하면, '합리적 유권자'와 '당파적 투표행태'의 연관이 모순적인 것은 아니다. 선거과정에서 완전한 정보가 없는 유권자들이 특정 정당을 통해서 자신의 효용성을 관리할 수 있는 것이다. 여기서, 정보가 낮다는 것은 정치에 대한 인식이 없거나 '무관심'(無關心, indifference)해서가 아니라, 불필요하기까지한 잡다한 정보에 신경쓰지 않고 있는 상황도 포함될 것이다.[89] 결론적으로, '낮은 정보 합리성'은 제한된 정보하에서 효율적 기제를 통해서 이르게 되는 합리성이다. 선거과정에서 유권자의 낮은 정보를 보완하기에 정당이란 기관 이상으로 단순하고 효율적인 기제는 없을 것이다.

결국, 당파성과 합리적 유권자를 연관시키는 문제는 두 가지 비판에 직면할 수 있다. 하나의 고유명사격인 '합리적 유권자 이론'(rational choice theory)라는 연구 학파의 범주에서 보자면, '합리적 유권자'란 선험적으로 규정된 효용함수를 통해서 연역적 논리로서 유권자의 효용을 계산하게 된다. 하지만, 팝킨의 주장처럼 유권자의 자기학습적 방식은 연역적 논리에서 벗어나며, 귀납적 논리체계로 가게 된다. '합리적 유권자 이론'을 주창하는 학파에서 이야기하는 '합리적'의 의미는 아닌 것이다. 또한, 앞서 잠깐 지적했듯이, '당파성'의 강도(剛度) 수준에 해석의 문제가 남는다. 당파성이 강한 유권자 집단은 정당의 모든 주장을 여과없이 받아들이는 사람들의 집단일 가능성이 있다는 것이다.

현실에선 보다 많은 사람들에겐 제한된 정보하에서 합리적 유권자로서 기능하는 방식이 더 사실에 가까울 수도 있다.[90] 유권자들은 체계적이지 않아도, 일상생활을 통해서 얻는 제한된 정보의 조각들을 바탕으로 후보자를 평가할 수 있을 것이란 연구들도 있다. 팝킨(S. Popkin)은, 반드시 선거시기가 아니어도 유권자들의 일상 생활속에서 사용하는 방식들로서 일종의 '자기학습방식'(또는 '자기발견방식', heuristic approach)을 발전시킨다고 주장한다. 자기학습방식은 방식이 다양한데, ㉠유권자 개인이 갖는 고정관념을 이용한 비교방식; ㉡불규칙하고 산만한 주정뱅이 검색방식(drunkard's search);

89 유권자들의 '무관심'의 문제와 함께, '당파성'의 문제를 복잡한 차원의 문제로 만드는 두 가지 차원이 있다. 하나는 선거과정에서 당파성을 지닌 사람들에 대한 '당파적 동원'(partisan mobilization)도 있지만, '인지적 동원'(cognitive mobilization)도 존재한다는 것이다. 즉, 당원수가 감소하여도, 정당은 비당파적 유권자들에 대해서도 인지적 동원을 통해서 소위 당파성을 지닌 사람들과 유사한 동원효과를 볼 수도 있다는 것이다. 반대도 성립한다. 당원수가 많은 곳에서의 당파적 동원이 오히려 당원수가 적은 곳에서의 인지적 동원보다 효과를 보지 못할 수도 있다. 또 다른 하나는 '인지'(認知, cognition)와 '정서'(情緖, emotion)의 문제이다. 말하자면, '당파성'의 문제가 '인지'의 문제인지, '정서'의 문제인지는 여전히 논란거리이다. 인지는 이성적(reasonable) 추론의 단계를 거쳐서 형성되지만, 정서는 상황에 대한 감성적(sentimental)인 문제이다. 달튼(R. Dalton)은 '인지동원'(cognitive mobilization)의 개념을 제시하면서, '단순히 의례적인 당파성'(ritual partisans)과 '무관심한 무당파'(Independents on indifference)를 구분한다. 즉, 일정수준의 의식에 근거한 (즉, 이념적 지식에 근거한) 당파성인 경우와 그렇지 않은 당파성은 구분된다는 것이다. 둘째, 무당파(無黨派, independents)도 마찬가지이다. 일정수준의 정당체계에 대한 지식을 바탕으로 현존하는 정당들에 대한 불만으로서(즉, 자신의 기준에 미치지 못하기 때문에) 무당파인 경우도 있지만, 아예, 정당정치에 신경쓰지 않는 '무관심'한 상황에서의 '무당파'도 있는 것이다. Dalton, R. J. (2007). Partisan mobilization, cognitive mobilization and the changing American electorate. *Electoral Studies,* 26(2), 274-286. 이러한 구분들이 실제 경험세계에서 어떻게 형성되는가는 당해 선거 시점에서의 시대적, 역사적 상황과 밀접히 연관되어 있을 것이다. 한국의 상황에 대한 경험적 연구는 Choi, J. Y., Kim, J., & Roh, J. (2017). Cognitive and partisan mobilization in new democracies: The case of South Korea. *Party Politics,* 23(6), 680-691.

90 Lupia, A., & McCubbins, M. D. (1998). *The Democratic Dilemma: Can Citizens Learn What They Need to Know?* Cambridge University Press; 조성대. (2018). 스윙 투표자의 특징과 투표 행태에 관한 연구 : 2018년 6 · 13 지방선거 사례. 한국정치학회보, 52(5), 31-56. 조성대의 연구는 2018년 6 · 13 지방선거에서 발생한 대규모 변화를 스윙 투표자의 특징과 투표 행태를 통해 설명하고자 한다. 이를 위해 기존 연구들을 유동 투표자 가설과 합리적 투표자 가설로 구분하고 제한적 합리성에 기초한 절충적인 가설을 제시한다. 조성대는 스윙 투표자들이 정보 수순이 낮은 상태이고정당이나 이념 및 정책에 대한 양가적 태도를 지니기에 투표 선택에 있어서 어려운 이념이나 정책보다 단기적이고 쉬운 선거쟁점에 영향을 더 많이 받는다고 주장한다.

㉢정책이슈가 아닌 성실함이나 역량과 같은 인간적 모습을 통해서 평가하는 방식 등이 있다.[91]

모든 인간들은 자신의 고정관념이 있다. 모든 유권자들에겐 정치세계에 대한, 그리고 선거과정에서, 정당이나 후보자에게 고정관념이 있을 것이다. 그런 고정관념을 통해서 "옳은 일을 할 수 있는 후보자", "좋은 일을 할 수 있는 후보자"가 누구인지 비교를 하게 된다는 것이다.[92] 여기서 '옳은 일', '좋은 일'은 가치의 문제이고 정치세계에선 '이념'의 문제로 환원될 가능성이 높다. 이념의 문제로 환원된다면 유권자에게 정도의 문제가 있을 뿐이지, 최소한의 '당파성'은 불가피한 현상이다. 유권자들은 쉽게 접근하여 이용할 수 있는 정보와 단순명료하게 이해되는 정보를 기억하고 사용할 것이다. 길거리에서 열쇠를 잃어버린 술 취한 사람은 단순히 빛이 있는 가로등 아래로 가서 찾는 일을 시작할 수 있다. 찾는 시점에 열쇠가 빛이 닿는 곳에 있으면 찾는 것이고 그렇지 않으면 못 찾을 것이다. 어두운 모든 곳을 더듬고 다닐 수도 있지만, 그렇게 하는 것은 현실적이지 않을 수도 있다. 유권자들은 후보자의 모든 정책 이슈의 위치를 분석하기 보다는 후보자의 인물됨으로서 업무역량이나 성실함을 중심으로 판단할 수 있다. 만약 선거민주주의의 선순환이 단순히 유권자가 후보자를 선출하는 과정이 긍정적이라는 상황만으로는 완성될 수 없으며, 후보자의 당선이후 공직자로서 공약을 실천하는 업무역량이나 성실성으로 완성된다면, 유권자의 이런 합리성을 '합리성 II'라고 하여 선험적 효용함수에 근거한 '합리성 I" 과 구분하자면, '합리성 II'가 더 비합리적이라고 보기 어렵다. '합리성 I'은 유권자의 투표하기까지의 상황에서의 '합리성'인 것이다. 종합적으로 '합리성 II'는 '제한된 합리성'(bounded rationality)의 영역이라고 보면 될 것이다.[93]

여전히 문제가 남는다. 유권자가 처음부터 모든 정보를 갖고 시작하기 보다는, 정보를 습득하면서 배우면서 발견해 나가는 '자기학습법'의 경우 핵심은 '설득하는 것'과 '설득되는 것'에 있다. 자기학습법에서 설득하는 주체는 정당. 미디어 매체, 인플루언서, 주위의 동료, 심지어 자기자신이며, 유권자 자신은 설득되는 객체에 해당할 것이다. 따라서, '자기학습법'이 어떤 주체들로부터 설득되고, 어떻게 설득되느냐에 따라서 '합리성'의 범위를 넘어갈 수도 있는 것이다. 휴리스틱에 의존하는 유권자들을 더 나쁜 결정으로 이끌 수도 있다는 현실에서의 증거는 차고 넘칠 것이다. 선거승패에 '시차'(時差)가 중요한데, 거짓뉴스로 자기학습을 한 유권자가 투표일에 그대로 투표한다면, 선거이후에 거짓뉴스의 판명은 허망하다. 물론, 선거법으로 벌을 한다고 하지만, 경중에 따라서 법망을 피해가는 것이 그렇지 않은 것보다 더 적다는 보장도 없다. 정치세계에서 자기학습법을 오도(誤導)하는 근원이 '당파성'이다. 당파성은 높은 수준의 정당일체감을 지닌 유권자들에게만 해당되는 이야기가 결코 아니다. 유권자에게 강한 정당일체감이 없어도 상대방 정당에 비해서 상대적으로 호감이 많다거나, 상대적으로 비호감이 적은 경우에도 당파성이 작동하기에 충분한 조건이 된다. 특히 선거경쟁과정에서, 이념성,

91 Popkin, S. L. (1991). *The Reasoning Voter: Communication and Persuasion in Presidential Campaigns.* University of Chicago Press.

92 고정관념이란 기존의 편견을 말한다. 그러한 편향성을 기준으로 정보를 처리할 가능성이 농후하다. Lodge, M., & Taber, C. (2000). Three Steps Toward a Theory of Motivated Political Reasoning. In A. Lupia, M. D. McCubbins, & S. L. Popkin (Eds.), *Elements of Reason: Cognition, Choice, and the Bounds of Rationality.* Cambridge University Press; 이내영, & 허석재. (2010). 합리적인 유권자인가, 합리화하는 유권자인가?: 17대 대선에 나타난 유권자의 이념과 후보선택. *한국정치학회보,* 44(2), 45-67. 이념과 후보선택 사이의 인과관계에서 이념적 근접성 때문에 특정 후보를 선택하는 것이 아니라, 선택했기 때문에 후보를 이념적으로 가깝게 여기게 되는 합리화의 과정이 작동한다고 주장한다.

93 Achen, C. H., & Bartels, L. M. (2016). *Democracy for Realists: Why Elections Do Not Produce Responsive Government.* Princeton University Press.

당파성이란 것이 그렇다. 따라서, 이념성과 당파성은 합리적 유권자에게 양날의 칼이다. 이러한 양면성은 합리적 유권자의 기본 인식이 어떠하며, 어떻게 행태하는지에 달려 있게 된다. 유권자 개인의 정치적 세련됨에 기대서 '합리성'을 파악하는 것으로 귀결되고 말았다.

선거민주주의의 선순환을 이끄는데, 유권자들이 정부의 정책에 대해서 관심이 없거나, 인식이 없는 경우도 있지만, 대조하여 비현실적으로 높은 기대를 하거나 아니면 제한된 시각을 갖는 경우도 있다. 특히, 여당의 집권 기간 전체보다도 선거시기 직전의 상황에만 집착하는 경우엔 정책의 공(功)이 실(失)보다 많은 상황에서도 유권자들은 '맹목적 회고'(盲目的 回顧, blind retrospection)를 통해서 후보자를 처벌할 수 있다는 것이다.[94] 자기편에는 너그럽고, 상대방에는 엄격한 상황인데, '당파성'이 작용할 개연성이 높은 것이다.

민주주의 거버넌스와 맥락속에서의 유권자

전체 유권자들이 더 잘 알게 되면 여론 조사와 선거 결과가 달라질 것이다.[95] 그런데, 일상생활을 영위하는 시민들은 일반적으로 국가의 정치와 정책에 대해 매우 제한된 정보를 가지고 있다는 것이다.[96] 일상 생활에 함몰되어 있는 대부분의 시민들에게 그러한 정보를 얻을 시간이나 동기가 그렇게 높다고 보기 어렵다. 문제는 이러한 유권자들의 상황이 민주주의 거버넌스에 중요한지 그리고 어느 정도까지 중요한가 하는 것이다. 앞서 '책임시민'이라고 하였는데, 과연 어느 수준까지가 '책임시민'이 될 수 있는 것인가?

선거민주주의는 다원민주주의라는 형식을 통해서 시행할 수도 있고, 정당민주주의라는 형식에 의해서 시행될 수도 있다. 정당민주주의를 기반으로 선거민주주의를 시행하는 한 '당파성'이란 불가피한 존재이며, 그 '당파성'

이란 것은 정치권에 존재하는 정당들에 대해서 유권자들이 상대적으로 느끼는 선호의 개념으로서 존재하는 것이다. 현실 정치세계에서 존재하는 '당파성'이란 정치권에 존재하는 기관들 중에서 매우 흡족스럽지는 않아도 상대적으로 선호하는 기관에 대해서 갖는 감정이 될 수도 있고, 반대로, 가장 싫어하는 정당과 경쟁하는 정당에게 힘을 실어주는 감정이 될 수도 있는 것이다. 간혹 '당파성'이란 것을 영원히 바꾸지 못할 최종의 결정으로서 존재하는 정체성이란 개념으로서 이해하기도 하는데 현실정치에 비추어서 허구에 가깝다.

당파성의 입장에서 생각하자면, 중위투표자정리는 '정리'(theorem)가 아니라 '가설'(hypothesis)의 단계일 수도 있다. 중위투표자정리는 양당체계의 경쟁에서, 하나의 이념(정책) 차원에서 경쟁하는 후보자들은 유권자들이 가장 많이 분포하고 있는 그 차원의 중간위치로 몰려든다는 것이다. 여기서 가장 큰 논점은 과연 유권자들이 중위에 가장 많이 분포하고 있는가? 왜 중위에 가장 많이 분포하고 있는가? 하는 문제일 것이다. 통계적 경험법칙에 의해서 정규분포와 유사한 인구분포를 생각한다면, 가운데 위치에 가장 많은 인구가 분포하는 것은 사실이다. 하지만, 당파성이 개입되면 이것은 이야기

94 Achen, C. H., & Bartels, L. M. (2016). ***Democracy for Realists: Why Elections Do Not Produce Responsive Government.*** Princeton University Press, p. 135.

95 Lau, R. R., & Redlawsky, D. P. (2006). ***How voters decide: Information processing in election campaigns.*** Cambridge University Press; Althaus, S. L. (1998). Information Effects in Collective Preferences. ***American Political Science Review,*** 92, 545–558; Bartels, L. M. (1996). Uninformed Votes: Information Effects in Presidential Elections. ***American Journal of Political Science,*** 40, 194–230.

96 Delli Carpini, M. X. (2005). An Overview of the State of Citizens' Knowledge About Politics. In M. S. McKinney, L. L. Kaid, D. G. Bystrom, & D. B. Carlin (Eds.), ***Communicating Politics: Engaging the Public in Democratic Life*** (pp. 27–40). Peter Lang.

가 복잡해 진다.

선거연구에서 유권자들의 행태가 거의 주종을 이루고, 후보자들 존재의 영향력에 대해서는 상대적으로 무시하는 연구경향이 이어져 왔다.[97] 심하게 이야기하면, 반 쪽짜리 연구를 하고 있는 것이다. 선거과정에서 합리성의 위기는 유권자의 합리성이 결여되면서 발생하기도 하지만, 다운즈의 말처럼, "어떤 정당이나 후보자이건 자신의 당선 가능성을 높일 수 있다고 믿는다면, 그 나름의 합리적 방침은 유권자의 이익에 반하더라도 그렇게 하는 것이다. 그러므로 정당들이 일반의 안개 속에서 그들의 정책 결정을 감추는데 성공하고, 유권자들이 그들의 표가 무엇을 의미하는지 발견하지 못한다면, '합리성의 위기'(rationality crisis)가 발생한다."[98] 이 말 속에서의 '합리성의 위기'란 단순히 '유권자의 책임'으로서의 합리성의 위기가 아니며, 후보자의 득표행태로부터 비롯되어 '후보자'와 '유권자' 사이의 '정치적 교환' 관계에서 발생한 합리성의 위기를 말하는 것임은 자명하다.

선거경쟁과정에서 정당과 후보자들이 이슈공간의 중간에서 멀어지지 않는 것도 사실이지만, 중간으로 모이지 않는 것도 사실이다. 후보자들은 전략적으로 그렇게 자유로운 존재가 아니다. 정당민주주의하에서 일정 수준의 이념적 당파성을 무시하고 함부로 좌-우를 넘나들수는 없다. 유권자 집단이 상대적 당파성을 지닌 자들이 주종이라면, 이념적 차원에서의 중간위치라는 것은 일정 수준의 이념적 정체성으로 당파성의 기준에서 지지자를 확보한 후보자만이 자신있게 이동해서 갈 수 있는 자리일 수도 있다. 이것은 어떤 후보자에게 있어서 당파성을 지닌 지지자와 중간에 위치한 지지자들을 합해서 선거에 이길 수 있다는 것을 의미하며, 단순히 후보자가가 중간에 위치한 자리로 간다고 해서 선거승리가 보장되는 것은 아님을 뜻한다. 반복하지만, 이념차원의 중간에 많은 사람들이 분포하고 있는 것이라기 보다는 (이슈에 따라서는 그런 것도 있겠지만), 후보자의 중간위치로의 이동은 득표의 확장전략일 뿐이라는 것이다.

정치의 본질적인 점은 시민이 자율적인 개인으로서 먼저 움직이지 않는다는 것이다. 개인은 집단속에서 자기의 생각을 정리하며, 후보자가 먼저 움직인 다음에 움직이게 된다. 유권자의 행태를 더 적확하게 이해하기 위해선, 유권자 개인의 인식이나 의견이 후보자의 행태에서 비롯된다는 '정치적 맥락'(political context)을 고려해야만 할 것이다. 정당지도자, 예비후보자, 후보자, 당직자들이 행하는 선거전략적 결정은 유권자의 반응을 이끌면서 정치적 맥락을 형성하게 된다는 것이다. 이렇게 본다면, 후보자들간의 갈등의 성격이 유권자의 투표참여의 성격을 좌우할 수 있는 것이다. 유권자의 투표행태를 유권자 인식조사를 통해서 할 수도 있지만, 후보자들간에 형성되는 경쟁의 성격과 수준을 통해서 종합적으로 이해될 수 있다는 의미이다.

선거민주주의라는 형식에서 유권자들의 투표참여에 대한 동기는 자신의 이익을 대변하기 위한 것을 통해서 이해할 수도 있지만, 유권자와 후보자간의 정치적 교환의 관계, 정치적 맥락의 관계를 통해서 이해할 필요가 있을 것이다. 후보자들은 자신이 선거에 참여할 때, 예비후보로서 참여할 것인지, 말 것인지를 결정하게 된다. 자신들의 명성, 인지도, 지지도, 자원이나 재산상태 등에 따라서 자신이 입후보할지 말지를 결정해야 한다. 그리고, 예비선

97 Adams, J. F., Merrill, S., & Grofman, B. (2005). *A Unified theory of Party Competition: A Cross-National Analysis Integrating Spatial and Behavioral Theories.* Cambridge University Press; Franklin, C. H. (1991). Eschewing Obfuscation? Campaigns and the Perception of U.S. Senate Incumbents. *American Political Science Review,* 85, 1193-214; 윤종빈. (2006). 한국에서의 현직의원 지지에 관한 연구: 17대 총선을 중심으로. 한국정치학회보, 40(3), 145-164. 윤종빈은 17대 총선에 영향을 미친 변수로서 탄핵 쟁점, 정당요인, 정책 요인뿐만 아니라 후보자 관련 요인 또한 중요하게 다루어야 한다고 주장한다.

98 Downs, A. (1957). *An Economic Theory of Democracy* (1st ed.). Harper and Row.

거를 치룰 때, 그리고 본선에 나갈때, 어떤 정책과 이슈로 어떤 선거운동을 통해서 유권자들에게 득표활동을 해야할지를 결정해야 한다.

후보자의 선거운동을 중심으로 생각하자면, 선거운동이 유권자들에게 특정한 가치를 부여하지 않더라도, 소위 '가시성'을 통한 '인지도'의 증가로 인해서 유권자들의 반응을 일으키게 된다. 후보자들의 입장은 선거승리라는 목표를 위해서 전략들을 세우는데, 선거과정에서 유권자와 대한 진정성 있는 선호도를 이끌어내는 것은 '정책추구'(policy-seeking)가 다른 어떤 전략보다도 최고의 방책이라는 것이다.[99] 이런 관계로 유권자들의 후보차별에 대한 가장 중요한 기준은 '정책'이다. 물론 그러한 정책은 후보자가 소속된 정당에 대한 이념적 이미지의 평균값과 유리될 수 없는 것이 일반적인 상황일 것이다. 그렇다면, 후보자가 '관심유발이슈'(valance issue)를 제조하여 입지를 다지게 되는 경우,[100] 해당 이슈는 유권자들에 대해서 어떤 득표 효과를 갖게 되는가? 후보간 경쟁에서 더 우월한 관심유발이슈를 지닌 후보자가 중위유권자들의 위치로 이동하는데 유리하다는 시각도 있고,[101] 후보자의 정책 선호쪽으로 더 극단적인 방향의 위치로 이동하는데 유리하다는 시각도 있다.[102] 특히, 후자의 경우엔, 선거에서 불리한 후보자의 경우, 더 극단적인 입장을 취하는 것이 선거판세를 만회하는데 도움이 된다는 측면에서 이용된다. 중요한 것은, 어떤 시각이든지, 후보자가 이동하여 득표 효과를 보는 것은, 유권자 인식의 문제가 아니고, 후보자와 측근들의 선거운동이라든지, 후보자의 관심유발이슈의 성격과 파급력, 선거자금, 인지도, 역량 그리고 가장 중요하게 카리스마적 능력과 연관되어 벌어진다는 것이다.[103]

선거민주주의의 선순환을 위해선 후보자들간의 경쟁이 어떻게 유권자들의 반응을 자극하는지 관찰해야 한다. 유권자들은 자신이 처한 선거환경이나 맥락을 어떻게 인식하고 있으며, 어떻게 행동하고 있는지에 대해서 생각해 보아야 한다. 유권자의 선택은 후보들의 정책과 후보들의 관심유발이슈

99 Wittman, D. (1973). Parties as Utility Maximizers. *American Political Science Review,* 67(2), 490-8; Wittman, D. (1983). Candidate Motivation: A Synthesis of Alternatives. *American Political Science Review,* 77(1), 142-57; 김성연, 김준석, & 길정아. (2013). 한국유권자들은 정책에 따라 투표하는가? 정책선호, 정책인식, 그리고 정책투표. 한국정치학회보, 47(1), 167–183. 해당 연구는 정책이슈에 대한 유권자들의 선호와 아울러 후보들의 정책에 대한 유권자들의 인식을 함께 고려한다. 분석결과는 정책 선호가 정당지지, 출신지역, 나이, 이념 등과 더불어 우리나라 유권자들의 선택에 중요한 영향을 미친다는 것을 보여준다.

100 '관심유발'(valence)라는 것의 정의는 정책이슈를 넘어선 비정책(non–policy)적 영역의 것까지 포함하지는 않는 것이 보통이다. 일반적으로, 후보자간의 관심유발의 차이점이란 경제정책등과 같이 상대적으로 분명한 결과물이 있는 것들을 중심으로 하되, 정책수행과 관련하여 유권자들이 갖는 후보자 개인의 이미지나 능력에 대하여 갖는 기대감까지를 포함할 수는 있다. Barisione, M. (2009). Valence image and the standardisation of democratic political leadership. *Leadership,* 5(1), 41–60. Miller, A. H. (1990). Public Judgments of Senate and House Candidates. *Legislative Studies Quarterly,* 15, 525-42; Mondak, J. J. (1995). Media Exposure and Political Discussion in U. S. Elections. *The Journal of Politics,* 57, 62-85; Mondak, J. J. (1995). Newspapers and Political Awareness. *American Journal of Political Science,* 39(2), 513-27: Mondak, J. J. (1995). Competence, Integrity, and the Electoral Success of Congressional Incumbents. *Journal of Politics,* 57, 1043-69: Bianco, W. T. (1994). *Trust: Representatives and Constituents.* University of Michigan Press.

101 Adams, J. F., Merrill, S., & Grofman, B. (2005). *A Unified theory of Party Competition: A Cross-National Analysis Integrating Spatial and Behavioral Theories.* Cambridge University Press.

102 Groseclose, T. (2001). A Model of Candidate Location When One Candidate Has a Valence Advantage. *American Journal of Political Science,* 45(4), 862-86.

103 Leighley, J. E. (1995). Attitudes, Opportunities and Incentives: A Field Essay on Political Participation. *Political Research Quarterly,* 48(1), 181-209; Aldrich, J. H. (1993). Rational Choice and Turnout. *American Journal of Political Science,* 37, 246-78. 특히, 그로스클로즈(T. Groseclose)는 특정 후보자가 '관심유발이슈'를 갖느냐 마느냐는 현직자의 위치, 높은 인지도, 풍부한 정치자금, 정치인의 카리스마를 갖는 것과 거의 동등한 위치라고 본다. Groseclose, T. (2001). A Model of Candidate Location When One Candidate Has a Valence Advantage. *American Journal of Political Science,* 45(4), 862-86.

들에 따라 결정된 결과물이다. 선거과정에서 후보자들의 관심유발이슈들간의 차이점이 선거 맥락(electoral context)을 형성하며, 그 속에서 후보자와 유권자간에 정치적 교환이 형성되는 것이다.

제 5 장

예측의 선거정치

제 5장

예측의 선거정치

선거시기에 진입하게 되면, 후보자들과 연관된 다양한 사건과 사고들이 발생하면서 후보자들의 지지율 등락(騰落)에 영향을 미친다. 선거과정에서 많은 사람들(아마도, 모든 사람들)은 어떤 후보자가 당선될 것인지 당해의 선거결과를 예측하는 것에 관심이 많다. 선거과정에서 예측자료들은 유권자들의 '기대심리'에 영향을 미치게 되고 투표행태로 연결된다. 예를 들면, '사표방지'(死票防止)를 위한 투표행태도 그런 것으로 이해될 수 있다. 선거정치에서 선거예측행위는 단순히 예측으로 한정되는 행위가 아니고, 기대심리를 부추켜서 선거결과에 영향을 미치는 행위로 발전된다. 선거과정에서 발표되는 모든 여론조사들은 선거결과에 영향을 미칠 수밖에 없다. 앞서, 득세하려는 정당, 당선되려는 후보자, 합리적인 유권자의 행태들을 통해서 선거정치의 작동과정을 살펴 보았다. 결국, 정당-후보자-유권자의 행태들을 이해하는데 주요한 변수들이 선거결과를 예측하는데 중요한 변수나 요인들이 될 것이다.

선거예측을 하기 위한 방법들은 다양하다. 그리고 그 방법들에는 각각의 장단점이 있다. 선거예측으로부터 배우고자 하는 것은 정확한 예측을 위한 방법론들만이 아니다. 선거결과를 정확하게 예측한다는 것은 과거에 선거가 어떻게 작동했는지에 대한 이해가 있어야 가능할 것이다. 인생세간(人生世間)은 복잡한 것이어서, 앞으로 일어날 미래의 일들을 그렇게 쉽게 예측할 수 있는 것이 아니다. 시간의 흐름속에서 '필연'(必然)뿐만이 아니라 '우연'(偶然)이 개입되면서, 우연과 필연은 날과 씨로 엮이게 되고, 그렇게 사회현상을 만들어 낸다. 우연성이 개입되는 경우, '예측'은 인간 사유(思惟)의 범위를 벗어나게 된다. 그래서 함부로 예측하는 것의 위험성에 대해서 유의해야 할 것이다. '예측'을 시도하는 노력은 선거과정에서 주요한 작동 요인들을 역(逆)으로 반추하게 하며, 선거결과에서 진정으로 영향을 미치는 것이 무엇인지 생각해 보는데 도움이 된다.

'예측의 선거정치'라는 주제하에 두 가지 영역을 다루어 보고자 한다. 한 가지는, 당해 선거에서 선거결과를 예측하는 방법론에 관한 것이고, 다른 한 가지는 '대의민주주의'를 구현하는 방식으로서의 '선거민주주의'의 앞날에 대해서도 예측해 보려고 한다. 우리는 보통 예측을 하는데, 단기적으로 얼마 후에 일어날 일에 대해서 예측하기도 하고, 장기적으로(이것도 정도에 따라서 다르겠지만) 시간이 흘러 미래에 일어날 일에 대해서 예측하기도 한다. 선거연구도 마찬가지이다. 단기적 예측이란, 선거시기에 들어서서 어떤 후보가 어떤 득표율로 당선될 것인지에 대해서 예측하는 것을 말한다. 대부분의 사람들은 이 부분에 관심이 있다.

정당민주주의에 기반한 선거민주주의에 대한 시민사회의 불만이 고조되고 있다. 그럼에도 다른 뾰족한 대안이 없는 상황에서 대의민주주의를 구현하기 위한 기제로서 선거민주주의라는 형식은 지속되고 있다. 과연 미래 사회에서도 선거민주주의라는 형식을 통해서 대의민주주의가 지속될 것인가? 아니면, 온라인민주주의가 가능한 시대에 직접민주주의에 친화적인 형식으로 대체되거나, 추첨제와 같은 다른 형식이 보완되어 사용될 것인가? 선거민주주의가 지속되기 위해서 개선되어야하는 가장 중요한 요소는 무엇인가? 이러한 의문점들에 대해선 적어도 총체적인 수준에서라도 대답할 필요가 있다. 총체적 수준의 대답이라고는 하지만, 구체적이고 지엽적 수준에 대답하는 것보다 용이한 것도 결코 아니고, 오히려 더 어려울런지도 모른다. 건전한 시민사회의 형성을 위해서 선거민주주의 자체의 장래에 대해서 예측해보는 것은 단기적 선거예측보다도 더욱 중요할런지도 모른다. 당해 선거에 대한 단기적 예측과 선거민주주의의 미래에 대한 장기적 예측을 하나씩 차례대로 논의해 보고자 한다.

1. 단기적 예측과 방법론들

선거연구 용어에서 FPTP(First-Past-the-Post)란 경마(競馬, horse race)를 빗댄 용어인데, 선거경쟁이 경마와 유사한 점이 많다. "말-기수-관중"의 3자 역학관계, 그리고 "정당-후보자-유권자"의 3자 역학관계에 관한 유추도 가능하다. FPTP란 한 표라도 더 많이 득표한 후보자가 승리하는 것으로, 이는 경마에서 따온 용어이다. 말 신체의 어떤 한 부분이 결승선에 먼저 닿아서 지나면 그 말이 승리마로 간주되는 것에서 빌려온 용어인 것이다. 많은 사람들이 빈번히 하는 질문들은 궁극적으로, 투표행태에 "정당이 먼저냐, 아니면 후보자가 먼저냐"하는 것과 연계된다. 유권자 입장에서 보자면, 정당 중심의 '기관본위투표'를 하는지, 후보자 중심의 '인물본위투표'를 하는지의 문제일 것이다. 나아가, "정당이 후보자를 이끌게 되는지, 아니면 후보자가 정당을 이끌게 되는지" 하는 그런 내용으로 발전된다. 한국선거사의 경우, 인물본위의 선거가 두드러지고, SNS시대에도 팬덤(fandom) 현상은 불가피한 현상이니만치 선거과정에서 인물의 중요성은 두드러진다. 그렇다고 해서 정당이란 기관의 상대적 상징성이 과소평가될 수도 없다. 기수가 말을 이끄는 것인가? 말이 기수보다 더 중요해서 결국 말이 기수를 이끄는 것인가? 경마의 승패에 말이 더 중요한가? 기수가 더 중요한가? 둘 다 중요하니 이런 질문은 무의미한가? 선거경쟁의 선거승리에 후보자가 중요한가? 후보자가 소속된 정당이 중요한가? 둘 다 중요하니 이런 질문은 무의미한가? 경마장의 관중들은 유권자에 비유될 수 있을까? 관중들중에 실제로 배팅한 사람들은 시민들중에 실제로 투표장에 간 유권자들에 비유될 수 있을까?

경마에서 승리마에게 배팅하는 과정을 선거여론조사의 행위와 비교해 볼 수 있다. 선거결과 이전에 행해지는 선거결과 예측여론조사는 말과 기수에 대한 정보를 담고 있는 배팅 정보지(情報紙)와 유사한가? 경마에서 관중들이 보다 많은 사람들이 특정한 말에 배팅한다고 해서 그 말이 반드시 이기는 것은 아니다. 경마장의 모든 관중들이 배팅하는 것도 아니다. 최종 경마의 결과는 예상을 뒤엎고 2등 예상마가 1등을 할 수도 있으며, 다크 호스(dark horse)도 있기 마련이다. 선거여론조사에서 1등으로 예상된 후보자가 반드시 이긴다는 보장은 없다. 경합성(競合性, closeness)이 높으면 더욱 그렇다. 모든 유권자들이 투표하는 것도 아니다. 모든 유권자들의 생각을 반영하는 선거여론조사예측과 실제 투표율을 통해 반영되는 최종 선거결과는 다르다. 그래도 경마만큼 불확실성이 높지는 않을까? 정당을 말에 비유하고, 후보자를 기수에 비유할 수 있을까? 아니면, 말이 후보자이고, 정당이 기수일런지도 모르겠다.

앞서 경마에서 우승마에 배팅하는 행위를 선거과정에서의 후보자 여론조사행위와 비교했지만, 이와는 달리, 경마에서 우승마에 배팅하는 행위를 유권자들이 투표장에서 투표하는 행위와 비교해 볼 수도 있다. 유추(類推, analogy)의 시차(時差)를 조금 변경하면, 얘기는 달라진다. 배팅액이 많은 말이 승리하는 것은 아니지만, 많은 표를 받은 후보자는 승리한다. 경마에서의 배팅을 선거전(選擧前, pre-election) 전체 유권자들에 대한 여론조사로 비유할 수도 있지만, 본투표에 참여한 유권자에 비유하면 선거후(選擧後, post-election) 득표현상으로 비교되는 것이다. 이런 차원에선, 소위 논리학(logics)의 차원에서, 경마와 선거의 유사성은 주관적 유추의 범위를 벗어나 존재하기 어려울 수도 있다. 선거경쟁은 선거경쟁이고 경마는 경마다. 선거경쟁은 모든 시민들이 참여하는 국가운명에 중차대한 무거운 행위이지만, 경마는 개인들이 흥미로 하는 행위이다.

당해 경마에선 관중들에게 어떤 말이 우승할지가 가장 큰 관심이듯이, 당해 선거에 즈음한 유권자들에게 이번 선거에서 누가 당선될 것인지는 가장 큰 관심사이다. 대의민주주의에서 선거는 시민들에게 그들이 선호하는 대표자를 선택할 수 있는 기회를 제공하고, 선거과정에서 다양한 여론조사기관들의 여론조사는 유권자들의 선호도에 대한 분위기를 추적하여 후보자와 유권자 모두에게 추가적인 정보를 제공한다. 학계(學界)가 선거연구에서의 모든 지적역량을 보유한 것은 아니다. 현장에서 선거분석을 하는 소위 '비학계'(非學界)의 선거 전문가들'의 분석에서 참고해야 할 점들이 많다. 선거는 전체과정에서 투표 당일 이전의 선거결과 예측의 영역이 중요한데, 여론조사기관들이나 언론인들의 보도 및 방송영역이 특히 그러한 듯하다.

선거결과에 대한 예측 방식은 크게 다섯 가지 정도로 대별해 볼 수 있을 것이다. ① 한 가지 방식은, 과거 선거들에서 선거승패를 결정하는데 주요한 변수로 결정된 '근본적(기본적, 구조적) 변수들'(fundamental variables)을 기초로 하여, 취사선택된 변수들을 조합하여 '회귀 방정식'(回歸方程式, regression equation)을 만들고, 그 방정식에 사용된 변수들의 계수 및 모델 자체에 대한 통계적 유의미성을 통하여 선거결과를 예측하는 것이다.[1] ② 또 다른 방식은, '여론조사'(survey)를 통해서 당시 유권자들에 형성되어 있는 후보자 지지성향이 어떤 상황에 있는지를 파악하는 것이다. 당연히 각각의 방식에 장단점이 있다. ③ 그리고, 앞서 두 가지 대별된 상이한 방식 속에서 두 방식의 '합성모델'(synthetic model)도 있다. 연구목적과 방향에 대한 조감도를 갖고서 다양한 기존 분석들의 결과 수치들[즉, 집합자료(aggregate data)들]을 활용하는 '메타분석'(meta-analysis)이 그것이다. ④ 특정 집단의 예측방식을 활용할 수도 있다. '배팅시장'(betting market)방식, '시민예측'(citizen forecasting)방식, '전문가예측'(expert forecasting)방식 등이 있다. ⑤ 유권자들의 특정한 선거행태에 한정하지 않고, 일반 생활 양태까지도 총체적으로 파악하여 투표

1 여기서, '근본적 변수' (fundamental variable)라고 함은 그 때 그 때 선거 시기에 따라서 변하는 변수가 아닌, 장기간의 선거를 통해서 선거승패에 중요하다고 판단되는 변수들을 말한다. 구조적이라는 용어는 예측 변수들이 인과관계(因果關係, causal relationship)가 있다는 의미이며, 구조적 모델의 예측 변수는 선거 결과를 근본적으로 주도하는 강력한 외부적 요인이라는 의미에서 "근본"이라고 불린다. 많은 경우에, '근본적'이라는 용어는 예측모형에서 사용되는 모든 변수를 지칭하는 것처럼 변수들간에 구분없이 매우 느슨하게 사용되고 있다. 현상학적으로 볼 때, 해당 현상을 설명하는 근본적 변수가 있는 것이고, 그렇지 않은 시의적(時義的) 변수가 있는 것이다. 따라서, 선거예측을 위한 '회귀방정식'을 만들 때, 일반적으로는, 그 시점의 선거를 예측하는데 시의적으로 중요한 것으로 판명되는 변수들을 1~2개 정도 더 넣고서 회귀방정식을 구성하는 경우가 많다. 이런 경우, 연구의 발견은 사실 근본적 변수에 있기 보다는 새롭게 추가한 변수들을 통해서 "선거예측을 위해서 새로운 설명력을 지닌 변수가 발견되었다"라고 주장하는 것이라고 볼 수도 있다. 애브라모비츠의 선거예측모델은 당해 시점에서 미국대통령선거의 예측율을 위한 변수로서 3개를 구조변수로 사용한다. 선거즈음한 시점에서의 '현직대통령의 인기도'(presidential popularity), '경제변수로서 GNP'(선거직전해의 4분기 GNP와 선거시점 4분기의 GNP의 변화율), 그리고, '임기'(현직자인지 도전자인지의 여부)이다. 아브라모비츠는 해당 회귀모델의 조정된 R^2값이 .98 (.001<p)에 이르는 것으로 나타났다고 주장한다. 그 주장대로라면, 사실상 3개의 변수는 거의 완벽한 설명력을 지닌 모델을 구성하는 구조변수인 것이다[최고 설명력은 1.0]. Abramowitz, A. I. (1988). An improved model for predicting presidential election outcomes. PS: *Political Science & Politics*, 21(4), 843-847.

행태를 예측하기도 한다. 앞서 선거운동에서 지적한 '빅데이터'(big data)방식이 그것인데, 2010년이후 꾸준히 사용되는 추세이다. 이상의 다양한 방식들을 포함하여, 지금까지 논의된, 득세하려는 정당, 당선되려는 후보자, 합리적 유권자들의 행태에서 논의된 행태이론들을 중심으로 예측의 선거정치를 논의해 보고자 한다.

구조방정식모델

'구조방정식모형'의 예측 논리는 선거결과에 있어서 인과관계에 큰 영향력을 지닌 구조적(또는 근본적) 변수들이 존재하기 때문에, 지엽적인 변수들은 무시하고, 유권자들의 투표행태를 결정하는 근본적인 주요 변수들을 중심으로 예측을 구조화하는 경우엔 선거결과를 예측하기에 유리하다는 것이다. 유권자들의 투표행태를 구조화하는 변수들을 지엽적인 변수들과 차별화하여 '근본변수'(fundamental variables)라고 지칭할 수 있다. 결국 구조방정식모형의 선거결과 예측력은 근본변수들이 어떤 변수들로 구성되는지, 그리고 그러한 근본변수들이 어떤 가중치로 조합되는지에 따라서 결정될 것이다. '근본변수'는 즉흥적으로 해당 선거나 직전 선거에서 처럼 한 번의 선거에서 주요한 변수로 판명된 변수가 아니고, 반복되는 선거에서 주요한 것으로 판명된 변수들을 말한다.

선거라는 것은 당해 선거마다 선거의 주요 쟁점이라든지 분위기라든지 고유한 특성을 지니게 된다. 따라서, 구조방정식모형은 시류(時流)의 흐름을 제대로 담아내지 못하는 취약점이 있다. 구조방정식모형의 전제는 선거결과를 결정하는데 근본이 되는 변수들이 존재한다는 것이다. 예를 들면, 후보자의 소속 정당이 여당의 위치에 있는지, 야당의 위치에 있는지, 선거당시의 경제상황은 어떤지, 등이다. 그러니까, 선거결과는, 각 선거들마다의 특성보다는, 모든 선거를 관통하여 흐르는 주요변수에 의해서 예측이 가능하다는 것이다. 그런데, 과거까지는(즉, 이번 선거 이전까지는) 중요했던 변수들이 여전히 계속해서 중요하리란 보장은 없는 것이고, 또한 변수들의 조합과정에서 이용하는 자료와 연동되어 각 변수의 가중치(즉, 회귀계수의 크기)의 문제가 발생한다. 그러니까, 같은 변수들로 조합된 구조방정식모형은 하나에서 출발하지만, 방정식 모형내에서 어떤 변수들을 선택하여 어떤 가중치의 비율로서 조합하는지에 따라서 훨씬 다양한 방정식들이 파생될 수 있는 것이다. 예측을 시도하는 연구자들은 과거에 중요했던 근본변수 및 당해 선거에서 특히 중요한 변수들의 순서를 염두에 두고서 조합할 수밖에 없는데, 이것은 연구자의 지식배경을 바탕으로 '직관'(直觀, intuition)에 의존하게 된다고 보는 것이 사실에 가깝다.[2]

설문조사방식

당해 선거의 시류를 정확히 반영하여 예측하기 위해선 당해 선거에서 유권자 개인들의 인식에 대한 여론조사(opinion poll)을 시행하게 된다. 여론조사(polling)는 설문조사가가 '개인 인식 조사 설문'(individual-level survey questionnaire)을 통해서 개인 유권자들의 응답을 얻어내는 것으로 구성된다.

2 각급 선거들(대선, 총선, 지방선거)마다, 당해 시점의 선거마다 주요하게 영향을 미치는 변수들은 차이가 있으며, 그런 변수들을 중심으로 연구자들은 변수를 조합하여 선거결과를 이해하게 된다. 노환희, 송정민, & 강원택. (2013). 한국 선거에서의 세대 효과: 1997년부터 2012년까지의 대선을 중심으로. *한국정당학회보,* 12(1), 113–140; 장승진. (2012). 제19대 총선의 투표 선택: 정권심판론, 이념 투표, 정서적 태도. *한국정치학회보,* 46(5), 99–120; 이곤수, & 송건섭. (2011). 지방선거의 유권자 투표 선택, 정당인가 후보인가?: 6.2 지방선거와 서울시의 사례. *한국정책과학학회보,* 15(4), 339–360.

여론조사 방식은 특히 하나의 설문이 하나의 성격을 지닌 변수로서 사용되어, 다양한 설문항들 사이에서 변수와 변수의 함수관계를 파악할 수 있게 해준다.

일반인들의 인식조사에 관한 가장 큰 오해는 여론조사(polling)가 단순할 것이란 생각이다. 만약, 누가 당선될지, 누구를 좋아하는지만 묻는 선거결과에 대한 예측은 그럴 수도 있다. 언론은 보도 기사에서 유권자들의 관심은 온통 누가 당선될지에 관심이 집중되어 있다는 것을 알고 있다. 하지만, 특정 선거에서 누가 이길지 예측하기보다는 왜 누군가가 이겼는지 이해하려면, 훨씬 더 많은 질문을 해야 한다. 누구에게 투표할 것이냐는 질문만 받을 수는 없다. 후보별, 정당별, 이슈별, 선거 관련 정보 입수 경위, 과거 투표 경위에 대한 심경은 물론이고, 연령, 직업, 거주지, 출신지역 등에 대한 개인정보를 반드시 물어야 한다. 당연히 많은 응답자들이 응답하는 도중에 거절하거나, 아예 응답을 처음부터 거부하게 된다. 이 경우 별도의 여론조사가 필요하다.

현대의 선거연구는 설문조사(survey)에 크게 의존한다. 선거기간중에 적지 않은 시민들이 반복되는 여론조사에 시달리면서 피곤해 한다.[3] 왜 사람들이 투표하는지를 이해하는 가장 직접적이고 종종 가장 타당한 방법은 그들에게 묻는 것이다. 그런데, 모든 설문조사가 신뢰할 만한 결과를 제공하는 것은 아니다. 신뢰할 수 있는 설문조사가 과학적 원리에 따라 수행된다는 점을 강조하기 위해 몇 가지 간단한 요점을 제시할 수 있다.

검사를 수행할 때 가장 중요한 것은 표본을 선택하는 방법이다. 최상의 과학적 표본 추출 절차는 모집단의 모든 사람이 표본의 일부가 될 동일한(또는 적어도 알려진) 확률을 제공한다. 그런 다음 확률 이론을 사용하여 표본의 결과가 관심 모집단의 결과와 얼마나 가까운지 추정할 수 있다. 예를 들어, 기존의 표본 추출 기법을 사용하면 약 1,000명의 경우엔 95% 신뢰수준에서 실제 결과의 약 ±3% 이내인 결과를 얻을 수 있다. 따라서 100번 조사하면 95번은 전체 유권자의 정당 지지율이 43%에서 37% 사이로 나타난다고 할 수 있다.[4]

3 인식조사결과의 변화가 현상의 진정한 변화로 인한 것인지, 아니면 통계적 조사들이 갖는 결과 편차들(statistical noise)로 인한 것인지를 판단하고, 구분하기 위해선 꽤 많은 여론조사가 필요하다. 정당이나 후보자의 지지 수준을 추정할 때, 여론조사기관은 표본 크기와 그에 상응하는 표본 변동을 고려하고, 동시에 다른 조사 기관들이 특정 정당에 대해 체계적으로 높은 추정치 또는 낮은 추정치를 산출하는 경향이 있는 정도를 추정한다. 인식조사결과가 단기적으로 변화하며 조사결과가 다르게 나타나는 원인은 전형적으로 여론조사 기관의 방법론적인 선택[인터뷰, 대면, 전화, 인터넷, 모바일, ARS 등]으로 인한 것으로 추정된다. 정당이나 후보자의 지지도 변화가 안정적이라고 가정하는 순간에 그 지지도의 변화는 편차가 적거나, 느리게 변화해야 한다. 만약, 선거일이 임박하면서 지지도가 빠르게 변화하고 불안정할 수 있다면, 안정적인 지지도 효과를 가정하는 모델보다는 단순하게 여론조사들의 평균화나 마지막 여론조사가 더 강력한 예측력을 갖을 수도 있다. 항상 투표일에 임박하여 사태가 급변하면서 돌아가는 경우가 있어서, 투표일에 임박한 시기는 투표결과 예측에 중요하다. Sturgis, P., Baker, N., Callegaro, M., Fisher, S. D., Green, J., Jennings, W., Kuha, J., Lauderdale, B. E., & Smith, P. G. (2016). *Report of the Inquiry into the 2015 British General Election Opinion Polls.* Market Research Society and British Polling Council.

4 진영재. (2011). *사회과학연구조사방법론.* 박영사, pp. 130–135. 이것은 다음과 같은 수식을 계산하여 얻은 수치이다. 표본의 크기를 n이라고 할 때, 표본비율(sample proportion: s)은 모집단 비율(population proportion: p)과 정확히 일치할 수 없기 때문에 '표본오차의 비율'(e)을 동시에 상정하여 표현하게 된다. 수식으로 표현하면 다음과 같다.

$$s = p \pm z\sqrt{\frac{\bar{p}(1-\bar{p})}{n}}$$

여기서 z는 연구자가 얻기를 원하는 신뢰수준에 대한 표준점수(standard score)이고 $\bar{p}$는 특정한 정보로부터 예상되는 해당 주제관련 추정비율을 의미한다. 표본의 크기 n을 구하는 방식은 다음과 같다.

$$z\sqrt{\frac{\bar{p}(1-\bar{p})}{n}} = e$$ 라고 정의하여

$n = (\frac{z}{e})^2 \cdot \bar{p} \cdot (1-\bar{p})$ 을 계산하면 된다. 계산에 의하면, 95%신뢰수준을 확보하면서 ±3%정도의 오차범위를 유지하기 위해선 대략 1,000명을 무작위 샘플로 하여서 조사하면 된다. 같은 수의 샘플을 놓고서 신뢰수준을 높이면 오차범위는 더 크게 된다. 반면에 오차범위를 작게하면, 신뢰수준이 낮아지게 된다.

이러한 표본 추출 문제 외에도 설문 조사의 타당성은 질문의 문구에 따라 달라지며, 이 문제의 경우 수학적 원칙이 도움이 되지 않는다. 언어에 따라 결과가 조금씩 다를 뿐 때로는 매우 많이 달라지기도 한다. 어떤 경우에도 평가 질문에 대한 완벽한 표현은 없으므로, 표현에 대한 의존성(또는 규정성)은 항상 인정해야 한다. '여론조사' 방식은 현재에 형성되어 있는 유권자들의 선거경쟁 후보자들에 대한 인식을 조사하는 것이다. 이것은 과거에 선거승패를 결정하는데 중요하다고 판단되는 변수들에 관한 정보를 설문으로 작성하여 여론조사를 하는 것이다. 하지만, 선거결과를 예측함에 있어서 가장 직접적인 유권자 인식조사 설문항인 "당신은 어느 후보를 지지하십니까?"라는 단 하나의 설문에 예측방식의 승부를 걸기도 한다. 문제는, 설문의 문구(文句)라든지, 보다 근본적으로 샘플링(sampling)의 방식, 응답자 접촉방식, 많은 무응답층에 대한 처리방법 등에 따라서 설문결과는 달라지게 된다.[5] 결국, 이것도 연구자의 직관에 의존하는 것에서 벗어나기 어렵다.

'여론조사'의 원래 취지는 사회구성원들의 인식을 조사하여 사회의 수요를 파악하는데 있다. 여론조사는 사회구성원들의 수요에 대한 인식을 조사하여 일종의 '풍향계'(風向計, anemoscope)의 역할을 하게 된다. 그런데, 여론조사가 원래 취지대로 사회구성원들의 인식의 수요적 측면을 알려주는 효과(demand-side effect)를 넘어서서, 조사결과를 공표하는 것 자체가 사회구성원들의 인식에 영향을 미치게 되면, 여론조사는 공급 측면의 효과(supply-side effect)를 갖게 되는 것이다. 선거경쟁과정에서 선거여론조사가 '공급측면의 효과'를 갖는다는 의미는, 유권자 인식조사를 통하여 현재 후보지지율이 가장 높게 나타나는 후보가 누구인지가 공표되면, 지지율이 가장 높게 나타난 그 후보는 유권자들에게 가장 득표율이 높은 후보자가 누구인지 상기시켜주는 효과를 공급하게 됨을 말한다. 심지어 하나의 여론조사는 몇 개의 여론조사에까지 영향을 미칠 수 있고, 몇 개의 여론조사들의 경향성은 더 많은 수들의 여론조사에 영향을 미치게 된다. 심하면 여론조사가 선거결과는 특정 후보를 가리키고 있다는 메시지를 주는 '나침반'(羅針盤, compass)의 역할을 하게 된다.[6]

여론조사가 단순히 유권자 인식조사라는 '수요적 차원의 효과'를 넘어서서 유권자들의 인식에 영향을 미치는 '공급적 차원의 효과'를 갖게 되는 경우, 만약 '푸시폴'(push poll)이 행해지는 경우 선거과정에 악영향을 미침은 자명하다. 푸시폴이란 자신이 지지하는 진영의 후보를 위한 조사내지는 상대후보의 지지율을 하락시키기 위해서 상대후보를 흠집내는 의도적인 여론조사를 말한다. 미국대선에 출마했던 버니 샌더스(Bernie Sanders)도 지적했듯이, 지구촌은 1990년대이후 특정지역에 한정되지 않고서, 여러 나라에서 정치적 양극화의 흐름이 나타나고 있다. 정치적 관심이 높은 사람들이 증가하고, 이들의 특정 정보에 대한 편식이 강화되면서, 경쟁 진영간에 상호대결이 첨예화되고 있다. 따라서 여론조사는 진영간의 승리를 위한 공급효과적

5 응답율은 최소한 10%이상으로 두 자리수가 되어야 하며, 최소한 15~20%는 되어야 한다고 생각한다. 응답율을 높이기 위해선 1차 조사만으로는 어려울 수 있으며, 3일~5일 정도의 기간을 통해서 2차조사, 3차조사를 통해서 응답율을 15% 이상으로 올릴 수 있다. 선거기간에 들어서면, 선거여론조사를 사건과 사고가 발생할 때마다 수행하면서 시급성을 요하게 되어 조사시간을 가능한 단축하게 되고, 무엇보다 근본적으로 낮은 응답율로 인하여 조사의 정확성이 낮아진다. 2022년 대선에서 윤석열 후보와 이재명 후보의 0.73% 차이라는 비등한 득표율을 예측한 조사는 사실상 없었다. 단지, 출구조사에서 박빙의 승부가 예측되었을 뿐이다.

6 더 심한 경우엔, 여론조사가 어떤 사건이나 사고에도 흔들리지 않고 특정 후보가 승리한다는 것을 가르키는 자이로스코프(gyroscope)의 역할에 상응하게 된다. 선거과정에서 행하는 여론조사 그 자체가 선거결과에 영향을 미치는 기제로 작용하는 것이다. 정한울. (2016). 외주민주주의 시대의 여론조사: 여론조사가 투표선택에 미친 영향. *한국정당학회보,* 15(1), 63-105; 김준철. (2015). 신문의 여론조사 결과 보도 형태와 유권자의 후보 선택에 관한 연구. *의정논총,* 10(1), 93-120; 한규섭. (2021, 12월 28일). 널뛰는 여론조사가 대통령 뽑는 시대. *동아일보;* 장신기. (2022, 1월 28일). 혼란스러운 여론조사 결과, 이것 때문입니다. *오마이뉴스.*

수단으로 활용될 수 있는 위험이 상존한다. 특히 1인미디어시대로 돌입한 현 시대에 영향력있는 유투버(Youtuber) 개인은 여론의 방향성에 공급자로서의 영향력이 지니고 있다. 설문지를 작성함에 있어서 자신이 지지하는 후보에겐 "능력있는", "청렴한", "소신있는"이라는 형용사를 사용하고, 자신이 반대하는 후보에겐 "부패가 의심되는", "최근 조사에서 부진한", "비리가 폭로된" 등의 형용사를 사용하여 서술하는 것이다. 또한, 선거조사후 집단별 가중치 부여에서 그 계수를 조정하거나, 높은 지지를 보이는 집단이 더 응답하기 용이한 방식의 조사들(집전화조사, 모바일조사, 인터넷조사, 자동전화응답 등)을 활용하거나 조합방식을 조정하고 있다. 자유로운 여론조사활동을 보장하는 상황에선 수많은 여론조사기관들의 조사방법에 대한 '신뢰성'(reliability)과 '타당성'(validity)을 관리하고 감사하는 것은 현실적으로 용이한 문제가 아니다.

유권자들은 인식조사에서 자신의 생각을 자유롭게 표출할 수도 있지만, 만약 여론조사들에 대한 정보를 통해서 자신의 지지후보가 다수의 지지를 받는 상황이 아니라는 것을 알게되면, 그 이후 진행되는 여론조사에서 응답할 때, 지지하는 후보자를 바꾼다거나, 아니면 응답하지 않는 등, 소심해질 개연성이 있다.[7] 반면에 여론조사결과를 통해서 자신이 지지하는 후보가 득표율에서 가장 앞서는 후보임을 확인했을 때, 해당 후보를 계속해서 지지할 가능성이 높다. 해당 후보를 지지하는 것이 자기만의 독특한 생각이나 행태가 아니며, 다른 사람들도 그렇게 생각하고 있다는 분위기는 개인의 기존 생각에 강화효과를 가져오게 된다. 물론, 이러한 응답자들의 응답은 인터뷰 방식에 영향을 받을 수 있다.

여론조사의 응답자들에 대한 인터뷰(interview) 방식에는 대면(face-to-face)조사, 전화조사, 인터넷조사, 모바일조사가 이용된다. 설문 방식은 '구조적 설문 방식'과 '비구조적 설문 방식'이 있는데, 일반적으로 설문의 문구가 이미 정해져 있는 '구조적 방식'을 쓰게 된다. 선거예측을 위한 여론조사의 경우, 구조적 면접의 경우에도, 면접 대면조사는 오래전부터 인터뷰방식의 기본으로 여겨져 왔지만 높은 비용과 응답률 확보의 어려움으로 인해 그 관점이 약화되고 있다.[8]

21세기 들어서서 가장 급격한 발전을 본 새로운 방식의 조사는 전화와 인

7 선거기간동안에 유권자들은 반복되는 설문조사전화에 피로감을 느낄 수 있다. 개인들은 정치적으로 잘못된 반응을 드러내기 보다는 "모른다"를 선택하기 때문에 조사는 민감한 문제에 대한 태도를 잘못 나타낼 수 있다. 설문조사자의 입장에선 '무응답'을 어떻게 처리할 것인지의 문제가 발생하는 것이다. 경험적 차원에서 다양한 여론조사들을 종합할 때, 무응답 층은 특정한 성향을 띨 가능성이 농후하며, 여론조사결과에 영향을 미칠 가능성이 농후하다. 장신기. (2022, 1월 28일). 혼란스러운 여론조사 결과, 이것 때문입니다. *오마이뉴스.* 모든 설문들(즉, 변수들)이 동시에 측정되기 때문에 통계전문가들이 별도의 통계분석을 통해서 추론하기 전에는 설문조사에서 직접적으로 인과 관계를 평가하는 것도 어렵다[패널조사(panel survey)는 어느 정도 인과관계를 추론하는데 유리할 수는 있다]. 유권자 의사 결정 이론은 투표 연구에 점점 더 많이 사용된다. 대조적으로 최근에 실험조사방식이 간혹 이용되기도 하는데, 유권자 인식과 행태를 실험설계방식을 이용하여 분석하거나 예측하는 것이다. 설문조사방식과 실험설계방식은 각각 장단점이 있다. 설문조사방식은 대표성을 확보하는 다양한 방식을 확보함으로써 표본부터 대중까지 쉽게 일반화할 수 있다. 설문조사자료는 개인 인식에 대한 1차 자료로써 설문 항들 간의 상관관계 및 인과관계를 추론하기 위한 통계분석에 사용할 수도 있다. 설문조사방식은 사람들에게 묻지 않고서는 개인 차원에서 알 수 없는 일부, 예를 들어 사람들이 어떻게 투표 했는지와 같은 거의 모든 주제에 대한 정보를 제공할 수 있다. 동시에, 많은 개인들은 정치를 무심코 생각하기 때문에 반응 불안정성, 질문 문구에 대한 민감성, 그리고 다양한 종류의 반응의 문제를 야기한다. 실험 연구는 종종 적은 수의 참가자를 사용하며 실험 변수를 조작하고 외부 변수의 영향을 제어(또는 무작위화)하기 때문에 실험은 인과 관계를 더 잘 설정할 수 있다. 그러나 실험은 전체 모집단을 대표하지 않는 제한된 참가자 그룹, 특히 시간적 여유가 많은 사람들이 주로 참여하는 한계가 있다. 진영재 (2011). *사회과학연구조사방법론.* 박영사, pp 33–86.

8 2000년 ANES(American National Election Survey)는 반은 대면조사(face–to–face)로 반은 전화인터뷰(telephone interviewing)로 진행되었는데, 설문조사 결과는 상당히 달랐다. 대면조사는 응답율의 확보가 어려웠으며, 차후 전화인터뷰 방식이 활성화되는 계기가 된다. Fogarty, B. J., Kelly, N. J., & Kilburn, H. W. (2005). Issue Attitudes and Survey Continuity Across Interview Mode in the 2000 NES. *Political Analysis,* 13, 95 – 108.

터넷을 기반으로 한 것이었다. 특히 미국에서 National Annenberg Alignment Study(NAES)는 선거 기간 내내 대규모 야간 전화 설문 조사를 실시했으며, 총 100,000건 이상의 인터뷰를 추가했다. 이를 통해 NAES 분석가들이 선거운동 기간 중 후보들의 운명이 바뀐 시기를 판단할 수 있었다.[9] 전화 설문조사는 비용이 훨씬 적게 들지만 응답률은 상당히 낮으며 사람들이 유선전화를 포기함에 따라 새로운 도전에 직면하게 된다. 인터넷 설문조사는 비용이 덜 들 뿐만 아니라 적은 비용으로 더 많은 응답자를 얻을 수 있다.

특정 집단에 대한 의식 조사

경험적 연구들을 보면, 가장 적은 비용으로 가장 높은 예측율을 얻는 예측방식은 시민들의 기대예측조사를 이용하는 방법일 수 있다. 당해 선거에서 어떤 후보자가 당선될지를 예측하는데, 시민들이 누가 후보자가 될지 평균적으로 맞출 확률이 틀릴 확률보다는 높다는 전제[소위, '시민의 지혜'(wisdom of citizens)] 하에 기대예측조사(expectation survey)를 실시할 수 있다. 미국과 영국을 포함한 여러 나라에서의 '일반시민 기대예측조사'는 예측 성적이 좋은 것으로 평가할 수 있다.[10] 1988년부터 2012년까지 미국에서는 시민예측조사가 여론조사, 배팅시장, 구조방정식모델, 전문가들의 판단보다 우월한 예측력을 보여주었다는 연구도 있다.[11]

전문가집단에게 기대예측을 실시할 수도 있다.[12] 전문가들의 직업적 성향상 기대예측은 일반시민들의 기대예측조사보다 더 객관적 자료에 의거할 개연성이 있다. 동시에 직업적 편견이나 편들기의 합리화 성향도 배제할 수 없다. 배팅시장(betting market)에서 기대예측을 실시할 수도 있다. 배팅시장을 통한 기대예측은 선거결과에 온 신경을 집중시키고 그 결과에 투자한 사람들로 구성된 곳에서의 예측이라는 특성이 있다. 단순히, 예측할 때 "틀려도 상관없고…"라는 심리상태로서 예측하는 행위에는 무책임하고 불성실한 예측이 될 수 있다. 잘못된 예측으로 자신의 돈을 잃거나, 반대로, 정확한 예측에 대해서 보상을 받게 되는 경우엔 행위자는 예측행위에 책임성을 지니고 모든 수집할 수 있는 현실적 자료와 근거들에 의해서 최선의 예측을 추구하게 된다. 따라서 배팅시장에서의 예측은 상당히 그 정확도가 인정된다는 추론이 가능하다. 단, 배팅시장은 많은 사람들의 돈이 걸려 있는 도박성(賭博性)을 지닌 곳으로, 배팅사이트 관리자의 상황 조작도 가능하다는 우려도 존재한다.

전문가집단이나 배팅시장에서의 선거결과 예측력이 일반 시민집단(즉, 무작위 추출이 아닌 상태에서의 시민집단)의 예측력보다 더 좋아야 하는데, 앞서 지적했듯이 그렇지 못한 경우도 충분히 있다. 가장 큰 원인은 '여론조

9 Johnston, R., Thorson, E., & Gooch, A. (2010). The Economy and the Dynamics of the 2008 Presidential Campaign: Evidence from the NAES. *Journal of Elections, Public Opinion,* and Parties, 20, 271-289.

10 Murr, A. E. (2017). Wisdom of Crowds. in K. Arzheimer, J. Evans, & M. S. Lewis-Beck (Eds.), *The SAGE Handbook of Electoral Behaviour* (pp. 835-860). Sage.

11 Graefe, A. (2014). Accuracy of Vote Expectation Surveys in Forecasting Elections. *Public Opinion Quarterly,* 78(S1), 204-232.

12 델파이기법(delphi technique)은 전문가집단의 의견과 판단을 추출하여 그들의 의견을 통합하고 조정하는 것을 말한다. 델파이기법이란 용어는 그리스의 고대 도시 국가들이 국가중대사를 결정함에 있어서 아폴론 신전이 있었던 델포이(delphoe)에서 신들의 신탁(神託)에 의존했던 방식에서 유래했다. 해당 기법은 해당 시점에서 예측을 위한 자료들이 불충분하거나, 신뢰성이 부족할 때, 자료들은 축적되어 있지만, 자료들간의 편차가 너무 큰 상황에서 사용하게 된다. 이런 상황에서 소수의 선거전문가들에게 예측 의견을 묻고 취합하여 결론을 내리게 된다. 예측은 미래의 불확실성을 전제로 하며, 이런 불확실성을 예측하기 위해서, 조사과정은 조사를 관리하는 사람과 응답하는 전문가들 사이에서 질문과 응답이 여러 번 반복되면서 예측 상황을 관리하게 된다.

사'와의 순환적 관계도 그 원인인 듯하다. 전문가집단의 판단이나 배팅시장에서의 투자자들은 모두 여론조사의 정보를 기본으로 하기 때문에, 과연 전문가집단이나 배팅시장에서의 기대예측의 가치를 어디까지로 해야 하는지에 대해서는 논란이 있다.[13] 반면에, 일반시민집단의 기대예측조사(즉, 무작위 추출인 상태에서의 조사)는 여론조사와 동등한 차원에서 원자료(raw data)의 성격에 있는 것이다. 전문가집단이나 배팅시장에 참여하는 사람들은 '여론조사'자료를 참고하게 됨으로서 결국 여론조사 자료의 재정리나 재사용이란 2차자료의 성격으로 환원된다. 반면에, 일반시민집단의 의사는 그 자체가 마치 또 다른 하나의 특별한 여론조사처럼 1차자료의 성격을 지닌 것이다.

선거예측에서 가장 정확성을 확보한 것은 '출구조사'(exit poll)이다. 출구조사의 샘플링은 보통 '체계표본추출'(systemic random sampling) 방식을 사용한다. 투표를 마치고 나오는 첫번째 투표자를 무작위 출발점(random starting point)으로 하여 일정한 간격을 두고 기계적으로 추출하는 것을 말한다.[14] 출구조사는 이미 투표를 마친 사람들을 모집단으로 하여 조사하기 때문에 선거결과를 예측하는데 훨씬 유리하다. 역설적으로, 선거 마감시간 이후에 발표되는 조사로서 선거과정에서 유권자들에게 주는 선거예측력의 의미는 사실상 없다고 보는 것이 사실에 가깝다.

"미네르바의 부엉이는 황혼녘에 난다"라고 했지만,[15] 이것은 선거과정에서 선거결과에 대한 예측의 연구분야에서는 적용되기 어렵다. 학계에서 선거후 '사후선거인식조사'(post-election survey)를 통해서 학자들이 선거가 갖는 의미들을 분석하게 되지만, 이것은 선거연구에서 반쪽의 이야기일 수밖에 없다. 그렇게 격렬하고 시끄러웠던 선거가 끝나고 결과가 나오면, 정치과정에 대한 시민들의 관심은 급격히 반감한다. 선거과정에서 사회구성원들이 집중하는 것은 선거결과에 대한 예측이다. 선거예측연구를 무시하면, 반쪽의 선거연구가 되는 것이다. 일단, 이 정도의 문제의식을 가지고, 선거연구에서 '선거예측'이 왜 중요한지, 선거민주주의에 어떤 의미를 가지고 있는지에 대한 논의가 필요하다. 그리고 그러한 논의를 해 나가는 과정에서 선거예측을 위한 방식들에 대한 주요한 문제들을 구체적으로 논의하고자 한다.

합리적 유권자행태에 근거한 선거예측

㉠ 진자(振子, pendulum) 이론

선거시기에 들어서면, 유권자들은 대략 이번 선거의 향배에 대해서 예측을 하게 된다. 선거예측은 정부여당의 정책들의 변화가 유권자들의 일상생활에 영향을 미치게 된다는 측면에서 정부여당이 바뀌게 될지, 아니면 그대로 유지될지가 관심사이다. 대중은 시대가 좋다고 정치인에게 상을 주지 않지만, 시대가 좋지 않으면 처벌하는 경향이 있다. 시대가 좋지 않으면 정권교체를 생각하게 된다는 의미이다. 정권유지냐, 정권교체냐 중에서 선택하는 것이라면 예측 확률은 50%이다. 선거 예측은 비록 언론에 직접 보도되는 것이 많지 않더라도 선거운동 캠프에 주목을 받고 언론 선거의 보도 기조에

13 Erikson, R. S., & Wlezien, C. (2012). ***The Timeline of Presidential Elections: How Campaigns Do (and Do Not) Matter.*** University of Chicago Press.

14 10,000명에 대해서 300명을 조사할 예정이라면, 일정한 간격을 얼마로 하여 뽑을 지를 결정하는데, 10,000/300 (= 33.333)에 의하여 대략 그 간격을 33으로 하게 된다. 첫 번째의 무작위추출의 결과가 7번이었다면, 40, 73, 106, ...으로 체계적 표본을 만들게 된다. 일정한 간격을 로 하여 체계표본을 구성하는 것을 체계표본이라고 한다. 진영재. (2011). *사회과학연구조사방법론.* 박영사, pp. 138–139.

15 Hegel, G. W. F. (1911 [1820]). ***Grundlinien der Philosophie des Rechts.*** Felix Meiner.

영향을 미친다.

“세상일에는 조류(潮流)가 있다”라는 말은 밀물과 썰물이 반복되고, 오르막이 있으면, 내리막이 있고, 그런 맥락의 것이라고 할 수 있다. 확률의 논리로 보자면, 사건의 발생 확률이 50% 정도라는 이야기와 일맥상통하는 부분이 있다. 권력교체의 확률을 ‘조류’의 시각과 종합적으로 고려하여 표현하자면, 한번 X당이 했으면, 이번에는 Y당이 하고, 결국 번갈아 가면서 정권을 잡을 가능성을 말한다. 집권한 여당은 많은 사람들의 기대감으로 선거에 승리하여 집권한 것이고, 그만큼 정국운영의 책임성을 지니고 있기에 ‘일거수일투족’(一去手 一投足)이 비판에 노출되어 있다. 책임성을 지니고 운영하는 여당과 자유롭게 비판하는 야당은 정치적 부담감이 다르다. 시민들의 여당에 대한 기대가 크면 실망도 크다. 따라서, 선거에는 주기와 조류가 생길 수 있다. 지속적으로 여당의 위치에 있기가 어려운 것이다.

선거승리가 조류적 주기에 속박된다는 것은 ‘집합자료’(즉, 득표집계인 선거결과)상에 나타나는 현상이어서 개인적 차원의 선호나 선택과는 상관이 없을런지도 모르지만, 완전히 무관한 것도 아니다. 이것은 앞서 언급했던, 합리적 유권자의 행태로서 ‘균형과 조화’라는 인식에 근거한 ‘초합리성’(super-rationality) 개념이 예측과 상관되어 있음을 알 수 있다. 선거결과가 일정 주기에 따라서 정당간에 정권이 바뀐다는 것은 유권자가 각급(各級)선거들의 전체 판세를 생각하면서 투표할 가능성을 상정한 것이다. 물론, 선거결과가 개인들의 표가 갖고 있는 의도와 상관없이 전체의 표가 합산되어 집합수준에서 우연히 그런 결과를 만들었을 수도 있다. 하지만, 유권자들이 이번 선거에서 X정당을 밀어 주었으면, 다음번에는 Y정당을 밀어 주면서 전체 정치판에 ‘견제와 균형’이라는 역학관계를 형성해 줄 수도 있다. 많은 사람들은 강자편이 아니고, 약자 편이다. 사람들은 잘난체 하거나, 혼자서 독주하는 사람들을 계속 밀어주지 않는다. 평범한 것 같지만, 의외로 이런 감성적 차원(소위 비도구적 이익, 또는 표현적 이익)의 투표심리가 작용하는 것이다.

선거에서 '진자이론'이란 일정 기간을 중심으로 발생하는 '주기(週期)효과'(cycle effect)라고도 할 수 있다.[16] 괘종시계 추가 연상되기도 해서, '시계추효과'라고도 볼 수 있는데, 경쟁하는 정당이 서로 주거니 받거니 하면서 정권을 잡는다는 것이다. 정권교체는 반드시 주기적으로 이루어진다.[17] 어떤 체계의 균형은 반드시 고정된 의미로서만 받아들여질 필요는 없다. 주기는 다양해서 한 번의 선거가 될 수도 있고, 두 번의 선거가 될 수도 있다. 한국의 경우, 대통령임기가 5년인 경우, 한 번의 선거를 주기로 하여 5년마다 여당과 야당이 바뀌는지, 아니면, 2번의 선거를 주기로 하여 10년마다 여당과 야당이 바뀌는지 하는 것이다. 시계추이론을 나름대로 따른다면, 사실 구조방정식의 차원에서 가장 중요한 변수는 한 가지이다. 지금 어떤 정당이 여당인가이고, 여당의 지위에 있었는지, 5년인지, 10년인지 하는 것이 모든 예측 상황의 중심에 서게 된다. 의원내각제는 불신임에 의한 '부정기 선거'(irregular election)가 있기는 하지만, '정기선거'(regular election)을 중심으로 볼 때 진자

16 Fisher, J. (2015). Party Finance: The Death of the National Campaign? In A. Geddes, & J. Tonge (Eds.), *Britain Votes 2015* (pp. 133–152), Oxford University Press; Fisher, S. D. (2015). Predictable and Unpredictable Changes in Party Support: A Method for Long-Range Daily Election Forecasting from Opinion Polls. *Journal of Elections, Public Opinion and Parties,* 25(2), 137–158; Silver, N. (2014, September 17). How The FiveThirtyEight Senate Forecast Model Works. FiveThirtyEight. http://fivethirtyeight.com; Bellucci, P. (2010). Election Cycles and Electoral Forecasting in Italy, 1994–2008. *International Journal of Forecasting,* 26(1), 54–67.

17 김용호. (1999). 한국정당정치의 이해. 서울: 법문사, p.446; Norpoth, H. (2014). The Electoral Cycle. *PS: Political Science and Politics,* 47(2), 332–335.

이론은 마찬가지로 적용된다.[18]

여기서의 주기효과는 또 다른 의미로의 선거주기를 연상시킨다. 즉, 정부 여당의 한개의 임기를 기준으로 할 때이다. 유권자와 정부 사이에 밀월관계가 형성되는 임기초반, 모든 비판에 노출되는 임기중반, 열심히 일을 하여 회복하거나, 아니면 실패하는 임기말이 그것이다. 해당 초(初)-중(中)-말(末) 임기 사이클은 어떤 정부이건 겪게 되는 현상이다. 이렇게 한 개의 임기를 중심으로 하는 사이클 현상에 대한 선거예측(즉, 한 임기동안에 벌어지는 중간선거)은 임기들을 가로질러, 여러번의 임기를 중심으로 논하는 상황(즉, 여러개의 임기들을 기준으로 벌어지는 선거)과는 또 다른 양상이다. 중간선거로 벌어지는 중간선거는 정부여당에 대한 비판이 클 수밖에 없다. 전자는 '단임기내(單任期內) 진자모델'(within term pendulum model)에 해당하는 것이고, 후자는 '다임기간(多任期間) 진자모델'(multiple-term pendulum model)이라고 할 것이다. 특히, 대통령제하에서 주된 논점과 관심사는 두 번째 모델임은 자명하다.

그렇다면, 우리는 이런 생각을 하게 된다. 한 번의 임기 내지는 두번의 임기라는 주기를 형성하여 진자를 추동시키는 힘은 무엇일까? 무엇보다도 현직 정부의 경제업적이다. 선거정치에서 경쟁하는 정당을 대상으로 합리적 유권자는 정부 여당에 상벌을 가하는 강한 성향이 있다.

㉡ 경제실정과 거시경제지표(economic index) 이론

합리적 유권자들은 경제실적에 따라 정부에 상벌을 가하는 성향이 워낙 강해 객관적인 거시경제 지표를 바탕으로 선거 결과를 예측할 수 있다는 것이 핵심이다. 합리적 유권자들은 회고적 투표행태가 있다. 합리적 유권자의 경제투표행태에는 두 부류가 있는데, 여러가지 연구들의 서로 상이한 주장

에도 불구하고, 거시적 경제지표에 대한 판단을 통한 투표행태가 자신의 호주머니 경제사정에 대한 판단을 통한 투표행태보다 주종인 듯하다. 사실, 거시적 경제지표가 좋지 않으면, 소수의 유권자들을 제외하곤, 대다수의 많은 유권자들이 영향을 받게 될 것은 자명하다. 이런 식이라면, 선거예측의 방향은 정부여당이 거시경제지표 운용에 있어서 성공적이면, 다시 한번 정권창출에 성공할 것이고, 거시경제지표 운용에 실패하면 정권은 교체될 것이라는 것이다.

모든 국가들에서 거시적 경제지표는, 상황에 따라서 일정 수준 편차가 존재하지만, 제법 높은 수준의 선거예측력을 지니고 있다. 예를 들면, 한국에서는 개인의 자산가치에 가장 중요한 기준중의 하나로 평가받는 부동산가격의 문제가 그 중심에 있는 듯하다.[19] 미국에서는 현직자 효과가 선거승리에 매우 강력하다.[20] 노르웨이에서 낮은 실업률은 사회민주당이 정부 내에 있든 없든 도움을 준다.[21] 스페인에서는 중도 우파만 영향을 받는 듯하다.[22]

18 Norpoth, H., & Bednarczuk, M. (2012). History and Primary: The Obama Reelection. *PS: Political Science and Politics,* 45(4), 614–617; Norpoth, H., & Gschwend, T. (2010). The Chancellor Model: Forecasting German Elections. *International Journal of Forecasting,* 26(1), 42–53.

19 2017년 대선에서 가구소득이 아닌 동산, 부동산 등 자산에 따라서 정치적 태도의 차이가 분명하게 나타났다. 강원택. (2017). 2017년 대통령선거에서의 보수 정치. *한국정당학회보,* 16(2) ,5–33; 박원호. (2009). 부동산 가격 변동과 2000년대의 한국 선거: 지역주의"이후"의 경제투표에 대한 방법론적 탐색. 한국정치연구, 18(3), 1–28; 김도균, & 최종호. (2018). 주택소유와 자산기반 투표: 17대~19대 대통령 선거 분석. *한국정치학회보,* 52(5), 57–86.

20 Cox, A. (2014, April 22). Bostock, The Upshot: Meet Leo, Our Senate Model. *The New York Times;* M., Carter, S., Cox, A., Daniel, J., Katz, J., & Quealy, K. (2014). Meet Leo, Our Senate Model. *The New York Times.*

21 Arnesen, S. (2012). Forecasting Norwegian Elections: Out of Work and Out of Office. *International Journal of Forecasting,* 28(4), 789–796.

유권자의 경제투표행태는 '당파성'에 영향을 받는다. 자신이 지지하는 정당에게는 거시경제지표와 관련하여 너그러운 평가를 하는 반면에, 지지하지 않는 정당에게는 엄격한 평가를 내리게 된다는 것이다. 그렇다면, 합리적 유권자의 경제투표행태는 당파성의 그림자로 오염된 결과물이다.

과거와 비해서 '정당일체감'이 많이 감소되었다고 하지만, 선거후 조사연구(post-election survey)는 여전히 당파성이 개인 수준에서 많은 강력한 투표선택 예측 변수를 가리키지만, 선거전 예측연구(pre-election prediction)의 경우에는 당파성이 선거 결과를 예측하는 데 반드시 강력한 예측 변수는 아니라는 것이 밝혀졌다.[23] 그렇다면, 당파성과 경제투표행태간의 어색한 조합을 보다 부드러운 조합으로 하는 또 다른 변수의 존재도 생각해 볼 수 있다. 그것은 유권자들의 후보자에 대한 '정권담임능력'에 대한 판단이다.

㉢ 정권담임능력

선거민주주의를 걱정하는 많은 사람들이 '중우정치'(衆愚政治)를 걱정한다. 하지만, 유권자들은 무엇보다도 후보자의 능력을 보는 듯하다. 그렇다면, 결코 중우정치를 걱정할 필요는 없을 수도 있다.[24] 대부분의 인식조사에서 "후보자를 선택하는 판단기준이 무엇인지"를 묻는 질문에 항상 최고의 응답율을 기록하는 항목이 후보자의 능력이다. 이렇게 본다면, 유권자 입장에선 후보자의 능력을 본위로 투표를 하기에 어떤 문제도 없는데, 결국 문제는 기대를 보내서 당선된 자의 능력이 기대이하로 판명되는 것이 문제일 것이다.

앞서 거시적 경제지표의 선거예측력을 보았지만, 상황에 따라서 일관되지 못한 선거예측력을 지닌다면, 그 이유는 유권자들에게 경제실정이나 경제성취에 대한 정부 평가라는 것이 사실상 투표의 의도를 위한 대리적 변수일 가능성이 높다. 즉, 합리적 유권자들의 투표행태는 후보자의 정권담임능력과 같은 지도력에 대한 판단이 더 근원적인 변수로 하여 이루어질 가능성이 있다는 것이다. 결론적으로 경제지표에 대한 판단은 합리적 유권자들의 투표 의도를 위한 효과적인 대리인으로 기능하고 있을 가능성이 있다. 선거 예측 차원에서 보자면, 당권 경쟁이나 후보선정 과정에서 더 여유롭게 승리한 후보와 지도자들일수록 유권자들에게 리더십에 대한 이미지를 구축하게 되어 확실한 선거 승리자가 될 가능성이 높다.[25]

유권자들은 자신들이 좋아하는 후보가 없는 경우, 덜 싫어하는 후보(less evil)를 선택한다고들 말한다. 그런데, 덜 싫어하는 후보에게 투표하기 위해서 투표장에 나간다는 보장은 없다. 적어도 자기가 좋아하는 후보에게 투표하기 위해서 투표장에 나갈 확률보다 현저히 낮을 가능성이 있다. 합리적 유권자에겐 '무투표'(non-voting)이란 피난처가 있다. 당파성이 있더라도, 합리적 유권자가 후보자 개인의 인격과 능력, 그리고 당파성을 지닌 정당의 정권담임능력을 생각할 것이다.

22 Magalhães, P. C., Aguiar-Conraria, L., & Lewis-Beck, M. S. (2012). Forecasting Spanish Elections. *International Journal of Forecasting,* 28(4), 769 – 776.

23 Campbell, J. E., & Garand, J. C. (2000). Before the Vote. Sage; 박찬욱. (2013). Patterns and Causes of Korean Voters' Candidate Choice in the 2012 Presidential Election. *동북아연구,* 28(2), 247–290; 장승진. (2015). 한국 유권자의 정당일체감과 투표행태: 정당 편향 유권자(partisan leaners)의 특성과 투표선택을 중심으로. *한국정치연구,* 24(2), 25–52.

24 물론, 이러한 능력평가의 기준이 '당파성'일 수 있음은 물론이다. 즉, 자신의 당파성에 따라서 후보자의 능력을 평가하고 판단한다는 의미이다.

25 Norpoth, H., & Bednarczuk, M. (2012). History and Primary: The Obama Reelection. *PS: Political Science and Politics,* 45(4), 614 – 617; 이가림, & 조원빈. (2022). 한국 정당의 후보공천과 본선 경쟁력: 제21대 국회의원 선거를 중심으로. *한국동북아논총,* 27(1), 139–160.

결국, 정당이란 기관보다 후보자란 개인 인물이 강조되는 선거에서 정권 담임능력이란 '국정리더십'이란 개념으로 판단될 가능성이 있다. 이렇게 본다면, 거시경제지표와 국정리더십에서 모두 앞서는 이미지를 구축하는 후보자는 선거에서 필승할 가능성이 높다.[26] 선거과정은 일반시민보다는 당내 지도력을 인정받은 자들이 권력을 담당하게 된다. 현대의 SNS사회에서 지도자의 국정리더십이란 만들어지는 이미지일 수도 있다.

메타분석과 합성모델을 통한 선거예측

'메타방식'(meta method)을 직관적으로 표현하자면, 한 차원 높은 곳에서 초월하여 모든 방식들을 조감하며 종합하게 되는 방식이다. 메타분석이란 어떤 특정 주제하에 누적된 연구들을 "계량적(計量的)으로 종합하는" 일종의 '계량적 합성'을 통한 예측방식을 말한다. 종합하기 위해선, 더 높은 차원에서 조감할 필요가 있을 것이다. 여기서 합성한다는 의미는 같은 주제를 다루면서도 서로 다른 샘플과 방법들에 의해서 산출된 다양한 결과물들을 합성하며, 새로운 상황을 발전적으로 유추하는 것을 의미하게 된다. 그렇다면, 앞서 이야기한 '집합자료분석'이 수동적인 애그리게이터(aggregator) 수준이라면, 합성자료분석은 보다 능동적인 신시사이저(synthesizer)라고 구분할 수 있을 것이다.

메타분석의 필요성을 대별한다면, 서로 다른 방식들을 사용하였어도 그러한 방식들이 유사한 결론을 내리고 있다면 구태여 메타분석을 할 필요는 없을 것이다. 유사하거나 동일한 주제하에 다양한 방식들마다 서로 다른 결론을 내리고 있는 경우나 분석들의 결과물들이 편차가 있어서 재해석이 필요한 경우에 필요할 것이다. 해당 주제의 다양한 방식들을 종합함으로써 또 다른 정보를 얻게 되거나 더 적확한 결론물을 만들기 위해서 메타분석이 필요한 것이다. 결국, 메타분석은 다양한 모집단과 샘플들에서 비롯된 분석의 결과물들을 검토하면서 역으로, 어떤 분석에 방법적 타당성(validity)과 결과에 대한 신뢰성(reliability)를 제공받을 수 있는가를 검토하면서 진행될 것이다. 다양한 모집단과 샘플로 구성되는 계량적 연구물들이 생산한 다양한 '집합수준의 지표'(aggregate-level indicators)들의 의미를 대하는 연구자의 직관에 의거해서 메타분석방식이 어떻게 구성될 것인지 계획된다.

집합자료란 인식의 원자료가 아니고, 그러한 인식의 원자료를 사용해서 일차로 얻은, 또는 주요 변수들의 서술통계적 형식의 결과로 나타난 수치를 말한다. 대개 집합자료 한 개만으로는 서술적 통계분석(descriptive statistical analysis)으로 한정되기에 한 개의 주제에 관련된 다양한 성격의 집합자료들을 종합적으로 검토하게 되면서 메타분석(meta analysis)의 구체적인 청사진이 제시된다. 집계된 선거 데이터로서 집합자료분석은 가장 초기의 투표 연구에서 분석되었다. 일부 연구는 인종 투표 패턴을 분석하는 데 있어 "생태학적 오류"(ecological fallacy)를 다루기 위한 새로운 통계 절차의 유용성을 입증했지만, 집계 데이터를 기반으로 개인 수준 행동에 대한 진술로 유추하는 데 논리적 한계가 있다.[27]

26 대통령제하에서 경제적 업적과 리더십은 성공한 대통령을 만드는 두 개의 축이다. 함성득. (2017). *제왕적 대통령의 종언.* 섬앤섬. 정치과정이나 선거과정에서 유권자들에게 정치인들의 리더십이란 것은 특정 업적과 상관없이 총체적 이미지로서 다가오는 측면이 강하다. 고원. (2014). 2012년 대통령선거의 정치프레임전략에 관한 연구: "강한 어머니"와 "자상한 아버지"의 프레임 대결. *사회과학연구,* 26(2), 105–130. 리더십과 경제력 평가에서 모두 앞섰을 때 영국 총선에서 패한 정당은 없다. Kellner, P. (2014, April 14). The Fundamentals Favour Cameron. *YouGov.*

27 Tomz, M., & Van Houwling, R. (2003). How Does Voting Equipment Affect the Racial Gap in Voided Ballots. *American Journal of Political Science,* 47(1), 46 – 60; 이병재. (2018). 2016년 미국 대선에 나타난 소수인종의 투표결과 분석: 라티노의 경우. *담론201,* 21(2), 39–75.

메타분석이란 일종의 '합성모델'(synthetic model)이란 큰 틀 속에 포함된다고 할 수 있다. 합성 모형은 한 모형에 서로 다른 종류의 예측 변수를 포함하지만, 예측을 결합하는 것은 서로 다른 모형(종종 서로 다른 예측 변수를 기반으로)의 예측값을 평균화하는 과정이다. 당연히 다양한 예측들이 어떻게 결합되는지가 중요하다.

합성을 통한 예측은 일반적으로 여론조사와 구조방정식모델 모두의 장점을 통합하려고 한다. 선거사에 나타난 증거들에 의거한 변수들로 구성된 구조방정식모델과 당해 선거의 여론조사 데이터를 사용한다. 선거에서 멀리 떨어진 시점에서는 여론조사와 구조방정식모델을 함께 고려하여 과거 선거사의 교훈이나 지혜를 선거예측에 이용하게 된다. 반면에, 선거 투표일에 임박할수록, 여론조사에 더 의존하게 된다. 당해 선거의 여론조사 데이터는 선거과정중에 빈번하게 발생하는 사건과 사고에 민감하여 변동성이 강할 수 있기 때문이다. 결국 모델간 합성은 예측 시점이 선거 투표일에서 얼마나 멀리 떨어져 있는지에 따라서 달라진다.[28] 일반적 의미에서, 선거 투표일에서 더 멀리 떨어진 시점에는 모델간 합성이 더 유효할 것을 기대할 수 있을 것이다.

투표 의도에 대한 추정치를 형성하기 위해 여론조사를 종합하는 해당 시점에서의 예측이 가능하다. 여전히 남아있는 투표일까지의 미래를 어떻게 예측하느냐는 의문이 남는다.

투표일까지 상황이 어떻게 변할지에 대한 정보는 본질적으로 이전 섹션에서 논의된 종류의 구조적 모델을 포함한 과거의 선거사에 나타난 교훈을 통해서 얻는다. 따라서 여론 조사 집계 기관의 예측은 거의 전적으로 선거가 임박한 여론 조사에 의해 좌우되지만, 보통 몇 달 전에 예측 시 구조적 모델에 크게 좌우된다.

여론조사 집계를 기반으로 한 예측은 '집계 방법'과 '예측 방법'이라는 두 가지 주요 과제에 직면한다. 여론의 집계는 최근 폴링의 단순한 평균화부터 기술적으로 정교한 베이지안 상태 공간 모델에 이르기까지 다양하다. 이 과정에서 설문 조사자의 품질을 측정하는 방법, 가중치를 측정하는 방법, 설문 조사자 간의 차이(가정 효과)와 변화 정도를 추정하는 방법, 전반적인 여론조사 산업의 정확성을 예측하는 방법 및 이 모든 것의 불확실성을 추정하는 방법 등 많은 모델링에 대한 선택이 이루어져야 한다. 선거여론조사에서 이러한 것들에 대한 대부분의 분석은 본질적으로 이론적 근거보다도 선거사(選擧史)적 경험과 당해 선거의 상황적 맥락에 크게 좌우될 수도 있다. 결국, 여론조사 집계를 기반으로 한 예측에서 가장 중요한 과제는 예측 가능한 방식으로 여론조사가 신뢰성과 타당성을 갖고 있는 것인지, 그렇지 않은 것인지를 적확하게 판정하는 일이다. 만약, 구조방정식의 교훈보다 여론조사방식에 가중치를 크게 준다면(즉, 과거의 선거양태와 다른 매우 독특한 선거양태로 당해 선거가 치러지고 있어서 과거의 방식과는 다른 새로운 여론조사 방식을 택하고 있다면), 선거법이 허용하는 범위에서 투표일에 가장 가깝게 조사된 여론조사라든지, 아니면 여론조사들만으로 평균값을 구할 수도 있을 것이다.

모델간 합성과는 다르지만, 영역간 합성도 예측을 위해서 사용될 수 있다. 투표결과를 예측하기 위해서 성공을 거둔 여론조사, 예측 시장, 전문

28 Linzer, D. A. (2013). Dynamic Bayesian Forecasting of Presidential Elections in the States. *Journal of the American Statistical Association,* 108(501), 124 – 134; Lewis-Beck, M. S., & Dassonneville, R. (2015). Forecasting Elections in Europe: Synthetic Models. Research and Politics, 2(1), 1 – 11; Nadeau, R., Lewis-Beck, M. S., & Belanger, E. (2013). Economics and Elections Revisited. *Comparative Political Studies,* 46(5), 551 – 573; Lewis-Beck, M. S., Nadeau, R., & Bélanger, E. (2016). The British General Election: Synthetic Forecasts. *Electoral Studies,* 41, 264 – 268.

가 판단, 시민 예측 등의 다양한 정량적 모델의 예측치를 평균[횡적 평균(horizontal average)]하는 것을 말한다.[29] 영역간 자료들을 통해서 연구자가 어떤 특정 영역이 다른 영역들보다 더 우월한 예측력을 지닌 것으로 판단이 선다면, 해당 특정 영역내의 예측치들로서 평균[종적 평균(longitudinal average)]를 통한 예측을 시도할 수 있다.

영역간 합성을 시도하는 경우, 자료가 허용하는 범위 내에서, 일단 하나의 영역내에서 평균을 하고, 그 다음에 영역별로 평균을 취하는 경우가 일반적이다. 영역 간 합성은 각 영역별로 서로 다른 정보 출처에 근거하여 이루어진 예측들을 합성하기에 특별한 하나의 정보원천에 구속되지 않는다. 이러한 장점은 결국 어떤 영역의 예측치에 어떤 가중치를 부과하여 평균치를 구할 것인지, 아니면 단순 평균치를 구할 것인지의 문제를 야기한다. 다양한 계량분석물들이 동일한 모집단, 동일한 샘플방식이라면 메타분석은 필요없을 수도 있다.[30] 물론, 한 개의 영역내에서도 시기별 예측치들에 각각 어떤 가중치를 부과할 것인지, 아니면 단순 평균치로 할 것인지의 문제가 동일하게 제기된다.[31]

마지막으로, 합성모델에서 유념해야 할 중요한 논점은, 조합하여 사용하는 모델들 각각의 경우, 시간의 흐름에 따라서 '적중률'(的中率)이 떨어질 수도 있다는 것이다. 따라서 연구자들은 각각의 모델들에 대해서 지나친 확신을 갖기 보다는 조심스러운 자세를 견지하는 것이 바람직할 것이다. 한개의 모델의 예를 들면, 미국의 대선예측에서 대통령의 임기 1년차 경제성장률과 임기 마지막 해인 4년차 성장률을 비교해서 여당이 승리할지, 야당이 승리할지를 예측하는 모델이 있다. 만약 4년차 성장률이 1년차 성장률 이상이면 여당이 승리하고, 이하면 야당이 승리한다는 것이다. 이 방식은 앞서서 반복적으로 언급한 선거예측에 '경제투표'의 중요성과 맥을 같이하는데, 문제는 해당 모델의 적중률이 앞으로 시간이 흐르면서 낮아질 가능성이 있다는 것

29 서로 다른 유형들이 있는 경우, 각 유형별로 예측값들을 평균화한 후에, 개별 유형들을 가로질러서 예측을 평균화할 수도 있고, 각 유형들을 구분하지 않고서 모든 예측값들을 평균화할 수도 있다. 예를 들어, 선거예측관련 사이트인 PollyVote와 ElectionsEtc는 모두 예측 유형의 범주(예: 베팅 시장, 예측 시장, 시민 예측 등)를 처음으로 식별하고 유형별로 평균을 내기 전에 각 유형 내에서 예측을 평균화했다. Silver, N. (2012, August 7) Models, Models, Everywhere. *FiveThirtyEight;* Graefe, A. (2015). Accuracy Gains of Adding Vote expectation Surveys to a Combined Forecast of US Presidential Election Outcomes. *Research and Politics,* 2(1), 1–5; Graefe, A. (2015). German Election Forecasting: Comparing and Combining Methods for 2013. German Politics, 24(2), 195–204; Rothschild, D. (2015). Combining Forecasts for Elections: Accurate, Relevant, and Timely. *International Journal of Forecasting,* 31(3), 952–964; Fisher, S. D., & Shorrocks, R. (2016, June 23). Final Combined EU Referendum Forecast. *Elections Etc.*

30 이런 의미에서 보자면, 하나의 구조 모델은 다양한 구성 요소들을 대변하는 변수들 (정치변수, 경제변수, 교육변수, 등)로 구성되지만, 그런 의미에서의 합성방식이 아니다. 여기서의 합성은 변수들을 조합하는 차원이 아니라, 서로 상이한 모델들 간에 합성하는 것을 말한다.

31 이전의 예측력에 따라서 가중치를 부과하는 베이지안 모델(Bayesian model)을 제시하는 연구가 있다. '베이지안' 방식이란 확률에 연구자가 판단하는 주관적 확률을 부여하는 것을 말한다. 현실적으로 선거여론조사에서 무응답층을 처리하기 위해서 적용되는 주관적 확률은 예측 결과의 적합성에 큰 영향을 미치게 된다. Montgomery, J. M., Hollenbach, F. M., & Ward, M. D. (2015). Calibrating Ensemble Forecasting Models with Sparse Data in the Social Sciences. *International Journal of Forecasting,* 31(3), 930–942; 최보승. (2012). 시계열 범주형 자료를 위한 동적 베이지안 모형 비교. *Journal of The Korean Data Analysis Society,* 14(6), 2975–2988; 최보승, 박유성, & 이동희. (2007). 무시할 수 없는 무응답을 갖는 예비조사자료를 이용한 선거예측. *Journal of The Korean Data Analysis Society,* 9(5), 2321–2333; 이윤동, & 박진우. (2011). 연구노트: 선거 개표방송에서 출구조사 자료를 활용한 중간 득표율 추정에 관한 연구; 윤용화, & 최보승. (2012). 무응답을 가지고 있는 범주형 자료에 대한 모형 선택 방법. *한국데이터정보과학회지,* 23(4), 627–641; 최보승, & 김경무. (2012). 무응답 자료에 대한 EM 알고리즘을 이용한 모형 선택 방법. *Journal of The Korean Data Analysis Society,* 14(2), 767–779; 윤용화, & 최보승. (2014). 경험적 베이지안 방법을 이용한 결측자료 연구. 응용통계연구, 27(6), 1003–1016; 전새봄, 이수정, & 박유성. (2014). 출구조사에서 무응답 메카니즘 식별 및 대체에 대한 연구: 제19대 국회의원 선거 출구조사에의 응용. *조사연구,* 15(3), 61–83; 전새봄, & 박유성. (2016). 선거예측 개선을 위한 새로운 대체방법: 제19대 총선 출구조사를 중심으로. *조사연구,* 17(3), 25–51; 이준한, & 황원재. (2021). "12시면 최종투표율을 알 수 있다!": 선거 당일 시간대별 투표율 분석과 예측모델. *선거연구,* 1(15), 5–34.

이다.[32] 만약, 사회가 부유층과 빈곤층으로 '양극화'되는 성향이 강화된다면(즉, 중산층이 많은 단봉형이 아니고, 중산층이 감소하면서 인구분포가 쌍봉형으로 양극화된다면) 경제성장에 따른 혜택을 누리지 못하는 사람들이 증가하고, 따라서 경제성장률을 기초로 한 '경제투표'행태에 근거한 모델을 합성모델에 합치는 경우 유의할 필요가 있다.

빅데이터를 통한 선거예측

한 사람의 행태를 예측할 수 있는 가장 좋은 방법은 무엇일까? 대조적인 두 개의 시각이 존재한다. 단순히 특정 시기에 그 사람의 행태를 보는 것보다는, 아예 일상생활 전체를 들여다 보면서 그 사람의 행태를 예측하는 것이다. 궁극적으로 목표는 투표행태의 예측이다. 그렇다면, 그 사람의 온갖 행태를 보기 보다는 직접적으로 사람의 투표행태만 보면 되고, 유권자인식조사를 실시하면 된다. 사실 투표행태는 선거기간 중에, 선거일에 유권자가 행하는 행태이다.

부분으로 전체를 예측하기도 하고, 전체로서 부분을 예측하기도 한다. 전자는 특정 지역구의 결과를 전체의 결과로 예측하여 해석하는 것이고, 후자는 빅데이터와 같이 정치행위가 아닌 경제행위까지의 자료를 가지고 정치행위의 결과를 예측하여 해석하는 것이다. 소셜 미디어의 성장과 함께 최근 트위터 및 기타 플랫폼의 콘텐츠로 선거를 예측하려는 시도가 있었지만, 별다른 성과를 거두지는 못했다.[33] 일인미디어 시대에 다양하게 흥망을 거듭하는 플랫폼과 이에 따라서 참가자들이 빠르게 변화하는 상황은, 특정한 선거에서 소셜 미디어의 구체적인 내용들을 다음 선거에서 그대로 적용하기에 무리가 따를 수 있다.[34]

유권자 인식자료들의 다양성에서 결과를 추론하기 위해선, 빅데이터를 활용할 수도 있다. 하지만, 여전히 간접적 추론의 범위에 머문다. 선험적으로 어떤 성향이 있는 자들은 어떤 후보를 지지한다라는 조감도를 갖는 것이다. 빅데이터가 별도의 프로그램을 통해서 선거예측을 하더라도 해당 프로그램은 선거여론조사를 포함시켜서 예측을 시도할 것이며, 오히려 빅데이터가 유권자행태를 예측하는데, 일반인의 일상생활 행태에 의해서 오염될 수도 있다. 인간의 사회생활행태와 인간의 투표행태는 연결될 수도 있고, 별로 상관이 없는 별개의 것일 수도 있다. 이것도 당해 선거시기의 상황에 따라서 다를 수도 있다. 빅데이터가 정당의 선거운동에 지지자들을 확대하기 위해서 맞춤형 서비스 응답을 가능케 할 수 있음은 앞서서 지적한 바 있다. 그래서, 캠페인 효과에 대한 연구는 종종 이벤트 관련 빅데이터를 활용한다.[35] 하지만, 빅데이터의 선거예측력에 대한 확신은 아직은 미지수로서 미래에 대

32 노경목. (2016, 11월 11일). LG경제연은 트럼프 당선을 알고 있었다?. *한국경제.*

33 Huberty, M. (2015). Can We Vote with Our Tweet? On the Perennial Difficulty of Election Forecasting with Social Media. *International Journal of Forecasting,* 31(3), 992–1007.

34 Hanretty, C., Lauderdale, B., & Vivyan, N. (2016). Combining National and Constituency Polling for Forecasting. *Electoral Studies,* 41, 239–243; 김범수. (2015). 뉴 미디어의 특성과 투표참여: 2014년 서울시장선거 온라인 설문조사. *동서연구,* 27(1), 51–77; 문유진, 이한수, 박혁, 이재영, & 김선국. (2017). SNS 감정 분석을 이용한 선거 후보자 순위 예측 시스템. *한국컴퓨터정보학회 학술발표논문집,* 25(1), 273–274; 최은정, 최세원, 이시연, & 김명주. (2017). SNS의 관심도가 선거결과에 미치는 영향 분석. *디지털융복합연구,* 15(2), 191–197; 서대호, 김지호, & 김창기. (2018). 댓글 분석을 통한 19대 한국 대선 후보 이슈 파악 및 득표율 예측. *지능정보연구,* 24(3), 199–219; 이예나, 최은정, & 김명주. (2018). 대선후보의 SNS 평판이 선거결과에 미치는 영향 분석: 19대 대선을 중심으로. *디지털융복합연구,* 16(2), 195–201; 이서영, & 권상집. (2019). 트위터 메시지 분석을 통한 선거 결과 예측 고찰: 18대 대선을 중심으로. *한국콘텐츠학회 논문지,* 19(4), 174–186; 차재권, 박지원, & 정호영. (2020). 지역주의 투표행태와 SNS 활용의 선거 효과: 제21대 총선의 영 · 호남 지역 선거 결과를 중심으로. *지역과 커뮤니케이션,* 24(4), 31–59.

35 Shaw, D. R. (2006). The Race to 270: *The Electoral College and the Campaign*

한 기대감 차원에 머무른다. AI가 실용화되는 시점이 되면, 선거예측에 빅데이터의 용도가 증대될 것이란 기대는 있다. 결국, 빅데이터의 활용도 인간사회가 AI에게 어느 정도까지 활동영역을 제공할 것인가의 문제로 환원될 것이다.

빅데이터를 활용하여 선거를 예측하는 방식은 결국 데이터 그 자체의 문제로 환원된다. 빅데이터가 가치있는 데이터가 되기 위해서는 유권자 개개인의 단위에서 '맞춤형 데이터'를 산출할 수 있을 정도로 체계화되어야만 한다. 이것은 개인들의 정보체계를 어느 정도까지 개방화하여 사용할 수 있는가에 직결된 법률적 문제로 환원된다. 가장 현실적이고 효율적인 예측방식으로서 당해 선거마다의 여론조사는 실제 환경에서 대표 표본을 사용할 수 있기 때문에 선거를 연구하는 지배적인 방식으로 당분간 남아 있을 것이다.[36] 선거민주주의가 지속되는 한 여론조사와 예측조사는 선거과정에서 정당, 후보자, 유권자 상호간에 중요한 각성(覺性) 기능을 수행할 것이다.

선거전략을 수립하거나 평가하기 위해선 '계기판'이 필요하다. 선거승리를 위해서 정당이나 후보자가 보는 계기판은 바로 반복되는 '여론조사'이다. 선거전략에 대한 리뷰를 선거결과 이후에 하는 것은 허무하다. 승자와 패자에게는 모든 승리이유와 패배이유가 결과론적으로 해석될 수밖에 없다. 선거전략의 핵심은 선거과정에서 수정보완의 형태를 거치면서 진행된다는 것이다. 그럴 때 선거전략이 유효한 것이다. 선거과정에서 자신들의 선거전략이 유효한지 무효한지를 판단하는 시금석이 되는 계기판이 바로 '여론조사결과'인 것이다.

여론조사를 통한 자료분석의 선거연구는 실증연구의 영역에 자리하고 있어서 경험적자료에 근거한 통계분석에 기초하는 경우가 일반적이다. 정치과정은 더 큰 그림에서 보자면 가치판단에 근거한 규범적 영역을 벗어날 수 없다. 정치행위는 이성적 판단의 영역으로 한정되지 않고 감성적 영역으로 확대된다. 선거정치에서 이념과 진영논리라는 그림은 사실상 경험적이고 실증적인 차원으로 결코 한정될 수도 없고, 한정할 수도 없는 "더 큰 그림"(big picture) 속에서만 존재될 수 있고 이해될 수 있다. 여기서 "더 큰 그림"이란 것의 의미는 선거정치의 출발점인 유권자들의 선택행위의 양태의 시원(始原)은 결국 이념이란 것이다. 그래서 이념적 경쟁에 뿌리를 둔 선거경쟁은 과열되고 무리수가 따르기 마련이다. 이것을 폐해라고 규정하는 경우, 그러한 폐해는 어떤 국가도 어떤 집단도 피할 수가 없는 것이다. 선거정치의 이념적 뿌리에서 나타나는 부정적 현상을 제도로 일정 수준 완화할 수는 있을런지 모르지만, 결코 제거할 수는 없다. 전체(population)를 조사할 수

Strategies of 2000 and 2004. University of Chicago Press; 노규성. (2013). 빅데이터 기반 선거캠페인 전략에 관한 탐색적 연구. *디지털융복합연구*, 11(12), 113–120; 장우영, & 이현출. (2012). 제19대 총선 트위터스피어 참여관찰: 격전지 선거구를 중심으로. *의정연구*, 36, 157–182; 장우영, & 류석진. (2013). 소셜네트워크 캠페인의 정치적 효과:19대 총선의 트위터 빅데이터 분석. *한국정치학회보*, 47(4), 93–112; 신경식. (2014). 제6회 지방선거의 온라인 참여 : 참여유형과 참여효과를 중심으로. *시민사회와 NGO*, 12(2), 117–149; 고선규. (2016). 빅데이터 선거 실현을 위한 제도적 과제와 정치적 함의. *한국지방정치학회보*, 6(1), 103–124; 김학량. (2017). 빅데이터를 활용한 선거운동에 대한 한국 유권자들의 반응 연구. *인문사회과학연구*, 56, 59–77; 장우영. (2017). 20대 총선의 소셜미디어 캠페인 특징과 효과: 수도권 사례. *입법과 정책*, 9(1), 57–78; 장우영, & 이관률. (2017). SNS 활용과 선거캠페인 효과. *연구방법논총*, 2(1), 53–78; 동성혜. (2019). 미국 대통령선거와 정치빅데이터 유용성 분석. *미국헌법연구*, 30(2), 99–141; 장우영. (2019). 소셜미디어 선거캠페인 연구 동향과 쟁점. *정보화정책*, 26(1), 3–24; 송화영, 박세정, & 박한우. (2020). 2020년 국회의원 선거 기간의 유튜브 빅데이터 분석. *Journal of The Korean Data Analysis Society*, 22(5), 2063–2074.

36 선거제도 비교 연구(CSES, www.cses.org)는 50개 이상의 국가에 대해 상당히 유사한 선거 후 조사 데이터(및 추가 상황별 데이터)를 산출한 협업 프로그램이다. Chia Hung Tsai, Chao Chi Lin, Lu Huei Chen, & Su Feng Cheng. (2011). 다수제적 혼합선거제도 하에서의 투표행태에 대한 다차원 분석. *선거연구*, 1(2), 95–121; 김민정, & 홍지영. (2011). 정치적 역동성의 결정요인: 유권자의 투표참여 동기에 관한 교차국가 분석. *정치·정보연구*, 14(1), 241–267.

없으니 부분(sampling)을 조사하여 전체를 추론하는 유권자인식조사는, 다양하게 이질화된 개인들의 행태를 추측하는 것의 어려움때문에라도, 전문성과 숙련성을 지닌 조사전문가가 행해야만 한다. 그렇지 않으면, 여론조사가 이념적 도구가 되어서 권력획득을 위한 공급적 차원의 역할을 하면서, 여론을 호도하게 될 것이다.

2. 선거민주주의의 지속에 대한 장기적 예측

선거정치과정에서 당해 선거에 대한 단기적 예측에 대한 방법과 내용들을 살펴보았다. 하지만, 이상의 논의들로 선거정치를 이해하기에는 정치학도들에게 여전히 공허한 것이 있다. 과연 선거민주주의가 인류가 민주주의를 수행하기 위한 수단과 형식으로서 적합하며, 내용은 만족스러운가? 학문적 의미를 넘어서 선거민주주의에 대한 조감도를 갖고 희망적 기대를 이어가기 위해선 이에 대해서 답을 할 필요가 있다.

정치가 권력획득을 위한 투쟁의 속성을 지니고 있으며, 정치과정에서 형성되는 다수파와 소수파의 문제는 불가피한 현상일 것이다. 선거민주주의를 통한 민주주의 정치체제는 보통 다수결 원칙에 따라 운영된다. 집단내 구성원의 다수가 원하는 것이 '더 높은 가치'를 지닌 것이라는 시각에 따르면, 다수결 원칙은 항상 더 높은 가치의 대안(즉, 대표자)을 선택하는 것이다. 하지만, 그렇게 선택된 대표자가 유권자의 이익을 충실히 이행하지 못할 수 있기 때문에 대표자(대리인)을 통한 의사 결정의 필요성은 문제가 된다.

만약 사회 구성원들이 그들끼리 이질성이 심화된 곳에서는 어떻게 되는가? 선거민주주의에서 대표자들은 선거에 필요한 최소한의 과반수만을 차지하면 된다. 이러한 상황은 분명히 소수자들을 심각한 불이익에 처하게 한다. 그들의 가장 중요한 관심사는 다수에게 좌우될 수 있다. 유권자의 60%가 낙태에 찬성하고 40%가 반대한다면 이러한 비례율로서 사회 정책이 시행될 수 없다. 대조적으로, 경제 시장은 자원의 배분에서 다수 선호와 소수 선호 모두를 고려한다. 소비자 중 초콜릿이 70%가 선호되고 바닐라가 선호되는 비율이 30%라면 초콜릿과 바닐라 맛은 보통 이 정도 비율로 제공된다. 대개 의회민주주의에서 소수파의 이익을 위한 방편은 양대 다수파의 대결 속에서 더 친화력이 있는 쪽과 함께 하는 "로그롤링"(log rolling)의 역할과 이를 통해서 얻어지는 최소한의 존재감 내지는 자기만족 정도일 수도 있다.

일반적 의미에서, 경제시장의 거래는 '자발적'(自發的, voluntaristic)이다. 한 사람은 팔고, 한 사람은 산다. 상대적 관점에서, 정치는 경제시장만큼 자발적인 거래의 성격이 존재하지 않는다. 경제시장에서 소비자들은 매일 시장 선택을 하고 재고하는 반면, 정치시장에서 시민들은 오직 몇 년 단위로 측정되는 선거 간격으로만 그들의 정치 대표를 처벌하거나 보상할 수 있다. 정부기관은 공공도로와 같은 서비스를 제공할 수도 있지만, 도로 사용료를 내기 위해 세금을 내는 사람들 중 일부는 도료를 아예 사용하지 않기에 혜택을 받지 못하거나 심지어 도로가 개발되어 자신의 주거환경에 악영향을 받을 수도 있다. 정부는 특정한 행동을 벌금, 투옥, 또는 죽음에 처해질 수 있는 범죄로 정의할 수 있다. 정부가 적들과 전쟁을 할 수도 있고, 원치 않는 시민들을 군인으로 징집할 수도 있다. 인간들은 두 영역 모두에서 이기적이고, 그 환경에 적응한 합리적 인간들이다.

정치권력 경쟁에 비교적 자유롭게 진입해야 민주정치체제로 분류된다. 그런데, 현실정치를 보면, 민주적 정치 경쟁은 완벽한 경쟁보다는 과점에 가깝다. 정치적 과정에서 거대한 조직에 의한 '규모의 정치'가 존재하며, 민주주의 국가에서도 2개내지 많아야 4개이하의 정당이 주도권을 행사하고, 시민들은 그들에 한해서 선택을 하게 된다. 시민들은 정책에 대해 직접적으로 투표하지 않는다. 투표용지에 나타난 투표의 내용은 대표자들에게 직접적으로 투표하는 것이다. 정책에는 간접적으로 투표하는 것이다. 선거민주주의에서 시민들은 투표를 통해 그들의 대표자들을 선택할 수 있는 힘을 가지고 있다고 표현한다. 그러나 한 표의 효과는 너무 작아서 일반 시민들은 투표결과에 특별한 영향력을 지닌 것은 아니며, 투표장에 가고 싶은 의욕이 크다고 보기는 어렵다. 선호 후보의 당선이 유권자에게 엄청난 가치가 있다고 해도, 한 사람의 투표용지가 당락을 좌우할 가능성은 희박한 것이다. 비록 유권자가 전혀 이기적인 목표를 가지고 있지 않고 순수하게 공공의 정신으로 투표하려고 한다고 해도, 그 단일 투표는 유권자 자신의 이기적인 이익에 도움이 되는 것만큼 공공의 이익을 현저하게 증진시킬 수 없을 수도 있다.

경제시장에서는 "지불한 만큼" 얻을 수 있다. 정치권에서는 후보를 뽑고 기대했던 결과를 얻지 못하는 일이 많다.[37] 자신이 선호하는 정책의 전 묶음을 지지하는 후보를 찾아 선출하고, 당선된 공직자가 자신의 약속을 지키도록 할 수 있는 강제력을 행사하는데도 현실적 어려움이 있다. 다수의 인원들이 투표를 통해서 큰 규모의 투자를 하는 데도 그렇게 지불한 것만큼 얻을 수 없다면 (예를 들면, 정책적 보답이 없다면), 합리적 유권자라는 용어로 선거민주주의라는 형식을 통한 대의민주주의 운영의 효율성을 기술하는데 한계가 있을 것이다.

정치과정의 속성상 "정당민주주의에 근간한 대의민주주의는 공멸(共滅)의 제도"라는 비판에 직면해 있다. 야당은 여당에게 협조할 이유가 빈약하기 때문이다. 야당의 입장에서 여당에게 협조하는 경우, 결국은 여당의 성과로 귀결되어 나타나게 되며, 여당의 득세는 계속될 것으로 생각할 것이다. 여당이나 야당이나 정치 본연의 속성이 권력추구이고 획득이다. 대의민주주의의 내용물은 선거민주주의라는 형식을 통해서 채워지고 있으며, 근간의 선거민주주의는 정당민주주의를 근간하여 이루어진다. 소셜미디어 시대에 대의민주주의에 대한 비판은 결국 선거민주주의에 대한 형식의 재고를 통해서 이루어지게 될 것이다. 포퓰리즘이 발생하기 좋은 환경은 사회적 불만이나 불신감이 팽배한 사회, 경제적 불평등이 심화된 사회이다. 정치인들이 이런 환경을 이용하여 권력을 추구할 경우, 선거과정에서의 득표경쟁은 포퓰리즘(populism)을 발생시키고 확대재생산하게 된다.[38] 현 시대에 포퓰리즘은 특정 지역에 한하지 않고, 지구촌 곳곳에서 보편화되어 나타나고 있다. 포퓰리스트들은 시민들과 엘리트 사이의 균열과 적대감을 부풀리게 된다. 정당들의 선거경쟁에서 확대재생산되는 포퓰리즘은 단순히 국가재정에 대한 부담과 혼란의 문제를 넘어서서, 의회민주주의, 사법부, 관료들에 의한 체계에 근간한 당해 '법치주의'(法治主義)에도 부정적 영향을 미칠 수밖에 없다. 단기적으로 끊임없이 반복되는 제도개혁 속에서 사회구성원들의 공통된 판단의 기준점이 없어지고 긴 호흡으로 사회적 규칙을 지키는 것이 손해라는 심리가 확산되면서 사회적 신뢰구축이 어려워진다. 한나 아렌트의 지적처럼 인간들의 진정한 삶이 '정치적 삶(즉, 타인과 관계 속에서 소통하며 정치참여를 하

37 기대가 큰 만큼 실망이 큰 것일 수도 있다. 이것은 의원내각제보다 슈퍼맨 대통령을 원하는 대통령제하에서 두드러진다.

38 Acemoglu, D., & Robinson, J. A. (2012). *Why Nations Fail: The Origins of Power, Prosperity and Poverty.* Crown Publishers. 애쓰모글루는 한 국가의 정치(민주주의)와 경제의 관계에서 '포용적민주주의'와 시장경제가 상호 선순환 할 경우에 국가가 실패하지 않는 것으로 본다. 현재의 민주주의는 불평등(경제적 양극화), 고령화, 기술혁명, 기후변화 등의 변화된 환경 속에서 포퓰리즘이나 국가주의(또는 전체주의)에 노출되어 있다. 애쓰모글루가 주장하는 '포용민주주의'란 건전한 시장경제(공정한 경쟁의 확보, 사유재산권 보호)에 기반하여 국민후생(厚生, welfare)을 안정되게 유지할 수 있는 투자가 이루어질 수 있는 상황에게 성공적으로 기능한다. '포용민주주의'는 권력집중이 아닌 권력분산의 제도적 장치, 정치분열을 극복하기 위한 사회적 신뢰관계 구축이라는 정치문화적 환경에서 성공적으로 기능할 수 있다.

게 되는 것)을 적극적으로 살아가는 것과 연관된 것이라면, 사회적 불신과 무관심은 민주주의가 사라지고 '전체주의'가 유입될 개연성을 높이게 될 것이다.[39]

기존의 정치에 대해서 대중들에게 형성되어 있는 불신감과 불만감은 그들이 긍정적 의미의 '참여민주주의'(participatory democracy)라는 선을 넘어서게 한다. 불신감과 불만감이 같은 사회내에서 상대 진영을 향한 것이고, 이런 감정은 대의민주주의하에선 자신의 진영의 정치인들을 중심으로 상대 진영의 붕괴와 소멸을 향한 극한 감정으로 발전된다. 대개 '광장민주주의'는 이러한 집단감정을 반영하면서 형성되는 경우가 일반이다. 선거민주주의하에서 정치인들은 지지 진영이 갖는 감정의 노예가 된다. 정치인과 대중의 관계는 일방향적인 것은 아닌데, 정당민주주의에 근간한 선거민주주의하에서, 캐츠와 메어는 과학기술의 발전으로 특정 소수세력이나 기관들이 대중들의 정보와 데이터를 관리할 수 있는 가능성을 통해서 '카르텔정당'의 형성과 유지를 지탱함을 지적한 바 있다. 이렇게 본다면, 정치인들도 자신들의 이익과 관련하여 대중들의 감성을 관리하고 통제할 수 있는 상황은 충분히 예견된다.

그렇다면 공급자인 정치인이 아니라 수요자인 시민들이 의제설정과 결정을 위한 선제권을 쥐면 되지 않느냐는 반론이 가능하다. 기술의 발전과 함께, 소위 블록체인(bloc-chain)과 분산장부(分散帳簿) 기술을 도입하여 '온체인민주주의'(on-chain democracy)를 실현하면서 소위 정당의 대중관리와 대중조작에 대처할 수도 있다. 하지만, 블록체인이란 데이터 위조방지 및 변조방지의 기술인 것이지, 소위 숙의민주주의를 통한 민주주의 선순환의 구현과는 일정한 거리가 있다.[40] 단순히 의견을 반영하는 것은 소극적 의미의 민주주의 구현이며, 보다 적극적 의미에서는 민생복리를 구현해 내야만 한다. 책임정치를 할 필요가 있다는 것이다.

하지만 책임정치의 구현이 불확실할뿐더러 혼란한 상황이다. 책임정치를 하기 위해서 숙의(熟議, deliberation)가 필요한데, '숙의민주주의'(deliberative democracy)는 총체적인 분야에 해당되는 것이 아니고 기능적으로 분화된 영역별로 기능하는 것이다. 합의문화가 고양된 곳에서, 특정영역의 분야에서 높은 전문성과 식견을 지닌 자들(정치인이건 시민이건)에 의해서 숙의민주주의는 선순환된다.[41] 하지만, 숙의할 수 있는 능력을 지닌 자

39 Arendt, H. (1951). *The Origins of Totalitarianism.* Harcourt, Brace & Co..

40 온체인에 대한 지나친 확신은 금물이다. 어떤 이유에서이건, 원장장부에 딥페이크(deep fake)의 시초가 되는 기록이 작용했고, 그러한 기록이 확장되면서 장부에 정보들이 기록되었다면, 블록체인에서의 딥페이크는 수정되기 어려울 수도 있다. 딥페이크라는 것이 진영의 논리속에서 특정 사건에 대한 확대해석 및 축소해석의 문제라면, 이것은 온체인(on-chain)이라는 형식에서 전적으로 해결될 수 있는 것도 아니며, 오프체인(off-chain)의 문제는 아닌 것이다. 온체인민주주의는 정당이라는 기관을 매개로 한 대의민주주의에서의 형식으로도 활용될 수 있지만, 거시적 차원에서 직접민주주의와 더 깊은 연관성을 맺는다.

41 문재인정부의 '탈원전정책'하에서 신고리 5호기, 6호기 공사중단의 건에 대한 결정을 위해서 일정수준의 전문성을 지닌 시민구성원들을 활용하기도 했다. 일종의 '숙의민주주의'에 대한 실험인 측면도 있다. 2017년 6월 19일 취임 초기였던 문재인 대통령은 고리 1호기 연구정지 선포식에서 "원전 중심의 발전 정책을 폐기하고 탈핵 시대로 가겠다"고 발언하며 당시 건설 중이던 신고리 5, 6호기의 건설 중단에 대한 사회적 합의가 필요함을 시사했다. 이에 따라 7월 24일 "신고리 5, 6호기 공론화 위원회"가 공식 출범하였고, 위원회는 "시민참여단" 500명을 선정하여 40일 동안 함께 숙의(deliberation)함으로서 도출한 결론을 정부에 권고하기로 합의하였다. 참여대상이 소수거나 특정 대상에 한정되어 있는 기존의 공론화 기법과 달리 신고리 5, 6호기 공론화를 위한 "시민참여형조사"는 다음의 특징을 가지고 있었다. 첫째, 1차 조사에 참여한 20,006명 중 최종적으로 참여한 500명을 층화추출함으로써 표본의 대표성을 확보하였다. 둘째, 이러닝 (e-learning), 오리엔테이션 등을 활용한 보다 풍부한 숙의 프로그램을 제공하였다. 마지막으로, 토론회, 언론 인터뷰, 옥외광고 등을 통하여 숙의과정 중 적극적인 대국민 소통이 병행되도록 하였다. 시민참여단은 2017년 10월 13일부터 2박 3일간 합숙으로 이루어진 종합토론회에서 각자의 의견을 최종적으로 표현했다. 결과는 "신고리 5, 6호의 건설 재개"에 대해 찬성이 59.5%, 반대가 40.5%였다. 해당 권고안을 받은 문재인 정부는 10월 22일 신고리 5, 6호기의 건설을 재개하겠다고 하였다. 신고리 5, 6호기 공론화 과정에 대해서는 건설 중단으로 발생한 건설사에 대한 보상금 문제, 숙의 과정에

들은 책임성을 두려워하여 숙의의 기회를 사용할 의도가 없고, 숙의할 수 있는 능력을 지니지 못한 자들이 자신의 존재감을 위해서 적극적으로 숙의의 과정에 참여하는 것이 또한 현실이다. 숙의민주주의를 실천하는데 보다 더 구조적인 문제는, 숙의가 행해지는 단위들은 특정 영역별로 세분화되지만, 이에 참여하는 영역별 전문가들은 단순히 영역에 대한 전문성뿐만이 아니라, 민주정치제도를 이해하고 실천할 수 있는 의식을 지닌 훌륭한 민주시민이어야만 한다. '공공성'에 대한 개념이 박약한 기능적 전문가는 다른 진영을 통합하는 정책을 산출할 수 있는 숙의민주주의를 성공적으로 해내기에 한계가 있는 것이다. 어설프게 형식만 숙의민주주의이고, 내용은 게걸스러운 사익으로 채워질 경우, 민주주의의 기능을 오히려 악화시키고 괴물체가 산출될 수도 있다. 만나서 회의체를 구성하는 것 그 자체는 결코 숙의민주주의의 성공적 구현이 될 수 없다. 숙의민주주의가 말처럼 쉽지 않다는 것이다.

이러한 대의민주주의에 대한 구조적인 불만이 단순히 주어진 상황과 환경에 구속되어 발휘되는 유권자들의 '제한된 합리성'(bounded rationality)에 근간한 투표행태 정도로 해결될 수 있기에는 아무래도 역부족이다. 한 표의 가치와 영향력이란 차원에서 보자면, 개인의 한 표가 모여서 전체의 선거결과를 만들지만, 전체 속에서는 개인 한 표의 가치와 영향력은 결코 큰 것이 아니다. 소셜미디어 시대에 매체의 차원에서는 일인 방송이 갖는 영향력은 상상을 초월하기도 한다. 지나치다 싶을 정도의 정보의 홍수 속에 살고 있는 시대에, 다양한 정보들을 섭렵하고 이를 분석하여 지능적으로 투표하는 것은 의외로 신경이 많이 쓰일 수 (즉, 비용이 많이 들 수) 있다. 만약 선거결과에 영향을 미칠 가능성이 무시해도 될 정도이고, 선거가 끝난 후에도 정책방향이 예측 불가능하다면, 유권자들의 투표참여에 기반한 선거민주주의는 과연 긍정적인 민주주의 성취의 수단인가? 선거민주주의는 결국 어떤 주체들을 통해서 어떻게 형성되어야 하는가? 이런 문제들이 중요할 수밖에 없다.

적어도 당분간, '정당민주주의'에 근간한 '선거민주주의'라는 형식으로 '의회민주주의'를 통해서 민주주의를 구현하는 인류의 조류가 유지될 것이다. 선거민주주의는 대표자를 선출하여 그에게 일정 수준 권한을 위임하는 제도이다. 정치권에서는 후보를 뽑고서 기대했던 결과를 얻지 못하는 일이 더 많다. 작금의 정치현실을 보면, 자유선거를 통한 선거민주주의라는 형식에 대해서 만족하는 사람들이 많지 않은 듯하다. "국민들이 저런 사람을 선출할 수밖에 없나?" 하는 질문 속에 모든 것이 함축되어 있다고 본다. 이 질문에는 여러가지 의미가 포함되어 있을 것이다.

인류의 민주주의를 구현하는 체계로서 선거민주주의라는 형식을 통해서 대의민주주의를 순항시키기 위해선 정치충원의 문제가 가장 근본적인 문제이다. 원론은 양심있고 능력있으며 국민의 눈높이에 흡족할 수 있는 정치지망생들이 정치인에 입문하기 위해서 문전성시를 이룰 때 (즉, 자유경쟁의 수준이 높아져서, 정치입문의 문턱이 낮아질 때) 그 문제는 해결될 것이다.[42] 그런데, 현재의 대의민주주의는 의회가 '숙의민주주의'(deliberative democracy)

서 사용된 자료집이 편향된 정보를 담고 있었다는 점과 토론 과정에서 정작 원전 전문가가 배제되었다는 점 등이 한계로 지적되고 있다. 신고리 5, 6호기 공론화 위원회의 신고리 5,6호기 공론화 백서는 https://eiec.kdi.re.kr/policy/materialView.do?num=182942 참조하면 된다. 일반적으로, 실무적인 차원에서 심사위원회의 구성이 중요하다. 심사위원회의 구성은 다양한 성격을 지닌 이질적 집단이 동질적 집단보다 더 좋은 심사결과를 보장할 수 있다. 특히 직위 등으로 서열이 형성된 동질적 집단내에서는 한 두 사람의 의견이 압도하는 '가장된 심사'(pseudo screening)를 만들게 된다. 신고리 5 · 6호기 공론화위원회. (2018). *숙의와 경청 그 여정의 기록 - 신고리 5.6호기 공론화 백서.* https://eiec.kdi.re.kr/policy/materialView.do?num=182942.

42 경쟁사회는 인간을 피곤하게 한다. 하지만, 일반적인 의미에서, 자유로운 경쟁이 보장된 곳에서는 부패 수준이 현저히 낮다. Rose-Ackerman, S. (1999). Political corruption and democracy. *Connecticut Journal of International Law,* 14(2), 363; Rose-Ackerman, S. (1999). *Corruption and Government: Causes, Consequences, and Reform.* Cambridge University Press.

를 통한 '협의민주주의'(consociational democracy)를 형성하는데 역부족이다.

선거정치나 선거과정에 대한 불만의 핵심은 "저런 사람이 나와도 유권자들이 뽑아주니, 사람들 마음을 모르겠다."하는 푸념에 나타나 있다. 이것은 유권자들의 수준이 어떠하길래 저런 사람들을 대표자로 세우고 그 밑에서 선거운동을 하며, 그에게 표를 던지는가? 하는 질문과도 연관될 것이다. 이 질문에 대한 답은 단순하지 않다. 유권자들은 이질적인 집단이다. 각자마다 사람들을 보는 눈이 다르기 때문일 것이다. 셋째, 이런 상황이 벌어지는 것은 선거민주주의의 형식을 빌려 민주주의를 수행하기 때문이다. 대표자를 선출해서 권한을 위임하는 대의민주주의 제도하에 있기 때문일 것이다. 더 좋은 대안이 있을 경우, 선거민주주의를 대체하면 될 것이다. '정당민주주의'에 근거한 선거과정에서 정당간 경쟁의 본질은 권력투쟁이다. 권력투쟁의 과정은 결코 규범성만으로 설명될 수 없으며, 이해될 수 없는 세계이다.

반대로, 자유선거를 통한 선거민주주의가 존재하지 않는 경우를 생각해보면 그것 역시 암울할 것이다. 대체재가 있는가? 직접민주주의? 민주주의의 성취를 위하여 선거민주주의가 선순환하는 경우가 있고, 악순환하는 경우도 있을 것이다. 민주주의를 성취하는 수단으로서 선거민주주의라는 형식이 악순환의 고리로 빠져서 헤어 나올 가능성이 없다면, 선거민주주의라는 형식은 인류가 민주주의를 성취하기 위한 수단에서 배제할 수도 있다. 선거민주주의가 악순환의 고리에 빠진다는 것은 어떤 상황을 말하는 것인가? 그럴 가능성은 없는가?

인간사회의 기술의 발전은 정치학에서의 연구와 이론 구축에 한 가지 초점을 제공한다. 지금은 '4차산업' 시대로, 개인의 인권과 자유가 강조되며, 이로 인한 개인중심의 파편화 현상이 두드러지는 시대이다.[43] 모바일(mobile)과 소셜미디어란 기술의 발전이 있었기에 명실상부한 개인중심의 자유주의 시대가 막을 열었다. 시대가 변했어도 변하지 않는 정치과정, 선거경쟁의 속성은 권력투쟁이다. 개인주의가 심화된 곳에서 인간은 더욱 "자기중심적 사고"로 빠져들어갈 가능성이 상존하다. 선거민주주의의 악순환의 고리는 유권자들의 정치무관심이나 정치무력감 속에서, 선거경쟁이 정치인들 그들만의 행사로 전락하고, 유권자들은 방관자적인 위치로 전락하게 되는 경우일 것이다.[44]

선거민주주의의 핵심은 대표자를 선출하는 것이다. 시민들은 선거를 통해서 정부와 대표자를 선택할 수 있으며, 대표자들의 권한을 정당화 해준다. 선거는 정치적 갈등을 해결하기 위한 평화적 수단을 제공한다. 선거민주주의가 선순환하기 위해선, 유권자 전체가 정치상황들을 잘 알고 있으며, 이를 바탕으로 사려깊은 선택을 한다는 가정이 깔려 있다. 유권자는 선거민주주의가 악순환의 고리로 빠지는 것을 막을 수는 있어도, 진정 선거민주주의가

43 정진웅. (2019). 정당 중심의 대의 민주주의와 4차 산업혁명: 참여와 심의의 조화로운 발전 모색. *한국정치학회보,* 53(5), 79–99.

44 샤츠슈나이더는 정치적 갈등은 두 부분으로 구성된다고 보았다. (1) 중심에서 활발하게 활동하는 소수의 개인과 (2) 그 장면에 저항할 수 없을 정도로 끌리는 청중. 교육수준이 높아진 현대사회에서도 정치과정에서의 개인들을 어찌보면 적확하게 그리고 있는 듯하다. 시민들이 목소리를 내는 듯하지만, 효과는 없고, 정치권의 실망스러운 모습을 보면서도 저항할 수 없는 관성에 의해서 흘러가고 있다. 모든 갈등을 견디려면, 경기 참가자와 청중 사이의 관계를 지속적으로 염두에 두어야 한다. 왜냐하면 경기자는 [갈등]의 결과를 결정하는 종류의 일을 할 가능성이 높기 때문이다. Schattschneider, E. E. (1960). ***The Semi-Sovereign People.*** Holt, Rinehart and Winston. 이렇게 불만족의 정치가 순환되는 이유는 건전한 정치시스템과 더불어 소위 '준(準)정치시스템'[또는 의사(疑似)정치시스템: para–political system; 예를 들어서, 기득세력들끼리 그리고 그러한 기득세력들과 뜻과 이익이 일치하는 집단이 모여서 작동하는 시스템]이 내면에서 별도로 작동하면서 본류의 정치시스템을 혼란시키고 있기 때문이다. 정당의 공천과정에 있어서도 경쟁력이 없어도 기존 현직자들의 세력 유지에 유리하게 편협적으로 충원되는 것을 패러폴리틱스 시스템에서 충원된다고 말한다. 패러폴리틱스 시스템은 사회 정치 시스템의 하위 시스템이며 정치인 인력 채용 시장은 그러한 하위 시스템이다. 패러폴리틱스라는 하위체계는 전체 정치체계의 선순환 구조에 부정적인 영향을 미치게 된다. Easton, D. (1965). ***A Framework for Political Analysis.*** Prentice–Hall.

선순환의 고리에 안착시키는 것은 정당과 후보자의 역할이다. 지금의 민주체제(democratic regime)는 선거민주주의를 통해서 지탱되고 있다. 정당민주주의를 전제로 선거민주주의를 수행하는 정치과정에서 '정치선제권'(political initiative)은 '정당'이 갖고 있다. 유권자가 아니다. 정당이 공천하는 후보자들에 대해서 유권자들은 선택할 수 있을 뿐이다.

정치적 선제권을 정당이 갖게 되는 가장 큰 요인은, 정당이 '정치인 충원'(political recruitment)의 권한을 갖고 있기 때문이다. 그리고, '충원'기능은 선거민주주의를 선순환 고리로 가져가는 가장 중요한 요인이다. '프랑스혁명'(the French Revolution)으로 기존 절대왕정체제가 무너졌다. 선거민주주의의 선순환과 프랑스혁명이 무슨 관련이 있는가? 선거민주주의도 악순환의 고리가 지속되면 시민혁명의 대상이 될 수 있다. 시대배경이 달랐음에도 프랑스혁명의 발생과 체제붕괴의 역사로부터 선거민주주의 선순환을 위한 지혜와 교훈을 오히려 더 많이 얻을 수도 있다. 이른바 "비동시성(非同時性)의 동시성(同時性)"이다.[45] 그것이 정치체계이건 제도적 체계이건 붕괴되는 상황과 과정을 보면 매우 유사하다. 인권선언을 촉발하여 근대민주주의의 효시적 사건이었던 1789년 프랑스 혁명의 원인들에 대한 여러가지 해석들이 존재하지만, 혁명 직전 시기에 엘리트 충원시장에서 발생한 충원과 채용에 얽힌 오류와 비리는 체제붕괴의 가장 근본적인 원인일 것이다.[46]

정당경쟁이 과점적 경쟁하에서, 기득권 정치인들이 그들의 지위에 대한 사회적 요구를 충족시킬 준비가 되어 있지 않고, 어떤 이유로든 그런 일들이 반복된다고 유권자들은 느낄 때, 그러면서도 뚜렷한 해결을 위한 어떤 조치들이 없을 때, 단순히 정당경쟁구도가 무너질 수도 있지만, 아예, 정당민주주의에 근거한 선거민주주의라는 형식이 파기될 수도 있다. 과점적 경쟁보다 더 근본적으로 선거민주주의를 악순환의 고리로 빠뜨리는 문제는, 불편부당한 정치경쟁구도가 부실한 정치인 충원을 부추길 수 있다는 것이다. 정치인, 관료들이 공명심만을 지닌 무능한 자들로 충원될 때, 그 이유 하나만으로도 체제는 붕괴된다. 그것이 프랑스혁명의 교훈이다. '대의제'도 예외일 수 없으며, 대의제를 구현하는 수단으로서의 '선거제'도 그 위상은 추락하게 될 수밖에 없다.

18세기 프랑스의 '관료제'(bureaucratic system)는 귀족계급(the nobility)을 견제하기 위해서 고안된 제도이다. '중산층'(middle class)으로 채워진 관료제를 가졌던 18세기 초반이나 중반과 비교하여 18세기 말 프랑스혁명 당시 귀족들로 채워진 관료제는 명백히 무능했다. 1788년에 쓴 영국의 한 외교관은 이렇게 무능한 자들에 의한 비효율적인 정부가 어떤 일이든 해낼 수 있다는 사실에 놀라움을 표시했다. 무능한 자들로 정치충원이 되는 프랑스혁명 직전의 사회상을 기억할 필요가 있다. 현재의 세상에서 반추해 본다면, '의회민주주의'가 또 다른 의미에서 '무능한 자들', '국가관이 없는 자들', '양심없는 자들'로 충원되어 운영되는 것이라면, 그 '의회민주주의'는 지속해서 유지될 수 없다. 설혹 관성과 타성에 의해서 유지된다고 하더라도, 의회가 양심과 역량을 겸비한 대표자들로 충원되어 있지 않으면 건강한 민주주의를 구현할 수 없다.

18세기 동안에는 루이 14세(Louis XIV), 리슐리외(Richelieu), 마자랭(Mazarin)이 구축한 관료 체제는 여전히 베르사유(Versailles)에서 공무를 관리했고, 그 결과, 국왕은 외교와 국내 정책에 대한 최종 통제를 일정 수준 독점하고 있었다. 절대주의 체제에서 정치권력을 일정 수준 독점하는 것은 자연스러운 일이었다. 여기서 중요한 것은 당시의 프랑스 사회는 '사회적 이동

45 임혁백. (2014). *비동시성의 동시성: 한국 근대정치의 다중적 시간*. 고려대학교출판부

46 Lefebvre, G. (1947). *The coming of the French Revolution*. Vintage Books.

성'(social mobility)이 상당 수준에서 작동하고 있었다.[47] 18세기의 초·중반에는 행정권력(많은 부분은 부르주아계층의 자손들)에 대한 지망생들의 수요와 사회 관료들의 이용가능한 엘리트 직위 공급 사이에 균형이 형성되어 있었다. 계층사회로서 국가는 부(富)와 기술이 있었고, 시민사회로부터의 충원(즉, 아래로부터의 충원)도 가능한 개방된 관료 체제의 형태를 취하고 있었다.[48] 국왕은 평민들을 귀족 계급으로 올릴 수 있었다. 매우 높은 관직에 있던 많은 평민들 외에도, 예를 들어, 프랑스 귀족의 절반 정도가 18세기 초에 이러한 지위를 얻었다고 추정되고 있다.[49] 종합하면, 이런 상황은 소수의 귀족들이 모든 것을 독점하는 상황이 결코 아니었다는 점이다.

프랑스에서 18세기 초엽엔 공직(판사직, 재정직, 군사직, 행정직, 지방자치직 등)을 매직하는 정책이 국가 세입을 증대하기 위한 수단으로 시작되었다. 사회적 지위와 공권력은 재원(財源, financial resources)을 지닌 자에게 교환되었고, 지위는 제도화돼 일정 시점 이후 세습되는 경우가 많았다. 예를 들어, 파리 법원(Paris law court), 의회(Parliament), 시의회(Great Council), 지방 법원(provincial courts)의 일부에 관한 경우가 그러했다. 재정국(Bureau of finance)의 관리들, 일반 세금 징수원들, 왕의 비서들(수백명 규모), 시장들, 그리고 특정 도시와 마을의 치안판사들도 마찬가지였다. 1789년 프랑스 혁명이 발발하기 전에, 신흥 계층과 야심찬 계층은 상당한 정치적, 행정적 권력을 가졌고, 그러한 권력에 대한 접근은 통치 기술에 대한 실력에 기반을 두고 있었다. 국가 세수의 증대라는 목적 속에서 이들은 기회를 가졌던 것이다. 이 점은 1789년 스위스의 부르주아 은행가 네케르(Necker)가 한 역할에 의해 잘 드러난다. 비록 그 당시 정부의 유일한 비귀족 장관이었지만, 그는 군주제가 파산을 면하는데 공신이었다. 결과론적으로 네케르는 국가재정을 관리하는 실력을 갖고 있었다. 매너리즘에 빠진 나태한 귀족보다는 실력으로 뒷받침되는 야심을 지닌 자가 사회적 이동성의 결과 국가정책을 맡게 된 것은 다행한 일이었을 것이다. 국가파산을 면한 것은 '사회적 이동성'이 보장되었기에 가능했다는 해석이 가능하다.

18세기 동안 엘리트 행정직에 대한 수요는 경제 상황에 따라 일정하지는 않더라도, 전반적으로 수요가 증가하였는데, 이는 이 기간 동안의 전반적인 경영 상황의 개선의 결과였다. 경제 상황이 개선되면서 더 많은 평민들이 국가 고용을 요구하는 데 필요한 정치적 자원을 소유하게 되었다. 그러나 그들에게 충분한 사무직의 공급이 가능할지는 확실하지 않았다. 사회적 이동성은 그러한 사회적 수요를 사회적 체계가 공급해 줄 수 있는 상황에서 유지되는 것이다. 18세기 중엽이후의 상황을 보면, 군주제의 행정 구조를 숙고할 때, 정부와 궁정 귀족들이 모두 베르사유에 거주했다는 것을 상기하는 것은 중요하다. 루이 14세는 이러한 사회 집단을 떼어놓으려고 시도했지만, 그것을 실행하기는 어려웠다. 루이 15세와 루이 16세의 통치 기간 동안, 분할된 사회적 기능의 체계는 붕괴되었다. 법원은 처음에는 점차적으로, 그 다음에는 가속화된 속도로 행정적인 위치로 이동하기 시작했다. 1789년까지, 궁정 귀족들은 모든 것을 지배했다. 귀족 외부로 부터의 엘리트 충원 요구에 대한 보류(保留) 상황이 어느 시점을 넘기면서부터는 귀족들은 좌익으로 옮겨가고 있었다. 예전에는 제3계급 출신들로 구성되었던 역할들이 이제는 전통적인 귀족들로 채워지고 있었다.

루이 16세 무렵에는 중산층 부르주아계급의 침투에 맞서 사회 구조

47 Cobban, A. (1965). *The Social Interpretation of the French Revolution.* Cambridge University Press.

48 Kaplow, J. (Eds.). (1965). *New Perspectives on the French Revolution: Readings in Historical Sociology.* John Wiley & Sons.

49 Hampson, N. (1963). *A Social History of the French Revolution.* University of Toronto Press.

를 강화하기 위한 일련의 조치들이 취해졌다. 1781년 '세쿠르 법령'(Sequr ordinance)은 4대에 걸친 귀족을 증명할 수 있는 자들로만 육군 임관령을 제한했고, 의회는 귀족들로만 그들의 구성원을 모집하는 경향이 있었다. 루이 16세 무렵에는, 생시몽(Saint-Simon)이 말했듯, 군주가 "'사악한' 부르주아계급"에게 포위되어 있지 않았다. 왕실은 전적으로 귀족들로 채워져 있었고, 국방장관인 생제르맹(Saint-Germain)은 귀족들을 위한 자리를 열기 위해 군대의 모든 지위의 가격을 4분의 1로 낮추도록 판결했다. 프랑스의 34개 행정 구역(행정 구역 및 사법 구역)을 책임지는 관리들은 이제 모두 귀족들이었고, 지금까지 평민이나 최근의 귀족들을 위한 자리를 차지하고 있었다. 중요한 정치적 현상이 여기서 나타나는데, 그로 인해서 관직은 "비하"되었고, 귀족들 사이에 경쟁과 입찰이 시작되었는데, 과거에는 중산층의 부(富)를 감안하면 경쟁할 수 없었던 자리였다. 공명심만 지닌 무능한 자들로 정치충원이 이루어진 곳에서 유일한 기대 행위자는 국왕 한사람으로 귀결될 수도 있다.[50] 정치적, 경제적, 사회적 효율성 측면에서 그 결과가 처참할 수밖에 없었다.

'귀족제'를 견제하기 위해서 마련된 '관료제'가 '귀족제'를 강화시킨 것이다. 마찬가지로, '전체주의'를 견제하기 위해서 한 사람 한 사람의 자유의지를 구현하기 위한 '자유선거'와 '평등선거'가 무분별한 '포퓰리즘'이나 '팬덤' 현상을 강화시킬 수 있는 것이다. 작금의 현실을 보면, 민주주의를 위한 의회제와 선거제가 오히려 권력욕과 공명심만 높은 무능한 자들만의 정치를 부추기면서, 민주주의를 망치는 것이 아닌가 하는 불안한 심리를 사회전반에 퍼트리고 있는 것이다.

어떤 사회이건, 계층간 대립과 그로 인한 사회적 스트레스가 없을 수는 없다. 문제는 그러한 사회적 스트레스를 완화시킬 수 있는(아니면, 해결할 수 있는) 사회적 시스템의 역량이나 최소한의 완충작용 있느냐 없느냐인 것이다. 그러한 역량을 최전선에서 실천하는 자들이란 정당의 공천을 받아서 선거에 승리하여 의회에 진출한 대표자들이다. 정치인이나 관료들의 충원 시장에서 새로운 사회적 균형은 자발적 시장기능의 결과이기보다는 인위적으로 부과된 결과일 수도 있다. 문제는 건강한 경쟁을 통한 효율적 충원 수단의 부재로 귀족을 견제하기 위해 고안된 관료제 자체가 귀족제가 되었다는 점이다. 분쟁 해결의 효과적인 힘이 없는 상황에선 사회적 긴장이 확대될 개연성이 있다. 관료체제를 보존할 수 있는 방식으로 문제를 해결할 수 있는 노력은 효과를 기대하기 어려웠다. 지방의 하층귀족들(gentry)이 노력했지만 성공하지 못했다. 베르사유 귀족들이 국가 행정체계에서 중산층을 완전히 숙청하는데 성공했기 때문이다. 이에 대응하여, 그들은 "장관 폭정"을 비난하고, 전통적인 "헌법"의 옹호자로 그들 자신을 내세웠다. 그러나, 확고한 지위를 차지한 베르사유 귀족들의 충원 수요에 대한 예약 일정을 시골 상류층까지 편의를 위해 바꾸는 것은 불가능했다. 대부분의 고용은 약 40만명의 귀족 인구 중 2만명까지의 귀족들이 궁정에 고용되었다. 교회의 높은 지위와 모든 대사직들은 궁정에 있었다. 1777년에는 지방 귀족들의 이익을 위해 설립된 5개의 군사학교가 베르사유에 있는 군대에 의해 점령되었고, 1788년에는 연대 지휘부가 같은 부대에 배정된다는 결정이 내려졌다. 이러한 방식으로 제3계급(The Third-Estate)과 하층 귀족들의 열망이 억제되고 심각한 사회적 위기가 닥칠 수 있는 무대가 마련되었다. 사회계급들 사이의 적대감이 고조되고 있었다. 광범위한 궁정 체계와 광범위한 관료 체제를 갖춘 앙시앵 레짐(Ancien Régime)은 고용, 부, 권력을 귀족 지위를 가진 이들에게만 기회를 제공했다.

이렇게 '사회적 이동성'의 저하로 변화된 상황에서 행정 및 법정 중산층의 태도는 제도 내에서의 진보에 대한 희망에서 그에 대한 완강한 적대감으

50 이것은 '대통령제'도 비슷한 유추가 가능하다. 국민들이 정치인들이나 공무원들에 대해서 실망할 때, 유일한 기대주는 대통령 1인이 될 수 있다.

로 바뀌었다. 대표적 인물이 당통(Danton)과 로베스피에르(Robespierre)였다. 중산층 계급의 좌절은 정치적 성격을 띠었고 체제에 대한 그들의 격렬한 반대는 1789년 개혁을 위한 싸움으로 이어졌다. 기존의 행정관직을 유지하기 위한 최후의 투쟁에서 귀족들은 더 배타적인 제도, 즉 그들의 예비 수요 일정을 구체화하는 방안을 모색했다. 1789년, 삼부회(the Estates-General) 선거 당시, 그들은 공직의 판매를 통한 귀족들의 봉기는 완전히 폐지되어야 하며, 왕은 그들에게 특정한 독점적인 고용을 허가해야 한다고 요구했다. 타협이 불가능했다. 혁명으로 구체제가 붕괴된다.

1789년부터 1830년까지 프랑스 혁명의 발발에 따른 혼란스러운 세월 동안 프랑스의 정치, 경제, 사회 교류 시장에서 일시적이고 영구적인 변화가 있었다. 행정직 채용을 위한 충원시장에 지속적인 변화가 불가피했다. 앙시앵 레짐의 극단적인 중앙집권화는 바뀌었고 공공 문제에 대한 지역적 통제가 강조되었다. 이 기간에 행정직에 많은 인구들이 포함되었다. 전체 시민의 12.5% (약 50만명)가 공직을 소유하는 것으로 나타났다. 사법제도가 개혁되고 합리화되었으며 판검사 민선제가 실시되었다. 사회적, 정치적 충원 시스템은 이전과 비교하여 크게 변화하였다. 교회에서 성직자 시민 헌법은 귀족들이 유지하던 높은 지위에 대한 독점을 폐지했다. 군대의 엘리트 충원시장의 변화는 특히 두드러진다. 1790년 의회는 하위 계급의 4분의 1을 선발하고 나머지는 경쟁 심사로 선발하도록 결정했다. 해군에서 사회의 모든 계층들에게 계급장을 개방하기로 결정되었고, 전쟁 기간 동안 승선원들은 그들 자신의 지휘관을 선출할 권리를 갖게 되었다. 비록 귀족들로부터 끌어낸 기존 관리들에 대한 공식적인 숙청은 없었지만, 다른 조건들로 인해 많은 사람들이 추방되거나 사임해야 했다.

나라의 사회적 분열은 군대에서 재연되었고 군대기강의 붕괴로 이어졌다. 장교에 대한 계급의 폭동이 빈번하게 일어나자 의회(the Assembly)는 아마도 정치적, 이념적 이유로 장교 계급에 대항하는 사병들의 편을 들게 되었다. 그 결과 귀족 장교들의 사기가 저하되었고, 이는 스스로 대량 사직으로 느끼게 되었다. 1792년 경에는 3,500명의 귀족 장교들이 군대에서 퇴역했는데, 이는 전체 장교들의 절반 이상이었다. 해군도 예외가 아니었으며, 군대의 사회적 성격도 변화되었다. 의회, 군대의 사병, 야심찬 하급 성직자, 그리고 신병 모집 중인 중산층 지식인들이 사회의 행정 시장에 개입했다. 기존 행정 엘리트들의 충원 수요의 방향이 급격한 우경화로 옮겨졌고 시장 자체가 재구성되었다.

프랑스혁명에 나타난 현상들을 하나씩 현대사회에서 나타난 현상들과 비교해 보지 않더라도 사회적 스트레스의 해결능력 부재라든지 사회적 이동성의 동결이라는 현상은 조금도 다르지 않은 듯하다. 그렇다면 프랑스 혁명의 교훈은 단순하면서 강력하다. 어떤 특정 계층, 계급이 권력을 독점하는가의 여부를 넘어서서 사회적 스트레스를 해결할 수 있는 역량의 부족, 사회적 이동성의 동결 등의 현상으로 그들이 몸 담고 있는 체제 자체가 붕괴될 수 있다는 교훈을 준다.

현대의 민주주의는 '입헌민주주의'와 '의회민주주의'라는 두 개의 축을 중심으로 실천된다. 그리고, '의회민주주의'는 '정당민주주의'에 기반한 '선거민주주의'라는 형식으로 구현되고 있다. 현대 사회는 프랑스 혁명의 시기처럼 계급사회가 아니다. 그렇다면 소셜미디어 시대에 주는 교훈은 무엇일까? 대의민주주의 체제가 하나의 체계라면, 민주주의를 구현하기 위해서 대의민주주의를 실현하는 기제인 선거민주주의에 대한 불신이 고조되면서, '선거민주주의'라는 형식은 더 이상 대의민주주의를 구현하는 바람직한 제도로서 존재하지 못하고 붕괴될 수도 있다는 것이다.

사실, '선거민주주의'에 근간한 '대의민주주의'의 역사는 이제 100년이 조금 넘는다. 따라서, 대의민주주의를 실천하기 위한 선거민주주의라는 형식이 인류의 정치제도로서 확고히 정착된 것은 아닐런지도 모른다. 보통선거, 비밀선거가 정착된 계기는 제1차세계대전의 종전과 함께 도래했었다.[51] 하나의 정치체제로 생각한다면, '정당민주주의'에 기반한 '선거민주주의'라는 형식으로서 '대의민주주의'를 성공적으로 운영하기 위해선 프랑스혁명의 교훈을 상기할 필요가 있다. 계급체계가 아닌 보통평등선거의 선거민주주의체제에선 다수결의 원칙에 따라서 운영되기에 '다수파'와 '소수파'의 문제가 지속적으로 갈등을 양산한다. 가장 중요한 관심사는 다수의 형성에 좌우된다. 결국 정치권에서 소수파는 이익을 보장받기 위해서 '로그롤링'(log-rolling) 이외의 다른 길이 없다. 다수파가 소수파를 배려하며, 소수파는 다수파를 존중할 수 있는 방식 이외에는 선거민주주의의 결과물인 의회민주주의나 권력구조가 선순환의 민주주의를 만들 수 없다.

지금 선거민주주의는 달리 뚜렷한 대안이 없는 상태에서 사회구성원들의 진영논리와 이로 인한 상식파괴라는 불안정과 불만을 증폭시키는 원인이 되고 있어서, 민주주의 성취를 위한 제도나 형식으로서 붕괴되지 않고 얼마나 지속될 수 있을지 의구심을 품는 사람들이 늘고 있다. 단적으로, 인공지능이 대의민주주의를 대신할런지도 모른다. 지금까지 앞에서 논의된 내용들을 종합하여 다섯 가지 정도로 선거민주주의 선순환을 위한 최소한의 상황을 리뷰해 보고자 한다. 결국, 일인 미디어가 영향력을 지닌 소셜미디어시대 이후에 극도로 파편화된 자유민주주의체제하에서 사회불신과 소득양극화와 불평등을 '선거민주주의'라는 형식을 통해서 어떻게 일정수준 극복해 나갈 수 있을 것인지가 핵심 논점이 될 것이다.

첫째, 선거민주주의에서 합리적 유권자라고 자칭하는 자들이 내리는 결정들이 얼마나 좋은 것인지는 이제 논쟁의 대상이다. 이제까지는 그래도 선거에서 좋은 선택을 내렸던 것이라고 타성적으로 생각해 왔었다. 그런데 좋지 않은 선택이었던 것으로 판명되는 경우가 늘고 있다. 대의민주주의는 대표자들의 격(格)과 질(質)에 의존한다. 선거민주주의의 선순환을 논의하는 데 유권자들의 합리성은 절반의 이야기일 뿐이다. 선거민주주의의 최종 행위자는 선출된 대표자이다. 양심과 능력이 겸비되지 않은 대표자들을 통한 선거민주주의는 유권자들의 합리성과 상관없이 대의민주주의의 좌절을 가져올 뿐이다. 격과 질이 미달인 자를 선출하지 않기 위해선, 정당이 그런 자들을 공천하지 않는 것에서 시작할 수밖에 없다. 정당민주주의하에선 '정치적 선제권'(political initiative)을 정당이 쥐고 있는 것이다. 정당민주주의를 유지하는 한 정당공천의 합리성이 대의민주주의 성취에 절대적이다. 정당공천은 몇 단계를 거쳐서 후보자를 선정해야만 한다. 후보자 선정을 위한 심사인단도 상호배타적으로 존재하는 그룹으로서 단계별로 존재해야만 한다. 여러 단계에서 여러 선거인단의 심사를 모두 통과한 자만이 정당의 후보자로서 공천을 받도록 해야만 한다. 이런 것이 지켜지지 못하면, 오히려 일정한 기준을 정해 놓은 집단을 대상으로 하여 '추첨제'(lot, sortition)로서 공천하는 것만도 못할 수 있다.[52]

51 Rose, R., & Mackie, T. T. (1991). *The International Almanac of Electoral History.* Macmillan Academic and Professional.

52 추첨제(sortition)가 논의되는 가장 큰 이유이다. 이지문. (2011). *한국민주주의의 질적 고양을 위한 추첨제 도입 방안 연구.* 연세대학교 대학원 박사학위 논문; Dowlen, O. (2017). ***The Political Potential of Sortition: A Study of the Random Selection of Citizens for Public Office.*** Imprinted Academic. 선거민주주의가 사회갈등을 심화시키는 최악의 상황으로만 간다면, 사회통합의 차원에선 오히려 무작위성 추첨제가 더 좋을 수도 있다. 대의민주주의를 추첨제만으로 운용하기는 어려우며, 파벌이나 세력균열, 지나친 당파성으로 갈등이 첨예화되어 '통합'에 문제가 발생할 경우에 보다 효율적으로 이를 극복하기 위한 방편으로 채택될 수 있다. 이지문. (2012). 민주주의 가치 구현을 위한 추첨제 의회 모색. *대한정치학회보,* 19(3), 71–98; 조원용. (2014). 비례대표제의 합헌적 개선방안: 지지 정당 없음의 처리와 비례대표 추첨제 도입을 중심으로. *공법연구,* 43(2), 53–77; 김양화. (2015). 마르크스의 '정치이론–가설'과 '추첨제 시민의회' 대안의 적실성. *마르크스주의 연구,* 12(4), 86–112; 임정관. (2018). 지역정치와 다양성. *GRI 연구논총,* 20(2), 135–160.

둘째, 선거민주주의의 가장 위기의 순간은 국민들이 후보를 뽑고서 기대했던 결과를 얻지 못하는 일이 반복될 때이다. 왜 국민들은 당선자들을 보면서 만족할만한 결과를 얻지 못하는 것일까? 여러가지 경우의 수가 있을 것이다. 국민들의 정치인들에 대한 기대수준이 높을 수도 있다. 아니면, 후보자들이 그들밖에 없으니 그들 중에서 그냥 선택한 것일 수도 있다. 또 여당을 심판하다보면, 저절로 야당은 득세한다. 미래를 위한 약속에 관심을 기울이기보다는 과거의 정당 실적을 판단하는 것은 제한된 정보로도 합리적인 결정을 내릴 수 있음을 보여주기도 하지만, 선거민주주의의 선순환에 대한 확신을 위해선 충분하지 않다. 현대사회는 극단적으로 이질적인 구성원들이 모여있는 곳이다. 합리적 투표를 고려함에 있어 개인주의 성향이 강화되면서 파편화되는 소셜미디어시대에 사회집단의 이질성(異質性)이 강화되는 경우엔 정치문화의 상대적 중요성에 대한 논의도 필요하다. 고양된 '시민문화'(civic culture)를 형성하기 위해선 결국 더불어 사는 사회에서 공공성의 개념을 지닌 '시민교육'이 중요할 수밖에 없다. 인간사회에서 자신이 처한 입장에 따라서 당파성이 불가피한 측면이 있지만, 더 큰 그림속에서 '공공성'에 대한 긴장감을 지닌 민주시민이 될 수 있도록 조기교육을 할 필요가 있다. 앞서 선거과정 논의에서 시민의식 수준과 정치 및 투표행태를 논의한 바 있지만, 다수의 유권자들이 일정 수준의 높은 시민의식을 지닌 곳에선 상식과 법치를 벗어난 무리한 행동이 횡행할 가능성이 낮다. 자유민주주의 체제하에서 언론의 자유가 폄하되는 일이 있을 수 없기에, 현실적으로 일인 방송을 포함하여 보도의 자유를 침해하기는 어렵다. 원래 자유란 것이 일단 허용되면 중용이나 균형은 있기 어려우며 그 극단적인 모습으로서 '방종'이 나타나게 되는 것을 피하기 어렵다. 결국, 일인 미디어 시대에 의견 표출의 방종이 걱정된다면, 그 해결책은 '시민의식'에 의한 것이어야 한다. 이질적인 구성원들이 함께 하는 곳에서 대의민주주의하에서 고양된 시민의식이란 '적극적 참여의식'과 함께 적절한 수준에서의 '정치적 인내심'(political tolerance)도 필요한 것이다.[53]

셋째, 합리적 투표에 대한 현대적 이해에서 가장 중요한 변수 중 하나는 정당 식별이다. 19세기말에서 20세기말까지의 시기에 정당일체감에 근거한 당파성이 정치체계의 동결이라는 측면에서 정치적 고착화에 영향을 미쳤다면, 이제 유권자들의 진영화는 나라를 양극화시키고 있다. 그리고 소셜미디어 대중매체는 정치가 양극화되는 현상을 부추기고 있다. 21세기는 정당체계가 재편성(realignment), 탈편성(dealignment)의 논쟁이 재점화되는 시기에 와있다.[54] 지금은 국가에 대한 시민사회의 상대적 중요성은 물론이고, 시민사회내에서도 일인(一人)의 정치적 영향력이 부각되는 소셜 미디어(social network service)의 시대이다. 정당민주주의에 의거하는 선거민주주의 역시 민주주의를 추구하기 위한 제도라고 보면 정당 재편성을 넘어서서 시민사회 중심의 정당 탈편성의 논쟁으로 발전될 수 있다. 인류가 집단을 이루어서 살아가는 한 일정 수준의 당파성을 지닌 행태(partisan behavior)에서 해방되기란 쉽지 않다. 그렇다면, 정당정치에 대한 불만은 두 가지로 집약된다. 하나는 올바른 국가관과 역량을 겸비한 정치인들을 공천하는 문제이고, 또 다른 하나는 당파성이 불필요한 곳에선 당파성에서 일정 수준 해방되는 것이다. 기실, 시민사회가 당파성에 근간하여 두 개의 진영으로 갈등이 필요 이상으로 확대재생산 되는 경우엔, 질적으로 최악의 수준에 있는 후보자들도 진영의 이름으로 대표성을 띠고서 정치를 하게 된다.

'정당민주주의'에 근간한 '선거민주주의'가 '대의민주주의'를 건전하게 선

53 Sullivan, J. L., Piereson, J., & Marcus, G. E. (1982). *Political Tolerance and American Democracy.* The University of Chicago Press.

54 Guy Peters, B. & Hunold, C. (1999). *European Politics Reconsidered* (2nd ed.). Holmes & Meier Pub.

순환시키는 구조를 만들기 위해선 대표자를 선출하는 과정에서 역설적으로 당파성을 일부 극복할 필요가 있다. 여기서 당파성의 일부를 극복한다고 함은, 정당이 충원함에 있어서, 당파성 이상으로 후보자의 '양심'과 '역량'을 보아야 한다는 것을 의미한다. 각 정당이 공천하는 후보자들에게서 일정 수준의 당파성은 불가피하겠지만, 작금과 같은 당파성에 근간하여 국가 혼란을 제공하는 선거들이 반복된다면, 멀지 않은 장래에 이제 100년이 조금 넘은 선거민주주의는 비난이 가중되며, 의외로 쉽게 무너질 수 있을런지도 모른다. 항상 어떤 체제나 구조가 한 순간에 무너지기 전에는 그런대로 유지되는 것처럼 보이는 법이다. 대의제에서 대표자들을 양심과 역량을 지닌 자들로 채우기 위한 프로젝트는 국가와 시민, 정당과 유권자, 제도와 교육, 정치문화와 사회문화에서 동시다발적으로 총체적으로 이루어져야 할 수준의 것이다. 정치인 충원방식의 개혁은 현행의 구조를 크게 바꾸지 않는 수준에서의 개혁과 근본적인 구조를 바꾸는 수준에서의 개혁으로 구분할 수 있을 것이다.

(i) 현행의 정치충원방식을 보완하는 수준에서 개혁하는 경우: 당장 그 효과를 보기 위한 최소한의 방책은, 편협한 인맥구조에 의한 의회의 충원구조를 바꾸는 것이다. 정당은 공천과정을 반드시 몇 개의 단계로 구성하고, 단계별 '심사위원단'은 서로 다른 '이질적'(異質的, heterogeneous) 집단들로 구성할 필요가 있다. 이질적 집단들의 단계별 심사를 모두 통과한 자만을 공천할 필요가 있다. 심사단계에서 특정인이나 특정세력의 의도성을 배제하여 편협성을 극복해야 할 특정 부분에서는 '무작위성'(無作爲性, randomness)을 기본으로 하는 다양한 방식의 '추첨제'들 중에서 상황에 맞는 방식을 채택하여 활용할 수도 있을 것이다.[55] 예를 들면, 당원들이 심사하는 단계가 있다면, 전체 당원들로부터 무작위 추첨을 통해서 '당원심사위원단'을 구성할 수 있

으며, '직렬방식'의 심사과정 속에서 '당원심사위원단'은 어느 한 단계의 심사를 맡을 수 있을 것이다. 정당민주주의에 근간한 선거민주주의의 선순환을 만들수 있는 방법은 국회에 보낼 정치인들의 충원 구조를 바꾸는 것 이외에는 사실상 존재하지 않는 듯하다. 대의민주주의는 양심과 역량을 겸비한 대표자들이 위정자가 되어야만 선순환할 수 있는 구조이다. 그리고 양심과 역량을 겸비한 대표자들에게서는 극단적인 당파성에 함몰되지 않는, 적정수준의 건전한 의미에서의 당파성을 기대할 수 있다. 특정 단계의 심사위원단은 단순히 10명 정도 규모의 공천심사위원회가 아닌, 최소 300명이상 500명 정도의 공천심사위원단으로 구성할 필요가 있다. 당최고위원회의 10인내지는 15인으로 구성되는 공천심사위원단도 특정 단계를 맡지만, '적당히 큰 규모의 심사위원단'도 반드시 특정 단계에서 심사를 맡도록 한다는 것이다. 소

55 추첨제(sortition, lot)는, '공공선'이 부분적인 이해관계보다 우선해야 한다는 기풍을 지닌 집단들에게서 발견되며, '선거인단'(누가 포함되어서 추첨하는가)을 기준으로 대략 3가지 방식으로 나뉜다. 물론, 어떤 방식이건, 이 모든 방식들의 궁극적인 정치적 목적은 갈등과 분열하에 있는 소집단들을 '통합'하는 것이다. (1) 일정 자격에 해당하는 모든 사회구성원들이 피추첨자가 되는 것이다. 이런 방식은 추첨의 최종대상자를 위한 경우보다도, '중립적인 평의회(council)'를 구성하기 위한 방법으로 보다 많은 참여자 속에서 어떤 '평의회'를 구성할 때 활용될 수 있다. B.C. 507년 아테네에서 클레이스테네스(Cleisthenes) 개혁과정에서 클레이스테네스가 지역별로(부족별로가 아닌) 뽑힌 '500명의 평의회'를 구성할 때, 선거가 아닌 추첨에 의거했다고 전하고 있다. (2) '브레비아'(brevia) 방식으로 A.D. 12~18세기 북부 이탈리아 코뮌(commune)에서 사용된 방식인데, 시민들 중에서 추첨으로 '선거인단'을 뽑는 제도이다. '선거인단'이 '지명자'를 추첨으로 선택하는 방식이다. 당시 이탈리아 도시들의 내분과 파벌은 심각한 수준에 있었으며, 포데스타(podesta)라는 임시국가원수제도를 활용하였는데, 이를 선출하기 위해서 공정한 권위의 원천(즉, 선거인단)을 찾는 것이 중요했다. (3) 14세기에 피렌체에서 활용된 '스크루티니'(scrutiny) 방식인데, 이것은 '사전에 선택된 풀(pool)'에서 '지명자'를 무작위로 추첨하는 방식이다. 엄격히 관리되는 특수 가죽 주머니 속에 합의된 기준에 의해서 모든 세력들(파벌들)을 포함하는 명단을 집어넣어 놓고, 필요에 의해서 명단에서 공직자를 추첨하는 제도이다. 짧은 교대 주기를 가진 고위 행정직 선출에 활용된 방식이다. 보다 구체적인 내용은 이지문 (역) (2022). 선거인가, 추첨인가?: 추첨의 역사, 올리버 다울렌. 북코리아. 원서는 Dowlen, Oliver. (2017). *The Political Potential of Sortition.* Academic.

셜미디어시대에 이 정도의 규모의 심사위원단이 심사 단계에 포함되는 것은 심사의 정당성을 인정받는데도 유리할 것이다. 큰 규모의 공천심사위원단은 무작위 '추첨제'를 활용한다는 것이 중요하다. 일반시민들도 참여하는 것이라면 '당원심사위원단'과는 별도로 '일반시민심사위원단'도 구성할 수 있다. 여기서 '일반시민심사위원단'이란 일반시민들이 단순히 여론조사에 응답하는 수준과는 다른 것이어서, 여론조사의 효과와는 구분되어야 한다. 위원단에 참여하는 사람은 온라인이건 오프라인이건 회의체에 참여하여 숙의적(deliberative) 심사를 하게 된다.

(ii) 정치충원방식의 근본적인 변화를 도모하는 경우: 더 나아가, 자신이 입후보하지 않더라도 추천에 의해서 후보자가 되면, 심사를 받게하는 경우도 고려해 볼 수 있을 것이다. 또 다른 방식으로는, 일정한 기준을 충족시킨 다수의 후보자들로 '사전에 선택된 풀(pool)'을 미리 마련하여 놓고서, 필요한 경우마다 그들 중에서 '무작위 추첨'을 통해서 대표자의 역할을 수행하게 하는 것이다. 공직의 위치에 따라서 사전에 합의된 일정 기준을 통과한 사람들로만 풀이 구성되어 있기에, 그러한 풀에서 누가 추첨에 당선되어도 큰 혼란이나 논란의 여지는 없을 것이다. 사전에 선택된 풀은 대통령 후보자 풀, 국회의원 후보자 풀, 지방의원 후보자 풀 등으로 여러 개가 존재할 수도 있다. 사전에 선택된 풀은 경쟁하는 정당들이 공유할 수도 있고, 개별 정당마다 따로 준비할 수도 있다. 해당 방식은 추첨제 방식중에서도, 소위 피렌체 방식[또는 스크루티니(scrutiny) 방식]에서 그 근원을 찾아볼 수 있는데, 내부 분열의 난맥상을 극복하기 위한 방책이 될 수 있다고 본다. 정치권의 갈등은 근본적으로 권력획득의 경쟁이어서 이런 무작위 선택방식은 불필요한 정치세력간 갈등을 근원적으로 해결할 수 있는 제도이다. 현대 의회민주주의를 해결하기 위하여 시도해 볼만한 좋은 대안들 중의 하나일 것이라고 기대해

본다.

유권자의 관점에서, 선거민주주의의 이상향이란, 양심과 역량을 겸비한 후보자들끼리 선거경쟁을 벌이게 되는 경우를 말한다. 정당민주주의에 근간한 선거민주주의라는 형식하에선, 시민들은 선거 입후보자들만을 대상으로 투표하게 된다. 시민들의 입장에서의 최선은 자신과 당파성이 일치하는 후보자가 당선되면 더욱 좋겠지만, 상대방 후보가 당선되어도 그런대로 괜찮은 분위기가 형성될 때인 것이다. 부실하고, 편협한 특정인의 인맥에 의한 정치충원구조는 정당공천에 젊고 활기에 찬 능력있는 인재들이 도전적으로 자유롭게 지원할 수 없는 상황을 조성하며, 궁극적으로 선거민주주의를 악순환의 고리로 몰아가며, 의회민주주의를 타락하게 만든다. 유권자들이 선출할만한 역량과 양심을 지닌 후보자를 찾을 수 없거나, 유권자들이 일말의 기대감을 갖고 선출한 대표자가 실망감과 좌절감을 주는 것은 선거민주주의의 비극이다.

선거민주주의를 유지하기 위해선, 정치나 정치인이 사회구성원들에게 조롱거리로 전락되는 상황을 극복해야만 한다. 대의민주정치가 정치본연의 목적인 민생복리를 챙기고, 국가통합을 이루어내는데 한계에 도달했는지도 모른다. 대의민주정치를 선순환시키기 위해서는 정치충원구조를 바꾸어야 한다. 정치는 '특권의식'에 관한 것이 아니고, '책임의식'에 관한 것이기에, 아무나 할 수도 없는 것이고, 함부로 할 수도 없는 것이다. 정치인이란 직책은 국가와 사회를 위한 정책결정에 참여하는 고도의 전문성과 종합적 사고방식을 바탕으로 무거운 책임성이 요구되는 중차대한 직책인 것이다. 정치인들에 대한 실망감이 극단에 이르면, 직접민주주의에 대한 요구로 이어질 수 있다. 작금(昨今)에 "이제 민주주의라는 이상향은 더 이상 기대할 수 없다"라는 푸념이 있는데, 이는 결국 '선거민주주의'에 기반한 '의회민주주의'에 대해서 더 이상 기대할 것이 없다라는 의미이다.

현대의 민주주의는 '입헌민주주의'(立憲民主主義)와 '의회민주주의'(議會民主主義)를 골간으로 하고 있다. '의회민주주의'는 '선거민주주의'라는 수단을 통해서 그 형식과 내용이 구성된다. 본 연구의 첫 부분에서 제시한 민주주의유형 분류표를 참고하면, 유권자들은 '의회민주주의'의 위기를 벗어나는 방식으로, '직접민주주의'[즉, '국민투표민주주의'(referendum democracy)]의 형식을 채택하게 될런지도 모른다. '국민투표민주주의'는 '직접민주주의'의 성격이지만 '선거민주주의'의 성격도 지니고 있다. 소셜미디어시대는 '1인미디어시대'이다. 급변하는 시대적 흐름속에서, 정치가 본연의 목적인 민생복리를 챙기지 못하면서, 팍팍한 삶을 이어가는 사람들이 증가하게 되고, 이는 사회전반에 분노의 상황을 발생시키게 된다.

작금과 같이 국민들에게 실망감과 좌절감을 양산하는 의회정치의 무능력함때문에 앞으로 선거민주주의의 형식에서 대표자를 선출하는 과정뿐만이 아니라, 대표자를 파면(또는 징벌)하는 과정이 함께 강조될런지도 모른다. 잘못된 대표자를 선출했다고 생각하는 국민들의 분노를 상쇄하는 방식으로(즉, 의회민주주의를 보완하는 방식으로), 선출직 고위공직자에 대한 '국민탄핵'(impeachment), '국민소환'(recall), '국민발안'(initiative)과 같은 직접민주주의적 성격의 '정치적 징벌'(political punishment)의 권한이 유권자들에게 직접 주어질 수 있다. 인류역사를 보면, 과거 아테네에서 '민주주의를 위한 개혁'의 이름으로 행했던 '도편추방제'[陶片追放制, ostracism: 민주체제에 위협이 되는 인물을 시민들의 비밀투표로 다년간 해외로 추방하는 제도]와 같은 제도가 그런 것이다. '선거민주주의'의 의미를 반추해 보면, 주권자(主權者)로서 유권자들은 임기를 지닌 대표자 '선출'을 투표할 권리도 있지만, 임기중 '파면'을 투표할 권리도 있다고 볼 수 있기 때문이다. 물론, 직접민주주의형식의 도입 논의는 대의민주주의에 대한 시민들의 좌절감이나 실망감의 정도에 따라서 다르게 나타날 것이다.

여전히 고민은 남는다. 선출된 공직자들의 실망스러움을 징벌하는 것도 그 나름의 정치적 의미가 있지만, 분노한 유권자들에게서 파면의 남용이 '악순환의 고리'(vicious circle)를 형성하게 된다면, 정치체계가 헤어나올 수 없는 혼돈의 세계로 빠져들게 될 수 있다. 분노의 사회에서 탄핵, 소환, 발안 등의 직접민주주의적 속성의 제도가 악용될 가능성이 상존하는 것이다. 결국, 다시 한 번, 간접민주주의이건, 직접민주주의이건, 민주주의라는 이상향을 구현하기 위해선 민주시민으로서의 공공성에 대한 소양과 책임의식을 함양하는 것이 중요하다는 것으로 귀결될 것이다.

선거정치

색인

색인

ㄱ

ㄴ

ㄷ

ㄹ

ㅁ

ㅂ

ㅅ

ㅇ

ㅈ

ㅊ

ㅋ

ㅌ

ㅍ

ㅎ